Roland Kaltenegger

SCHÖRNER

Roland Kaltenegger

SCHÖRNER

Feldmarschall der letzten Stunde

Biographie

59 Abbildungen und Dokumente

Herbig

Bildnachweis

Alle Abbildungen aus dem Archiv des Verfassers, außer:
Schutzumschlag und 12 (Bilderdienst Süddeutscher Verlag)
25 (Sammlung C. Weber)
26 (Interfoto)

Fremdsprachige Ausgabe:
Polen, Bellona – Dom Wwydawnictwo, Warszawa

3. Auflage 2001 – Sonderproduktion

Umschlaggestaltung: Marianne Specht, München,
unter Verwendung eines Fotos vom
Süddeutschen Bilderdienst, München
Herstellung: VerlagsService Dr. Helmut Neuberger
& Karl Schaumann GmbH, Heimstetten
Satz: Filmsatz Schröter GmbH, München
Gesetzt aus der 10/11,5 Punkt Times
Druck und Binden: Wiener Verlag, Himberg bei Wien
Printed in Austria
ISBN 3-7766-1856-6

Inhalt

IV.
Zweiter Weltkrieg 1939–1945

V.
Nachkriegszeit 1945–1973

Prolog

»Von der Parteien Gunst
Und Haß verzerrt,
Schwankt sein Charakterbild
In der Geschichte.«

Friedrich von Schiller
(»Wallensteins Lager«)

Verwundert rieb Schörner sich die Augen, als er in Ost-Berlin mit einem großen Empfang geehrt wurde. Mit allem hatte er gerechnet, nur damit nicht.

»Was mag das zu bedeuten haben?« fragte er den neben ihm sitzenden Vizeadmiral Voß.

Waren sie als eine Art Vorhut für die letzten, noch in der UdSSR inhaftierten deutschen Kriegsgefangenen vorausgeschickt worden? Denn erst über zehn Jahre nach Kriegsende, am 8. Oktober 1955, schlug – wenn überhaupt – auch für diese die Stunde der Heimkehr in die Heimat, die Konrad Adenauer nach dramatischen Verhandlungen mit den Sowjets anläßlich seines historischen Moskaubesuches erwirkt hatte.

Doch im Fall Schörner steckte mehr als diese humanitäre Tat dahinter, denn keine Entlassung war pressemäßig und propagandistisch so gut vorbereitet worden! Als er mit Voß im Ostsektor der geteilten Reichshauptstadt eintraf, wurde er dort von der kommunistischen Prominenz überaus freundlich empfangen. Anwesend waren unter anderem die ostzonalen Generale Vincenz Müller, Martin Lattmann und Gerhard Feyerabend; ferner Dr. Ludwig als Vertreter von Nuschke und Grotewohl sowie Beauftragte der sowjetischen Botschaft. Nach einer kleinen Verschnaufpause wurden ihm konkrete Angebote unterbreitet: Erholung auf Staatskosten nach freier Wahl in einem der zwölf ostzonalen Kurorte samt seinen Familienangehörigen; Bereitstellung eines Perso-

nenwagens mit Fahrer; anschließend literarische Studiengänge nach Wahl, wobei ihm Leipzig besonders empfohlen wurde; Empfehlung der Technischen Hochschule in Dresden für seinen Sohn Peter und eine entsprechend gutdotierte Stellung für seine Tochter Anneliese.
All diese Danaergeschenke hatten natürlich einen tieferen Hintergrund. Denn die ostdeutschen Generale sprachen ganz offen über das »gesamtdeutsche Versagen« des Generalfeldmarschalls Friedrich Paulus, der sich an mehreren gegen den Westen gerichteten Kampagnen beteiligt hatte und sich nun zeitgleich in der Nähe von Dresden im »Weißen Hirsch« aufhielt. Schörners Gesprächspartner waren bestens informiert. Sie wußten zu genau, daß sich der »Sieger von Athen« und der »Totengräber von Stalingrad«, der es versäumte, trotz gegenteiligem Befehl die Stadt an der Wolga aufzugeben, um sich mit Mannsteins Entsatztruppen zu vereinigen, denn so Hitler: »Jeder Tag, den die 6. Arme länger hält, hilft der gesamten Front und zieht von dieser russische Divisionen ab.« [1] – daß sich diese so grundverschiedenen Generalfeldmarschälle bereits seit den Tagen des Ersten Weltkrieges kannten.
Während Schörner als Kompaniechef mit seinen »Leibern« tollkühn vorwärts stürmte, hatte Paulus innerhalb des Deutschen Alpenkorps überwiegend Dienststellungen inne, die hinter der Front lagen – und zwar war er zunächst Adjutant des Jäger-Regiments 2, wo er »keinen Kontakt zu dem Offizierskorps der unterstellten Jägerbat[aillone hatte]«. [2] Dann war er Kommandeur des 1. Bayerischen Jäger-Regiments und schließlich Ic im Generalstab des Alpenkorps. Daraus wird ersichtlich, daß Paulus nicht zu den ausgesprochenen Truppenführern zählte. So erklärte der Militärhistoriker Görlitz unter anderem:
»Das besagte, daß er ein gewissenhafter, geschätzter Gehilfe seiner Vorgesetzten wurde. [...] Seine Tugenden waren seine Gewissenhaftigkeit, seine Gewandtheit im Umgang mit Vorgesetzten, seine Anpassungsfähigkeit. [...] Der Truppendienst lag ihm sicher nicht, so wenig, wie er später im Krieg das Bedürfnis empfand, als Armee-Oberbefehlshaber vor der Truppe zu glänzen. [...] Paulus ist auch als Oberbefehlshaber im Krieg ein stiller, ein, sagen wir, leiser Mann gewesen, ein Denker, kein Haudegen, kein Stürmer« [3] – wie Schörner es Zeit seines Soldatenlebens gewesen war.
Dagegen hatte Paulus einen maßgeblichen Anteil an der operativen Planung für den Angriff gegen die Sowjetunion (Unternehmen »Barbarossa«). Im Januar 1942 übernahm er als Oberbefehlshaber die 6. Armee und führte sie bis Stalingrad, wo sie im November von überlegenen

sowjetischen Kräften eingekesselt wurde. Am 31. Januar 1943 mußte er, der kurz zuvor noch zum Generalfeldmarschall befördert worden war, kapitulieren und sich in die Gefangenschaft begeben. Er lehnte zunächst die Offerte der Sowjets ab, dem Nationalkomitee Freies Deutschland (NKFD) beizutreten, entschloß sich jedoch im August 1944, diese Bewegung zu unterstützen. Während der Nürnberger Prozesse trat er als Zeuge auf, mußte aber noch bis 1953 in sowjetischem Gewahrsam bleiben. Seine letzten Lebensjahre verbrachte er in Dresden. Während dieser Zeit beteiligte er sich an mehreren gegen den Westen gerichteten Hetzkampagnen.

Paulus war ein ausgebrannter Mann, als Schörner entlassen wurde. Er war gesundheitlich und seelisch schwer angeschlagen. Mit solchen Männern konnten die Sowjets in ihrer Besatzungszone ihre Pläne und Wunschvorstellungen nicht mehr verwirklichen. Da bedurfte es schon eiserner Nerven und einer noch relativ guten Gesundheit, um den Ränkespielen der Geheimdienste und den Finessen der Diplomaten und Politiker gewachsen zu sein. Und dieser Mann war in den Augen der Russen und ihrer Ostberliner Statthalter der »eiserne Ferdinand«, der ihnen während der schweren Kämpfe in der Arktis im Frühjahr 1942 sowie an der Ostfront in den Jahren 1943 bis 1945 so manches Mal einen gewaltigen Strich durch ihre bereits generalstabsmäßig ausgearbeitete Rechnung gemacht und damit die eine oder andere Offensive vorzeitig zum Stillstand gebracht hatte.

Nimmt es da wunder, daß sich der ostzonale Beauftragte Dr. Ludwig mit anderen kommunistischen Prominenten tagtäglich um die Zustimmung Schörners zum Verbleiben in der DDR bemühte? Hierbei erhielt er Tag für Tag in reichlichem Maße diejenigen westdeutschen und einige ausländische Zeitungen und Zeitschriften, die den »Fall Schörner« in einer sensationslüsternen, reißerischen Form behandelten. Die ihm vorgelegten und frei käuflichen ostzonalen Presseerzeugnisse waren dagegen ganz bewußt auf einen durchaus wohlwollenden Ton gegenüber Hitlers letztem Oberbefehlshaber des Heeres abgestimmt. Der eigentliche Zweck all dieser Maßnahmen, der Einladungen und Besprechungen war und blieb, Schörner zu überzeugen, daß er in der Deutschen Demokratischen Republik hochgeachtet sei, sorgenfrei für sich und seine Kinder leben könne und daß er, seiner Stellung und Persönlichkeit entsprechend, für eine hohe Verwendung in der Nationalen Volksarmee vorgesehen und nicht mehr der Hetze des Westens ausgesetzt sei. Kurzum: er sollte sich für den Osten entscheiden!

Nachdem Ulbrichts Beauftragte schließlich einsahen, daß der Generalfeldmarschall Schörner nicht zu überreden war, sondern auf seinem antibolschewistischen Standpunkt beharrte, wurde ihm durch den ostzonalen Regierungsbeauftragten wörtlich erklärt: »Machen Sie sich doch keine Illusionen, wenn Sie nach dem Westen gehen wollen. Sie werden schon beim Grenzübertritt verhaftet. Sonst sorgen wir dafür, und wir haben auch die Mittel und die Macht dazu, um Ihnen dort jede Arbeit und Ihnen und Ihren Kindern das Leben unmöglich zu machen! [...] Was Sie im Westen erwartet, können Sie doch aus den westdeutschen Zeitungen ersehen, die Sie hier tagtäglich erhalten haben!« [4]

So war es in der Tat. Mehr noch: Das, was der große deutsche Dichterfürst seinem Wallenstein in einem Prolog vorangestellt hat, galt für Hitlers letzten Oberbefehlshaber des Heeres und den einzigen Generalfeldmarschall der deutschen Gebirgstruppe ebenso wie für den Pour-le-mérite-Träger des Ersten und den Träger des Eichenlaubs mit Schwertern und Brillanten zum Ritterkreuz des Eisernen Kreuzes des Zweiten Weltkrieges. Schillers Prolog traf für den Kompanie-Chef der 12. Kompanie des Königlich Bayerischen Infanterie-Leib-Regiments, für den Kommandeur des Gebirgs-Jäger-Regiments 98 und der 6. Gebirgs-Division sowie für den Kommandierenden General des XIX. Gebirgs-Armeekorps und des XXXX. Panzerkorps nicht weniger zu als wie für den Oberbefehlshaber der 17. Armee und der Heeresgruppen Südukraine, Nord und Mitte.

Folgen wir nun dem Lebens- und Leidensweg Schörners, der einerseits als Hitlers »Feldmarschall der letzten Stunde« in die Kriegsgeschichte eingegangen ist und über den andererseits als »Ungeheuer in Uniform« wie über keinen zweiten General der Wehrmacht so viel Umstrittenes berichtet wurde, daß Legende und Wirklichkeit nicht selten miteinander verwoben sind. Das eine von dem anderen fein säuberlich zu trennen und die dann zutage geförderten Daten und Fakten im Sinne Leopold von Rankes vorurteilsfrei und absichtslos gegenüberzustellen, soll die Grundlage dieser ersten umfassenden und wissenschaftlich untermauerten Schörner-Biographie sein.

I.

Vorkriegszeit 1892–1914

»Unser Ausgangspunkt ist der vom einzigen bleibenden und für uns möglichen Zentrum, vom duldenden, strebenden und handelnden Menschen, wie er ist und immer war und sein wird; daher unsere Betrachtung gewissermaßen pathologisch sein wird.«

Carl Jacob Burckhardt

1. Das Münchner »Kindl«

München – zum einen in verkehrsgünstiger Lage am Schnittpunkt internationaler Bahnlinien und Autostraßen und zum anderen am nördlichen Alpenrand in unmittelbarer Nähe der oberbayerischen Seen zu beiden Seiten der Isar gelegen – war sowohl in der Vergangenheit als auch in heutiger Zeit eine südländisch-heiter wirkende Metropole Bayerns, Deutschlands, ja Europas. 1158 durch den Welfenherzog Heinrich den Löwen gegründet, wurde die herzogliche Münzstätte urkundlich 1214 als Stadt erwähnt. Im 14. Jahrhundert umgab Ludwig der Bayer das aufwärts strebende Zentrum zwischen dem Isar- und dem Neuhauser-, dem Sendlinger und dem Schwabinger Tor mit einem zweiten Mauerwall. In seinem Schutze entwickelte sich der wittelsbachische Voralpensitz bis zum Ende des 18. Jahrhunderts zu einer gewerbetüchtigen Bürgerstadt. Mehr noch: Unter den kunstverständigen und weitblickenden Herzögen, Kurfürsten und Königen der Wittelsbacher entfaltete sich München einerseits zu einer weltoffenen Kunststadt, die später zur größten Universitätsstadt Deutschlands aufstieg, und andererseits zu einer wehrhaften Garnison, denn genauso alt wie die Stadt ist auch die Geschichte ihrer Wehranlagen.

»Es ist hier gut sein und wer nur eine kleine Zeit zugegen, will hier seine Wohnung bauen«, so charakterisierte nicht umsonst ein Chronist im Jahre 1782 den Flair der Isarmetropole, die später nicht grundlos zur »Hauptstadt der Bewegung« und schließlich mit dem ehrenden Beinamen »Weltstadt mit Herz« bedacht wurde.

Hier, in Sichtweite der mächtigen Trutzburg der Alpen, erblickte im letzten Dezennium des 19. Jahrhunderts ein strammer Knabe, ein Prachtkerl von einem Münchner »Kindl«, das Licht der Welt – und zwar als letzter Fixstern des Dreigestirns Dietl – Rommel – Schörner, die allesamt als Troupiers zu Hitlers Lieblingsgeneralen aufgestiegen sind. In Himmlers Rede vom 3. August 1944 vor den Gauleitern wurden neben von Schobert und Hube nicht umsonst Dietl und Schörner als »unsere Volkshelden und Volksgenerale« bezeichnet. [1] Der »Held von Narvik« wurde 1890, der »Wüstenfuchs« 1891 und der »Sieger von Athen« am 12. Juni 1892 geboren.

Seine außergewöhnliche militärische Karriere war dem jungen Schörner, der von der katholischen Kirche auf den Namen Johann Ferdinand

getauft wurde, nicht im entferntesten in die Wiege gelegt worden. Denn sein Vater Johann entstammte einer kleinbäuerlichen, altbayerischen Familie. Zunächst Polizeibeamter und Unteroffizier, stieg er später zum Polizei-Oberinspektor und Kgl. Polizei-Kommissär auf. Nicht viel anders sah die soziale Herkunft seiner Mutter Anna Bauer – wie auch die seiner späteren, 1927 geehelichten Frau Liselotte Karboschensky, die ihm die beiden Söhne Hans und Peter sowie die Tochter Anneliese gebar – aus. Und da beide Elternteile dem bürgerlichen Milieu Altbayerns entstammten, war ihr Sohn Ferdinand ein Ur-Bajuware, wie er im Buche steht oder, um im Bilde zu bleiben, auf den zahlreichen Ansichtskarten, den Schützenscheiben und den doppelköpfigen Tarock-Karten des städtischen bzw. ländlichen Bayern abgebildet ist.
Denn, so der Dramatiker Carl Zuckmayer, die »Geburtsheimat ist keine Gefühlsfiktion, kein Gedankenschema. Sie ist ein Gesetz. Sie bedeutet Bestimmung und Vorbestimmung, sie prägt Wachstum und Sprache, Blick und Gehör, sie beseelt die Sinne und öffnet sie dem Wehen des Geistes wie einem keimträchtigen Wind.« [2]
»Der Baier«*, schrieb Friedrich Nicolai rund einhundert Jahre vor Schörners Geburt, »ist im Ganzen nicht so flüchtig in seinem Wesen als der Österreicher; er ist mehr gesetzt; hat nicht so viel Bewegung in den äußeren Gliedmaßen, einen langsamern Gang, einen festern Tritt. Man sieht in Baiern viel Personen von untersetzter Statur, große, starke, breitschulterige, und nur selten schlanke Personen. Unter dem gemeinen Volke bemerkt man viel runde Köpfe und Bierwänste; aber in diesen dicken Körpern ist Kraft, dieß merkt man aus dem Gange, der selten watschelnd und hin und her schwankend ist, wenn gleich der Körper unbehülflich scheint. Man siehet, die Muskeln der Lenden sind derb, und die Knie unterstützen den schweren Körper mit unangestrengter Kraft.« [3] Und einige Seiten weiter heißt es dann, auch auf Schörner zutreffend: »Es sind verschiedene Ursachen, warum die Baiern härter beurtheilt werden, als andere Nationen. Das äußerlich Rauhe ihres Karakters nimmt beym ersten Anblicke nicht für sie ein. Eine Nation, die mehr einnehmendes und geselliges hat, wird eher günstig beurtheilt, wenn sie auch nicht alle Kraft der Baiern besitzen sollte. Dazu kommt, daß die Baiern in der That gar wenig Prätension machen. Sie sind so schlechtweg, mehr als sie sind wollen sie nicht seyn; und dieß macht, daß man manche gute Seiten an ihnen, die durch die äußerliche Rohigkeit ohnedies versteckt wird, weniger bemerkt. Ihre Rohigkeit ist

* Die Schreibweise wurde so wiedergegeben, wie sie zu damaliger Zeit gedruckt wurde.

übrigens mit sehr viel Kraft verbunden. Kraft des Körpers haben sie offenbar, an Kraft des Geistes fehlt es ihnen auch nicht. [. . .] Die Baiern sind rohe Kinder der Natur, unverwöhnt, voll Trieb, voll Kräfte, die nur recht geleitet zu werden bedürfen.« [4]

Schörner war einer dieser typischen Vertreter des urwüchsigen altbayerischen Menschenschlages, der sich nur sehr ungern ins Herz blicken ließ und daher für einige Zeit seines Lebens ein Rätsel geblieben ist. Er war aber auch ein Abbild seines Sternzeichens. Denn in seiner breiten Brust schlugen stets die beiden Seelen der Zwillinge: Härte und Güte, Geist und Einfallsreichtum, Liebe und Haß, aber auch eine unbezähmbare innere und äußere Aggression, ein eiserner Wille sowie ein Durch-die-Wand-Gehen, wenn sich ihm ein schwer überwindliches Problem in den Weg stellte und den Kern seiner Glaubensrichtung oder Gedankenwelt traf. Für nicht wenige war er mit seinen durcheinandergewürfelten Charaktereigenschaften gar der personifizierte Diabolus.

Je älter er wurde, desto mehr verkörperte er dieses allzu bewegliche Sternzeichen des Zwillings mit seinem inneren Zwiespalt, der rastlosen Unstetigkeit und der großen Reiselust, die sich schon sehr früh beim heranwachsenden Jüngling und dann während seiner militärischen Laufbahn herauskristallisierte. Während all dieser Jahre war er heute hier und morgen dort oder plötzlich wie vom Erdboden verschluckt, wenn er sich ganz bewußt zurückzog, um in der Einsamkeit neue Pläne zu schmieden oder Kraft für höhere Aufgaben zu tanken.

Auf Grund seiner intellektuellen Fähigkeiten, die ihm durch seine Nickelbrille im Gesicht geschrieben standen, stöberte er allzu gerne in den Münchner Bibliotheken, Buchhandlungen und Antiquariaten herum und erfaßte, nur ein paar Seiten mit seinen flinken Augen überfliegend, rasch das Wesentliche. Seine schnelle Auffassungsgabe und der kühle Blick für die Quintessenz hinderten ihn allerdings nicht selten daran, ein Buch auch vom Anfang bis zum Ende Zeile für Zeile durchzulesen.

Schörner war ein quecksilbriger Mensch; einer voller nervöser, hektischer Energie, die förmlich in der Luft knisterte. Nimmt es da wunder, daß seine Geduld mit konservativen Schlafmützen oder mit Zeitgenossen, die sich auf bestimmten Gebieten keine eigene Meinung bilden konnten oder wollten, nicht sehr groß war? Seine markanten Gesichtszüge wurden von der einfachen Nickelbrille überlagert. Das Haar war stets korrekt gescheitelt. Die Lippen schmal übereinandergepreßt. Seine hellwachen Augen huschten rasch hin und her und verweilten nie allzu lange auf einem Gegenstand, den sie blitzschnell erfaßten.

Da uns das Schörnerbild der Nachkriegszeit vielfach vereinfacht, meist grobschlächtig überliefert ist, überrascht es gewiß, zu erfahren, daß dieser Mann als Heerführer, mehr jedoch als Privatier, von einer spontanen, einfühlsamen Freundlichkeit sein konnte. Seine Bewegungen waren dann mehr anmutig als militärisch zackig. Für viele seiner Kommilitonen, aber für noch mehr Offiziere – und aus diesem Grunde wurde er auch von vielen von ihnen abgrundtief gehaßt! – war es schwer, gar unmöglich, sich mit ihm geistig zu messen, denn er konnte sich mit Leichtigkeit aus jeder nur erdenklichen Situation jederzeit herausreden. Er war das, was man einen Schnelldenker nennt: voller Ironie und fast stets gescheiter als die anderen, mit denen er als Student oder als Soldat, dienstlich oder außerdienstlich zu tun hatte.

Seinem Sternzeichen entsprechend erschien Schörner oft unverhofft wie ein wißbegieriger Vogel, das Geschehen mit aufgeregter Neugier überblickend, um dann in diametral entgegengesetzter Richtung davonzufliegen, ehe ihn die Untergebenen auch nur begrüßen oder ihm eine gescheite Meldung erstatten konnten. Er war stets auf dem Sprung, konnte mühelos zwei Dinge gleichzeitig mit weniger Anstrengungen als ein Normal-Sterblicher erledigen. Hierzu paßt das Bild, daß er zuweilen mit einem Telefonhörer in jeder Hand gesehen wurde. Dagegen haßte er jede Art von Routine. Sie deprimierte ihn wie ein Vogel, den man in einen Käfig gesperrt oder die Flügel gestutzt hat. Er verabscheute die Eintönigkeit des Denkens wie des Handelns, daher war er stets für Überraschungen gut und niemand vor dergleichen sicher.

Schörners Wandlungsfähigkeit war genauso erstaunlich wie seine Sprachgewandtheit. Seinem unwiderstehlichen Redefluß unterlagen nicht nur Untergebene und Gleichrangige, sondern auch Vorgesetzte – und zuweilen sogar Hitler. Er wußte nämlich zu genau, wie er andere von deren hartnäckigen Überzeugungen abbringen konnte. Er hatte die Gabe, sie geistig dermaßen zu manipulieren, daß sie zum Schluß mit ihm nicht nur übereinstimmten, sondern ihm sogar noch dankbar waren.

Wenn es jedoch Ungelegenheiten gab, so wußte er instinktiv, wo das dunkle Geheimnis des Lebens verborgen ist, und schon setzte er seinen flinken Verstand und seine schlaue Zunge ein, um Staub aufzuwirbeln, um die notwendige Aufmerksamkeit, die er brauchte, auf sich zu lenken.

Wann und wo immer er es für nötig hielt, setzte er die ganze Gewalt seiner sprachlichen Ausdrucksfähigkeit ein. Seine Stärke war später auch das Abfassen von Befehlen, Anordnungen, ja von Drohungen, wenn er den Erfolg auf seine Seite zwingen wollte. Aus der Nachkriegszeit sind uns viele Briefe Schörners an seine treuen Kameraden und Freunde überliefert. [5] Dagegen hat er das Wagnis, seine Lebenserinnerungen für die Nachwelt festzuhalten, trotz verlockender finanzieller Angebote nicht auf sich genommen. Es mag paradox klingen, aber der Grund dafür liegt auf der Hand, wenn man bedenkt, wie ungern Schörner an einer Meinung Zeit seines Lebens festhielt. Daher zögerte er vielfach, seine ureigensten Gedankengänge zu Papier zu bringen, weil er spürte, daß das, was er heute noch für richtig, für das Non-plus-Ultra hielt, ihm am nächsten Tage schon nicht mehr viel bedeuten könnte. Er war mehr ein Mann des gesprochenen als des geschriebenen Wortes. Nimmt es da wunder, daß er bald mehr als eine Sprache sprach, verstand oder las? So war es ihm ein leichtes, auf die eine oder andere Art mit dem Worte zu triumphieren! Der »Große Brockhaus« war ihm als Student so vertraut wie später als Soldat Clausewitz' Klassiker »Vom Kriege«.

Nicht selten neigte der impulsive Schörner dazu, von einem Extrem in das andere zu fallen: Aus dem Philologen wurde der Feldherr, aus dem Humanisten der knallharte Landsknecht und aus dem Schöngeist der Durchhalte-General. Immer, und das war ihm bei allem seinem Tun und Treiben das Wichtigste, erreichte er letzten Endes fast mühelos sein Ziel. Denn nur wenige Menschen waren stark genug, um seiner Mischung aus Charme und Intellekt, aus Charisma und grenzenloser Energie zu widerstehen.

Zur Beruhigung seines stets auf Hochtouren schlagenden Herzens und seines überdrehten Geistes hätte Schörner eigentlich doppelt soviel Schlaf wie andere Menschen gebraucht. Das war jedoch fast nie der Fall. Eine gewisse nervöse Erschöpfung war eine ständige Bedrohung seiner Gesundheit. Daher zwang er sich, der ein Leben lang ohne eine Schlaftablette ausgekommen ist, [6] sich zuweilen von der Hektik des Tagesablaufes zu lösen und gönnte sich zwischendurch Minuten der Entspannung, damit sich seine permanent überspannten Nerven und die überaktiven Gehirnzellen regenerieren konnten.

Instinktiv erahnte er beizeiten, daß ihm viel Sauerstoff und Sonnenschein gut taten, um gesund zu bleiben. Beide holte er sich in seiner Kindheit bei Sport und Spiel; während seiner Jugendzeit und in seinen besten Mannesjahren im Sommer beim Bergsteigen und im Winter beim Skilaufen; während des Ersten und Zweiten Weltkrieges im harten Fronteinsatz und während seines Lebensabends wiederum bei ausgedehnten Wanderungen, wobei er nicht selten mehr als zehn Kilometer in einem Zuge per pedes zurücklegte und damit Herz, Kreislauf und Lunge fit hielt. Das merkwürdigste an Schörner war, daß er eher einen Nervenzusammenbruch aus Langeweile als aus Überanstrengung hätte erleiden können.

Tief in seinem Innern war dieser sensible Mann mit seiner rauhen Schale und seinem weichen Kern stets auf der Suche nach einem Ideal. Hierzu zählten für ihn während des Deutschen Kaiserreiches und des bayerischen Königshauses Heimattreue, Traditionsgebundenheit sowie Kaiser- und Königstreue; später, während der nationalsozialistischen Herrschaft, Vaterlandsliebe, Blut und Ehre sowie eine unabänderliche Treue zum Führer.

Seine rege Phantasie kannte keine Grenzen: Ruhm und Karriere waren ihm niemals genug. Er wollte stets noch höher und immer weiter hinaus. Auf einem anderen Feld war ihm das Gras viel grüner, der Himmel über einem anderen Ozean viel blauer, und die Sterne strahlten ihm an einem anderen Ort viel heller. So war er auch stets auf der Suche nach einem verborgenen, unentdeckten Wesenszug in seinem Selbst. Denn er war bis in sein hohes Alter ein intellektueller Abenteurer und Entdecker, der bei seinen geistigen Attacken seine zahlreichen Gegner und Neider schier zur Verzweiflung brachte.

Schörner verfügte über einen gewissen Humor und einen nicht für möglich gehaltenen Takt. Er war, wenn er es für notwendig hielt, aber auch diplomatisch und gewandt. Doch fehlten ihm, dem Schnelldenker, im Umgang mit seinen Mitmenschen nicht selten Ausdauer und Geduld. Trotz der vielen Menschen, die in all den Friedens- und Kriegsjahren, in seiner Studienzeit und den diversen militärischen Verwendungen ständig um ihn herum waren, teilte er seine tiefsten Gefühle und Empfindungen nur mit einem ständigen Begleiter – und das war einzig und allein sein zweites Zwillings-Ich. Daher blieb er im Grunde seines Herzens sein Leben lang ein Einsamer im rundherum prall gefüllten Menschenleben.

Schörners Element war weder das Wasser noch die Erde, sondern die Luft, die er auf den Gipfeln seiner alpenländischen Heimat so tief einatmen konnte, daß er dort droben vor lauter Glück fast schwindelig wurde. Sein Herrscher war nicht Neptun, der Gott der Meere, sondern Merkur. Er wies ihm in einer, ja in *der* entscheidenden Phase seines Lebens den Weg – und zwar fort vom angestrebten, eintönigen verbeamteten Lehrerberuf und hin zur abwechslungsreichen Berufung als Offizier mit seinen vielschichtigen Verwendungen als Kompanie-Chef, Regiments- und Divisions-Kommandeur, als Kommandierender General und Oberbefehlshaber von Armeen und Heeresgruppen.

Schörners Lieblingsfarbe war Gelb. Nicht umsonst wählte er später, als er mit der Aufstellung der 6. Gebirgs-Division beauftragt wurde, als taktisches Zeichen für diesen von ihm innerhalb kürzester Zeit aus dem Boden gestampften und dann mit eiserner Hand geformten Gebirgsgroßverband nicht den »Blauen Enzian«, sondern das »Gelbe Edelweiß«.

2. Als Einjährig-Freiwilliger »Leiber«

Wie oft stand der heranwachsende Schörner zwischen den Prachtbauten der Münchner Residenz und der Feldherrnhalle! Um besser sehen zu können, bestieg er die breite Treppe der Ruhmeshalle und postierte sich zwischen dem Säulenbogen und dem steinernen bayerischen Löwen. Dann glitt sein neugieriger Blick die kilometerlange Ludwigstraße entlang zum stolzen Siegestor. Schon fand das suchende Auge eine Abteilung von blau uniformierten, schmuck anzusehenden Paradesoldaten, die in der linken Hand das Gewehr, auf dem Rücken den Tornister und als Kopfbedeckung die Pickelhaube trugen. Der junge Ferdinand war jedoch nicht der einzige, der der aufziehenden Wache des Königlich Bayerischen Infanterie-Leib-Regiments neugierig und ehrfurchtsvoll zugleich zuschaute. Insbesondere die Veteranen aus dem deutsch-deutschen und dem deutsch-französischen Krieg mit ihren uneingeschränkt bewunderten Eisernen Kreuzen des Einigungskrieges sowie die feschen jungen Münchnerinnen zählten zu den zahlreichen Verehrern und Verehrerinnen dieses bayerischen Garde-Regiments.
Aber nicht nur hier, in der Münchner Innenstadt, fand man den jungen Schörner, wenn das Militär aufmarschiert war. Auch draußen, auf dem berühmten Oberwiesenfeld, oder in der Prinzregentenstraße war er anzutreffen, wenn der betagte Prinzregent eine Parade abnahm; wie zum Beispiel jene der Garnison München zu Ehren seiner Königlichen Hoheit, des Prinzregenten Luitpold von Bayern, zu dessen Geburtstag am 12. März 1904. Es war ein farbenfrohes militärisches Schauspiel, das die zahlreichen Münchner, die die Straßen eng beieinander stehend säumten, an diesem Tage zu sehen bekamen. Der Flügeladjutant des 83 Jahre alt gewordenen Prinzregenten, der als Point am rechten Flügel stehende Graf Castell, trug noch den alten bayerischen Zweispitz der Generale mit dem Federbusch, wie ihn Luitpold von Bayern zeitlebens

statt der von der preußischen Armee übernommenen Pickelhaube getragen hat.
Im Mittelpunkt des Interesses und der allgemeinen Bewunderung standen aber auch hier neben dem allseits verehrten Prinzregenten die nicht weniger beliebten »Leiber«. »Die kgl. bayerische Armee verfügte über drei Armeekorps. Ohne weiteres wäre es zu vertreten gewesen, zumindest eine Garde-Division zu unterhalten. Die Wittelsbacher dachten anders. Im Rahmen ihres Heeres ist nur eine Einheit zu ermitteln, die Garde-Charakter trägt: das Infanterie-Leib-Regiment in München. Das Offizierskorps entstammte in seiner überwiegenden Mehrheit dem Adel.« [7]
Kaum hatte Schörner im Juli 1911 sein Abitur im Münchner Luitpold-Gymnasium erfolgreich abgelegt, schon meldete er sich als Einjährig-Freiwilliger beim elitären Königlich Bayerischen Infanterie-Leib-Regiment in der Türken-Kaserne, von der heutzutage in der Türkenstraße nur mehr das Eingangsportal mit einer Gedenktafel an die einstige militärische Anlage in unmittelbarer Nähe der Alten Pinakothek erinnert. Daß er diesen Schritt tat, hatte für den jungen Mann einen ganz realen Hintergrund, denn im Deutschen Kaiserreich wie im Königreich Bayern stand das Offizierskorps an der Spitze der gesellschaftlichen Hierarchie. Reserveoffizier zu werden, das war nicht nur der Traum Schörners, sondern der vieler Bürgerlicher, die Krönung ihres sozialen Prestiges, das durch das Tragen der Uniform gewaltig aufgebessert wurde. Nicht umsonst ließen sich sowohl Kaiser Wilhelm II. als auch Bismarck in der Öffentlichkeit in schmucken Soldatenröcken sehen. Die militärischen Tugenden waren auch der Maßstab für das zivile Leben. [8]
Vorläufer der »Leiber« war das Grenadier-Garde-Regiment von 1814 Seine Errichtung fiel in eine Zeit tiefgreifender Veränderungen. Die Chronik des Regiments berichtet darüber in groben Zügen wie folgt: [9]
Der mächtige Ruhestörer Europas, der französische Kaiser Napoleon, war 1813 in der Völkerschlacht bei Leipzig unterlegen. Die Deutschen diktierten 1814 in Paris den Frieden. Die Welt atmete auf. Aber schon 1815 jagte die Kriegsfurie wieder durch die Lande. Napoleon war von der Mittelmeerinsel Elba nach Frankreich zurückgekehrt, und alles eilte wieder in alter Leidenschaft zu den Waffen. So fand die Gründung des Grenadier-Garde-Regiments unter den merkwürdigsten Umständen statt: teils in kurzer Friedenszeit, teils mitten im Krieg tief in Feindesland. Es handelte sich dabei jedoch um keine völlige Neubil-

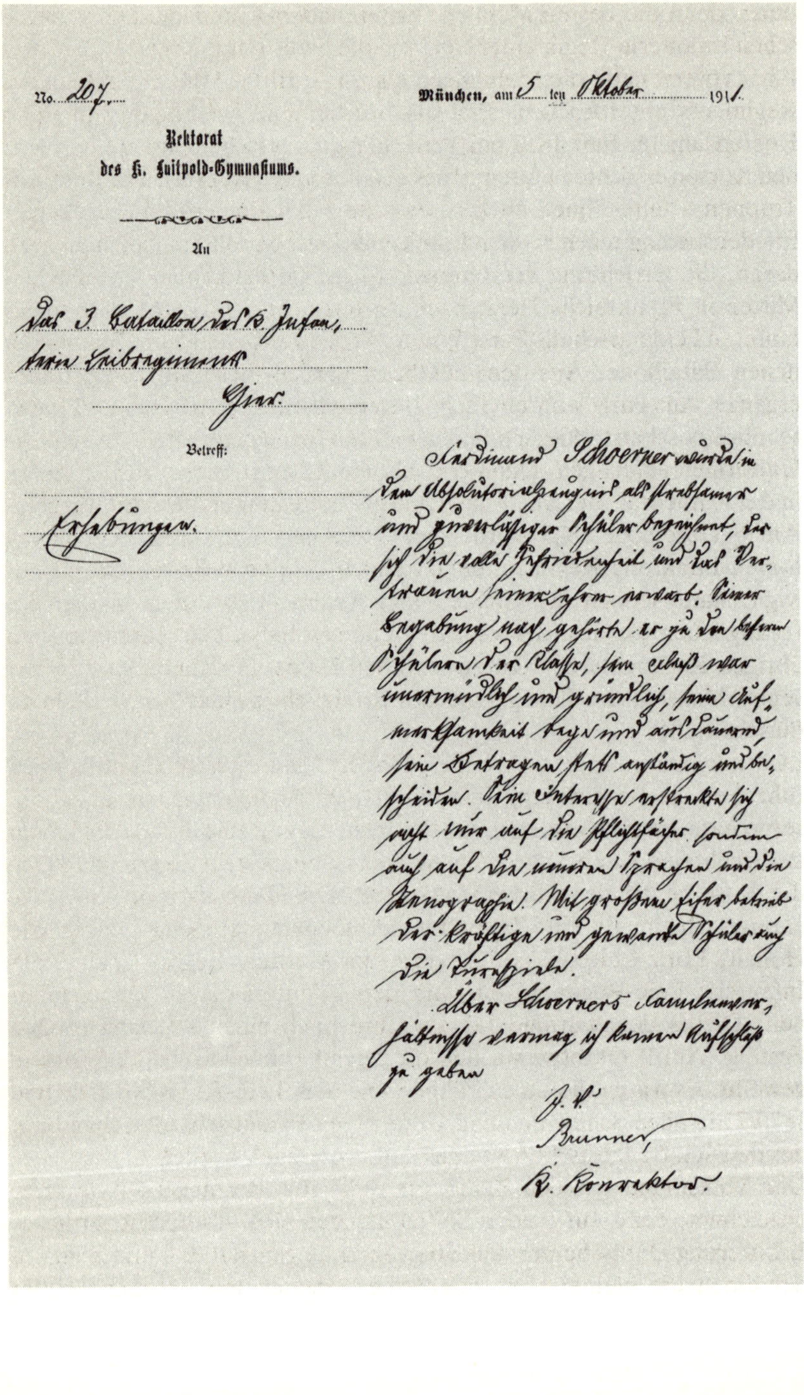

No. 207.

München, am 5 ten Oktober 1911.

Rektorat
des K. Luitpold-Gymnasiums.

An

das 3. Bataillon des K. Infanterie Leibregiments

Hier.

Betreff:

Erhebungen.

Ferdinand Schoerner wurde in dem Absolutorialzeugnis als strebsamer und zuverlässiger Schüler bezeichnet, der sich die volle Zufriedenheit und das Vertrauen seiner Lehrer erwarb. Seiner Begabung nach gehörte er zu den besseren Schülern der Klasse, sein Fleiß war unermüdlich und gründlich, seine Aufmerksamkeit rege und ausdauernd, sein Betragen stets anständig und bescheiden. Sein Interesse erstreckte sich nicht nur auf die Pflichtfächer, sondern auch auf die neueren Sprachen und die Stenographie. Mit großem Eifer betrieb der kräftige und gewandte Schüler auch die Turnspiele.

Über Schoerners Familienverhältnisse vermag ich keinen Aufschluß zu geben.

I. V.
Brunner,
K. Konrektor.

dung, denn die besten Männer der Grenadier-Kompanie aller bayerischen Infanterie-Regimenter traten in die neue Truppe ein.

Aber vorerst hatte die Mobilmachung im April 1815 die Errichtung des Regiments unterbrochen. Erst als Blücher und Wellington mit ihren Heeren am 18. Juni 1815 bei Waterloo den entscheidenden Sieg über den Korsen erfochten hatten, Paris gefallen war und zahlreiche deutsche Truppen – unter ihnen auch bayerische – bis zur Erfüllung einzelner Friedensbedingungen noch in Frankreich bleiben sollten, ging man auch daran, die Errichtung des Grenadier-Garde-Regiments zu vollenden. Mitten in Frankreichs Herz, nach Auxerre, in das Hauptquartier des tapferen Feldmarschalls Fürst Wrede, kam aus München der Stamm der neuen Bataillone. Aus dem Feldheer wurden diese auf Kriegsstärke ergänzt. Aus Paris wurden Tuch, Bärenmützen, Federbusch und Fangschnüre beschafft. 400 Schneider mußten im Kloster von Auxerre die Uniformen anfertigen. Dann endlich, am 22. September 1815, konnten in der Kathedrale der Stadt die Fahnen des Regiments geweiht werden.

Am 6. Dezember 1825 wurde das Grenadier-Garde-Regiment in ein Linien-Infanterie-Regiment umgewandelt. »Seine Majestät König Ludwig I. hatte jedoch die Gnade, dem Regiment in Anerkennung des vorzüglichen Geistes, den es stets bewiesen habe, den Rang vor allen übrigen Regimentern einzuräumen, den Dienst in unmittelbarer Nähe seiner Majestät des Königs und des Königlichen Hauses verrichten zu dürfen.« [10]

Und nochmals wurde der Name geändert: Seit dem 28. Oktober 1835 führte es die Bezeichnung Infanterie-Leib-Regiment. Seine erste Kaserne hatte es am Hofgarten, wo heute die Bayerische Staatskanzlei mit der wuchtigen Kuppel des alten Armeemuseums steht, bevor es 1883 in die Kaserne an der Türkenstraße zog. Das Jahr 1841 brachte dem elitären Regiment eine besondere Auszeichnung: Seine Königliche Hoheit, Prinz Luitpold von Bayern, der künftige Regent, trat in das Infanterie-Leib-Regiment ein, um den Infanteriedienst kennenzulernen. Dieses denkwürdige Jahr brachte noch einen weiteren großen Festtag. Am 9. Oktober wurden die neuen Fahnen auf dem Marsfeld geweiht. Es waren dieselben Fahnen, die dem Leib-Regiment 1866 und 1870/71 in allen Schlachten und Gefechten des deutsch-deutschen bzw. des deutsch-französischen Krieges vorausgetragen wurden.

Der Volksmund hat den Krieg von 1866 mit Recht als Bruderkrieg bezeichnet, denn auf beiden Seiten standen sich in leidenschaftlicher Erbitterung Deutsche mit derselben Sprache gegenüber – und zwar auf der einen die kleineren norddeutschen Staaten mit Preußen an der

Spitze und auf der anderen alle süddeutschen (einschließlich Bayern) als Verbündete Österreichs. Nach der Entscheidungsschlacht bei Königgrätz trat am 2. August endgültig die Waffenruhe ein. Am 22. wurde der Friede unterzeichnet. Bayern und die »Leiber« zählten zu den Verlierern. Dennoch wurden sie (wie die Österreicher) schonend behandelt, um als künftige Bundesgenossen Preußens zur Verfügung zu stehen. In der Tat: Nur einige Jahre später kämpften die Kriegsgegner von 1866 Seite an Seite in treuer Waffenbrüderschaft gegen den gemeinsamen französischen Gegner um den Siegeslorbeer, der schließlich den deutschen Stämmen nach den entscheidenden Schlachten um Metz und bei Sedan in den Schoß fiel. Am Ende stand die Kaiserproklamation im Schloß von Versailles und die Gründung des kleindeutschen Kaiserreiches unter Ausschluß Österreichs, das fortan einerseits mit seiner ungarischen Reichshälfte zum Hauptverbündeten des Bismarckreiches wurde und in dem andererseits der »großdeutsche Gedanke« nach einem Zusammenschluß mit seinem stärkeren Bruder sich immer mehr festsetzte.

Trotz der siegreichen Einigungskriege von 1864, 1866 und 1870/71 kam es auch nach der Reichsgründung zu keiner Gründung einer »kaiserlichen Armee«. Vielmehr beharrten die großen Königreiche Preußen, Württemberg, Sachsen und Bayern weiterhin auf ihren Armeen, mit denen sie dann auch unter eigenen Befehlshabern – jedoch unter kaiserlichem Oberbefehl – in den Ersten Weltkrieg zogen.

Nun war Schörner selbst ein »Leiber«. In der institutionalisierten Hackordnung der Bayerischen Armee hatte er sich ganz bewußt die Infanterie als »Trägerin des Kampfes« für seine Einjährig-Freiwillige Dienstzeit auserwählt. Nein, zur Kavallerie, dem »Auge des Feldherrn«, hatte es ihn genauso wenig hingezogen wie zur Artillerie, dem »Gerippe der Schlacht«, oder gar zum Train, der vielfach kaum noch als eine militärische Waffengattung betrachtet und daher nicht selten als »Hausknecht der Armee« verspottet wurde. Als Elitetruppe, zu der er sich unwiderstehlich hingezogen fühlte, war ihm das angesehene, traditionsreiche Königlich Bayerische Infanterie-Leib-Regiment gerade recht. Diese Entscheidung war der Grundstein dafür, daß er später Hitlers einziger hoher General wurde, der ursprünglich dem Reservestand angehörte. Mehr noch: Schörner war einer der ganz wenigen, die im Leib-Regiment nicht dem Adel angehörten. So waren dort von 60 Offizieren nicht weniger als 53 Adelige! [11]

Der Einjährig-Freiwillige-Militärdienst basierte im Kaiserreich auf den älteren preußischen Militärgesetzen der Deutschen Wehrordnung:

»Junge Leute von Bildung, welche sich während ihrer Dienstzeit selbst bekleiden, ausrüsten und verpflegen, und welche die gewonnenen Kenntnisse in dem vorgeschriebenen Umfange dargelegt haben, werden schon nach einer einjährigen aktiven Dienstzeit im stehenden Heere – vom Tage des Diensteintritts an gerechnet – zur Reserve beurlaubt«, heißt es dort. [12] »Anspruch auf dieses von der preußischen Militärbürokratie postulierte ›Bildungs‹prädikat hatte jeder, der die an einer der staatlich anerkannten Lehranstalten erworbene Qualifikation (im allgemeinen der erfolgreiche Besuch der Untersekunda) zum Einjährigen-Militärdienst nachweisen konnte oder eine ›wissenschaftliche Befähigung‹ vor einer besonderen Prüfungskommission dargetan hatte.« [13]
Weniger als in Preußen wurde jedoch in Bayern von der Möglichkeit Gebrauch gemacht, als Einjährig-Freiwilliger in die Armee einzutreten. Diese Art des militärischen Dienens erschien zum Beispiel »den Kandidaten des Volksschulamtes und ihren Angehörigen unter den zur Zeit bestehenden Verhältnissen als keineswegs begehrenswert«. [14] Denn die Volksschullehrer sowie ihre Anwärter auf dieses Lehramt rekrutierten sich zum Großteil »aus den unbemittelten Familien des Reichs«. Also aus Eltern, die im wahrsten Sinne des Wortes »mit Müh und Not« ihre Söhne bis zum Seminar-Abschluß gebracht hätten. Sie müßten nach den Vorschriften und Richtlinien auch jetzt noch die »großen Kosten« des Freiwilligenjahres tragen. »Da ihnen dies nicht möglich sein wird, so bleibt den Abiturienten des Lehrerseminars nichts anderes übrig, als zwei Jahre lang gleich den Leuten mit gewöhnlicher Schulbildung als Gemeine zu dienen.« [15]
Um den Eltern nicht noch mehr auf dem Geldbeutel zu liegen, wurde die Dienstpflicht der Volksschullehrer durch einen Erlaß des Kriegsministers vom 20. August 1895 während einer fünfjährigen Übergangszeit auf eine neue Grundlage gestellt. »Bis zum Jahre 1900 hatten die Lehrer und Seminar-Absolventen die Möglichkeit, auf dreierlei Art ihrer Wehrpflicht zu genügen. Schulamtskandidaten, die die mit dem Militärjahr verbundenen Kosten aufzubringen vermochten, stand der einjährig-freiwillige Militärdienst mit allen Privilegien offen. In ›Fällen hervorragender Leistungen‹ und bei ›musterhafter Führung‹ konnte ›ausnahmsweise‹ die Beförderung zum Unteroffizier erfolgen. Wer trotz fehlender Mittel auf das ›Einjährigen-Jahr‹ nicht verzichten mochte, hatte die Möglichkeit, einjährig-aktiv, als sogenannter ›Staats‹- oder ›Königseinjähriger‹ zu dienen, wobei die Kosten für Ausrüstung und Verpflegung von der Militärverwaltung getragen wurden. Dafür entfielen Vorrechte wie die freie Wahl von Truppenteil und Standort.« [16]

Schörner hatte dennoch das seltene Glück, sich als Einjährig-Freiwilliger sowohl seinen Standort als auch seinen favorisierten Truppenteil aussuchen zu können. Nun war er aufgefordert, vom ersten Tage seiner Dienstzeit an seine »Zivilstellung«, seine überlegene Bildung, sein Herkommen« und alles andere in »vollem Umfange« zu vergessen. [17] Nicht mehr Student oder gar Intellektueller zu sein. Die wichtigsten Grundvoraussetzungen hierfür waren der Korpsgeist und die Kameradschaft, die militärische Disziplin und das Gehorchen.
Zum Gehorsam kam der Drill durch die Unterführer, die die Einjährig-Freiwilligen alles andere als bevorzugt behandelten. Um »sich über die Kritik der Unteroffiziere hinwegzusetzen [. . .] halfen ihnen doch Selbstbewußtsein und gesellschaftlicher Status.« [18] Zur Ausbildung kam die Erziehung in der »Schule der Nation«. Die Dienstvorschriften forderten »die Beherrschung der vorgeschriebenen exerziermäßigen und taktischen Formen, die virtuose Handhabung der Waffe sowie die Bildung eines selbständig denkenden und handelnden Soldaten.« [19]
Schörner war ein guter, ein sehr guter, ja ein überaus ehrgeiziger, führungsstarker und strebsamer Soldat. Dank seiner schnellen Auffassungsgabe und auf Grund seines messerscharfen Verstandes hatte er sich nicht nur schnell im militärischen Alltag eingelebt, sondern auch ausgesprochen wohl gefühlt. Dennoch überwog bei ihm der Wunsch, seine sprachliche Begabung und sein fundiertes Allgemeinwissen durch ein einschlägiges Studium zu untermauern. Sein langgehegter Herzenswunsch, Lehrer zu werden, obsiegte daher zunächst noch einmal über seine militärischen Ambitionen. So zog es ihn nach einem Jahr sorgloser »Leiber«-Zeit von der Türken-Kaserne der bayerischen Landeshauptstadt zur nahe gelegenen Münchner Universität.

3. Der Studiosus

Zwischen der Feldherrnhalle und dem Siegestor erstreckt sich die dreiflügelige Anlage der Universität München, die Friedrich von Gärtner zwischen 1835 und 1839 als romanisches Gegenstück zu Leo von Klenzes klassizistischem Kriegsministerium geschaffen hat. Hier und nicht dorthin zog es fortan den Studiosus Schörner, wenn er dem schnurgeraden Verlauf der breiten Ludwigstraße folgte. Dann betrat er neugierig den breiten Hauptbau.

Um den Beruf des Lehrers ausüben zu könnten, hatte der junge Schörner sich 1912 für das Studium der Philosophie und Neuphilologie entschieden. Das kam zweifellos seinen sprachlichen Anlagen und seinen philosophischen Interessen sehr entgegen, denn als Philologe stand ihm später die Tür als Forscher und Lehrer der Literatur- und Sprachwissenschaft gleichermaßen weit offen. Während sich seine altphilologischen Kommilitonen mit den griechischen und lateinischen Sprachdenkmälern befaßten, wandte er sich den lebenden, den germanischen und romanischen Sprachen zu. Sechs Semester studierte er nun in München Englisch, Französisch und Italienisch.

Um seine Sprachstudien zu vervollständigen, immatrikulierte sich Schörner zunächst für ein Semester an der Universität von Lausanne. Auf einem von zwei sich vereinigenden Bächen gebildeten Sporn am Südhang des Mont Jorat liegt die Altstadt. Sie wird von einer der größten und schönsten gotischen Kathedralen der Schweiz gekrönt, nämlich von der im 12. und 13. Jahrhundert erbauten Notre Dame. In der Schönheit der weiten Seen- und Berglandschaft mit ihrem milden und sonnigen Klima hat sich Schörner ausgesprochen wohl gefühlt. Überdies genoß die Metropole am Genfer See den guten Ruf, einer Stadt der Erziehung, des Unterrichts und der Medizin, die von vielen Ausländern seit eh und je aufgesucht wurde. Und er, Schörner, war jetzt einer unter ihnen. Jedoch nicht allzu lange, um feste Wurzeln zu schlagen.

Denn der junge Mann war nicht nur sprachgewaltig, sondern auch sprachbegabt. Daher zog es ihn weiter. Dieses Mal nach Grenoble, um seine französischen Sprachkenntnisse zu vertiefen. Die ehemalige Metropole der Dauphiné ist nicht nur Bischofs- und Universitätsstadt, sondern auch Sitz mehrerer Fachschulen in einer großartigen Gebirgsumrahmung. Schörner fühlte sich auch inmitten dieser gigantischen Naturkulisse mit ihrem geistigen Hintergrund sogleich wohl. Aber, seinem unsteten Naturell entsprechend, auch wiederum nicht allzu lange.

Nun zog es ihn unwiderstehlich südwärts – hinab nach Italien, in das Land der deutschen Sehnsüchte und Urlaubsträume. Für Schörner war es jedoch mehr: ein überaus lohnender Studienaufenthalt. Hier verband er die Besichtigungstouren zu den antiken und klassischen Sehenswürdigkeiten inmitten einer prachtvollen Landschaft mit ihrem angenehmen Klima mit einer praktischen Anwendung und Vervollständigung seiner italienischen Sprachkenntnisse. Das Bild, das uns vielfach von Schörner als nur von und mit der rohen Gewalt lebenden Machtmen-

Universität München.

Der Studierende der Neueren Sprachen

Herr Ferdinand Schoerner

geboren in München

befindet sich zurzeit zur Fortsetzung seiner Studien an der hiesigen Universität.

Er steht im fünften Semester und beabsichtigt vom Juli mit Oktober 1914 die Ferienkurse zu Grenoble und Paris zu besuchen.

Durch Unterbrechung seines Studiums würde er bedeutenden Nachteil erleiden.

München, den 20. November 1913.

Der Syndikus:

schen überliefert ist, das paßt so ganz und gar nicht zu dem humanistisch-abendländisch geprägten Studiosus, der während seines Italienaufenthalts sowohl auf den Spuren des größten deutschen Dichterfürsten als auch auf denen der Staufer wandelte. Einerseits suchte er wie Goethe in den altrömischen Ruinen nach dem Schönheitsideal der Antike, andererseits beflügelte sein großes Wissen um die historischen Zusammenhänge seinen regen Geist und ließ das Heilige Römische Reich Deutscher Nation vor seinem inneren Auge aus seinem tausendjährigen Dornröschenschlaf zu neuem Leben erwachen.
Und in der Tat schien die Zeit nach einer Epoche des relativen Friedens wieder reif zu sein für einen gewaltigen politischen Umbruch.
»Weltpolitik als Aufgabe, Weltmacht als Ziel«, hieß die von Militär und Wirtschaft sowie vom Groß- und Kleinbürgertum getragene Losung.
Denn während der junge Schörner noch in Italien weilte, schlitterte Europa in einen allgemeinen Krieg, den eigentlich niemand so recht gewollt hatte, hinein. Die entscheidenden militärpolitischen Ereignisse des Sommers 1914 waren:
Das Ultimatum und die Kriegserklärung Österreich-Ungarns an Serbien nach dem Attentat auf den österreichischen Thronfolger Franz Ferdinand und dessen Gemahlin Sophie in Sarajewo. Das Deutsche Kaiserreich unterstützte die k. u. k. Doppelmonarchie; Rußland stärkte seinerseits den Serben den Rücken. Dann erfolgte die russische Generalmobilmachung, die von Deutschland und Österreich-Ungarn als Kriegserklärung aufgefaßt wurde. Auf der Grundlage des »Schlieffenplanes«, nach dem Frankreich mit den Hauptkräften der deutschen Armee rasch niedergeworfen werden sollte, während man im Osten nur hinhaltend kämpfte, erklärte das Deutsche Reich nach der russischen Vollmobilmachung nicht nur dem Zaren, sondern auch Frankreich den Krieg. Damit war der Weltkrieg ausgelöst worden.
In diesen gnadenlosen Lebenskampf zogen nun alle Völker mit einer Begeisterung, die uns heute mehr als merkwürdig erscheinen muß. Und Schörner, der sich in seinen Semesterferien wiederholt zu Reserveübungen gemeldet hatte, war plötzlich mitten drin im Strom der Millionenheere, die jubelnd in die ersten Gefechte und Schlachten des Westens zogen. Das war der Grund, warum es bei ihm zu keinem Studienabschluß gekommen ist. Dennoch gelang es ihm, die Dolmetscherprüfung in Französisch und Italienisch abzulegen.

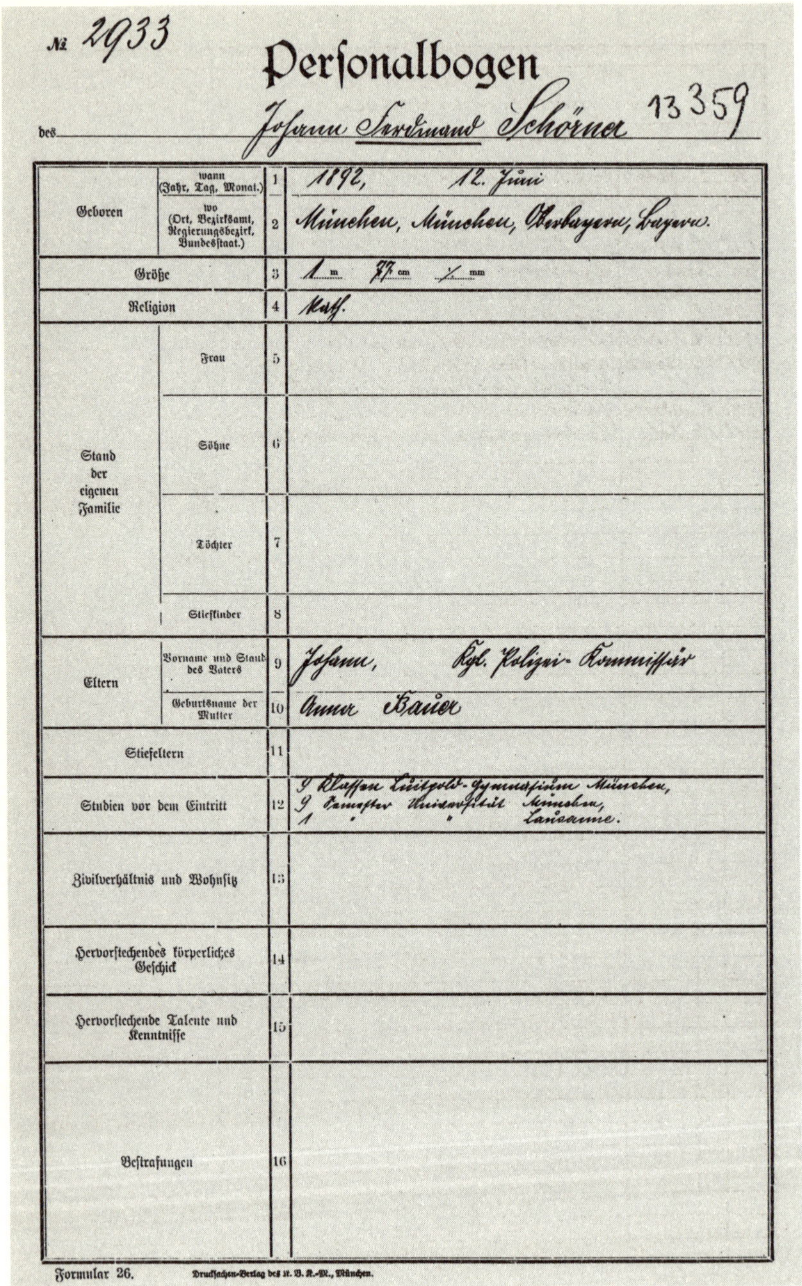

№ 2933

Personalbogen

des Johann Ferdinand Schörner 13359

Geboren	wann (Jahr, Tag, Monat.)	1	1892, 12. Juni
	wo (Ort, Bezirksamt, Regierungsbezirk, Bundesstaat.)	2	München, München, Oberbayern, Bayern.
Größe		3	1 m 77 cm / mm
Religion		4	kath.
Stand der eigenen Familie	Frau	5	
	Söhne	6	
	Töchter	7	
	Stiefkinder	8	
Eltern	Vorname und Stand des Vaters	9	Johann, Kgl. Polizei-Kommissär
	Geburtsname der Mutter	10	Anna Bauer
Stiefeltern		11	
Studien vor dem Eintritt		12	9 Klassen Luitpold-Gymnasium München, 9 Semester Universität München, 1 " " Lausanne.
Zivilverhältnis und Wohnsitz		13	
Hervorstechendes körperliches Geschick		14	
Hervorstechende Talente und Kenntnisse		15	
Bestrafungen		16	

Formular 26. Drucksachen-Verlag des K. B. K.-M., München.

17				18
Zugang, Ernennungen, Beförderungen, Versetzungen 2c. 2c.				Orden und Ehrenzeichen: a. vaterländische, b. fremde
Jahr	Tag	Monat		
1911	1.	Oktober	Einj. Freiw. beim Inf. Leib Rgt., 12. Komp.	a. ~~MVO 4b m. Schw. 11.10.15~~
1912	1.	April	Gefreiter	MVO 4a m. Schw. 24.10.17
1912	1.	August	Unteroffizier	
1912	30.	Septemb.	zur Reserve entlassen	
1913	22.	Mai	Vizefeldwebel	
1914	7.	August	mit Inf. Leib Rgt. ins Feld	
1914	28.	"	Offiz. Stellv.	
1914	29.	Novemb.	Leutnant d. Res. d. Inf. ohne Patent	
1917	26.	Dezemb.	in den aktiven Stand des I. L. R. versetzt unter Vorbehalt der Regelung des Rangs.	
1918	4.	Februar	Patent vom 18.6.1913 N° 2a erhalten	
1918	15.	Juli	Oberleutnant mit Patent vom 15.7.1918 N° 1240	
				b.
				PEK 2. 1914 – 22.12.14
				PEK 1. 1914 – 27.1.17
				ÖMVK 3. Kd. 20.4.16
				Pplm 1 17.12.17

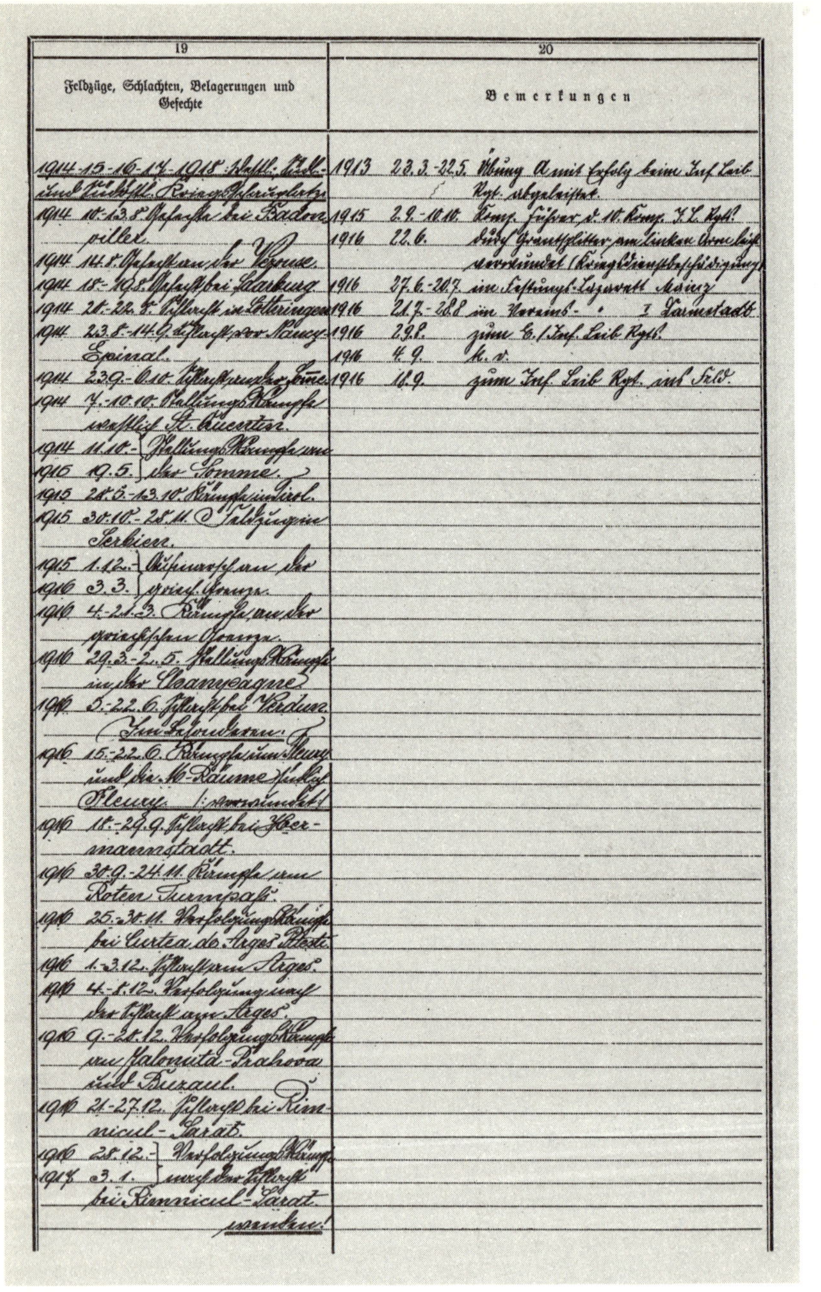

19 Feldzüge, Schlachten, Belagerungen und Gefechte	20 Bemerkungen
1914-15-16-17-1918: Westl. Östl. und Südöstl. Kriegsschauplatz.	1913 23.3.-22.5. Übung A mit Erfolg beim Inf. Leib Rgt. abgeleistet.
1914 10.-13.8. Gefechte bei Badonviller	1915 2.9.-10.10. Komp. Führer d. 10. Komp. I.L. Rgt.
1914 14.8. Schlacht an der Vezouse.	1916 22.6. durch Granatsplitter am linken Arm leicht verwundet (Kriegsdienstbeschädigung)
1914 18.-19.8. Schlacht bei Saarburg	1916 27.6.-20.7. im Festungs-Lazarett Mainz
1914 20.-22.8. Schlacht in Lothringen	1916 21.7.-28.8 im Vereins- " I Darmstadt
1914 23.8.-14.9. Schlacht vor Nancy-Epinal.	1916 29.8. zum E.1.Inf. Leib Rgt.
	1916 4.9. k.v.
1914 23.9.-6.10. Schlacht an der Somme	1916 18.9. zum Inf. Leib Rgt. ins Feld.
1914 7.-10.10. Stellungskämpfe westlich St. Quentin.	
1914 11.10.- 1915 19.5. Stellungskämpfe an der Somme.	
1915 28.5.-13.10. Kämpfe in Tirol.	
1915 30.10.-28.11. Feldzug in Serbien.	
1915 1.12.- 1916 3.3. Sicherung an der griech. Grenze.	
1916 4.-21.3. Kämpfe an der griechischen Grenze.	
1916 29.3.-2.5. Stellungskämpfe in der Champagne.	
1916 5.-22.6. Schlacht bei Verdun. (Im besonderen:	
1916 15.-22.6. Kämpfe um Thiaumont und die M-Räume südl. Fleury. (: verwundet:)	
1916 18.-29.9. Schlacht bei Hermannstadt.	
1916 30.9.-24.11. Kämpfe am Roten Turmpaß.	
1916 25.-30.11. Verfolgungskämpfe bei Curtea de Arges-Pitesti	
1916 1.-3.12. Schlacht am Arges.	
1916 4.-8.12. Verfolgung nach der Schlacht am Arges.	
1916 9.-28.12. Verfolgungskämpfe an Jalomita-Prahova und Buzaul.	
1916 21.-27.12. Schlacht bei Rimnicul-Sarat.	
1916 28.12.- 1917 3.1. Verfolgungskämpfe nach der Schlacht bei Rimnicul-Sarat. [illegible]	

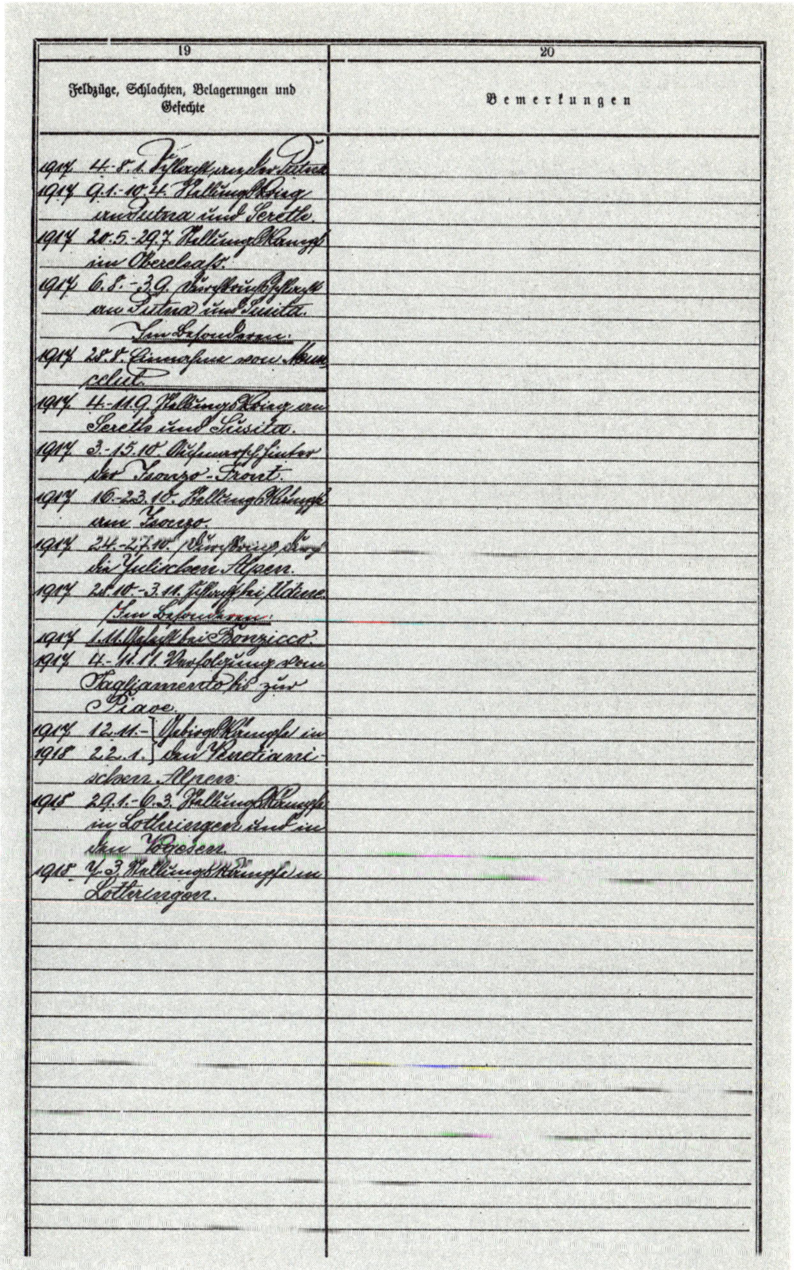

19 Feldzüge, Schlachten, Belagerungen und Gefechte	20 Bemerkungen
1917 4.-8.1. Schlacht an der Putna	
1917 9.1.-10.4. Stellungskrieg an Putna und Sereth.	
1917 20.5.-29.7. Stellungskampf im Oberelsaß.	
1917 6.8.-3.9. Durchbruchsschlacht an Putna und Susita.	
Im besonderen:	
1917 28.8. Einnahme von Muncelul.	
1917 4.-11.9. Stellungskrieg an Sereth und Susita.	
1917 3.-15.10. Aufmarsch hinter der Isonzo-Front.	
1917 16.-23.10. Stellungskämpfe am Isonzo.	
1917 24.-27.10. Durchbruch durch die Julischen Alpen.	
1917 28.10.-3.11. Schlacht bei Udine.	
Im besonderen:	
1917 1.11. Gefecht bei Bonzicco.	
1917 4.-11.11. Verfolgung vom Tagliamento bis zur Piave.	
1917 12.11.- 1918 22.1. Gebirgskämpfe in den Venetianischen Alpen.	
1918 29.1.-6.3. Stellungskämpfe in Lothringen und in den Vogesen.	
1918 7.3. Stellungskämpfe in Lothringen.	

Am 31. Juli gibt der Regierungspräsident von Oberbayern auf einem Flugblatt bekannt, daß über das Königreich Bayern der Kriegszustand verhängt worden ist. Die Vollzugsgewalt geht damit auf die Militärbefehlshaber über.

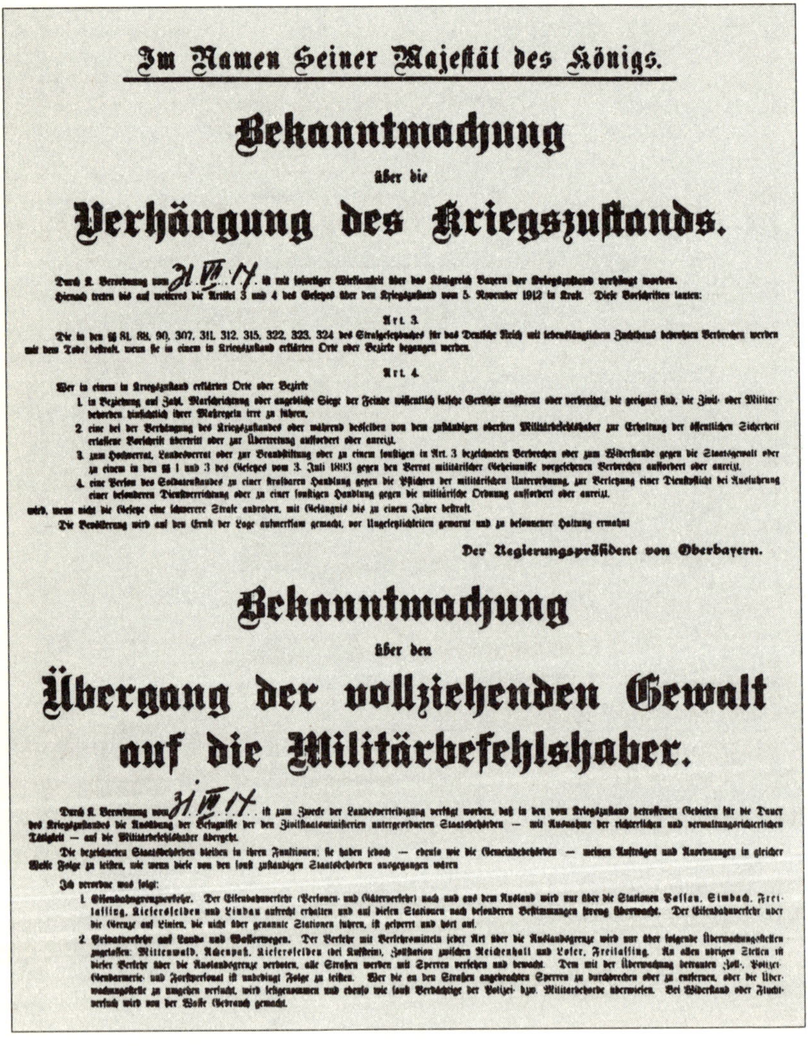

Im Namen Seiner Majestät des Königs.

Bekanntmachung

über die

Verhängung des Kriegszustands.

Durch K. Verordnung vom 31. VII. 14. ist mit sofortiger Wirksamkeit über das Königreich Bayern der Kriegszustand verhängt worden. Hienach treten bis auf weiteres die Artikel 3 und 4 des Gesetzes über den Kriegszustand vom 5. November 1912 in Kraft. Diese Vorschriften lauten:

Art. 3.

Die in den §§ 81, 88, 90, 307, 311, 312, 315, 322, 323, 324 des Strafgesetzbuches für das Deutsche Reich mit lebenslänglichem Zuchthaus bedrohten Verbrechen werden mit dem Tode bestraft, wenn sie in einem in Kriegszustand erklärten Orte oder Bezirke begangen werden.

Art. 4.

Wer in einem in Kriegszustand erklärten Orte oder Bezirke

1. in Beziehung auf Zahl, Marschrichtung oder angebliche Siege der Feinde wissentlich falsche Gerüchte ausstreut oder verbreitet, die geeignet sind, die Zivil- oder Militärbehörden hinsichtlich ihrer Maßregeln irre zu führen,
2. eine bei der Verhängung des Kriegszustandes oder während desselben von dem zuständigen obersten Militärbefehlshaber zur Erhaltung der öffentlichen Sicherheit erlassene Vorschrift übertritt oder zur Übertretung auffordert oder anreizt,
3. zum Hochverrat, Landesverrat oder zur Brandstiftung oder zu einem sonstigen in Art. 3 bezeichneten Verbrechen oder zum Widerstande gegen die Staatsgewalt oder zu einem in den §§ 1 und 3 des Gesetzes vom 3. Juli 1893 gegen den Verrat militärischer Geheimnisse vorgesehenen Verbrechen auffordert oder anreizt,
4. eine Person des Soldatenstandes zu einer strafbaren Handlung gegen die Pflichten der militärischen Unterordnung, zur Verletzung einer Dienstpflicht bei Ausführung eines besonderen Dienstverrichtung oder zu einer sonstigen Handlung gegen die militärische Ordnung auffordert oder anreizt,

wird, wenn nicht die Gesetze eine schwerere Strafe androhen, mit Gefängnis bis zu einem Jahre bestraft.

Die Bevölkerung wird auf den Ernst der Lage aufmerksam gemacht, vor Ungesetzlichkeiten gewarnt und zu besonnener Haltung ermahnt.

Der Regierungspräsident von Oberbayern.

Bekanntmachung

über den

Übergang der vollziehenden Gewalt auf die Militärbefehlshaber.

Durch K. Verordnung vom 31. VII. 14. ist zum Zwecke der Landesverteidigung verfügt worden, daß in den vom Kriegszustand betroffenen Gebieten für die Dauer des Kriegszustandes die Ausübung der Befugnisse der den Zivilstaatsministerien untergeordneten Staatsbehörden — mit Ausnahme der richterlichen und verwaltungsgerichtlichen Tätigkeit — auf die Militärbefehlshaber übergeht.

Die bezeichneten Staatsbehörden bleiben in ihren Funktionen; sie haben jedoch — ebenso wie die Gemeindebehörden — meinen Aufträgen und Anordnungen in gleicher Weise Folge zu leisten, wie wenn diese von den sonst zuständigen Staatsbehörden ausgegangen wären.

Ich verordne was folgt:

1. **Eisenbahngrenzverkehr.** Der Eisenbahnverkehr (Personen- und Güterverkehr) nach und aus dem Ausland wird nur über die Stationen Passau, Simbach, Freilassing, Kiefersfelden und Lindau aufrecht erhalten und auf diesen Stationen nach besonderen Bestimmungen streng überwacht. Der Eisenbahnverkehr über die Grenze auf Linien, die nicht über genannte Stationen führen, ist gesperrt und hört auf.
2. **Privatverkehr auf Land- und Wasserwegen.** Der Verkehr mit Verkehrsmitteln jeder Art über die Auslandsgrenze wird nur über folgende Überwachungsstellen zugelassen: Mittenwald, Achenpaß, Kiefersfelden (bei Kufstein), Zollstation zwischen Reichenhall und Lofer, Freilassing. An allen übrigen Stellen ist dieser Verkehr über die Auslandsgrenze verboten, alle Straßen werden mit Sperren versehen und bewacht. Dem mit der Überwachung betrauten Zoll-, Polizei-, Gendarmerie- und Forstpersonal ist unbedingt Folge zu leisten. Wer die an den Straßen angebrachten Sperren zu durchbrechen oder zu entfernen, oder die Überwachungsstelle zu umgehen versucht, wird festgenommen und ebenso wie sonst Verdächtige der Polizei- bzw. Militärbehörde überwiesen. Bei Widerstand oder Fluchtversuch wird von der Waffe Gebrauch gemacht.

II.

Erster Weltkrieg 1914–1918

»Der Geist jener Tage wird uns immer einen Höhepunkt und ein vorbildliches Ziel bedeuten, er war von allem Gemeinen entschlackt, die Idee war seine treibende Kraft, nur daraus erklärt sich das Wunderbare der Leistung, in der er sich verwirklichte. Das soll man nicht anzugreifen versuchen durch die Frage: Wozu ist das alles gewesen?, denn hier offenbart sich eine Größe, die über die Grenzen hinauswuchs, innerhalb deren es Zwecke gibt. Eine unsterbliche Tat ist unbedingt und von ihrem Ausgang unabhängig, sie ist für ein Volk eine ewige Quelle der Kraft. Wir Überlebenden werden immer stolz sein, einer solchen Jugend angehört zu haben.«

Ernst Jünger [1]

»Ruhige Fronten sind gefährliche Fronten.«

Ferdinand Schörner

1. Der Ungehorsam von Badonviller

München, am 5. August 1914. Punkt 8.00 Uhr stand das Infanterie-Leib-Regiment in der Hofgartenstraße zur Abnahme der Parade vor dem Bayerischen König Ludwig III. Wer seinerzeit vorausgesagt hätte, daß dieser Eliteverband knapp ein Jahr später als ein bedeutender Truppenteil in das Deutsche Alpenkorps eingegliedert und dann mit diesem an die Südtiroler Front zum Kampfeinsatz geworfen werden würde, den hätte man sicherlich als einen unverbesserlichen Phantasten abgestempelt.

In der Münchner Türken-Kaserne bliesen die Hornisten der Wache das Signal: »Leib-Regiment – vorwärts!«

Das galt auch für den jungen Schörner, der am 7. August 1914 als Reserve-Offiziersanwärter im Range eines Vizefeldwebels mit seinem Königreich Bayerischen Infanterie-Leib-Regiment an die Westfront zog, wo die »Leiber« unter ihrem Regiments-Kommandeur Oberst Freiherr von Pechmann zunächst in den Lothringer »Grenz-Schlachten« eingesetzt wurden. In der Annahme eines starken feindlichen Stoßes auf das Reichsland Lothringen waren die drei aktiven bayerischen Armeekorps als 6. Armee unter Generaloberst Kronprinz Rupprecht von Bayern (dessen Generalstabschef seinerzeit noch der Generalmajor Krafft von Dellmensingen war) mit 6½ mobilen Ersatz-Divisionen der Obersten Heeresleitung, die ursprünglich für den Nordflügel der Westfront bestimmt gewesen waren, verstärkt worden und zwischen Metz und Saarburg i. L. aufmarschiert.

Noch aber standen die »Leiber« nicht mitten drin in diesem ersten weltumspannenden Krieg, sondern vor ihrem König – allerdings nicht mehr in ihrer traditionellen hellblauen Paradeuniform und den weißen Hosen, die sie noch am 6. Juli 1914 anläßlich der Jahrhundertfeier auf Schloß Nymphenburg angehabt hatten, sondern in der grauen Felduniform. Die kurze Ansprache ihres Regiments-Kommandeurs erwiderte Ludwig III. mit herzlichen Worten, wobei er seinem »braven Regiment« Gottes Segen wünschte.

»Nun ziehet hinaus und tut Eure Pflicht für König und Vaterland.« Mit diesem vielzitierten Satz beendete der bayerische Monarch seine Rede.

Die »Leiber« und Schörner taten viel mehr als ihre verdammte Pflicht. Der hohe Blutzoll, den sie erbrachten, erbringen mußten, bestätigt das

sehr eindrucksvoll. Immer wieder aufgefüllt, hatte das Infanterie-Leib-Regiment bis zum Kriegsende nicht weniger als 3534 Tote zu beklagen!
»Die Lothringer Zeit«, heißt es eingangs in seiner Regiments-Chronik, »kann nur verstehen, wer den ganzen Sturm der Begeisterung bei Ausbruch des Krieges miterlebt hat: Wie die Leiber durch die Stadt zum Bahnhof zogen inmitten einer gewaltigen Volksmenge, da war in jedem Herzen ein einziger Schwur: Für das Regiment das Letzte herzugeben!« [2]
In unser nüchternen, durch und durch technisierten und elektronisierten sowie durch zwei grauenvolle Weltkriege ernüchterten Welt, wo die Waffensysteme den Einzelkämpfer auf dem Schlachtfeld ersetzt haben, können wir es nur mehr schwer nachvollziehen, wie die Truppe – und mit ihr Schörner – regelrecht darauf brannte, sich so schnell wie nur irgend möglich mit dem Gegner herumzuschlagen, sich mit ihm zu messen, die Klingen zu kreuzen.
»Wie wirst du im Feuer sein, in diesem unbekannten, märchenhaften Ding, wer wird der Bessere sein, du oder der Feind?« [3] Das waren die Fragen, die seinerzeit noch das Herz des Soldaten höher schlagen ließen und sein Blut in Wallung brachten.
»Es ging merkwürdig genug an«, erfahren wir aus der Leiber-Chronik über die euphorische Stimmung jener Tage. »Von Saarburg aus zog das I. A. K. batterie- und bataillonsweise in Frankreich ein. ›Ein feindlicher Flieger!‹ Alles schaut, alles schreit, alles schießt! Nervosität der Anfänger. Aus ihr erklären sich die guten und schlechten Zeiten des Kriegsbeginns. Auf der einen Seite die wundervollen Stürme, auf der anderen Seite die wilden Gerüchte über Freund und Feind, das panikartige Schießen in den Ortschaften usw. Die Offiziere schreien in die Mannschaften hinein: ›Nicht schießen, aufhören! Bei dieser Schießerei ist ja ein Erfolg unmöglich!‹ Aber siehe, der Flieger schwankt, er neigt sich, stürzt, ein endloses Hurra, Patrouillen gehen aus. War es ein eigener oder ein feindlicher Flieger? Noch heute weiß es niemand. Nur daß der ›abgestürzte‹ Flieger, den die Patrouille ›holen‹ sollte, nach einer halben Stunde wieder munter kreiste.« [4]
Wenn wir gerecht und objektiv urteilen, dann müssen wir das Verhalten der »Leiber« in diesen ersten Tagen des Weltkrieges als disziplinlos, ja als chaotisch bezeichnen. Eine Disziplinlosigkeit, die die Truppe einerseits noch teuer genug zu bezahlen hatte, und die Schörner andererseits bis an sein Lebensende entscheidend geprägt hat. Angesichts des Ungehorsams von Badonviller schwor er sich nämlich, derartige Untugenden mit aller Macht und jedem abschreckenden Mittel schon im Keime zu

ersticken, um der ihm anvertrauten Truppe unnötige Blutopfer zu ersparen. Denn die bayerische Armee hatte in den Augustkämpfen 1914 in Lothringen außerordentlich schwere Verluste zu beklagen.

Der 12. August 1914 war für das Infanterie-Leib-Regiment eigentlich ein Ruhetag, den man, hätte man sich von der Ratio statt von den emotionalen Gefühlsaufwallungen leiten lassen, schon deshalb kräfteschonend hätte verbringen sollen, ja müssen, weil die Augustsonne unbarmherzig heiß vom Himmel brannte. Schweißtriefend zog Schörner inmitten der schwerbepackten Kolonnen bereits seit Stunden über die Höhenwege der Vogesen. Und dann geschah an diesem Hochsommertage doch noch etwas, was die »Leiber«, die von allen guten Geistern verlassen gewesen schienen, außer Rand und Band brachte: das Gefecht von Badonviller, bei dem sie im Überschwange ihrer Begeisterung ohne einen Angriffsbefehl und Artillerie alles andere als geordnet angriffen, sondern »sich voll Löwenmut auf den Feind [warfen], sobald er sich fassen ließ.« [5]

In der Geschichte des Regiments wird dieses 65 Kilometer westlich von Straßburg ausgetragene Gefecht natürlich als eine Ruhmestat dargestellt, bei der »die unbändige Angriffslust der Leiber zu einem von der höheren Führung nicht beabsichtigten schweren Kampf, den der kameradschaftliche Geist des Offizierskorps und die beispiellose Tapferkeit der Soldaten zu einem glänzenden Siege gestaltete«, [6] führte. Lesen wir nun, was uns die Leiber-Chronik in ihrem pathetischen Stil über dieses Gefecht zu berichten weiß:

»Die bei Carrières, südlich von Bréménil, auf Vorposten befindliche 6. Komp. des Inf. Leib-Regts., am frühen Morgen des 12. August von den Höhen bei Badonviller mit Feuer von feindlicher Infanterie überfallen, entwickelte sich sofort zum Angriff; ihr folgte sofort das II. Batl., diesem das I. Batl., das vom Regiments-Kommandeur links vom II. Batl. eingesetzt wurde. [...] Während dieser Kämpfe drang das III. Batl. durch dichte Waldungen gegen Fenneviller vor, das 2 km südlich Badonviller liegt. Südwestlich des Ortes schlug dem Bataillon ein furchtbares Artillerie-, Masch.-Gewehr- und Infanteriefeuer entgegen. Dem raschen Vorstürmen der Infanterie hatte die eigene Artillerie noch nicht folgen können. So häuften sich hier die schwersten Verluste, die jedoch den Sturm nicht einen Augenblick lähmten. Kurz hintereinander starben den Heldentod der Kommandeur des Bataillons, Major Euler, der Adjutant, Oberleutnant Franz Graf von Armannsperg, und der Führer der 9. Komp., Freiherr von Feury. Überall war so das Regiment auf die Höhen unmittelbar jenseits Badonviller siegreich vorgedrungen; hier

mußten die schwersten und merkwürdigsten Nerveneindrücke überwunden werden. Niemand wird den Anblick des eng südlich Badonviller in einer Mulde zusammengedrängten II. Batls. vergessen, völlig gedeckt gegen die Salven der feindlichen Artillerie. Oberst, Bataillonskommandeur, alles mitten unter den Leuten, alles den ersten Schuß der eigenen Artillerie mit Jubel begrüßend. [...]
Die fortgesetzten Explosionen von Pulvermagazinen in den Kellern von Badonviller«, heißt es dann weiter, »wirkten wie das Aufleben eines neuen Kampfes. Noch immer schießen die französischen Soldaten auf einzelne Deutsche, vor allem auf Verwundetentransporte. Endlich entdeckte man die neu schießenden Masch. Gewehre auf dem mächtigen Kuppelturme. Da kommt die deutsche Rache. Hart prallt der erste Schuß unserer Feldartillerie auf dem Kuppeldach auf und Todesstille folgt. Badonviller brennt, ein Zeichen des Fanatismus, ein schauerlich schöner, nicht ungewohnter Anblick. Die Sieger betrachten mit unaussprechlichen Gefühlen den Schauplatz ihres ersten Sieges.
Es war der Geist des Prinzen Arnulf von Bayern, der die Leiber zum Siege führte. Der Kommandeur des Regiments trug den Säbel des so früh verstorbenen Prinzen. Als ihm in einem Park des Ortes ein Pferd unter dem Leibe erschossen wurde und er allein zu Fuß den Park verließ, da kehrte der Oberst wieder um und holte den am Pferde befindlichen Säbel des Prinzen allein im feindlichen Feuer wieder.« [7]

Nun, daß die in der Chronik des Bayerischen Infanterie-Leib-Regiments angegebenen sieben toten und vierzehn verwundeten Offiziere sowie die 90 toten und 308 verwundeten Unteroffiziere und Mannschaften »kein zu großes Opfer für einen solchen Sieg« [8] gewesen sein sollen, diese Aussage kann man heute wohl nur dann verstehen, wenn man weiß, mit welcher Begeisterung die Truppe in den Ersten Weltkrieg gezogen ist, und wie sie den ersten Gefechten regelrecht entgegen fieberte. Denn, so die Leiber-Chronik weiter, »die Toten wissen, warum sie fielen, sie klagen uns nicht an, denn sie wissen, sie fielen für das Regiment, für seine Ehre, für seine Tradition«. [9]
Die entscheidende Frage, »Wie es kam?«, wird in der Geschichte des Leib-Regiments vom damaligen Hauptmann Robert Graf von Bothmer mit folgendem Vergleich beantwortet:
»Frage einen gesunden jungen Burschen, wie es kam, als man ihn so nah mit einem bildhübschen jungen Mädel allein ließ! Es war der erste Augenblick am Feind [...] und in unsern Adern stürmte und wogte das

Blut siedend heiß: Die Leiber lassen sich von dem frechen Gegner nicht angreifen, sie schlagen selber los.« [10]

Generalleutnant von Schoch, der Kommandeur der 1. bayerischen Infanterie-Division, beglückwünschte Oberst Freiherr von Pechmann noch in Badonviller zu seinem Siege und umarmte ihn vor allen »Leibern«. Voller Stolz wurde nach dem Gefecht ein Korpsbefehl, der am Abend des 12. August 1914 beim Regiment eintraf, in Empfang genommen. Er begann mit den Worten:

»Feind (mehrere Bataillone mit Masch. Gewehren und Artillerie) ist bei Badonviller vom Inf.-Leib-Regt. geschlagen worden und befindet sich in fluchtartigem Rückzug auf Vacquerville.« Und weiter heißt es dann:

»Seine Exzellenz, der Kommandierende General, läßt der 1. bayer. Infanteriebrigade zu ihrer Haltung und zu ihrem Erfolg, besonders zum Infanterie-Leib-Regiment, gratulieren. Ich bin stolz, eine solche Prachttruppe, als die sich heute das Infanterie-Leib-Regiment und das 1. Infanterieregiment erwiesen haben, unter meinem Befehl zu wissen.«

Man kann sich gut vorstellen, welche Begeisterung diese Belobigung bei Schörner und seinen »Leibern« ausgelöst hat. Nicht weniger enthusiastisch wurde eines Tages das Telegramm des bayerischen Königs begrüßt:

»Mit Stolz und Freude habe ich von dem trefflichen Verhalten meines Inf.-Leib-Regts. Meldung erhalten und spreche dem Regiment gerne meinen herzlichsten Glückwunsch zum erste Siege aus. Ludwig.«

Doch damit nicht genug der Ehrungen. Zur Erinnerung an die erste Kampfhandlung der »Leiber« im Weltkrieg komponierte der Regiments-Obermusikmeister Georg Fürst aus der augenblicklichen Stimmung heraus, auf einem Baumstumpf sitzend, die ersten Takte des weltbekannten »Badonviller-Marsches«, der später zeit- und geschichtsbedingt als »Badenweiler-Marsch« verdeutscht wurde. [11]

Trotz des Erfolges und der daraus resultierenden Ehrungen: »Ordnung und Disziplin müssen sein!« sagte sich der Kommandierende General des I. bayerischen Armeekorps, der den Angriff weder gebilligt hatte noch darauf vorbereitet war. Daher beabsichtigte General der Infanterie von Xylander nicht, den Erfolg von Badonviller auszunutzen und verhinderte somit einen weiteren Angriff des Infanterie-Leib-Regiments, das am Abend nach seiner Ablösung durch das 2. bayerische Infanterie-Regiment als Divisionsreserve Quartier in Neuviller bezog.

Werfen wir abschließend mit Schörner noch einen Blick auf den Gefechtskalender der »Leiber« während ihres Einsatzes in Lothringen. Dort werden nach dem Gefecht von Badonviller inbesondere die Schlacht bei Saarburg am 20. August 1914 und das Gefecht bei Gélacourt am 24. August 1914 hervorgehoben, wo sich der schneidige Ferdinand wiederum dermaßen bewährte, daß er zunächst als Zugführer eingesetzt und wenige Wochen später zum Offizier-Stellvertreter befördert wurde.

Mit der siegreichen Schlacht in Lothringen errang Kronprinz Rupprecht von Bayern den ersten großen Erfolg »und die Heimat sah die ersten Scharen feindlicher Kriegsgefangener«. [12] Im September 1914 wurde Schörner mit seinem Regiment von Lothringen an die Somme verlegt. Die gesamte Westfront erstarrte nunmehr seit Oktober/November im Schützengrabenkrieg.

2. Die Feuertaufe an der Somme

Die Somme war für Schörner ein kaum bekannter Fluß in Nordfrankreich. Nachdem dieser Wasserlauf jedoch monatelang im Brennpunkt schwerer und schwerster verlustreicher Schlachten gestanden hatte, erlangte er während des Ersten Weltkrieges schlagartig eine traurige Berühmtheit. Das Ringen um Arras und St. Quentin, um Cambrai und Péronne, um Baquaume die Loretto-Höhe hat sich nicht nur tief in Schörners Erinnerung eingegraben, sondern auch Eingang in die Kriegsgeschichte gefunden. Was war geschehen?

Der für die Deutschen so unglückliche Verlauf der Schlacht an der Marne hatte die Oberste Heeresleitung nach dem 11. September 1914 veranlaßt, den rechten Flügel und die Mitte des Westheeres bei Soissons bis an die Maas zurückzunehmen. Im Rahmen dieser operativen Maßnahmen war das II. bayerische Armeekorps ab 18. September bei Metz verladen worden, verließ auf Grund der zerstörten Eisenbahnlinie bei Namur die Bahn und erreichte am 22. September drei Tagesmärsche hinter dem I. bayerischen Armeekorps Froid Chapelle und Chimay. Am Abend des 25. September war nach anstrengenden Gewaltmärschen gar die Gegend nordöstlich von Péronne erreicht worden. [13]

An jenem 25. September 1914 hatte Schörner sich mit seinen »Leibern« zunächst bei Herléville zu bewähren. Die bei Kriegsbeginn allerorten zu registrierende Begeisterung war in den Materialschlachten der Westfront sehr schnell erkaltet. Viele, wie der sensible Dichter Georg Trakl, starben an ihrer Kriegsverzweiflung. Andere machten sich Nietzsches Wort: »Was mich nicht umbringt, macht mich stark« zu eigen, um zu überstehen. Nur wenige Frontsoldaten – zu denen wir sowohl Ernst Jünger, die Symbolfigur des Ersten, als auch Ferdinand Schörner, den Generalfeldmarschall des Zweiten Weltkrieges zählen müssen – haben die Todesangst seelisch zu einer Droge verarbeitet und den »Krieg als inneres Erlebnis« [14] oder wie Jean Paul als »stärkende Eisenkur der Menschheit« betrachtet.

»Vom III. Batl. waren [...] nur zwei Kompanien zur Verfügung des Bataillons-Kommandeurs, die 10. und 11.«, heißt es in der Regiments-Chronik der »Leiber«. »Die 9. war in Deniecourt zurückgeblieben zur Bedeckung des Korpsstabes [...] Die 12. aber bekam am Morgen des Gefechtstages eine mehr südliche Richtung über Vermandovillers nach Lihons und beteiligte sich in ruhmvoller Weise an den Angriffskämpfen des bayerischen 2. Infanterie-Regiments. [...] Während II. Batl. in heftigstem Kampf, Kampf Mann gegen Mann, den Sternwald nordwestlich Vermandovillers nahm, wurden die 10. und 11. Kompanie unter Führung ihres Bataillons-Kommandeurs westlich Soyecourt hinter ein Wäldchen zwischen diesen Ort und Herléville gezogen und dort zum Angriff auf Herléville bereitgestellt. Unsere Fuß- und Feld-Artillerie beschoß bereits den Ostrand dieses Ortes. [...] Die Angriffsvorbereitungen dauerten nicht lange, etwa nur eine Stunde; dann hieß es – etwa um 10 Uhr vormittags: Los! [...]« [15]

Nicht weniger schwungvoll verlief Schörners Angriff am 15. Oktober bei Lihu. Die Leiber-Chronik berichtet über den Kampf seiner 12. Kompanie wie folgt – allerdings ohne seinen vollen Namen zu nennen: [16]

»12. Komp. kehrt aus schweren Kämpfen um Schloß und Stellungen bei Lihu nur mit 43 Mann zum Regiment zurück. Schon am 24. September war die 12. Komp. aus dem Regimentsverbande ausgeschieden und zur Verfügung zunächst der 2. Infanterie-Brigade und Tags darauf des 2. Infanterie-Regiments, das in schweren und verlustreichen Kämpen zwischen Vermandovillers und Lihons hart mitgenommen wurde, gestellt worden. [...]

Noch heute sind mir die todesmutigen und verzerrten Gesichter dieser anstürmenden tapferen Helden unauslöschlich eingeprägt. Unser Offiziersstellvertreter Sch. kam in meine Nähe. »Sch., Sch., hierher!« rief ich aus Leibeskräften. Schon war er auch bei mir, die spärliche Deckung wurde zwischen uns beiden redlich geteilt. Zur Verbesserung unseres

Kopfschutzes werden 2 Tornister aufgestellt, in Ermangelung eines Spatens arbeiten wir uns mit Händen und Nägeln in die ziemlich harte, mit vielen Baumwurzel durchzogene Erde. Nachmittags, nach vielleicht ungefähr 8–10 Stunden hatten wir ein Loch von 30 cm Tiefe. Nun lassen auch wir uns einen Spaten geben, da einen solchen unsere Leute, die sich schon auf ¾ m in die Erde eingegraben hatten, nicht mehr unbedingt notwendig brauchten. Herrgott, klatschten uns damals die Kugeln um die Ohren; ich habe es im Kriege niemals mehr so stark erlebt. Die Minuten werden zu Stunden, die Stunden zu Tagen. Piff! Paff! Klatsch! Sie hören nicht auf. Die Schwerverwundeten stöhnen entsetzlich; einige Meter links von mir röchelt einer fürchterlich, 12 Stunden lang, dann war es aus – Halsschuß. Zu Tode getroffen, kriechen die braven Leute noch zu ihren Führern, um hier Hilfe zu suchen; vergebens, ein letzter Seufzer, ein Stoß-Gebet – aus! Meldegänger legen das 400 m tiefe, hinter uns gelegene Rübenfeld kriechend zurück. Sie erledigen ihre schwere Aufgabe todesmutig und gewissenhaft. Mit zerschossenem Kochgeschirr, mit durchlöchertem Brotbeutel und durchsiebter Feldflasche kommen sie mit dem Befehl wieder vor: »12. Komp. Leib-Regts. hält die Linie bis zum letzten Mann.« Es war schwer und hart, aber es ging. Die 12. Komp. 2. Inf.-Regts. hilft uns aus eigenem Entschluß ihres Führers. Endlich, endlich beginnt es zu dämmern, die Nacht bricht herein; nur mehr einzelne Gewehrschüsse fallen. Da klingen plötzlich mächtig brausende Akkorde über das Schlachtfeld und übertönen das Gestöhne unserer armen Verwundeten; unsere Regimentsmusik spielt: »Es braust ein Ruf wie Donnerhall.« Was fühlen wir doch nicht alles bei diesen gewaltige Klängen. Sie gehen uns durch Mark und Bein, uns schüttelts, und fröstelts und frierts, wir fühlen die Allmacht eines gewaltigen Gottes, hören das Vorüberrauschen des Todes und sind von unendlicher Dankbarkeit erfüllt; summend kommts über unsere Lippen: »Lieb Vaterland, magst ruhig sein...« Dann reichen wir uns stumm die Hände; wir haben Tränen in den Augen. Die Nacht wird dazu verwendet, unseren Schützengraben zu vertiefen. Bei flimmerndem Kerzenlicht, das durch Zeltbahnen abgeblendet wird, hocken wir in unserer Grube. Deren einziger Schmuck sind die auf unserer Brust glänzenden neuen Eisernen Kreuze, die wir tags vorher für Badonviller erhalten haben.

Bis zum 2. Oktober sind wir im Graben, jederzeit bereit, auf Befehl weiter vorzustoßen. Unsere alte Fröhlichkeit hatten wir bald wieder gefunden, ein humorvolles Wort löste das andere ab, der unvermeidliche Tarock trat wieder in Wirksamkeit. Dann kam am 3. 10. morgens 6

Uhr wieder ein Sturm auf Lihu. Die 12. Komp. des Leib-Rgts. und die 12. Komp. des 2. Inf.-Regts. errangen in treuer Waffenbrüderschaft mit einer Kompanie des 35. preußischen Landwehr-Inf.-Rgts. einem zähen und gewandten Gegner gegenüber einen großen Achtungserfolg: 200 Franzosen wurden gefangen, 5 Maschinen-Gewehre erbeutet.« [17]

Ganze 12 Tage lang hatte Schörner dann noch mit seinen »Leibern« in den eroberten Stellungen schwere Kämpfe zu bestehen gehabt. Lihu und den links davon gelegenen Ort Lihons auf die Dauer zu halten, war ihm jedoch nicht möglich. Später, am 1. November 1914, hatte eine preußische Division beide Ortschaften abermals erobert, mußte sie dann aber ebenfalls wieder aufgeben. Am 29. November wurde Schörner nach der bestandenen Feuertaufe an der Somme zum Leutnant der Reserve ohne Patent befördert. Am 22. Dezember 1914 wurde er für seinen beispielhaften Kampfeinsatz mit dem Eisernen Kreuz II. Klasse ausgezeichnet. (Als nächste Orden erwarb er sich am 11. Oktober 1915 den Bayerischen Militär-Verdienst-Orden 4b mit Schwertern, am 20. April 1916 das Österreichische Militär-Verdienstkreuz 3 mit Kriegsdekoration, am 27. Januar 1917 das Eiserne Kreuz I. Klasse und am 24. Oktober 1917 den Bayerischen Militär-Verdienst-Orden 4a mit Krone und Schwertern.)
Die Hochstimmung, die die Truppe zuweilen noch hier und da beflügelt hatte, erstarrte bei winterlicher Nässe und Kälte endgültig. Am 25. Januar 1915 stattete der Deutsche Kaiser Wilhelm II. den »Leibern« einen Truppenbesuch ab; am 6. Februar ihr bayerischer König Ludwig III. Dann war für Schörner und seine Männer bis zum 19. Mai 1915 eine militärisch wenig ereignisreiche Durststrecke zurückzulegen. An diesem Tage gab es wieder einen Lichtblick, denn die »Leiber« schieden allesamt aus dem I. bayerischen Armeekorps aus. Damit war der verhaßte Stellungskrieg im Westen vorerst einmal beendet.
Nachdem sie tags zuvor plötzlich abgelöst und in das Quartier von Mont St. Quentin gekommen waren, erfolgte am 20. Mai 1915 der Abmarsch zum Bahnhof Péronne, und zwar Punkt 8.00 Uhr, was Schörner, der nichts mehr als die Unpünktlichkeit haßte, voller Zufriedenheit registrierte. Um 10.00 Uhr wurde verladen, und schon erfolgte die Abfahrt der Truppe über Sedan, Roisel, Cambrai, Bussigny, La Capelle und Hirson nach Charleville. Tags darauf ging es über Mohon, Saarbrücken und Zweibrücken nach Landau. Am Vormittag des 22. Mai 1915 trafen die »Leiber« um 9.00 Uhr im Lager Lechfeld bei Augsburg ein.

3. Auf Lauerstellung in den Dolomiten

Es war für Schörner nicht zu übersehen, was auf dem historischen Lechfeld vor sich ging. Mit dem Bayerischen Infanterie-Leib-Regiment wurden hier auch die Schneeschuh-Bataillone Nr. I–IV, die in aller Eile noch vor dem schneereichen Winter 1914/15 als erste deutsche Gebirgstruppe für den Kampf in den Vogesen zusammengestellt worden waren, sowie die 1. bayerische Jäger-Brigade, die preußische Jäger-Brigade 2, das bayerische Jäger-Regiment 1, das preußische Jäger-Regiment 2 und das Jäger-Regiment 3 zusammengezogen. Das hatte seinen guten Grund. Da den deutschen Armeen auch im zweiten Kriegsjahr immer noch keine Gebirgstruppe als Großverband zur Verfügung stand, wurde nur wenige Tage vor dem Abbruch der diplomatischen Beziehungen Deutschlands zu Italien (das geschah am 24. Mai 1915) durch eine Verfügung vom 19. Mai das Deutsche Alpenkorps unter dem bayerischen Generalleutnant Konrad Krafft von Dellmensingen zusammengestellt, um den von den österreichischen Gebirgstruppen stark entblößten Südtiroler Alpenraum nach dem Treuebruch Italiens gegen dessen Übergriffe abzuschirmen.
Der 23. Mai 1915 war ein Pfingstsonntag. An diesem Tage ereignete sich zweierlei, das sich tief in Schörners Gedächtnis eingegraben hat. Zum einen erfolgte die Kriegserklärung Italiens an Österreich-Ungarn, zum anderen hatten sich einige Mannschaften derart betrunken, daß noch am Abend ein Strafexerzieren angesetzt wurde. Nichts haßte er zeit seines Lebens mehr, als eine ungeeignete körperliche Konstitution der Mannschaften, eine schlechte Ausbildung und die Disziplinlosigkeit der Truppe. Anschließend wurde die Marschbereitschaft hergestellt.
24. Mai 1915: Schon in aller Frühe, um 4.00 Uhr, erfolgte der Abmarsch zum Bahnhof Lechfeld. Um 7.00 Uhr wurde verladen. Dabei trafen sehr viele Angehörige aus München und seiner Umgebung verspätet ein. Schörners Zorn legte sich erst, als er und seine »Leiber« in München durch König Ludwig III. begrüßt wurden. Dann ging es nach Rosenheim, wo verpflegt wurde, von dort nach Kufstein und Innsbruck über den Brenner zur Franzensfeste. Tags darauf wurden Schörners »Leiber« um 1.00 Uhr nachts in Brixen mit Musik empfangen.
»Die Bewohner sind sehr begeistert. Erhalten hier Quartier in Barakken, werden als Alpenjäger ausgerüstet, haben Übungs Reise-Märsche auf die Berge. Die österreichische Verpflegung bekommt uns nicht gut«, so lauten die Eintragungen im Tagebuch.

Nachdem den Angehörigen des Infanterie-Leib-Regiments das Edelweiß-Abzeichen am 28. Mai 1915 als ein Zeichen besonderer Verbundenheit vom Militär- und Landesverteidigungs-Kommandanten für Tirol ausgehändigt worden war, zählte Schörner endgültig zu jenen Elitesoldaten, denen schon bald der Ruf einer außergewöhnlichen Tapferkeit, Unerschrockenheit und Härte gegen sich und andere vorausging. Damit hatte er im Gegensatz zu Dietl, seinem späteren Kontrahenten auf dem skandinavischen Kriegsschauplatz, oder zu Kübler, dem ersten Kommandeur der 1. Gebirgs-Division der Wehrmacht, den befreienden Schritt von der Infanterie zur Gebirgstruppe vorzeitig vollzogen. Schon stand er mit seiner 12. Kompanie innerhalb des Deutschen Alpenkorps vor seiner ersten Bewährung – und zwar in den himmelstürmenden Felsenburgen der Dolomiten, wo die Kampfhandlungen unter anderem im Gebiet der Drei Zinnen und der Tofanen, am Col di Lana und auf der Marmolata, in den Fassaner Alpen und an anderen namhaften Hochgebirgsabschnitten an Heftigkeit von Tag zu Tag zunahmen.
Besonders das obere Pustertal war mit seinen wichtigen Verkehrsverbindungen nach Osttirol ein bevorzugtes strategisches Ziel für die Italiener und dementsprechend gefährdet. Aber nur die beiden veralteten Werke Mitterberg und Haideck standen als Eckpfeiler einer ersten Widerstandslinie zur Verfügung. Zum Glück blieb jedoch der vielfach erwartete italienische Großangriff aus dem Piavetal über den Kreuzbergsattel in den ersten Monaten aus, so daß die Front weiter ausgebaut und durch Landsturm-Bataillone und Standschützen einigermaßen aufgefüllt werden konnte. Aber nicht lange stand dieses letzte Aufgebot der k. u. k. Doppelmonarchie dem vielfach überlegenen Feind allein gegenüber, denn sehr bald übernahm der Feldmarschall-Leutnant Ludwig Goiginger das Kommando über die k. u. k. Division »Pustertal«, während der bayerische Oberstleutnant Franz Epp mit seinem »Leiber«-Regiment in die Verteidigung tatkräftig eingriff. Die »Gruppe Epp« lag zunächst bei Bruneck, Klausen und Niederdorf; später bei Sexten. »Wie ein dünner, aber unzerreißbarer Vorhang schob es sich ein halbes Jahr lang vor das lebenswichtige Pustertal.« [18]
Für ihren Hochgebirgseinsatz wurde Epps Gruppe im Drei-Zinnen-Gebiet und am Kreuzbergsattel durch fünf Minenwerfer-Abteilungen und Gebirgs-Artillerie verstärkt. »Als Verteidiger standen [...] im Oberen Bacherntal zwei Züge [...] des Bayerischen Infanterie-Leib-Regiments.« [19] Teile der »Leiber« lagen östlich von Stuva und im nördlichen Travenanzestal. Am gesamten Faneskamm errichteten sie die erste Tiroler Hauptfrontlinie. An der Fanessperre standen seit

Anfang Juli eineinhalb Kompanien des II. Bataillons des Infanterie-Leib-Regiments. [20]

Das Haupteinsatzgebiet der »Leiber« waren jedoch die Sextener Dolomiten, wo sie zusammen mit österreichischen Truppen auf Wache standen. Zwischen Eisenreich und Winklerjoch lag das III. Bataillon. Bereits Mitte Juni 1915 war Schörner mit seinem Bataillon nach Kartisch und auf den Kamm der Karnischen Alpen verschoben worden, um dort einem feindlichen Angriff zu begegnen. Das I. Bataillon kam Ende Juni in den Abschnitt Sexten. Im Gegensatz zu den schon bald entflammenden schweren Hochgebirgskämpfen um den Col di Lana oder um die drei Tofanen handelte es sich hierbei um einen Frontabschnitt, der im Juni und Juli noch relativ ruhig war.

Für Schörner war der Kampfeinsatz in den Dolomiten eine Zeit des Lernens in einem militärischen Neuland, das sich Gebirgskrieg nannte. Gewiß, als Infanterist des Flachlandes hatte er sich insbesondere an der Somme bewährt. Hier mußte er sich seine Meriten jedoch erst noch hart erarbeiten. Und da er das als kühler Rechner und eiskalter Taktiker zu genau wußte, kam es ihm nicht ungelegen, daß sein Truppenteil von den ganz schweren Kämpfen verschont blieb. So beschränkte sich sein Einsatz zunächst auf die Bewegungen im Hochgebirge, auf den Umgang mit dem alpinen Gerät, auf das Sammeln von Erfahrungen im Gebirgskrieg, auf den Gedankenaustausch mit den erfahrenen österreichischen Gebirgssoldaten und auf ein Abtasten der steinernen Front.

Zunächst dachten die Italiener aber nicht daran, die Kreuzbergstellung wegen der dort befindlichen österreichischen Befestigungen anzugreifen. Vielmehr waren sie der Auffassung, ihr strategisches Ziel durch eine Umgehung im Nachbarabschnitt besser erreichen zu können. Schörners III. »Leiber«-Bataillon, das in den Sextener Dolomiten und am Westrand der benachbarten Karnischen Alpen eingesetzt wurde, hatte sich bereits im Juli heftige Kämpfe mit den Italienern auf der Königswand, am Tillischer Joch und auf der Filmoorhöhe, auf dem Plateau der Drei Zinnen, am Wildkarleck und auf Eisenreich geliefert – und zwar mit Erfolg, denn die gegnerischen Angriffe konnten allesamt restlos zurückgewiesen werden. Dann folgten wieder ein paar Tage der Ruhe, an denen lediglich die feindliche Artillerie von sich reden machte. Auch im Abschnitt des III. Bataillons, bei dem der Monat August bisher am ruhigsten verlaufen war, weil die Italiener nach ihren Schlappen im Vormonat allem Anschein nach keine allzu große Lust mehr verspürten, anzugreifen, schleuderte die feindliche Artillerie ihre Granaten unvermindert auf die Stellungen der Deutschen und Österreicher.

Da trat am 3. September 1915 ein Wettersturz ein. Auf den Drei Zinnen und seinem Plateau fiel der erste Schnee. Nun wurde es mit einem Male sehr kalt, so daß die Posten alle halbe Stunde abgelöst werden mußten, um sie vor Erfrierungen zu bewahren. Tagtäglich stieg General Winter mit seinem knallharten Schnee- und Frostregiment immer bedrohlicher von den Sextener Dolomiten in die umliegenden Täler hinab. Der Kriegswinter 1915/16 stand jetzt unübersehbar vor der Tür.

4. Im Eilmarsch durch Serbien

Mit seinen »Leibern« richtete Schörner sich gerade auf Winterstellungen in den angezuckerten Dolomiten ein, als er kurzfristig aus der Hochgebirgsfront herausgelöst wurde. Das Deutsche Alpenkorps – und mit ihm das Bayerische Infanterie-Leib-Regiment – eilte zunächst befehlsgemäß auf den westlichen Kriegsschauplatz, wo die Herbstschlacht in der Champagne mit voller Härte entbrannt war. Aber das war nur der Beginn eines Wanderlebens zwischen den beiden Hauptfronten der Mittelmächte, denn das launige Soldatenschicksal hatte den ersten deutschen Gebirgsgroßverband während des gesamten Weltkrieges als Sturm- und Elitetruppe in die Brennpunkte des jeweiligen Kampfgeschehens geworfen.
Aber noch bevor Schörner mit seiner Truppe als Eingreifreserve zum Zuge kam, flaute die Schlacht in der Champagne wieder ab. So wurde das Alpenkorps auf Befehl der Obersten Heeresleitung der Heeresgruppe des Generalfeldmarschalls von Mackensen, die bereits von Südungarn aus den Übergang über die Donau erzwungen und den Vormarsch nach Serbien angetreten hatte, unterstellt. Schon wurden die ersten Einheiten am 22. und 24. Oktober 1915 verladen und ab 28. Oktober unter dem vielsagenden Decknamen »Edelweißens Wechsel« in die Gegend von Ung. Weißkirchen und Orsova verlegt, und zwar mit dem Auftrag, nach entsprechender Versammlung den Angriffsdivisionen in zweiter Linie zu folgen und dabei den linken Flügel der Heeresgruppe Mackensen zu sichern.
Der 30. Oktober 1915 war für Schörner und seine Männer ein denkwürdiger Tag. Das Infanterie-Leib-Regiment rollte nämlich unter den Klängen des traditionsreichen Soldatenliedes vom Prinzen Eugen auf einer fast 1200 Meter langen Pontonbrücke über die Donau. Der

Wettergott stand in jenen Tagen allerdings nicht auf der Seite der Deutschen, denn es regnete in Strömen. So bekamen sie schneller als ihnen lieb gewesen war, einen Vorgeschmack von dem sprichwörtlichen »serbischen Dreck«. Stunden-, ja tagelang mußten die Bayern fortan durchs Wasser und fußhohen Schlamm waten oder über grundlos gewordene Wege und Straßen dem immer rascher zurückweichenden Gegner hinterher eilen.

Nach diesen Kräfte verzehrenden Schlamm-Märschen entwickelte sich die Verfolgung des Gegners durch das Gebirge im Sandschak Novipazar [21], denn die Serben zogen sich vor Schörners »Leibern« in das unwegsame Bergland nahe der Grenze zu Montenegro zurück. Nachdem es am 13. November 1915 zu einem ersten Gefecht gekommen war, wich der Feind am 14. November weiter zurück. Ihm auf den Fersen folgend, die »Leiber« vom II. und III. Bataillon; und mitten unter ihnen Schörner mit seiner eingeschworenen 12. Kompanie! Der entscheidende Sturm am 15. November 1915 wird uns in der Chronik des Leib-Regiments wie folgt geschildert:

»Bei Tagesgrauen brachen wir auf, heute sollen wir wieder die Spitze bilden. [...] In ca. 800 m Entfernung am nächsten Kamm hockt der Serbe. Merkwürdig zäh verteidigte er diesmal seine Stellung. Vermutlich hatte er aus dem Ibartal herauf Verstärkungen erhalten, denn für ihn galts jetzt die Hauptstellung von Raska zu halten, von wo aus für uns leicht der Vormarsch nach Novipazar hätte weitergeführt werden können. Doch die Aussicht auf ein baldiges Quartier und damit auf Ruhe nach den wochenlangen Strapazen in der Tiefebene und den letzten anstrengenden Höhenmärschen ließ auch unsere Kraft verdoppeln und in stundenlangen Gefechten entreißen wir jetzt dem Gegner eine Stellung nach der andern. [...] Die 12. Komp. kommt zur Hilfe. Der Feind verlegt sein Feuer sofort auf diese Unterstützung, sogar seine Artillerie setzt ein, doch der rasch hereinbrechende Abend macht eine wirksame Feuerleitung unmöglich und schließlich wird es ein zwar heftiges, aber viel zu hoch gehendes Störfeuer.

Während nun die 12. Komp. hinab ins Tal steigt, sammeln wir im Schutze der immer tiefer werdenden Dunkelheit. Einige Tote und Schwerverwundete hatten uns diese Nachmittagsstunden gekostet.

Ein feiner, aber rasch stärker werdender Regen setzt nun ein und da kein Befehl vorwärtszugehen für uns vorliegt, erhalten wir die Erlaubnis, die Strohhaufen auseinanderzureißen und uns ins Stroh zu putteln. Unsere Führer scheinen noch zu schwanken, ob der Angriff bis zum

Morgen aufgeschoben werden soll, aber die Überlegung, daß der Gegner dann sein Hauptziel, unser Tempo zu verlangsamen, erreichen würde, entscheidet das Gegenteil, denn kaum sind wir fröstelnd vor Nässe und Kälte mit Tornister und Gewehr in die Strohhaufen hineingeschlupft, als das Signal ›Leibregiment greift an‹ ertönt.« [22]

Und Schörner war wieder einmal mehr mitten drin im Kampfgetümmel. So entwickelte sich noch am 15. November 1915 das Gefecht auf der Dedina Stolica, über das die Leiber-Chronik folgendes zu berichten weiß:

»An diesem Abend rücken wir, so scheint es, den Serben doch dicht auf die Fersen. Sie stellten sich zum Kampf auf den Waldkuppen der Dedina Stolica. Wir wollten es gar nicht recht glauben, aber als Major Prinz Heinrich, Kommandeur vom III. Batl. von der Stritzika aus erkundete, pfiffen die Kugeln verdammt scharf herüber. Zu sehen war gar nichts. Die 12. Komp. war zuerst zur Hand, die wurde also zum Angriff angesetzt. Zuerst wollten wir in geschlossenen Halbzügen vorspringen, das steckten wir aber schleunigst auf und entwickelten uns zu regelrechtem Angriff. Obwohl wir viel lieber unsere müden Knochen zur Ruhe gelegt hätten, stürmte die 12. doch wild den feindwärtigen Hang der Stritzika hinunter, kollerte eigentlich mehr, denn es war ein steiler Wasserriß mit großen Blöcken und da hinein setzte feindliches Infanterie- und Masch. Gewehrfeuer, glücklicherweise viel zu hoch. Auf einem schmalen Rücken, der sich vor dem Anstieg zur Dedina Stolica erhob, ordnete sich die 12. Komp. wieder und nahm den auffallend zähen Gegner unter Infanterie- und Masch. Gewehrfeuer, immer noch ohne ihn zu sehen. Nun war guter Rat teuer. Vor uns auf steiler dichtbewachsener Höhe ein offenbar starker Feind, rechts von uns nichts, links von uns nichts, doch halt, da müßte links irgendwo die 1. Komp. stehen! Aber es war nicht möglich Anschluß zu gewinnen. Artillerieunterstützung – ausgeschlossen. [. . .]
Da braust links drüben mit einem Schlag ein Hurra [. . .] und in dichten Knäuln werden die letzten 30 m gestürmt. Wohl kracht und pfeift es uns entgegen nach Noten. Aber wer jetzt zaudert, ist ein Schuft. Der Feuerlärm wird durch Hurragebrüll überschrien. Dem Serben war das zu dumm: Ehe die Zange sich schloß war er davon, raubtierartig in den Busch und in die Nacht verschwunden. Ohne Kommando, ohne Laut. Was er an sich hatte lag kunterbunt da. Mancher Tote dabei. Mehr Blut wohl hatte er uns gekostet«, heißt es abschließend in der Chronik des

Bayerischen Infanterie-Leib-Regiments, »aber dafür standen wir jetzt auf des Feindes letztem Stützpunkt, vor der wilden Josanica.« [23]

Aber um welchen Preis!
In der Nacht vom 14. auf den 15. November 1915 war der Regen in Schnee übergegangen. Als der kommende Morgen heraufdämmerte, erblickte Schörner, der bei diesen Kämpfen erstmals verwundet wurde, überall kleine weiße Schneehügel in der serbischen Berglandschaft.
»Das sind meine Leiber«, durchzuckte es ihn voller böser Ahnungen.
In der Tat! Sie waren vor lauter Übermüdung an Ort und Stelle eingeschlafen und vom einsetzenden Schneefall überrascht worden. Die weiße Pracht hatte die todmüden Gestalten dann mit ihrer einschläfernden Decke umhüllt. »Auf der Debina Stolica«, erzählt die Regiments-Geschichte, »steht seit jener Nacht ein großes Kreuz. Unter ihm liegen, treu wie im Leben so im Tod, die tapferen stillen Helden der 1. und 12. Kompanie. Sie sind die einsamsten von all unseren Toten. Kein Freund besucht je ihr Grab auf diesem weltenfernen, windgepeitschten Berg, keine liebende Hand weiht ihnen einen Blumengruß, aber unser Gedenken, das keine Schranken der Zeit noch des Raumes kennt, umschließt auch sie voll Dankbarkeit.« [24]
Aber schon hieß es weiter. Auf schmalen Pfaden, über Schutt und Geröllhalden ging es mal steil bergauf und dann wieder ebenso steil bergab – und zwar so lange, bis die »Leiber« am 20. November 1915 vor der alten Türkenstadt Novipazar standen und diese wenig später einnahmen. Schörner war nach seiner Genesung mit seinen Männern gerade im Begriff, die Verfolgung der weiter zurückflutenden Serben über das Gebirge südlich von Raska in Richtung auf die feindliche Rückzugsstraße Mitrovitza – Rudnik fortzusetzen, als er plötzlich angehalten wurde. Was war geschehen?
Neue Befehle besagten, daß ein weiteres Vorgehen des Deutschen Alpenkorps und seiner Regimenter und Bataillone zu unterbleiben habe, da es für eine andere Verwendung vorgesehen sei. Damit war Schörners Kampfeinsatz in Serbien beendet. Ziehen wir mit ihm eine Bilanz:
Obwohl die Scharmützel auf dem serbischen Kriegsschauplatz nicht mit den schweren Kampfhandlungen, die ihm noch vor Verdun, am Roten-Turm-Paß am Isonzo und am Kemmel bevorstanden, zu vergleichen waren, so hatte er mit seinen »Leibern« nicht nur ungeheure Strapazen ertragen, sondern auch weitere wertvolle Erfahrungen im Gebirgskrieg gesammelt. Wenn wir seinen Einsatz an der Dolomitenfront als seine

Lehrjahre bezeichnen wollen, so hinterlegte er während seines Eilmarsches durch Serbien und bei den dann stattgefundenen Gefechten im gebirgigen Gelände zweifellos sein Gesellenstück. Das war ein wichtiger Leistungsnachweis für seine außergewöhnliche militärische Karriere. Er brauchte nur mehr den schmalen Pfad, den er schon richtig eingeschlagen hatte, konsequent fortzusetzen, schon würde er sein eigentliches Ziel erreichen und damit seine wahre Berufung von selbst entdecken. Jedenfalls hatte Schörner nach dem Serbienfeldzug schon ein gutes Stück des Weges dahin zurückgelegt.

5. Im Stahlgewitter vor Verdun

Was nun folgte, das war für Schörner wieder einmal mehr eine ausgesprochene Odyssee. Zunächst wurde er Mitte Januar 1916 mit dem Deutschen Alpenkorps Richtung Saloniki geschickt. In der Gegend von Vranje und Skopie erhielten die Regimenter die Nachricht, daß sie sich auf einen längeren Aufenthalt einzurichten haben. Erst Mitte Februar wurde das für die Truppe festgelegte Aufmarschgebiet im Vardartal frei. Zum Einsatz an der mazedonischen Front kam es allerdings nicht mehr, denn im Westen war die Schlacht vor Verdun entbrannt.

Wie ein Lauffeuer verbreitete sich daher die Nachricht unter den »Leibern«, daß sie womöglich dorthin verlegt werden. Dort hatte nämlich am 21. Februar 1916 auf dem östlichen Maasufer der Artillerie- und tags darauf der Infanterieangriff begonnen. Am 25. Februar schrieb Kronprinz Rupprecht, der wenig später von König Ludwig III. zum Feldmarschall befördert wurde, seinem Vater voller Sorge:

»Unser Angriff auf Verdun dürfte im Falle des Gelingens kaum mehr wie einen moralischen Erfolg erzielen, da bei der Zeitdauer, die er beansprucht, der Gegner dort soviel Kräfte versammeln kann, daß ein Durchbruch durch die feindlichen Stellungen nicht mehr möglich sein wird. Dies aber muß das für uns erstrebenswerte Ziel sein: der Übergang vom Stellungs- zum Bewegungskriege. [...] Verdun angreifen heißt, den Stier bei den Hörnern fassen. Es ist meines Erachtens eine Kraftvergeudung [...]« [25]

Das war sie auch. Denn nachdem die mit so vielen Erwartungen begonnene deutsche Offensive vor Verdun von den Franzosen wider erwarten schnell zum Stehen gebracht worden war, wurden immer neue

Truppen in diese mörderische Schlacht geworfen. »Die zahlreichen Toten, die niemand bergen und beerdigen konnte, lagen zuerst unter der Schneedecke, sehr bald aber im Schlamm«, schrieb Paul C. Ettighoffer. »Und dann wuchteten die Geschosse nieder und zerfetzten Lebende und Tote. Mancher Gefallene wurde zehnmal, zwanzigmal getroffen, zerrissen, seine Glieder hierhin und dorthin verstreut. Und an jedem Tag forderte die unersättliche Menschenmühle neues Futter, frisches Futter, junge, gesunde Männer beider Nationen als Material für ihre unermüdlichen Mahlsteine. [...] ganze Ablösungen eilen über die Toten hinweg, weil niemand mehr Zeit hat, sie wegzuziehen. Du merkst es erst, wenn du auf etwas Weiches, etwas Schwammiges trittst, dann weißt du, hier liegt ein Mensch, ein Kamerad, ein Mensch wie du.« [26]

Zu diesen Ablösungen zählte auch Schörner mit seinen Männern, die auf Grund ihrer skurrilen »Balkanausstattung« mit bemalten Fahrzeugen, Büffelgespannen und dergleichen schon bald die scherzhafte Bezeichnung »Wanderzirkus Alpenkorps« erhalten hatten. Das war in seinen Augen eine klare Deklassierung seiner stolzen »Leiber«, die sich innerhalb des Alpenkorps als eine Elite der Eliten verstanden. Um so mehr schmerzte es ihn, daß er nun mit den »gewöhnlichen« Jäger- und Infanterie-Bataillonen in einen Topf geworfen wurde – und zwar nach dem Motto: »Mitgegangen, mitgehangen.«

Am 11. März 1916 traf der Befehl zur Verlagerung des Infanterie-Leib-Regiments nach dem westlichen Kriegsschauplatz ein. Am 17. März nahm Generalfeldmarschall von Mackensen die Parade ab und sparte bei dieser Gelegenheit nicht mit anerkennenden Worten über die Leistungen der Truppe auf dem serbischen Kriegsschauplatz. Tags darauf wurden die »Leiber« in Marsch gesetzt.

Am 30. März 1916 wurde in der Champagne ausgeladen. Und da der Deutsche Kaiser und die Oberste Heeresleitung sehr hohe Erwartungen in das Alpenkorps und seine Regimenter setzten, entschloß sich Wilhelm II., die Truppe noch am selben Tage durch eine große Kaiserparade für das heraufziehende Stahlgewitter vor Verdun zu motivieren. [27]

Diese Parade in Villiers-Sur-le-Mont versetzte die Truppe in der Tat in eine gewisse Euphorie, so daß nicht wenige Führer durch dieses pompöse, die Realität vernebelnde Schauspiel geblendet wurden und erst zu spät erkannten, daß dieser Frontabschnitt für sie nichts anderes als die gehaßte »Hölle von Verdun« zu bieten hatte. Denn General der Infanterie Erich von Falkenhayn, dieser »Zermürbungs- und Ermattungskriegsstratege«, der am 14. September 1914 als preußischer Kriegsminister an Stelle des seelisch und körperlich zusammengebrochenen Generalobersten von Moltke (der Schlieffens genialen Plan einer klassischen Umfassungsschlacht radikal verändert und damit entscheidend verwässert hatte) die Führung des Feldheeres als Generalstabschef der Obersten Heeresleitung übernommen hatte, wollte den Eckpfeiler der an der deutschen Frontlinie bedrohlich nahe stehenden starken Festung von Verdun herausbrechen. Damit sollte Frankreich ausgeschaltet werden, noch bevor England wirksam in den Krieg eingreifen konnte. Gelang schon der große Durchbruch im Westen nicht, so sollte der Gegner, der bereits erheblich angeschlagen war, im Kampf um Verdun ausbluten.

Je näher Schörner nun zur Front kam, desto lichter wurden die Wälder. Ihre Blätter waren wie vom Orkan weggefegt, und schon bald verschwanden auch die zerborstenen Stämme der Bäume, so daß jetzt nur mehr ihre Stümpfe in dem von Tausenden von Granaten immer und immer wieder aufgewühltem Boden zu sehen waren. Ganz vorne lagen die Angriffsdivisionen in zerschossenen Stellungen; meist ohne Unterstände, so daß sie jeder Witterung ausgesetzt waren, denn jede Verbesserung der Stellung wurde vom gegnerischen Artilleriefeuer sofort wieder zerstört. So mied man rasch jeden erkennbaren Graben und versuchte sich statt dessen in den weniger auffälligen Trichtern dem ruhelosen Auge des Gegners zu entziehen. Zu alledem lag Tag und Nacht das feindliche Feuer auf den vorderen Trichterstellungen, über die sich ununterbrochen ein Stahlgewitter und Eisenhagel entlud. Dann lastete eine tonnenschwere schwarze Wolkenwand über dem Kampffeld, aus der unablässig Blitze hernieder zuckten und schwarze Erd- und Rauchfontänen aufwirbelten, während die Luft durch ein ständiges Donnern und Krachen erzitterte.

Das waren die ersten deprimierenden Eindrücke, mit denen Schörner und seine »Leiber« zunächst auf den Schlachtfeldern südlich der Bahnlinie von Fleury – Dorf Vaux, auf dem Fuminrücken und im Chapitrewald konfrontiert wurden. Das gesamte Gelände bildete ein einziges großes Toten- und Trümmerfeld. In den Wäldern, die hier einst standen, hatten die Franzosen es meisterhaft verstanden, das Zwischengelände durch geschickte Verteidigungsanlagen zu verstärken.

Plötzlich elektrisierte am 7. Juni 1916 eine Meldung Schörner. Der deutsche Heeresbericht verbreitete Optimismus, obwohl die »Schilderung der Kämpfe den tatsächlichen Vorgängen keinesfalls gerecht« wurde. [28] Am Ostufer der Maas, hieß es dort, »haben die am 2. Juni begonnenen harten Kämpfe zwischen dem Cailettewalde und Damloup weitere Erfolge gebracht. Die Panzerfeste Vaux ist seit heute Nacht in allen ihren Teilen in unseren Händen.« [29]

Verständlich, daß die Kapitulation des Forts der deutschen Führung den Anstoß gab, die am 1. Juni begonnene neuerliche Offensive, in deren Verlauf am 3. Juni Thiaumont und Fleury erobert wurden, mit neuem Schwung fortzusetzen. Das nächste große Angriffsziel war nun die Hauptverteidigungslinie der Franzosen auf dem östlichen Ufer der Maas, der Höhenzug »Kalte Erde« – Zwischenwerk Thiaumont – Fleury – Fort Souville. Im Rahmen dieser Operation sollte das Deutsche Alpenkorps mit seinen Regimentern und Bataillonen die Talhänge südlich des Dreiecks-Waldes und der Vaux-Schlucht erreichen.

In fast allen Berichten, die uns über das Schlachtfeld von Verdun vorliegen, wird mit besonderem Grauen an die furchtbaren Schluchten, durch die sich der gesamte Verkehr von und zu den Stellungssystemen abwickelte, erinnert. Sowohl die Ablösung und der Meldedienst, die Verwundeten- und die Materialtransporte als auch die Versorgung der Truppe mit dem Essen und Trinken mußten durch diese Nadelöhre gepreßt werden.

»Die Trupps, die sich begegneten, hasteten einander vorüber ohne Laut, ohne Frage nach Truppenteil und woher und wohin, nur mit gespanntester Aufmerksamkeit die heranheulenden Granaten taxierend«, heißt es in einem Bericht. »All die Menschen, die dort vor Verdun zwischen Stellung und Hintergelände hin und her wechselten, kamen mir oft vor wie das afrikanische Wild, das bei Nacht lautlos durch die Steppe zur Tränke zieht, mit aufs schärfste angespannten Sinnen nur auf die Gefahren achtend.« [30]

Die Feldküchen konnten vielerorts nicht nah genug an die Front herangezogen werden. So »hungerten die Mannschaften lieber, als den Todesgang von 4 km hin und zurück zu gehen. Heftiger quälte der Durst, besonders als es [. . .] heißer wurde. Zwar schleppten opfermutige Leute aus der einzigen erreichbaren Quelle bei Dorf Douaumont, einer Steinplatte zwischen Leichen, in Kochgeschirren und Feldflaschen Wasser herbei. Wie viele aber blieben unterwegs, wie wenig vermochte das herbeigebrachte Wasser den Durst zu stillen! Gierig sogen die Halbverdursteten trotz aller Verbote das Naß aus dem Schlamm, so daß Darmerkrankungen die Truppe nicht weniger schwächten als blutige Verluste.« [31]

Nun war Schörner mit seinen Männern an der Reihe, in das Fegefeuer von Verdun geschickt zu werden. Zum sichtlichen Mißvergnügen des Generals Krafft von Dellmensingen kam sein Gebirgsgroßverband jedoch nicht geschlossen zum Einsatz, »sondern wurde als Lückenbüßer mißbraucht«. [32]

Für den geplanten Großangriff war das Alpenkorps auf der gesamten Front vom Thiaumont-Wald bis zum Bergwald nordöstlich Tavannes vorgesehen. Schon wurden die Truppen in Stellung gebracht – und zwar rechts vom Alpenkorps das geteilte 10. Bayerische Infanterie-Regiment der 1. bayerischen Infanterie-Division gegen Thiaumont – Froideterre; an der Alpenkorpsfront rechts das Jäger-Regiment 1, das ebenfalls auf Thiaumont und nördlich an Fleury vorbei in Richtung Belleville angesetzt wurde; in der Mitte das Bayerische Infanterie-Leib-Regiment, dem am wenigsten ausgebluteten Verband des Alpenkorps [33], über das Dorf Fleury auf St. Michel; links das Jäger-Regiment 2 auf Souville.
Der 22. Juni 1916 war nur meteorologisch ein lieblicher Sommertag. Für Schörner war er jedoch alles andere als ein heiterer, obwohl die Truppe dem Augenblick des Angriffs in altgewohnter Zuversicht entgegensah. Während das vorbereitende Artilleriefeuer jäh abbrach, erhoben sich mit einem Ruck die Feldgrauen unter dem Major Prinz Heinrich von Bayern, dem Kommandeur des III. »Leiber«-Bataillons, und dem Hauptmann Graf von Bothmer, dem Chef der 12. »Leiber«-Kompanie. Wie auf dem Exerzierfeld stürzte sich Welle um Welle gegen den Feind.

»Nun waren wir drinnen in diesem ›Verdun‹. Das, was die Sinne aufnahmen, kann man nicht wiedergeben. Es schien, als sei man aus der Welt wegversetzt in ein Land, wo andere als menschliche Kräfte walten. Links hinter dem Fort ging blutrot die Mondsichel auf, am östlichen Horizont sah man das helle Aufblitzen unserer Geschütze, dazwischen durch das merkwürdige Licht abbrennender Kartuschenlager, die getroffen waren, vor und westlich, also rechts von uns, sah man das Aufblitzen feindlicher Abschüsse, Leuchtkugeln aller Art und Farben und noch vieles andere«, heißt es in der Chronik des Bayerischen Infanterie-Leib-Regiments. »Dabei fiel man mal gestreckt der Länge nach in ein Granatloch, schimpfend erhob man sich wieder und lief der immer vorwärts kriechenden Kolonne nach, um den Anschluß nicht zu verlieren. Plötzlich sauste eine Granate dicht neben uns in die Erde, wir warfen uns hin und ließen den aufgewirbelten Dreck auf uns herniederregnen, dann liefen wir wieder weiter ... Die Verbindung war abgerissen, also weiter, dem ausgetretenen Weg nach, der sich um und durch Granatlöcher schlängelte. Entgegenkommende Krankenträger sagten uns, wir hätten die anderen gleich wieder eingeholt ... Endlich kamen wir am Bahndamm an. Dort war's ruhiger. Links war der Damm etwa 3–4 m hoch, am Hang kleine Schutzdächer gegen Splitter und Regen, rechts stieg langsam das Gelände hinauf zur Feste, so daß man also in einem kleinen Einschnitt ging. Schienen lagen herum, Baumaterial, Drahtrollen und viel anderes Zeug. Man zog die Beine hoch, um nicht hängen zu bleiben. 14er Jäger lagen hier, die Leiber seien weiter vorne, sagten sie. Also zu ... Inzwischen sah man unsere Reihen weiter vordringen, auf Fleury zu, das durch einen kleinen Höhenzug verdeckt war. An ›Aufräumungsarbeiten in feindlichen Gräben, Abtransport von Gefangenen und Zurückbringen von Verwundeten‹ dachte von diesen Prachtkerlen dort vorne keiner, nur vorwärts, immer vorwärts, nach Fleury hinein. Und so entschwanden sie bald unserem Blick. Nun kamen die vielen Meldungen über Kampfhandlungen, erreichte Ziele, Verluste usw. Manch teurer Freund war gefallen. Die Meldungen gingen von hier weiter zurück zum Regiment. In der Zwischenzeit hatte sich die feindliche Artillerie wieder vollkommen erholt von unserer Schießerei. Sie setzte mit voller Kraft ein und versuchte krampfhaft alles Versäumte nachzuholen. Mit 15 cm und 21 cm, mit 12 cm Flachbahn ging es auf den Bahndamm, das Gelände zwischen hier und Fleury und Douaumont los ...« [34]

Bei diesen schweren Kampfhandlungen wurde Schörner noch am 22. Juni 1916 durch einen Granatsplitter so schwer verwundet, daß er erst drei Monate später zu seinen »Leibern« zurückkehren konnte. Diese drangen währenddessen zunächst so schnell nach Fleury, das nur mehr als Trümmerhaufen zu bezeichnen war, hinein, daß die Franzosen erst aus den Kellern krochen, als die Bayern schon bereitstanden, um sie geschlossen in die Kriegsgefangenschaft zu führen. Aber dann erfolgte der große Rückschlag. Zwar wurden im Abschnitt des Deutschen Alpenkorps die Vorbereitungen für ein weiteres Vorgehen in die innere französische Frontlinie geschaffen, aber zu seinen beiden Seiten waren die Nachbardivisionen nicht mehr nachgekommen. Daher mußte das weitere Vordringen des Infanterie-Leib-Regiments über den Fleury-Rücken hinaus eingestellt werden, zumal das Regiment allein im Juni 1916 nicht weniger als 22 Offiziere und 1163 Unteroffiziere und Mannschaften zu beklagen hatte.

6. Schörner ante portas

Der Blutzoll, den die »Leiber« auf der Schlachtbank von Verdun erbringen mußten, war sehr groß – insbesondere bei den Offizieren. Als Schörner nach dreimonatiger Verwundung zu seinem Infanterie-Leib-Regiment zurückkehrte, wurde er sogleich mit der Führung der 12. Kompanie beauftragt. Da er den Zusammenhang zwischen den hohen Ausfällen an Führern und Unterführern und seiner nun erfolgten höherwertigen Tätigkeit sehr genau einzustufen wußte, brannte er darauf, sich im Felde zu bewähren, um allen zu zeigen, daß er nicht nur ein aus akutem Personalmangel eingesetzter Kompanie-Führer war. Und diese Bewährungsprobe stand ihm schon bald bevor.
Noch während die Schlacht um Verdun tobte, trat Rumänien im Sommer 1916 auf die Seite der Entente. Mit ausschlaggebend für diesen Schritt waren zweifellos die Anfangserfolge der Brussilow-Offensive Anfang Juni 1916, als es dem Oberbefehlshaber der russischen Südwestfront, dem General Brussilow, gelang, die k. u. k. 7. Armee zu besiegen und ihre dezimierten Reste bis auf den Grenzkamm der Karpaten zwischen Ungarn und der Bukowina zurückzudrängen. Mehr noch: anfangs glückte es den Rumänen sogar, bis tief nach Siebenbürgen einzubrechen. Dieser gegnerische Vorstoß bildete nun den letzten Grund für die Ersetzung des Generals von Falkenhayn durch die neue Oberste Heeresleitung unter dem Generalfeldmarschall Paul von Hindenburg und seinem Ersten Generalquartiermeister, dem General Erich Ludendorff.
Falkenhayn erhielt nun nach seiner Entlassung als Generalstabschef am 29. August 1916 auf Vorschlag seines Nachfolgers während des ersten rumänischen Feldzuges die letzte Chance, nach dem Fiasko von Verdun sein militärisches Geschick auf dem Schlachtfeld unter Beweis zu stellen. Als operatives Handwerkszeug bediente er sich hierbei unter anderem auch des Deutschen Alpenkorps samt dem Bayerischen Infanterie-Leib-Regiment. Damit stand Schörner mit seinen »Leibern« vor einer einzigartigen, teilweise abenteuerlich anmutenden Umfassungsbewegung. Von Falkenhayn hatte nämlich den Auftrag erteilt, im Rücken der vor Hermannstadt stehenden »Alt-Gruppe« der rumänischen 1. Armee unter General Popovici quer über die Gipfel und Kämme des Czibiner Gebirges hinweg an den 90 Kilometer entfernten Roten-Turm-Paß vorzustoßen, um dann die einzige wichtige rückwärtige Verbindung der Rumänen nach Süden abzuschneiden. Parallel dazu

sollten die drei schwachen Divisionen der deutschen 9. Armee unter General von Staabs die vor Hermannstadt stehenden Rumänen angreifen und in den Paß hineintreiben, wo ihnen der Weg durch das gezielte Feuer des Alpenkorps versperrt werden sollte.
Falkenhayn ging nämlich davon aus, daß die rumänische »Alt-Gruppe« – einmal zwischen zwei Feuer genommen – dann endgültig vernichtet sei. Ein kühner Plan, dachte Schörner, als er davon erfuhr. In der Tat! Der gedemütigte, in der militärischen Hierarchie abgestürzte Verlierer von Verdun setzte angesichts der ihm zur Verfügung stehenden schwachen Verbände alles auf eine Karte, um das große Spiel zu wagen und die in Siebenbürgen eingedrungenen Rumänen wieder zu vertreiben.
Es war am 23. September 1916, als das Gros des Alpenkorps zu seinem denkwürdigen Umgehungsmarsch antrat. Zunächst war das bis zu einer Höhe von 2300 Metern aufragende Czibiner Gebirge mit seinen urwaldähnlichen Berghängen zu überwinden. Die linke, die nördliche Marschkolonne, des Alpenkorps, bildete die »Gruppe Paulus«; die rechte, die südliche, die »Brigade von Tutschek«. Ihre Vorhut bestand aus dem II. und dem III. Bataillon des Infanterie-Leib-Regiments unter dem Prinzen Heinrich von Bayern. Mit von der Partie war auch Schörner, dessen Herz voller Ehrgeiz lichterloh brannte, denn noch immer galt der alte Satz: »C'est la guerre!«
Beim Marsch in den Roten-Turm-Paß traf seine 12. auf die vorausgeeilte 2. »Leiber«-Kompanie und die Maschinen-Gewehr-Abteilung 204, die nach Norden und Nordosten in Stellungen lagen. Nach kurzem Feuergefecht hatten sie den rumänischen Bahnschutz vertrieben und dann die Bahnlinie an mehreren Stellen gesprengt. Die 12. Kompanie wurde zwar auf ihrem Weitermarsch gegen Riu Vadului unter feindliches Feuer genommen, sie erreichte aber dennoch das Tal ohne Verluste und sperrte die Straße bei und nördlich des Bahnhofes Riu Vadului. Es gelang Schörner aber nicht, die Holzbrücke über den Alt-Fluß zu besetzen, weil er dort von einer eben erst eingetroffenen rumänischen Kompanie in guter Feuerstellung und mit Flankenfeuer von den östlichen Paßhöhen gehindert wurde. Da sich in einem nahen Eisenbahntunnel andere rumänische Abteilungen festsetzten, konnte auch keine Verbindung zur 9. Kompanie hergestellt werden. Schörner ließ daher am Fuße des D. Vadului eine Paßsperre mit Front nach Norden, Osten und Süden aufbauen, um sich nach allen Seiten verteidigen zu können. Wie notwendig diese Maßnahmen gewesen waren, mag man daraus ersehen, daß der Gegner schon bald angriff, aber letzten Endes von den »Leibern« zurückgeschlagen werden konnte. [35]

Ein Zug der 9. »Leiber«-Kompanie, der sich im Bahnhofsgebäude verteidigt hatte, kam aus dem Gefecht nicht mehr zurück und geriet in rumänische Gefangenschaft. Was dann folgte, das widersprach jeder Humanität und der Haager Landkriegsordnung! [36] Die 38 »Leiber« wurden zunächst eingesperrt und am nächsten Morgen auf eine Sandbank im Alt-Fluß geführt. An der Straße hatte eine starke Abteilung Rumänen Aufstellung genommen. Sie erhielt von General Praporgescu den Befehl, das Feuer auf die Gefangenen zu eröffnen. Die Rumänen schossen dann so lange, bis sich nichts mehr rührte. Von den 38 Gefangenen waren 24 tot und 7 verwundet. Die restlichen 7 stellten sich tot. [37] Dieser barbarische Vorgang ist im Hinblick auf Schörners späteres Verhalten in dieser oder jener Frontlage deshalb so wichtig, weil hierin eine der Ursachen für seine bisweilen gnadenlose Vorgehensweise gegen einen rücksichtslos auftretenden Gegner zu sehen ist.

Am Morgen des 27. September 1916 ging eine bedeutende Meldung beim Infanterie-Leib-Regiment ein. Sie besagte, daß der Feind am Vortage bei Hermannstadt geworfen wurde und von der »Gruppe von Staabs« verfolgt werde. Oberstleutnant Epp ließ diese Nachricht auf dem schnellsten Wege dem Kommandeur seines III. Bataillons im Roten-Turm-Paß übermitteln – und zwar mit dem Zusatz:

»Gelingt es, den Gegner am 27. September im Paß und in den Gebirgstälern westlich davon durch Angriff oder Widerstand festzuhalten, dann steht infolge des Druckes von Norden her die völlige Erledigung des Hermannstädter Feindes zu erwarten. Eine Unterstützung des Bataillons kann zunächst nicht erfolgen!« [38]

Der Kommandeur des III. »Leiber«-Bataillons war bekanntlich kein geringerer als der Prinz Heinrich von Bayern. Er glaubte seinem Regiments-Kommandeur versprechen zu müssen, daß er zumindest für den 27. September bei Schörners 12. Kompanie, hinter der noch die 2. Kompanie stand, die Sperre des Passes aufrechterhalten könne. Damit waren die Würfel seines eigenen Schicksals gefallen.

Ein undurchdringlicher Nebel lag am Morgen jenes 27. Septembertages am Roten-Turm-Paß und über den angrenzenden Tälern. Im Schutz dieses milchigen Schleiers verstärkte sich der Druck auf die 12. Kompanie, die sich wie ein wandernder Igel zusammengerollt hatte, immer mehr. Von Nord- und Südosten peitschte das Feuer der Rumänen in die Sperre der todesmutigen Kompanie. Ein vorgezogenes österreichisches Gebirgsgeschütz konnte vorübergehend Erleichterung bringen, indem es vor allem die Rumänen im Eisenbahntunnel in Schach hielt. Teilweise gelang auch die Zerstörung der Holzbrücke über den Fluß Alt. [39]

So sehr die Rumänen sich auch anstrengten, den Roten-Turm-Paß bekamen sie nicht frei, und die Verbindung mit der nördlichen Gruppe konnte auch nicht hergestellt werden, denn das Nadelöhr befand sich nach wie vor in den Händen des Deutschen Alpenkorps, oder es lag im Feuer seiner gut postierten Gewehre und Maschinen-Gewehre. Wenn es auch dem einen oder anderen Rumänen im Verlauf der Gefechte gelang, eine Sperre zu überwinden, so geriet er weiter südlich in die Geschoßgarben der »Leiber«, die bei Rui Vadului und Caineni den Paß hielten. Dort hatten sie ihre Maschinen-Gewehre in einem kleinen Haus an der Straße in Stellung gebracht und feuerten damit fast unmittelbar an der Paß-Straße in die im Rückzug befindlichen rumänischen Kolonnen, denen sie so lange schwere Verluste zufügten, bis sie den letzten Gegner zum Schweigen gebracht hatten. [40]
Der 27. September 1916 brachte dann die Entscheidung. An diesem Tage fiel der Riegel bei Caineni. Von Süden brachten die Rumänen immer mehr Verstärkungen heran. Auf Grund der verzweifelten Lage erhielt die 11. Kompanie gegen 18.30 Uhr den Befehl, sich bis zur zweieinhalb Kilometer entfernt liegenden 12. Kompanie zurückzuziehen. Während die kampffähigen Kameraden nach allen Seiten rumänische Angriffe abwehrten, schoben in ihrer Mitte die leichtverwundeten ihre schwerverletzten »Leiber« auf den Wagen zurück. Im Schutze der Nacht erreichte dieser Elendszug auf der Paß-Straße Schörners Kompanie, die den notwendigen Flankenschutz nach Süden übernahm. [41]
Nun versuchten die am 28. September 1916 neu herbeitransportierten Einheiten der rumänischen 20. Division die Südflanke des III. »Leiber«-Bataillons einzudrücken und aufzurollen. Sie griffen unaufhörlich an und brachten Gebirgsgeschütze auf den Hängen oberhalb der Bayern in Stellung und beschossen sie dann aus der Flanke und in den Rücken. Jetzt lagen auch die Verbindungswege unter einem ständigen gegnerischen Feuer. Durch diese permanenten Attacken wurde die Lage des III. Bataillons im Paß äußerst kritisch. Aus diesem Grunde gab Oberstleutnant Epp den Befehl, unter Aufrechterhaltung der Paßsperre durch Maschinen-Gewehre auf dem Vadaluirücken näher zusammenzurükken. Vom Feinde unbemerkt, konnte die 11. und 12. Kompanie nach Einbruch der Dunkelheit ihre neuen Stellungen, in denen sie sich zur Verteidigung nach Süden, nach Südosten und nach Osten einrichtete, beziehen. Auf einer Kuppe wurden drei schwere Maschinen-Gewehre in günstige Stellung gebracht. Mit ihrer Feuerkraft sollten sie die Aktivitäten der Rumänen auf der Straße des Passes, gegen die Altbrücke und gegen die Strecke im Eisenbahntunnel lähmen. [42]

Nachdem sich auch die Bewegungen des Deutschen Alpenkorps kurzzeitig festgelaufen hatten, war nicht zu übersehen, daß die Würfel über Sieg oder Niederlage ganz woanders gefallen waren – und zwar draußen, vor den Bergen, nördlich vom breiten Roten-Turm-Paß, den das Alpenkorps nicht ganz sperren konnte. Dort draußen war nämlich die Schlacht bei Hermannstadt von der deutschen 9. Armee gewonnen worden. Aber noch blieb der Erfolg für die Mittelmächte sowie für Schörner und seine tollkühnen »Leiber« ein Pyrrhussieg während des ersten rumänischen Feldzuges, denn der französische Oberbefehlshaber Joffre machte am 1. Oktober 1916 eine ganz andere Rechnung auf. Und diese lautete: 6145 alliierte gegenüber 3921 Bataillone der Zentralmächte!

Wie ging es nun nach der ersten Phase des rumänischen Feldzuges im Kriegsjahr 1916 weiter?

»Unser Wohin ist noch immer unbekannt«, schrieb der Bataillons-Arzt Hans Carossa in sein berühmtes »Rumänisches Tagebuch«, das zu den wenigen Dichtungen gehört, die sich im Gegensatz zu Jüngers Werken aus dem Erlebnis heraus mit den Schrecken des Krieges kritisch auseinandersetzten, und fuhr dann fort: »Die verheißene Stiefelsendung ist nicht eingetroffen. Das Bataillon wird mit löchrigen Sohlen in den Gebirgskrieg marschieren.« [43]

Mit von der Partie war wiederum der schneidige Leutnant Schörner; aber auch der Jesuitenpater Rupert Mayer, der, am 3. Mai 1987 von Papst Johannes Paul II. während einer festlichen Eucharistiefeier in München seliggesprochen, als Divisions-Pfarrer und Feldseelsorger ebenfalls an vorderster Front des Gebirgskrieges in den Karpaten eingesetzt wurde. Als der Weltkrieg ausbrach, war es für diesen Gottesstreiter eine Selbstverständlichkeit, daß er sich umgehend freiwillig zum Priesterdienst bei den Soldaten meldete, denn, so sein Argument, »wo meine Männer und Arbeiter zum Einsatz befohlen sind, da brauchen sie auch ihren Pfarrer. Ihm bedeutete die ganze Umstellung, die die Einberufung brachte, nur einen Frontwechsel in der Seelsorge, die ja immer Einsatz ist.« [44]

Daß es Pater Rupert Mayer ernst meinte, belegt die Tatsache, daß dieser furchtlose und aufopferungsvolle Feldseelsorger am 30. Dezember 1916 im rumänischen Sultatal in vorderster Front durch einen russischen Granatsplitter (Schrapnellschuß) getroffen und sein linkes Bein wenig später sogar abgenommen werden mußte. »Sein Ausscheiden aus der Div[ision] wird sehr schmerzlich empfunden«, heißt es über diesen »allverehrten, tapferen Divisions-Pfarrer« in den »Erinnerungsblättern deutscher Regimenter«. [45]

Die Hauptkräfte der deutschen 9. Armee wurden nach Osten abgedreht, um die rumänische 2. Armee bei Fogaras anzugreifen und in Richtung Kronstadt zurückzuwerfen. In der Schlacht im Geisterwald und vor Kronstadt sollte dann die endgültige Entscheidung fallen. Dem Deutschen Alpenkorps fiel während dieser Operation die Aufgabe zu, beiderseits des Roten-Turm-Passes bis auf den Gebirgskamm vorzustoßen und die Deckung der Südflanke der deutschen 9. Armee zu übernehmen. So entwickelten sich die schweren Kämpfe am Monte Robu und Murgasu, um die Prinz-Heinrich-Höhen, die Lauseköpfe und Vadului.

Am 17. Oktober 1916 regnete es in den Tälern. Auf den umliegenden Bergen schneite es dagegen. Die Kälte nahm ständig zu und erreichte schließlich 15 Grad unter Null. Zu alldem raste ein heftiger Sturm über das öde und unzugängliche Gebirge, der Schörner und seinen unverdrossenen »Leibern« die Schneekristalle wie Peitschenhiebe ins wettergegerbte Gesicht schlug. In der Chronik des Bayerischen Infanterie-Leib-Regiments wird uns diese Situation wie folgt geschildert:

»In der Nacht vom 18. auf 19. war Wettersturz eingetreten, Neuschnee lag auf den Bergen bis tief ins Tal herab, grau und düster hingen die Wolken über den Gipfeln.

Langsam keuchen die schwerbepackten Kompanien die steilen Höhen hinauf, in Reihe zu einem in endloser Kolonne durch den schon ganz kahl gewordenen herbstlichen Bergwald. Gegen Abend ist die Schneegrenze erreicht, auf halber Höhe wird im Schnee biwakiert.

Der grauende Morgen findet die Bataillone wieder im Anstieg. [. . .] Die Scharte ist steil und gänzlich vereist. Stürzt ein Tragtier ab, so ist es verloren. So muß denn jedes Tragtier abgelastet und einzeln hinaufgeseilt werden, jede Last wird durch eine Kette von Mannschaften hinaufgeschoben, eine unendlich mühevolle, zeitraubende Arbeit bei diesen Tausenden von Tieren!

Ungarische Trägerkolonnen keuchen mühsam den Schneepfad hinauf, beladen mit Artilleriemunition und Verpflegung. Wie soll das mit dem Nachschub werden, wenn wir längere Zeit auf diese Verbindung allein angewiesen sind?« [46]

In dieser angespannten Situation registrierte Schörner voller Zufriedenheit, daß die Rumänen trotz aller witterungsbedingten Widrigkeiten ständig dem Druck der vorwärts stürmenden »Leiber« ausgesetzt blieben. Und zwar so sehr, daß sie schließlich die ausgebaute Mormonta-

Stellung entnervt aufgaben. In den ersten Novembertagen des Kriegsjahres 1916 stand das Infanterie-Leib-Regiment daher zum Angriff auf den Monte Sate bereit. Nun wollen wir verfolgen, wie der Sturm von Schörners »Leibern« auf diesen Berg verlaufen ist:

»Nach der Abwehr des rumänischen Überfalles aus dem Topologutal herauf gegen die Miglele am Nachmittag des 2. November 1916 waren die Teile des II. Batl. unmittelbar zum Gegenstoß übergegangen und hatten die feindliche Übermacht gegen Süden zurückgedrängt«, erfahren wir einleitend aus der »Leiber«-Chronik. »Im Frühnebel des 3. bezogen dann 5., 6., 8. und 12. Komp. eine Sicherungslinie dicht am Fuß der nordöstlichen Waldschlucht des Mte. Sate mit Flankenanlehnung links an die tief eingeschnittene Wasserrinne des Topologabaches. Eine bunte Zahl verstreuter Almhütten, mächtige Heuhaufen, reich bestellte Gemüsefelder und klares Quellwasser bereiteten ein seit langen Tagen entbehrtes Biwak. Daß wir uns dieses Lebens nicht lange erfreuen dürften, daran gemahnten schon die trotzig-finstern überragenden Kuppen des Satemassives mit ihren verborgenen Bergstellungen. [...]
Da mit einem Schlag drei, fünf Schüsse, grell und scharf dazwischen ein Masch. Gewehr, noch zwei, drei Schüsse – wir sind entdeckt. Unsere Erkundungsabteilungen, die tags vorher unbemerkt dort oben waren, haben verräterische Spuren hinterlassen. Der Weg zum Gipfel muß erzwungen werden und ist der Gegner so trutzig, wie seine Höhen, gibts noch blutige Köpfe! [...] In scharfem Nachdrängen bleiben unter helltönenden Hurrarufen die Leiber dicht an den Fersen der gegen die Hauptstellung zurückflutenden Rumänen, die anscheinend Bajonett und Kolben in nervigen deutschen Gebirgsfäusten schon kennen gelernt haben. Vorwärts durch dichtes Gebüsch, die Kugeln vom Sate herab durchschneiden heulend die Luft, dichter wird ihr Hagel, und wenn sie auch meist hoch darüber wegsausen, färbt nun auch mancher der unseren den herbstlichen Laubboden mit seinem Blute. Endlich ragt die höchste Kuppe über uns, wir stehen tatsächlich im Rücken der rumänischen Hauptstellung, ihren äußersten rechten Flügel umfassend. [...]
Unsere Leute habens geschafft, nach ununterbrochenen sechs Wochen bittersten Gebirgskampfes. [...]
Die ganze Kuppe sprüht bald deutsches Infanterie- und Maschinen-Gewehrfeuer. Fürchterlich war die Wirkung der Nahschüsse. Der Rumäne schweigt, seine tiefer gelegene, feldmäßig zu außerordentlicher Festigkeit ausgebaute Hauptstellung ist geräumt.« [47]

Der Erfolg des Infanterie-Leib-Regiments während seines Überganges über die Transsylvanischen Alpen wurde jedoch wenige Tage später durch den »Heldentod des Prinzen Heinrich von Bayern«, so die offizielle Mitteilung, auf tragische Weise überschattet. [48] In einem Armeebefehl vom 12. November 1916 würdigte der König von Bayern die soldatischen Tugenden des Majors, der als rangältester Bataillons-Kommandeur mit der Führung des Leib-Regiments betraut gewesen war und am Monte Sate tödlich verwundet wurde, »als leuchtendes Vorbild von Pflichttreue und Tapferkeit«. [49]
Verständlich, daß Schörner und seine »Leiber« Rache schworen, um den Soldatentod ihres allseits geachteten ehemaligen Bataillons-Kommandeurs, der bereits bei den schweren Kämpfen im Sommer 1916 vor Verdun verwundet worden war, zu sühnen. Wie ernst ihnen damit war, davon kündeten schon wenig später die zahllosen toten Rumänen an der Poiana Spinului. Am selben Tage wurden außerdem noch der 1578 Meter hohe Monte Omului und der heißumkämpfte Monte Fruntu bis auf die östlichen Ausläufer genommen.
Aber nicht allerorten war man mit der allzu großen Sorglosigkeit und Opferbereitschaft, mit der die Offiziere vorwärts stürmten, einverstanden. Mit einem Seitenblick auf den bayerischen Prinzen, der seine Deckung allzu leichtsinnig verlassen und daher von einem Infanteriegeschoß freistehend tödlich getroffen wurde, monierte General Krafft von Dellmensingen in einem Korpsbefehl zu Recht, daß die Führer bedenken sollten, »daß sie es nicht nötig haben, ihre vielerprobte Tapferkeit täglich neu dadurch zu beweisen, daß sie sich offen dem feindlichen Feuer aussetzten«. [50]

7. Schörner contra Rommel

Nach dem stürmischen Durchbruch und der Verfolgung in den Karpaten lag Schörner mit seiner 12. Kompanie im Raum Fundeni – Zarbesti, wo er die Sicherung nach Norden übernahm. Hier erhielt er vier Ruhetage, damit die Führung und Truppe wieder zu Kräften kommen und die Bekleidung und Ausrüstung einigermaßen instandsetzen konnten. Da wurde das Landserleben plötzlich durch einen außergewöhnlichen Befehl des Generals von Falkenhayn aus seiner Eintönigkeit herausgerissen:

»Das Württ. Gebirgs-Bataillon wird dem Korps Krafft zugeteilt«, hieß es dort einleitend.
Das genügte Schörner, um sich auszumalen, was das bedeutete. Die Rumänen waren zwar unter den massierten Schlägen der »Donau-Armee« zusammengebrochen, aber nun hielt ihr großer russischer Verbündeter seinen schützenden Schild über den am Boden liegenden Verbündeten. Mit ebenso harten Schlägen wollte nun der Oberbefehlshaber der 9. deutschen Armee auch die Russen schlagen und weiter nach Norden zurückdrängen. Mehr noch: Das »Korps Krafft von Dellmensingen«, das sich zum großen Teil aus dem Deutschen Alpenkorps zusammensetzte, wurde hierfür durch einen weiteren Gebirgsverband verstärkt, nämlich durch das Württembergische Gebirgs-Bataillon.
Da die Konkurrenz bekanntlich belebend und motivierend wirkt, zeichnete sich schon sehr schnell ein Wettrennen um den begehrten Siegeslorbeer zwischen den gebirgserfahrenen »Leibern« und den nicht weniger im Gebirgskrieg erprobten Württembergern ab. Im Verlauf der nun folgenden Einsätze zwischen diesen beiden Eliteverbänden kam es gar zu einer direkten Auseinandersetzung zwischen den beiden eigenwilligen Exponenten Schörner und Rommel. So wie dieser an der Spitze seiner Gebirgsschützen mit seinem unverwechselbaren Elan vorwärts stürmte, so stand jener seinem Widersacher in keinster Weise nach und riß seine 12. »Leiber«-Kompanie mit seinem unbändigen Siegeswillen mit.
Hier, auf dem rumänischen Kriegsschauplatz, legten sowohl Schörner als auch Rommel den Grundstein für ihre weitere militärische Laufbahn, während der sie im Zweiten Weltkrieg sogar bis zum Generalfeldmarschall aufgestiegen sind. Hier, im Gebirgskrieg der Karpaten, ging aber auch der Keim einer Rivalität auf, die weit über den Ersten Weltkrieg hinaus reichte. Denn während Schörners Stern unter Hitler unaufhaltsam höher stieg, verglühte Rommels nach seinem kometenhaften Aufstieg nicht zuletzt durch die belastenden Aussagen seines Stabschefs Speidel jäh. [51]
Nach vielen Marschbewegungen war das Deutsche Alpenkorps mit dem Bayerischen Infanterie-Leib-Regiment auf dem rechten Flügel des »Korps Krafft von Dellmensingen« bis zum 17. Dezember 1916 von Magurelele über die Berge nördlich der Straße Ploesti – Buzau bis in die Täler des Par Cilnau und des Slanic nördlich von Buzau gelangt. Als linker Flügel der 9. deutschen Armee hatte es den Auftrag erhalten, den mit starken Kräften im Gebirge nördlich von Buzau und Rimnicul Sarat stehenden Feind zu werfen. Für dieses Unternehmen war das Alpen-

korps durch das Württembergische Gebirgs-Bataillon extra verstärkt worden. Hierbei handelte es sich um eine Truppe, die in denkbar bester körperlicher und seelischer Verfassung an ihre neue Aufgabe heranging.
Am 22. Dezember 1916 griff die 9. deutsche Armee den Feind – Rumänen und Russen, die westlich und zu beiden Seiten von Rimnicul Sarat standen – an, um ihn in nördlicher Richtung über Focsani zurückzuwerfen. Das Bayerische Infanterie-Leib-Regiment rückte zunächst nach Scheiu, als ein Befehl eintraf, der Schörner aufhorchen ließ. Er besagte, daß die Hauptaufgabe seiner »Leiber« darin zu bestehen habe, der k.u.k. 73. Infanterie-Truppen-Division* des Feldmarschall-Leutnants** von Goiginger den Vormarsch auf Valea Salciei zu erleichtern. Dieses Zusammenspiel bewertete der junge Kompanie-Chef als ein gutes Omen, denn er erinnerte sich noch sehr genau an die ausgezeichnete Zusammenarbeit mit dem österreichischen General, der an der Dolomitenfront bekanntlich sein Abschnitts-Kommandant gewesen war.
»Ehrensache«, sagte sich Schörner und erreichte mit seinen Männern die befohlenen Ziele Sarulesti, Turluesti und die Höhe 702. Am ersten Weihnachtstag griffen sie den Marghiloman an. Am zweiten kam es zu wechselvollen Kämpfen um die feindlichen Stellungen auf den Höhen 583 und 565. Die Lage wurde für die »Leiber« nun immer schwieriger, da ihnen die notwendige Munition nur in einem beschränkten Umfang zur Verfügung stand. Überdies waren Reserven kaum mehr vorhanden. Dagegen konnte der Gegner allem Anschein nach aus dem Vollen schöpfen. Am 27. Dezember 1916 gewann man nur wenig an Boden, denn die 12. Kompanie wurde nun auch von Kosaken entschlossen angegriffen. Ganze drei Tage lang waren die vorgeschobenen Einheiten ohne Unterstützung dem gegnerischen Druck ausgesetzt. Dann konnte Schörner endlich erleichtert aufatmen. Am 28. Dezember sah er nämlich, daß der Feind sich still und leise davon schlich.
Nun verfolgte die deutsche 9. Armee den geschlagenen Gegner nach Norden. Im Rahme dieser Bewegung wurde die »Gruppe Krafft von Dellmensingen« unverzüglich zur überholenden Verfolgung in den Bergen eingesetzt. Bis zum 30. Dezember 1916 sollte das Deutsche Alpenkorps die Linie Odobasca – Mera erreicht haben. Das Infanterie-Leib-Regiment bildete die Divisionsreserve. Es lag in Strambo, wo es folgenden Auftrag erhielt: Während die Jäger-Regimenter die lange, zusam-

* Österreichisch-ungarische Divisionsbezeichnung.
** Generalsdienstgrad in der k.u.k. Armee.

menhängende Front des Gegners frontal angreifen, haben die »Leiber« in einem rücksichtslosen Gewaltmarsch bei Regen und Schneefall die rumänischen Hauptstellungen in der linken Flanke zu umgehen, sich dann mit dem bei Andreasu vermuteten Württembergischen Gebirgs-Bataillon zu vereinigen und rasch gegen Mera vorzustoßen. [52]

Nun geschah etwas, worauf jede militärische Führung ganz besonders stolz ist. Denn, so steht es in der »Geschichte der Württembergischen Gebirgsschützen« nachzulesen, »ohne daß das Bayer. Inf.-Leib-Regt. und das Württ. Gebirgs-Bataillon sich vorher besprochen oder geeinigt hätten, taten beide gefühlsmäßig das Richtige. Die Leiber trieben auf den Höhen ostwärts, die Gebirgler westlich des Par Milcov Aufklärung und Sicherung vor, um den Weitermarsch im Tale nach Sindilari zu ermöglichen. [...] Voraus die 1. Geb.-Komp. und 2. k.u.k. Hus. 4, marschierte das Württ. Gebirgs-Bataillon im Tale des Par Milcov nach Sindilari. Auch das Bayer Inf.-Leib-Regt. erreichte Sindilari und entwickelte sich zum Gefecht gegen rumänische Infanterie auf den Höhen nordwestlich Leurgioara und nördlich Sindilari. Links vom Bayer. Inf.-Leib-Regt. entfaltete sich gleichzeitig das Württ. Gebirgs-Bataillon zum Angriff gegen die Höhen von Reghiu und Reghiorul. Gegen Kosaken auf den Höhen von Reghiu eröffnete die 1. Geb.-Komp. selbsttätig das Feuer, unterstützt von den k.u.k. Geb.-Haubitz-Batt. 2 und 3/25, welche dem Leib-Regiment unterstellt waren. Der Feind zog sich eilig auf die Höhe 627 zurück.« [53]

Begleiten wir nun Schörner und das Bayerische Infanterie-Leib-Regiment in seinem Kampfeinsatz. Sein I. und III. Bataillon hingen noch weit zurück im Biwak eines tief verschneiten Buchenwaldes, in dem sich Kosaken herumtrieben. Aber schon rückte es in den nächsten Tagen in den Abschnitt des eiskalten Milcovulbaches, der mehrmals durchwatet werden mußte. Da erreichte die »Leiber« ein Divisionsbefehl, der besagte, daß die Truppe am 3. Januar 1917 im Milcovultal nach Osten an die Jäger-Regimenter aufzuschließen habe. Das geschah alles vor dem Hintergrund eines großen Schlachtgemäldes. Denn in der Ebene vor Focsani entbrannte auf breiter Front eine neue Schlacht um die Festung und um die Seretübergänge. Eine russische Armee leistete dort dem deutschen Vormarsch einen zähen Widerstand, indem sie jede Ortschaft entschlossen verteidigte. Währenddessen kämpften die Rumänen im Gebirge mit verzweifelter Anstrengung und großer Erbitterung um jeden Gipfel und Höhenrücken. Als Stützpunkt des gegnerischen rechten Flügels mußte der mächtige, schluchten- und waldreiche Gebirgsstock der 1001 Meter hohen Magura Odobesti herhalten. Logisch, daß

die feindliche Front hier aus den Angeln gehoben werden sollte. Daher bereiteten Jäger die Wegnahme der Magura durch besonders sorgfältige Erkundungen vor.
Das Erkundungsergebnis war jedoch für die Deutschen alles andere als ermutigend, denn es stellte sich heraus, daß erstens der Angriff gegen eine lückenlose und optimal ausgebaute Bergstellung zu führen sei, und daß zweitens ein Frontalangriff auf Grund der nur in beschränktem Maße zur Verfügung stehenden Artillerie recht wenig Aussicht auf Erfolg versprach. Mehr Erfolg versprach dagegen ein umfassender Angriff durch das Bayerische Infanterie-Leib-Regiment von Südwesten und durch das Württembergische Gebirgs-Bataillon von Westen her. Gelang dieser Angriff, so mußte der Fall des Odobesti-Massivs auch die Focsani-Stellung in der Ebene zum Einsturz bringen. Die Sicherung des Deutschen Alpenkorps gegen den Feind hatten die »Leiber« übernommen. Hinter ihrer Vorpostenkette wurden die anderen Verbände für den Angriff geordnet – und zwar das Jäger-Regiment 2 und das Jäger-Regiment 1 rechts und das Württembergische Gebirgs-Bataillon links vom Leib-Regiment. [54] Wie es Schörner und seinen Männern dann erging, davon wird jetzt berichtet:

»In weit gespannter Sicherungslinie liegen die Kompanien der ›Leiber‹, zwei Stunden bergan mitten im Walde, quer über Schluchten und Bergkuppen. Patrouillen des Regiments haben beim Gegner eine schwache, wenig beachtete Stelle festgestellt. Dorthin wird gegen 11 Uhr vormittags das III. Bataillon in weitausholender Umgehung in Marsch gesetzt. [...] Schlucht um Schlucht wird, meist auf allen Vieren, überwunden. Freilich, die Tragtiere können hier nicht mehr folgen und müssen zurückbleiben. Nun müssen die MG.'s und die Munitionskästen [...] von den Schützen mitgeschleppt werden. [...]
Jetzt bleibt die Spitze des Bataillons stehen. Sie hat vor sich Bewegung bemerkt. [...]
Rasch entwickelt sich die vorderste Kompanie, MG.'s werden in Stellung gebracht und durch den eben noch so stillen Bergwald knattert und tobt im nächsten Augenblick das Feuergefecht. Äste und Zweige wirbeln mit losgerissenen Rindenstücken durch die Luft, klatschend schlagen Kugeln in Baumstämme, fahren mit dumpfem Schlag in den weichen Boden oder surren mit grellendem Trillern als Querschläger davon. Dann werden die Seitengewehre aufgepflanzt, und mit heiserem Gebrüll stürzen sich die ›Leiber‹ auf die rumänischen Schützenlöcher und nehmen sie. [...]

Inzwischen wird der Angriff des III. Bataillons der ›Leiber‹ in rastloser Verfolgung weitergeführt. Aber jetzt erkennt der Rumäne den Einbruch. Er wirft Verstärkungen heran, die Widerstand leisten wollen. Vergebens! Bevor sie sich richtig entwickeln können, sind die feindlichen Linien überrannt und zersprengt. [...] Das III. Bataillon mit seinen kaum 350 Gewehren bildet mitten im nächtlichen Urwald einen geschlossenen Kreis, den aufgestellte Posten und vorgeschobene Patrouillen sichern. Rundum lauert der Feind in der Dunkelheit und das Gewehrfeuer verstummt keinen Augenblick. Verbindung mit den übrigen Teilen des Regiments kann nicht hergestellt werden. Es ist schon ein großes Glück, daß es gelingt, die Tragtiere auf langen Umwegen unter starker Bedeckung dem fast eingeschlossenen Bataillon zuzuführen.

Den Rumänen läßt dieser deutsche Keil in seiner Bergstellung nicht ruhen. Er zieht neue Kräfte heran und als er glaubt, die Müdigkeit habe die deutschen Streiter bezwungen, da versucht er in der dritten Morgenstunde einen Überfall auf das Lager. Aber er hat sich verrechnet: der nächtliche Überfall scheitert im Abwehrfeuer der ›Leiber‹. [...]

Aber auch die Kraft der ›Leiber‹ erlahmt. Die Munition geht wieder aus und nur noch vereinzelt hallen die Schüsse durch den Bergwald. Das Gefecht steht. In der erreichten Linie können aber die Kompanien nicht stehen bleiben. Es muß das Letzte versucht werden: der Angriff den Berghang hinauf!

Alles, was noch an Patronen für die MG.'s und die Gewehre vorhanden ist, wird in die vorderste Linie gebracht, um den letzten Sturm vorzubereiten. Zwei MG.'s sind noch feuerbereit. Zusammen mit den Gewehren der Infanterie überschütten sie jetzt die Rumänen mit einem Hagel von Geschossen, daß der Schnee oben beim Gegner aufstäubt. Dann auf ein heiseres Kommando springen die ›Leiber‹ auf, stürzen mit Gebrüll durch den kniehohen Schnee den Berghang hinan mit keuchenden Lungen und hämmernden Herzen und geraten mit letzter Kraft in einen erbitterten Nahkampf mit den Rumänen, die nicht weichen wollen, bis Seitengewehr und Kolben und Kugel sie fällt. Nur wenige können entkommen.

Ihnen nach hetzen die ›Leiber‹ mit versagender Kraft durch den Schneesturm. Doch jetzt hört plötzlich der Baumbestand auf, eisig fegt ein Windstoß daher und zerreißt für Augenblicke den wirbelnden Flockentanz. Die ›Leiber‹«, so unser Chronist abschließend, »bleiben stehen und staunen: sie befinden sich auf dem höchsten Kamm und da unter ihnen verschwinden die Rumänen im Wald und weit schweift der Blick jetzt bis zum Putna-Tal mit seinen großen Ortschaften und hinaus in die Ebene, die heißersehnte Ebene, wo die Umrisse der Stadt und Festung Focsani sichtbar werden.« [55]

Schörner wußte ganz genau, warum und weshalb er seine 12. Kompanie so gnadenlos vorwärts trieb. Denn weiter im Norden dieses urwüchsigen Geländes stand das Württembergische Gebirgs-Bataillon mit der »Abteilung Lieb« und der »Abteilung Rommel«, die sich im Angriff auf die Höhen 671, 619, 637 sowie auf den Gipfel der Magura befanden. Obwohl das wilde Bergland den Württembergern die gleichen Schwierigkeiten wie den Bayern bereitete, konnten auch sie eine rumänische Stellung nach der anderen erobern. Nun kämpften sie sich langsam, aber stetig im Schneesturm auf die Kammhöhe der Magura Odobesti hinauf. »Das Bayerische Infanterie-Leib-Regiment ist von Süden und Südwesten angesetzt, das W[ürttembergische] G[ebirgs] B[ataillon] von Südwesten und Westen«, schildert Rommel die Ausgangslage. [56]
Jetzt kam es zu einem dramatischen Wettlauf zwischen dem Württembergischen Gebirgs-Bataillon und dem III. Bataillon des Bayerischen Infanterie-Leib Regiments. Letzteres hatte nach einem hartnäckigen und schwierigen Waldkampf mit einer rumänischen Übermacht gerade die letzten feindlichen Stellungen auf der Höhe 1001 genommen, als es zum Gipfelsturm ansetzte. Darüber, wer dann wirklich als erster seine Bergschuhe auf den Gipfel gesetzt hat – die Württemberger oder die Bayern? – ist es später zu einem sehr harten, ja teilweise ehrverletzenden Disput gekommen. Doch hören wir zunächst, was uns der damalige Oberleutnant Erwin Rommel über die Eroberung der Magura Odobesti 1001 aus seiner Sicht zu berichten weiß:

»Am 4. Januar abends kam ich in Sindilari an. [...] Nachts kam der Befehl für mich, mit der 2. Kompanie und einem M.G.-Zug der 3. M.G.-Komp. von 523 2½ km nordöstlich Sindilari gegen 1001 vorzugehen. [...] Nördlich 523 auf einer nur mit kleinen Waldstücken bewachsenen Höhe stand eine rumänische Feldwache, die sich einen 100 m langen Schützengraben mit Front gegen Süden gebaut hatte. Rechts unten im Tal streifte eine rumänische Patrouille, weiter östlich war der von Norden nach Süden verlaufende Hang mit einer fortlaufenden Postenkette besetzt. Ich entschloß mich vorerst mal zum Vertreiben der Feldwache; gegen die Postenkette sandte ich zahlreiche Patrouillen vor und gab ihnen einen Sammelpunkt bekannt. [...] Der Plan gelang im großen ganzen. Die Rumänen ließen nach kurzem Widerstand ihre Verteidigungsanlage im Stich. [...] Sieben Rumänen und ein paar

Tragtiere mit Munition blieben in unserer Hand. Vorsichtig pirschten wir uns zu beiden Seiten des Gebirgspfades, auf dem der Gegner zurückgegangen war, vor. [...]
5. Januar. [...] Im Rücken gefaßt, suchte der Gegner rasch den Hang hinunter zu verschwinden. Stellung und Hütten waren im Nu leer. 26 Mann blieben in der Hand der 2. Kompanie. Nun griff auch die 1. von Westen her frontal an. Wir begegneten uns bald. Während nun meine Abteilung ihr zurückgelassenes Gepäck holte, stieg die Abteilung Lieb gegen die Höhe 1001 auf. Oben wurden noch einige Schüsse gewechselt, dann war die Höhe mit ihren ausgebauten Stellungen unser. Es pfiff ein schneidender Wind auf 1001 und es hatte keinen Zweck, lange auf der höchsten Höhe zu verweilen. 200 m unterhalb des Gipfels mußte am Osthang das Kloster Schitul Tarnita liegen. Dort konnte man wenigstens mit einer trockenen Unterkunft rechnen. Teile der Abteilung Lieb setzten sich in dieser Richtung in Bewegung, sie hatten jedoch noch einen erbitterten Kampf mit 200 Rumänen zu bestehen. Um 11 Uhr vormittags zogen die Abteilungen Lieb und Rommel in Schitul Tarnita ein. Platz war genügend vorhanden. Eine Stunde später kam vom Leib-Regiment das III. Bataillon, das behauptete, Magura Odobesti genommen zu haben; es war«, so der spätere »Wüstenfuchs« abschließend, »recht erbost, bereits das Gebirgs-Bataillon in Schitul Tarnita zu treffen.« [57]

Warum es nun zur Verstimmung zwischen den Württembergern und den Bayern gekommen ist, das erfahren wir jetzt. Über das Deutsche Alpenkorps war die Meldung an die »Gruppe Krafft von Dellmensingen« gelangt, daß die Magura Odobesti 1001 nach heftigen Kämpfen vom III./Infanterie-Leib-Regiment genommen wurde. Infolge dessen brachte der Heeresbericht am 8. Januar 1917 eine entsprechende Nachricht.
»In Wirklichkeit kann kein Streit bestehen darüber, wer 1001 genommen hat«, heißt es in der »Geschichte der Württembergischen Gebirgsschützen«. Und weiter: »Oberleutnant Lieb [...] lag schon seit 4. Januar 1917 mittags auf Höhe 637 nur 2 km, mit seinen Sicherungen nur 300 m vor der rumänischen Stellung auf der Magura Odobesti 1001. Am 5. Januar wartete er auf das Herankommen der Abteilung Rommel, die [...] am 5. Januar bis auf eine Kuppe 150 m vor der Südwestfront dieser rumänischen Stellung gelangte. Beide Abteilungen erkundeten und verabredeten für 6. Januar früh den Angriff durch Umfassung von Südosten und überrumpelten den Feind im Schneesturm gleichzeitig

frontal [. . .] Von einem Bayern war weit und breit nichts zu sehen; auch Gefechtslärm war nicht vernehmbar. Erst nachdem die Abteilungen Lieb und Rommel schon über eine Stunde im Kloster Schitul Tarnita gerastet hatten, kam III. Leib . . .« Und die Chronik der Württembergischen Gebirgsschützen fährt dann mit aller Schärfe fort: »Aber dennoch bleibt es unverständlich, wie das III. Leib, das am 5. Januar noch bei Livada sich befand, einen Erfolg für sich in Anspruch nimmt, den 4 württembergische Gebirgs-Kompanien [. . .] unter Führung von zwei im Gebirgskrieg so ganz besonders bewährten Führern, wie Oberleutnant Lieb und Rommel, errungen haben.« [58]

Trotz dieses hartnäckigen Nachtarockens: die Magura Odobesti war in deutscher Hand. Das war für die Oberste Heeresleitung das Wichtigste. Sie richtete ihr Hauptaugenmerk noch nicht auf die beiden vom Ehrgeiz zerfressenen Gebirgssoldaten Schörner und Rommel, die fortan in eine Rolle gegenseitiger Rivalität hineinwuchsen. In seinem Standardwerk »Infanterie greift an« nannte Rommel Dinge beim Namen, die sonst, weil nicht in das Klischee einer falsch verstandenen Kameraderie passend, allzu gerne totgeschwiegen werden:

»Nach einer Stunde treffen Teile des Bayer. I. L. R. bei Schitul Tarnita ein und beanspruchen das Kloster als ihre Unterkunft. Da die Bayern über die ältesten Dienstgrade verfügen, müssen wir nachgeben. Die Abteilung Lieb behauptet sich zwar noch im Kloster selbst, aber meine Abteilung wird in windige, niedrige, nicht heizbare Erdhütten in der Nähe des Klosters ausquartiert. In ihnen verleben wir eine bitterkalte Nacht. Dabei reift der Entschluß, so rasch wie möglich wieder bewohnte Gegenden im Tal aufzusuchen.« [59]

Unter dem Eindruck des Erfolges der Bayern und Württemberger, zu deren charismatischen Offizieren immer mehr Schörner und Rommel heranreiften, räumten die Rumänen auch ihre Stellungen gegenüber den Jäger-Regimentern des Deutschen Alpenkorps. Am Nachmittag des 9. Januar 1917 stoppte die deutsche Oberste Heeresleitung den Vormarsch des Alpenkorps und seiner Regimenter und Bataillone. Damit begann eine längere Periode des Stellungskrieges. Nur einen Tag später traf ein neuer Befehl ein. Er besagte, daß das Württembergische Gebirgsbataillon sich am 12. Januar 1917 für die O. H. L. in Odobesti marschbereit zu halten habe. Damit schieden die Württemberger vorübergehend wieder aus dem Verband des Alpenkorps aus. Die Streithähne Schörner und Rommel wurden damit voneinander getrennt. Zeit der Besinnung, sollte man meinen. Aber das Gegenteil war der Fall.

8. Der Pour le mérite vom Isonzo

Das Kriegsjahr 1917 sah Schörner mit seinen »Leibern« gleich an drei verschiedenen Fronten. Zunächst wurden sie während der ersten Apriltage in Ruhequartiere nach Siebenbürgen, in jene Gegend, aus der sie im September 1916 ihren Siegeszug während des ersten rumänischen Feldzuges angetreten hatten, verlegt. Als im Frühjahr eine französische Offensive in den Vogesen drohte, ging es im Bahntransport durch Württemberg und Baden ins Oberelsaß, wo sie in den Ortschaften zwischen Mühlhausen und Colmar einquartiert wurden. Von Mitte Juni bis Mitte Juli 1917 wurden Schörner und seine Männer dann westlich von Mühlhausen vorübergehend in der Burgundischen Pforte im Stellungskrieg eingesetzt, bevor sie dort wieder abgelöst wurden.
Im Morgengrauen des 30. Juli 1917 rollten die ersten Truppentransporte über den Rhein. Nachdem man den deutschen Schicksalsstrom überquert hatte, ging es ostwärts – und zwar abermals auf den rumänischen Kriegsschauplatz, wo sich Schörners »Leiber« insbesondere beim Kampf um den Susita-Übergang und beim Sturm auf Muncelul auszeichneten. Am 12. August schlug wieder einmal mehr die Stunde des bayerischen Leutnants, als er mit seiner 12. Kompanie aus eigenem Entschluß auf das nördliche Ufer der Susita stürmte und den kleinen Brückenkopf so lange hielt, bis Verstärkungen herbeigeeilt waren.
Die Opfer, die das Leib-Regiment während des zweiten rumänischen Feldzuges erbracht hatte, waren gewaltig. Es verlor 36 Offiziere und 1000 Unteroffiziere und Mannschaften. Aber trotz aller Blutopfer hatte sich die Kriegsfurie immer noch nicht ausgetobt. Schon verlangte die »Blut- und Knochenmühle« am Isonzo neue Nahrung. Dieser »Stellungskrieg [. . .] war vielleicht noch grauenhafter als der im flandrischen Raum und in der Champagne.« [60]
Entstanden war diese Front bereits im Juni 1915, nachdem Italien sich entschlossen hatte, auf der Seite der »Entente cordiale« in den Krieg zu treten. In den darauffolgenden Kriegsjahren waren die Italiener an diesem strategisch überaus wichtigen Fluß nicht weniger als elfmal zur Offensive angetreten. Insgesamt gesehen hatten sie jedoch fast jedesmal vergeblich versucht, den Kampf zu ihren Gunsten zu entscheiden, so daß ihnen sowohl die Eroberung des großen Adriahafens von Triest als auch ein entscheidender Stoß in den weichen Unterleib Österreich-Ungarns über Villach, Klagenfurt und Graz mit Stoßrichtung Wien versagt geblieben ist.

Aber die vielsprachige »Menschenmauer am Isonzo« hatte gefährliche Risse bekommen, so daß sich die deutsche Oberste Heeresleitung gezwungen sah, ihrem Verbündeten wirkungsvoll unter die Arme zu greifen. Daher setzte Generalfeldmarschall von Hindenburg die besten deutschen Verbände an diese Front, die auf Grund ihrer hohen Opfer sehr schnell zu Österreich-Ungarns Verdun geworden ist, in Marsch: Schlesier, Brandenburger und Hannoveraner, Mecklenburger, Preußen und Badener, die gebirgserfahrenen Bayern und Württemberger. Unter ihnen befanden sich auch Schörner und seine »Leiber« sowie Rommel und seine Gebirgsschützen. Mehr noch:

Das launische Soldatenschicksal wollte es so, daß die beiden aufsteigenden Kometen nicht weit voneinander entfernt in der 12. Isonzo-Schlacht eingesetzt wurden, sondern dermaßen auf Tuchfühlung, daß der eine dem anderen, wenn er nicht vorsichtig genug war, im wahrsten Sinne des Wortes auf den Zehen herumtrampeln konnte. Und: Auf italienischer Seite kämpfte ein Korporal der Bersaglieri-Elitetruppe, der Benito Mussolini hieß und ein knappes Vierteljahrhundert später während des Balkanfeldzuges auf Schörners und während des Afrikafeldzuges auf Rommels Hilfe angewiesen war.

Es war am 6. Oktober 1917, als der Oberbefehlshaber der 14. Armee, der von seinem Generalstabschef, dem Generalleutnant Krafft von Dellmensingen, begleitet wurde, bei Schloß Wernberg, in Kärnten, das Württembergische Gebirgs-Bataillon besichtigte. Und das hatte einen guten Grund, denn der General von Below, so hieß der OB, befahl dessen Zuteilung zum Deutschen Alpenkorps, zu dessen Kernverbänden nach wie vor das Bayerische Infanterie-Leib-Regiment unter dem zwischenzeitlich zum Obersten beförderten Franz Epp zählte.

»Mit gemischten Gefühlen wurde dieser Befehl entgegengenommen. Man war im Alpenkorps nicht warm geworden«, heißt es frank und frei in der »Geschichte der Württembergischen Gebirgsschützen«. Obwohl der Name des Korps »stolze Erinnerungen weckte. Erinnerungen an Rumäniens Berge, an Magura Odobesti 1001, an die tapferen bayerischen, hannoverschen und mecklenburgischen Jäger und an die ehrgeizigen Leiber. Man gab sich keinen Zweifel darüber hin, daß die stattlichen 6 Gebirgs-Kompanien, die schnittigen 3 Gebirgs-Maschinengewehr-Kompanien, sowie die zahlreichen Tragtiere und Gespanne des Gebirgs-Bataillons vorzüglich dazu geeignet waren, an denjenigen Stellen des Schlachtfeldes Hilfestellung zu geben, an denen der Lorbeer hoch und steil und unerreichbar festgewachsen und wie das Edelweiß nur unter Lebensgefahr zu holen war.« [61]

Am 11. Oktober 1917 fand nachmittags eine Besprechung beim Stabe des Bayerischen Infanterie-Leib-Regiments in Wocheiner Vellach statt. Dort erfuhr der württembergische Major Sproesser, wie die »Leiber« ihren Auftrag am Isonzo zu lösen gedachten; eine Aufgabe, zu deren Erfüllung sein Gebirgs-Bataillon einen entsprechenden Beitrag zu leisten hatte. Es schmerzte den Major nicht weniger als seinen schneidigen Oberleutnant Rommel, als er erfuhr, daß nicht seine Württemberger, sondern der bayerische Leutnant Schörner mit seinen Männern in der vordersten Angriffsspitze des Deutschen Alpenkorps zu finden war.
Dann war es endlich soweit. In der Nacht vom 21. auf den 22. und in derjenigen vom 22. auf den 23. Oktober 1917 rückten die Bataillone des Infanterie-Leib-Regiments in ihre Sturmausgangsstellungen. Mit ihrem Sturmgepäck auf dem Rücken fieberten sie dem Beginn der 12. Schlacht am Isonzo, die nach nervenverzehrenden Verschiebungen schließlich auf den 24. Oktober 1917 verlegt wurde, entgegen. Das Deutsche Alpenkorps wurde mit seinen stärksten Regimentern und Bataillonen zwischen der 200. Infanterie-Division im Süden und der 12. Infanterie-Division im Norden am Brückenkopf von Tolmein angesetzt; also dort, wo der Gegner seine besten Truppen konzentriert hatte. Den Hauptstoß gegen den festungsartig ausgebauten Kolowrat-Rücken, der das ganze Isonzotal von Flitsch bis Tolmein beherrscht und als uneinnehmbar angesehen wurde, hatte die »Gruppe Stein« mit drei Divisionen und dem Deutschen Alpenkorps auszuführen.
Als erstes Angriffsziel wurde auch die Eroberung des 1641 Meter hohen Monte Matajur anvisiert. Neben der Schlacht um Karfreit, die als eine kühne Waffentat in die Kriegsgeschichte eingegangen ist, kam es bei der Erstürmung der Höhe 1114 des Kolowrat-Rückens durch Schörners »Leiber« und bei der Eroberung des Monte Matajur durch Rommels Gebirgsschützen zu einem Wettlauf voller Dramatik. Wenden wir uns zunächst der Erstürmung des langen Kolowrat-Rückens zu.
Es war bereits Mitternacht. Die letzte Trägerkolonne hatte die Laufgräben der österreichischen Stellungen auf der Sveta Maria, die immer wieder steil auf- und abwärts führten, soeben durchschritten und war nun mit Handgranaten zu den Kompanien zurückgekehrt. In den einzelnen Kavernen und Unterständen waren die »Leiber« und bayerischen Jäger des Deutschen Alpenkorps schon seit vierundzwanzig Stunden untergebracht. Allmählich trat bei der Truppe Ruhe ein; nicht jedoch bei den Stäben. Dort herrschte nach wie vor eine rege Betriebsamkeit. Befehle wurden erteilt, Anweisungen diktiert und das Kartenmaterial ein letztes Mal studiert.

Den Eckpfeiler des Kolowrat-Rückens bildete die trigonometrische Höhe 1114, die später als Monte Kolowrat bezeichnet wurde. Diese vorspringende Kuppe war von den Italienern zu Höhenstellungen, die stockwerkartig übereinanderlagen, ausgebaut worden. Von hier aus verliefen die weiteren Befestigungen, die durch gut angelegte und vortrefflich markierte Straßen miteinander verbunden waren, nach Südosten an die 929 Meter hohe Jeza und nach Nordwesten über eine Reihe von Kammkuppen bis zum Monte Matajur, der das Isonzotal bei Karfreit beherrscht. [62]
Langsam rückte der Zeiger auf 2.00 Uhr nachts vor. Bei den Sturmkompanien war höchste Gasbereitschaft angeordnet, denn nun sollten sich die Gasgeschosse der deutschen Artillerie auf die feindlichen Stellungen ergießen. Noch umhüllte der schwere Schleier der nebligen Nacht die dunklen Berge. Darüber hinaus bedeckten schwere Regenwolken den Himmel, aus dem ein feiner Sprühregen auf die Erde herniederfiel. Aufmerksam verfolgte Schörner die Nebelfetzen, die wie die Erlkönige um die Hänge des Isonzotales schlichen. Punkt 2.00 Uhr brüllte die deutsche Artillerie mit einem Male los. Zischend und brausend schlugen ihre Geschosse auf die Hänge des Kolowrat. Mehrfach widerhallte der tausendfache Donner der Geschütze an den Wänden der Jeza. In diesem Höllenlärm gingen die dumpfen Einschläge der Gasgranaten weitgehend unter.
Nach einem mehrstündigen Trommelfeuer der Artillerie, bei dem unter anderem auch schwere Minenwerfer und Granaten mit Blau- und Grünkreuz verschossen wurden, drang sowohl das Bayerische Infanterie-Leib-Regiment als auch das Württembergische Gebirgs-Bataillon im strömenden Regen zum nebelverhangenen Rücken des Monte Kolowrat vor. Das hatte einen handfesten taktischen Grund. Wollte man den Durchbruch durch die italienische Front erzwingen, so mußte in jedem Falle nicht nur dieser Bergrücken, sondern auch noch der Hevnik genommen werden. Das war auch die Ursache, warum gerade die tollkühnen »Leiber« unter Schörner auf diesen wichtigsten Stützpunkt und starken Eckpfeiler der italienischen Kolowrat-Bergstellung angesetzt wurden. Dann war es endlich soweit. Das Erinnerungsbuch der »Leiber« schildert uns diesen entscheidenden Kampf wie folgt.

»Lange Rauchwolken ziehen durchs Tal, hängen sich an die Berglehen, Dampf ballt sich in den Schluchten und kriecht die Hänge herauf. Unregelmäßiges feindliches Abwehrfeuer; darunter schwerste Granaten, die von fernher kommen, viele schlagen in den Isonzo und werfen

Wassersäulen hoch, seltener schmettert eine auf die Hänge von Sveta Maria, wo die Infanterie bereitliegt und den Augenblick des Sturmes erwartet. [. . .] Und endlich ist es 8 Uhr. Die Infanterie tritt an. Ein Vorwärtsdrängen, Hasten, Laufen, Stürzen, heraus aus engen Gräben und nachtdunklen Kavernen vorwärts, vorwärts; es geht sehr steil herab, im Steingeröll poltert und fällt alles zu Tal, man rutscht und gleitet, schlägt Hände und Knie auf, kriegt Steine in den Rücken und auf den Helm, aber das ist ja alles ganz gleich, nur vorwärts. Durch die Sturmgassen sind die eigenen Hindernisse schon durchschritten, nach hundert oder zweihundert Metern kommen die feindlichen, durch Minenfeuer ganz zerfetzt und zerrissen, und dann ein Streifen Trichterland, das niemand mehr verteidigt. Ein paar erdbeschmutzte graue Menschen starren mit angstblöden Augen aus Löchern und Trichtern heraus auf die Vorwärtshastenden, das ist alles, was vom Feind noch übrigblieb. [. . .]

In breiter Front keuchen 2000 Mann bergan, die Gewehre, die Handgranatenlasten, die Maschinengewehre und Munitionskästen drücken und tragen sich schlecht. [. . .] Leuchtzeichen steigen hoch und das Artilleriefeuer setzt aus, die Patrouillen sind am Feind, die feindlichen Gräben sind ganz nah, und das eigene Artilleriefeuer muß bergan springen, der eigenen Infanterie nunmehr allein die Gräben überlassen. Rasch nimmt das Feuer des Verteidigers zu, jetzt rennen sie in die Gräben, stürzen aus den Kavernen, springen auf die Auftritte, strecken die Gewehre durch die Schießscharten, schleppen an Munition und Maschinengewehre. – Kommen schon die ersten Handgranaten den Berg herabgesprungen, explodieren mit scharfem Knall und weißer Wolke, schon klatscht und schnarrt Infanteriefeuer durch Busch und Strauch und spritzen die Steinsplitter, schon reißt es einen und den anderen zu Boden, läßt ihn den Hang herunterkollern, um nimmer aufzustehen. – Und dann ein wildes Hurra, ein tolles Klettern, Springen, Stürzen ins Hindernis hinein, die Pfähle gepackt und ausgerissen, Handgranaten geworfen und immerzu gebrüllt und in den Graben hineingeschossen und geschlagen und gerauft und mit dem Kolben zugedroschen. Und bald denkt kein Italiener mehr an Widerstand, die Gewehre fliegen in hohem Bogen aus den Gräben und die offenen Hände winken. – Im ausgedehnten Stellungssystem, das das ganze obere Drittel des Hevnik durchzieht, kommt es zu verschiedenartigen Teilkämpfen. [. . .] – In zwei Stunden ist die Leiscevrhöhe erreicht, aller Widerstand an den Abhängen gegen das Isonzotal ist gebrochen. [. . .]

Eine kurze Verständigung der Leute, die zunächst liegen, dann wird

Hurra gebrüllt, durch die Gasse gelaufen, das Hurra pflanzt sich fort, wer es hört, brüllt mit und springt vorwärts und hinein in den Draht und los auf den Feind; und zurückbleiben kann keiner, man muß mit dabei sein; und dann ist man schon dran am Graben und haut drauflos auf die blaugrauen Rundhelme, die sich aneinanderdrängen. Die italienische Kompanie hatte kaum Zeit, ein paar Schüsse zu machen, da ist schon das brüllende und drohende Verhängnis über ihr, und da streckt man eben doch lieber die leeren Hände in die Luft, als daß man es auf ein Handgemenge ankommen läßt. [. . .]

Am Mittag tritt aber ein Hindernis ein, das im Anlauf nimmer zu überwinden ist. Die eigene schwere Artillerie trommelt ihr Vernichtungsfeuer auf die Hevnikkuppe. Die Stürmer haben die Feuerwalze eingeholt, die planmäßig auf dem Hevnik mittags Arbeit hat. Im Nebel, der wieder ganz dicht eingefallen ist, sind die Leuchtzeichen für die stundenfernen Beobachter nicht mehr zu erkennen. Es heißt warten, bis wiederum das Artilleriefeuer seinen Sprung macht. – Durchnäßt erschöpft, heiser, zerrissen, zerschunden im vierstündigen Anstieg und Kampf, kauert man im Regen und beobachtet aus allernächster Entfernung die Hölle, die auf dem Hevnik tobt. Heftige Windstöße zerreißen für kurze Augenblicke die Rauch- und Nebelwolken und bringen kalte Regenschauer.

Gegen 2 Uhr nachmittags setzt das Artilleriefeuer auf dem Hevnik aus, die Kompanien treten an; wieder werden die eben zusammengelaufenen Unterstandsbesatzungen, die sich den Patrouillen zur Wehr setzen wollten, unter dem Hurra der anstürmenden Züge entwaffnet, die Hevnikhöhe ist erreicht. Der Sturmwind zerreißt den Nebel vollends, der Blick ringsum ins Tal wird frei. Da dicht unterhalb der Höhe Gräben voll Italiener; sie lugen bergab und drängen sich an Schießscharten, nicht ahnend, daß über ihnen schon der Sieger steht. Maschinengewehre feuern in die dichtgefüllten Gräben und fegen sie in Minutenfrist rein.

Und nun ist der Nordausläufer des Kolowratgebirges in unumstrittenem Besitz des Siegers. Aber heute gilt es noch mehr. Den Hevnikgipfel überragt den Hauptstock des Kolowratgebirges, ein langer kahler Rücken mit Grasboden und Steinbrocken, Geröllhalden und Felskuppen. Der steht nun drohend auf 1000 m Entfernung nebenan. Das ist die Hauptstellung, die mit aller Kunst und allem Fleiß ausgebaut ist, der große Riegel, der auch dann halten soll, wenn Isonzotal und Hevnik verloren sind, und er muß heute noch gesprengt werden. Der höchste Punkt mißt 1114 m, ist weithin kenntlich – jetzt hüllen ihn wieder Nebelwolken ein –, ist wohl am stärksten ausgebaut, ist der Schlüsselpunkt der Stellung, ist erstes Angriffsziel.« [63]

Nun schlug die Sternstunde eines jungen Leutnants der Reserve von der 12. »Leiber«-Kompanie, der rund ein viertel Jahrhundert später als Hitlers letzter Oberbefehlshaber des Heeres in die Militärgeschichte eingegangen ist. Sein Name: Ferdinand Schörner. In dem im Auftrage und unter der Mitwirkung des Reichsarchivs herausgegebenen und von General der Artillerie Krafft von Dellmensingen bearbeiteten Werk »Der Durchbruch am Isonzo« steht über Schörners entscheidenden Kampf zu lesen: [64]

»In klaren Umrissen zeichnet sich oben die Höhe 1114 ab, auf der noch die gesammelte Wucht des deutschen Artilleriefeuers liegt. Herabstürzende Blöcke und Steine gefährden den Weg und halten den Vormarsch auf. Da vorausgeschickte Erkundungspatrouillen auf keinen Widerstand gestoßen sind, faßt Graf v. Holnstein ohne Verzug den Entschluß, den Angriff auf 1114 einzuleiten. Die 12. Komp. übernimmt die Spitze. Es ist etwa 4 Uhr nachmittags. Der anwesende Regimentsführer, Major Graf v. Bothmer, zweigt die am Anfang des II. Batls. eingetroffene 7. Kompagnie links ab, um den Angriff von Südosten her zu unterstützen und Verbindung mit dem Jäger-Regiment 1 aufzunehmen, das er im Vorgehen über die Jeza vermutet. Eine weitere Kompagnie, die 2., erhält den Auftrag, das Kamenca-Tal für das Nachrücken der Gebirgsartillerie und Tragetierstaffeln freizumachen. Die übrigen Teile des II. und I. Batls. lagern sich gefechtsbereit am Sattel südlich des Hevnik.
Die 12. Komp. unter Schoerner kletterte von Stufe zu Stufe auf dem wegelosen Grat zum Gipfel des Mt. Kolovrat hinauf, der eine geräumige Hochfläche mit mehreren aufgesetzten Kuppen bildet, und von einer ringförmigen Befestigung gekrönt ist. Die sechs leichten Maschinengewehre und ihre Munition wurden im Wechsel von den einzelnen Gruppen unter dem Aufgebot der letzten Kraft emporgeschleift. Mehrere Leute sanken vor Ermattung um, einer blieb tot liegen. Zwei gegen den Hevnik gerichtete italienische Gebirgsgeschütze standen auf einem Vorsprung, waren aber glücklicherweise von ihren Bedienungen im Stich gelassen worden, als das deutsche Artilleriefeuer einschlug.
Bei beginnender Dämmerung erreicht die aus Freiwilligen gebildete Spitze, von Oberlt.* Schoerner selbst geführt, einen Absatz dicht unter-

* Richtig: Leutnant der Reserve.

halb des ersten Gürtelringes der Nordkuppe von 1114, von der das deutsche Artilleriefeuer nun wegverlegt ist. Von Osten her nähern sich gleichzeitig Patrouillen der 9. und 11. Kompagnie, denen aus den Gipfelstellungen lebhaftes Gewehrfeuer entgegenschlägt. Die scharfen Umrisse der in mehreren Linien übereinanderliegenden Kegelstellung lassen sich kaum noch erkennen. Breite Hindernisse und eckig überragende Felsbauten geben das Bild eines regelrechten Forts. In den oberen Gräben herrscht reges Leben, laute Kommandos schallen herunter, doch scheint die ganze Aufmerksamkeit des Feindes den von links aufgetauchten Patrouillen zu gelten. Die 12. Komp. ist noch nicht entdeckt. Die rasch zunehmende Dämmerung drängt zu schnellem Handeln. Ein glücklicher Zufall zeigt der 12. Komp. einen schmalen Durchlaß im Drahthindernis. Zwar sind erst zwei Züge und die leichten M.G. oben angelangt; gleichwohl entschließt sich Oberlt. Schoerner, sofort anzugreifen. Der vorderste Zug eilt durch die 1½ m breite Hindernislücke bis auf 10 m an den italienischen Graben heran. Da wird er von links her mit Handgranaten beworfen, die aber wenig Schaden anrichten. Entschlossen und tapfer springt der Zug in die Stellung hinein, säubert die nächsten Grabenstücke und öffnet dem nachfolgenden Zug die Wege zu den oberen Stellungsteilen sowie nach rechts. Das gewandte und tollkühne Nachdringen der Stoßtrupps beider Züge läßt die Besatzung der zweiten Linie nicht zur Besinnung kommen. Der Schrecken fährt den Italienern in die Glieder. Nur wenige vermögen von ihrem Gewehr Gebrauch zu machen, die meisten verschwinden in den Hohlräumen. Wohlgezielte Handgranaten sperren die Ausgänge von zwei unterirdischen Gängen. Vor der Gipfelkrone stockt der Angriff. Das Heraufkommen der hinteren Gruppen wird abgewartet und dann gleichzeitig vorgebrochen. An zwei Punkten scheitert der Sturm, am dritten dringt eine Gruppe ein. Die Italiener wanken, weichen, im scharfen Nahkampfe gewinnen die schnell zusammengerafften Sturmtrupps die ganze Grabenspinne und säubern sie. Die zurückgebliebenen M.G. und der letzte Zug kommen indessen herauf. Mehrere italienische Offiziere, darunter der Kommandant des Werkes, und über 300 Mann werden gefangen abgeführt; eine Anzahl M.G. mit einer Unmenge von Munition, Kampfmitteln und Verpflegung bilden die Beute.

Um etwa 5.30 ist der Mt. Kolovrat dank dem kühnen Handeln des Oberlt. Schoerner* genommen. Das kaum möglich Erschienene ist erreicht, der wichtigste Stützpunkt und Eckpfeiler der ganzen Kolov-

* Richtig: Leutnant der Reserve.

ratstellung am ersten Kampftage erobert! Gegen 6 Uhr erschien der Bataillonsstab auf dem Absatz unterhalb des Einbruchspunktes der 12. Komp. und führte unverzüglich den Rest des III. Batls. in die eroberte Stellung nach, gegen die jetzt wieder eine deutsche Batterie ihr Feuer richtete.
Der eisige Wind hatte sich seit Einbruch der Nacht zum orkanartigen Sturm verstärkt. Nur durch lautes Schreien konnte man sich mit dem Nebenmann verständigen. Daher gelang es erst in mühseliger, stundenlanger Arbeit, die Stellung einigermaßen geordnet zu besetzen. Die Führer mußten dazu alle Kräfte aufbieten und verbrachten eine ruhelose Nacht. Die durchnäßten Mannschaften zitterten vor Kälte. Nur zum Teil durften sie sich in den sehr guten, aber jetzt so gefährlichen Hohlräumen bergen. Freund und Feind stießen dort noch vielfach aufeinander. Auch der Regts.Führer, Graf v. Bothmer, traf beim Stabe des III. Batls. auf dem Kolovrat-Gipfel ein. Mit der in südöstlicher Richtung entsandten 7. Komp. und mit dem Bayer. Jäger-Regt. 1 hatte er noch keinerlei Verbindung. Eine Offizierspatrouille der 12. Komp. stellte wenig hundert Meter westlich des Gipfels 1114 noch stark besetzte Gräben fest. Die von Osten angesetzten Teile der 9. und 11. Komp. hatte ein Gegenstoß weit überlegener Kräfte hart bedrängt. Zur rechten Zeit war ein weiterer Teil der 9. mit einigen M.G. erschienen und hatte den Feind mit empfindlichen Verlusten in seine Deckungen zurückgeworfen. Seitdem aber lag die 9. Komp. in schwerem Feuerkampf vor der hier unbezwinglichen Stellung; auch der geschilderte Einbruch der 12. Komp. hatte nur wenig die Spannung gelöst. Daher erging eine dringende Aufforderung zum Nachrücken an das von Foni heraufsteigende Württembergische Gebirgs-Bataillon. Die Abteilungen Rommel und Schiellein waren gegen Mitternacht zur Stelle und verlängerten das Leibregiment nach Norden, wobei sie zahlreiche Gefangene machten und 17 Geschütze erbeuteten. Nun konnte Major Graf v. Bothmer melden, daß die Lage gefestigt war. Er befahl seiner Reserve, dem II. Batl., um 6.30 morgens in die Gipfelstellung zu folgen; das I. Batl. sollte vom Biwikplatz bei Kamenca aus den östlich vom III. Batl. noch haltenden Gegner von links umfassen. Alsdann sollte das Leib-Regiment den Angriff längs des Kolovrat-Kammes nach Westen über den Kuk fortsetzen. Artillerieunterstützung wurde sichergestellt.«

Mehr noch: »Mit der Wegnahme dieser Schlüsselstellung war die Voraussetzung für die Fortführung des Stoßes entlang des Kolowrat-Rükkens nach Westen geschaffen worden«, rühmen die österreichischen

Militärschriftsteller und -historiker noch heute Schörners kühne Waffentat. [65]

Auf Grund seiner beispiellosen militärischen Leistungen am Roten-Turm-Paß, wo er zum ersten Male durch seinen schneidigen Einsatz über sein Leib-Regiment hinaus auf sich aufmerksam machte, als er im Alttal stärkeren Verbänden der rumänischen 1. Armee den Rückzug von Siebenbürgen in ihr Landesinnere versperrte, [66] und nach seinem kampfentscheidenden Erfolg auf der Höhe 1114, mit deren Eroberung das Oberkommando erst nach tagelangen Gebirgsgefechten gerechnet hatte, wurde er für überragende Tapferkeit und selbständige Führungsleistung als einziger Leutnant der bayerischen Infanterie für die höchste deutsche Tapferkeitsauszeichnung, den Pour le mérite [67], vorgeschlagen. In der Begründung seines Regiments-Kommandeurs, der, am 12. Dezember 1917 zum Oberst befördert, diesen ältesten deutschen Verdienstorden erst 1918 für die Erstürmung des flandrischen Kemmelberges erhielt, heißt es unter anderem:

»Er ist ein hervorragend schneidiger und umsichtiger Führer im Gefecht und hat durch unermüdliche, zielbewußte Tätigkeit verstanden, seine Kompanie in vorzüglicher Verfassung zu erhalten. [...] Im Angriff auf die italienischen Stellungen westlich Tolmein [...] gelang es ihm, mit seiner Kompanie noch spät abends durch rasches, rücksichtsloses Zugreifen den beherrschenden, stark ausgebauten Schlüsselpunkt der italienischen Hauptstellung, die Höhe 1114, in die Hand zu bekommen, deren Besitz die weiteren entscheidenden Erfolge des 25. Oktober ermöglichte. Es ist sehr unwahrscheinlich, daß die Wegnahme dieses ungemein starken Stützpunktes einen Tag später noch geglückt wäre. Ich halte den überaus verdienten Offizier für diese entscheidende Tat einer besonderen Auszeichnung würdig.«

Aber auch der neue Führer des Deutschen Alpenkorps, der Generalmajor Ritter von Tutschek, wies auf die große Bedeutung von Schörners einzigartiger Waffentat hin, indem er selbstlos feststellte: »Die Wegnahme der Höhe 1114, eine der stärksten italienischen Stellungen, war von außerordentlich weitgehender Bedeutung für die weiteren Erfolge der ganzen Front. Da sie der Eroberung eines starken Forts gleichkommt, befürworte ich deshalb die Verleihung des Ordens ›Pour le mérite‹ an Leutnant Schörner auf das wärmste.« [68]

Mit einem Seitenhieb auf seinen Widersacher schrieb Rommel hierzu später: »Von der Wegnahme der Gipfelkuppe 1114 durch die Komp. des Leutnants Schörner (12./L.) erfahren wir nichts.« [69] Damit sollte der Handstreich des bayerischen Rivalen am Isonzo in Zweifel gezogen

werden. Der Schwabe war nicht nur auf dem Schlachtfeld, sondern auch im Umgang mit der spitzen Feder ein überaus schlauer Fuchs. Verfolgen wir nun mit der gleichen Aufmerksamkeit die Eroberung des Monte Matajur, um die daraus resultierende Rivalität zwischen Rommel und Schörner besser verstehen und beurteilen zu können.
Das Gelände, in dem sich das Württembergische Gebirgs-Bataillon bewegte, war äußerst schwierig. So mißglückten in der Nacht vom 24. auf den 25. Oktober 1917 alle Versuche der Nachrichten-Kompanie, eine Fernsprechverbindung zwischen dem Major Sproesser und seinem Oberleutnant Rommel [70] herzustellen und aufrechtzuerhalten. In dieser kritischen Situation erschien um Mitternacht ein erschöpfter Verpflegungs-Offizier der Württemberger im Stabsquartier des Gebirgs-Bataillons östlich von Foni mit einem Zettel in der vor Überanstrengung zittrigen Hand:

»Meldung von Oberleutnant Rommel!
Die Abteilung Rommel, gefolgt von der Abteilung Schiellein, hat rechts vom III./Inf.-Leib-Regts. die zweite italienische Linie auf Hevnik-Nord durchbrochen und ist gegen Höhe 1114 aufgestiegen. Beute: etwa 500 Gefangene und 17 Geschütze aller Kaliber. Auf Höhe 1114 in der dritten italienischen Linie liegt der Italiener Mann an Mann mit zahlreichen Maschinengewehren. Diese Stellung ist vom Artilleriefeuer anscheinend unberührt. Weiterkommen des III./Inf.-Leib-Regts. und der Abteilungen Rommel und Schiellein ist ohne starke Artillerieunterstützung ausgeschlossen. Weiter links südlich liegt das Bayerische Jäger-Regt. 1 gleichfalls hoffnungslos fest.«

Eile tat Not! So wurde bereits um 2.00 Uhr nachts alarmiert und eine Stunde später ausgerückt, so daß das Gebirgs-Bataillon schon um 5.45 Uhr nordostwärts von der Höhe 1114 stand. Mit von der Partie war auch Rommels neuer Adjutant Leutnant Julius Streicher, der eine Zeitlang in der Gebirgs-Maschinengewehr-Abteilung 206 diente, bevor er als ein unerbittlicher Rassenfanatiker und »die Verkörperung des Antisemitismus der nationalsozialistischen Bewegung« [71] sowie als Herausgeber des Nürnberger Wochenblattes »Der Stürmer« und als Gauleiter von Franken von sich reden machte. Mit ihm gliederte er sich »wenige Meter hinter der Spitze in die Kolonne ein«. [72] Nachdem Rommel sich bei Sproesser gemeldet und die Glückwünsche seines Kommandeurs entgegengenommen hatte, entwickelte sich folgendes Gespräch [73]:

»Major Sproesser: Rechtsrum oder linksrum?
Oberleutnant Rommel: Rechtsrum!
Maj. Sp: Warum?
Oblt. R.: Ich habe das Gelände angesehen. Links von der 1. Gebirgs-Kompagnie liegt das III. Inf.-Leib-Regts., dann kommt eine Lücke, dann Jäger-Regt. 1. Hier ist nichts zu wollen, überall reiner Frontalangriff, dem vorläufig jede Artillerie-Unterstützung fehlt. Rechts von uns fällt der Kolovrat 1000 m steil zum Isonzo ab. Drunten im Tal zieht die 12. Inf.-Division nach Karfreit und diese Kolovrat-Nordfront ist nicht angegriffen. Ich könnte durch die Latschen und Runzen gedeckt gegen Mont Kuk 1243 oder gegen die Kuppen 1185 - 1192 - 1125 aufsteigen und durchzubrechen versuchen.
Maj. Sp.: Die 2. und 3. Gebirgs-Kompagnie und die 1. M. G. K. stehen zu Ihrer Verfügung. Versuchen Sie Ihr Glück. Ich folge Ihnen mit dem ganzen Gebirgs-Bataillon, wenn Sie vorwärts kommen.
Oblt. R.: Der Führer des Bayr. Inf.-Leib-Regiments hat mir verboten, nach Westen vorzugehen, da die Eroberung des Kolovrat und Matajur vom Alpenkorps ausdrücklich dem Leib-Regiment aufgetragen worden sei und da das Gebirgs-Bataillon nur den Befehl habe, hierbei die rechte Flanke des Leib-Regiments zu sichern. Er wünscht Herrn Major zu sprechen.
Maj. Sp.: Lassen Sie das meine Sorge sein. Es bleibt bei dem von mir gegebenen Befehl. Versuchen Sie Ihr Glück. Auf Wiedersehen auf Kolovrat!«

Nachdem die »Abteilung Rommel« sich noch in der Dämmerung in Marsch gesetzt hatte, um gegen die Nordfront des Kolowrat aufzusteigen, traf der Führer des Bayerischen Infanterie-Leib-Regiments, der Major Graf Bothmer, beim Kommandeur des Württembergischen Gebirgs-Bataillons ein. Dann kam es zu folgender Aussprache [74]:

»Major Graf Bothmer: Wir stehen hier vor einer dicht besetzten, starken feindlichen Front. In meiner linken Flanke ist die Lage ungeklärt. Mein I. und II. Bataillon, die von Kamenca im Aufstieg sind, muß ich links einsetzen, um dem Jäger-Regt. 1 vorwärts zu helfen. Bis Artillerie-Unterstützung einsetzt, können Stunden vergehen. Da ich meine ganze Aufmerksamkeit nach links richten muß, würde ich gerne das III. Inf.-Leib-Regts. Ihnen unterstellen!
Major Sproesser: Ich muß dafür danken. Mit meinen 10 Kompagnien bin ich hinreichend beschäftigt. Außerdem habe ich nicht die Absicht,

mit Ihrem III. Bataillon vor Höhe 1114 liegen zu bleiben, sondern ich will gegen Kuk – Luico – Matajur weiter vordringen. Abteilung Rommel ist schon voraus und mit dem Glase in den Latschen sichtbar im Aufstieg gegen Kuk.«

Nun trennten sich die Wege der beiden Offiziere. Major Sproesser ging nach Westen, Major Graf Bothmer nach Südosten. Nein, man ging nicht als gute Kameraden, sondern als knallharte Rivalen auseinander. Hier, am Isonzo, lebte sie wieder auf, die alte Haß-Liebe zwischen dem Bayerischen Infanterie-Leib-Regiment und dem Württembergischen Gebirgs-Bataillon. Wie seinerzeit, während des ersten rumänischen Feldzuges im Kriegsjahr 1916 bei der Eroberung der Magura Odobesti, der sogenannten Höhe 1001, so kam es auch jetzt wieder zu einem genau so dramatisch verlaufenden Wettstreit um den heißbegehrten Siegeslorbeer zwischen diesen beiden ehrgeizigen Eliteverbänden und ihren erfolgssüchtigen Offizieren. Mehr noch: Der unstillbare Erfolgshunger, der die »Leiber« und Württemberger zu ruhmreichen Taten beflügelt hat, uferte schließlich gar zu einer ernsthaften Verstimmung, ja zur Zwietracht aus. Der Streit um den Ruhm machte die Beteiligten dermaßen blind, daß persönliche Animositäten sogar nach Kriegsende in den Regiments-Chroniken für die Nachwelt festgehalten wurden. Diese persönlichen Auseinandersetzungen (teilweise sogar Diffamierungen) schmälern zwar nicht die großartigen Erfolge der Truppe, sie werfen aber ein schlechtes Licht auf deren Führer. [75]
So veranlaßte Rommel »das Reichsarchiv zum Druck eines vierzehnseitigen Nachtrags, in dem er seine eigene Rolle in lebendigen Einzelheiten beschrieb: wie sich zum Beispiel vierzig italienische Offiziere und 1500 Mann Oberleutnant Rommel ergaben, wie er allein mit zwei Offizieren und einigen Schützen vorwärtsstürmte, wie die Italiener ihn umringten, ihn umarmten und auf ihre Schultern hoben, vor Freude darüber, daß der Krieg für sie zu Ende war.« [76] Schörners Waffentat wurde dagegen bagatellisiert.
Der 25. Oktober 1917 war ein wolkenloser, strahlender Herbsttag. Die Truppen setzten in euphorischer Stimmung ihren Angriff fort. Die »Leiber« und die Württemberger entrissen dem Gegner bei ihrem Vorstoß auf dem Grate des Kolowrat-Rückens den Monte Kuk und brachten dort zahlreiche Gefangene ein. Nun drehte das Bayerische Infanterie-Leib-Regiment gegen Luico ein, während die Württemberger dem Monte Matajur zustrebten. Es war 12.00 Uhr mittags, als Sproesser folgenden Befehl herausgab:

»Abteilung Rommel Angriff Richtung Straßenknie am Osthang Matajur. Das Gros des Gebirgs-Bataillons folgt von Ravna über Luico auf den Matajur.«
Damit war nach der Magura Odobesti auch der Monte Matajur unversehens zum Schicksalsberg der Württembergischen Gebirgsschützen geworden. Derart motiviert, eilten sie nun weiter. Hinter ihnen zogen die entwaffneten Italiener in die Kriegsgefangenschaft. Auf den vorzüglich markierten Kriegsstraßen des Gegners vordringend, konnten sie immer wieder völlig ahnungslose Italiener überraschen und entwaffnen. Rasch hatten wider Erwarten 50 Offiziere und 2000 Mann Bersaglieri ihre Waffen niedergelegt. Lassen wir an dieser Stelle kurz die Ereignisse jenes 25. Oktober 1917 an Hand des Kriegstagebuches des Deutschen Alpenkorps Revue passieren:

»8 Uhr vormittags: W. G. B. und I. L. R. gestern (!) 1114 genommen. Bisherige Beute des W. G. B.: 8 Offiziere, 1 Arzt, 353 Mann der Regimenter 208 und 209, 9 M. G., 6 Gebirgsgeschütze, 4 15-cm-Haubitzen, 9 21-cm-Mörser. Verluste: 1 tot, 19 verwundet.
Feind hielt gestern abend noch eine Stellung 500 m westlich (!) 1114, die heute früh 7 Uhr vormittags durch Inf.-Leib-Regt. durch Umgehung von Süden her (!) angegriffen wird.
W. G. B. hat 9.45 Uhr vormittags Punkt 1192 erreicht (!). Beute des W. G. B.: verschiedene schwere und leichte Geschütze, zahlreiche M. G., 1000 Gefangene.
12.10 Uhr nachmittags: Inf.-Leib-Rgt., das mit 3 Bataillonen auf 1114 steht (!), bittet um einstündiges Artilleriefeuer gegen Kuk.
Inf.-Leib-Regt. wird 2.50 Uhr nachmittags im Besitz von Kuk beobachtet (!). Jäger-Regt. 1 hat 12.15 Uhr nachmittags Slemenkapelle erreicht. Jäger-Regt. 2 folgt hinter Inf.-Leib-Regt.
9 Uhr abends von der Höhe 1114: W. G. B. rechts*, 1 Bataillon Inf.-Leib-Regt. links** 4.15 Uhr nachmittags im Vormarsch gegen Mont Matajur von Luico, das 4 Uhr nachmittags erreicht wurde.« [77]

Hierzu sind einige Anmerkungen notwendig, um den Konflikt zwischen den »Leibern« und den Württembergern – und damit auch den zwischen Schörner und Rommel – besser verstehen zu können. Die Eintragungen im Kriegstagebuch des Deutschen Alpenkorps erfolgten seinerzeit auf Grund jener Meldungen, die die Bayerische Jäger-Brigade 1 am 25. Ok-

* Irrtum: Nicht W. G. B., sondern I./23 der 12. Infanterie-Division.
** II. Bataillon des Bayerischen Infanterie-Leib-Regiments.

tober 1917 herausgegeben hatte. Und wie hieß es dort im Gefechtsbericht der Brigade?

»Die Abgrenzung der Gefechtsstreifen der Division ist keine bindende. Die Regimenter nehmen die Gefechtsstreifen, die sie zur Durchführung ihrer Aufträge brauchen und erhalten soviel Ellbogenfreiheit, als sie nach Maßgabe ihres Vorwärtskommens im Verhältnis zu jenen der Nachbartruppen gewinnen.« [78]

Nach einem dreitägigen, nahezu ununterbrochenen Kampf hatten die dem gewieften Taktiker Rommel unterstellten Teile des Württembergischen Gebirgs-Bataillons insgesamt nicht weniger als 170 Offiziere und 8225 Mann gefangengenommen sowie 28 schwere und 52 leichte Geschütze des Gegners erbeutet. Die eigenen Verluste beliefen sich dagegen auf »nur« sechs Tote und 30 Verwundete. Vor allem verdient aber eines festgehalten zu werden, daß nämlich am 26. Oktober 1917, als um 11.40 Uhr vom Gipfel des Monte Matajur »3 grüne und eine weiße Leuchtkugel« am oberen Isonzo in den herbstlichen Himmel stiegen, mit ihnen neben Schörner ein weiterer Name aufleuchtete: Erwin Rommel.

»The climax of his career in World War I was reached with the capture of Monte Matajur« [79], schrieb später voller Begeisterung der Militärschriftsteller Desmond Young, der sich ebenso anerkennend über »the famous Alpenkorps« äußerte [80], in seiner bekannten Rommel-Biographie. Und an anderer Stelle heißt es dann, der Schwabe »war kaltblütig, schlau wie ein Fuchs, hart und unermüdlich, rasch in seinen Entschlüssen und unglaublich mutig.« [81] Das war eine Aussage, die ohne jede Abstriche auch auf Rommels Rivalen Schörner zutraf.

Wen wundert es angesichts ihrer Erfolgsbilanz auf dem Schlachtfelde, daß der amtliche Heeresbericht aus dem Großen Hauptquartier vom 27. Oktober 1917 Rommel und seine Württembergischen Gebirgsschützen wie einen Keulenschlag traf? Denn dort stand, vom Ersten Generalquartiermeister Erich Ludendorff höchstpersönlich unterzeichnet, unter anderem zu lesen:

»Der scharfgratige Rücken des Stol wurde von der k. u. k. 22. Schützendivision genommen. Der 1641 Meter hohe, starkbefestigte Gipfel des Monte Matajur fiel schon am 25. Oktober, 7 Uhr vormittags – 23 Stunden nach Beginn des Angriffs bei Tolmein – durch die hervorragende Tatkraft des Leutnants Schnieber, der mit vier Kompanien des Oberschlesischen Infanterieregiments Nr. 63 den starken italienischen Grenzstützpunkt stürmte. Die zweite italienische Armee ist geschlagen. Kampf- und Marschleistungen aller Truppen, die durch die Vorberge

der italienischen Ebene zustreben, sind über jedes Lob erhaben. Die Zahl der Gefangenen hat sich auf 60000, der erbeuteten Geschütze auf 450 erhöht.«
Eine objektive Geschichtsschreibung kann jedoch nicht an der Tatsache vorbeigehen, daß alle diese unvergleichlichen Leistungen und Erfolge auf dem Gefechtsfeld durch den bereits erwähnten krankhaften Ehrgeiz einiger weniger Offiziere und durch unkorrekte Meldungen getrübt wurden. »Für die Eroberung des Monte Matajur erhielt durch die 12. Inf.-Division der Kompagnieführer der 4./63 den Orden Pour le Mérite«, heißt es voller Bitterkeit in der »Geschichte der Württembergischen Gebirgsschützen«. Und dann mit einem Seitenhieb auf den oberschlesischen Leutnant Schnieber [82] von der 4. Kompanie des Infanterie-Regiments 63 und den bayerischen Leutnant der Reserve von der 12. Kompanie des Bayerischen Infanterie-Leib-Regiments: »Das Alpenkorps bemühte sich, dem Kompagnieführer der 12./Inf.-Leib-Regts. für die Eroberung der Höhe 1114 den Orden Pour le Mérite zu erwirken. So blieb dem Oberleutnant Rommel nichts anderes übrig, als den Beschwerdeweg zu betreten und an den Kommandeur des Württ. Gebirgs-Bataillons eine Beschwerde einzureichen über denjenigen Angehörigen der 12. Inf.-Division, welcher behauptet hat, am 25. Oktober 1917, 7.30 Uhr morgens den Monte Matajur erobert zu haben. Diese Beschwerde«, erfahren wir dann über diesen peinlichen Vorgang weiter, »ging auf dem Dienstwege über den Kommandeur der Bayer. Jäger-Brigade 1, über Alpenkorps, G. K. III. B. A. K., A. O. K. 14 und O. H. L. bis in das Militärkabinett Seiner Majestät des Kaisers und hatte Erfolg.« [83]
Doch damit nicht genug des Wundenschlagens: Die gegenseitigen Beschuldigungen und Ehrabschneidungen gingen nach dem verlorenen Weltkrieg mit unverminderter Heftigkeit munter weiter. Generalmajor Sproesser gegen den General der Artillerie Krafft von Dellmensingen lautete fortan das mit gespitzter Feder geführte Rechtfertigungsduell der beiden im Felde so überaus erfolgreichen Gebirgssoldaten. [84] Zu ihrem Glück gehörten beide dem Generalkorps an, so daß ihre Umtriebigkeiten weder dem einen noch dem anderen außer dessen Gesichtsverlust das Leben gekostet haben. Anders erging es diesbezüglich nämlich dem Hauptmann i. G. Eugen Maria Karl Mayr, der ab 12. August 1916 dem Stab des Deutschen Alpenkorps angehörte. Wegen seiner publizistischen Tätigkeit [85] und den damit verbundenen Angriffen auf Krafft von Dellmensingen und den Kronprinzen Rupprecht von Bayern in der »Schwäbischen Volkszeitung« (SPD) und der »Münchner Post«

(SPD) wurde er aus dem Offizierskorps ausgeschlossen und später im Konzentrationslager Buchenwald inhaftiert, wo er am 9. Februar 1945 verstarb. [86]

Mit der Zusage des begehrten Pour le mérite, der ihm am 5. Dezember 1917 von Kaiser Wilhelm II. verliehen wurde, nahm Schörner mit seinen »Leibern« die Verfolgung des Gegners auf. Über die Berge ging es nun an der Spitze der deutschen 14. Armee gegen das brennende Cividale im Friaul, in das das Bayerische Infanterie-Leib-Regiment als erste deutsche Truppe einzog – und zwar in zwei Kolonnen, die aus den vordersten Teilen des Alpenkorps gebildet wurden. Das II. und III. Bataillon der »Leiber« zog über die Höhen des Gragonzo-Tercimonte-Costa nach Teglio. Von hier wurde die Verfolgung der verwirrt zurückflutenden Italiener zum Tagliamento aufgenommen. Für Schörner war das mehr eine Formsache, denn eine weitere militärische Waffentat. Sein Ehrgeiz war vorerst gestillt. [87] Er hatte es allen gezeigt, insbesondere Rommel, der voller Wut im Bauch über den seiner Meinung nach nur ihm und nicht seinem Rivalen Schörner zustehenden ältesten deutschen Verdienstorden um so ungestümer zur Piave hetzte. [88]

In dieser Zeit des rastlosen Vormarsches und der allgemeinen Euphorie, von der beim späteren »Wüstenfuchs« allerdings wenig zu merken war, weil der Stachel des entgangenen Pour le mérite vom Isonzo noch zu sehr schmerzte, befahl die 14. Armee, daß das Württembergische Gebirgs-Bataillon aus dem Deutschen Alpenkorps auszuscheiden habe und für weitere Waffentaten an die deutsche Jäger-Division abzugeben sei. Damit war die hautnahe Tuchfühlung zwischen Schörner und Rommel endgültig beendet. Wenn sie jetzt auch in getrennten Gefechtsabschnitten die Verfolgung vom Tagliamento bis zur Piave aufnahmen, so verlor der eine den anderen doch nicht ganz aus den Augen. Vielmehr belauerten sie sich weiterhin wie die Hyänen im Kampf um die begehrte Beute. Und diese wollte Rommel sich beim Ringen um das Monte-Grappa-Massiv nicht noch einmal von Schörner vor der Nase wegschnappen lassen.

Der harte Gebirgszug vom Monte Tomba bis zum Monte Grappa zeigte überaus deutlich, daß die italienische Armee wieder festen Boden unter den Füßen bekommen hatte und daher nicht mehr gewillt war, weiter zurückzugehen und kostbare Heimaterde preiszugeben. Während Schörner mit seinen »Leibern« die stark gelichteten Jäger-Bataillone auf dem Monte Tomba ablöste und die Bergstellungen auf dem Tomba-Rücken übernahm, wurde Rommel mit seinen Gebirgsschützen nicht nur in überaus schwere Stellungskämpfe vor dem Monte Grappa verwickelt, sondern dort, bei Longarone, bot sich ihm nochmals die einmalige Chance, seinen Ruhm auf dem Schlachtfelde zu mehren und endlich den seiner Meinung nach schon lange überfälligen Pour le mérite einzufordern.

In der Tat: Knapp zwei Wochen nach der Eroberung des Monte Matajur zwang der ungestüme schwäbische Gebirgssoldat das launische Kriegsglück endgültig auf seine Seite. In pausenloser Verfolgung war er mit ein paar Kompanien, den anderen Einheiten seines Gebirgs-Bataillons wieder einmal weit vorauseilend, durch die Vajont-Schlucht über einige Brücken, die teilweise von den Italienern gesprengt worden waren, ins Piavetal vorgestoßen. Bei Longarone angekommen, erkannte er starke Feindkräfte, die mit Front nach Norden im Kampfe standen. Augenblicklich beschloß Rommel, diesen Gegner abzuschneiden und zu vernichten. Und so geschah es dann auch. Mit seinem grenzenlosen Selbstvertrauen, das sowohl ihn wie auch Schörner immer wieder zu außergewöhnlichen Waffentaten herausforderte, stellte er sich mit seinen getreuen Soldaten zum Kampf. Mit der buchstäblich letzten Patrone wehrte er nicht nur die verzweifelten nächtlichen Durchbruchsversuche des Gegners ab, sondern am anderen Tage gelang es ihm und seinen Württembergern auch noch, eine ganze italienische Division zur Übergabe zu zwingen.

Nach diesem beispiellosen Coup hatte Rommel sich endgültig den »stolzesten Orden der Welt« verdient. Als am Abend des 18. Dezember 1917 die Württembergischen Gebirgsschützen Schievenin erreichten, hatte die Feldpost dort zwei kleine Päckchen hinterlegt. Sie enthielten je einen Pour le Mérite – und zwar einen für den väterlichen Major Theodor Sproesser, den Kommandeur des Gebirgs-Bataillons, und einen für seinen schneidigen Sturmtruppführer Oberleutnant Erwin Rommel, dem diese Ehrung für den Kampf bei Longarone, für die Erstürmung des Monte Matajur sowie für den Durchbruch am Kolowrat-Rücken zuteil wurde. Als Schörner davon erfuhr, verzog er sein Gesicht, als hätte er soeben in eine ganz besonders saure Zitrone gebissen. Seine Gesichtszüge hellten sich erst wieder auf, nachdem er mit Erlaß vom 13. Februar 1918 in den aktiven Offiziersstand seines Elite-Regiments mit rückwirkendem Patent vom 18. Juni 1913 versetzt wurde.

9. Triumph und Tragik

»Wieder an die Westfront!« lautete die Parole für Schörners »Leiber« nach ihrem ruhmreichen Einsatz während der 12. Isonzo-Schlacht. Schneller als allgemein erwartet wurde, strebten sie dem westlichen Kriegsschauplatz entgegen, nachdem die Oberste Heeresleitung entschieden hatte, dort alle Kräfte zum entscheidenden Schlag gegen die Entente zusammenzuziehen. Zunächst wurden sie Ende Januar 1918 in die Gegend von Saarburg hinter einem ruhigen Frontabschnitt verlegt. In Lothringen und in den Vogesen begann man dann unverzüglich mit der Ausbildung der Truppe für den Stellungskrieg, der sich wesentlich vom Kampf im Gebirge unterschied. Aus Gründen der Geheimhaltung wurden den Angehörigen des Deutschen Alpenkorps sogar die Edelweiß-Abzeichen abgenommen und die Schulterstücke eingerollt.
Wie aus heiterem Himmel wurden die »Leiber« am 7. April 1918 in Saarburg verladen. Nach zweitägiger Fahrt hatte Schörner die Gegend von Lille erreicht. Ein ohrenbetäubender Kanonendonner drang aus der Richtung Armentières herüber. Dort war am 21. März 1918 die St.-Georgs-Schlacht voll entbrannt. Der Angriff der deutschen 4. und 6. Armee sollte im Rahmen der »Großen Schlacht in Frankreich« bis zur Kanalküste mit Stoßrichtung Amiens–Abbéville vordringen und so eine Trennung des nördlich von dieser Linie stehenden britischen Heeres von den südlich davon operierenden Franzosen sowie die völlige Einkreisung und Vernichtung der britischen Armee bewirken. Mehr noch: General Ludendorff, dieser nimmermüde Titan voller brennender Leidenschaft und unstillbarem Ehrgeiz mit seiner schier unerschöpflichen Arbeits- und Schaffenskraft, dem Schörner diesbezüglich während des Zweiten Weltkrieges um nichts nachstand, dieser robuste Willensmensch wollte die Engländer und die Franzosen schlagen, noch bevor die amerikanische Hilfe sich für die Alliierten voll entfaltet hatte, denn »er traute dem deutschen Heere noch den Schwung zum Angriff, aber nicht mehr die Kraft zur Verteidigung zu«. [89]
Aber nur bei Armentières, wo portugiesische Truppen von den Deutschen regelrecht über den Haufen gerannt wurden, konnten größere Erfolge erzielt werden. Aus diesem Grunde sollte nun gerade hier das Deutsche Alpenkorps mit seinem bewährten Bayerischen Infanterie-Leib-Regiment (b. I. L. R.) durch ein energisches Nachsetzen den Angriff weiter vortragen. Mit von der Partie war aber auch die 4. bayerische Infanterie-Division (4. b. I. D.) mit ihrem 5. bayerischen Infanterie-Re-

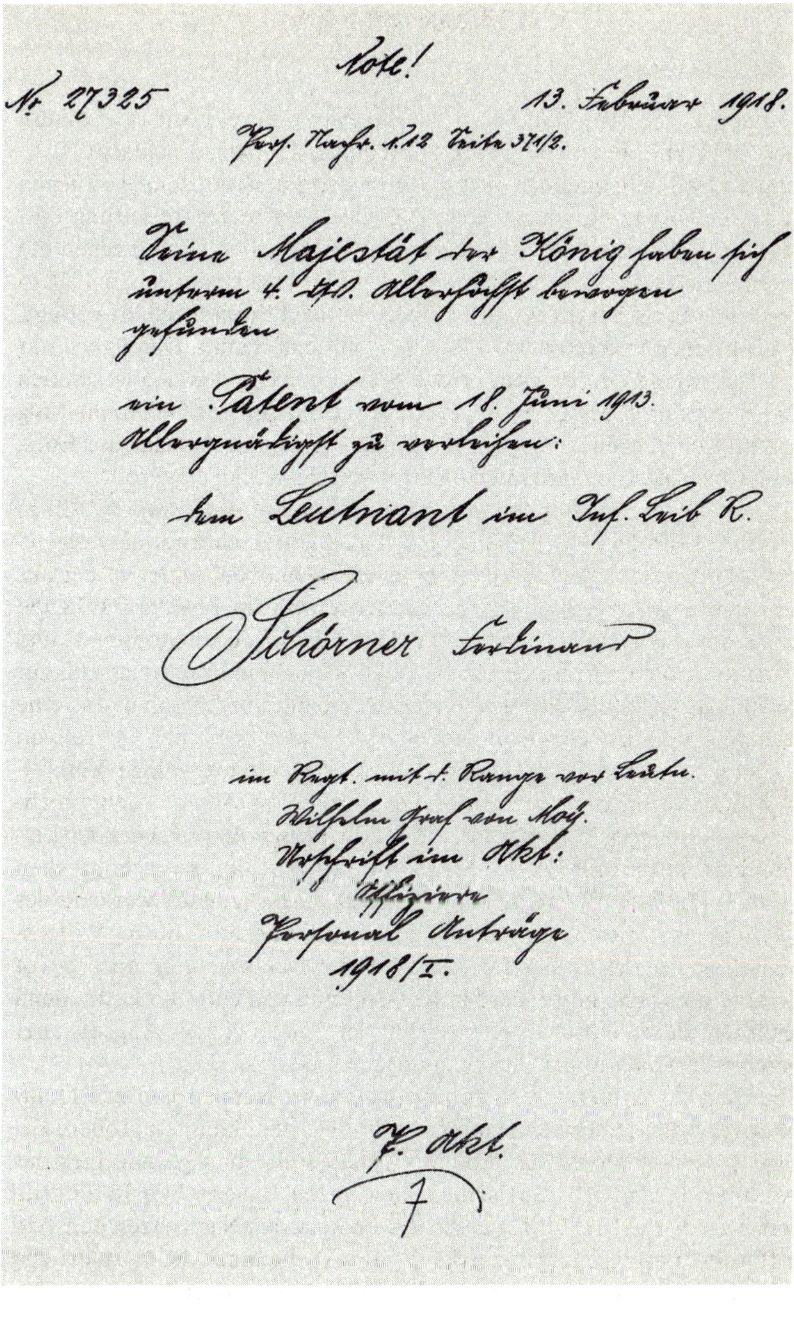

Note!

Nr. 27325 13. Februar 1918.

Pers. Nachr. Nr. 12 Seite 371/2.

Seine Majestät der König haben sich unterm 4. d. M. Allerhöchst bewogen gefunden

ein Patent vom 18. Juni 1913. Allergnädigst zu verleihen:

dem Leutnant im Inf. Leib R.

Schörner Ferdinand

im Regt. mit d. Range vor Leutn. Wilhelm Graf von Moy.

Urschrift im Akt:
Offiziere
Personal Anträge
1918/I.

z. Akt.

7

giment (5. b. I. R.) – und zwar im Anschluß an den linken Flügel des Alpenkorps. In seinen Reihen kämpfte kein Geringerer als der spätere Generaloberst Eduard Dietl. [90] Damit lagen die beiden Exponenten der deutschen Gebirgstruppe und die typischen Vertreter des nationalsozialistischen Offiziers zum ersten Male Schulter an Schulter im harten Kampfeinsatz.

Da ohne den Besitz des Kemmel, der mit einer Höhe von 156 Metern die flandrische Tiefebene wie ein bedrohlicher Klotz überragt, der Frontbogen bei Bailleul nur schwer zu halten war, entschloß sich die Oberste Heeresleitung für den 25. April 1918 zum Angriff. Im eineinhalb Kilometer breiten Angriffsstreifen des Deutschen Alpenkorps wurden Schörners »Leiber« wie folgt eingesetzt: rechts das Jäger-Regiment 2, in der Mitte das Bayerische Infanterie-Leib-Regiment und links davon das 1. Jäger-Regiment. Im Angriffsstreifen der »Leiber« lag sowohl der Große als auch der Kleine Kemmel. Als Schörner in der Nacht zum 24. April 1918 in die Stellungen am Südosthang des Kemmel nördlich der Douve in die Stellungen einrückte, da staunte er nicht schlecht, als links von ihm gar mancher Offizier und Unteroffizier in bayerischer Mundart Befehle erteilte oder über den Krieg fluchte. Kein Wunder, denn es waren die Angehörigen der 4. bayerischen Infanterie-Division bzw. des 5. bayerischen Infanterie-Regiments, mit denen er zum Angriff auf das flandrische Bollwerk antrat.

Der einheitliche Angriff wurde dem Generalkommando des X. Reserve-Korps für den 25. April 1918 befohlen. Dabei fiel dem Deutschen Alpenkorps am rechten Flügel der Sturm auf die gegen Südosten gerichtete Stirnseite des Berges zu, während zur Linken die 4. bayerische Infanterie-Division in der Tiefe gegen Dranoutre zu operieren hatte. Verfolgen wir nun das sich entwickelnde Kampfgeschehen an Hand der aufschlußreichen amtlichen Kriegsakten:

»Schon um 8.15 Vorm., also nach 1¼ Stunde, hat in der Mitte des Alpenkorps das III./b. I. L. R. rechts vom Jg. R. 2, links vom 1. b. Jg. R. eingerahmt, die höchste Kuppe (156) des Kemmel erklommen und stößt bis Mittag in einem Zuge bis zur Straßengabel bei Bruloose (1 km nordöstl. Locre) durch. [...]

Bei der 4. b. I. D. haben sich im ersten Treffen das 5. b. I. R. östlich, das b. R. I. R. 5 westlich der Straße Neuve Eglise – Dranoutre um 7.00 Vorm. auf den Feind gestürzt. Die b. Pi. K. 6 u. 9 helfen den die Infanterie begleitenden Batterien (4. u. 6./2. b. Fda. R.) und den Minenwerfern der b. M. W. K. 4 den sumpfigen Douve-Grund überwinden.

[...] Zähen Widerstand hat inzwischen das 5. b. I. R. am Südwestabfall des Kemmel-Berges überwältigen müssen. Aber um die Mittagszeit reicht es südlich von Bruloose dem b. I. L. R. ebenfalls schon die Hand. Auch die Batterien, die am Morgen noch aus rückwärts gelegenen Stellungen den Angriff vorbereitet hatten, erreichen zum Teil frühzeitig das nördliche Douve-Ufer. 1400 Engländer und Franzosen wandern im Bereich der 4. b. I. D. in die Gefangenschaft.
Die Vermischung der Verbände in der Gegend der Burgrave Fe. (südöstl. Bruloose) und die Rücksicht auf die Artillerie, die noch im Stellungswechsel begriffen war, zwang beim Alpenkorps wie bei der 4. b. I. D. dazu, die Ausbreitung des großen Erfolges auf den nächsten Tag zu verschieben.
Aber der Feind kam dem auf den 26. April 9.00 Vorm. anberaumten Angriff seinerseits zuvor und warf sich mit voller Wucht auf die siegreichen deutschen Truppen, um ihnen den Kemmel wieder zu entreißen. Er holt sich indes allenthalben nur blutige Köpfe. Kaum hat sich die Flut gebrochen, da reißt schon die 4. b. I. D. [...] kurz nach Mittag die Vorhand im Angriff wieder an sich. Schritt für Schritt drängen in heißem Kampfe das 5. b. I. R. und das b. R. I. R. 5 den Gegner auf Locre zurück. [...] In der Nacht bemächtigt sich das b. R. I. R. 5 des Dorfes, während das 5. b. I. R. in den Südteil von Bruloose eindringt.
Während der zwei folgenden Tage ruhte der Kampf, nicht aber das Feuer. Die Truppen rüsteten für den 29. April zu einem neuen Anlauf, der bei der 4. b. I. D. den Mont Rouge (140) westlich Locre, beim Alpenkorps die Höhe an der Straße halbwegs zwischen Locre und Clytte (Scherpenberg) zum Ziel hatte. Aber die für die Vorbereitungen gewährte Zeit genügte nicht. Zudem verwehte am Morgen des 29. April der Wind die Wirkung des Gasfeuers. Als die Truppen um 6.40 Vorm. antraten, schlug ihnen aus den feindlichen Batterien, Stellungen und Maschinengewehrnestern ein ungedämpftes Feuer entgegen. Trotzdem rangen bei Bruloose nebeneinander das b. I. L. R. und das 5. b. I. R. [also Schörners und Dietls Verbände!] dem Feind noch Boden ab und näherten sich schließlich der Straßenspinne nördlich Locre. [...] Am linken Flügel der 4. b. I. D. war das 9. b. I. R. für das verbrauchte b. R. I. R. 5 eingesprungen und brachte das Dorf Locre, das inzwischen zur Hälfte wieder hatte aufgegeben werden müssen, von neuem ganz in seinen Besitz. Alle Bemühungen, dem Feind weitere Vorteile abzutrotzen, blieben ergebnislos, obwohl beim Alpenkorps zuletzt das 1. b. Jg. R., bei der 4. b. I. D. Teile der 10. E. D. aus dem zweiten Treffen vorgezogen wurden. Locre ging erneut verloren. [...]

Die Stoßkraft der deutschen Truppen hatte sich jetzt aber aufgezehrt. Und nun ging wieder der Feind zum Angriff über. Der 30. April vor allem entfesselte schwere Stürme. Doch die müden, zusammengeschossenen deutschen Truppen bestanden auch diese letzte Belastungsprobe, die vielleicht schwerer wog, als alle Leistungen im Angriff.« [91]

Nachdem der Kemmel unter der tatkräftigen Mitwirkung Schörners und Dietls von bayerischen Truppen erobert worden war, bemühte sich der Feind vergeblich, den beherrschenden Berg in der flandrischen Tiefebene in die Hand zu bekommen. Das war sowohl für den späteren »Sieger von Athen« als auch für den »Helden von Narvik« eine große Genugtuung. Aber der Preis, den die Deutschen dafür zu entrichten hatten, war viel zu hoch angesichts des später dann doch noch erfolgten Rückzugs. So hatte Dietls 4. Bayerische Infanterie-Division etwa 125 Offiziere und 3200 Mann verloren. Schörners Bayerisches Infanterie-Leib-Regiment hatte nicht weniger als 50 Offiziere und 1300 Mann auf dem Schicksalsberg des Deutschen Alpenkorps gelassen, so daß es nach diesem Aderlaß in ein Bataillon zusammengefaßt werden mußte.

Der junge Pour-le-mérite-Träger wurde bei diesen Kämpfen abermals verwundet – und zwar so schwer, daß er für Monate ausfiel. Da war es für ihn nur ein schwacher Trost, daß er am 15. Juli 1918 zum Oberleutnant befördert wurde.

Es war kurz vor Kriegsende, als Schörner wieder bei seinen »Leibern« eintraf. Diese befanden sich nach der Abwehrschlacht an der Somme nochmals in Serbien und an der bulgarischen Front, wo sie den Rückzug der deutschen Truppen in die Krusevac-Stellung deckten. Jetzt stand er wieder an der Spitze seiner 12. Kompanie und führte mit ihr nach einem letzten Widerstand in der Talfahrt-Stellung in geordneter Weise den Rückzug durch Serbien. [92]

Sie zogen nach Belgrad. Das hatte seinen guten Grund, denn von Osten her waren starke feindliche Kräfte gegen die Stadt vorgestoßen und bedrohten die Artillerie der dort stehenden 219. Infanterie-Division. Daher wurde das Infanterie-Leib-Regiment diesem Großverband kurzzeitig zur Verfügung gestellt. Immer enger wurde der Sicherungsgürtel um die Stadt zusammengezogen. Am 1. November 1918 erging gegen 2.00 Uhr morgens an das I. und II. Bataillon der »Leiber« der Befehl, über die Savebrücke nach Semlin abzurücken. Und so geschah es dann auch. Ihnen folgte im Morgengrauen das III. Bataillon – ausgenommen jedoch Schörners 12. Kompanie.

Sie hatte am Südufer der Donau noch in Stellung zu verbleiben. Als letztes Bataillon des Deutschen Alpenkorps verließ das Mecklenburger Reserve-Jäger-Bataillon 14 die serbische Hauptstadt; als letzte deutsche Einheit überschritt die 4. Kompanie des Jäger-Bataillons 10 die Eisenbahnbrücke über die Save. Kurz darauf flog die Brücke unter einem ohrenbetäubenden Donner in die Luft. Damit war Schörner und seinen »Leibern« der Rückzug über die Donau versperrt. Erst als die Serben in die Stadt einrückten, wurden seine Männer in aller Eile am Donauufer in österreichische Übersetzfahrzeuge verladen und über den breiten Strom nach Ungarn gesetzt.

Wehmütig blickte Schörner zurück. Voller Bitterkeit sah er, wie auf dem Belgrader Königsschloß die serbische Fahne gehißt wurde. Nein, wie die Besiegten fühlten sich weder er noch seine »Leiber« trotz dieses tragischen Kriegsausganges nicht. »Denn«, so der Chronist, »sie wissen, daß sie auch in Serbien ihre Pflicht getan haben. Ihrer Aufopferung ist es zu danken, daß Serbien planmäßig geräumt werden konnte und daß vor allem die Reste der an der mazedonischen Front zurückgeworfenen deutschen Divisionen nicht in Feindeshand fielen, sondern sich in die Heimat retten konnten und daß wertvolles Gut mit zurückgebracht wurde.« [93]

Nun stand Schörner mit seiner 12. Kompanie in der ungarischen Reichshälfte der zusammenbrechenden k.u.k. Donaumonarchie. Nach dem Zusammenbruch des Deutschen Kaiserreiches drohte ihnen die Gefangenschaft. Doch beim Rückmarsch durch Ungarn ließen sie sich weder von den regulären Dienststellen des Landes noch vom Mob der Straße entwaffnen. Nur dadurch erreichten sie in aufrechter Haltung am 23. November 1918 die deutsche Staatsgrenze bei Passau. Über das niederbayerische Landshut traf das III. Bataillon des Infanterie-Leib-Regiments am Nachmittag des 28. November am Münchner Hauptbahnhof ein, wo das I. Bataillon bereits am 26. November »von einer teils jubelnden, teils johlenden Menschenmenge mit einer Ansprache des Soldatenratsvorsitzenden Sauber empfangen wurde«. [94]

Jetzt war Schörners III. Bataillon an der Reihe. »Eine große Menschenmenge zog rechts und links mit ihnen, durch die nachtdunkle Stadt: Angehörige, Neugierige, Radaulustige. Kein Jubel war zu hören. Die Menschen waren bedrückt, gleichgültig. Oder auch voll Haß. Mitunter gellte ein schriller Pfiff durch die Nacht.« [95] Er kam von den roten Soldatenräten, die die Marschkolonne wiederholt anpöbelten.

»Warum gehorcht ihr euren Offizieren? – Der Oberst hat euch nichts mehr zu sagen!« versuchten sie die »Leiber« aufzuhetzen und Stimmung gegen Oberst Ritter Franz von Epp zu machen.

Vergebens! – Wenig später stand das alte Königlich Bayerische Infanterie-Leib-Regiment wieder dort, wo es vor rund vier Jahren ausmarschiert war, und zwar in der Münchner Türken-Kaserne. Ein letztes Mal stand Schörner mit seinen Männern hoch aufgerichtet zum Schlußappell und einem freiwilligen Parademarsch auf dem Kasernenhof vor seinem Regiments-Kommandeur. Er erinnerte sich der Kämpfe und des Marsches von Badonviller, von der Somme und in den Dolomiten; von Verdun und Fleury; vom Roten-Turm-Paß und der Magura Odobesti; vom Isonzo und der Piave; vom gasspeienden Kemmel und vom Eilmarsch durch Serbien. Nun wurden die Einheiten demobilisiert und aufgelöst. Schörners Einsatz war damit nach einem mehrjährigen harten Kampf gegen eine vielfache feindliche Übermacht beendet. Deutschlands »Griff nach der Weltmacht« war auf Grund des kriegsentscheidenden personellen und materiellen Einsatzes der USA von der Entente letztlich doch noch vereitelt worden.

Und die Alliierten? Sie hatten, wie die jüngsten politischen Umwälzungen auf dem Balkan aufzeigen, wo Österreich-Ungarn zerschlagen und der Vielvölkerstaat der Slowenen, Kroaten, Serben, Albaner und Bosniaken aus der Taufe gehoben wurde, und in Osteuropa, wo die Tschechen und Slowaken als Rüstungsschmiede der Entente und als deren Speerspitze in den Rücken des Deutschen Reiches in einem Staat zusammengepfercht wurden, für ihre 26 Staaten nicht viel mehr als einen fragwürdigen Pyrrhussieg und instabilen Frieden errungen. Denn knapp zwanzig Jahre nach Schörners Tod wurde das Zwangssystem von Versailles im ausgehenden 20. Jahrhundert endgültig zu Grabe getragen, während das seinerzeit vielen Völkern verweigerte Selbstbestimmungsrecht eine ungeahnte Renaissance erlebte.

1 Der große Parademarsch der Garnison München zu Ehren Seiner Königlichen Hoheit, des Prinzregenten Luitpold von Bayern, am 12. März 1904

2 Angehörige des Königlich Bayerischen Infanterie-Leib-Regiments während einer Kampfpause im Ersten Weltkrieg

3 Das zerstörte Sexten im Pustertal/Südtirol

4 Der Kemmelberg in der flandrischen Ebene 1918

5 Hier, bei Karfreit, zwischen Flitsch und Tolmein, erfolgte während der 12. Isonzoschlacht der entscheidende Durchbruch des Deutschen Alpenkorps mit Schörner

Oberst Franz Ritter von Epp ei der Besichtigung seines 'reikorps im Jahre 1919

7 Das Offizierskorps der 1. Gebirgs-Division mit General Eugen Ritter von Schobert und General Ludwig Kübler. In der Mitte Eduard Dietl, dahinter Ferdinand Schörner

8 Links im Bild Wego Chiang, der Sohn des chinesischen Marschalls Chiang Kai-schek, als 22jähriger Oberjäger in deutscher Uniform

III.

Zwischen den Kriegen 1918–1939

»Warum soll ich es verschweigen, daß mir bei dem Gedanken an die Summe der Leistung, deren ich Zeuge gewesen war, das Wasser heiß in die Augen schoß? ... So nahm ich, so seltsam es auch klingen möge, gerade aus dieser vierjährigen Schule der Gewalt, aus allen Rasereien der Materialschlacht die Erkenntnis mit, daß das Leben nur durch den Einsatz für eine Idee seinen tieferen Sinn erhält und daß es Ideale gibt, denen gegenüber das Leben des einzelnen und selbst des Volkes keine Rolle spielt.«

Ernst Jünger [1]

»Was die Erfahrung aber und die Geschichte lehren, ist dieses, daß Völker und Regierungen niemals etwas aus der Geschichte gelernt und nach Lehren, die aus derselben zu ziehen gewesen wären, gehandelt haben.«

Georg Wilhelm Friedrich Hegel

1. Im Strom der Besiegten

Der Umstand, daß das launische Kriegsglück Schörner am Ende seiner Odyssee durch den Weltkrieg ausgerechnet in seine Vater- und Garnisonsstadt geführt hatte, war für ihn trotz aller Trostlosigkeit über den tragischen Ausgang dieses ersten gewaltigen Völkerringens und den Zusammenbruch der alten Ordnung der vielzitierte Strohhalm, an dem er sich klammern und wieder aufrichten konnte. Hier, in München, konnte er in Sichtweite der Bayerischen Alpen wieder neue Kräfte schöpfen, um nicht ganz im Strom der Enttäuschten und Entwurzelten zu versinken. Denn »seit den ›Kriegserinnerungen‹ Ludendorffs hatten unter führenden Militärs immer mehr die publizistischen Versuche Schule gemacht, ›die Verantwortung‹ am Zusammenbruch des monarchischen Systems auf die parlamentarische Kräftegruppierung zu ›verschieben‹, die die Politik des Kriegskabinetts und der Regierungen in den Anfängen der Weimarer Republik maßgeblich bestimmt hatte.« [2] Noch ehe der Weltkriegsoffizier und Patriot Schörner sich mit dem deprimierenden Gedanken, daß sein Vaterland trotz zahlreicher gewonnener Schlachten den Krieg insgesamt gesehen verloren hatte, vertraut gemacht hatte, überschlugen sich die politischen Ereignisse im Herbst 1918: Am 4. Oktober richtete die Regierung ein Waffenstillstandsgesuch an den US-Präsidenten Woodrow Wilson, dessen »Politik am Ende des Krieges nicht nur unsicher, sondern in sich selbst widerspruchsvoll war.« [3] Als Voraussetzungen für den Abschluß eines Waffenstillstandes nannte die amerikanische Antwort vom 8. Oktober die Räumung aller besetzten Gebiete und die Bildung einer demokratischen Regierung.

»Die Befürchtung, daß wir Deutschen uns rasch wieder erholen könnten, wenn uns auch nur ein Augenblick der Ruhe gelassen würde, beherrschte völlig den feindlichen Gedankenkreis. So gewaltig war der Eindruck, den unsere Leistungen auf unsere Gegner gemacht hatten und vielleicht jetzt noch machten. Für uns ein stolzes Gefühl mitten in alledem, was um uns zur Zeit vorging und noch vorgehen sollte!« [4] schrieb Generalfeldmarschall von Hindenburg in seinen Erinnerungen und stellte dann abschließend fest: »Wie Siegfried unter dem hinterlistigen Speerwurf des grimmigen Hagen, so stürzte unsere ermattete Front; vergebens hatte sie versucht, aus dem versiegenden Quell der heimatlichen Kraft neues Leben zu trinken. Unsere Aufgabe war es nunmehr, das Dasein der übriggebliebenen Kräfte unseres Heeres für den späteren Aufbau des Vaterlandes zu retten. Die Gegenwart war verloren. So blieb nur die Hoffnung auf die Zukunft.« [5]

Auch für den Pour-le-mérite-Träger Schörner. Nun begann sich die Geschichte des militärischen Zusammenbruchs und der Waffenstillstandsverhandlungen mit den revolutionären Vorgängen in Deutschland und Österreich-Ungarn zu verflechten. Am 26. Oktober 1918 trat General Erich Ludendorff als Erster Generalquartiermeister entnervt zurück. Sein Nachfolger wurde General Groener. Am 28. und 29. Oktober 1918 erfolgte – beschleunigt durch Kaiser Karls berühmtes »Manifest« vom 16. Oktober, nach dem Österreich »dem Willen der Völker gemäß« in einen »Bundesstaat« umzuwandeln sei, »in dem jeder Volksstamm auf seinem Siedlungsgebiet sein eigenes staatliches Gemeinwesen bilden sollte« – das ruhmlose Ende der Habsburger Doppelmonarchie: In Prag wurde ein unabhängiger tschechoslowakischer, in Agram (Zagreb) ein südslawischer, in Krakau ein polnischer und in Budapest ein ungarischer Nationalstaat ausgerufen. Damit war jede militärische Ordnung sowohl in der k.u.k. Armee als auch an der Front aufgelöst. [6]

Fast widerstandslos wurden Venetien und große Teile Kärntens und der Steiermark besetzt. Am 11. November 1918 verzichtete Karl I. »auf jeden Anteil an den Regierungsgeschäften« und ging in die Schweiz ins Exil. Am 12. November 1918 riefen die Österreicher die Republik aus und erklärten wenig später »Deutsch-Österreich« per Gesetz zum Bestandteil der Deutschen Republik. Bei der Unterzeichnung des Friedensvertrages zwischen Deutsch-Österreich und den Staaten der Entente in St. Germain-en Laye wurde dem neuen österreichischen Bundesstaat am 10. September 1919 jedoch entgegen dem vom US-Präsidenten Wilson propagierten Selbstbestimmungsrecht der Völker untersagt, den Namen »Deutsch-Österreich« zu führen und den von der Wiener Nationalversammlung beschlossenen Anschluß an das Reich zu vollziehen. Dennoch »dauerten die Kämpfe um das Selbstbestimmungsrecht auch nach dem Abschluß des Friedensvertrages an«. [7] Als Hitler im Frühjahr 1938 in Österreich einmarschierte, sah er sich daher nicht als Okkupant, sondern als legitimer Vollstrecker der »Anschlußidee«. [8]

Der 3. November 1918 war für Schörner und seine nationalkonservativ gesinnten Kameraden ein rabenschwarzer Tag. Was war geschehen? In Kiel meuterten ausgerechnet jene Matrosen der Hochseeflotte, die, so der Befehl, »zum Angriff und Schlagen gegen die englische Flotte eingesetzt werden« sollten, um die drohende Auslieferung der Schiffe an die Entente zu umgehen. Das war der zündende Funke. Die Heizer rissen das Feuer aus den Kesseln; die Mannschaften, meist gewerkschaftlich organisiert, streikten und verweigerten den Dienst. Nun griff die Meuterei der Marine, auf die Kaiser Wilhelm II. ganz besonders stolz gewesen war, wie ein Buschfeuer auf alle großen deutschen Städte über. Wenn auch die »Spartakisten« [9] und die USPD [10] diese revolutionären Vorgänge förderten und versuchten, nach dem Vorbild der russischen Sowjets eine Räteorganisation aufzubauen, so handelte es sich bei diesen Novemberunruhen doch größtenteils um spontane Massenbewegungen, die aus dem Elend, der Verzweiflung und dem Willen, endlich den Krieg zu beenden, resultierten. Die Mehrheits-Sozialisten, die MSPD [11], und die Gewerkschaften waren dabei vorerst völlig unbeteiligt. Am 9. November dankte Wilhelm II. ab und ging ins niederländische Exil. Der letzte kaiserliche Reichskanzler, der liberal gesinnte Prinz Max von Baden, übergab noch am selben Tage die Regierungsgewalt an Friedrich Ebert, den Führer der Mehrheits-Sozialisten. Für Schörner war eine Welt zusammengebrochen.

Deutschland hatte den Weltkrieg verloren, und zwar durch die »revolutionären Drahtzieher«, wie die Reaktionäre behaupteten; durch einen »Dolchstoß« in den Rücken des unbesiegten Heeres, der zum militärischen und politischen Zusammenbruch des Reiches führte. Das Kaiserreich war gestürzt, eine Republik war ausgerufen worden. Aber unter welch unglückseligem Stern! Denn die erste (völlig unvermeidlich gewordene) Maßnahme, die die neue republikanische Regierung zu vollziehen hatte, war, den Waffenstillstand zu unterzeichnen – und zwar zu Bedingungen, wie sie einzig und allein die Sieger diktierten. Damit wurde ein Keim, aus dem zuerst der Nationalsozialismus und dann der Zweite Weltkrieg hervorgehen sollte, gelegt.

Schörner erinnerte sich sehr genau: Die Waffenstillstandsverhandlungen waren auf der Grundlage von Wilsons vierzehn Punkten nur zu erlangen, wenn die deutsche Regierung zuvor »demokratisiert« würde. Nun war es soweit. Die neue Exekutive, deren Vorsitzender Ebert war, wurde »Rat der Volksbeauftragten« genannt. Parallel zu dieser »Demokratisierung von oben« inszenierte das Volk aber auch die »Novemberrevolution«; »Novemberunruhen«, die mit der Meuterei der Matrosen in Kiel eingesetzt hatten. Nach dem Vorbild der russischen Sowjets kam es nun allerorten zur Bildung von sogenannten »Arbeiter- und Soldatenräten«. Diese übten teilweise die Macht aus und erzwangen die Abdan-

kung der Fürsten. Mehrheitlich verstanden sie sich jedoch als eine Art demokratischer Kontrollorgane in einer Zeit, die de facto ohne Verfassung war. Sowohl die SPD-Mitglieder als auch die Gewerkschaftler in den Räten strebten das gleiche Ziel wie Ebert an, nämlich einen demokratischen Verfassungsstaat im westlichen Sinne. [12]
Daß die junge Republik von dem Sozialdemokraten Scheidemann dann doch noch vor den auf den 19. Januar 1919 festgesetzten Wahlen ausgerufen wurde, ergab sich wohl aus der für die SPD bestehenden Gefahr, in der Volksbewegung von der extremen Linken »überholt« zu werden. Denn die Kommunisten [13] wollten keine Demokratie, an der alle politischen Gruppierungen entsprechend ihren in freien Wahlen errungenen Stimmanteilen und Mandaten vertreten sein würden, sondern sie erstrebten die Revolution und eine »Diktatur des Proletariats« oder ein Rätesystem nach dem russischen Muster; ein Ziel, das sie durch Streiks und Aufstände zu erreichen versuchten. Den Höhepunkt dieser Entwicklung bildete der »Spartakusaufstand« in Berlin. Ebert war gezwungen, diese Aufstände mit Hilfe der Truppen niederzuschlagen, wenn er die für freie Wahlen notwendigen geordneten politischen Zustände herbeiführen wollte. [14]
Und wie sah es in Bayern, in Schörners Heimat aus? Wie verlief dort die Revolution von 1918/19?
Nachdem König Ludwig III., der sich zunächst geweigert hatte, freiwillig auf seinen Thron zu verzichten, mit seinen Wittelsbachern hinweggefegt worden war, traten in München die Räte die Herrschaft an. Auf Anweisung des volkstümlichen, linkslastigen Agitators Kurt Eisner schlugen die Meuterer am 7. November 1918 in der zur Kaserne umfunktionierten Guldein-Schule »die Tore ein und gewannen die Wache für ihre Sache. Dasselbe Schauspiel wiederholte sich um 17 Uhr in der Türken-Kaserne. Die Gittertore der Residenz wurden von den Soldaten aufgebrochen, und die Grenadiere der Garde gingen zu den Aufständischen über.« [15] Unter Eisners Vorsitz entstand dann der erste Arbeiter- und Soldatenrat, der zur Keimzelle des späteren »Revolutionären Bayerischen Zentralausschusses« wurde. [16]
Voller Mißtrauen beobachtete Schörner die verworrene politische Lage in seiner Heimatstadt. Noch hatte er die Möglichkeit, sich von diesem chaotischen Tun und Treiben abzuwenden und seinem ursprünglich angestrebten Lehrerberuf nachzugehen. Denn als jemand, der studiert hatte, besaß er jene innere Unabhängigkeit, um, nicht mit dem Rücken zur Wand stehend, vollkommen frei entscheiden zu können, in welcher Richtung er seinen weiteren Lebensweg fortzusetzen gedachte – als

Zivilist oder als Soldat. Angesichts seiner Erfolge während des Ersten Weltkrieges und dem Umstand, daß der Kampf Mann gegen Mann für ihn zu einer Arznei geworden war, sowie auf Grund der chaotischen Verhältnisse in seiner bayerischen Heimat und seinem deutschen Vaterland fiel ihm diese Entscheidung schließlich nicht schwer, zumal er ein deutschnationaler Patriot vom Scheitel bis zur Sohle war, der am Ausgang des Weltkrieges und an den Folgen des »Friedensdiktats« schwer litt. Denn »für Deutschland waren die Jahre, die dem Abschluß des Versailler Vertrages folgten, Jahre bitterer Not.« [17] Sogar Lenin erklärte 1920, »daß der [...] Vertrag viel brutaler sei als der von den westlichen Alliierten als Diktatfrieden gebrandmarkte [...] von Brest-Litowsk« [18].
Nun wollte er, Schörner, aktiv mithelfen, um sein Volk von dieser Knechtschaft zu befreien. Mit dieser Gesinnung stand er nicht allein, sondern im Einklang mit einer bedeutenden Mehrheit der Bevölkerung. Daher entschied er sich nun endgültig aus voller Überzeugung für den Soldatenberuf. So war es für ihn nur ein allzu logischer Schritt, daß er sich nicht den vaterlandslosen Gesellen, sondern den Freikorps anschloß, um zunächst München von der Räteherrschaft zu befreien.

2. Bei den Freikorpskämpfern

Welchem der zahlreichen Freitruppen oder Freikorps, die wie Pilze aus dem revolutionären Nährboden schossen, er sich anschloß, stand für Ferdinand Schörner außer Frage. Als Urbayer wählte er das Bayerische Schützenkorps, das wenig später nach seinem Führer als Freikorps [von] Epp eine Bataillonsstärke von ca. 700 Mann erreichte und die Gegner der Räterepublik vereinigte. Unter ihnen befanden sich neben den Brüdern Gregor und Otto Strasser auch Ernst Röhm, Rudolf Heß und Eduard Dietl, der als Entwurzelter ganz besonders auf diese paramilitärische Formationen als Auffangbecken deutschnationaler, völkisch orientierter Patrioten angewiesen war. »Und schließlich stellten die Freikorps, natürlich unbeabsichtigt, auch einen Unterschlupf für kriminelle Elemente aus allen Schichten dar.« [19]
Im Gegensatz zum intellektuellen Schörner war der einfältigere Dietl jener geborene Landsknechttyp, der den Geist der Freikorpskämpfer auf Grund seines unkomplizierten Verhaltens und seiner unausgefeilten

Mir-nach-Taktik mehr belebte als der tiefsinnigere spätere Generalfeldmarschall. [20]

Das Freikorps bot neben der geistigen auch körperliche Nahrung; auch Epps, denn dieser finanzierte extreme nationale Gruppen und Gruppierungen aus einem Geheimfonds der Reichsabwehr, die mit ihrer Hilfe versuchte, in Bayern eine eigenständige Politik zu betreiben. »Tatsächlich bot schon der Anschluß an ein Freikorps die Möglichkeit, das Leben zu fristen: man brauchte nur von einem Freikorps zum nächsten überzuwechseln.« [21]

München, diese stets heiter wirkende, lebenslustige Künstler- und Literatenstadt, war in jenen Monaten ein einziger brodelnder Hexenkessel »von Parteien, Meinungen, Zwistigkeiten, kommunistischen Umtrieben, Demonstrationen und Straßenkrawallen« [22], in dem mancher Demagoge und Zauberlehrling auf dem schlüpfrigen politischen und paramilitärischen Parkett sein Süppchen kochte. Zu ihnen zählte selbstverständlich der selbstsüchtige Franz Ritter von Epp, eine Symbolfigur der Reaktionäre, der seine Vorgesetzten während des Weltkrieges so lange nervte, bis ihn Ludwig III. von Bayern nach monatelangen zähen Bemühungen des preußischen Adjutanten des Deutschen Alpenkorps im Februar 1918 endlich zum Ritter des bayerischen Max-Joseph-Ordens machte. [23]

Dafür blieb diesem selbstgefälligen Obristen während des Krieges der Generalsrang verwehrt. Und da das Feuer der Eitelkeit und des ungezügelten Ehrgeizes immer noch in diesem alten Haudegen lichterloh brannte, schwang er sich zum »Retter des Bayernlandes« auf, um dann mit Männern wie Dietl aktiv mitzuwirken, Adolf Hitler und seiner Bewegung den dornigen Weg zur Macht zu ebnen. Als Dank dafür wurde der »Mutter-Gottes-General«, wie ihn seine Kameraden spöttisch apostrophierten, nach dem Rücktritt der bayerischen Regierung Held kommissarischer Ministerpräsident sowie kommissarischer Minister des Äußeren und schließlich, am 10. April 1933, zum Reichsstatthalter von Bayern ernannt.

Zunächst wurde Epps Freikorps noch während der Regierungszeit Kurt Eisners auf Weisung und dann mit tatkräftiger Unterstützung des sozialdemokratischen Reichswehrministers Gustav Noske hinter dem Rücken des Bayerischen Ministerpräsidenten Hoffmann auf dem thüringischen Truppenübungsplatz bei Ohrdruf aufgestellt, und zwar mit dem amtlichen Auftrag zur Bildung eines »Bayerischen Freikorps für den Grenzschutz Ost« zur Sicherung der Provinz Ostpreußen gegen die russisch-bolschewistische Bedrohung und den Provinzen Westpreußen, Posen

und Oberschlesien gegen polnische Übergriffe, obwohl auch diese Freiwilligentruppe letztlich »für den Einsatz im Innern« zur Niederwerfung des Kommunismus bestimmt gewesen war. [24]
Und da die bayerische Regierung diesen Coup durchschaute, »hatte Epp anfangs erhebliche Schwierigkeiten bei der Aufstellung seiner Einheit. Besondere Fahndungstrupps durchsuchten in Bayern alle in Richtung Thüringen fahrenden Züge und nahmen alles, was auf dem Weg nach Ohrdruf ertappt wurde, fest. Selbst den Familienmitgliedern von in Ohrdruf liegenden bayerischen Soldaten drohte Verhaftung.« [25] Dennoch fanden sowohl Schörner als auch Dietl den Weg in Epps Freikorps, der am 13. April 1919 die »Richtlinien für das Bayerische Freikorps zum Grenzschutz ›Ost‹ (Freikorps Epp)« erließ:

»1. Die Aufklärungs- und Werbetätigkeit geschieht nur unter dem Namen ›für den Grenzschutz Ost‹. Jeder innerpolitische Charakter der Werbung ist unbedingt zu vermeiden. Den Eintrittslustigen ist grundsätzlich zu erklären, daß sie in den Reichsdienst und damit später in den Verband der Reichswehr treten.
2. [. . .]
Ohrdruf, den 13. 4. 1919 gez. v. Epp«

Bereits am 23. April 1919 rollte das Freikorps Epp mit Schörner, Dietl und den anderen zur bayerischen Landeshauptstadt, um diese von der Räteherrschaft zu befreien. Ihre Eisenbahnwaggons zierte der Kopf des brüllenden bayerischen Löwen, der auch ihr linkes Ärmelabzeichen an der Uniform war. Darüber hinaus hatten sich schon viele Freikorpskämpfer mit jenem begehrten Edelweißemblem geschmückt, das Schörner bereits als Angehöriger des Deutschen Alpenkorps als Gebirgssoldaten ausgezeichnet hatte; das für Dietl jedoch etwas Neuartiges war. »Diesem Freikorps wurde eine Flugstaffel angeschlossen, von der auch ich übernommen wurde. Damit kamen die Flugzeuge planmäßig zum militärischen Einsatz«, erinnerte sich der Flugkapitän Hans Baur, der später zum Chefpiloten des Führers aufgestiegen ist. [26]
Bayerns Hilferuf zur Niederschlagung der Räteherrschaft in München stieß in Berlin auf keine tauben Ohren. Rasch stellte Noske, der als »Bluthund« der Reichsregierung als eine der markantesten, aber auch der umstrittensten Persönlichkeiten der Weimarer Republik in die Geschichte eingegangen ist, ein Oberkommando auf. Dieses erhielt am 23. April 1919 folgende Anweisungen: [27]

»1. Bei der Operation gegen München führt der Reichswehrminister den Oberbefehl.
2. Beteiligt sind:
a) das preußische Freiwilligenkorps von Oven,
b) das bayerische Schützenkorps in Ulm,
c) das württembergische Freiwilligen-Detachement in Ulm,
d) noch zu sammelnde bayerische Streitkräfte.
3. Operationsziel ist München. Die Gewalt der gesetzmäßigen Regierung ist wiederherzustellen. Die militärischen Verhältnisse sind so zu regeln, daß die Regierung dauernd geschützt und die Wiederkehr ungesetzmäßiger Zustände verhindert wird.
4. Befehlsverhältnisse:
a) Der bayerische Generalmajor von Möhl ist militärischer Vertreter der bayerischen Regierung und bayerischer Oberbefehlshaber. Ihm steht als politischer Berater Dr. Ewinger zur Seite. Rangältester Oberbefehlshaber ist der preußische Generalleutnant von Oven, der beide Herren an politischen Handlungen zu beteiligen hat, namentlich an Ausrufen und Verordnungen an das bayerische Volk. Gelingt es, bayerische Streitkräfte zu sammeln, so nehmen sie unter General von Möhl an der Operation teil.
b) Generalleutnant von Oven erhält Befehle durch Generalkommando Freiherr von Lüttwitz, befiehlt selbständig, wo erforderlich, und versieht alle Kommando-Einheiten mit Befehlen.
c) Bayerisches Schützenkorps und württembergisches Freiwilligen-Detachement operieren zusammen unter dem rangältesten Gruppenkommandeur.
5. Durchführung der militärischen Operationen: Alle Kolonnen sollen München möglichst gleichzeitig erreichen. Vormarsch durch Bahntransport. Nürnberg ist zu umgehen. Sabotage ist durch Schnelligkeit und Drohungen vorzubeugen. Bewaffneter Widerstand ist zu brechen.
6. Reibungen persönlicher oder dienstlicher Art auf Grund von Rang- oder Stammesunterschieden sind zu vermeiden. Das ganze Unternehmen ist im echt kameradschaftlichen Sinne durchzuführen.«

Noch am selben Tage gab das Oberkommando einen detaillierten Befehl über die Zusammenstellung der einzelnen Operationsgruppen gegen München heraus: [28]

»Für die Operationen werden drei Befehlsgruppen gebildet und mit Bahn zugeführt:

a) Gruppe Württemberg: Generalmajor Haas. Stabsquartier Landsberg a. L. Unterstellt: Bayerisches Schützenkorps von Epp um Ulm, Württembergisches Freikorps Haas in Landsberg; bayerische Truppen unter Major von Seißer in Augsburg, unter Major Hierl in Lechfeld.
b) Gruppe Generalleutnant von Friedeburg. Stabsquartier Erfurt. Unterstellt: 2. Garde-Division, Major Otto mit Regiment Alexander in Gotha, Regiment Augusta in Arnstadt, Regiment Franz in Erfurt; Hessisch-Thüringisch-Waldecksches Freikorps Oberst von Kornatzki. Stabsquartier Ohrdruf. Unterstellt: Freikorps Görlitz, Oberstleutnant Faupel, zunächst Dresden, später Abtransport über Erfurt nach Arnstadt mit Kampfwagen-Abteilung Hauptmann von Braumüller.
c) Gruppe Oberst Deetjen, Stabsquartier Saalfeld. Unterstellt: Marine-Brigade Wilhelmshaven, Korvettenkapitän Ehrhardt in Saalfeld; 11. Kavallerie-Schützen-Kommando Oberst Graf von Magnis in Jena (Dragoner-Regiment 8, Major von Roeder, Lehrinfanterie-Regiment Major von Delius, Freikorps Major von Lützow); 14. Kavallerie-Schützen-Kommando Oberst Deetjen (Husaren-Regiment 8, Husaren-Regiment 11, Ulanen-Regiment 5), zunächst Berlin, später im Antransport über Saalfeld. Hierzu drei Flammenwerferzüge.«

Der Einsatz gestaltete sich nun für Schörner wie folgt: [29] Das württembergische Freikorps unter General Haas, dem sich bald die Truppen des Obersten von Epp, der Majore Hierl und von Bogendörfer anschlossen, rückte nach der Befreiung der schwäbischen Metropole Augsburg aus westlicher Richtung gegen die bayerische Landeshauptstadt vor. Sie nahmen am 30. April 1919 mit Teilen Olching, Bruck und Starnberg und riegelten später München von Süden ab. Beim konzentrischen Angriff auf die Stadt, der nach der Einschließung von allen Seiten am 1. Mai begann, drang die Gruppe Haas über Pasing und Laim nach Sendling vor. Das Freikorps Epp, das sich während seines Einsatzes bei der Befreiung Münchens von der Räteherrschaft aus dem württembergischen Freiwilligen-Regiment Seutter, der Schützen-Brigade Herrgott und dem Freikorps Liftl zusammensetzte, wurde nach dem 1. Mai noch durch die Freikorps Schwaben und Werdenfels verstärkt. In ihm rückten nun Schörner und Dietl nach Tutzing vor. [30] Nachdem am 1. Mai der Einschließungsring Oberföhring – Zamdorf – Perlach – Thalkirchen – Heilanstalt Neufirdenheim – Laim – Risenfeld geschlossen war, setzte General von Oven den Angriff auf München für den nächsten Tag fest. Oberst Ritter von Epp hatte seine Verbände bereits um 6.00 Uhr über Straßlach auf Grünwald wie folgt in Marsch gesetzt:

Die bayerische Schützen-Brigade Herrgott von Wangen über Neufahrn, das Freikorps Liftl von Hohenschäftlarn aus und das württembergische Freiwilligen-Regiment Seutter von Gauting aus. Die zuletzt genannten Einheiten gewannen in zwei Marschkolonnen von Gauting aus über Neuried – Fürstenfeld bzw. Stockdorf und Martinsried den Abschnitt Holzapfelkreuth – Kleinhadern – Großhadern. Andere Einheiten zogen unter Feuerschutz direkt in die Münchner Innenstadt. Der Einmarsch der Gruppe von Epp vollzog sich in einer Ost- und in einer Westkolonne. Unter den Klängen des »Mussinan-Marsches« zogen sie schließlich unter anderem über die blumengeschmückte Leopoldstraße durch das Siegestor in die von einer jubelnden Menschenmenge umsäumten Ludwigstraße stadteinwärts.
Bei den sich dabei immer wieder entwickelnden schweren Auseinandersetzungen und bürgerkriegsähnlichen Kampfhandlungen war es jedoch nicht Schörner, sondern Dietl, der derart couragiert eingriff, daß der Ausspruch »Der Dietl ist da!« wie eine Befreiung wirkte. Damit war Schörner ein neuer Widersacher erwachsen, nachdem er seinen ersten, Rommel, nach verschiedenen Reibereien auf dem Schlachtfeld am Isonzo abgeschüttelt hatte.
Weil der gegnerische Widerstand sich immer wieder versteifte, mußte Epp auch noch die Freikorps Liftl und Schwaben in den Kampf werfen. Von allen Truppen hatte Epps Freikorps am 2. Mai 1919 den höchsten Blutzoll entrichtet, und zwar fünf Gefallene und 25 Verwundete. Wenn Schörner jedoch gedacht hatte, daß mit der Befreiung seiner Vaterstadt von der Räteherrschaft sein Einsatz im Freikorps beendet sei, so hatte er sich sehr geirrt. Denn nach dem Kapp-Putsch [31], der als erster »Aufstand der Enterbten« bezeichnet wurde und als dessen eigentliches Opfer Noske, der voll auf die von zumeist reaktionären Offizieren aufgestellten Freikorps gesetzt hatte, zu bezeichnen ist, begleitete er Oberst von Epp im Frühjahr 1920 ins Ruhrgebiet.
»Es war«, wie Koch es formulierte, »die Tragödie der deutschen Freikorps, daß sie – im Gegensatz zu den Erwartungen vieler ihrer Offiziere und einfachen Soldaten – de facto Bürgerkriegsarmeen darstellten, Truppen in einem Krieg, in dem die Grenzlinie zwischen gezielter und kalkulierter Strategie und ziellosem, unkontrolliertem Terror von den in die Auseinandersetzungen verwickelten Teilnehmern kaum wahrgenommen wird und man allzu leicht über diese Grenze hinweg ins Extrem ausschlägt.« [32]
Was war geschehen? Was hatte sich im Ruhrgebiet ereignet?
Zwischen Rhein und Ruhr tobte ein roter Flächenbrand. Das Kapp-

Unternehmen war dabei keineswegs die Ursache einer Explosion, die die kommunistischen Aufständischen bewirkt hatten. Um diesen Brand zu lösen, waren auf Veranlassung des Generalkommandos Münster Truppen der vorläufigen Reichswehr und von Freikorps in vier großen Verbänden rings um das Ruhrgebiet aufmarschiert – und zwar: [33]

»I. die 3. Kavallerie-Division im Raume von Borken und Coesfeld, zwischen Wesel und Münster. – Zu ihr gehören: die Brigade Faupel mit den Freikorps Faupel, v. Aulock, Rühme und Paulsen, die Marinebrigade v. Löwenfeld mit den Marineregimentern 5 und 6, der Marine-Artillerie-Abteilung 3 [dabei die Batterie Schlageter], und dem Marinesturm-Bataillon unter Führung der berühmten U-Boots-Kommandanten Arnold de la Perrière. Ferner das Detachement Ostsee [Oberst v. Baumbach].
II. die Division Münster in und um Münster. Ihr zugeteilt sind u. a. das Freikorps v. Pfeffer, 5 Batterien des Freikorps Lichtschlag, die akademische Wehr Münster mit 3 Bataillonen und die Studentenformationen von Hannover und Göttingen.
Diese beiden Divisionen stehen zusammen mit der Division Wesel der Nordfront der Roten Armee gegenüber.
III. die Division Epp mit der bayerischen Schützenbrigade Epp unter dem Kommando des Oberst Ritter v. Epp. Hier ist u. a. zugeteilt das Freikorps Oberland.
IV. die Division Haas mit der württembergischen Reichswehrbrigade 13 des Generalmajors Haas. Zugeteilt das Detachement v. Oven unter Oberst v. Oven.«

Östlich des Ruhrgebiets wurde die Division Epp im Raume Rheda und die Division Haas im Raume von Soest und Lippstadt aufgestellt. Das kam nicht von ungefähr. Denn im Westen wurde der sog. Kohlenpott vom Rhein mit der dahinterstehenden belgischen Besatzungsarmee und im Süden von den Briten im Raume des Brückenkopfes Köln abgeriegelt. So klaffte nur mehr im Südosten eine Lücke, als am 3. April 1920, es war der Ostersamstag, alle Formationen zum konzentrischen Vormarsch antraten, dem die Rote Armee nicht widerstehen konnte.
Und so verliefen die Kampfhandlungen im einzelnen: Der rechte Flügel der vorläufigen Reichswehr stieß von Wesel aus südöstlich nach Duisburg vor, um den Übertritt der Roten Armee auf besetztes Gebiet zu verhindern. General Rabisch, der tapfere Verteidiger von Wesel, rückte in Mühlheim ein. Epp, am 2. Oktober mit Patent vom 1. Juli 1921 zum

Generalmajor befördert, hatte mit Schörner vor Hamm blutige Straßenkämpfe zu bestehen. Wie es ihnen dann erging, darüber informiert uns »Das Buch der deutschen Freikorpskämpfer«:
»Die Bayern rückten weiter vor. Am Mittwochnachmittag fuhren auf dem Daberg drei Geschütze auf, Kaliber 7,5, und richteten, zunächst drohend, ihre Schlünde gegen Pelkum. Dort setzten sich die Roten fest und die Soldaten mußten ihren Angriff nach mehrfachen blutigen Zusammenstößen in der Form der Umfassung führen. [...] Die Roten flüchteten, soweit sie konnten, nach Kamen. Was sonst noch von ihnen in Pelkum lebte, wurde erschossen.« [34]
Am 6. April wurde Dortmund, am 7. Essen, die rote Hochburg, erobert. Reste der Roten Armee flüchteten über den Rhein; teilweise bis nach Holland, wo sie entwaffnet wurden. Damit war der kommunistische Widerstand im gesamten Ruhrgebiet gebrochen. Schörner hatte das Seinige dazu beigetragen, daß der größte bewaffnete Aufstand in der Nachkriegszeit niedergerungen werden konnte. [35]
»Die Freikorps befriedeten das Reich und wahrten, so weit das möglich war, seine territoriale Integrität«, schrieb Harold J. Gordon. »Sie brachten den Frieden im Innern, der notwendig war, wenn das erschütterte soziale und wirtschaftliche Gefüge wieder hergestellt werden sollte. Jetzt war ihre Aufgabe erfüllt.« [36] Es entbehrt nicht einer gewissen Ironie, daß die meisten Freikorps noch im Laufe des Jahres 1920 entweder ganz aufgelöst wurden oder wie die Freikorps Oberland und Epp in der vorläufigen Reichswehr aufgingen und hier den Grundstock der neuen Reichswehr-Brigade 21 bildeten oder teils einen beträchtlichen Teil ihrer Männer den ersten SA-Abteilungen zur Verfügung stellten. [37]
Mehr noch: »Freikorpsführer und Freikorpsleute [haben] den größten Anteil der Anhänger und Wähler des Nationalsozialismus in der Weimarer Republik gestellt.« [38] Als wehrpolitischen Berater gewann Hitler sogar den nach dem Kapp-Putsch aus der Reichswehr entlassenen Ritter von Epp.
Doch weder für Schörner noch für Dietl war jetzt das Ende ihrer Soldatenlaufbahn eingeläutet. Im Gegenteil: Sie zählten zu den Glücklichen, denen die Übernahme in das 100000-Mann-Heer mit seinen nur 4000 bis 4200 Offiziersstellen mühelos gelungen ist.

~~Bay. Jäger-Batl. 21~~

F. H.

Beurteilung.

Des Oberleutnant Ferdinand Schoerner

13359

Patent: ~~16. 8. 14.~~ 15.3.18.

Lebensalter: 27 Jahre

1. Beurteilung im Frieden:

-/-

2. Verwendung im Frieden:

-/-

3. Familienverhältnisse: ledig

4. Vermögensverhältnisse: unerheblich

5. Verwendung im Kriege:
   a) Jm Truppendienst: 20 Monate Zugführer, 26 " Komp.führer

   b) Bei höheren Stäben, Ausbildungsdienst hinter der Front, Generalstab: -/-

   c) Jn der Etappe oder besetztem Gebiet: -/-

   d) Jn der Heimat: -/-

Bayer. Gruppenkommando No. 4
empf. 16. 8. 19__ II a No. 41013

1. Jnfolge Verwundung: 5 Monate Lazarett
2. Jnfolge Krankheit: ./.
3. Jn besonderen Stellen: ./.
4. Jn Schonungsstellen: ./.

e) Jn Gefangenschaft: ./.

6. Auszeichnungen: Mil. V. O. IV mit Kr. u. Schw. E.K. I u. II, östr. M.V.K. III, Ordre pour le merite

7. Geistige Frische: Frischer, sehr gut begabter Offz.

8. Körperliche Rüstigkeit: Sehr gut, ausdauernd, guter Reiter, Sportsmann, Bergsteiger

9. Persönliches Auftreten: Sehr bestimmt, militärisch, energisch

10. Charaktereigenschaften: Selbständiger Charakter, ehrgeizig, Persönlichkeit mit eigenem Willen, der sich aber nicht leicht dem Willen der Vorgesetzten fügt.

11. Versteht bei Aufrechterhaltung der Manneszucht bei seinen Untergebenen (Offz., Unteroffz., Mannschaften) Dienstfreudigkeit zu erwecken und zu erhalten: Sehr beliebt bei dem größten Teil der Untergebenen, mit denen er sich auch eingehend beschäftigt u. für die er gut sorgt, aber von denen er viel verlangt

12. Besonders hervortretende Eigenschaften: Sehr guter Vorgesetzter u. Soldat, sehr ehrgeizig.

13. Dienstliche Tüchtigkeit: Ausgezeichneter Komp.-Führer, tatkräftig, sehr gut, versteht die guten Eigenschaften seiner Persönlichkeit auf seine Untergebenen zu übertragen.

14. Wird zu besonderer Verwendung empfohlen: zunächst dem Frontdienst erhalten zu bleiben.

15. Jst Verwendung in z.D.Stellung und welcher erwünscht: ./.

16. Wird Abschied freiwillig erbitten: nein

17. Wird bei Verringerung der Armee zur Verabschiedung vorgeschlagen: nein

18. Für seine Stelle oder für die nächsthöhere geeignet oder nicht geeignet: Frontdienst geeignet als Komp.Führer

19. Verbleiben in der Armee aus dienstlichen Gründen sehr erwünscht: Ja, da Gef. ein außergewöhnlich tüchtiger Offz. ist.

20. Bezieht voraussichtlich eine höhere Pension als seinem Dienstgrad nach: nein.

21. Sonstige Berichterstattung:

Seit 7.5.19 beim Bayr. Schützen Rgt.

Pasing 1.8.19.

F. Reiss

Major u. Abt.

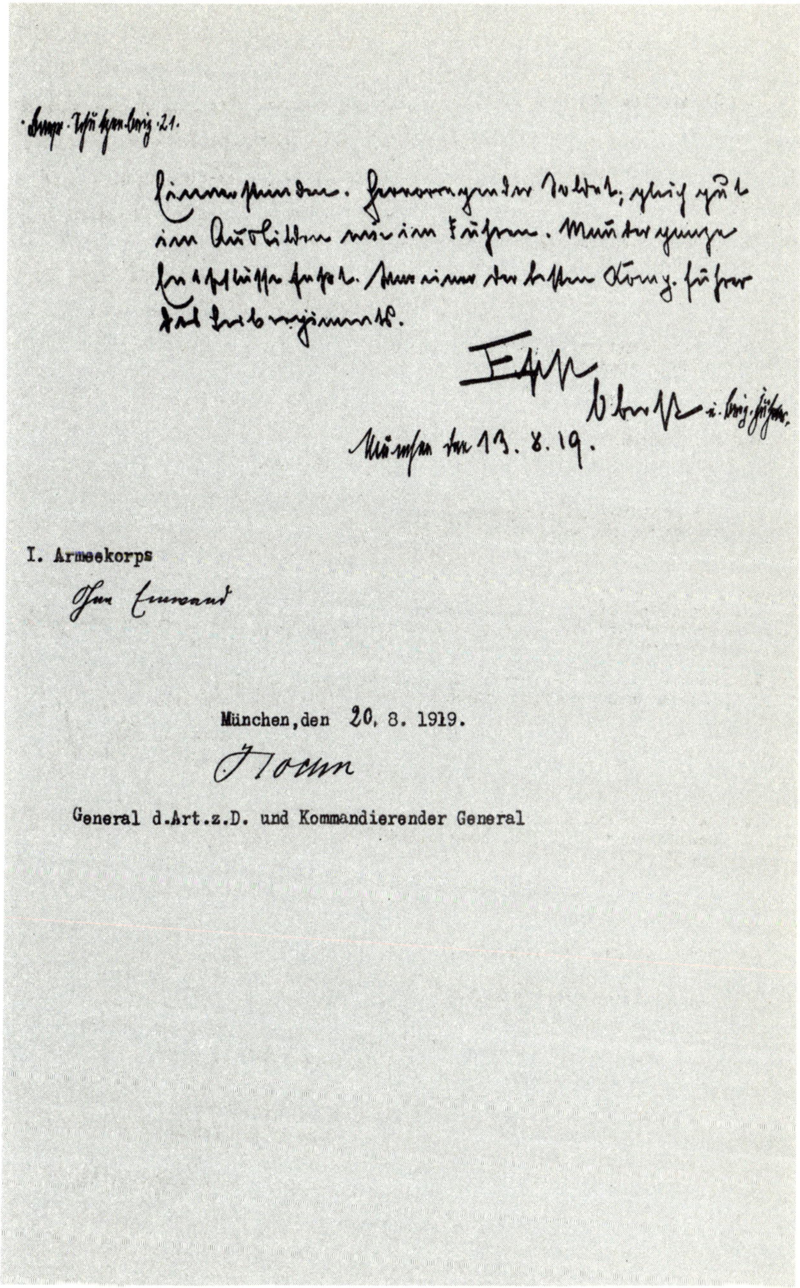

München den 13. 8. 19.

I. Armeekorps

München, den 20. 8. 1919.

General d.Art.z.D. und Kommandierender General

3. Der gehorsame Soldat

Daß sowohl der jüngere Oberleutnant Ferdinand Schörner als auch der um zwei Jahre ältere Hauptmann Eduard Dietl ins 19. (bayerische) Infanterie-Regiment eingetreten sind, hatte einen handfesten Grund. Das Reichsheer, das nach dem Erlaß vom 31. Juli 1920 gebildet wurde, bestand aus zwei Gruppenkommandos, aus sieben Infanterie- und drei Kavallerie-Divisionen. Am 1. Oktober 1920 gliederte es sich wie folgt: das Gruppenkommando 1 in Berlin, das Gruppenkommando 2 in Kassel, das Wehrkreiskommando I (1. Division) in Königsberg, das Wehrkreiskommando II (2. Division) in Stettin, das Wehrkreiskommando III (3. Division) in Berlin, das Wehrkreiskommando IV (4. Division) in Dresden, das Wehrkreiskommando V (5. Division) in Stuttgart, das Wehrkreiskommando VI (6. Division) in Münster/Westfalen, das Wehrkreiskommando VII (7. Division) in München sowie die 1. Kavallerie-Division in Frankfurt an der Oder, die 2. Kavallerie-Division in Breslau und die 3. Kavallerie-Division in Kassel.

Da die 7. (bayerische) Division in Bayern beheimatet war, wurde sie Schörners Großverband, von dem der Divisions-Stab (Wehrkreiskommando VII), der Infanterie-Führer VII, das 19. (bayerische) Infanterie-Regiment und der Artillerie-Führer VII in München stationiert waren. [39] Damit stand das Gerippe. Als am 23. März 1921 das Wehrgesetz vom Reichstag verabschiedet wurde, war die endgültige Grundlage für den planmäßigen Aufbau der Reichswehr geschaffen. Im Heeresverordnungsblatt vom 9. April 1921 konnte Schörner sich nun mit den einzelnen Paragraphen und ihren aufschlußreichen Inhalten eingehend vertraut machen – insbesondere aber mit den Verordnungen, die seine Offizierslaufbahn betrafen: [40] Vor allem hat er den § 36, der besagte: »Die Soldaten dürfen sich politisch nicht betätigen« nicht nur aufmerksam gelesen, sondern als gehorsamer Soldat auch konsequent befolgt. Daher beteiligte er sich in der Frühzeit des Nationalsozialismus weder am Aufbau der Münchner SA noch 1923 am Hitler-Ludendorff-Putsch. Obwohl als Einjährig-Freiwilliger sowie als Weltkriegsoffizier begeisterter »Leiber«, mied er das chauvinistische »Leiber-Zimmer« im »Sterneckerbräu«.

Erst sehr viel später fand Schörner 1943 als General der Gebirgstruppe und Kommandierender General des XIX. Gebirgs-Armeekorps den Weg in die Nationalsozialistische Deutsche Arbeiterpartei – und zwar anläßlich der Verleihung des Goldenen Parteiabzeichens der

NSDAP [41], die mit einer Mitgliedschaft in der Partei verbunden war. [42]

Im Gegensatz zu Dietl hielt Schörner sich streng daran, sich als Reichswehroffizier nicht politisch zu betätigen oder Kampfverbände der NSDAP auszubilden und zu formieren. Hierin unterschied er sich wohlwollend von vielen seiner Kameraden aus dem Kreis der deutschen Gebirgstruppe, die diesbezüglich zum Ungehorsam gegenüber der bürgerlichen Reichsregierung neigten. Als gehorsamer Soldat setzte Schörner vielmehr die Forderung des Generals Hans von Seeckt, »unpolitisch« zu sein, in die Tat um. Dieser hatte als Chef der Heeresleitung am 7. Juli 1919 in einem Erlaß unter anderem gefordert: Politische Gesinnung und Gefühl der Verpflichtung gegenüber dem Wohl des Reiches und der Armee; Zurückstellung persönlicher Gefühle; die Armee soll der Hort der Ordnung und die Quelle nationalen Denkens werden; gefordert werden Disziplin und Zurückhaltung. [43]

Seeckts Maximen hatte sich Schörner uneingeschränkt zu eigen gemacht. Er verhielt sich gegenüber dem Staat und seinen jeweiligen Repräsentanten so lange ausgesprochen loyal, solange er nicht – wie wir noch erfahren werden – von anderen, insbesondere von Hitlers getreuem Gefolgsmann Dietl, infiziert wurde. Daher geriet Schörner auch nicht wie der »Held von Narvik« in einen schweren Gewissenskonflikt zwischen von Seeckt und den Nationalsozialisten während des Hitler-Ludendorff-Putsches. [44]

Im Gegenteil: »Selbst einige der Offiziere, die zu völkischen Organisationen gehörten und mit Hitler sympathisierten, wie Oberstleutnant Hofmann, Oberst Leupold und Oberleutnant Braun halfen bei der Niederschlagung des Putsches. Dies galt auch für Oberleutnant Ferdinand Schörner, der später Hitlers militärischer Günstling werden sollte.« [45]

Obwohl gerade in Bayern in nicht wenigen Truppenteilen der Reichswehr die politischen Ideen und Zielvorstellungen der Nationalsozialisten und anderer Rechtsextremisten geteilt wurden und Schörner dem deutschnationalen Gedankengut näher stand als dem aus dem liberalen, geschweige denn sozialistisch-kommunistischen Lager, so geriet er dennoch keine Sekunde lang ins Wanken, als sich in jenem November des Schicksalsjahres 1923, das als ein Tiefpunkt der deutschen Geschichte angesehen werden muß, die innenpolitische Lage im Reich, insbesondere aber in Bayern, mehr jedoch in dessen Landeshauptstadt dramatisch zuspitzte.

Zuvor hatte Seeckt »nach und nach den Eindruck gewonnen, daß die bayerische Regierung einen größeren katholischen Staat vielleicht unter Einbeziehung Österreichs wollte«. [46] Doch damit nicht genug: »Zu seiner Enttäuschung mußte Seeckt am 22.10. den militärisch zweifellos ungeheuerlichen Vorgang erleben, daß Bayern die 7. Division auf Bayern verpflichtete.« [47]

Während der Reichswehr-Hauptmann Eduard Dietl als ein durch und durch überzeugter Nationalsozialist mit seiner 1. Kompanie des I./Infanterie-Regiment 19 Gewehr bei Fuß stand, um den Hitler-Ludendorff-Putsch aktiv zu unterstützen und damit seinem Reichskriegsminister und der ihn tragenden, demokratisch gewählten Reichsregierung ganz gezielt in den Rücken zu fallen, währenddessen behielt der Oberleutnant Ferdinand Schörner einen kühlen Kopf und ließ sich nicht von der nationalsozialistischen Begeisterung seines heißspornigen Regiments-Kameraden fortreißen. Im Gegenteil: Es war gerade Schörner, der die alte Ordnung nicht nur respektierte, sondern sogar aktiv unterstützte. Als Dietl nämlich drauf und dran war, dem angeschlagenen Staat an die Gurgel zu springen, bewahrte Schörner die Demokratie durch seine tatkräftige Unterstützung vor ihrem endgültigen KO. Wie das geschah, das veranschaulichen uns die Vorgänge beim Stab der 7. Division am 8. und 9. November 1923.

Am 8. November verließ der General von Lossow mit dem Major i. G. von Hößlin und dem Hauptmann i. G. Rüdel gegen 22.30 Uhr den »Bürgerbräukeller« in der Rosenheimer Straße und fuhr im Kraftwagen auf dem kürzesten Wege zur Stadtkommandantur. Oberleutnant Schörner, der sich noch am selben Abend als Führergehilfe im Stab des Infanterie-Regiments 19 beim Befehlshaber meldete, erhielt den Befehl, unverzüglich die Lage beim Pionier-Bataillon 7 auszukundschaften. [48] Was sich dann ereignete, hat Ernst Deuerlein wie folgt zusammengetragen:

»In der Nachrichten-Baracke trafen sodann kurz nacheinander der Chef des Stabes, Oberstleutnant Freiherr v. Berchem (Zivil), den die Nachricht von den Ereignissen bei einer Einladung erreicht hatte, sowie die Generale v. Ruith, v. Kreß, v. Danner und Oberstleutnant v. Saur ein. Oberleutnant Schörner, von der Pionierkaserne zurück, meldete, daß dort vier Kompagnien Oberland mit Waffen unter Führung des Generals a. D. Aechter stünden. Ihnen stünden die rasch alarmierten Pioniere in Stärke von einer Kompagnie verlässig und geschlossen unter ihrem Kommandeur, Major Kuprion, gegenüber.

Schörner erhielt erneut Befehl an Pionierbataillon 7, die Kompagnien

Oberland zu entwaffnen und deren Führer General Aechter in Schutzhaft zu nehmen. Schörner kehrte bald darauf mit General Aechter zurück und meldete, daß die Entwaffnung des Bataillons Oberland im Gang sei. General Aechter mit seinem Begleiter Major a. D. Müller wurde in einem Parterrezimmer des Nachrichtengebäudes in Schutzhaft gesetzt. [. . .]
Da sich das Eintreffen von Kahr und Seißer immer länger hinauszog, war man in Sorge über deren Verbleib. Oberleutnant Schörner erhielt daher den Auftrag, mit Kraftwagen in die Regierung von Oberbayern zu fahren, Kahr und Seißer zu suchen und darüber zu orientieren, daß das Kasernenviertel fest in der Hand der Reichswehr sei. Die beiden Herren würden gebeten, beschleunigt zu General v. Lossow heraufzukommen.« [49]

Ergänzend erließ das Wehrkreiskommando VII in der Frühe des 9. November 1923 hierzu den folgenden Divisionsbefehl an die Münchner Truppenteile und die Einheiten der Bayerischen Landespolizei: [50]

»1. Das Wehrkreiskommando-Gebäude ist von Aufrührern besetzt, Stärke etwa 4–5 Kompanien mit schweren Maschinengewehren und Geschützen. Dort auch Befehlsstelle der Putschleitung. Im Bürgerbräukeller anscheinend noch stärkere gegnerische Kräfte.
2. Das Wehrkreiskommando-Gebäude wird heute möglichst frühzeitig genommen. Die Führer sind festzunehmen, die Besatzung nach Ablegen der Waffen truppweise in die Türkenkaserne abzuführen.
3. Mit der Leitung der Unternehmung wird der Kommandant von München, General von Danner, beauftragt. Sein Stab wird durch Oberstleutnant Lütz, Hauptmann Heyl, Oberleutnant Schörner, Oberleutnant von Pohl, Hauptmann Stillkraut, Oberleutnant Rohmeder verstärkt.
4. An Truppen stehen zur Verfügung: [Es folgt die Aufzählung der Truppenteile.]
5. Zur Verfügung des Wehrkreiskommandos bleiben in der Kaserne des Infanterieregiments 19: [Es folgt die entsprechende Aufzählung.]
6. Für genügende Sicherung der Kasernen und Einrichtung des Aufklärungsdienstes ist zu sorgen.
7. Stab Wehrkreiskommando VII bleibt Kaserne des Infanterieregiments 19 (Regimentsgeschäftszimmer). v. Lossow.«

Wie dieser Befehl verdeutlicht, »beeilte man sich in München, der Reichsregierung die absolute Loyalität zu bezeigen und den Hitlerputsch schleunigst niederzuschlagen.« [51] Darüber hinaus erfahren wir, daß auch hierfür dem Oberleutnant Ferdinand Schörner eine entscheidende Rolle zufiel. Ihr wurde er in jeder Beziehung gerecht, denn es gelang ihm sogar, ein Bataillon »Oberland« zu entwaffnen. Das war sehr wichtig. Denn »außer dem Kriegsministerium, das Hauptmann Röhm mit Hundertschaften der Verbände ›Oberland‹ und ›Reichskriegsflagge‹ besetzt hatte, war im Anschluß an die Vorgänge im Bürgerbräukeller kein einziges wichtiges Gebäude besetzt worden.« [52] Aber schon gegen 14.00 Uhr meldete General von Danner, »Hauptmann Röhm habe sich ergeben, das Kriegsministerium sei von der Reichswehr besetzt, die Entwaffnung der Besatzung im Gange.« [53] Daß der Putsch letztendlich scheiterte, war »also in erster Linie durch die Haltung der Reichswehr« [54] und dem raschen Eingreifen von Offizieren wie Ferdinand Schörner zu verdanken.

Dieser stand aber nicht nur als Reichswehroffizier dem nationalsozialistischen Umsturzversuch ablehnend gegenüber, sondern auch als Intellektueller, obwohl es ihm ein leichtes gewesen wäre, sich mit den Studenten der Münchner Universität zu solidarisieren. Diese wurde nämlich von der fiebrigen Erregung der denkwürdigen Novembertage derart angesteckt, daß sie bei einer Kundgebung für die Hitlerbewegung demonstrierten. Aber auch hier war es wieder Schörner, der sich diesbezüglich nicht anstecken ließ. Als gehorsamer Soldat bewahrte er statt dessen bei der betreffenden Studentenveranstaltung einen kühlen Kopf. Er fertigte einen Bericht an, in dem er unter anderem zum Ausdruck brachte, »daß der Rektor sich gegen die professionellen Hitler-Agitatoren nicht habe durchsetzen können«. [55] Sehen wir uns dieses Dokument [56] jedoch genau an, denn es offenbart uns einen demokratisch gesinnten »Staatsbürger in Uniform«, der in jenen schwierigen Jahren der Weimarer Republik alles andere als einer jener zahlreichen Offizierstypen und Weltverbesserer war, die stets den Dolch im Gewande mit sich herumtrugen, um dem in weiten Kreisen der Bevölkerung verhaßten »Schieberstaat« den Todesstoß zu versetzen.

»Am 12. vorm. fand in der Universität eine Versammlung der Universitätsstudenten und technischen Fachschüler mit der Genehmigung der Rektoren statt. Sie wurde durch den Versammlungsleiter eröffnet, indem er die im Bürgerbräu abgegebenen Erklärungen von Exzellenz Kahr, Lossow und Oberst von Seißer verlas und auf Versammlungsteilnehmer sich berufend, den Wortbruch der Gegenpartei als endgültig festgelegt erklärte. Zum Schluß forderte er die Versammlung auf, auch Vertreter der Gegenpartei ruhig anzuhören. Ein solcher Versuch wurde jedoch sofort niedergeschrien.

Im weiteren Verlauf traten einzelne radikale Studenten, Vertreter der Nationalsozialistischen Partei und des Bundes Oberland, in verhetzendem Sinne auf, denen gegenüber die Rektoren, Professor Heinmüller u. andere zur Mäßigung raten wollten. Sie alle wiesen unter Anerkennung der guten nationalen Ziele Hitlers und seiner Anhänger, zum Teil unter Verurteilung der Staatsleitung, darauf hin, daß im Interesse der deutschen Einheit und der Front gegen Frankreich eine schließliche Einigung der Parteien erfolgen müsse. Sie fanden hierbei den Beifall eines großen Teiles der Versammlung, wurden aber stets vor Beendigung ihrer Rede durch die Radikalen niedergeschrien und – gepfiffen. Die Aufforderung des Rektors der Universität zur Anstimmung des Deutschland-Liedes wurde von einem Teil der Versammlung mit dem Ehrhardt-Lied beantwortet, während ein großer Teil schwieg.

Die radikalen Redner hielten sich im allgemeinen von allgemeinen Gesichtspunkten fern, andere suchten durch Schmähung der Führer und Bekanntgabe von angeblichen Niederträchtigkeiten der Reichswehr und Polizei bei Durchführung der Aktion am Freitag und des derzeitigen Ausnahmezustandes die Studenten noch mehr zu verhetzen. Besonders erwähnt wurde: 1. Der Oberleutnant Braun hätte am Freitag auf die Verteidiger des Wehrkreiskommandos schießen lassen, obwohl der Leutnant Cassella und andere ihn durch Zuruf von der Abschließung eines Waffenstillstandes verständigt hätten. 2. Ein Leutnant von der Wecken der Polizeiwehr hätte an der Residenz unter dem Zuruf ›Die Hunde gehören totgeschossen‹ auf die Demonstranten mit ungeladenen Gewehren schießen lassen. 3. Ludendorff wäre von der Polizeiwehr in schändlicher Weise behandelt worden.

Der Redner der Nationalsozialisten behauptete: Exzellenz Kahr, Lossow, Oberst v. Seißer, wären bis zum Freitag mit Hitler vollkommen einig gewesen und wären erst umgefallen, als sie ihren persönlichen Vorteil durch Widerstand besser gewahrt glaubten. Er behauptete sogar, Exzellenz Kahr wäre von dem Juden Bernheimer mit 7 Perser-Teppichen bestochen worden. Zum Schluß ergriff Prof. Graf Du Moulin das Wort. Er gibt sich zunächst in einer außergewöhnlich starken Hetze, die auch vor Verbalinjurien nicht zurückschreckte, gegen die Vertreter des Staates und die Truppen.

Dann allerdings ermahnte er die Versammlung ihre Demonstration auf

die Universität zu beschränken, um Blutvergießen auf der Straße zu vermeiden und bessere Zeiten abzuwarten. Als er nunmehr die Versammlung ersuchte, als Genugtuung für die Rektoren aber auch um ihrer eigenen Stimmung Ausdruck zu geben, das Deutschland-Lied zu singen, fiel die Versammlung *einstimmig* ein.
Ich hatte persönlich den Eindruck, daß die Radikalen in der Versammlung keineswegs die absolute Mehrheit hätten, daß im Gegenteil die gegenwärtige Partei überwog. Dies kam besonders durch den Beifall, den zur Einigung ratende Redner erhielten und die starke Mißbilligung bei hetzenden Zwischenrufen zum Ausdruck. Wenn sich trotzdem die gemäßigten Redner nicht durchsetzen konnten, so liegt dies nur daran, daß es viel leichter ist, eine Rede niederzuschreien, als zu unterstützen; denn von irgend einer Disziplin war nicht die Rede. Durch Rufe wie Hunde, Verräter, blutige Rache, gelang es den Hetzern immer wieder Unruhe zu stiften.
Als ich die Versammlung verließ, wurde eben unter großem Beifall bekanntgegeben, daß Kapitän Ehrhardt persönlich in der Versammlung erscheinen würde. *v. Pohl*
Beilage: Anmerkung des Oberleutnants Schörner.
Dem Bericht schließe ich mich im allgemeinen an. Das Ende der wilden Versammlung wurde immer bewegter, wüstes Johlen, Drohungen gegen Ex. v. Kahr, Drohungen eines Teiles, das Stabsgebäude J. R. 19 zu stürmen. ›Die Führung müsse die Studentenschaft wieder übernehmen‹. Der Rektor kann gegen die professionellen Hitler-Agitatoren sich nicht durchsetzen. Schlechte soziale Lage fordert die Erregung der Studentenschaft.
Beim gemäßigten Teil ist es unverständlich, daß Wrede, Erhardt, Schmalix usw. ungehindert sprechen können. München, 12. 11. 1923
Schörner«

Während Dietl nach dem gescheiterten Hitler-Ludendorff-Putsch nur um Haaresbreite der Säuberung der Reichswehr entging und statt dessen von München verbannt und als Taktiklehrer an die Infanterie-Schule in das thüringische Ohrdruf weggelobt wurde, fand Schörner nach seiner Verwendung als Führergehilfe beim Münchner Wehrkreiskommando eine ebensolch verantwortungsvolle Tätigkeit im Berliner Reichskriegsministerium – und zwar bis zum Jahre 1926. Damit wurde er für seine absolute Treue zum demokratischen Staat und zu seinem Obersten Kriegsherrn belohnt.
Am 1. Juli 1926 wurde Schörner zum Hauptmann befördert. Es war für

ihn, wie man sich gut vorstellen kann, ein Tag der Freude. Denn er erhielt endlich wieder eine Kompanie. Nach einer Verwendung als Kompanie-Chef im niederbayerischen Landshut beim bayerischen Jäger-Bataillon 21 wurde er nach Kempten ins Allgäu versetzt. Das hatte einen guten Grund, denn sowohl hier als auch in Lindau im Bodensee stand die Wiege der deutschen Gebirgstruppe der Reichswehr, weil das III. (Gebirgs-Jäger) Bataillon des 19. (bayerischen) Infanterie-Regiments mit dem Bataillons-Stab, der Stabs-, der 10. und der 12. (M. G.) Kompanie in Kempten und mit der 9. und 11. Kompanie in Lindau lag. Dort war Schörner bereits 1923/24 als Führer der 9. (Gebirgs-Jäger) Kompanie eingesetzt gewesen.

Damit schloß sich für ihn nicht nur der Kreis vom Gebirgssoldaten des Ersten Weltkrieges zum Gebirgsjäger der Reichswehr, sondern er war nun auch einer jener wenigen Offiziere, die eine der begehrten Planstellen im einzigen Gebirgsjäger-Verband des Reichsheeres erhalten hatten. Im III. (Gebirgs-Jäger) Bataillon des Infanterie-Regiments 19 vereinigte sich nämlich die bergsteigerische und skiläuferische Elite der erst im Aufbau begriffenen und nun von ihm mitgeformten deutschen Gebirgstruppe, in die er seine überaus wertvollen Erfahrungen aus dem Gebirgskrieg in den Dolomiten, den Karpaten und vom Isonzo wie kein anderer einbringen konnte. Nicht zuletzt deshalb ist auch dem Pour-le-mérite-Träger zuzuschreiben, wenn sich später die Gebirgsverbände der Wehrmacht an nahezu allen Fronten des Zweiten Weltkrieges bewährten. [57]

Als Kompanie-Chef führte Schörner zwischen 1928 und 1931 die 10. (Gebirgs-Jäger) Kompanie. Seine Vorgänger waren die Hauptleute Ludwig Kübler (1919–1921) und Ludwig Graf Bothmer (1921–1928). Während der letztere in seinem späteren militärischen Leben keine Rolle mehr spielte, wurde der erstere zunächst sein Brigade- und dann sein Divisions-Kommandeur, nachdem der griesgrämige Kübler mit dem Auf- und Ausbau der Stammdivision der deutschen Gebirgstruppe beauftragt wurde. Mit ihm hatte der impulsive Schörner manchen Strauß auszufechten.

Für die Skiausbildung stand Schörner und seinen Gebirgsjägern insbesondere die Alpe Höllritzen, die sie von Blaibach über Gunzesried in etwa drei Stunden erreichten, zur Verfügung. Im Hüttenbuch seiner 10. Kompanie, das im Winter 1930/31 begonnen wurde [58] trug er am 13./14. Dezember 1930 eigenhändig die »erste Sonntagswanderung im Ski-Winter 1930/31« ein. Am 2. Januar 1931 vermerkte Schörner die »verspätete Silvesterfeier 1930« und am 19. März 1931 hielt er den

Bergmarsch Riezlern – Gottesackerwände – Hirschgrund – Schelpen-Alm – Balderschwang – Höllritzen für die Nachwelt fest. Am 28. März 1931 gesellte sich wieder einmal mehr Schörners Bataillons-Kommandeur Eduard Dietl hinzu. Dieser schrieb in Schörners Hüttenbuch: »Wieder einmal in der altbekannten liebgewonnenen Höllritzen-Alm bei der 10. Komp.«

Später, beim »Jäger-Treffen der Offiziere des ehem. III. Hochgebirgs-Jägerbatls./I. R. 19 vom 29. 12. 34. – 1. 1. 35«, so die wortwörtliche Eintragung, verewigten sich bei diesem Kamerad-weißt-Du-noch-Hüttenabend neben Schörner auch die späteren Gebirgsjäger-Generale Dietl, Kübler und Konrad. [59]

Am Ende seiner Verwendung als Kompanie-Chef hatte Schörner noch einen ganz großen Brocken zu schlucken: das bayerische Urgestein Dietl, der am 1. Februar 1931 das Kommando über das III. (Gebirgs-Jäger) Bataillon übernommen hatte. Mit ihm erweiterte sich – wenn auch mehr im Verborgenen – die Aufgabenstellung dieses Elite-Verbandes. Zwar stand offiziell nach wie vor die Berg- und Ski- sowie die Gebirgs- und Winterkampfausbildung an erster Stelle, aber unter dem Einfluß des »Helden von Narvik« steigerte sich auch der nationalsozialistische Einfluß im Offizierskorps des Standortes Kempten, denn kein anderer als Dietl sorgte für den notwendigen »Rechtsdrall« bei seinen Offizieren. [60] Man kann genauso gut sagen, unter seinem Kommando wurde so manch einer, der zuvor distanziert oder gar ablehnend zum Nationalsozialismus gestanden hatte, infiziert.

Unter ihnen befand sich auch Ferdinand Schörner, der erst während dieser Kemptner Zeit auf den Wellen der braunen Bewegung zu schwimmen begann, denn er, der in bezug auf Beförderungen nicht gerade verwöhnt worden war, hatte zwischenzeitlich erkennen müssen, daß in einer Armee oder Ministerialbürokratie nicht der blitzgescheite Individualist oder gar der Intellektuelle etwas wird, sondern meist derjenige Durchschnittstyp, der sich nicht ständig gegen selbstherrliche Vorgesetzte auflehnt oder gegen den Strom der einfältigen Masse stemmt. Schörner blieb nicht verborgen, wie Dietl erfolgreich um die Gunst der SA- und NS-Größen buhlte, wenn diese im Allgäu auftauchten.

Der Teilnehmer des Kapp- und Hitler-Ludendorff-Putsches war in Sachen Nationalsozialismus der umtriebige Lehrmeister für den einstigen Bewahrer der alten Ordnung. Daß Dietls reaktionäres Engagement und seine subversive Tätigkeit als Bataillons-Kommandeur in der altehrwürdigen Metropole des Allgäus sogar soweit ging, daß er nach der

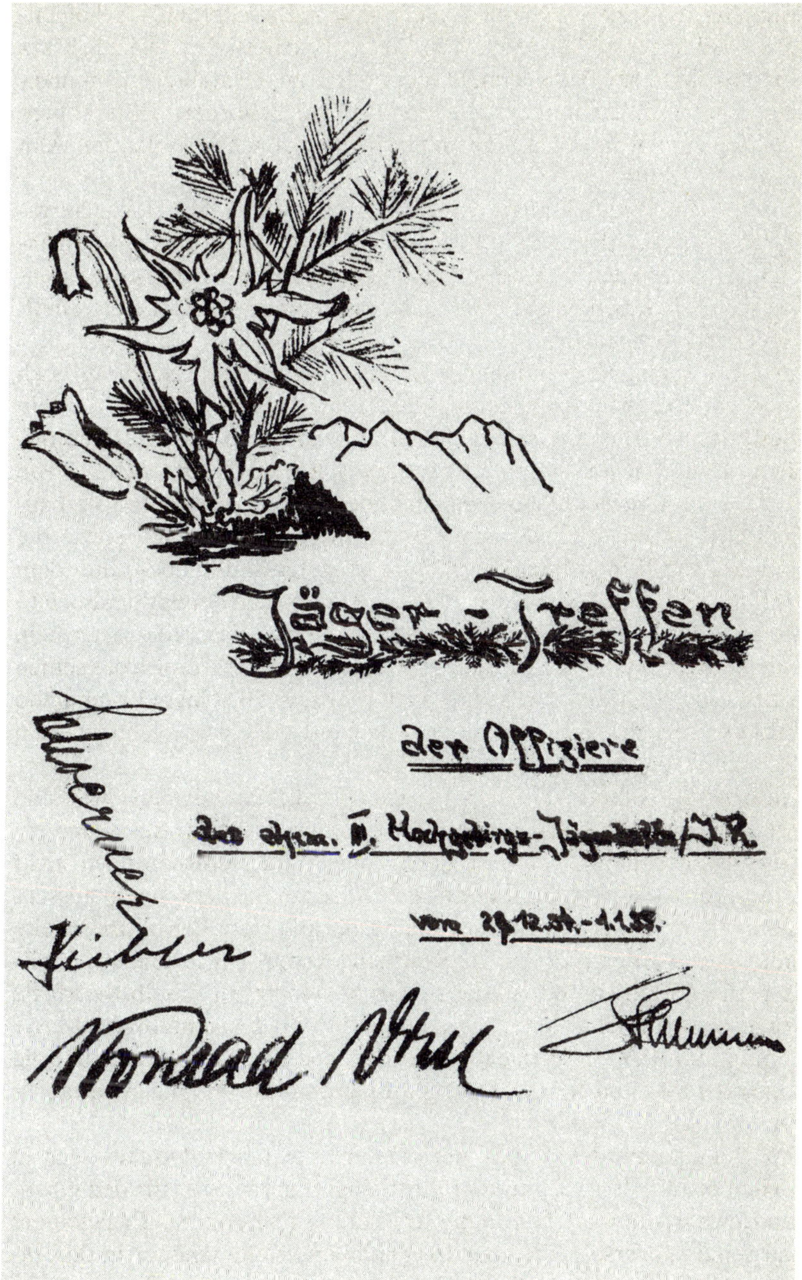
Jäger-Treffen
der Offiziere

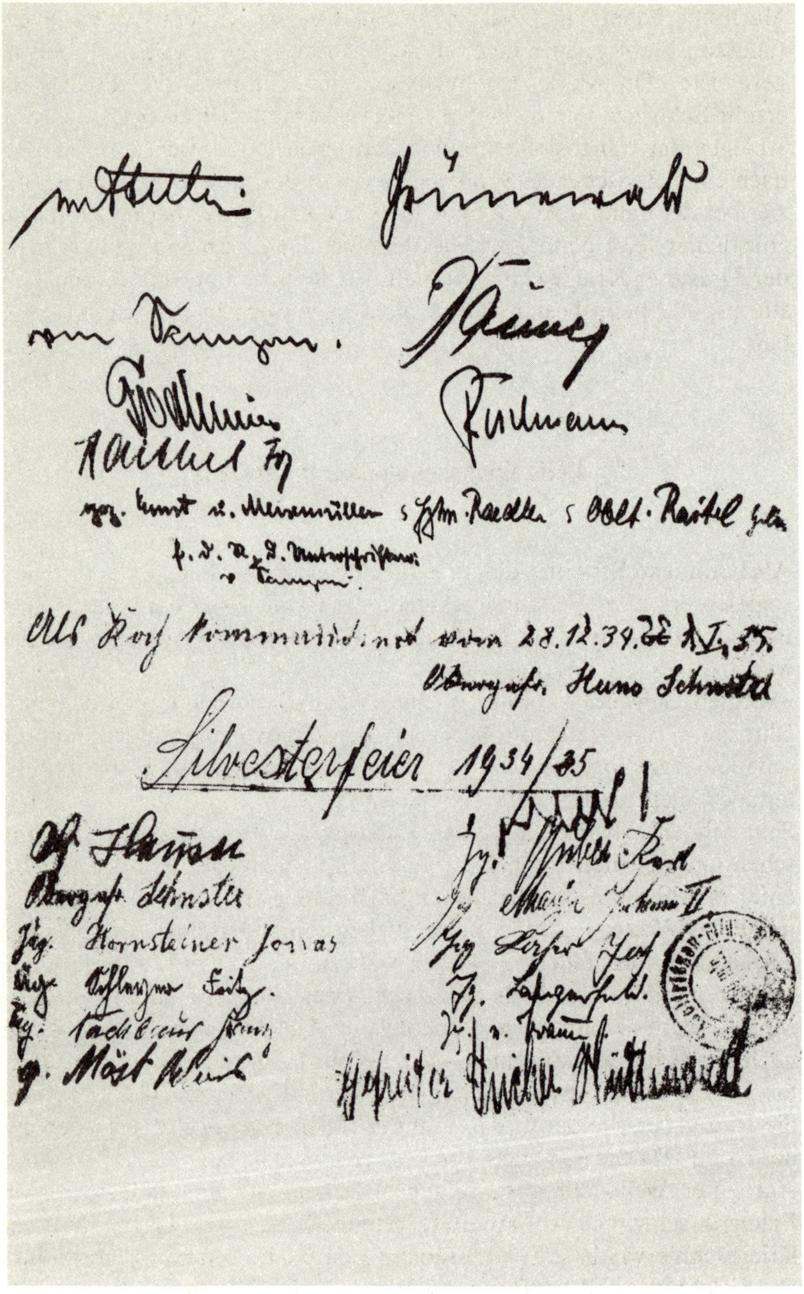
Silvesterfeier 1934/35

Jäg. Hornsteiner Jonas

Machtübernahme der Nationalsozialisten mit seinem Schlägertrupp (allesamt Gebirgsjäger in Zivil) sogleich den frei gewählten Oberbürgermeister Dr. Merkt regelrecht aus dem Rathaus schmiß, [61] das erfuhr Schörner nur mehr vom Hören-Sagen, weil er sich nach dem Ablegen der französischen und italienischen Dolmetscherprüfung und nach einer Zwischenverwendung als erster deutscher Verbindungsoffizier bei der italienischen Armee im Sommer 1931 zu diesem Zeitpunkt glücklicherweise bereits als Taktiklehrer und Kommando-Adjutant an der Dresdner Kriegsschule aufhielt. So konnte man ihm diesen Umsturz später beim besten Willen nicht auch noch in die Schuhe schieben.

4. Als Kriegsschullehrer in Dresden

Als Ferdinand Schörner die Dresdner Kriegsschule betrat, lief ihm dort sogleich ein alter Bekannter, besser ein Rivale über den Weg: Erwin Rommel, der bereits am 1. Oktober 1929 nach hierher versetzt worden war.

»Vergießt Schweiß – aber kein Blut!« oder »Sie sollen lernen, wie man Blut spart«, das waren die Maximen, die der ehemalige Württembergische Gebirgssoldat seinen aufmerksamen Zuhörern bei jeder sich bietenden Gelegenheit förmlich einhämmerte.

Sehr schnell erkannte Schörner, daß sein Gegenspieler vom rumänischen und oberitalienischen Kriegsschauplatz auf der Kriegsschule als einer der beliebtesten Ausbildungsoffiziere galt, dem so schnell niemand das Wasser reichen konnte. Neben seinen Erfahrungen über den Einsatz von Maschinen-Gewehren während des Gebirgskrieges in den Karpaten zählte Rommels Standardvortrag über den Kampf um den Monte Matajur zu seinen beliebtesten Ausführungen – erst recht, nachdem Schörner mit seinem Isonzo-Pour le Mérite in Dresden aufgetaucht war. Dieses immer wieder begeistert aufgenommene Referat war die Retourkutsche dafür, daß ihm der Bayer den begehrten Orden auf der Höhe 1114 des Kolowrat-Rückens entrissen hatte.

Auf einer Welle der allgemeinen Anerkennung und des sichtbaren Erfolges schwimmend, arbeitete Rommel in jenen Jahren auf der Kriegsschule wie besessen an seinem Lehrbuch »Infanterie greift an«. Die Erlebnisse und Erfahrungen, die er darin zusammengetragen hat, waren das Resultat seines Fronteinsatzes während des Ersten Weltkrieges. Nicht umsonst bekannte er in seinem Vorwort: [62]

»In diesem Buch beschreibe ich zahlreiche Gefechte des Weltkrieges 1914/18 so, wie ich sie als junger Infanterie-Offizier erlebt habe. Den meisten Gefechtsschilderungen sind kurze Betrachtungen angeschlossen, um die Lehren aus der betreffenden Kampfhandlung zu ziehen.
Die unmittelbar nach den Gefechten gemachten Aufzeichnungen sollen der wehrhaften deutschen Jugend zeigen, mit welch grenzenloser Hingabe und Tapferkeit der deutsche Soldat und insbesondere der Infanterist in dem 4½jährigen Krieg für sein Deutschland gekämpft hat. Sie sollen zeigen, zu welch ungeheuren Leistungen vor dem Feind – trotz Unterlegenheit an Kampfmitteln und Zahl – die deutsche Infanterie befähigt und wie überlegen auch die untere deutsche Führung der unserer Gegner war.
Ferner soll das Buch dazu beitragen, daß Erfahrungen, die in schwerster Kriegszeit – manchmal unter großen Opfern und Entbehrungen – gewonnen wurden, nicht in Vergessenheit geraten.«

Rommel war gut beraten, seine soldatisch knappe Darstellung über den Gebirgskrieg in den Karpaten und während der 12. Isonzo-Schlacht als Heldentaten der Infanterie zu vermarkten, denn er wußte zu genau, daß ein mit dem Titel herausgegebenes Buch »Gebirgsschützen greifen an« sicherlich nicht zu dem überwältigenden Verkaufserfolg geführt hätte, denn die von Natur aus einfältigeren Bewohner des Gebirges sind von Haus aus schlechte Leser und am Besitz von Büchern wenig interessiert. Dieser naturverbundene Menschenschlag steigt im Sommer viel lieber mit Vorliebe auf die Berge und geht im Winter überwiegend zum Skilaufen, als daß er sich an guter Literatur geistig erbaut oder durch umfangreiche militärgeschichtliche Abhandlungen fortbildet.
Rommel hat sich mit seinem Standardwerk, das zum Taktiklehrbuch an den Kriegsschulen der Wehrmacht avancierte, nicht nur beizeiten ein Denkmal gesetzt, sondern er hat gerade durch diesen Titel den Nur-Infanteristen Adolf Hitler derart auf sich aufmerksam gemacht, daß dieser sein Buch erst beiseite legte, nachdem er die letzte Seite in einer schlaflosen Nacht regelrecht verschlungen hatte. Nicht auszudenken, wenn Rommel sein Buch »Gebirgsjäger greifen an« betitelt hätte. Der Führer hätte es sicherlich weder zur Hand genommen geschweige denn gelesen, denn das Verhältnis des »Infanterie-Gefreiten des Weltkrieges« zur Gebirgstruppe war ausgesprochen zwiespältig.

So tobte Hitler stundenlang nach der Meldung, daß deutsche Gebirgsjäger am 21. August 1942 auf dem 5633 Meter hohen Elbrus die Reichskriegsflagge gehißt haben. Noch nach Tagen schimpfte er unablässig bei jedem über »diese verrückten Bergsteiger, die vor ein Kriegsgericht gehörten, weil sie mitten im Krieg ihrem idiotischen Ehrgeiz nachliefen«. [63] Als sich das Scheitern des Kaukasus-Abenteuers im Herbst 1942 bereits überdeutlich abzeichnete, entließ er sowohl den dafür verantwortlichen Generalfeldmarschall Wilhelm List als auch den Chef des Generalstabes des Heeres, den zwiespältigen Generaloberst Franz Halder, die beide aus der Gebirgstruppe hervorgegangen sind.

Nicht gerade zimperlich ging Hitler auch mit den Generalen der Gebirgstruppe Ludwig Kübler, der vor Moskau die Nerven verloren hatte, Rudolf Konrad, der seiner Aufgabe an der Südostfront nicht voll gerecht geworden ist, und Hubert Lanz, der bei Charkow sein Waterloo erlebte, um. Nein, die Gebirgsjäger waren nicht gerade Hitlers Lieblinge, obwohl er ihnen zu Beginn des Krieges sowohl im Kampf um Narvik und Kreta, als auch während des Polen-, Frankreich- und Rußlandfeldzuges besonders schwierige Abschnitte zugewiesen hatte. Bei ihm standen lediglich der deutschnational gesinnte Dr. Lothar Rendulic, der zum Generaloberst aufstieg, sein nationalsozialistischer Wegbereiter Eduard Dietl, der ebenfalls mit dem Dienstgrad eines Generalobersten bedacht wurde, und der tollkühne Ferdinand Schörner, der es als einziger »Blumenteufel« sogar bis zum Generalfeldmarschall gebracht hat, hoch im Kurs.

Doch solange Rommel noch an der Kriegsschule lehrte, stand Schörner in seinem Schatten, obwohl er beim Kommandeur, dem Generalmajor Wilhelm List, der 1940 zum Generalfeldmarschall befördert wurde, hoch angesehen war. Um seinen Widersacher in Verlegenheit zu bringen, »spielte er Rommel gern Streiche, und dieser wußte oft nicht, wie er sich wehren sollte. Mit Vorliebe steckte Schörner bei offiziellen Essen Silberbestecke aus dem Kasino in die Taschen der Gäste, um sich dann an ihrer Verlegenheit zu weiden, wenn Gabel und Löffel herausfielen. Rommel«, so sein Biograph David Irving, »fand es wenig amüsant, wenn ihm das passierte.« [64]

Es war augenfällig: Hier, in Dresden, im kunstsinnigen sächsischen Elb-Florenz, lebte sie wieder auf, die alte Rivalität aus den Karpaten und vom Isonzo. Schörner sah es mit Argwohn, daß Rommel sowohl ein Mann des gesprochenen Wortes als auch einer der geschliffenen Schrift war. Dieser konnte tun und lassen, was er wollte, er kam in beiden Medien gleichermaßen gut an. Schörner hatte gegenüber dem gewieften

Taktiker einen großen Nachteil: Er war lediglich ein Mann des starken Wortes. Die schriftliche Fixierung seiner intellektuell durchdrungenen Gedankengänge fiel ihm ungleich schwerer als dem »Wüstenfuchs«.
Was Rommel sein ureigenes Epos »Infanterie greift an« bedeutete, das war für Schörner Clausewitz' hinterlassenes Werk »Vom Kriege«, das er im Hinblick auf den Krieg im Gebirge immer wieder von neuem regelrecht durchackerte und mit grundsätzlichen Erwägungen und Ansichten einiger namhafter Generale und Historiker zu einer Vortragsreihe über die Strategie und Taktik im Gebirgskrieg zusammentrug. Hier stellte er die Weichen für seinen weiteren militärischen Werdegang – und zwar sowohl als Kommandeur des Gebirgs-Jäger-Regiments 98 und der 6. Gebirgs-Division als auch in seinen herausragenden Stellungen als Kommandierender General des XIX. Gebirgs-Armeekorps und Oberbefehlshaber von Heeresgruppen.
Schörners Vorlesungen über den großen Lehrmeister der preußischen Armee waren von der ersten bis zur letzten Minute äußerst anschaulich. Es gelang ihm immer wieder, Clausewitz' Klassiker didaktisch und methodisch so geschickt vorzutragen, daß nicht wenige Lehrgangsteilnehmer sich manche Nacht mit diesem umfangreichen Werk befaßten, wenn sie, von ihm dazu angeregt, besonders wichtige Textstellen nachlasen und rekapitulierten. Denn Schörner hatte rasch erkannt: Das tiefgründige Werk des Generals von Clausewitz regt zum disziplinierten Denken an. Es fördert die kritische Urteilsbildung, aber es verleitet auch zum Reflektieren. Einer, der ganz besonders dazu neigte, durchlief in der Bundeswehr eine ganz außergewöhnliche Soldatenlaufbahn – und zwar zunächst als Leiter Unterabteilung »Allgemeine Verteidigungsfragen« (Militärpolitik und Führung) im Bundesministerium für Verteidigung, als Kommandeur der Kampfgruppe A und der Panzergrenadierbrigade 2, dann als Kommandeur der Schule der Bundeswehr für Innere Führung in Koblenz und der Führungsakademie der Bundeswehr in Hamburg sowie als Inspekteur des Heeres und schließlich als Generalinspekteur der Bundeswehr. Sein Name: Ulrich de Maizière.
Er besuchte zunächst im April 1930 den 10monatigen Fahnenjunkerlehrgang. »Der entscheidende Einfluß auf unseren Hörsaal D ging vom Taktiklehrer Hauptmann Ferdinand Schörner aus«, bekannte der spätere Vier-Sterne-General der Bundeswehr und fährt dann mit erstaunlicher Objektivität in seinem Lebensbericht »In der Pflicht« fort:

»[...] er bewies sich als ein routinierter Könner in der Taktik der Bataillons- und Regimentsebene. Er verlangte von seinen Schülern viel und belastete sie oft über das Wochenende mit schriftlichen Hausarbeiten. Er erwartete sorgfältig durchdachte Lagebeurteilungen und überzeugend begründete Entschlüsse. Ihr Umsetzen in die daraus abzuleitenden Befehle sollte für uns dann nur noch Routineangelegenheit sein. So hat er Befehlstechnik und Befehlssprache mit uns regelrecht ›exerziert‹. Schörner konnte Untergebene miserabel, oft auch zynisch behandeln. Wer es sich gefallen ließ, dem ging es um so schlechter, wer sich aber zur Wehr setzte – allerdings intelligent und schlagfertig –, den respektierte er. Andererseits hatte Schörner auch Verständnis dafür, daß seine ›Schüler‹, die ja oft aus kleinen Garnisonen kamen, die Anregungen der Großstadt Dresden auskosten wollten. Er akzeptierte es, wenn ein Fahnenjunker am Montag unvorbereitet oder ohne die befohlene schriftliche Arbeit zum Dienst kam. Er mußte es nur vor Unterrichtsbeginn melden und einen plausiblen Grund angeben, natürlich mußte die unterlassene Arbeit am nächsten Wochenende nachgeholt werden. Schörner schlug in den ersten Monaten des Lehrgangs ein schnelles Tempo an; je näher die Prüfung herankam, um so lockerer ließ er die Zügel und vermittelte uns das Gefühl, daß wir gut vorbereitet und mit Ruhe dem Examen entgegensehen könnten. Unter diesem Lehrer«, so de Maizière, »haben viele Kameraden gelitten. Wir respektierten ihn, aber wir haben ihn mehr gefürchtet als verehrt, geschweige geliebt. Und doch habe ich viel bei ihm gelernt. Von der ›eingedrillten‹ Befehlstechnik konnte ich bis zum Ende meiner Laufbahn zehren.« [65]

Der Fahnenjunkerlehrgang wurde mit der viertägigen Fähnrichsprüfung beendet. Nach einigen Wochen der Truppenverwendung schloß sich der Fähnrichslehrgang an. Da Schörner mittlerweile vom Lehrgang I in den Lehrgang II versetzt worden war, war der Reichswehroffizier de Maizière der einzige Angehörige seines Jahrgangs, »der während beider Lehrgänge Schörner zu ertragen hatte. Meiner taktischen Ausbildung hat das nur genutzt«, bekannte der spätere Generalinspekteur der Bundeswehr, »und den Umgang mit diesem unbequemen Vorgesetzten war ich ja gewöhnt. Schörner hat es mir auch nicht schwer gemacht.« [66] Im Gegenteil: »Es entsprach dem Ehrgeiz Schörners, seinen Hörsaal an der Spitze zu sehen. Er gab mir die bestmöglichen Noten in seinen Fächern. So wurde ich mit meiner Punktzahl Jahrgangsbester.« [67]

Wie Rommels Rivale an der Dresdner Kriegsschule seine Lehrgangsteilnehmer zu Bestleistungen trieb, auch darüber erfahren wir Näheres von dem Vier-Sterne-General de Maizière. Bei der Rückgabe einer Taktik-

Klausur-Arbeit polterte Schörner: »Dieses Mal liegt Ihr aber mit Euren Lösungen völlig daneben. Aus den und den Gründen ist der von Euch gefaßte Entschluß völlig falsch! Richtig wäre gewesen...« Die Fähnriche waren wie vor den Kopf geschlagen. Nach der Kaffeepause eilte Schörner jedoch grinsend in den Hörsaal und frohlockte: »Da habt Ihr Euch von mir aber schön anschmieren lassen. Natürlich ist Euer Entschluß der richtige und aus den und den Gründen ist die von mir genannte Lösung abwegig.« [68]
Hierzu bemerkte de Maizière: »Man kann sagen, was man will. Ein solches Spielchen kann sich nur ein Meister der Taktik leisten!« [69] Und weiter erfahren wir von ihm: »Schörner und Rommel, zwei in jungen Jahren [...] hoch qualifizierte Offiziere von großer Gegensätzlichkeit, haben mir das geistige Rüstzeug für den Offiziersberuf mitgegeben. Von Schörner ging ein intellektueller Reiz aus. Er schulte unseren Verstand, aber er konnte als Mensch nicht Vorbild sein. Rommel überzeugte als beispielhafter Truppenführer; ihm brachten wir Achtung und Verehrung entgegen, viele bewunderten ihn.« [70]
Rommels Standardvortrag über den Kampf um den Monte Matajur war auch für Schörner richtungweisend. Aber erst nachdem dieser im Oktober 1933 die Kriegsschule verlassen hatte, um als Bataillons-Kommandeur des III./Infanterie-Regiment 17 nach Goslar zu gehen, traute er sich, das auch offen zuzugeben. Nun arbeitete er seinerseits ein Standardreferat über die Erstürmung des Kolowrat-Rückens während der 12. Isonzo-Schlacht aus. Dieses kam bei seinen zahlreichen Zuhörern derart gut an, daß er es später als Kommandeur des Gebirgs-Jäger-Regiments 98 sogar an seinem Divisions-Kommandeur Kübler vorbei im Rahmen einer Offiziersbesprechung in der Münchner Vimy-Kaserne gehalten hat. Der mürrisch dreinblickende Latschen-Nurmi war deshalb so erzürnt, weil er zum einen nur eine, sein Gesicht entstellende Wunde und keinen Pour le mérite aus dem Ersten Weltkrieg heimgebracht hatte, und weil Schörner zum anderen die Genehmigung für seinen Vortrag zuvor hinter seinem Rücken beim General der Infanterie von Reichenau, seinerzeit Kommandierender General im Wehrkreiskommando VII, persönlich eingeholt hatte.

5. Das elitäre Regiment

Der 12. Oktober 1937 war für den sprachgewandten Schörner in jeder Hinsicht ein denkwürdiger Tag. Nachdem er 1934 die gefürchtete »Majors-Ecke« genommen hatte, wurde er zwischen 1935 und 1937 Gruppenleiter der 3. Abteilung im Generalstab des Heeres, der sogenannten »Abteilung fremde Heere«, und auf Grund seiner Sprachkenntnisse in Auslandskommandos als italienischer bzw. französischer Dolmetscher eingesetzt. »Hier gewann Schörner Einblick in die Militärapparate anderer Staaten und lernte die Methoden der ausländischen Nachrichtendienste kennen. Auf Reisen durch ganz Europa wurden diese Kenntnisse vertieft.« [71] Am 1. März 1937 erfolgte seine Beförderung zum Oberstleutnant.
Jetzt, im goldenen Oktober des Friedensjahres 1937, wurde er zum Kommandeur des neu aufzustellenden Gebirgs-Jäger-Regiments 98 ernannt. Das war der Beginn einer Reihe von immer höherwertigeren Verwendungen – bis hin zum letzten Oberbefehlshaber des Heeres. Daß man im Rahmen der deutschen Aufrüstung, die nach Hitlers Machtübernahme unentwegt forciert wurde, auch die Gebirgs-Brigade des Obersten Kübler aufstockte, wirkte sich selbstverständlich ebenso auf die Stellenvermehrung aus. Nun wurden all jene Offiziere ge- und befördert, die einerseits auf Grund des beschränkten Stellenkegels im 100000-Mann-Heer der Reichswehr nicht zum Zuge gekommen waren, und die andererseits durch eine erkennbare nationalsozialistische Ausrichtung für den richtigen Schwung in den Streitkräften sorgten. Zu ihnen zählte neben Eduard Dietl und dem Putschisten Karl von Le Suire auch der SS-Obersturmbannführer Georg Ritter von Hengl und andere stramme Nationalsozialisten der deutschen Gebirgstruppe, die für dieses Gedankengut besonders empfänglich war.
Und da diese Gebirgstruppe anfangs mit Sympathisanten oder Mitgliedern der NSDAP und SA sowie später mit Führern und Unterführern der Waffen-SS durchmischt war, erhielt Schörner als Kommandeur kein x-beliebiges, sondern eines jener drei Gebirgs-Jäger-Regimenter, die neben dem Gebirgs-Artillerie-Regiment 79 zu den tragenden Säulen der Gebirgstruppe der Wehrmacht wurden. Damit war er (ebenso wie Dietl mit seinem Gebirgs-Jäger-Regiment 99 in Füssen) ganz bewußt aus der Masse von Kommandeuren der unzähligen Infanterie-Regimenter herausgehoben worden.
Da es sich um eine Neuaufstellung handelte, war harte Arbeit erforder-

lich, um einen schlagkräftigen Verband zu formen, zumal die dafür vorgesehenen Kasernenanlagen vielerorts noch nicht fertiggestellt waren. So quartierten sich Schörners Regiments-Stab und die 13. und 14. Kompanie vorerst in einer Zwischenunterkunft im Lager Luttensee, oberhalb von Mittenwald, ein. [72] Er selbst bezog später mit seiner Familie das noch heute nach ihm benannte »Schörner-Haus« in der Mittenwalder Viererspitzstraße 4, in dem unter anderem auch die Kommandeure der 1. Gebirgs-Division der Bundeswehr gern ihre Dienstwohnung beziehen. Im Mai 1937 wurde mit dem Bau der Kasernenanlage »In der Kofel«, der heutigen »Edelweiß-Kaserne« begonnen.
Im Oktober 1937 wurde das Gebirgs-Jäger-Regiment 98 in Mittenwald aufgestellt – und zwar mit seinem Stab und der 13. (Minen-Werfer) und 14. (Panzer-Abwehr) Kompanie. Hierfür gaben die bereits aufgestellten Gebirgs-Jäger-Regimenter 99 und 100 Stammpersonal ab. Aus dem I. Bataillon des Gebirgs-Jäger-Regiments 99 und aus dem II. Bataillon des Gebirgs-Jäger-Regiments 100 wurde das I. bzw. II. Bataillon des Gebirgs-Jäger-Regiments 98. Am 13. November 1937, es war ein Sonntag, zog Schörners Regiment offiziell im malerischen Mittenwald ein. In der Bahnhofstraße marschierten die Gebirgsjäger mit stolz geschwellter Brust an dem General der Infanterie Ritter von Schobert, Kommandierender General des VII. Armeekorps und Befehlshaber im Wehrkreiskommando VII, an Oberst Kübler, dem Kommandeur der Gebirgs-Brigade, sowie an zahlreichen Ehrengästen vorbei. Ein Kameradschaftsabend in der örtlichen Turnhalle vereinte nach den offiziellen Feierlichkeiten die Bevölkerung mit ihren Gebirgssoldaten zu Füßen des mächtigen Karwendelgebirges. Nach Abschluß der Aufstellungsphase wurden Schörners Bataillone und Kompanien in den schönen Gebirgsstandorten Mittenwald, Garmisch und Lenggries sowie in Memmingen untergebracht.
Von seinem Gebirgsstützpunkt im Karwendelgebirge, den er von der Porta Claudia aus als eine Art Kaserne erbauen ließ, achtete Schörner peinlich genau darauf, daß seine Gebirgsjäger den hohen körperlichen Anforderungen des Gebirges auch gewachsen und mit seinen Besonderheiten vertraut waren, um ihre schwierigen Aufgaben im Friedens- und ihren Kampfauftrag in Kriegszeiten optimal erfüllen zu können.
Rasch hatte er erkannt, daß die Ausbildung einer Gebirgstruppe mehr Zeit braucht als die einer Flachlandtruppe. Allein auf Grund der gesundheitlichen Erfahrungen und Grundsätze wurde für die sich steigernde körperliche und seelische Beanspruchung des jungen Jägers im Gebirgsdienst eine bestimmte Zeit benötigt. Eine fundierte infanteristi-

sche Grundausbildung in der Ebene ist Voraussetzung für den schweren Gebirgsdienst. Im Laufe der Zeit hatte sich in jeder Gebirgseinheit eine kleine bergsteigerische Elite, die für die schwierigen Aufgaben im Hochgebirge besonders geeignet war, herauskristallisiert. Für die aktiven Offiziere und Unteroffiziere wurden jährlich Sommer- und Winterkurse in der Hochgebirgsausbildung eingeflochten. Hochalpine Leistungsmärsche forderten den ganzen Mann. Die sportlichsten und talentiertesten Gebirgsjäger schickte Schörner auf die Kletter- und Eiskurse und züchtete sich damit ganz bewußt eine Elite in seinem elitären Regiment heran.

Seinem wachsamen Auge entging während der Ausbildung nichts. Um so mehr tobte er, wenn ihm ein Ausbilder einen »Türken« unterzujubeln versuchte, um offensichtliche Ausbildungsmängel zu verschleiern. »Der Wert für die Ausbildung der Truppe ist niedrig, oft gleich Null. Türken sind wohl aber wichtige Hilfsmittel für den Aufbau einer Karriere. Höheren Vorgesetzten dienen sie als Beruhigungsmittel, die ihnen einen hohen Ausbildungsstand der Truppe suggerieren und sie somit vom lästigen Zwang zum Tätigwerden befreien.« [73] Da Schörner jedoch im Gegensatz zu jenen seine Aufsichtspflicht sehr ernst nahm, gab es nicht wenige, die ihn als einen überstrengen Kommandeur verteufelten, statt seine Devise »Schweiß spart Blut« zu beherzigen.

Schörner war jedoch nicht nur ein besonders harter, sondern auch ein äußert fürsorglicher Vorgesetzter und kameradschaftlicher Soldat. In diesem Zusammenhang erinnert sich noch heute sein ehemaliger Untergebener und späterer erster Kommandeur der 1. Gebirgs-Division der Bundeswehr an ein längeres Gespräch mit seinem ehemaligen Kompanie-Chef in den zwanziger Jahren. In einer besinnlichen Gesprächspause sagte Ferdinand Schörner zu Hans Buchner: »Unsere Schwergewichte hängen an seidenen Fäden!« An einem solch seidenen Faden hängt auch das Schwergewicht Kameradschaft. [74]

Im Gegensatz zu vielen anderen im militärischen und zivilen Bereich der Wehrmacht und der aus ihr hervorgegangenen Armeen im westlichen und östlichen Nachkriegsdeutschland wurde bei Schörner auch die Fürsorgepflicht ganz groß geschrieben. Diese praktizierte er nicht nur in seinem aktiven Gebirgs-Jäger-Regiment 98, sondern er übertrug sein diesbezügliches Engagement und Verantwortungsbewußtsein auch auf das Gebirgs-Jäger-Ersatz-Regiment 1 mit seinen Reserve-Gebirgs-Jäger-Bataillonen I./98 und II./98, die in Garmisch lagen und später innerhalb der 157. Reserve-Gebirgs-Division in Südfrankreich und an der Westalpen-Front zum Einsatz kamen, wo sie an entscheidender

Stelle während des Unternehmens »Frühling« zwischen dem 7. und 18. April 1944 gegen die französische Widerstandsbewegung, den »maquisards«, und zahlreichen Terroristengruppen der französischen Untergrundbewegung unter Beteiligung des Sicherheitsdienstes (SD) Lyon (Barbie) eingesetzt wurden. [75]

Schörner war, was seine Gebirgs-Jäger-Bataillone anbelangte, ein ausgesprochen anhänglicher Vorgesetzter. Nicht umsonst nahm er auch einen regen Anteil an der Aus- und Weiterbildung des I. und II. Gebirgs-Jäger-Bataillons 98, das er, wann immer er konnte, aufsuchte, um die Bande zwischen jenen Männern und seinem Feld-Regiment fester zu knüpfen. So studierte er noch auf den Kriegsschauplätzen des Zweiten Weltkrieges die Befehle seiner Ersatz-Bataillone für die Hochgebirgsübungen im Karwendelgebirge ebenso wie die Niederschriften über Geländebesprechungen, die ihm in Kopie zugesandt wurden. [76]

Nimmt es dann wunder, daß zum Beispiel eine enge Kameradschaft, ja freundschaftliche Verbundenheit zum Kommandeur des I. Gebirgs-Jäger-Ersatz-Bataillons, dem späteren Kampfkommandanten von Triest, zu seinem alten Kemptner Offiziers-Kameraden Dr. Carl Schulze, über die Kriegs- und Militärdienstjahre hinaus bis zu seinem Lebensende fortbestand? [77]

Diese gesunde Mischung aus elitärem Bewußtsein, strenger Dienstauffassung und hohen militärischen Anforderungen und Führungseigenschaften einerseits und einen nicht wegzuleugnenden kameradschaftlichen, fürsorglichen, ja teilweise nicht für möglich gehaltenen charmanten Umgangston andererseits haben Schörners legendäres Gebirgs-Jäger-Regiment derart geprägt, daß zum einen der Befehlshaber im Wehrkreis VII, der Generaloberst Wilhelm Adam, die Uniform von Schörners und nicht Dietls Regiment mit den Abzeichen eines Generals trug. [78] Zum anderen sind aus den Reihen von Schörners Regiment zahlreiche Ritterkreuzträger der deutschen Gebirgstruppe hervorgegangen. Aus diesem Grunde ist es sicherlich angebracht, wenn wir uns die Stellenbesetzung von seinem ureigenen, nach seinen Zielvorstellungen geformten Regiment nach dem Stand vom 3. Januar 1939 an dieser Stelle ansehen: [79]

		H. Gru. 3
	Gebirgsjägerregiment 98	VII. A. K.
		1. Geb. Div.

R. St., III. Btl. u. 16. (PzAbw)Kp.: Mittenwald, I. Btl.: Garmisch-Partenkirchen, II. Btl.: Lenggries, E. Btl.: Memmingen

Kommandeur: Obstlt. **Schörner**	1. 3.37	(5)	
Obstlt. **Picker**	1. 1.38	(12)	II
Maj. **Kaiser** (J. R. 134)	1. 6.35	(39)	III
" (E) **Freiherr von Gise** [Psych. Prüfst. VII]	1. 9.35	(13)	E
" **Aldrian** (Geb. Jäg. R. 100)	1. 10. 36	(142)	I
Hptm. **Telebo** (J. R. 135)	1. 6.34	(245)	St II
" **Zorn** (Gen. St. d. H.)	1. 7.34	(2)	1
" **Juen**	1. 8.34	(58)	2 (E)
" **Kostanjec**	1. 11. 34	(51)	4 (schw)
" **Velhorn**	1. 12. 34	(17)	St I
" **Fleischmann**	1. 5.35	(241)	4 (EMG)
" **Dauner**	1. 5.35	(30)	2
" **Wölfinger**	1. 1.36	(10)	RAdj
" **Baumgartner** (Geb. Jäg. R. 99)	1. 8.36	(21)	8
" **Salminger**	1. 10. 36	(110)	12
" **Scanzoni von Lichtenfels**	1. 1.38	(72)	11
" **Merxmüller**	1. 3.38	(10)	6
" **Hohe**	1. 3.38	(140)	14 (schw)
" **Übelhack**	1. 4.38	(55)	3
" **Neumayr**	1. 10. 38	(96)	15 (St)
Oblt. **Bader**	1. 10. 35	(129)	5 (St)
" **Schirmer** (Geb. Jäg. R. 99)	1. 10. 35	(170)	7
" **Kozubowski** (Geb. Jäg. R. 136)	1. 10. 35	(305)	9 (schw)
" **Artmann**	1. 6.38	(65)	13
" **Leeb**	1. 10. 38	(147)	RSt
" **Jacob**	1. 10. 38	(259)	1 (E)
Lt. **Mayr**	1. 4.36	(229)	Adj III
" **Süßmann**	1. 4.36	(257)	10 (St)
" **Thumser**	1. 4.36	(547)	16 (PzAbw)
" **Herterich** [Geb. Jäg. Rgt. 99]	1. 4.36	(1023)	Adj E
" **Daumiller**	1. 9.36	(5)	Adj I
" **Edler von Braun**	1. 10. 36	(3)	14 (schw)
" **Nordhoff**	1. 4.37	(1079)	5 (St)
" **Niessner**	1. 4.37	(1672)	2
" **Wildzeisz**	1. 4.37	(1708)	10 (St)
" **Praxmarer**	1. 4.37	(1721)	1 (E)
" **Kofler**	1. 4.37	(1756)	8
" **Jäger** [Geb. Jäg. Rgt. 99]	1. 4.37	(1757)	4 (EMG)

" **Honigmann**		1. 9.37	(4)	16 (PzAbw)
" **Küspert**		1. 1.38	(6)	11
" **Laßkorn**		1. 1.38	(164)	9 (schw)
" **Dietzel**		1. 1.38	(439)	1
" **Lucas**		1. 1.38	(486)	14 (schw)
" **Seidel**		1. 1.38	(995)	4 (schw)
" **Koch**		1. 1.38	(1144)	10 (St)
" **von Hirschfeld**		1. 1.38	(1794)	Adj II
" **Spindler**		1.10.38	(66)	13
" **Schlicht**		1.10.38	(154)	12
" **Beyer**	Ern.	1. 9.38	(362)	3
" **Feser**	Ern.	1. 9.38	(478)	2
" **Geyer**	Ern.	1. 9.38	(507)	12
" **Freiherr von Hertling**	Ern.	1. 9.38	(676)	6
" **Braun**	Ern.	1. 9.38	(792)	15 (St)
" **Neuner**	Ern.	1. 9.38	(822)	7
" **Willer**	Ern.	1. 9.38	(933)	9 (schw)
" **Nusser**	Ern.	1. 9.38	(1053)	11
" **Esterer**	Ern.	1. 9.38	(1124)	1
" **Baumann**	Ern.	1. 9.38	(1573)	2 (E)

Rgt. Vet.: St. Vet. Dr. **Schmidt** (Hermann)	1. 4.34	(2)	RSt
Ob. Vet. **Selinger** (J. R. 63)	1. 7.38	(9)	II
Unt. Vet. Dr. **Haydn** (Geb. A. R. 79)			1

Die Uniform des Regiments mit den Abzeichen eines Generals trägt

Gen. Oberst z. V. **Adam** Char. 1. 1.39

Von einem Regimentsangehörigen ganz anderer Herkunft und Prägung soll jetzt berichtet werden – und zwar von einem einzigartigen Exoten der Wehrmacht.

6. Schörners Chinese

Er hieß Chiang Wei-kuo, genannt Wego Chiang, und war kein geringerer als . . .
Doch zunächst einmal der Reihe nach: Im Reich der Mitte führte die nationalchinesische Revolution des Jahres 1921 zum Bürgerkrieg zwischen der konservativen Militärpartei des Nordens, die in Peking regierte, und der revolutionären Kuomintang-Bewegung des Südens, die von Kanton aus eine Gegenregierung betrieb. Die Kuomintang ver-

knüpfte einerseits antiimperialistisch-nationalchinesische Ziele mit sozialrevolutionären wie in der Agrarreform, sie umfaßte andererseits aber auch nationalistische und kommunistische Kreise. Als Sun-Yatsen, der Begründer und Führer der Kuomintang 1925 starb, übernahm sein junger Schwager Tschiang-kai-shek die Führung der revolutionären Bewegung. Unter ihm wurden die sozialrevolutionären Ziele jedoch rasch zurückgestellt. Mehr noch: Das Hauptproblem jeder Erneuerung und Gesundung der Verhältnisse in China, die Agrarreform, hat Tschiang nie ernsthaft in Angriff genommen.

So kam es 1927 zum Bruch zwischen ihm und den Kommunisten. Nun löste und verselbständigte sich die Kommunistische Partei von der Kuomintang, worauf sie in der Folgezeit in die Bergregionen Chinas zurückgedrängt wurde. Dort erlebte sie vorerst eine schwere Krise, aus der sie jedoch schließlich gestärkt hervorging, nachdem der junge, 1893 geborene Mao-tse-tung ein neues Programm durchsetzte. Nicht auf das zahlenmäßig unbedeutende großstädtische Proletariat müsse sich die Partei stützen, sondern auf die Kleinbauern, lautete ihr Kredo, denn rund 85% der Chinesen waren Bauern. Mit der Agrarreform, also der Enteignung der Grundbesitzer und die Neuverteilung des Bodens, stellten die Kommunisten eine Menschenmasse zufrieden, die ihnen ihrerseits die Aufrechterhaltung einer Roten Armee erlaubte.

Aber noch schien der Herrschaft der Kuomintang bzw. Tschiang-kai-sheks über ganz China im Jahre 1928 praktisch vollzogen zu sein. Bereits ein Jahr zuvor hatte er unter Führung von zweien seiner Generale eine Militärmission nach Deutschland entsandt, um deutsche Militärberater für sein Regime zu gewinnen. Unter anderem stellte sich auch der Generaloberst Hans von Seeckt für eine Heeresreform der fernöstlichen Armee zur Verfügung. Dieser hatte auf den chinesischen Marschall einen derart starken Eindruck gemacht, »daß die Chinesen, ›insbesondere die Maßgebenden und Einsichtigen‹, Seeckt gerne in der Investigationskommission des Völkerbundes für die Mandschurei gesehen hätten« [80], und daß Tschiang am 8. August 1933 an den deutschen Generaloberst die Bitte richtete, ob er nicht als sein Generalberater für immer nach China kommen wolle! Eine Bitte, die Seeckt nicht zuletzt aus gesundheitlichen Gründen ablehnte. Dennoch waren sein zweimaliger Aufenthalt und seine Beraterfunktion im Reich der Mitte mehr als ein Intermezzo, als er am 5. März 1935 China als kranker Mann verließ und an seinen Berliner Wohnsitz am Rande des Tiergartens zurückkehrte.

Währenddessen entzog sich Mao-tse-tung den Vernichtungsfeldzügen Tschiang-kai-sheks 1934/35 durch den legendären »Langen Marsch«

und setzte sich in Yenan fest. Schlimmer noch: Unter dem immer stärker werdenden Bevölkerungsdruck geriet Japan unter die Führung imperialistisch-aggressiver Kreise, die einen neuen Lebensraum, neue Rohstoffquellen und neue Absatzmärkte versprachen. So schritt die Generalität im Land der aufgehenden Sonne eigenmächtig zur Besetzung der Mandschurei und errichtete dort 1936 durch einen Staatsstreich eine Art Militärdiktatur. Damit stand den Japanern der Weg zur Eroberung Chinas, die 1937 im vollen Umfang einsetzte, offen.

Dies war der Anfang des »eigentlichen« japanisch-chinesischen Krieges, der erst im Zusammenhang mit dem Zweiten Weltkrieg zur Entscheidung kam. Deutschland saß plötzlich zwischen beiden Stühlen, denn »die vom ›Ludendorff-Kreis‹ propagierten Gedanken über moderne Kriegsführung und einen militärisch geprägten Staatsaufbau hatten in den 1920er Jahren sowohl im nach Restauration strebenden Japan als auch im militärindustriell modernisierungswilligen Kuomintang-China großes Interesse ausgelöst«. [81]

Nun geschah aber etwas ganz Unvorhergesehenes: Zum einen führte der japanische Großangriff zur Eroberung ganz Chinas zu einem Bündnis zwischen Tschiangs Kuomintang und Maos Kommunisten, zum anderen kehrte das Dritte Reich jetzt China offiziell den Rücken und setzte statt dessen ganz auf die japanische Karte. Nachdem sich die Achse Berlin – Rom – Tokio schrittweise gebildet hatte, verkehrten die deutschen Militärberater nur mehr in geheimer Mission beim chinesischen Marschall – unter anderem auch der General von Reichenau und der Ia der in München stationierten 7. Division, der Oberst i. G. Brennecke. [82] Dabei kam man zu folgender Übereinkunft. Einer der beiden Söhne des Marschalls, die ihm seine charmante und kluge Frau geboren hatte, nämlich der jüngere, 1916 zur Welt gekommene Wego Chiang, sollte zunächst eine fundierte Ausbildung bei der deutschen Gebirgstruppe erhalten, dann die Kriegsschule in München besuchen und nach seiner Beförderung zum Offizier nach China zurückkehren. [83]

Es war aber nicht Dietls, sondern ausgerechnet Schörners Gebirgs-Jäger-Regiment, in das der Chinese als Oberjäger/Fahnenjunker eingereiht wurde – und zwar in dessen I. Bataillon, das im weltbekannten Garmisch stationiert war. Dieser Vorgang erschien dem Kommandeur der einzigen Gebirgs-Brigade der Wehrmacht derart bedeutungsvoll, daß der angehende Gebirgsjäger Wego Chiang samt Begleitung der chinesischen Botschaft von Kübler und einigen Herren seines Stabs gebührend empfangen und zu einem kleinen Begrüßungsessen gebeten wurde. Das ganze wurde von den Darbietungen des Jäger-Musikkorps in einer kleinen Besetzung musikalisch umrahmt. »Der Bataillons-Adjutant«, so unser Zeitzeuge Dr. Wolfgang Bernklau, »hatte dafür die nötigen Vorbereitungen zu treffen, was aber nicht ganz gelang. Die chinesischen Tischfähnchen zeigten versehentlich ein anderes Emblem als die, seit 1912 amtliche, Republikanische Nationalflagge. Die etwas mißglückte Höflichkeitsgeste wurde dennoch verstanden, wie sie gemeint war.« [84]

Schon am nächsten Morgen begann für Schörners Chinesen der deutsche Soldatenalltag in der 3. Kompanie des I./Gebirgs-Jäger-Regiments 98, wo sich insbesondere der Oberfeldwebel Schall als ein unerbittlicher Ausbilder hervortat und den ganzen Mann aus dem fernöstlichen Land forderte. Er scheuchte den jüngeren Sohn des Generalissimo Tschiang ebenso über den Garmischer Kasernenhof wie auf die nahen Berge des Wettersteingebirges; er lobte, wo Lob angebracht war, und er tadelte, wo es etwas zu tadeln gab. Alles war aber dennoch so wohl dosiert, daß sich Wego Chiang noch als Generaloberst der nationalchinesischen Armee gerne an seinen zehnmonatigen Aufenthalt auf der Münchner Kriegsschule und an jene »glücklichen Jahre«, wie er sie später wiederholt nannte, bei Schörners Gebirgsjägern zurückerinnerte.

Er hatte auch allen Grund dazu, denn zu seinem Stubenkameraden hatte Schörner ganz bewußt den smarten Harald von Hirschfeld auserkoren. Er entstammte einer alten Offiziersfamilie aus Mecklenburg und sammelte seine ersten entscheidenden Lebenserfahrungen nicht in Deutschland, sondern in Südamerika und Spanien. Wenn er später auch in der altehrwürdigen Garnisonsstadt Potsdam mit seinem traditionsreichen Infanterie-Regiment 19 sein Abitur ablegte, so zog es ihn dennoch unwiderstehlich in die Berge, so daß er im Jahre 1935 in Kempten in die deutsche Gebirgstruppe eintrat.

»Unbändiger Vorwärtsdrang, mitreißender Schwung, Einfallsreichtum, Entschlußkraft und Kaltblütigkeit befähigten ihn und die ihm blindlings vertrauenden Gebirgsjäger zu unerwartet großen Erfolgen.« [85] Mit diesen Worten umriß sein Biograph Prior die Eigenschaften jenes Offiziers, der später auf Kefalonia nur mehr für negative Schlagzeilen sorgte. Doch dieser barbarische Einsatz blieb dem Chinesen erspart. [86] So lernte Wego Chiang auch nicht die Schattenseiten in Hirschfelds Charakter kennen. Die beiden verstanden sich während ihrer Garmischer Zeit derart prächtig, daß aus dem Vorgesetzten- und Untergebenenverhältnis eine unverbrüchliche Stubenkameradschaft wurde, die sich auch auf die abendlichen Männertouren durch die Werdenfelser Tanzlokale mit ihren feschen Mädchen erstreckte. Nicht umsonst suchte Schörners Chinese im Frühjahr 1989 seinen alten Standort Garmisch-Partenkirchen in einem Anflug von Melancholie auf, um sich an diese unbeschwerte Zeit zurückzuerinnern.

Aus dem hier nur angedeuteten »Süßen Leben« dürfen wir jedoch nicht den Schluß ziehen, daß der Draufgänger von Hirschfeld und der auf die Damenwelt wie auf seine Gebirgsjägerkameraden gleichermaßen exotisch wirkende Wego Chiang nach Dienstschluß nur das »dolce vita« im Kopf hatten. Nein, ganz und gar nicht, denn dazu war der Sohn des Marschalls Tschiang-kai-shek viel zu zielstrebig. So brannte gar an manchen Tagen bis weit nach Mitternacht hinein das Licht auf seiner Stube. Dann saß er stundenlang über allen nur erreichbaren deutschen Dienstvorschriften und schrieb diese fein säuberlich mit seiner filigranen chinesischen Handschrift ab. Auf diese Weise fand sehr viel militärisches Denken der Deutschen Wehrmacht Eingang in die entsprechenden national-chinesischen Dienstvorschriften. [87]

Während Schörners Chinese von Woche zu Woche mehr und mehr mit seinem Gebirgs-Jäger-Regiment verschmolz und eine Einheit wurde, eskalierte jenseits des Wetterstein- und Karwendelgebirges der deutsch-österreichische Konflikt wegen des »Anschlußgedankens«, der sich nicht nur in den Köpfen der Alldeutschen immer tiefer festgesetzt hatte, von Tag zu Tag – und zwar so lange, bis Hitlers Griff über die bayerisch-tirolerische Grenze im Frühjahr 1938 unausweichlich vor der Türe stand. In den Sog dieser militärischen Operation, die in Anspielung an den steckbrieflich verfolgten österreichischen Erzherzog Otto von Habsburg [88] ganz bewußt »Otto« genannt wurde, geriet auch Küblers Gebirgs-Brigade mit Schörners (G. J. R. 98), Dietls (G. J. R. 99) und Konrads (G. J. R. 100) Gebirgs-Jäger-Regimentern. [89]

Der Aufmarschplan gegen das Bruderland hatte die vier Kommandeure noch vor dem Abschluß der Winterausbildung erreicht. Vorausgegangen war eine Teilmobilisierung des VII. Armeekorps des Generals der Infanterie Ritter von Schobert, des XIII. Armeekorps des Generals der Kavallerie von Weichs und des Kommandos der Panzertruppen unter dem Generalleutnant Guderian mit insgesamt 105000 Mann, die in der 8. Armee des Generalobersten Fedor von Bock zusammengefaßt wurden. Das alles war, so empfand es Wego Chiang, mehr als eine aufregende, ja eine abenteuerliche Sache und so fieberte er mit seinen deutschen Kameraden dem Einmarsch in die benachbarte Alpenrepublik erwartungsvoll entgegen.

Es war jedoch kein Geringerer als sein Regiments-Kommandeur höchstpersönlich, der ihm diesbezüglich einen ganz dicken Strich durch die Rechnung machte. Ein Ausländer, dazu noch ein schlitzäugiger, hagerer Chinese unter seinen stämmigen Gebirgsjägern in ihrer unverwechselbaren Berguniform, das mußte, so Schörners Meinung, auffallen und zu internationalen Verwicklungen führen, zumal die italienische Haltung gegenüber den deutschen Anschlußplänen alles andere als ganz eindeutig war. Denn, so der AA-Staatssekretär Ernst Freiherr von Weizsäcker, »Hitler hatte sich nämlich des italienischen Verhaltens nicht vorher versichert, er führte damals die Methode der Überrumpelung auch seines Kameraden Mussolini ein. An das Eingreifen dritter Staaten beim Anschluß Österreichs glaubte er nicht; militärisch war er darauf in keiner Weise vorbereitet.« [90] Also tat Schörner den seiner Meinung nach einzig richtigen Schritt und verbot seinem Exoten den Marsch über die deutsch-österreichische Grenze.
Währenddessen herrschte am Abend des 12. März 1938 im Münchner Stabsquartier der Gebirgs-Brigade, die kurz darauf zur 1. Gebirgs-Division erhoben wurde, hellste Aufregung, als der Generalstabsoffizier der Heeresgruppe Küblers Dienstzimmer betrat. Nun kam es zu folgendem Dialog, der für Schörner, den einzigen Kommandeur in Küblers Großverband, der die italienische Sprache beherrschte, von großer Bedeutung war: [91]

»*Der Divisionskommandeur:* Was führt Sie zu mir?
Ein Generalstabsoffizier der Heeresgruppe: Ich komme mit einem heiklen Befehl. Anscheinend bestehen in Berlin Zweifel an der Haltung Italiens. Man fürchtet, die Italiener könnten Teile Tirols besetzen, wenn wir einmarschieren. Der Führer hat daher angeordnet, sie in diesem Fall zunächst in höflicher Form zum Verlassen des deutschen Gebietes aufzufordern, notfalls aber mit Waffengewalt zurückzuwerfen.
Der Divisionskommandeur: Das kann eine verteufelt schwierige Lage werden. Solche folgenschweren Entscheidungen sollte man nicht einem Frontkommandeur aufbürden.
Der Generalstabsoffizier: Deshalb schickte mich der Oberbefehlshaber her. Ich soll hierbleiben und Generaloberst von Bock laufend über die Maßnahmen der Italiener Meldung machen, damit er selbst rechtzeitig eingreifen kann.
Der Divisionskommandeur: Hoffen wir, daß es gut geht!«

Dann, wenige Stunden vor dem Einmarsch:

»*Der Generalstabsoffizier:* Ich habe soeben eine neue Weisung über die Behandlung der Italiener bekommen.
Der Divisionskommandeur: Was gibt's denn nun schon wieder?
Der Generalstabsoffizier: Der Befehl ist geändert. Die Lage hat sich noch in letzter Minute geklärt. Wir sollten unmittelbar nach der Besetzung Innsbrucks eine Abordnung zum Brenner schicken. Sie hat dort die Italiener feierlich als neue Nachbarn zu begrüßen. Als Führer dieser Abordnung ist Oberstleutnant Schoerner zu bestimmen. Er kennt die Italiener vom Weltkrieg her, holte sich an der Alpenfront den Pour le Mérite und wird den nötigen Eindruck machen.
Der Divisionskommandeur: Mir fällt ein Stein vom Herzen. Das muß ein schönes Durcheinander in Berlin gewesen sein.«

Diese Entscheidung bedeutete für Schörner zweierlei: Zum einen mußte nun Dietl, der mit seinem Regiment noch weiter westlich, in Füssen und im Allgäu lag, mit seinen Truppen sich ostwärts verschieben, um dann unter Küblers Fittichen mit der Masse der Gebirgsverbände (G. J. R. 99 und G. J. R. 100) im Großraum Bad Reichenhall – Salzburg die österreichische Grenze zu überschreiten. Zum anderen ersparte Schörner seiner Truppe dank seiner ausgezeichneten italienischen Sprachkenntnisse die weiten Wege, so daß er als kleinere Marschgruppe direkt von seinen Standorten aus die Tiroler Grenze gewinnen konnte. Überdies konnte er, fernab vom eiskalten Kübler, selbständig schalten und walten.
Daher rückte das Gebirgs-Jäger-Regiment 98 mit der II. Abteilung des Gebirgs-Artillerie-Regiments 79 ohne Tschiang-kai-sheks Sohn aus dem Raum Mittenwald – Jachenau – Wallgau zur Besetzung von Innsbruck vor. Ihm gegenüber die Innsbrucker Division Nr. 6, der »nach alter Waffentradition Tirols unter Heranziehung aller bewaffneten Organisationen des Landes das Ziel gesteckt war, die Räume Tirol und Vorarlberg zu verteidigen«. [92] Für seinen Einmarsch wurde Schörner noch ein Sturmbann des SS-Totenkopf-Verbandes »Dachau« unterstellt. »Diese Formation sollte nach Ansicht des Heeres in erster Linie zur rückwärtigen Sicherung eingesetzt werden. Die SS empfand dies als Zurücksetzung, fühlte sie sich doch als vollwertige Kampftruppe.« [93]
Die Nacht zum 12. März 1938 war im Raum Jachenau – Wallgau voller Spannung, als sich Schörners Gebirgsjäger dort versammelten und bereithielten. »Entscheidend ist äußerste Schnelligkeit. Wir kommen

als Freunde, daher Musik und Fahnen«, lautete die Devise. [94] Die Vorausabteilung »Velhorn« hatte in der Grenznähe bei Scharnitz Aufstellung zu nehmen und handstreichartig über Seefeld und Zirl nach Innsbruck vorzustoßen und Aufklärung zu betreiben. Eine verstärkte Kompanie des I. Gebirgs-Jäger-Bataillons hatte sich ebenfalls bereitgemacht, um im Ernstfall mit Unterstützung der Gebirgsartillerie »auftretenden Widerstand in oder bei Scharnitz rücksichtslos zu brechen«. [95] Mit der Masse seiner Regimentsgruppe verharrte Schörner währenddessen rund eineinhalb Kilometer nördlich der Staatsgrenze.

Es war gegen 19.00 Uhr, als bei ihm die Nachricht eintraf, daß österreichische Truppen die bayerisch-tirolerische Grenze bei Scharnitz besetzt hätten. Sie beruhte jedoch auf einem unklaren Anruf der Grenzpolizei, die mitteilen ließ: »In Seefeld befindet sich ein Bataillon der 6. Brigade. Führer ist Generalmarschall [sic!] Zehner, eine Kompanie befindet sich in Leutschasch [sic!], eine Kompanie in Scharnitz. Dieser Führer hat geäußert, daß Stellung nur drei Stunden wegen Munitionsmangel gehalten werden kann. Dieser Führer soll ein Jude namens Hirschfeld sein.« [96] Dies war jedoch eine glatte Falschmeldung, denn zum einen gab es im gesamten österreichischen Bundesheer keinen Offizier namens Hirschfeld, zum anderen hielt sich General Zehner in Wien auf und drittens hatten die Einheiten in Leutasch und Scharnitz lediglich die Stärke eines Zuges. Dennoch nahm Schörner die Meldung ernst, wie er im Kriegstagebuch festhalten ließ:

»Wenn nach den eingetroffenen Meldungen auch nur schwache Kräfte gegen uns im Vormarsch sind, so sind dieselben doch in der Lage, uns in dem engen Talkessel lange aufzuhalten und Verluste beizubringen. Die politische Einstellung der Führer der uns gegenüberliegenden Truppen läßt erwarten, daß sie zu Widerstand entschlossen sind. Es ist deshalb Einsatz der Artillerie geboten, ferner der Pioniere, um Wegsperren beseitigen zu können.« [97]

Aber schon in der Nacht zum 12. März 1938 klärte sich die militärpolitische Lage sehr rasch auf. Nach der Wiener Regierungsumbildung war kein Widerstand mehr zu erwarten. »Tatsächlich hat sich der deutsche Einmarsch und der Anschluß ohne einen Schuß vollzogen«, schrieb Ernst Freiherr von Weizsäcker in seinen Erinnerungen. »Ich hatte dem Oberkommando der Wehrmacht auf eigene Verantwortung noch eine Formel an die Hand gegeben zur Instruktion der über Innsbruck sofort nach Süden vorzuschiebenden Truppenteile, etwa in dem Sinn, sie sollten den italienischen Kameraden am Brenner freundschaftlich die Hand reichen, sofern diese sich bis dahin zurückhielten.« [98]

Doch soweit war es noch nicht. Zunächst besetzte die 1. Kompanie des Gebirgs-Pionier-Bataillons 54 um 5.30 Uhr ohne besondere Vorkommnisse den Grenzübergang Scharnitz »und nahm auch mit dem Bürgermeister von Scharnitz Verbindung auf, um den Marsch der deutschen Truppen durch Scharnitz vorzubereiten«. [99] Während die Masse seines verstärkten Gebirgs-Jäger-Regiments 98 langsam auf die Tiroler Landeshauptstadt vorrückte, fuhr Schörner mit der motorisierten Vorausabteilung »Velhorn« nach Innsbruck, wo er zwischen 11.00 und 12.00 Uhr eintraf. Dort nahm er kurz eine Verbindung mit dem Generalmajor Szente und dem Kommando der österreichischen 6. Division auf, um nach einer Viertelstunde südwärts zu ziehen, da ihm noch in der Nacht von Generalleutnant Doehla folgender Befehl übermittelt worden war:

»Das Oberkommando Heer hat befohlen, daß ein Offizier der einmarschierenden deutschen Truppen zur österreichisch-italienischen Grenze (Brenner) fährt, dort einen italienischen Offizier aufsucht und ihm kameradschaftlich die Hand schüttelt. Durch diese Geste soll das besonders gute, freundschaftliche Verhältnis Deutschland–Italien in aller Öffentlichkeit unterstrichen werden. Für die Ausführung dieses ehrenvollen Auftrages bestimme ich Sie.« [100]

Es war um 12.45 Uhr, als Oberstleutnant Ferdinand Schörner am Brenner eintraf. Dort begrüßte er dann den Kommandanten der italienischen Paßbesatzung. Dann agierte er ganz diplomatisch im Sinne des AA-Staatssekretärs von Weizsäcker. In seiner kurzen Rede hob er besonders das gute Verhältnis zwischen den beiden Ländern hervor, indem er sagte:

»Ich habe die Auszeichnung, zu versichern, daß alle Unternehmungen heute in einem durchaus kameradschaftlichen Geiste vor sich gehen, in einem Geiste, der den freundschaftlichen Beziehungen zwischen dem faschistischen Italien und nationalsozialistischen Deutschland und den beiderseitigen Armeen entspricht. Ich bitte Sie, diese Empfehlung dem Befehlshaber an der Grenze im Auftrage meines Kommandierenden Generals zu übermitteln.« [101]

In seiner Antwort gab der italienische Offizier in freundschaftlichem Ton seine Bewunderung für das große deutsche Heer zum Ausdruck. Aber er schmeichelte insbesondere Schörner, von dem er wußte, daß dieser Anno 1917 für seinen tollkühlen Einsatz am Isonzo mit dem Pour le mérite, den er fortan stets am Halse trug, ausgezeichnet worden war. »Daraufhin«, so Schörner voller Stolz, »wünschten wir uns beiderseitig noch Soldatenglück und alles Gute.« [102]

Unterdessen waren im Laufe des Tages mehrere Partei- und NSKK-

Fahrzeuge in Innsbruck eingetroffen. Nun füllten sich die Straßen und engen Gassen der Stadt mit immer mehr Einwohnern, so daß ab 15.00 Uhr bereits eine große Menschenmenge Schörners Verbände willkommen hieß. »Gegen 20.15 Uhr nahm auch eine Ehrenformation des Tiroler Jäger-Regiments und des Leichten Artillerie-Regiments Nr. 6 auf der Maria-Theresia-Straße Aufstellung. Die Rede Hitlers in Linz wurde über Lautsprecher übertragen, und gegen 21.15 Uhr traf die Marschgruppe Gebirgsjäger-Regiment 98 in Innsbruck ein.« [103]
Nun hielt es Schörners Chinese nicht länger jenseits der niedergerissenen Grenzpfähle aus. Er wollte dabei sein, inmitten einer aufgewühlten Menschenmenge, die nichts sehnlicher herbeiflehte, als daß endlich der von den Versailler Siegermächten verhinderte Anschluß vollzogen werde. Jetzt gab es für Wego Chiang kein Halten mehr. Mochte Schörner wettern wie er wollte, in diesen historischen Stunden wollte er bei seinen deutschen Gebirgsjägerkameraden sein. Schon löste er am Bahnhofsschalter in Garmisch-Partenkirchen von seinem Taschengeld ein Ticket und fuhr mit seinem Marschgepäck wie ein Tourist mit der Eisenbahn über die landschaftlich einmalig schöne und technisch kühn trassierte Gleisanlage über Mittenwald, Scharnitz und Seefeld nach Innsbruck.
Dort meldete er sich umgehend bei seiner Truppe, die von einer jubelnden Menschenmenge nicht weniger begeistert gefeiert wurde wie Hitler auf dem Wiener Heldenplatz. Schörner traute seinen Augen nicht, als er seinen Exoten erblickte. Sein Donnerwetter wegen dessen Eigenmächtigkeit hielt sich jedoch in Grenzen, als der Sohn Tschiang-kai-sheks nach der Philippika seines Kommandeurs betonte, er gehöre zu seiner Einheit und sei dieser daher gefolgt, als er erfahren habe, daß es doch, wie erhofft, bei einem friedlichen Einsatz geblieben sei. (Seine damalige Eigenmächtigkeit als Oberjäger/Fahnenjunker der deutschen Gebirgstruppe war ihm anläßlich seines Nostalgietrips im Frühjahr 1989 noch in lebhafter Erinnerung, und so konnte er über seinen gewagten Jugendstreich noch im nachhinein herzhaft lachen. [104]
Über den Einsatz von Schörners Gebirgsjägern während des Unternehmens »Otto« bleibt noch folgendes nachzutragen: Ihre »endgültigen Unterkünfte« in Tirol wurden am 14. und 15. März 1938 für den Raum Imst – Landeck [105] – Innsbruck festgelegt. Am 21. März 1938 fuhr die 14. (Panzer-Abwehr) Kompanie von Imst über den Arlberg und Bludenz und Feldkirch, um noch am selben Abend die bis zu 1400 Höhenmeter aufweisende Strecke zurückzufahren. »Die Kolonne wurde in sämtlichen Ortschaften, besonders von der jugendlichen Bevölkerung,

freudig begrüßt. Ein merklicher Abfall der Kundgebung war dagegen in St. Anton am Arlberg zu bemerken«, meldete der Kompanieführer, der die bedrückte Stimmung jedoch auf die Anwesenheit der zahlreichen ausländischen Wintergäste zurückführte, »die naturgemäß dem Erscheinen der Kompanie nicht die gleiche freudige Aufmerksamkeit schenkten wie die ortsansässige Bevölkerung.« [106]

Dagegen berichtete der britische Konsul in Innsbruck, Mr. Henderson, bereits am 13. März 1938 von einer zurückhaltenden Stimmung unter der ländlichen Bevölkerung, als er bemerkte: »Einige Tiroler der naheliegenden Täler sollen, in ihrem starken Katholizismus und tiefem Patriotismus, den Regierungswechsel mißtrauisch und traurig aufgenommen haben. Ein oder zwei von ihnen wurden beobachtet, wie sie bei den Nazi-Feiern in Innsbruck nicht mit dem Hitler-Gruß gegrüßt haben und wie sie die ruhige Abgeklärtheit des ewigen Bauern zeigten.« [107]

Nach einem dreimonatigen Aufenthalt und einer intensiven Gefechtsausbildung in Tirol kehrte Schörner mit seinen Gebirgsjägern in seine oberbayerischen Kasernenanlagen zurück. Um nochmals auf seinen Chinesen zurückzukommen: Die undankbare Rolle des Nachzüglers wollte er seinem exotischen Gebirgsjäger während des nächsten »Blumenkrieges« auf jeden Fall ersparen.

Und dieser zeichnete sich schon kurz darauf ab, als sich die militärpolitische Lage im Laufe des Jahres 1938 von Monat zu Monat mehr zuspitzte. Wie ein in der versinkenden Abendsonne immer länger werdender Schatten breitete sich die Sudetenkrise aus. »Als Hitler in der zweiten Hälfte des Jahres 1938 wegen der sudetendeutschen Frage gegen die Tschechoslowakei vorging, bestanden bei den Offizieren abermals keine Zweifel an der Rechtmäßigkeit einer solchen Politik.« Denn Schörner »konnte ja beinahe täglich in der Zeitung lesen, wie sehr die Sudetendeutschen unter den Übergriffen der Tschechen zu leiden hatten«. [108]

Schon lagen seine Gebirgssoldaten in ihren Bereitstellungsräumen entlang der deutsch-tschechischen Grenze. Mit von der Partie war dieses Mal von Anfang an Wego Chiang. Es sah auch dieses Mal ganz nach einem friedlich verlaufenden Waffengang aus, nachdem am 29. September 1938 das Abkommen von München zwischen Deutschland (Adolf Hitler), dem Vereinigten Königreich von Großbritannien (Neville Chamberlain), Frankreich (Ed. Daladier) und Italien (Benito Mussolini) getroffen wurde. Dieses garantierte die Abtretung der sudetendeutschen Randgebiete der Tschechoslowakei an das Deutsche Reich.

Nach Hitlers Triumph über die Westmächte und den Vielvölkerstaat der

CSR war für Schörner der gewaltsame und riskante Einmarsch in die befestigte Grenzlinie hinfällig geworden. Denn »das Durchbrechen des Befestigungsgürtels, falls es hätte erforderlich sein sollen, kann bei der schlechten Artillerieausstattung und dem mangelhaften Munitionsbestand in der deutschen Armee nicht von vornherein als gesichert betrachtet werden.« [109] Dafür wurde Schörner bei Kriegsende um so mehr gezwungen, im böhmischen Hexenkessel, aus dem die sudetendeutsche Bevölkerung millionenfach zwangsvertrieben oder gar ganz vernichtet wurde, als Hitlers »Generalfeldmarschall der letzten Stunde« seine wahre Führungskunst unter Beweis zu stellen.

Aber noch war es nicht soweit. Zunächst standen »die vollständigen Bedingungen des Münchner Abkommens [...] in den Zeitungen«, notierte der Brite Duff Cooper am 30. September 1938 in seinem Tagebuch, bevor er aus Protest als Erster Lord der Admiralität zurücktrat. »Auf den ersten Blick hatte ich das Gefühl, ihnen nicht zustimmen zu können. Das Prinzip der Invasion bleibt. Die deutschen Truppen sollen morgen einmarschieren. Die Tschechen sind verpflichtet, alle ihre Einrichtungen intakt zu lassen, was nichts anderes heißt, als daß sie ihre ganzen Befestigungen, Geschütze usw., für die sie Millionen ausgegeben haben, ausliefern müssen, ohne eine Entschädigung dafür zu erhalten.« [110]

In den Reihen seines Gebirgs-Jäger-Regiments zog nun auch Schörners Chinese mit seinem unverwechselbaren asiatischen Lächeln und stolz geschwellter Brust am 1. Oktober 1938 über Passau durch die dunklen Wälder des Bayerischen und Böhmer Waldes nach Böhmen. Am Straßen- und Wegesrand wurde auch er von einer begeisterten Menschenmenge, die auf Grund des so lange vorenthaltenen nationalen Selbstbestimmungsrechts (im Gegensatz zu der im März 1939 erfolgten Zerschlagung der Tschechei) rechtens in das Großdeutsche Reich eingegliedert wurde, mit Blumen überhäuft. Es war ein Dankeschön der von den Tschechen drangsalierten Sudetendeutschen an Schörners Edelweißsoldaten. Als diese Menschen beim näheren Hinsehen einen schlitzäugigen Asiaten erblickten, glauben nicht wenige, einer Sinnestäuschung zu erliegen. Aber sie hatten sich wahrlich nicht geirrt.

Vierzehn Tage später war Tschiang-kai-sheks Sohn mit seiner Gebirgs-Jäger-Kompanie wieder in seinem vertrauten Standort Garmisch-Partenkirchen. Sein Regiments-Kommandeur war stolz auf Adolf Hitler, auf die Leistungsbereitschaft seiner Gebirgsjäger – aber auch auf sein Tun und Handeln, denn Schörners Selbstbewußtsein wurde mit jedem Einsatz und mit jeder neuen Waffentat grenzenloser.

Im April 1939 erhielt er mit seinen Gebirgssoldaten Erinnerungsmedaillen – und zwar eine zur Erinnerung an den 13. März 1938 und eine für den 1. Oktober 1938. Dahinter verbarg sich für die Soldaten, die dabeigewesen waren, der Einmarsch in Österreich und in das Sudetenland. Für Wego Chiang gab es 1939 noch einen weiteren Grund zur Freude. Inzwischen zum Oberfähnrich befördert, wurde er nun zum Leutnant ernannt. Damit standen ihm alle Türen für eine außergewöhnliche Laufbahn in der deutschen Gebirgstruppe offen. Allein der Ausbruch des Feldzugs gegen Polen am 1. September 1939 beendete vorzeitig seinen weiteren Dienst in der Deutschen Wehrmacht.

Anläßlich des 25. Jahrestages des Weltkriegsbeginns und der Schlacht bei Tannenberg, so die Begründung, wurde Schörner am 27. August 1939 von seinem Führer zum Oberst befördert. [111] Das war eine Auszeichnung. Allein Rommel empfand darüber eine »heimliche Schadenfreude«, [112] denn er war noch vor seinem ewigen Rivalen rückwirkend zum 1. Juni 1939 zum Generalmajor aufgestiegen.

Als Schörner mit seinen Gebirgsjägern in den Zweiten Weltkrieg zog, befand sich sein Chinese bereits auf der Heimreise in das ebenfalls von Kriegswirren erschütterte Reich der Mitte, dem Hitlers asiatischer Verbündeter Japan einen schweren Schlag nach dem anderen versetzte. [113]

IV.

Zweiter Weltkrieg 1939–1945

»Auf der ganzen Front zeigte sich nur ein wirklicher Feldherr... Schörner!«

Adolf Hitler
(Am 28. April 1945)

»Das Gesetz des asiatischen Krieges zwingt uns Führer, gewisse Dinge mit unerbittlicher Härte durchzudenken und durchzustehen. Diese Notwendigkeit verträgt sich durchaus mit wärmster Fürsorge für unsere braven Soldaten, sie wird im Enderfolg zur größten Wohltat.«

Ferdinand Schörner

»Wenn Schörner nicht gewesen wäre, wären wir nach Bayern durchmarschiert!«

Iwan Stepanowitsch Konjew
(Sowjetmarschall im Mai 1945)

1. Der eiserne Ferdinand

Mit ihrer ganzen Wucht grüßten die Felswände des Karwendelgebirges hinunter, nach Mittenwald, wo sich die Gebirgsjäger zum Ausmarsch aus dem Geigenbauort versammelten. Nicht viel anders war das Bild im benachbarten Garmisch-Partenkirchen, wo das Felsmassiv des Wettersteingebirges in jenen Augusttagen des letzten Friedens- und des ersten Kriegsjahres 1939 den bergbegeisterten Gebirgssoldaten den Abschied von ihren Standorten schwer machte. In Lenggries und Memmingen sah es nicht anders aus, als Schörners »Blumenteufel« ins Feld zogen. Doch welch ein Gegensatz zu 1914, als die Truppe seinerzeit von einer aufgewühlten Menschenmenge enthusiastisch verabschiedet wurde!
Der August 1939 war diesbezüglich so ganz anders als der von 1914. Nirgendwo Blumengebinde, die die Mädchen ihren Soldaten ausgelassen entgegenwarfen. Kein Enthusiasmus, kein lauter Jubel, keine Freudentränen. Statt dessen registrierte der Regiments-Kommandeur Beklommenheit, traurige Blicke und verhaltene Gesten, als seine Männer die bereitstehenden Truppentransporte alles andere als leichten Herzens bestiegen. Mit dieser Melancholie im Herzen rollte das Gebirgs-Jäger-Regiment 98 im Rahmen der 1. Gebirgs-Division am 25. August 1939 von der »Hauptstadt der Bewegung« mit der Eisenbahn in das nördliche Mähren. Da verkündete ihr Oberster Befehlshaber am 1. September 1939: »Seit 5.45 Uhr wird jetzt zurückgeschossen. Und von jetzt ab wird Bombe mit Bombe vergolten!«
»Alea iacta est«, entfuhr es Schörner, dem verhinderten Philologen.
Der Polenfeldzug war entbrannt. Der Zweite Weltkrieg war in Wirklichkeit eine Stunde zuvor, um 4.45 Uhr, durch das schwere Feuer der Geschütze des deutschen Linienschiffes »Schleswig-Holstein« auf die polnische Westerplatte [1] entfesselt worden. Als am Morgen des 1. September die deutschen Truppen die polnische Grenze überschritten, erließ Hitler seinen ersten Aufruf »An die Wehrmacht«. Schörner konnte damals noch nicht ahnen, daß ihm noch Hunderte, ja Tausende derartiger Appelle im Verlauf des Krieges folgen sollten: [2]

»Der polnische Staat hat die von mir erstrebte friedliche Regelung nachbarlicher Beziehungen verweigert, er hat statt dessen an die Waffen appelliert.

Die Deutschen in Polen werden mit blutigem Terror verfolgt, von Haus und Hof vertrieben. Eine Reihe von für eine Großmacht unerträglichen Grenzverletzungen beweist, daß die Polen nicht mehr gewillt sind, die deutsche Reichsgrenze zu achten. Um diesem wahnwitzigen Treiben ein Ende zu bereiten, bleibt mir kein anderes Mittel, als von jetzt ab Gewalt gegen Gewalt zu setzen.
Die deutsche Wehrmacht wird den Kampf um die Ehre und die Lebensrechte des wiederauferstandenen deutschen Volkes mit harter Entschlossenheit führen.
Ich erwarte, daß jeder Soldat, eingedenk der großen Tradition des ewigen deutschen Soldatentums, seine Pflicht bis zum letzten erfüllen wird.
Bleibt Euch stets und in allen Lagern bewußt, daß Ihr die Repräsentanten des nationalsozialistischen Großdeutschlands seid!«
Es lebe unser Volk und Reich!
Berlin, den 1. September 1939. Adolf Hitler.«

Am 4. September 1939 war der Aufmarsch der 1. Gebirgs-Division hinter der polnischen Grenze beendet. In der Slowakei, im Raum zwischen Poprad und Alt-Lublau, lagen ihre Gebirgsverbände, »das Treffen mit dem Gegner voll Ungeduld herbeiwünschend«. [3] An diesem Tage wurde der Stammdivision der Gebirgstruppe der Wehrmacht ihr eigentlicher Auftrag mitgeteilt. Er lautete: Vorstoß über die polnische Grenze zunächst in nördlicher Richtung durch die Karpaten mit dem vorläufigen Ziel San, um von diesem Fluß aus zur Umfassung des polnischen Südflügels auf Lemberg vorzustoßen und somit ein Ausweichen der gegnerischen Kräfte über den Raum Lemberg hinaus nach Ungarn zu verhindern.
Für die Gebirgs-Jäger-Regimenter ergab sich daraus folgende Stoßrichtung: Das verstärkte Gebirgs-Jäger-Regiment 100 (Utz) hatte über Piwniczna und das verstärkte Gebirgs-Jäger-Regiment 99 (Kreß) über Muszyna ostwärts vorzustoßen. Schörners Gebirgs-Jäger-Regiment 98 sollte am 5. und 6. September in der Slowakei nach Osten marschieren und Bardejov erreichen. Auf einen Nenner gebracht lautete der Auftrag für Küblers 1. Gebirgs-Division und ihre Regimenter: »Auf dem kürzesten Wege Lemberg erreichen!«
Das erste, was Schörners Jäger im Kriege lernten: marschieren, marschieren, marschieren – und zwar 30, 40 und nicht selten sogar über 50 Kilometer am Tag! Für all jene Soldaten, die schon am Ersten Weltkrieg teilgenommen hatten, war es ein beklemmendes Gefühl, zum zweiten

Male über die staubigen Straßen Galiziens zu marschieren. Vorbei an einsamen Soldatengräbern oder an Kriegerfriedhöfen, auf deren verwitterten Kreuzen vielfach noch die Namen ihrer gefallenen Weltkrieg-I-Kameraden zu lesen standen. Die jungen Gebirgssoldaten kannten die galizischen Schlachtfelder vielfach durch die Erzählungen ihrer alten Kameraden. Um so begieriger nahmen sie jetzt die Landschaft in sich auf.

»Auf dem Marsch bekamen wir den ersten Eindruck von Galizien«, schrieb Schörners späterer Heeresgruppennachfolger Dr. Rendulic. »Die niedrigen kleinen Häuser waren meist aus Holz errichtet und mit Stroh gedeckt. Den Fußboden bildete gestampfter Lehm. Auf dem Dach fast jeden Hauses befand sich ein Storchennest, ein Beweis für das Vorhandensein vieler Frösche und ein Beweis auch dafür, daß es hier viele Sümpfe geben mußte. Es gab in den Dörfern mehrere Brunnen. Das Wasser aus den Dorfbrunnen wurde in Holzeimern heraufgewunden und ohne Bedenken getrunken. Erkrankungen traten damals keine auf. Die Bevölkerung gehörte der ruthenischen, zum Teil auch der polnischen Nationalität an. Die Quartiere stellten das Primitivste dar, was ich je gesehen habe. Ungeziefer, besonders Wanzen und Flöhe, war reich vertreten. Die Bewohner hausten nicht selten mit ihren Tieren im gleichen Raum. Es wurde auf offenem Feuer gekocht, der Rauch zog durch die Tür ab. Die Menschen führten ein Leben fern jeder Kultur und Zivilisation. Ich mußte an die Illusionen Rousseaus denken.« [4]

Im großen und ganzen verliefen die ersten Tage des Polenfeldzuges für Schörner und seine Gebirgssoldaten im Gegensatz zu den schweren Kampfhandlungen bei anderen Heeresverbänden (ausgenommen von kleineren, unbedeutenden und daher nicht besonders nennenswerten Plänkeleien abgesehen) relativ ruhig. Die Masse der 1. Gebirgs-Division überschritt am 7. September in den frühen Morgenstunden die polnische Grenze von Polanka Niz aus, um dann in nordostwärtiger Richtung gegen Zmigrod vorzugehen, wo sie sich mit den restlichen Divisionsteilen tags darauf vereinigte. Am Morgen des 8. September ließ Kübler eine motorisierte Verfolgungsgruppe unter dem Befehl des Kommandeurs des Gebirgs-Artillerie-Regiments 79 aufstellen. Daß ausgerechnet der phlegmatische Oberst Wintergerst mit dieser schwierigen Aufgabe betraut wurde, rief bei Schörner und den beiden anderen Regiments-Kommandeuren nur ein Kopfschütteln hervor.

Dennoch zahlte sich die Bildung dieser Speerspitze zunächst aus. Während das beherrschende Höhengelände der Magora fast kampflos in die Hände der zupackenden Deutschen fiel, kam es noch am selben Tage

bei Dukla zu einem Gefecht mit erbitterten Orts- und Straßenkämpfen, bei denen Einheiten von Schörners Regiment schließlich die Oberhand behielten. Nachdem die Höhen von Rymanow den dort ganz besonders verbissen kämpfenden Polen entrissen worden waren, erreichte man noch am Abend des 8. September Sanok. Südlich davon wurde der San überwunden und ein Brückenkopf gebildet. Dem Gegner war damit der Rückzug durch die Stadt und über den Fluß abgeschnitten worden.
Angesichts dieses Erfolges befahl das übergeordnete XVIII. Gebirgs-Armeekorps am 10. September 1939 der 1. Gebirgs-Division, ohne Rücksicht auf Verluste mit einer motorisierten Vorausabteilung bis zur galizischen Hauptstadt vorzustoßen. Daher erließ General Kübler noch am selben Tage den bekannten Befehl zur »Sturmfahrt auf Lemberg«, demzufolge der Feind der Rückzug nach Osten verwehrt und dieser dadurch zur Kapitulation gezwungen werden solle. Damit war der Startschuß zum schlachtentscheidenden Kampf in Galizien in zweierlei Hinsicht gefallen. Denn nach dem Ausfall des energielosen und schlaffen Oberst Wintergerst übernahm jetzt der energische und dynamische Oberst Schörner die Vorausabteilung. Das war ein taktischer Auftrag, der so recht auf den Leib des »eisernen Ferdinand« zugeschnitten war. Sein »Verfolgungsbefehl Nr. 1« veranschaulicht uns das sogleich recht eindrucksvoll:

»Verfolgungstruppen 1. Geb.-Div.

Kalinow, 12. 9. 1939
10.20 Uhr

Verfolgungsbefehl Nr. 1

1. Durch Befehl des Kdr. 1. Geb.-Div., Generalmajor Kübler, bin ich zum Kommandeur der mot. Verfolgungstruppen ernannt.
2. Ziel für heute:
›Schärfstes Vordringen auf Lemberg‹.
Marschstraße: Über Rudki in Richtung Wlk. Lubien (20 km nordostw. Rudki) – Kaltwasser (7 km westl. Lemberg). – Also die südl. Zugangsstraße nach Lemberg.
Vorhut: (Hptm. Merxmüller) ist um 10.00 Uhr von Kalinow (10 km nordostw. Sambor) schon angetreten.
3. Feindhaufen wandern aufgelöst in Richtung Lemberg zunächst noch zurück. Hinterster Haufen bei Rudki (30 km nordostw. Sambor) etwa um 09.00 Uhr
4. Es werden gebildet:
a) Vorhut (Hptm. Merxmüller).

Truppen: 16. (Pz. Abw.)/G. J. R. 98
Pi. Kp. Bösler
1 Zug 15 cm Haub./A. R. 445
(Falkenhagen).

b) Verfolgungsgruppe Seitz.

Truppen: Btl. Seitz (II. G. J. R. 99)
1 Zug 10 cm Kan. (Evert); bei nächster Gelegenheit wird dieser Zug zur Vorhut vorgezogen und ihr unterstellt. 2 Züge 2 cm Flak.

c) Verfolgungsgruppe Rauscher.

Truppen: Teile I./G. J. R. 98
IV. (schw.)/G. J. R. 79 (mot. 15 cm Haub.
– o. 1. Batt.), 16. (Pz. Abw.)/G. J. R. 100.

Die 16./100 steht zu meiner Verfügung; sie ist nur marschtechnisch der Gruppe Rauscher angegliedert.

d) Sonderbefehl an Nachrichtenteile.

5. Ich bin zunächst bei Kalinow und fahre dann mit der Vorhut vor.

gez. Schörner«

Und schon ging Schörners verwegene Verfolgungsjagd los. Seine Vorausabteilung wurde so angesetzt, daß der Feind überall dort, wo er Widerstand zu leisten gedachte, mit geballter Wucht angegriffen und vernichtet wurde. Immer und immer wieder hatten seine Gebirgstruppen auf ihrem raschen Vordringen gegen Baum- und Heckenschützen zu kämpfen. Dann erfolgte der Vormarsch gegen Sambor, das nach den entscheidenden Kämpfen bei Dobrowka, in die Schörner wiederholt persönlich eingriff, fiel. Damit war die letzte große Stadt vor Lemberg in der Hand seiner Gebirgsjäger. Hier traf morgens der Divisionsbefehl ein: »Schärfstes Vordringen auf Lemberg!« [5]

Nun begann die eigentliche Sturmfahrt nach Lemberg. Der zurückmarschierende Feind wurde völlig überrascht durchfahren und aus den Kraftfahrzeugen heraus feuerspeiend mit Maschinen-Gewehren bekämpft und zersprengt. Dahinrasende, führerlose Pferdewagen der Polen konnten nur mit viel Mühe in ihrer sausenden Fahrt gebremst werden. Beiderseits der Straße warf der Gegner seine Waffen weg und ergab sich. Rudki, um das später noch ernsthafte Kämpfe entbrannten, wurde ebenso energisch durchfahren wie zuvor die feindlichen Kolonnen. Alles kam darauf an, den Gegner in der Seenenge bei Malowanta und Grodek zu überraschen, was Schörner auch in hohem Maße gelang. Auf der mit polnischen Ausrüstungsgegenständen und Waffen aller Art übersäten Straße ging die Sturmfahrt dann weiter. Rechts und links schossen zersprengte polnische Truppen noch wild um sich. Die Fahne eines ihrer Regimenter wurde von den Hals über Kopf flüchtenden Polen einfach im Stich gelassen und fiel so vor Lemberg Schörners »Blumenteufeln« in die Hände.

Das Marschtempo seines Vordringens steigerte sich bis zur Leistungsgrenze der Motoren. Nur so ist es zu verstehen, daß tatsächlich in kürzester Zeit der Westrand der galizischen Hauptstadt erreicht wurde und damit die südpolnische Kräftegruppe von ihrem wichtigsten Stützpunkt, der als Eisenbahnknotenpunkt von größter Bedeutung war, abgeschnitten wurde. Der Feind war damit an seiner Südfront an seinem Lebensnerv angeschlagen. Denn nach den vernichtenden Schlachten und Gefechten im Norden und der Einnahme von Przemysl im Westen drängten die nachstoßenden Verbände den Gegner nach Süden und Osten, also in Richtung Lemberg, wo Schörner mit seiner Gruppe, die sich aus dem I. und II. Bataillon des Gebirgs-Jäger-Regiments 98 und dem I. und II. Bataillon des Gebirgs-Jäger-Regiments 99 zusammensetzte, auf die Nordseite Lemberg durchgebrochen war und die Höhenstellungen igelförmig hielt. Ob er nun wollte oder nicht, hier mußte der Gegner Schörners Stellungen berennen, wenn er entkommen wollte.

Sowohl die Bevölkerung als auch die rund 26000 in Lemberg liegenden polnischen Soldaten waren auf die rasche Ankunft Schörners und seiner Gebirgssoldaten vor den Toren der galizischen Hauptstadt nicht vorbereitet. Nun mußte alles daran gesetzt werden, den durch das kühne Handeln erreichten Erfolg zu sichern und möglichst rasch auszubauen. Alle Versuche der Polen, während der Nacht verlorenes Gelände wieder zu erobern, konnten abgewiesen werden. Dann begannen die für Schörners Gebirgstruppen so denkwürdigen Tage des schweren Kampfes und der höchsten Bewährung. Betrug doch der Vorsprung, den die 1. Gebirgs-Division mit ihrer Speerspitze vor allen anderen Verbänden hatte, rund 120 Kilometer!

In diesen Freudenbecher fiel allerdings ein Wermutstropfen. Am 13. September 1939 wurde Dietls 3. Gebirgs-Division überraschend ostwärts von Sanok aus der Front des XVIII. Gebirgs-Armeekorps herausgelöst, um an die Westfront transportiert zu werden, wo das Oberkommando der Wehrmacht einen französischen Angriff gegen den Westwall befürchtete. Noch am selben Tage trat Schörner um 10.00 Uhr mit leichten und schweren Waffen zum Angriff auf die wichtigen Höhen von Holoskow und Zboiska an, die sich entlang des West- und Nordwestrandes von Lemberg erstrecken. Bereits am Abend war das Angriffsziel,

die Straße Kulikow – Lemberg, ohne nennenswerte Verluste bei Zboiska erreicht.
Inzwischen war der Gegner von anderen bayerischen Truppen bei Przemysl geschlagen und in Richtung Lemberg zurückgeworfen worden. Drei polnische Divisionen bedrohten daher Schörners Flanke. Diese Feindkräfte versuchten nach Südosten durchzustoßen und mußten ebenfalls aufgehalten und daran gehindert werden, ihre Absicht, sich nach Lemberg durchzuschlagen, auszuführen. Damit zeichnete sich für Schörner ein schier unlösbarer Mehrfrontenkampf ab. Er war der Mann, der auch diese große militärische Aufgabe lösen wollte – und sie wurde gelöst.
Zunächst bildete Schörner eine Verteidigungsfront, die wie ein Damm die polnischen Truppenteile aufhielt und gegen eine vielfache Übermacht standhalten mußte. Daß es vor Lemberg gelang, viele feindliche Ausfall- und Entsatzversuche in jenen Tagen zu unterbinden und daß trotz teilweise fehlender Verpflegung, die nicht mehr nach vorne gebracht werden konnte, immer wieder aus- und durchzuhalten, das alles muß in großem Maße sowohl Schörner als auch Kübler zugeschrieben werden. Am Nachmittag des 19. September 1939 erhielt Schörner den Befehl zum konzentrischen Angriff, der am 21. September auf Lemberg erfolgen sollte. Aber dazu kam es nicht mehr.
Am Morgen des 20. September erschienen nämlich sowjetische Panzer bei Zboiska, nachdem sich Lemberg seinen Gebirgsjägern kampflos ergeben hatte. Er hatte damit im Polenfeldzug seine Pflicht und Schuldigkeit getan. Nun hatten die deutschen und sowjetischen Politiker das Wort. Und diese hatten sich etwas sehr Merkwürdiges einfallen lassen.
Kurz vor Beendigung des »Blitzkrieges« gegen Polen, dessen militärischen Zusammenbruch Stalin von Tag zu Tag aufmerksamer verfolgte, wollte auch er sich seinen Anteil an der polnischen Beute holen. Um noch zu retten, was zu retten war, übergab der Festungskommandant von Lemberg daher am 21. September 1939 in den Mittagsstunden die Stadt an die 1. Gebirgs-Division. Denn bereits im Morgengrauen des 17. September hatte die Rote Armee die polnische Ostgrenze auf Grund des »Geheimen Zusatzprotokolls« des deutsch-sowjetischen Hitler-Stalin-Paktes vom 23. August 1939 [6] überschritten und rückte nun in die darin vereinbarte Interessenzone.
Mochte Hitler gegen Ende des Polenfeldzuges im einverleibten Danzig auch verkünden »Mit Mann und Roß und Wagen hat sie der Herr geschlagen«, wie der Geschlagene verließ Schörner mit seinen Gebirgsjägern Lemberg, da man ihn auf Grund fragwürdiger politischer Ent-

scheidungen in der Berliner Reichskanzlei und im Moskauer Kreml um den ganz großen greifbaren Sieg auf dem Schlachtfeld gebracht hatte. Die galizische Hauptstadt mußte den Russen überlassen werden. Das war eine herbe Enttäuschung für ihn. Und er fragte sich zu Recht, ob die vielen toten Gebirgssoldaten letztendlich nicht für Hitler, sondern für Stalins expansive Politik gefallen waren?

Wie Hitler in seiner Rede vor dem Großdeutschen Reichstag am 6. Oktober 1939 bekanntgab, hatte die Deutsche Wehrmacht im »Feldzug der 18 Tage« 10572 Tote, 30322 Verwundete und 3409 Vermißte zu beklagen. Allein die Verluste der 1. Gebirgs-Division betrugen während des Polenfeldzuges sage und schreibe 1402 Mann; davon waren nicht weniger als 42 Offiziere, 69 Unteroffiziere und 313 Mannschaften gefallen! [7] Mit Betroffenheit stellte Schörner fest, daß die »Sturmfahrt auf Lemberg« zum einen auf Grund der mangelnden Kriegserfahrung, zum anderen aber auch durch Küblers ungestüme, ja rücksichtslose Vorwärtstaktik zum Langemarck der Stammdivision der deutschen Gebirgstruppe geworden war, die ihm den Beinamen der »Bluthund von Lemberg« eingetragen hat. Nach diesem unverantwortlichen Aderlaß war die »Erste« eine Zeitlang nicht mehr frontverwendungsfähig, so daß sie zur Auffrischung in Ruhequartiere verschickt wurde.

Wenig später wurde Kübler dennoch vom Führer in der Reichskanzlei als erster Divisions-Kommandeur des Heeres mit dem begehrten Ritterkreuz zum Eisernen Kreuz ausgezeichnet.

So wie Schörner in Dietl den Prototypen des nationalsozialistischen Offiziers sah, so erblickte er jetzt in Kübler den eiskalten und knallharten militärischen Führer auf dem Schlachtfeld. Sowohl der eine wie auch der andere haben die Planung seiner eigenen, von nun an immer steiler aufsteigenden militärischen Karriere entscheidend geprägt.

Statt in ihre Friedensstandorte ging es westwärts. Wie der Großteil des deutschen Heeres, so wurde auch das XVIII. Gebirgs-Armeekorps mit seinen Divisionen in das Rheinland verlegt. Die 1. Gebirgs-Division zog mit ihren Regimentern in das liebliche Ahrtal und in die rauhe Eifel, wo die Ausbildung und Ergänzung der Truppe betrieben wurde. Dort lag Schörner auf Tuchfühlung mit Dietl und dessen 3. Gebirgs-Division. Nun harrte er mit seinen Männern der Dinge, die da kommen sollten. Und diese versprachen nichts Gutes, obwohl die Franzosen zwischen dem 3. September 1939 und dem 9. April 1940 vom »Drôle de Guerre«, also »dem seltsamen, dem komischen, ja dem drolligen Krieg« sprachen.

Aus ihm sollte jedoch schon bald blutiger Ernst werden, nachdem der britische Premierminister Chamberlain und der französische Ministerpräsident Daladier Hitlers Friedensangebot brüsk abgelehnt hatten. Daher erteilte Schörners Oberster Befehlshaber schon am 9. Oktober 1939 die Weisung Nr. 6 für die Kriegsführung im Westen, deren wesentlichste Punkte auf einen weiteren »Blitzkrieg« hinausliefen. Ein Krieg, den Schörner in zwei verschiedenen Verwendungen und Frontabschnitten erlebte – und zwar zunächst als Kommandeur seines altvertrauten Gebirgs-Jäger-Regiments 98 im Rahmen der Heeresgruppe A des Generalobersten von Rundstedt und dann als Kommandeur der von ihm geformten 6. Gebirgs-Division im Rahmen der Heeresgruppe C des Generalobersten Ritter von Leeb.

Anfangs unterstand Schörner also noch dem unbeliebten Kübler, als er am 9./10. Mai 1940 bei einer durchschnittlichen Marschleistung von täglich 40 Kilometern der Reichsgrenze zustrebte. Von hier aus setzte er mit seinem Regiment zum Sprung über drei Grenzen an: über die deutsch-luxemburgische, die luxemburgisch-belgische und zuletzt über die belgisch-französische. Nun war er wieder in seinem Element, der tollkühne, der eiserne Ferdinand, der seinen Gebirgsjägern in gewohnter Zielstrebigkeit die Marschrichtung angab und die militärischen Ziele zuwies.

Am 14. Mai 1940 hatte er sein Regiment an die Maas herangezogen. Hier, wie später im Raum Fumay und bei Hirson zeichneten sich seine Gebirgsjäger besonders aus. Von der Maas eilte Schörner mit seinen Männern dem Oise-Aisne-Kanal südwestlich von Laon entgegen. Hier gab es einen überraschenden Halt für die 1. Gebirgs-Division. Denn während sich in Flandern und an der Kanalküste die erste große Entscheidungsschlacht des Westfeldzuges ihrem Ende näherte, hatte sie mit anderen Verbänden eine Abwehrfront nach Südwesten zu bilden. Hierzu richtete sie sich nun zur Verteidigung am etwa zehn bis fünfzehn Meter breiten und rund zwei Meter tiefen Wasserhindernis wie folgt ein: Rechts das Gebirgs-Jäger-Regiment 100 (Utz) und links das Gebirgs-Jäger-Regiment 99 (Kreß). Die lange rechte Flanke an der Aisne bis la Fèrre sicherte Schörners Gebirgs-Jäger-Regiment 98 zusammen mit dem ihm zugewiesenen MG-Bataillon 2. Nachdem er die Stellungen seiner Einheiten inspiziert und hier und da Verbesserungen vorgenommen hatte, ereilte ihn Ende Mai 1940 ein dringender Anruf. Am anderen Ende der Leitung meldete sich der Chef des Heerespersonalamtes. Dieser teilte ihm kurz und bündig mit, daß er vom Kommando seines altvertrauten Regiments entbunden sei. Und dann folgte der entscheidende Satz:

Gebirgs-Jäger-Regiment 98
- K o m m a n d e u r - Im Feld 12. 10. 1939.

An die
Reserve-Offiziere und R.O.A. (im Feldw.Rang)
des Gebirgs-Jäger-Regiments 98.

Heute, am Gründungstag des G.J.R.98, kann ich erstmals Ihnen Offizieren vom Ergehen und von den Erfolgen unseres Regiments im polnischen Feldzug Nachricht geben.

Das Regiment hat im Rahmen der 1. Geb.Div. am Vormarsch und an der Verfolgung im Süden Polens teilgenommen; seine besondere Berufung bestand darin, an der Spitze der Division weit voraus dem rechten Flügel des Ostheeres in Richtung Lemberg vorzustoßen (12.9.) Unser Weg führte über Dukla (hier erstes Gefecht des Rgt. bei Rowne) - Rymanov - Sambor gegen den Nord- und Westteil der Stadt.

Die schwersten Kämpfe bestand das Regiment bei der Einschließung Lembergs, wobei die zwei großen Nachschubstraßen aus nördl. und nordostw. Richtung im Rücken der Stadt zu sperren waren. Der Abwehrkampf auf den Höhen von Zboiska und in der Ortschaft Holosko dauerte vom 13. bis 21. September. Die weitgespannte Stellung mit Front nach drei und gelegentlich nach vier Seiten führte fast täglich zu harten Kämpfen und mancherlei Krisen. Dank der vorzüglichen Haltung aller Führer und Mannschaften, auch der unterstellten Bataillone I. und II./G.J.R.99, von Pak- und Flakverbänden, zweier Panzerkpn. usw. wurde gegenüber allen Durchbruchs- und Ausbruchsversuchen die Stellung gehalten. Dabei war das Regiment wiederholt tagelang von den anderen Teilen der Division und damit vom Verpflegungs- und Munitionsnachschub abgeschnitten. Die körperlichen Anforderungen waren ungewöhnlich groß; das von drei Seiten auf die Stellung gerichtete fdl. Artl. Feuer erinnerte an die Westfront.

Die Reserve-Offz. des Rgt. tragen am entscheidenden Enderfolg einen hervorragenden Anteil. Die Verluste aus den Reihen der Offiziere zeugen von höchster Einsatzbereitschaft und treuester Pflichterfüllung für Führer und Reich.

– 2 –

Im einzelnen betrugen die Verluste des Regiments an Gefallenen: 8 Offiziere; 26 Unteroffiziere; 126 Mann. – Verwundet wurden 13 Offiziere, 59 Unteroffiziere, 256 Mann. – Vermisst werden 6 Unteroffiziere und 81 Mann.

Gefallene Offiziere:

Hptm.d.R. Rauscher (Kp.Fhr.1.Kp.); Hptm.d.R. Salisko (Kp.Fhr.3.Kp.); Oblt. Mayr (stellv.Rgt.-Adj.); Oblt. Süßmann (Kp.Fhr.10.Kp.); Oblt. Nordhoff (Kp.Fhr.5.Kp.); Lt. Beyer (3.Kp.), Lt.d.R. Lutter (6.Kp.), Lt.d.R. Zimmerer (13.Kp.); – u.a. beim unterst. I./G.J.R. 99 Oblt.d.R. Weigl.

Verwundet wurden u.a.:

Hptm.d.R. Lüttich (Kp.Fhr.6.Kp.); Oblt. v. Braun (Kp.Fhr. 2.Kp.); Lt.d.R. Wißmann (16.Kp.); – Oblt. Schmittner (Kp.Fhr.9.Kp.); die Lt. Dietzel, Neuner und Späth.

Vom I./G.J.R.99 Hptm. Fleischmann (Btl.Fhr.); Oblt. Simma (Ord.Offz.); Lt.d.R. Mayer Anton; Messenzehl; beim unterstellten II./G.J.R.99 Lt.d.R. Merten.

Die Verluste des Regiments an Führern und Unterführern sind empfindlich und zur Zeit nur teilweise ersetzt.

Sie, die bewährten Res.Offz. des Rgt., bitte ich deshalb, eine verstärkte Werbung für den Nachwuchs an Unterführern und Freiwilligen des Regiments einzuleiten. Ihre Unterstützung war schon bisher für den Aufbau des Regiments ausschlaggebend. Unsere große Zeit und die Aufgaben, die dem Regiment möglicherweise noch gestellt sind, sollte die Freiwilligenwerbung besonders eindringlich und erfolgreich gestalten.

Alle Reserve-Offiziere und R.O.A. im Feldw.Rang bitte ich schließlich, soweit nicht schon geschehen, die Verbindung mit dem Regiment wieder enger zu gestalten. Die Art des Einsatzes des G.J.R.98 und die unerhört rasche Kriegführung hat dies vorübergehend erschwert. – Feldpost-Nr. 07820, Postsammelstelle München; bearbeitender Referent: z.Zt. Lt.d.R.Stredele.

Mit Soldatenglück und allen guten Wünschen!

für Werbung

Schörner

Oberst u. Regiments – Kommandeur

»Das Oberkommando des Heeres hat befohlen, daß Sie, Herr Oberst, bis zum 10. Juni 1940 die 6. Gebirgs-Division aufzustellen und marschbereit zu melden haben!«

2. Das gelbe Edelweiß

Schörner stand wieder unter den mächtigen Felsabstürzen des Karwendelgebirges. Aber dieses Mal nicht in Mittenwald, sondern auf der anderen Seite dieses wuchtigen Steinmonuments der Nördlichen Kalkalpen, nämlich in Innsbruck. Jetzt schauten die Nordkette und das Hafelekar zu ihm hinab und er gedankenverloren zu ihnen hinauf. Es ging ihm in jenen sommerlichen Junitagen des Kriegsjahres 1940 viel, sehr viel durch den Kopf, und die Zeit war auch gar nicht danach, daß er sich in die Berge hätte zurückziehen können, um abzuschalten und neue Kräfte für die bevorstehenden Aufgaben zu tanken. Denn tagtäglich las oder hörte er irgendwo den Namen Dietl, der in Norwegen dem Gegner die Stirne bot und schließlich, nach wochenlangen, nervenaufreibenden Kämpfen gegen eine vielfache Übermacht nach dem überraschenden Abzug der Alliierten, doch noch als »Held von Narvik« in die heißumkämpfte Erzstadt einziehen konnte, worauf ihm als ersten Soldaten der Wehrmacht das neu gestiftete Eichenlaub zum Ritterkreuz des Eisernen Kreuzes verliehen wurde. [8]
Nachdem Kübler überdies zum Stoß in Frankreichs Herz angesetzt hatte und dessen Name von der Westfront bis in die alpenländischen Regionen gedrungen war, fühlte sich Schörner nun um so mehr herausgefordert, um noch einen Zipfel vom Mantel der vorüberrauschenden Kriegsgeschichte erhaschen zu können. Von diesem unbändigen Siegeswillen und Ehrgeiz beseelt, es beiden, Dietl und Kübler, zu zeigen, was wirklich in ihm, dem Pour-le-mérite-Träger vom Isonzo, steckte, krempelte er in der Innsbrucker Inn-Kaserne die Ärmel noch höher und erteilte seinem 1. Generalstabsoffizier Anweisungen und Befehle, Richtlinien und Verordnungen, um seine »Sechste« dem OKH bis zum 10. Juni 1940 marschbereit melden zu können.
Nun gab es für den Hauptmann i. G. Georg Gartmayr (der nach dem Kriege zum zweiten Kommandeur der 1. Gebirgs-Division der Bundeswehr ernannt wurde!) und seinen Helfern und Helfershelfern viel zu tun, um Schörners ureigensten Gebirgsgroßverband innerhalb kürzester

Zeit zu einer schlagkräftigen Division zu formen. Und es wurde seine unverwechselbare Gebirgs-Division, die hier, am nicht immer grünen Inn, und später, auf dem württembergischen Truppenübungsplatz Heuberg, aus der Taufe gehoben wurde. Es war die Chance seines Lebens, dessen Zenit er gerade erklommen hatte. »Wie manchem bleibt es verwehrt, nach dem Siegeslorbeer zu greifen, allein aus dem Grunde, weil er entweder zu jung oder zu alt ist« [9], resümierte später der Generalfeldmarschall Erich von Manstein und dachte dabei an diese oder jene tragische Soldatenpersönlichkeit. Schörner hatte er bei derartigen Reflexionen jedoch nicht im Sinn, denn dieser war weder zu jung noch zu alt, um nicht aus diesem oder jenem Grunde übergangen zu werden. Vielmehr stand der eiserne Ferdinand mit seinen stämmigen Beinen fest auf dem Boden in den besten Jahren seines Lebens.

Schörner war in Innsbruck wie auch später auf dem Heuberg allgegenwärtig. Er lobte, wo Lob angebracht war, und er tadelte, wo es etwas zu tadeln gab. Gegen die Drückeberger ging er nicht selten mit grausamer Härte vor. Insbesondere wurde er von jenen Offizieren gefürchtet, die sich gerne verdrückten oder »abseilten«, sobald eine unangenehme Aufgabe oder eine Menge Arbeit auf sie zukam. Dann wurde aus dem tollen Ferdinand der wilde, der unbeherrschte, der zuweilen über das Ziel hinaus schoß, weil er von seiner Aufgabe dermaßen fasziniert war, daß ihn sein brennender Ehrgeiz daran hinderte, die Form zu wahren.

Wenn ihm auch später (meist aus dem Offizierskreis, dem er zuweilen gehörig auf die Finger klopfte) der Ruf eines unverbesserlichen Menschenschinders angehängt wurde, so war doch ein anderer Offizier seiner 6. Gebirgs-Division noch viel verrufener als er, und zwar der Kommandeur des Gebirgs-Artillerie-Regiments 118. Sein Name: Oberstleutnant Trübswetter. Dieser »Leuteschinder« führte ein wahres Strafregime. »Wie ein Schreckgespenst taucht Trübswetter da und dort aus der Finsternis auf und wehe dem, den er beim Rauchen, außerhalb der Reihe oder irgendeinem anderen ›Verbrechen‹ erwischt. Sofort verhängt er Arreststrafen. Laufend fallen Leute aus. Die Verkühlung von Gestern macht sich bemerkbar«, notierte der Gebirgsjäger Alfred Richter am 14. Juni 1940 in seinem aufschlußreichen Kriegstagebuch. »Mehrere klagen über Fieber. Auch ich werde meine Halsschmerzen und leichtes Fieber seit Hall nicht los. Die Sanitäter haben ununterbrochen zu tun und sind selbst krank. 8 Stunden Marsch ohne Rast.« [10]

Gut, man kann hierzu einwenden: wie der Herr, so das Gscherr! Aber für jede Unmenschlichkeit kann man Schörner beileibe nicht verantwortlich machen. Den physischen und psychischen Terror übten vielfach die Führer und Unterführer aus, die sich hinter seinem breiten Rücken verschanzten. Es war seinerzeit in dieser Beziehung eben nicht viel anders als in gewisser Hinsicht in der heutigen Armee und ihrer zivilen Verwaltung, wo zwar jeder eine Fürsorgepflicht des Dienstherrn gegenüber dem Untergebenen bescheinigt, aber diese, sobald sie erforderlich wird, nicht ausübt, weil sich der Betreffende dann wieder auf dessen Vorgesetzten herausredet und derjenige wieder auf den nächsten und so weiter und so fort. So mußte Schörner als die Spitze einer strengen Männerhierarchie für manche Untat geradestehen, die zunächst in seiner Division, dann in seinen Armeekorps und später in seinen Heeresgruppen von Subalternen begangen wurden.

Kehren wir nochmals auf den Heuberg zurück. Dort trafen nun Steirer und Kärntner, Salzburger und Tiroler, Vorarlberger und Bayern, ja sogar Ostpreußen und Rheinländer zugweise ein, um von dem immer schneller anwachsenden Moloch der 6. Gebirgs-Division bis zum Verlust ihrer persönlichen Identität verschlungen zu werden. Um Schörners Divisionsstab wuchs zusehends die »Sechste« heran – und zwar mit dem I. bis III. Bataillon des Gebirgs-Jäger-Regiments 141, dem I. bis III. Bataillon des Gebirgs-Jäger-Regiments 143, der I. bis IV. Abteilung des Gebirgs-Artillerie-Regiments 118, dem Gebirgs-Pionier-Bataillon 91, der Gebirgs-Panzer-Jäger-Abteilung 47, der Gebirgs-Aufklärungs-Abteilung 112, der Gebirgs-Nachrichten-Abteilung 91, der Gebirgs-Veterinär-Kompanie 68 sowie den Divisions- und Versorgungseinheiten 91.

Als Divisionszeichen wählte Schörner ganz bewußt das »Gelbe Edelweiß«. Er verband damit zweierlei: zum einen wollte er unbedingt das Edelweiß als äußeres Zeichen seiner Elitetruppe und als Schrecken des Feindes, zum anderen wollte er als seine Lieblingsfarbe die gelbe. Unter diesem Truppenzeichen zogen nun seine Regimenter und Abteilungen, seine Bataillone und Batterien nach der kurzen Aufstellungszeit in raschem Tempo westwärts, um noch in die letzten Kampfhandlungen im bereits am Boden liegenden Frankreich an der Oberrheinfront in den Vogesen und bei St. Dié eingreifen zu können.

»Die Führung trieb uns vorwärts. In der Nacht zum 16. Juni lag ich am Oberrhein bei Sasbach. Wir setzten zum Sprung über den Strom in die weiche Flanke eines todwunden Feindes an. Flak-Geschütze gingen neben uns in Stellung. Beim ersten Frühlicht wurden Bunker und Besatzungen der Maginotlinie auf ihre Härte getestet. Geschoß auf Geschoß zerhackte die Werke Maginots, zertrümmerte die Sehschlitze und Schießscharten. Sturmboote warfen Pioniere und Infanterietrupps hinüber. Eine Handvoll verzweifelter Verteidiger kroch aus den Trüm-

mern, das Ufer war nur noch hauchdünn besetzt. Auf einer schnell geschlagenen Schiffbrücke schob sich die 7. Armee, darunter die 6. Gebirgsdivision, hinüber ins Elsaß«, schrieb Hubert Reinfried und fuhr dann fort: »Schörner liebte theatralische Szenen. Wenige Schritte vor der Brücke stellte er Feldgendarmen auf, je drei auf den beiden Rändern der Zugangsstraße, die Gewehre drohend im Anschlag, die Läufe gegen die anmarschierenden eigenen Kolonnen gerichtet. Wollte er Zauderer warnen, potentiellen Ausreißern die Schärfe des Kriegsrechts vor Augen halten oder einfach beeindrucken?« [11]
Keine Frage: Er wollte alles zugleich! Ihm war jedes Mittel recht, um Erfolg zu haben. Für Philosophen und Psychiater (obwohl er zuweilen selbst einen Psychotherapeuten benötigt hätte) war in seinen Reihen kein Platz. Auf unbequeme Fragen, sofern diese überhaupt gestellt wurden, reagierte er, wenn er schlecht gelaunt war, schroff, knallhart oder verletzend.
In der Nacht vom 19. auf den 20. Juni 1940 erhielt Schörner in Schlettstadt vom übergeordneten XXV. Armeekorps des Generals Karl Ritter von Prager den Auftrag, über Steige in Richtung Burg Breusch – Saales – La Grande Foss vorzustoßen und den französischen Kräften im Norden des Breusch-Tales den Weg nach Süden zu versperren, um dann im weiteren Verlauf des Angriffs das Meurthe-Tal nördlich von St. Dié zu erobern und damit die Verbindung mit Teilen der 1. Armee herzustellen. Diesem operativen Gedanken lag folgender Plan zugrunde:

1. Bildung einer motorisierten Kolonne rechts über Andlau – Spärberbachl mit Auftrag, feindlichen Widerstand aus der Bewegung heraus zu brechen, den Paß bei Hohwald in Besitz zu nehmen, im raschen Vorstoß über Waldersbach bei Breusch – Urbae das Breusch-Tal abzuriegeln, die rechte Flanke der Division zu sichern und Verbindung mit aus dem Norden herabstoßenden Teilen der 1. Armee herzustellen.
2. Mit einer Vorausabteilung links ins Weilertal (Val de Villé) über Villé – St. Martin – Meißengott – Steige den Paß Hochsteige nach Les Bas – Salcée für die Masse der Division zu öffnen. [12]

Was sich dann ereignet hat, darüber berichtet uns zunächst Schörners Ic am 20. Juni 1940: »Die eingelaufenen Aufklärungsergebnisse, Meldungen und Gefangenenaussagen ergaben bis Mittag folgendes Bild der Lage: Der Division standen am Morgen Sicherungen einer an der

Linie Champs du Feu – La Charbonniere – Haut de Steige verlaufenden, gut ausgebauten und zäh verteidigten Stellung gegenüber.« [13]
Um 20.00 Uhr gab Schörners Ic dann folgenden Lagebericht: »In den Wäldern beiderseits der Vormarschstraßen feindliche Truppenteile, zum Teil im Ausweichen auf die Feindstellungen in der Linie Belmont – Roggenbach – Climont, mit Artillerie im Raum Charasses. Im Laufe des Tages wurden durch die Division über 600 Gefangene gemacht und vier Panzer erbeutet.« [14]
In einem Bericht von Schörners Ia heißt es zu den Ereignissen an der Vogesenfront: »Der Verlauf der Kämpfe am 20. 6. mit dem sich verstärkenden feindlichen Widerstand sowie die Erkenntnis, daß der Gegner mit allen Mitteln versuchen muß, das Tal der Bruche (Straße Schirmeck – Saales – St. Dié) als wesentliche Verbindung der gegen die deutsche 1. Armee im Norden eingesetzten französischen Kräfte offen zu halten, veranlaßte die Führung der 6. Geb. Div. zu der Auffassung, daß am nächsten Tag mit nachhaltiger Verteidigung des Gegners zu rechnen sei. So entschloß sich der Divisionskommandeur für den 21. 6. zum planmäßigen Angriff aus der Bereitstellung mit Schwerpunkt gegen Bourg – Bruche unter voller Ausnützung der schweren Waffen und Artillerie.« [15]
Und weiter: »Dies bedeutet nicht weniger, als daß der Abschluß der erfolgreichen Kämpfe durch einen eindeutigen, vollständigen Sieg in greifbarer Nähe lag und seine weit über den Abschnitt der Division hinaus wirksame, endgültige Herbeiführung vertrauensvoll in die Hand des Kommandeurs der jungen 6. Geb. Div. gelegt worden war. Jede Spur einer nach den rastlosen Anstrengungen der Vortage begreiflichen Ermüdung war«, so Hauptmann i. G. Georg Gartmayr in seinem Bericht, »schlagartig verschwunden«. [16]
Voller Begeisterung notierte Schörners Oberbefehlshaber Wilhelm Ritter von Leeb am 22. Juni 1940 in seinem Tagebuch: »Erfolg des gesamten Angriffs der H. Gr. C. ist größer und umfangreicher als jeder bisher erreichte Erfolg.« [17]
Schörners Anteil daran war groß. Am 25. Juni 1940 schwiegen die Waffen zwischen Deutschland und Frankreich endgültig. Der Westfeldzug war beendet. Eine vorläufige Zusammenstellung des französischen Generals Weygand nannte 121937 gefallene und 250107 verwundete französische Soldaten. Die Niederländer verzeichneten rund 2000, die Belgier nahezu 3000 Tote. Darüber hinaus wurden an der Westfront ca. 1,9 Millionen Soldaten des Gegners gefangengenommen. Das Oberkommando der Wehrmacht gab die deutschen Verluste mit 27074

Toten, 111034 Verwundeten und 18384 Vermißten an. Einen nicht unwesentlichen Teil davon hatten die deutschen Gebirgstruppen unter Schörner (6. Gebirgs-Division) und Kübler (1. Gebirgs-Division) zu verzeichnen.

Es war in den letzten Tagen des Monats Juni, als Schörner die Offiziere seines Gebirgsgroßverbandes in das Théâtre Municipal von St. Dié befahl. Dort, in der Stadt an der Meurthe, hatte er seinen Divisionsgefechtsstand eingerichtet und das ganze Rathausviertel aus Gründen der Sicherheit von der Zivilbevölkerung evakuieren lassen.

»Er gab einen Rechenschafts- und Erfolgsbericht, der den Beitrag der Division an diesem Feldzug ins hellste Licht rückte. Zuvor hatte er die ›einzigartige Genialität des Führers‹ gebührend herausgestrichen, der den Plan zu diesem ›glänzendsten Feldzug‹ der deutschen Geschichte persönlich entworfen habe. Wer ihn hörte«, so Reinfried, »mußte den Eindruck gewinnen, seine Gebirgsdivision habe – vom Führer abgesehen – den Feldzug entschieden und dem Feind den endgültigen Todesstoß versetzt. Vielleicht glaubte er es wirklich, wahrscheinlich war es Berechnung. Auch das Prestige eines militärischen Führers mußte gepflegt werden.« Denn, so der spätere Präsident der Mannheimer Bundesakademie für Wehrverwaltung und Wehrtechnik, der es auf Grund seiner späteren Dienststellung ja ganz genau wissen mußte, »es beruht [wie in der höheren Beamtenhierarchie] nicht zuletzt auf der Kunst der Selbstdarstellung« [18] – und auf den Schultern des subalternen Bereiches!

In seinem Vortrag hatte Schörner unter anderem auch die »künftigen Aufgaben« angesprochen, auf die sich seine Offiziere vorbereiten sollten. »Für welche Aufgaben?« rätselten sie nun herum. [19]

Doch schon bald tauchten die Namen neuer Operationen und Unternehmungen auf. Sie wurden mit »Seelöwe« und »Felix« bezeichnet. Hinter dem letzteren verbarg sich die Eroberung der britischen Seefestung Gibraltar, hinter dem ersteren das Landungsunternehmen auf den britischen Inseln, denn Churchill zeigte weiterhin grimmige Kampfentschlossenheit, nachdem er als britischer Premierminister die Hauptrolle seines bewegten politischen Lebens erhalten hatte. Der Krieg ging nun zwangsläufig weiter.

So war es kein Wunder, daß Schörners 6. Gebirgs-Division nach einem Zwischenaufenthalt im Raum südlich von Belfort und östlich von Besançon sowie in gefährlicher Nähe der Schweizer Grenze und auf den Höhen des Jura, wo Beobachtungsstellen bezogen worden waren, Ende Juli 1940 in die Normandie verlegt wurde, und zwar in den Raum südöstlich von Caen, wobei die Verbände innerhalb der »Gruppe Le Havre« zum Einsatz kommen sollten. Schörners Divisionsstab lag in Thury-Harcourt, die Stäbe seiner Regiments-Kommandeure waren in kleinen Städten und Dörfern rund fünfzehn Kilometer hinter der Steilküste untergebracht. Nachdem auch noch Kartenmaterial von der Südostküste der britischen Inseln ausgegeben wurde, war auch dem letzten klar, daß es jetzt gegen England ging. [20]

Es war am 15. August 1940, als Schörner, der am 1.8.40 zum Generalmajor befördert worden war, eine Offiziersbesprechung in das Strandcasino von Cabourg anordnete. »Auf der Bühne war nicht nur ein Rednerpult für den General bereitgestellt, es hingen dort auch zahlreiche Karten der englischen Süd- und Südostküste im Großformat«, schildert Reinfried die Stimmung. »Wie gewohnt, begann Schörner seine Rede mit Lobeshymnen auf den ›Führer‹ und seine ›geniale Einzigartigkeit‹ als oberster Feldherr. Es folgte dann allerlei kleinkariertes Gefasel. Schörner [...] vermochte zu keiner Zeit Geltungssucht und theatralisches Pathos abzulegen. Gerade dieser Charakterzug sollte sich an diesem Tage vor den versammelten Offizieren der Division bis ins Absurde steigern. Schörner redete sich in die furiose Vision einer ›großen, der letzten Schlacht‹ hinein. Langsam hob sich die rückwärtige Wand der Bühne, auf der er sprach. Der Blick der Zuhörer verlor sich in der blau-grauen Weite der See. Im Dunst, weit draußen, wo Himmel und Wasser sich berührten, konnte man mit einiger Phantasie das Steilufer jenseits des Kanals, die englische Küste erahnen. Da stand er, der ›große Schörner‹, in der imperialen Geste eines Julius Caesar oder William the Conqueror. Mit erhobenem Arm wies er auf jenes Ziel. Beschwörend rief er seinen Offizieren zu: ›Schaut dorthin! Wir werden hinüberfahren. Des stolzen Englands Tage sind gezählt. Der Morgen unserer Landung ist nahe. Wir werden ihn ebenso gründlich vorbereiten, wie heißen Herzens ersehnen!‹ Betretene Stille, kein Beifall. Die Nüchternen kannten das Risiko und den Mangel an Vorbereitung.« [21]

In der Tat: Schon die Vorkehrungen zum Unternehmen »Seelöwe« erwiesen sich als ein Schlag ins Wasser. »Die hastig angesetzte Verladeübung eines Jägerbataillons und einer unserer Batterien nahm einen verheerenden Verlauf. Soldaten, Pferde und Maultiere samt Waffen und Geräten wurden in Binnenschiffen und Prähme hineingepfercht, die vom Rhein und der Seine überstürzt abgezogen und improvisiert am Heck mit einer Landungsklappe versehen worden waren. Bei dem hohen Wellengang rissen sich die Tiere im Bauch der schwankenden Schiffe los, rasten in wilder Panik im dämmrigen Raum gegen die

Schiffsplanken, bäumten sich, schlugen aus, die Soldaten konnten sie nicht mehr halten und mußten sich vor ihnen in Sicherheit bringen. Die meisten wurden in den paar Stunden seekrank, spien fürchterlich und lagen wie tot auf dem Schiffsboden ausgestreckt. Es spielten sich schlimme Szenen ab. Die Übung endete mit einem totalen Fiasko. Sie mußte abgebrochen werden.« [22]
Nachdem die britische Luftwaffe einen Teil der in den Kanalhäfen zusammengezogenen Schiffe, Prähme, Dampfer und Schlepper bombardiert hatte und die deutsche Luftherrschaft über dem Kanal und Südengland nicht zu erzwingen war, wurde das Unternehmen »Seelöwe« verschoben – und zwar unter anderem vom August 1940 auf den September, vom 21. September auf den 12. Oktober 1940 und dann wiederum auf das Frühjahr 1941. Schließlich wurde es zur sichtbaren Erleichterung der dafür vorgesehenen Truppen ganz abgebrochen. Der Seelöwe hatte ausgebrüllt, noch bevor er zeigen konnte, was wirklich in ihm steckte. Die Armeekorps und Divisionen, die Regimenter und Abteilungen, die Bataillone und Batterien, die ihn mit Leben hätten erfüllen sollen, wurden nach und nach ab- und zu einer anderweitigen Verwendung herangezogen. Unter ihnen befand sich auch Schörners 6. Gebirgs-Division, die mit ihrem gelben Edelweiß an den Fahrzeugen wieder heimwärts rollte.

3. Der Sieger von Athen

Semmering. Welch klangvoller Name! Es war nicht seine Höhe, die ihn einst so gefürchtet machte, sondern seine kühne Trassenführung zwischen dem dicht bevölkerten Wiener Becken und der dünn besiedelten Mur-Mürz-Furche im niederösterreichisch-steirischen Grenzgebiet. [23] Hier, in dieser verschneiten Bergeinsamkeit, lag Schörners 6. Gebirgs-Division und bereitete sich durch eine intensive Winterausbildung in Hochlagern auf die bevorstehenden Aufgaben vor. Nachdem im Januar 1941 sämtliche Urlaubsgesuche abgelehnt wurden, war klar, daß diese schon bald bevorstanden, zumal den Offizieren, Oberjägern und Mannschaften nicht verborgen geblieben war, daß sich die militärpolitische Lage für das Großdeutsche Reich trotz des Siegeszuges seiner Armeen während des Polen-, Skandinavien- und Westfeldzuges keineswegs stabilisiert hatte.

Im Gegenteil: Hitlers Hoffnungen, den Krieg 1940 durch einen Sieg über England im Westen zu beendigen, hatten sich nicht erfüllt. Schon zogen neue, schwere Gewitterwolken am südosteuropäischen Himmel herauf, die, Blitz und Donner speiend, auf eine Ausweitung des Zweiten Weltkrieges hindeuteten. Was war geschehen?

Während Hitler im Herbst 1940 noch nach politischen und militärischen Verbündeten Ausschau hielt, eröffnete Italien auf eigene Faust von Albanien aus einen Angriff auf Griechenland, was keineswegs seinen Wünschen und Plänen entsprach. Denn der gekränkte Mussolini versuchte sein angekratztes Prestige mit einem siegreich geführten Feldzug auf dem südosteuropäischen Kriegsschauplatz aufzupolieren, da die deutschen Erfolge in Polen, Frankreich und Norwegen sowie die militärische und wirtschaftliche Durchdringung Rumäniens durch das Reich ihn nicht zur Ruhe kommen ließen. Der Duce, der das Mittelmeer als »mare nostrum«, als sein Meer betrachtete, strebte dort für Italien eine Hegemonialmacht nach dem Vorbild des Römischen Weltreiches an. Aber seine Italiener konnten sich nicht gegen die Griechen durchsetzen. Vielmehr drangen diese im Winter 1940/41 siegreich in das italienisch besetzte Albanien vor. Als es dann noch in Jugoslawien zu einem Sturz der deutschfreundlichen Regierung kam, griff die Wehrmacht Jugoslawien und Griechenland an. Im letzten großen »Blitzkrieg«, der wiederum mit einer »Präzision und Sicherheit ohnegleichen abrollte« [24], wurden die beiden Länder besiegt.

In den Sog dieser militärpolitischen Ereignisse wurde auch die deutsche Gebirgstruppe hineingezogen – und zwar mit der 1. und 4. Gebirgs-Division, die sich am Jugoslawienfeldzug beteiligten, und mit der 5. und 6. Gebirgs-Division, die von Rumänien und Bulgarien aus gegen Griechenland Schulter an Schulter eingesetzt wurden. Generalfeldmarschall Wilhelm List war der Oberbefehlshaber der 12. Armee, die den Griechenlandfeldzug zu bestreiten hatte. Der General der Gebirgstruppe Franz Böhme befehligte als Kommandierender General das XVIII. Gebirgs-Armeekorps, dem Schörners 6. und Ringels 5. Gebirgs-Division unterstanden. Für ihn, Schörner, stand damit von vornherein fest: Dieses Mal wollte er der Primus inter pares sein. Und um das zu erreichen, war ihm während seines Feldzuges durch die griechische Metaxaslinie über das Gebirge des Olymp zum Angriff über den Pinios und um die historischen Thermopylen mit dem anschließenden Einzug in Athen jedes Mittel recht.

Zunächst ging es zwischen dem 12. und 29. Februar 1941 in 79 Truppentransportzügen vom steirischen Semmering durch Ungarn nach Rumä-

nien in die Bereitstellungsräume von Oltenien. Hier ließ es Schörner jedoch nicht nur bei Richtlinien über die Ausbildung, die wieder verstärkt betrieben wurde, bewenden, sondern er erteilte auch ganz klar umrissene Verhaltensregeln für seine ihm anvertrauten Soldaten. Eine wahre Papierflut ging in dieser Zeit auf die Truppe nieder. »Dann kam der Befehl über das ›Weibsvolk‹ in Rumänien und über eindringliche Belehrungen zur Verhütung von Geschlechtskrankheiten«, erinnerte sich Karl Ruef. »Und dann kam ein Sonderbefehl, demzufolge ein Unteroffizier wegen Selbstverstümmelung und Nichtbefolgung eindeutiger Befehle zum Tode verurteilt worden war – er hatte sich den Tripper geholt. Dieser Befehl mußte nachweislich allen Soldaten zur Kenntnis gebracht werden.« [25]
Die erste Maßnahme entsprach der Fürsorgepflicht eines Vorgesetzten, der für das Wohl und Wehe seiner Untergebenen zu sorgen hat. Schörners Fürsorgepflicht war in dieser Beziehung sehr ausgeprägt. Der Befehl, der dann folgte, war als massive Drohung gedacht, denn »es steht eindeutig fest, daß dieser Unteroffizier nie existiert hat und daß weder ein Verfahren noch eine Verurteilung durchgeführt worden war«. [26] Das, was als Abschreckung gedacht war, um Schaden von der Truppe abzuwehren, wurde später vielfach zum Bumerang für Schörner. Denn er mußte sich nicht selten für »Tote« verantworten, die nie existiert haben – ausgenommen in seinen gnadenlosen Befehlen. [27]
Mit dem Damoklesschwert derartiger »Todesurteile«, die in der Nachkriegszeit wie ein Fallbeil auf ihn herniedersausten, brach Schörner am 2. März 1941 mit seinen Gebirgssoldaten auf und setzte über eine 800 Meter lange Pontonbrücke über die Donau nach Bulgarien über. Nun folgten nicht weniger als zwölf lange Marschtage, in denen die »Sechste« rund 430 Kilometer vom Norden des Landes nach dem Süden zurücklegte, um bei Petritsch in Bereitstellung zu gehen, und zwar immer in einer gnadenlosen Konkurrenz zur 5. Gebirgs-Division, denn der knallharte Schörner »wollte mit Hilfe seiner Truppe schneller, besser, schlagkräftiger und anerkannter sein« [28] als der väterliche Ringel. Mit welcher Verbissenheit hier gegen den anderen zu Felde gezogen wurde, das veranschaulicht uns folgender Vorgang:
»Die verschiedenen Vorfälle der nachwandernden 5. Geb. Div. sind mir bekannt«, drohte Schörner mit einem Seitenhieb auf den weicheren Ringel. »Wenn ich mich trotzdem dazu entschlossen habe, dieser jungen Geb. Div. gegenüber Nachsicht zu üben, so geschieht dies aus Gründen des Verständnisses für ihre derzeitige bedauerliche Lage. Scharf verurteile ich aber jedenfalls die merkwürdige Methode, Vorfälle bei unseren

Marschgruppen an das übergeordnete Korps zu melden. Ich habe dieses Unterfangen zunächst als einzigartig in der jetzt 26jährigen Geschichte der deutschen Gebirgstruppe festgestellt.« [29]
Im Gefechtsbericht über den Durchbruch durch die griechische Metaxaslinie beklagte sich dann wenig später Ringel: »Wenn nun höheren Ortes, trotz des schweren und siegreichen Kampfes, die größeren Leistungen und Erfolge den im Nachbarabschnitt eingesetzten Divisionen (6. Geb. Div. und 2. Pz. Div.) durch schnelleres Erreichen von Saloniki zugebilligt werden, so erhöht das die Trauer der 5. Geb. Div. um das kostbare Blut, das beim Durchbruch der Metaxas-Linie vergossen wurde.« [30]
Nein, hier war von der so viel beschworenen und in der Nachkriegszeit von verklärungssüchtigen Vereinigungen an den Stammtischen zum besten gegebenen Kameradschaft zwischen den einzelnen Gebirgsverbänden und ihren Generalen nicht viel zu spüren. Im Gegenteil: Die Rivalität nahm von Tag zu Tag zu, je länger der Krieg dauerte.
Das Belasica-Gebirge grüßte mit seinen Höhen zwischen 1600 und 2000 Metern Schörners Gebirgssoldaten. Diese waren fasziniert. Sie hatten vor ihren militärischen Leistungen voneinander nicht selten mehr Hochachtung als ihre Kommandeure. In der Nacht vom 4. auf den 5. April 1941 und tags darauf brachen rund 12000 Jäger in verschiedenen Marschkolonnen zum mühsamen Aufstieg auf. »Ein wunderbares Bild«, notierte Alfred Richter, dieser feinsinnige Gebirgsjäger, der später als begabter Maler mit dem österreichischen Professorentitel ausgezeichnet wurde, in seinem Kriegstagebuch. »Im tiefen Blau des Nachthimmels leuchten die Sterne, gespenstisch ragen alte, mit Flechten behangene, kahle Bäume ins helle Mondlicht und unten, im Dunkeln, Schattenbildern gleich, stiegen Männer und Tragtiere mit schweren Lasten den steilen Serpentinenweg hinauf. Im oberen Teil liegt noch sehr viel Schnee. Der Weg ist arg aufgeweicht und fordert von den Tragtieren größte Anstrengungen.« [31]
Sowohl Schörner als auch Ringel hatten den Auftrag erhalten, die als uneinnehmbar geltende Metaxaslinie der Griechen zu durchbrechen. Schörners »Sechste« kämpfte links von Ringels »Fünfter«. Diese Linie war ein mit Bunkern aus Stahl und Beton durchsetztes, abwehrbereites Bollwerk, das sich geschickt in den gewachsenen Fels und in die bis zu 2000 Meter hohen Bergen einfügte – und zwar: Kongur (1930 m), Rupesco (1951 m), Popotliwitsa (1697 m), Sultanitsa (1447 m), Istibei (1335 m), Letsitsa (958 m), Kelkaja, Arpuluki und der Punkt 307. Das Werk Kelkaja stellte den linken Pfeiler dieser Verteidigungslinie dar.

In vorderster Front standen Schörners Gebirgspioniere mit ihren Ladungen und Sprenggeräten, um die Bunker für seine nachfolgenden Gebirgsjäger zu knacken. Das schwierige Gelände der mazedonischen Bergwelt berücksichtigend, war der Angriffsplan nach den vorangegangenen Erkundungen festgelegt worden, um einen optimalen Erfolg zu garantieren. Dieser sah (kurz umrissen) folgendermaßen aus.

1. Schwerpunkt auf Grund der Wegverhältnisse links erzwingen.
2. Überraschender Vorstoß über den Grenzkamm zwischen Bulgarien und Griechenland.
3. Nach Überschreiten desselben Angriff ins Kumlital mit sechs Kolonnen durchführen.
4. Auf Grund des Fehlens von schwerer Artillerie und Fliegerunterstützung wuchtige Angriffe durchführen, um die ersten Verteidigungsstellungen früh zu durchbrechen.
5. Verlastete Gebirgsgeschütze werden umgehend nachgezogen, um den Angriff wirksam zu unterstützen.
6. Sicherung der Versorgung muß gewährleistet sein, um Munition, Verpflegung und Gerät heranzuführen. [32]

Schörners abschließende Angriffsgruppierung umfaßte für seine Gebirgs-Division zwei verstärkte Kampfgruppen – und zwar:

Rechts: Gebirgs-Jäger-Regiment 143, unterstellt 1 Kompanie Gebirgs-Pionier-Bataillon 91 und die I./Gebirgs-Artillerie-Regiment 118. Bereitstellung am halben Hang südlich Gabrene.
Links: Gebirgs-Jäger-Regiment 141, unterstellt 1 Kompanie Gebirgs-Pionier-Bataillon 91, II./Gebirgs-Artillerie-Regiment 118 und I./Gebirgs-Artillerie-Regiment 95 der 5. Gebirgs-Division. Dazu ein Zug 3./Flak-Abteilung 85. Die Gebirgs-Aufklärungs-Abteilung 112 hatte hinter dem Regiment zu folgen. Bereitstellung am halben Hang südlich Kolarevo.
Divisionsreserve: 1./Gebirgs-Jäger-Regiment 141.
Divisionsgefechtsstand: Mit Beginn des Angriffs vor dem Kupa-Paß. [33]

Trotz des heftigen griechischen Widerstandes hatte die 6. Gebirgs-Division bereits am ersten Angriffstag in breiter Front mit sechs Bataillonen das überaus schwierige, hohe und steile Gebirge überschritten und darüber hinaus zwei gegnerische Stellungslinien niedergerungen

und durchbrochen. So stand die Masse der »Sechsten« – allen anderen Divisionen voraus! – bereits am 6. April 1941 im Kumlital, von wo aus sie zum Kampf gegen die Metaxaslinie aufbrach. Der OKW-Bericht vom 7. April 1941 berichtete darüber wie folgt:
»Angesichts des Vordringens britischer Landungstruppen aus dem griechischen Raum nach Norden und der bekanntgewordenen Vereinigung mit der mobilisierten griechischen Wehrmacht sind Verbände des deutschen Heeres heute 5 Uhr früh zum Gegenangriff angetreten.«
Und am 9. April 1941 berichtete das OKW über die schweren Kämpfe an der Metaxaslinie: »An der griechischen Grenze durchbrachen dem Generalfeldmarschall List unterstehende Gebirgs- und Infanterie-Divisionen nach erbittertem Ringen die sogenannte Metaxaslinie, einen in jahrelanger Arbeit in das Gebirge eingebauten neuzeitlichen Befestigungswall.«
Eine Sondermeldung vom selben Tage verkündete über die Gefechte, an denen auch Schörner beteiligt war: »Nach dem Durchbruch durch den Rupel-Paß, der von den Griechen zäh und erbittert verteidigt wurde, und nach Einnahme von Saloniki hat die ostwärts des Wardar kämpfende griechische Armee in Erkenntnis ihrer aussichtslosen Lage die Kapitulation angeboten und die Waffen gestreckt.«
Am 10. April 1941 kapitulierte aber auch das starke Festungswerk Paljurjones, wobei sich zehn Offiziere, darunter der Kommandant, und über 400 Mann ergaben. Nachdem Saloniki am 9. April eingenommen worden war, wurden die noch in Thrazien an der Metaxaslinie stehenden griechischen Verbände zur Übergabe gezwungen. Der Weg nach Athen schien damit freigekämpft zu sein.
Wer jedoch geglaubt hatte, er könne sich wenigstens kurzzeitig auf seinen griechischen Lorbeeren ausruhen, der sah sich bitter enttäuscht. Denn einmal den Erfolg hautnah erlebt, peitschte Schörner seine Gebirgssoldaten nun um so erbarmungsloser vorwärts, um nicht nur den Gegner, sondern auch seinen Rivalen Ringel zu besiegen. So ging es im Verfolgungsrausch an Saloniki vorbei zum altgriechischen Götterberg Olymp, wo seine Division noch einen gegnerischen Widerstand zu brechen hatte.
Selbst stets in vorderster Linie, dirigierte Schörner seine Regimenter an Ort und Stelle durch persönliches Eingreifen in die gewünschte Richtung. Das Tempo, das er vorlegte, war derart atemberaubend, daß ihm gar mancher seiner Gebirgsjäger den Tod wünschte. »Als das an der Spitze der Marschkolonne marschierende Jägerbataillon, voran ein Pionierzug, den Vadar überschreitet, ist noch keine Flaksicherung

aufgebaut. Dieser Leichtsinn kostet 10 Mann das Leben. [. . .] Man hat sie mit Zeltbahnen zugedeckt. Manch einer kann es nicht unterlassen, aus der Marschkolonne zu laufen und unter die Zeltbahnen zu gucken, in der stillen Hoffnung, unter ihnen den toten Schörner zu finden.« [34] Denn, so Richter, »ihm allein wird die Schuld an der unverständlichen Hast des Vormarsches unter Außerachtlassung nötiger Sicherheitsmaßnahmen und rücksichtsloser Überforderung menschlicher Kräfte gegeben.« [35]

Nun braute sich »über dem Olymp [. . .] im wahrsten Sinne des Wortes ein Gewitter zusammen. Das Gipfelmassiv war mit dunklen Wolken verhängt und der ›Fahnenspähtrupp‹ kämpfte sich durch einen beißenden Schneesturm auf den Vorgipfel, wo die Flagge entfaltet wurde. Später gab es darüber noch heftige Worte, weil ein Spähtrup der 5. Gebirgs-Division ebenfalls den Olymp erstiegen und gemeldet hatte, die Männer der Sechsten könnten unmöglich ›den‹ Olymp-Hauptgipfel erstiegen haben.« [36] Das war am 19. April 1941.

Es war jedoch nur eine von vielen Zwistigkeiten auf dem weiten Vormarsch nach Athen; aber um so mehr eine symptomatische, die die ganze Rivalität zwischen den verschiedenen Gebirgsverbänden schonungslos aufdeckte. Nein, es war mehr als ein sportlicher Wettstreit um den Siegeslorbeer, der dem Erstplazierten dieses gnadenlosen Wettrennens auf der antiken Akropolis winken sollte. Es war Neid, ja zuweilen Mißgunst und Haß auf den anderen, der unter Umständen erfolgreicher sein könnte. Die Lobhudelei um Kübler und Dietl, die kein Ende nehmen wollte, war Schörner schon zuviel. Und jetzt sollte er sich gar mit dem populären General Ringel im sonnigen Griechenland herumschlagen und dabei noch die Spielregeln der Kameradschaft beherzigen? Nein, das war zuviel von ihm verlangt. Er, nur er allein wollte jetzt als Sieger von Athen in die Geschichtsbücher eingehen. Da war für einen anderen kein Platz. Dieser hatte sich gefälligst hinter ihm einzureihen!

Die griechische Hauptstadt mit ihren antiken Bauwerken und Tempeln vor Augen, trieb Schörner seine Gebirgssoldaten und die nimmermüden Tragtiere in einer letzten übermenschlichen Kraftanstrengung vorwärts. Noch lagen zwischen seinen Verbänden und dem verlockenden Ziel die neuseeländischen Stellungen in der Tempi-Schlucht und die britischen Truppen am Thermopylen-Paß. Um beides handstreichartig in die Hand zu bekommen, bediente er sich eines ordinären Taschenspielertricks, der bei den Soldaten immer zieht und ihre Sinne wie Opium betäubt.

Um Ringel zuvorzukommen, setzte Schörner nicht nur auf das Prinzip von Befehl und Gehorsam, sondern mehr noch auf die Auftragstaktik, also auf die Maxime des »Führens durch Auftrag«, die generell als ein Schlüssel des militärischen Erfolges der deutschen Armee im 19. und 20. Jahrhundert betrachtet werden kann. Darüber hinaus versprach er den jeweiligen Führern und Unterführern bei einem Erfolg das Ritterkreuz in die ausgestreckte Hand. Derart motiviert kam es zu Handstreichen, die so ganz nach seinem Geschmack waren.

Als der Pinios bei Evangelimos den Angriffsfluß hemmte, stürzte sich der Gefreite Helmut Valtiner am 18. April 1941 als Spähtruppführer der 1. Kompanie des Gebirgs-Jäger-Regiments 143 mit einem leichten Maschinen-Gewehr beherzt in die reißenden Fluten des eiskalten Gebirgswassers und riß mit seinem kühnen Angriffsschwung seine Kameraden mit sich, so daß sie am südlichen Ufer einen kleinen Brückenkopf bilden konnten. Nachdem man den ersten Schritt getan hatte, vollzog sich der zweite fast routinemäßig. Valtiner erhielt für diesen Kampfeinsatz am 13. Juni 1941 in der Tat als zweiter Mannschaftsdienstgrad der Wehrmacht das von Schörner in die Hand versprochene Ritterkreuz des Eisernen Kreuzes. Mehr noch: Er wurde von seinem Divisions-Kommandeur fortan vorzugsweise behandelt – und zwar so lange, bis sich der Südtiroler in den Augen seines gestrengen Generals später zu seinem Nachteil entwickelte, weil er nach Schörners Meinung der Arbeit gerne aus dem Wege ging und statt dessen viel lieber in folkloristischer Aufmachung dem süffigen Rotwein seines Landes frönte. [37]

Noch ein anderer machte sich auf die Suche nach Schörners versprochenem Ritterkreuz: der Oberleutnant Peter Jacob [38], für den sich der »Ferdl«, wie er zuweilen von seinen Jägern liebevoll genannt wurde, einen Sonderauftrag ausgedacht hatte. Hierfür gab er dem Kompanie-Chef im I. Bataillon des Gebirgs-Jäger-Regiments 143 noch einen Jäger- und einen Pionierzug sowie eine schwere Granatwerfergruppe mit auf den gefahrvollen Weg. Da Leni Riefenstahls Mann ein verwegener Bursche war, waren nicht wenige der Überzeugung, daß sie diesen Auserwählten entweder mit dem Ritterkreuz oder überhaupt nicht mehr wiedersehen werden. Etwas anderes kam bei diesem Offizierstyp nicht in Frage. Und da sein Divisions-Kommandeur es genauso sah, rieb er sich insgeheim schon die Hände, weil er vom glücklichen Ausgang des Unternehmens in Sichtweite des fast 3000 Meter hohen, schneebedeckten Massivs des Olymp felsenfest überzeugt war.

In der Tat: Beherzt eilte der schneidige Oberleutnant mit seinen Männern durch die Ebene Thessaliens. Todmüde, aber glückselig rückte er mit seiner verstärkten 2. Kompanie und einer Panzerspitze als erste deutsche Einheit in dem aufregend klingenden Larissa ein. Jacob hatte

Schörners Auftrag ausgeführt und den britischen Rückzug entscheidend blockiert, so daß der Gegner in Panik die Stadt verlassen hatte. Daher erhielt auch er am 13. Juni 1941 aus der Hand seines Divisions-Kommandeurs das begehrte Ritterkreuz des Eisernen Kreuzes. Schörner selbst war damit bereits am 20. April 1941, also an Hitlers Geburtstag, ausgezeichnet worden. [39]

Von der Metaxaslinie führte Schörners Weg zum Olymp und von dort zu den Thermopylen, die er unter der Führung des XVIII. Gebirgs-Armeekorps zu öffnen hatte. Hier, auf dem historischen Schlachtfeld des Altertums [40], wurden die englischen Landungskräfte unter wesentlicher Mitwirkung seiner Gebirgs-Division erneut geworfen und zum Verlassen des griechischen Festlandes gezwungen. Aber noch war es nicht soweit, denn nach der Kapitulation der griechischen Armee am 20. April 1941 war klar, daß es für die Briten nun darum ging, unter Zeitgewinn mit möglichst geringen Verlusten auf ihre Schiffe, die an der attischen und peloponnesischen Küste ankerten, zu kommen. Um das ungestüme Vorwärtsdrängen von Schörners »Blumenteufeln« aufzufangen, wählten die Briten die klassische Verteidigungsstellung der Thermopylen, wo im Altertum die 300 tapferen Spartaner unter Leonidas das gewaltige Heer der Perser aufgehalten hatten.

»Ich selbst hatte die Hoffnung nicht aufgegeben, den Gegner an den Thermopylen endgültig zum Stehen zu bringen«, bekannte Churchill in seinen Erinnerungen. »Jahrtausende versanken. Warum keine neue unsterbliche Waffentat?« [41]

Max Josef Pemsel, der letzte Kommandeur von Schörners 6. Gebirgs-Division und der erste Kommandierende General des II. Korps der Bundeswehr, schildert uns die nun folgenden Kampfhandlungen aus seiner Sicht:

»Unsere überlegene Luftwaffe bedrängte den auf die Thermopylen zustrebenden feindlichen Truppenstrom bei schönem Wetter unaufhörlich, viele ausgebrannte Fahrzeuge zeigten seinen Weg.

An der Furka-Paßstraße, die von den Engländern abgesprengt war, drängte sich Gebirgs- und Panzertruppe vorwärts. [. . .] Bemerkenswert war die Wahl der Verteidigungsstellung an den alten Thermopylen durch die Engländer: Sie verteidigten sich nicht in, sondern hinter der Enge. In den Olivenhainen um Molos war die gut getarnte, besonders starke Artillerie aufgestellt. Die Schwäche der Stellung lag in der Bedrohung der offenen Flanke durch weitreichende feindliche Artillerie über den Golf von Lamia hinweg. Beiderseits der neuen Thermopylen-

straße standen die Engländer mit starken infanteristischen Kräften, aber schwächerer Art[illerie]. Für eine längere Verteidigung fehlte es den Engländern an stärkeren Reserven. Panzer kamen beim Verteidiger nicht zum Einsatz, seine Luftwaffe trat kaum in Erscheinung.
Die Panzer der 5. Panzer-Division fuhren in ungestümem Vorwärtsdrang in die Thermopylenenge ein. Die Engländer eröffneten das mörderische Feuer ihrer Artillerie erst dann, als eine Reihe von Panzern die Enge passiert hatten. Mehrere Panzer wurden durch Treffer außer Gefecht gesetzt. Der Panzerangriff war abgeschlagen. Unsere schnelle Artillerie, die deutschen Stukas, deckten nun die englischen Stellungen mit einem Hagel von Bomben ein. Aber auch ein erneuter Panzerangriff, der im Verein mit der Aufkl.-Abtlg. der 6. Gebirgs-Division vorgetragen wurde, blieb ohne sichtbaren Erfolg. Inzwischen war das Gebirgs-Jäger-Regiment 143 im Anstieg auf die obere Höhenstufe über die Enge, hatte schwachen Feindwiderstand gebrochen und kam bis zum Abend etwa auf die gleiche Höhe mit der Thermopylenenge. Unten im Tal stieß in der Nacht vom 23./24. April die Aufkl.-Abtlg. der 6. Geb.-Div. durch die Enge bis in die flüchtig geräumten Artilleriestellungen der Engländer, die viele Geschütze zurückgelassen hatten. Zweifellos hatte das Erscheinen eines Gebirgs-Jäger-Regiments auf der beherrschenden Höhe über den Thermopylen die sehr starke englische Stellung vorzeitig zu Fall gebracht. [...]
Gegen die englische Stellung an der neuen Thermopylenstraße ging das G[ebirgs]-J[äger]-R[egiment] 141 an den Osthängen des Oetagebirges vor und konnte überraschend Flanke und Rücken der Engländer angreifen. Nach mehrstündigem Kampf stieß das Regiment am frühen Morgen des 25. April bis an die Straße bei Gravia durch.« [42]

An jenem 25. April 1941 schrieben die »Innsbrucker Nachrichten«: »In Griechenland wurde der Thermopylen-Paß durch umfassenden Angriff genommen, der Feind damit aus einer besonders starken und seit langem ausgebauten Verteidigungsstellung geworfen. An diesem Erfolg haben wieder Gebirgstruppen hervorragenden Anteil.« [43]
Für den Pour-le-mérite-Träger war jetzt der Weg in die griechische Metropole endgültig frei. Am 26. April 1941 erreichte er den Stadtrand. Tags darauf zog er als »Sieger von Athen« Richtung Akropolis, wo seine Gebirgssoldaten unter Oberstleutnant Elsnitz die deutsche Reichskriegsflagge auf den klassischen Ruinen hißten, was »einen starken Eindruck auf den Führer [...] machte«. [44] Währenddessen rollten deutsche Panzer durch die engen Straßen der historischen Altstadt.

Noch am selben Tage wurde Schörner zum Stadtkommandanten von Athen ernannt und dem Oberbefehlshaber der 12. Armee (seit Ende Mai »Oberbefehlshaber Südost« mit Sitz in Athen) direkt unterstellt. Seinen Divisionsgefechtsstand schlug Schörner im Nobelhotel »King George« auf. Dort erließ er am 29. April 1941 einen Tagesbefehl, in dem er die Kampfhandlungen seiner 6. Gebirgs-Division nochmals Revue passieren ließ:

»Der Feldzug gegen Griechenland ist beendet.
Ihr habt über 1000 Kilometer seit Rumänien und Bulgarien und in harten Kämpfen durch Griechenland an der Spitze des Gebirgskorps und unserer Armee zurückgelegt: Hitze und Kälte, Hunger und Nässe habt ihr in soldatischer Härte ertragen, an Einsatzbereitschaft und Kampfgeist nicht das Geringste eingebüßt. Das Belasica-Grenzgebirge und Krusia Oros, die Flüsse Aliakmon und Pinios, der Tembi-Paß, Larissa und Thermopylen werden unvergängliche Namen in der Geschichte der 6. Gebirgsdivision und darüber hinaus in der Geschichte der deutschen Gebirgstruppen bleiben. Die Anerkennung höchster Vorgesetzter wurde euch in reichem Maße zuteil.
Ihr habt die Tradition ruhmreicher deutscher Regimenter gegen einen zähen, tapferen Feind gewahrt, euch würdig an die Seite der besten deutschen Offensivdivisionen gestellt und das Edelweiß in treuer Waffenkameradschaft mit den Panzerdivisionen, der Flaktruppe und den Kampffliegern zum steten Sieg geführt. Ich danke euch und bin mit euch stolz auf den Siegeszug der 6. Gebirgsdivision.
Heute steht ihr vor den Toren der feindlichen Hauptstadt Athen, auf deren Burg Akropolis am 27. April um 08.10 Uhr ein Spähtrupp unserer Panzerjäger als erster die Reichskriegsflagge hißte.
Der Führer und Oberste Befehlshaber hat für den 3. Mai einen Vorbeimarsch in Athen befohlen; an der Spitze sämtlicher Truppen marschiert die 6. Gebirgsdivision. Unmittelbar hinter uns werden italienische Truppen und Panzerdivisionen vorbeimarschieren, über uns Luftstreitkräfte hinwegbrausen.
In diesem historischen Augenblick gedenken wir in stolzer Trauer unserer Toten, die dieses Ziel nicht mehr erleben, sondern nur erstreben konnten. Noch ist der Endsieg nicht erkämpft, England noch nicht völlig niedergeschlagen. Wir werden als Soldaten des Führers neue Aufgaben, die uns der Oberste Befehlshaber stellt, ebenso lösen wie die bisherigen.
Es lebe der Führer, es lebe Großdeutschland!

gez. Schörner«

Dem 3. Mai 1941 fieberte Schörner voller Ungeduld entgegen. An diesem denkwürdigen Tage waren die Straßen Athens mit Hakenkreuzfahnen übersät. Vor dem königlichen Schloß waren Ehrenformationen aufmarschiert. Es war der Tag der Siegesparade. An der Spitze aller deutschen und italienischen Marschblöcke marschierte nicht Ringels, sondern Schörners 6. Gebirgs-Division an Generalfeldmarschall List vorbei, der seinen Marschallstab zum Zeichen des Grußes mit der rechten Hand in die Höhe streckte. An seiner linken Seite stand der Stadtkommandant von Athen und sah mehr als zufrieden durch seine Nickelbrille auf die vorbeimarschierenden Heerestruppen. Es konnte kein Zweifel mehr bestehen: Es war der Tag des Ferdinand Schörner. Niemand von seinen alten »Neidhammeln«, wie er sie geringschätzig nannte, konnte ihm den Lorbeer des »Siegers von Athen« mehr entreißen.

Überhaupt: In der griechischen Hauptstadt mit ihrem antiken Ambiente verlebte Schörner eine schöne, wenn auch viel zu kurze Zeit. Unter anderem führte er den Generalfeldmarschall von Brauchitsch mit stolz geschwellter Brust auf die Akropolis, daß man meinen könnte, sie wäre eine germanische Schöpfung. So sehr genoß er die Eroberung des klassischen Griechenland.

Und doch: Nachdem die Besetzung des Peloponnes abgeschlossen und die griechischen Inseln bis zum 11. Mai 1941 besetzt worden waren, wurde Bilanz gezogen. Die Gesamtverluste der Deutschen Wehrmacht betrugen 2559 Tote, 5820 Verwundete und 3169 Vermißte. Zu Kriegsgefangenen wurden 223000 Griechen gemacht, die wieder entlassen wurden, und 21900 Briten.

Aber das war nur der berühmte Tropfen auf dem heißen Stein. Denn nach dem Abschluß des Griechenlandfeldzuges blieb die griechische Insel Kreta weiter in der Hand der dort gelandeten englischen Truppen. Mit ihren in den letzten Monaten stark ausgebauten Militärflugplätzen und Flottenstützpunkten bildete sie einen gefährlichen Sperriegel im östlichen Mittelmeer. Daher lag es für die deutsche Führung nahe, den Balkanfeldzug durch einen kühnen Sprung auf diesen alliierten Flugzeugträger gigantischen Ausmaßes abzurunden. Die deutsche Besetzung von Kreta, so die militärischen Überlegungen, die man anstellte, würde zudem das rumänische Erdölgebiet schützen und Luftangriffe auf den Suezkanal und auf das von den Engländern besetzte Ägypten erlauben.

In der Tat: Anfang Mai 1941 lüftete sich das Geheimnis der bevorstehenden Operation gegen Kreta, die auch der englischen Abwehr bekannt wurde, so daß sie sich rechtzeitig auf eine zu erwartende Invasion vorbereiten konnte. Die Generalstabsarbeit für das Unternehmen »Merkur«, wie die »Besetzung der Insel Kreta« gemäß Hitlers Weisung Nr. 28 genannt wurde, hatte begonnen. Der Operationsplan sah folgenden Einsatz vor: Nach dem Erkämpfen der Luftherrschaft über der Ägäis und der sagenumwobenen Insel des Minotaurus hatte der Einsatz von Fallschirmjägern zur Inbesitznahme der auf Kreta liegenden Flugplätze von Maleme, Chania und Rethimnon zu erfolgen. Anschließend Landung von Gebirgsjägern der 5. Gebirgs-Division unter General Ringel im kombinierten Luft- und Seetransport. Hierfür wurden ihm im Laufe der schweren Kampfhandlungen auch Teile von Schörners 6. Gebirgs-Division unterstellt; und zwar das I./Gebirgs-Jäger-Regiment 141, das II./Gebirgs-Jäger-Regiment 143, das III./Gebirgs-Jäger-Regiment 141, das II./Gebirgs-Artillerie-Regiment 118 sowie mehrere Spezialeinheiten unter Oberst Jais.

Eine führende englische Zeitung nannte die deutsche Absicht »einen grandiosen Plan!«, dessen Realisierung der britische Premier Winston Churchill unter allen Umständen durchkreuzen wollte. Er erklärte nämlich im Unterhaus: »Wir beabsichtigen die sehr wichtigen und kampfkräftigen Stellungen auf Kreta bis zum Tode und ohne einen Gedanken an Rückzug zu verteidigen.«

Damit waren die Fronten ganz klar abgesteckt. Nun hatte die Führung beider Seiten ihre Pläne und Vorstellungen zu verwirklichen, wobei die Initiative bei den angreifenden Deutschen lag. Obwohl die Eroberung der Insel »keine Verzögerung des Aufmarsches« gegen die Sowjetunion herbeiführen durfte, wurde sie wiederholt verschoben, um schließlich auf den 29. Mai 1941 festgelegt zu werden. Tags zuvor wurden die letzten Vorbereitungen getroffen. Transporter, Schiffe, Fallschirmjäger, Luftlandetruppen und Gebirgsjäger waren um die Startplätze in Tripolis, Megara, Tatoi, Tanagra und Dadion, um nur einige zu nennen, versammelt, um spannungsgeladen dem kommenden Morgengrauen entgegenzufiebern.

Bereits der 21. Mai 1941 war ein ausgesprochener Krisentag voller düsterer Vorahnungen für die deutschen Truppen. Ringels 5. Gebirgs-Division wartete angespannt auf ihren Einsatz auf den Flugplätzen Griechenlands, denn die von der militärischen Führung erwartete handstreichartige Eroberung der Insel war fehlgeschlagen. In schweren und verlustreichen Gefechten waren die Fallschirmjäger und die Luftlandetruppen nicht nur zurückgeworfen, sondern sogar vernichtet worden. Der Nachschub konnte so lange nicht nach Kreta gebracht werden, solange sich noch alle Flugplätze in der Hand der Briten befanden. Alle deutschen Anstrengungen mußten sich daher logischerweise darauf konzentrieren, einen der wichtigsten Plätze zu erobern. Nun waren Ringels und Schörners Gebirgsjäger an der Reihe.

Als auch sie in der Anfangsphase stark aufgerieben wurden, setzte die deutsche Führung auch Gebirgstruppen auf primitiven Kähnen und Fischkuttern über die Insel Milos gegen die britischen Schlachtschiffe ein. Das Unternehmen des Gebirgs-Jäger-Bataillons Ehall (III./Gebirgs-Jäger-Regiment 100) war nicht nur eine »verrückte« Fahrt, unverantwortlich und im Ergebnis entsprechend verlustreich, sondern auch »eine Tragödie und ein Verbrechen der damaligen militärischen Führung in bezug auf den Einsatz dieser Truppe«, empörte sich noch nach Kriegsende der ehemalige Gebirgsjäger und spätere VdK-Präsident Karl Weishäupl. [45] Denn die Alliierten veranstalteten auf die schiffbrüchigen deutschen Gebirgsjäger ein regelrechtes, völkerrechtswidriges Scheibenschießen. [46]

Schörner, dem man später im Gegensatz zu seinen nicht wenigen unfehlbaren Generals-Kameraden aus dem Umfeld der deutschen Gebirgstruppe diese Art der menschenverachtenden Führung bei jeder sich bietenden Gelegenheit wie einen Spiegel vor Augen gehalten hat, schäumte vor Wut, weil auch seine Gebirgssoldaten auf Grund eines falschen Kräfteansatzes einen überaus hohen Preis zu bezahlen hatten. So standen am 27. Mai 1941 auf seiner Verlustliste zehn tote, drei verwundete und zwei vermißte Offiziere sowie 116 Tote und 43 verwundete Unteroffiziere und Mannschaften. Fast alle Verluste hatte dabei das I. Bataillon des Gebirgs-Jäger-Regiments 141, das während des Angriffs in eine Falle gelaufen war, zu beklagen. [47]

Während seine Gebirgsjäger unter Ringel auf der Insel des Minotauros verbluteten, tobte Schörner in Athen. Um ihn nicht brüllen zu hören, durfte sich während einer Offiziersbesprechung im weiten Umkreis niemand sehen lassen. Er stand in diesen Tagen derart unter einer inneren Anspannung, daß er förmlich nach dem berühmten Haar in der Suppe suchte, um einen Sündenbock zu finden; »vielleicht mit abgerissenem Rockknopf, um für diese ungeheure Schlamperei sofort die gesamte Mannschaft des Divisionsstabes zu bestrafen, indem sie täglich um 6.00 Uhr zu einem Bekleidungsappell und um 6.50 Uhr zum Strafexerzieren in voller Ausrüstung (Stahlhelm und Gewehr) anzutreten hat.« [48] Dann ging es unter dem schadenfrohen Gelächter der Griechen zum Frühsport auf den heißen und klebrigen Straßenasphalt von Athen.

Aus der Sicht Schörners war seine Aufregung allzu verständlich, denn seine Gebirgsjäger trieben keinem anderen als seinem Rivalen Ringel die Ernte des Ruhms in die Scheuer. So mußte er voller Ingrimm im Kriegstagebuch seiner Division zur Kenntnis nehmen:

»Die Funkmeldungen aus Kreta berichten jetzt fortlaufend von neuen Erfolgen. So hat die Gruppe Ringel, zu der die Gruppe Jais gehört, im Umfassungsangriff den Durchstoß zur Sunda-Bucht erzwungen und hat Chania, die Hauptstadt der Insel, genommen. Der griechische Marinebefehlshaber wurde gefangen und mit Flugzeug abtransportiert. Der eingehenden Tagesmeldung des Kommandeurs der 5. Gebirgs-Division zufolge wurde der Erfolg durch das rasche, rücksichtslose Vorgehen des Gebirgs-Jäger-Regiments 141 errungen.« [49]

Da stand es also schwarz auf weiß: Schörners aufopferungsvolles, in der Militärgeschichtsschreibung jedoch meist totgeschwiegenes Gebirgs-Jäger-Regiment 141 hatte einen entscheidenden Anteil daran, daß Ringel über Nacht im deutschen Volke zu einer populären Führungspersönlichkeit aufsteigen konnte. Am 1. Juni 1941 schritt auf Kreta »die Säuberung des Südteils der Insel von den Resten britischer und griechischer Truppen gut vorwärts« [50], nachdem General Freyberg noch kurz zuvor über 15000 Mann einschiffen und für den nordafrikanischen Kriegsschauplatz retten konnte. »Von morgens bis in die Nacht hinein zog der Strom der Gefangenen nordwärts in das Land. Aus 5000 wurden 7000. Dann waren es 9000 und nachher über 10000 Mann. Zehntausend Neuseeländer, Australier, Inselengländer und Griechen aller Waffengattungen streckten an diesem Tag unter dem Druck der Gebirgsjäger die Gewehre.« [51]

Ringel hatte es durch den hart erkämpften Sieg auf Kreta sogar soweit gebracht, daß er den Namen des »Siegers von Athen« schnell wieder aus dem Gedächtnis der Allgemeinheit gestrichen hat. Und da er, Schörner, zu genau wußte, daß nur der im Gedächtnis haften bleibt, der auch ständig auf sich aufmerksam macht, ersann er den Tag des großen Sportfestes von Marathon.

Um die berühmte Schlacht zwischen den Griechen und den Persern aus dem Jahre 490 vor unserer Zeitrechnung so wirklichkeitsgetreu wie nur irgend möglich nachzuvollziehen, ließ er auf dem historischen Boden rund 700 Muli und 3000 Gebirgssoldaten in selbstangefertigten Rüstungen aufmarschieren. Für dieses Spektakel hatte er viele Persönlichkeiten eingeladen. Von einem Grabhügel der Athenaer aus verfolgten unter anderem der Generalfeldmarschall List, der General der Gebirgstruppe Böhme sowie zahlreiche höhere deutsche und italienische Offi-

6. Gebirgs-Division
Kommandeur

Div.St.Qu., 31.5.1941.

Lieber Herr B e r n k l a u !

Vielen Dank für Ihre lieben Glückwünsche, die ich zu meiner besonderen Freude erhalten habe.

Die Leistungen und Erfolge der mir unterstellten Truppen waren wirklich groß; nur für diese kann ich meine hohe Auszeichnung gelten lassen.

Mit kameradschaftlichen Gruß und

H e i l H i t l e r

Ihr

Schörner

Herrn
Korpsintendant Dr.Bernklau
Feldpost Nr. 43 684

ziere das Schauspiel. Hunderte von Kriegern stürmten per pedes oder auf den Rücken ihrer Pferde über die ausgetrocknete Erde, so daß sie eine hohe Staubwolke aufwirbelten, die das gesamte Kampfgeschehen schaurig umhüllte. Das hatte für viele durstige und verschwitzte Krieger den Vorteil, daß sie möglichst bald und unauffällig als »gefallene Helden« untertauchen konnten. So war das Schlachtfeld von Marathon relativ schnell geräumt. Ihr »Ferdl« war von den farbenprächtigen Rüstungen, Helmen, Schwertern, Speeren und Schildern, die seine Jäger in wochenlanger Vorbereitungsarbeit aus Papier, Pappe, Holz, Blech und Eisen, aber auch aus Unterhosen, Handtüchern, Stahlhelmeinlagen und Schnüren angefertigt hatten, derart begeistert, daß er gar nicht merkte, daß sich seine Perser und Griechen ganz bewußt vorzeitig aus dem Staub gemacht hatten. Jetzt fühlten sie sich nach Beendigung des Griechenlandfeldzuges und der Eroberung der Mittelmeerinsel Kreta in gewisser Hinsicht als die wahren Sieger.

4. Der Held in der Arktis

Schörner lag mit seiner 6. Gebirgs-Division wieder am altvertrauten Semmering. Nachdem er am 9. Juli 1941 den Befehl erhalten hatte, über Theben, an den Thermopylen vorbei, über den Furka-Paß durch Larissa, Evangelismos, die Tempi-Schlucht und am Gebirgsstock des Olymp entlang in den Raum Saloniki – Skoplje zu verlegen, wurde am 26. Juli bekannt, daß sein Großverband in Richtung Heimat in Marsch gesetzt wird, um sich nach entsprechender Auffrischung für eine Weiterverwendung im hohen Norden bereitzuhalten. Das bedeutete im Klartext: Dietls Gebirgskorps Norwegen war unversehens in große Schwierigkeiten geraten und mußte verstärkt werden. Was war geschehen?
Im Rahmen des Unternehmens »Barbarossa« hatte der »Held von Narvik« mit dem eigens für ihn zusammengestellten Gebirgskorps eine Strecke von rund einhundert Kilometer zurückzulegen, um Murmansk und die militärstrategisch bedeutsame Murmanbahn zu erobern. Denn dieser Eismeerhafen und sein Schienenstrang wurde von den angloamerikanischen Geleitzügen immer häufiger angesteuert, um die UdSSR mit Kriegsmaterial aller Art zu versorgen. [52] Aber Dietl, der geborene Taktiker, der damit bei Narvik Erfolg hatte, scheiterte hier oben an seiner operativen Aufgabe, die ihn ganz offensichtlich überforderte.

Weder der erste noch der zweite oder gar der dritte äußerst verlustreich geführte Angriff an der Liza brachte bei einem Raumgewinn von nur 60 Kilometern den erstrebten durchschlagenden Erfolg. Schlimmer noch: Dietl, der Lieblingsgeneral Hitlers, war der einzige Kommandierende General der gesamten Ostfront, der zu diesem Zeitpunkt trotz wiederholter Angriffe bei allergrößten Verlusten sein operatives Ziel – Murmansk und die »Burmastraße des Nordens« – nicht erreicht hatte. Damit brachte er noch vor der Wende vor Moskau, die allgemein als der erste große Rückschlag des Ostheeres und neben Stalingrad als ein Wendepunkt des Zweiten Weltkrieges zuungunsten des Großdeutschen Reiches angesehen wird, der sieggewohnten Deutschen Wehrmacht die allererste Niederlage ein.

Schörner war Dietls Waterloo am Eismeer nicht verborgen geblieben. Im Gegenteil: er sollte jetzt den geschlagenen Rivalen, der sein Gebirgskorps auf seinem »Gepäckmarsch« über die Eismeerstraße statt in ein festes Winterquartier mitten in die menschenfeindliche Tundra geführt hatte, aus dem Schlamassel, in das der gescheiterte »Held von Narvik« seine Männer allzu sorglos hineingetrieben hatte, herausführen. Hierin erblickte der »Sieger von Athen« sogleich die einzigartige Chance, um sich im direkten Duell gegenüber dem geschlagenen Konkurrenten zu profilieren. Und dieser kam sich in der Tat wie ein geschlagener Hund vor, als er den in Luostari auf die Regimenter und Bataillone seiner 6. Gebirgs-Division ungeduldig wartenden Schörner schon von weitem spotten hörte. Denn »vom Erfolg im Wettlauf mit der Zeit und in Konkurrenz mit der 5. Gebirgs-Division gegen die griechischen Grenz- und britischen Empire-Truppen war er voller Tatendrang und hatte kein Verständnis für die Schwierigkeiten der zwei Gebirgs-Divisionen an der Liza«. [53]

Mehr noch: »Ohne selbst engagiert zu sein, urteilte er mit der bei ihm gewohnten Schärfe.« [54] Und mit einem Seitenhieb auf den »Helden von Narvik« schrieb er in einer schonungslosen Lagebeurteilung an den Chef des Generalstabes der Lappland-Armee: »Dietl ist auch seelisch etwas fertig.« Das war er in der Tat. Und so war der Generaloberst von Falkenhorst froh darüber, daß der energiegeladene Schörner die Lappland-Armee verstärkte. »Schörner war rücksichtslos hart und von beispielloser Energie«, schrieb der Oberbefehlshaber in seiner Charakteristik. »Mit den schärfsten Mitteln griff er durch und brachte damit überall musterhafte Ordnung in seinen Befehlsbereich. Beim Geb.-Korps räumte er sofort nach der Befehlsübernahme auf [. . .] Er war weniger beliebt als gefürchtet, hatte aber mit seinen Führungsprinzipien große

Erfolge und lenkte dadurch, je länger je mehr die Aufmerksamkeit des Führers und des OKW auf sich. So konnte nicht ausbleiben, daß er allmählich unter die besonders Vertrauenswürdigen eingereiht wurde.« [55]

Nun bestimmte in der Folgezeit nach dem vollständigen Eintreffen seiner Division und der Umgliederung der Verbände an der Eismeerfront nicht mehr der überforderte »Held von Narvik«, sondern einzig und allein der nimmermüde »Sieger von Athen« den Ablauf des Geschehens – und zwar nach dem Motto seines Sonderbefehls vom 16. Mai 1943: »Wir Offiziere sind dazu verpflichtet, unseren Soldaten ein derartiges Höchstmaß an Kampftechnik zu vermitteln, daß der Wert des Lebens eines jeden einzelnen von ihnen im Vordergrund steht. Es wäre pflichtvergessen, wenn wir nicht den gleichen entscheidenden Erfolg wie in der waffentechnischen Ausbildung in der Ausbildung und Erziehung der uns anvertrauten Soldaten auf unsere Fahnen schrieben.«

Die 3. Gebirgs-Division, die seit Kriegsbeginn pausenlos im Kampfeinsatz gestanden hatte, wurde aus ihren Stellungen am Eismeer herausgelöst und durch die aufgefrischte 6. Gebirgs-Division ersetzt. Sie bezog ihre Stellungen im Lizabrückenkopf und an der Titowka. Schörner hatte im Gegensatz zu Dietl und anderen Generalen in weiser Voraussicht rechtzeitig dafür gesorgt, daß seine Männer in kompletter Winterausrüstung an die Front marschieren konnten und so den harten arktischen Winter relativ gut überstanden. Während die 2. Gebirgs-Division, die ebenfalls seit Beginn des Rußlandfeldzuges ununterbrochen und fast ohne Nachersatz und Unterkünfte in vorderster Linie gelegen hatte, ihre alten Quartiere um Kirkenes bezog, traf Schörner alle Vorbereitungen, damit seine Eismeerkämpfer in ihren Stellungen sowohl dem Feind als auch der arktischen Witterung gewachsen waren.

Hier oben, am Ende der Welt, war das Energiebündel Schörner in seinem Element. Er erließ einen Sonderbefehl nach dem anderen und achtete streng darauf, daß die darin enthaltenen Anweisungen auch strikt eingehalten wurden. Und da er sich keinen Illusionen hingab, wußte er zu genau, daß er dazu verdammt war, mit seinen Männern mitten in der Arktis zu überwintern. Nicht umsonst legte er sogleich einen Schwerpunkt auf den Bau von Stellungen und Unterkünften. Er »zog mit eiserner Schärfe die Konsequenzen aus den Forderungen der Front« [56], und diese lauteten nach Rüf:

»1. Durch Festigung und strengste Überwachung der Verkehrsdisziplin sollten die Schwierigkeiten des Nachschubs überwunden werden.

2. Der Stellungsbau wurde mit letztem Einsatz vorwärtsgetrieben.
3. Die rückwärtigen Dienste wurden rücksichtslos ausgekämmt, um Kräfte für das Freihalten der Straße und die Bewältigung des Nachschubes sicherzustellen.
4. In der Front wurden nur die geringsten Kräfte eingesetzt, um möglichst starke bewegliche Reserven für notwendige Gegenangriffe und für Unternehmungen in der offenen Flanke freizubekommen.« [57]

Rüf fuhr dann fort: »Taktisch wurde die 6. Gebirgsdivision mit ihren unterstellten Einheiten folgendermaßen eingesetzt: Das Regiment 141 mit dem II. Bataillon im Stellungsabschnitt westlich der Liza vom Riesensee bis zu den Wasserfällen. Das I. Bataillon, das in Unterkünften nördlich des Riesensees lag, stand zur Sicherung der Flanke und zu Spähtruppunternehmen in der Südflanke zur Verfügung. Das III. Bataillon war Reservebataillon. Der Stellungsbogen im Lizabrückenkopf wurde durch das I. und II./143 besetzt, während das III./143 ebenfalls als Eingreifsbataillon im späteren Spitaler-Lager bereitstand. Die Fischerhalsfront wurde durch die Kampfgruppe Saul (Infanterieregiment 388 und MG-Bataillon 14) gehalten. Die Sicherung des Raumes beiderseits der Eismeerstraße oblag von Parkkina bis Russenlager der Panzerjägerabteilung 47 und Teilen der Aufklärungsabteilung 112, ostwärts des Russenlagers dem unterstellten Radfahrbataillon 68. Das I./139 und die 12./138 verblieben noch bis zum 1. November in ihren alten Stellungen, bis in der neuen Linie neben den Unterkünften auch Stellungen für die Waffen gebaut worden waren.« [58]
Es war am 25. Oktober 1941, als Schörners 6. Gebirgs-Division den Befehl im bisherigen Abschnitt der 3. Gebirgs-Division des Generals Hans Kreysing übernahm. Mehr noch: Am 28. Oktober rückte sie auch noch in die Stellungen der 2. Gebirgs-Division des Generals Ernst Schlemmer ein, den Schörner als Kommandierender General kurze Zeit später wegen seiner laschen Führung gnadenlos in die Wüste schickte. Im rechten Abschnitt wurden die Stützpunkte mit S 1, S 2 usw. im Brückenkopf wurden die Kampfstützpunkte mit K 1 bis K 9 bezeichnet. Plötzlich war der Polarwinter mit Schneestürmen und arktischer Kälte von minus 30 bis 40 Grad in voller Wucht hereingebrochen. Er stellte an alle unglaubliche Anforderungen. »Nur ein bis ins kleinste durchdachtes Nachschubsystem, eine eiserne Disziplin unter General Schörner, die Zähigkeit und der Lebenswille der Männer ermöglichten es, die Front zu halten, eine Leistung, die selbst die Finnen, die mit Gelände und Klima vertraut waren, für unmöglich hielten. Nicht nur der Kampf mit

dem Gegner, sondern oft noch mehr die feindliche Natur verlangten letzten Einsatz von jedem einzelnen. Es ging oft buchstäblich um das Überleben. Das mörderische Klima des Polarwinters, die langen Winternächte, die Schneestürme und nicht zuletzt die nervenaufreibende Einsamkeit und das bohrende Heimweh waren oft schwerer zu ertragen, als wenn es wieder einmal auf allen Seiten heftig krachte.« [59] Vor Schörners Front führten die Sowjets eine erste Angriffswelle gegen K 3 und K 4 durch. Andreas Weinberger schildert Schörners Wirken und Handeln und den Einsatz seiner 6. Gebirgs-Division und ihrer Männer an der Eismeerfront in der Sprache des versierten PK-Mannes in seinem Buch »Das gelbe Edelweiß« u. a. wie folgt: [60]

»Darum schickt er seinen Männern der vordersten Linie Nacht für Nacht Pioniere zur Hilfe. Und darum forschen auch seine Augen unablässig danach, ob auch jeder, auf den sie treffen, seine Stunde nütze, denn er hat auch diese Stunde für heilig erklärt und sich zum erbarmungslosen Richter über alle gesetzt, die ihr Gesetz verletzen, das da immer wieder heißt: Schafft, als ob ihr nichts zu erwarten hättet! Erst wenn euer letzter eigener Wille dabei ist, werden wir es zwingen! Und er wächst dazu. Felsbrocken sind ihre Hämmer. Handgranaten ihre Spaten. Aus Stein und der letzten Erde, die in den Kesseln zu finden ist, bauen sie weiter. Und Reichtum scheint davor der Balken und das Brett, das der General ihnen schickt, Leidenschaft entbrennt in ihnen, auch der Not noch Bausteine abzutrotzen und daraus eine Welt zum Leben zu machen. Aus leeren Handgranatenkästen bauen sie Öfen. Aus geleerten Konservenbüchsen fügen sie Rauchrohre zusammen. Aus Flaschenböden machen sie Fenster. Aus Sardinenbüchsen blakt das erste Flämmchen Licht. Dann stecken sie eine Patronenhülse ohne Boden in eine Konservendose, nachdem ihnen der General Benzin und Petroleum schicken konnte, ziehen einen Gewehrreinigungsdocht durch, und in der Nacht ihrer Felsenlöcher erstrahlt das Wunder Licht. Draußen wird die Sonne von Morgen zu Morgen schwächer. Immer häufiger jagen die Schneeschauer durch den Tag. Wie viele sind vergangen, seit die Division in dieses Nichts gezogen ist? Kaum acht. Und so viel wurde geschafft. Gewiß, die richtigen Eismeerstürme werden noch kommen. Die arktischen. Arktis, hieß das nicht bisher: Tod?«

Eilig hatte der Neuschnee die blutigen Gefechtsspuren der Novemberkämpfe um die Kampfstützpunkte K 1, K 3, K 4 und K 9 verdeckt, bevor die Weihnachtskämpfe an der Murmanfront zwischen K 2, K 3 und K 4 mit besonderer Härte entbrannten. [61] »Der Gebirgsjäger war kompromißlos und härter geworden. Unter dem unerbittlichen Zwang der Lage hatte er die deutsche Gemütlichkeit und Sorglosigkeit abgelegt und erkannt, daß im Kampf gegen die Rote Armee nur der Härtere gewinnen kann. Bald kämpfte er mit denselben Waffen wie der Russe.« [62]

Nun war Schörner wieder unentwegt unterwegs. Daher lief ihm auch wiederholt der Gebirgsjäger Alois Hildebrand, der als Melder eingesetzt wurde, über den Weg. Jedesmal, wenn der Tiroler eine Meldung machte, bedankte sich der General bei ihm und ließ ihn mit den besten Wünschen und viel Soldatenglück weiterziehen. So entwickelte sich zwischen dem Divisions-Kommandeur und dem einfachen Landser ein Vertrauensverhältnis, das sich nicht nur während der Schlachten und Gefechte in der Arktis bewährte, sondern bis in die Nachkriegszeit anhielt, denn die Eismeerkämpfer Birnstingl, Hildebrand, Kometer, Koren und viele Tausend andere waren felsenfest davon überzeugt, daß nicht Dietl, der Verlierer von der Liza, sondern einzig und allein Schörner ihnen mit seinen harten Durchhalteparolen das Überleben ermöglicht hatte. Daher hatten sie auch nichts dagegen, wenn der »Ferdl«, wie sie ihn aus diesem tiefen Gefühl der Dankbarkeit heraus nannten, den Drückebergern und Stabsoffizieren in der Etappe »in den Arsch trat«, denn, so unser Zeitzeuge, »es war nur zum Vorteil der Kameraden, die ganz vorne standen«. [63]

Überhaupt: Die Fürsorgepflicht gegenüber seinen Untergebenen schrieb Schörner in der Arktis ganz groß. Als der katholische Divisionspfarrer der »Sechsten« während der Weihnachtszeit von Stützpunkt zu Stützpunkt eilte, um den nicht nur körperlich, sondern ebenso seelisch hart bedrängten Gebirgsjägern in der rabenschwarzen Winternacht beizustehen, erschien Schörner plötzlich beim Herzberg. Und wieder galt seine Sorge seinen Männern, die auf den verschneiten Stützpunkten einem unerbittlichen Gegner standzuhalten hatten. Noch bevor Johann Georg Schmutz sich gefangen hatte, wollte sein General alles mögliche über K 3 wissen. Dann packte er den Feldgeistlichen beim Arm und sagte mit fester Stimme: »Sie bleiben heute Nacht bei uns!« Zerrte ihn zu einem Ordonnanzoffizier, der ihm ein Bett zu besorgen hatte, und quetschte den Gottesmann dann bis 3.00 Uhr morgens wie eine Zitrone aus.

Etwas Ähnliches erlebte der evangelische Divisionsgeistliche Hans Carl Scherer, als er Ende November 1941 die neue Geschäftszimmerbaracke des 1b betrat. »Da treffe ich auf den Divisions-Kommandeur, General

Schörner, und melde mich zurück. ›Gut, Scherer, daß Sie wieder da sind. Fahren Sie zum Fischerhals: Die Männer dort brauchen Sie.‹ So etwas hatte der General noch nie zu mir gesagt. Und er wieder: ›Ich komme von dort. Unmögliche Stellungen. Lassen Sie sich ein Krad geben. Fahren Sie bis zum Umschlagplatz. Von dort geht's zu Fuß weiter.‹ – ›Jawohl, Herr General. Ich weiß Bescheid. Ich war schon beim H[aupt]V[erbands]Platz Nord‹. – Ich melde mich ab [...]« [64]

Zwischen dem 21. und dem 28. Dezember 1941 griff der Gegner Schörners Gebirgssoldaten pausenlos an. Am letzten Tag des Kriegsjahres 1941 erfolgte ein sowjetischer Angriff auf K5, »der erst durch die Heranziehung der letzten Reserven sowie mit Hilfe von Nachschubleuten abgewehrt wurde«. [65] Die Verluste waren empfindlich. Sie wären jedoch noch höher gewesen, wenn Schörner mit seiner knallharten Befehlsgebung nicht ständig massiv in die lasche Kampfführung einiger Führer und Unterführer eingegriffen hätte.

Der 22. 1. 1942 war für Schörner ein großer Tag. An diesem Januartag lief nämlich ein Fernschreiben vom Personalamt des OKH ein, in dem folgendes mitgeteilt wurde: »Mit sofortiger Wirkung werden ernannt: Der General der Gebirgstruppe Dietl, Kommandierender General des Gebirgskorps Norwegen, zum Oberbefehlshaber der Armee Lappland; der Generalmajor Schörner, Kommandeur der 6. Gebirgs-Division, zum Kommandierenden General des Gebirgskorps Norwegen unter gleichzeitiger Ernennung zum Generalleutnant; mit sofortiger Wirkung wird Oberst Philipp mit der Führung der 6. Gebirgs-Division beauftragt.«

Das war kein Zufall. Denn auch der neue Kommandeur der »Sechsten« war ein Nationalsozialist vom Scheitel bis zur Sohle. Zuvor hatte er sich wie Schörner und Dietl in Epps Freikorps bewährt. »Danach tritt der Leutnant ins Freikorps Berthold über, um in ihm im Baltikum gegen den Bolschewismus zu kämpfen. Die ›Eiserne Schar Berthold‹ soll ins Reichsheer übernommen werden. Einzeln fahren ihre Männer nach Königsberg, gelangen nach Mitau, vereinigen sich mit der ›Eisernen Division‹; marschieren gegen Riga, gewillt, gegen die Todfeinde des Reiches zu stürmen und dafür zu sterben [...] Ende 1919 muß die Division wiederum umkehren. Das Stellvertretende Generalkommando verfügt Entwaffnung und Auflösung. Berthold befiehlt: Kein Gewehr wird abgegeben. Der Leutnant ist sein Adjutant. Die ›Eiserne Division‹ will das Kapp-Unternehmen unterstützen [...] Fast ein Jahrzehnt lang erzieht er in seinen freien Stunden SA- und SS-Männer zu Soldaten.« [66]

Abschrift aus - 9250/1 E-27045/56
Anlage zu: 117/88-02/370/56

Fernschreiben gKdos - 7 Ausf.

24.2.43 - 19,45

An AOK 16 , AOK 18 , Bef. H. Geb. Nord.

1) OKH übermittelt mit Op Abt (I) Nr. 2426/43 gK 24.2.43 folgenden Führerbefehl Nr. 7

"Führerbefehl Nr. 7
Ich habe erfahren, daß es bei den in den letzten Wochen befohlenen Rückzugs- und Räumungsbewegungen teilweise zu unerfreulichen , undisziplinierten und für den tapferen Frontsoldaten niederziehenden Bildern, besonders in den Großstädten und auf Hauptrückmarschstraßen gekommen ist. Das ist untragbar, der deutschen Wehrmacht unwürdig und kann die schwersten Folgen haben .
Es liegt daran , dass die Vorgesetzten sich nicht mit allen Mitteln durchsetzen .
Ich habe nicht vor, das einreißen zu lassen .
Je härter die Zeit, um so härter müssen die Mittel sein mit denen der Vorgesetzte seinen Willen durchdrückt.
Ich verlange deshalb, daß jeder Vorgesetzte, -Offizier wie Unteroffizier oder in besonderen Lagen jeder beherzte Mann die Durchführung seiner Befehle und die Aufrechterhaltung von Disziplin und Ordnung nötigenfalls mit Waffengewalt zu erzwingen und Ungehorsame auf der Stelle zu erschießen hat. Das ist nicht nur sein Recht, sondern seine Pflicht.
Tut der Vorgesetzte das nicht, setzt er sich derselben Lage aus .
Es ist falsch, auf eine spätere gerichtliche Bestrafung zu warten .
Sofort ist einzuschreiten .
Ich werde jederzeit solche energischen Führer vor etwaigen juristischen Folgen ihrer Handlung schützen und verlange dies von allen höheren Vorgesetzten . Ich werde aber auch rücksichtslos gegen die Vorgesetzten einschreiten , die ihre Autorität nicht mit allen Mitteln unter vollem Einsatz ihrer Person zu wahren wissen . Sie trifft dieselbe Strafe , wie die Unbotmäßigen, gegen die sie eingeschritten sind .
Ich wünsche , daß dies als mein Befehl nochmals nachdrücklich und immer wieder, besonders in harten Lagen , bekanntgegeben wird."

24.2.1943 ab 00,45 Uhr
gez. Adolf Hitler

Für die Generalakten

2) Zusatz der Heeresgruppe:

Bekanntgabe im Wortlaut hat bis zu den Regimentern einschl. zu erfolgen.

Heeresgruppe Nord
Ia Nr. 708/ 43 gKdos

H A S S E

Nahezu zeitgleich erhielt auch die 2. Gebirgs-Division für den von Schörner abqualifizierten General Schlemmer einen neuen Kommandeur: Generalmajor Georg Ritter von Hengl, ein Name, den wir uns sehr gut merken müssen. Diese personellen Veränderungen kommentierte der Eismeerkämpfer Hans Rüf mit den vielsagenden Worten: »Große Freude bei der 6., Bestürzung bei der 2. Gebirgs-Division. Man fürchtete Schörner, doch legte sich nach kurzem Anfangsrummel die Scheu [. . .] Regiments-Kommandeure zitterten, wenn er in ihrem Abschnitt überraschend auftauchte und nach dem Rechten sah. General Schörner war hart und unerbittlich gegen alles Schlappe und Weiche [. . .] Plötzlich war die friedliche Etappe ebenfalls zur Front geworden, zur Front des Generals Schörner [. . .] Der Mann in der Stellung vorne lebte vom harten Durchgreifen, und mit der Front lebte das ganze Gebirgs-Korps [. . .] In den später folgenden Maikämpfen war der letzte Mann froh, daß ein mit Tatkraft geladener General [. . .] da war, der unter Einsatz des letzten Mannes die sichere Vernichtung des Gebirgs-Korps verhinderte [. . .]« [67]

Mit dieser gezielten Personalentscheidung des Oberkommandos des Heeres wurde etwas ganz Besonderes zum Ausdruck gebracht: Mit dem Dreigestirn Dietl – Schörner – von Hengl wurden jene Generale auf den Schild gehoben, die in vorbildlichem Maße im Sinne der nationalsozialistischen Kriegsführung auf die Truppe einwirkten. Daß der »Sieger von Athen« den »Helden von Narvik« beerbte, und der SA- und SS-Ausbilder Philipp wiederum den eisernen Ferdinand, war ebensowenig ein Zufall wie die Tatsache, daß der ehemalige SS-Offizier von Hengl bevorzugt zum Kommandeur einer Gebirgs-Division unter den Fittichen von Dietl und Schörner ernannt wurde.

Für die Kampftruppe sollte sich diese Maßnahme jedoch nicht als ein Nachteil erweisen, denn mehr als an den anderen Frontabschnitten war sie hier auf Gedeih und Verderb auf ihre Führer angewiesen. Und je näher diese zum Nationalsozialismus standen, je mehr kam sie auf diese Weise in den Genuß von Privilegien der Partei, der Organisation Todt (OT) oder des Reichsarbeitsdienstes (RAD).

Die Truppe kannte und verehrte ihren »Ferdl« fast ausnahmslos. Bei den Generalstabsoffizieren herrschte dagegen noch Skepsis über den »wilden Ferdinand« vor. Um so gespannter verfolgten die Offiziere des Korpsstabes die Begrüßung des neuen Kommandierenden Generals, den der ehemalige Eismeerflieger und spätere Bonner Hofberichterstatter Walter Henkels als »General Rasiermesser« und »scharfen Hund« bezeichnete [68], und dessen Verhältnis zum Befehlshaber der Luft-

9 Die Vorderseite einer Postkarte, die Schörner für sein Gebirgs-Jäger-Regiment 98 drucken ließ. Sie zeigt seine Gebirgsjäger während einer Hochgebirgsübung im Karwendel-Gebirge. Diese Karte schickte er am 16. Januar 1961 seinem »lieben Carl Schulze« aus Imst in Tirol mit »Bes. herzlichem Dank für Deine so lb. Zeilen vom 9. 1., mit mir höchstwertvollen Bericht VdS!«

10 Schörners Gebirgsstandort Mittenwald im festlichen Flaggenschmuck anläßlich des Besuches des Gauleiters Adolf Wagner

11 Begrüßung von Schörners Gebirgssoldaten in Landeck in Tirol während des Einmarsches in Österreich im Frühjahr 1938

12 Nach dem deutschen Einmarsch in Österreich begrüßt Oberstleutnant Schörner an der Brennergrenze den italienischen Befehlshaber

13 Generalmajor Schörner als Kommandeur der 6. Gebirgs-Division während des Griechenlandfeldzuges 1941 in der vordersten Frontlinie

14 Auf dem Weg zum großen Sportfest von Marathon im Sommer 1941. Von rechts nach links: Generalmajor Schörner als Kommandeur der 6. Gebirgs-Division, Generalfeldmarschall List als Oberbefehlshaber der 12. Armee und General der Gebirgstruppe Böhme als Kommandierender General des XVIII. Gebirgs-Armeekorps

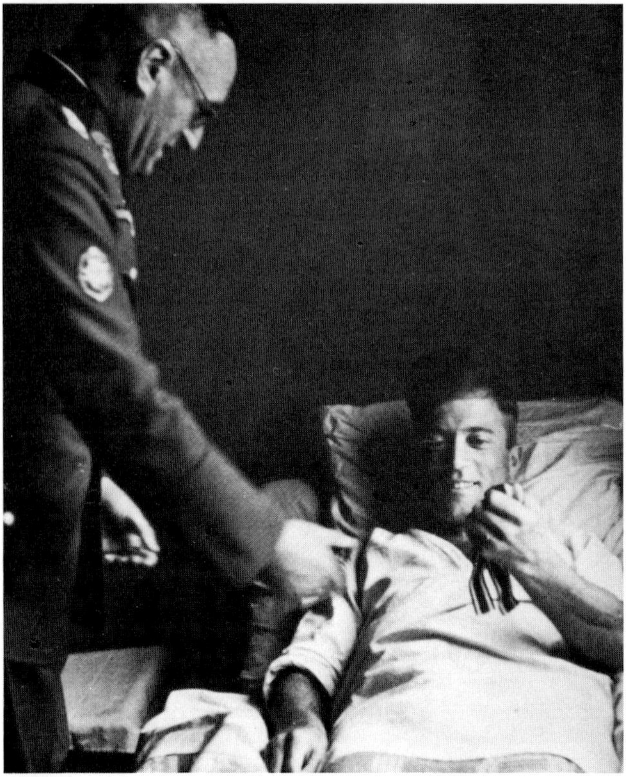

15 Schörner überreicht dem verletzten Oberwachtmeister Schmölzer im Lazarett das Ritterkreuz des Eisernen Kreuzes

16 Das Triumvirat von der Eismeerfront. Von rechts nach links: General der Gebirgstruppe Schörner als Kommandierender General des XIX. Gebirgs-Armeekorps, Generaloberst Dietl als Oberbefehlshaber der 20. Gebirgs-Armee und Generalleutnant Ritter von Hengl als Kommandeur der 2. Gebirgs-Division. Dietl und Schörner tragen an der linken Brusttasche der Uniform das Goldene Parteiabzeichen der NSDAP

flotte 5 (Norwegen – Finnland), Generaloberst Hans-Jürgen Stumpff [69], zwiespältig und gespannt war. Den Jüngeren kam zugute, daß »ihr Ferdinand« die flotten österreichischen Leutnante schätzte, die frech und unbekümmert ihre Meinung sagten und sich – was bei den alten Stabsoffizieren nur selten der Fall war – vor ihm nicht allzu sehr fürchteten. Das »Ihr« und »Unser« drückte die »Achtung vor einer starken Persönlichkeit [...] von schicksalsbewußter und dankbarer Verbundenheit« aus. [70]
Daher antwortete Brandner seinem Vorgesetzten auf die Frage, was sein letzter Truppenteil in Österreich war, ganz unbekümmert: »Das Tiroler Landesschützen-Regiment in Hall in Tirol.«
»Wissen Sie«, antwortete Schörner darauf, »daß ich mit meinen Männern in Innsbruck einmarschiert bin?«
Wie aus der Pistole geschossen kam die Antwort: »Jawohl, Herr General. Wenn wir dort gewesen wären, wären sie nicht einmarschiert!«
Schörner quittierte die forsche Antwort mit einem leichten Lächeln und betrachtete dabei das österreichische Bergführer- und das Fallschirmschützen-Abzeichen sowie das Eiserne Kreuz II. Klasse und das Goldene HJ-Abzeichen seines Untergebenen. So begann die Zusammenarbeit zwischen dem Kommandierenden General und seinem Ic. [71]
»Entwerfen Sie mir einen Befehl für alle Truppen des Gebirgskorps, der die Truppe für den arktischen Winter aufweckt!« lautete dann Schörners erste Forderung an Hans Brandner. Sein Schlagwort »Arktis ist nicht!« war darauf bis zu den Kompanien zu verlautbaren.
Aber so gütig Schörner auch sein konnte, so impulsiv war er im nächsten Augenblick. Das mußte auch sein Ic am eigenen Leib erfahren, als dieser im Hochwinter alle Militärattachés in Rovaniemi mit Personenkraftwagen abzuholen und auf der total vereisten Eismeerstraße rund 320 Kilometer bis ins Kasino von Parkkina zu bringen hatte. Um die Zeit, Punkt 16.00 Uhr, exakt einzuhalten, nahm Brandner einen Zwischenaufenthalt beim Stab der 2. Gebirgs-Division. Dort wurden sie vom zufällig anwesenden General von Hengl begrüßt. Als Schörner davon erfuhr, tobte er, weil nicht er der erste gewesen war, der die hohen Herren in seinem Korpsbereich begrüßt hatte. Um diese Verfehlung auch sichtbar zu dokumentieren, wurde Brandner auf der Stelle vom Begrüßungsabend ausgeschlossen. Seine Ablösung schien nur mehr eine Frage der Zeit zu sein. Dennoch hielt er weiterhin zu seinem Kommandierenden. [72]
Wie üblich wurde während der Herrenabende im Kasino über Schörner und seine wilde Art hergezogen. Das wurde seinem Ic eines Tages

zuviel, und er sagte seinen Offiziers-Kameraden: »Hier schimpft ihr über den Ferdinand, wenn er aber da ist, zieht ihr den Schwanz ein und es gibt nur eine Antwort: ›Jawohl, Herr General!‹ Wenn jemand das Recht hätte, über ihn zu schimpfen, dann bin ich es, weil meine Geschichten mit meiner dienstlichen Tätigkeit und meinen Leistungen nichts zu tun haben: Aber ich schimpfe nicht über ihn, sondern sage, er ist der richtige Mann in unserer Lage. Denn es ist ja wurst, ob die Front deswegen hält, weil die Männer den Ferdinand mehr fürchten als die Russen. Die Hauptsache ist doch, daß die Front hält! Deswegen sage ich nichts gegen ihn.«

Hans Brandner hatte sich bei seinen Äußerungen gegenüber seinen Offiziers-Kameraden nicht viel gedacht. Im Gegenteil: Angesichts seiner bevorstehenden Ablösung hatte er seine Meinung frank und frei geäußert. Einige Tage später wurde er zu seinem General zitiert und erwartete nun die Mitteilung seines Hinauswurfes aus dem Korpsstab. In seiner Einschätzung wurde er noch bestärkt, weil sich der Korpsarzt dort zur selben Zeit als Zeuge aufhielt. Statt dessen empfing der Kommandierende seinen Ic mit den Worten:

»Brandner, ich habe von Ihrem Urteil über den Kommandierenden General gehört. Ich akzeptiere diese soldatische Haltung. Das werde ich Ihnen nie vergessen! Melden Sie sich jetzt beim Chef des Stabes.«

Dieser, Oberst von Le Suire, wie Dietl ein ehemaliger Putschist und strammer Nationalsozialist, teilte ihm dann folgendes mit: »Ferdinand hat mir gesagt, du hättest vollkommen recht. Aber ein junger Hauptmann kann sich auch gelegentlich vom KG noch was sagen lassen...« [73]

Danach war die Zusammenarbeit im Korpsstab ausgezeichnet. Denn Schörner haßte nichts mehr als die ewigen Heuchler und Schleimer in ihrer devoten Haltung. Brandners Tätigkeit wurde dermaßen geschätzt, daß er fortan vielfach zu besonderen Veranstaltungen hinzugezogen wurde. Wie zum Beispiel zu einem Eisstockschießen anläßlich eines Himmlerbesuches, als sich dessen und Schörners Stab die Kräfte maßen. Dabei gab der Kommandierende die klare Parole aus: »Wir müssen den Reichsheini schlagen!« Und so geschah es dann auch.

Das waren insgesamt gesehen noch die Sonnenseiten von Schörners Gebirgskorps. Denn schon zeichnete sich im Frühjahr 1942 eine große Abwehrschlacht in der Arktis ab. Von der Luftaufklärung erfuhr er, daß die Russen einen massiven Angriff gegen seine Stellungen vorbereiten. Anfang April wurde ihm gar eine wesentliche Verstärkung des Gegners, insbesondere westlich von der Liza, gemeldet – und zwar gegenüber dem Gebirgs-Jäger-Regiment 141 und vor dem offenen rechten Flügel der 6. Gebirgs-Division. Damit verdichteten sich die Angriffsabsichten des Feindes immer mehr. Aufgrund der geographischen und geologischen Gegebenheiten wurde das Schema des russischen Angriffsplanes – bei dem im Süden die Tundra und im Norden das Eismeer zu berücksichtigen war – wie folgt angenommen:

»Während die südlich der Kampfhöhe stehenden russischen Verbände nach Norden zur Russenstraße durchstießen, sollten die im Nordraum gelandeten Marineeinheiten nach Süden durchbrechen, sich zwischen Herzberg und Stiefelsee vereinigen und damit den Ring um die jenseits der Liza stehenden deutschen Truppen schließen. Damit sollte die durch ständige Angriffe in ihren Stützpunkten festgehaltene 6. G. D. abgeschnürt, eingekesselt und vernichtet werden. Das Aufgebot, das [...] die Russen entgegenwarfen, war gigantisch.« [74]

In der Tat gingen sowjetische Einheiten ab dem 10. April 1942 gegen das Gebirgs-Jäger-Regiment 141 vor; jedoch ohne Erfolg. Am 27. April wurde Schörner gemeldet, daß der Feind an mehreren Stellen der Südküste der Motowskij-Bucht, am Westufer der Liza und an der Küste zwischen der Liza- und Titowkamündung starke Kräfte an Land setzte. Zeitgleich begannen nahezu pausenlos Angriffe ostwärts der Liza gegen die Front des Gebirgs-Jäger-Regiments 143 bei K 7a, Ka 8 und K 9. Damit war die Frühjahrsschlacht in der Arktis auf der gesamten Front, in den beiden Flanken und im sogenannten Nordraum voll entbrannt.
Nun gab es für Schörner und Dietl keinen Zweifel mehr, daß der Russe eine Einkreisung und eine vollständige Vernichtung der 6. Gebirgs-Division anstrebte. Das Gebirgskorps Norwegen sollte auseinandergerissen und so der Durchbruch nach Petsamo erzwungen werden, um somit einen entscheidenden Schlachterfolg an der Eismeerfront zu verbuchen. Das Generalkommando beurteilte die Lage daher an jenem 27. April 1942 folgendermaßen:
»Die Absichten des Feindes sind darin erkennbar, daß er nach Westen den rechten Flügel der eigenen H. K. L zu umfassen sucht. Ein Angriff auf die gesamte Front der 6. Geb.-Div. ist zu erwarten. Es muß angenommen werden, daß der Feind gleichzeitig Unternehmungen am Hals der Fischerhalbinsel und im Raum nördl. der Lizabucht macht. Ziel der Angriffe: Nicht nur Erlangen örtlicher Erfolge, um seine Stellungen zu verbessern, sondern Vernichtung der gesamten Lizafront.« [75]
Sehr schnell hatten Schörner und Dietl erkannt, daß die Kräfte der

6. Gebirgs-Division nicht ausreichten, um gegenüber 37 russischen Bataillonen bestehen zu können. Nun wurden auch die noch verfügbaren Truppenteile der 2. Gebirgs-Division herangezogen. Da ihm darüber hinaus keine weiteren Einheiten mehr bereitgestellt werden konnten, setzte Schörner seine Verbände gegen die der Sowjets wie folgt ein:
2. Gebirgs-Division: Nordraum: Stab/Gebirgs-Jäger-Regiment 137, I./Gebirgs-Jäger-Regiment 136, III./Gebirgs-Jäger-Regiment 137, Gebirgs-Pionier-Bataillon 82, II./Gebirgs-Artillerie-Regiment 111, Teile der Nachrichten-Abteilung 67. Südflanke: Stab/2. Gebirgs-Division, Stab/Gebirgs-Jäger-Regiment 136, II./Gebirgs-Jäger-Regiment 136, III./Gebirgs-Jäger-Regiment 136, I./Gebirgs-Jäger-Regiment 137, II./Gebirgs-Jäger-Regiment 137, Radfahr-Bataillon 67, Gebirgs-Panzerjäger-Abteilung 55, I./Gebirgs-Artillerie-Regiment 111 (ohne 2. Batterie).
6. Gebirgs-Division: Nordraum: Teile III./Gebirgs-Jäger-Regiment 141, Teile II./Gebirgs-Jäger-Regiment 143, Aufklärungs-Abteilung 112, Radfahr-Bataillon 68, Teile Infanterie-Regiment 388, Gebirgs-Pionier-Bataillon 91, Teile Feld-Ersatz-Bataillon 91, Teile der Korps- und Divisions-Artillerie. Hauptkampflinie jenseits der Liza: I./Gebirgs-Jäger-Regiment 143, II./Gebirgs-Jäger-Regiment 143, II./Gebirgs-Jäger-Regiment 141 und Gebirgs-Artillerie-Regiment 118.
Damit hatte Schörner die Gefechtsordnung für den Abwehrkampf in der Arktis festgelegt. Er, der Kommandierende General des Gebirgskorps Norwegen, und nicht Dietl, der Oberbefehlshaber der Lappland-Armee, wurde nun der Fels in der Brandung am Eismeer. Sein Motto lautete fortan: »Wo vorne ist, bin ich!« So eilte er mit seinem Ic von einem Frontabschnitt zum anderen. Als er im Nordraum den Gefechtslärm eines Gegenangriffs hörte, der zu- statt abnahm und bedrohlich näherrückte, gab er Brandner an Ort und Stelle eine seiner berühmten Ad-hoc-Anweisungen:
»Gehen Sie los! Sie haben ja den Befehl zum Gegenangriff ausgearbeitet. Bringen Sie die Dinge wieder in Ordnung. Unterstellen Sie sich an Kräften was Sie hierfür brauchen, vor allem das Berliner Bataillon 388.«
Diese armen Kerle, so Brandners Analyse, waren in der Arktis hoffnungslos überfordert. Sie wurden schon mit der klirrenden Kälte nicht fertig, geschweige denn mit den erbarmungslosen sowjetischen Eismeerkämpfern. Ohne seinen Mantel zog Schörners Ic von dannen, besorgte sich rasch einen russischen und regelte die Situation im Sinne seines kritischen Generals. Nach drei Tagen, als die Sowjets wieder verjagt waren, meldete er sich bei seinem Kommandierenden zurück.

Bald darauf erfolgte seine Kommandierung zur Berliner Kriegsakademie – ausgezeichnet mit dem Eisernen Kreuz I. Klasse, das Schörner ihm als Dank und Anerkennung auf seinen weiteren militärischen Weg mitgegeben hatte. [76]
Binnen kürzester Zeit hatte Schörner aus dem Gesamtbild der Lage die Gewißheit gewonnen, daß der gelandete Feind einen Hauptstoß in südlicher Richtung führt, um sich dann mit Kräften, die im Süden angreifen, zu vereinigen und seine Truppen einzukesseln. Von See her unterstützte russische Schiffsartillerie den gegnerischen Angriff mit 21-cm-Granaten. Aber Schörners Kampfstützpunkte bewährten sich hervorragend und trotzten sowohl der starken sowjetischen Übermacht als auch dem Wetter, das zwischen plötzlich einsetzendem Frost und mildem Klima hin- und herschwankte. Neue Einheiten wurden herangeführt. Sie sollten den Stoß nach Süden stoppen. Und siehe da, es gelang. Nun wechselte wieder Tauwetter mit Frost; dann setzte Schneetreiben und Nebel ein. Auf den Nachschubstraßen kämpften Schörners Männer verbissen gegen Hochwasser, Schneemassen und Erdschlamm. Währenddessen lagen die Stützpunkte unter einem permanenten Artilleriebeschuß der sowjetischen Land- und Schiffsgeschütze.
Nun wurden zwei neue Kampfgruppen gebildet – und zwar die »Kampfgruppe Treeck« des Ritterkreuzträgers Oberst Dr. Egon Treeck [77] und das »Angriffs-Bataillon Raithel« des Majors Hellmuth Raithel [78], der später von der Gebirgstruppe der Wehrmacht zur Gebirgstruppe der Waffen-SS wechselte und dort Führer der 23. Waffen-Gebirgs-Division der SS »Kama« wurde. [79]
Während noch alle Augen hauptsächlich auf die Südflanke gerichtet waren, landete an der Westküste der Motowski-Bucht unter dem Schutz von Torpedobooten eine frisch aufgefüllte sowjetische Marine-Brigade in Stärke von etwa 1200 Mann, die sofort zum Angriff antrat und rasch Boden nach Westen gewann. Einige deutsche Stützpunkte gingen verloren; die schwachen Sicherheitskräfte wurden überrannt. Von einer Stützpunktbesatzung retteten sich fünf Mann nur dadurch, daß sie todesmutig einen steilen Felshang hinunterrutschten und sich so in Sicherheit brachten.
Bald standen Schörners Gebirgssoldaten auch im Süden in schweren Kämpfen, wo sechs sowjetische Ski- bzw. Rentier-Brigaden angriffen. Nun konnte kein Zweifel mehr bestehen, daß der Gegner die 6. Gebirgs-Division durch einen beiderseits umfassenden Angriff zu Fall bringen wollte. Eine Vereinigung der beiden Feindgruppen war kaum mehr zu verhindern. In aller Eile wurden Alarmeinheiten, Nachschubdienste

und was sonst noch alles greifbar war, in den Kampf geworfen, um dem Gegner Paroli zu bieten. [80]

Zur gleichen Zeit erfolgten im Liza-Brückenkopf Vorstöße, die nur das eine Ziel verfolgten, Schörners Kräfte und Reserven in den Stützpunkten zu binden. Dabei zeichneten sich zwei Schwerpunkte ab: zum einen bei K 8 und K 9 und zum anderen bei K 4. Hier versuchten die Sowjets durchzustoßen und die Liza-Stellung aufzuspalten. Der Versuch scheiterte jedoch an der zähen Abwehr der Stützpunktbesatzung. Vor K 9 zogen die Sowjets Kräfte ab, die über die zugefrorene Liza-Bucht gegen die Stützpunkte am Nordufer vorgingen. Ein Stützpunkt fiel zwar in ihre Hände, die Besatzung konnte sich jedoch durchschlagen. Ein Gegenstoß der örtlichen Reserven brachte den Stützpunkt wieder in die eigene Hand. Es war jedoch fraglich, ob die spärlich besetzte Front im Nordraum weiter standhalten konnte. War das nicht der Fall, so drohte, ebenso wie im Süden, wo die Sowjets bereits in der tiefen Flanke standen, die Umfassung und damit ein Zusammenbruch der Eismeerfront.

Sein eigenes Waterloo vor Augen, stemmte Schörner sich mit seiner ganzen Tatkraft der bereits eingeleiteten sowjetischen Einkesselung entgegen. So entwickelte sich eine Winterschlacht, die, obwohl der Kalender bereits den Wonnemonat Mai anzeigte, auf Grund der klimatischen Verhältnisse in der erbarmungslosen Arktis zu einer der härtesten des Zweiten Weltkriegs gezählt werden muß. Aus einem anfänglichen leichten Schneetreiben entstand ein orkanartiger Schneesturm, wie ihn die Gebirgssoldaten bis dato an der Eismeerküste noch nicht erlebt hatten. Die Sicherungsposten konnten sich nur eine kurze Zeit im Freien aufhalten und mußten alle halbe Stunde abgelöst werden. Die Türen der Bunker und die Eingänge der Zelte waren zugeweht, so daß die Bewohner nicht mehr ins Freie gelangen konnten. Züge und Gruppen irrten orientierungslos im Gelände umher; fanden sich nicht mehr zurecht und wußten oft nicht, ob sie Freund oder Feind vor sich hatten.

Die Erfrierungen nahmen in einem erschreckenden Ausmaße zu. Eine Kompanie, die längere Zeit in der Eiswüste unterwegs gewesen war, hatte 26 Schneeblinde zu beklagen. Selbst Schörner, der das Schlagwort »Arktis ist nicht!« geprägt hatte, mußte klein beigeben und sich eines besseren belehren lassen. Nicht umsonst bekannte er unumwunden nach Abschluß der Maikämpfe in seinem Befehl: »Das Gebirgskorps hat unter wahrhaft arktischen Verhältnissen [...]«

Arktis war eben doch! Das bekam auch die 2. Gebirgs-Division, die nach vorne geholt wurde, um die bedrohliche Lage zu bereinigen und die drohende Umklammerung der »Sechsten« zu sprengen, zu spüren. Eine Kampfgruppe wurde zum Gegenangriff im Süden angesetzt, eine andere gegen den im Norden gelandeten Gegner. Die südlichen Kräfte bestanden ausschließlich aus winterbeweglichen Verbänden. Nun kam die durchgeführte harte Ausbildung Schörners zum Tragen. Ein Bataillon stieß in den Rücken des nach Norden vorstoßenden Gegners, ohne erkannt zu werden. Mehrmals stand eine Feindberührung bevor, aber ein Funkbefehl verbot jede Angriffshandlung. Erst als man weitere Feindkräfte vor sich hatte, kam die Erlaubnis zum Angriff, und zwar auf eine langgezogene Rentierkolonne, die man zu überwältigen hatte. Nun kam es zu einem Handgemenge, das einen ungünstigen Verlauf zu nehmen drohte, als neue Feindkräfte auftauchten und das Bataillon einkreisten. Da erkannte man in der linken Flanke Sowjets. Schwerfällig, ohne Skier, stapften sie durch den tiefen Schnee. Hinter ihnen erschienen in rascher Fahrt Skieinheiten. Verdutzt rieb Schörner sich die Augen. »Waren es Deutsche oder Russen?« lautete seine bange Frage. Es war ein Bataillon der »Zweiten«, das beherzt in den Kampf eingriff und ihn günstig entschied.

Als die sowjetischen Gefangenen abgeführt werden sollten, entdeckte Schörner unter ihnen auch Frauen und Kinder im Alter von zehn bis zwölf Jahren. Die Russen hatten sie als Führer der Rentiergespanne eingesetzt. Jetzt wurden sie mit den gefangenen Rotarmisten zurückgebracht. Schörner sorgte dafür, daß mit vereinten Kräften eine Riegelstellung aufgebaut wurde. In ihr entwickelten sich wechselvolle Kämpfe, die den Einsatz aller verfügbaren Männer (ganz gleich, ob es sich dabei um Schreiber oder Fernsprecher, um Funker oder Tragtierführer handelte) erforderten.

Als ungebetener Zaungast des Kriegstheaters raste der Schneesturm erbarmungslos über die Tundra. Trotzdem konnte dem Gegner Einhalt geboten werden; wenn zuweilen auch immer wieder Kampfpausen eingelegt werden mußten. Für die Nachschubdienste gab es diese jedoch nicht. Im peitschenden Schneegestöber mußten sie die lebenswichtige Verpflegung und die kampfentscheidende Munition nach vorne bringen. Bald versagten die Pferde und Tragtiere. Sie versanken in den ungewöhnlichen Schneemassen, so daß eilig zusammengestellte Trägerkompanien einsprangen. Verschiedentlich kamen aber auch diese ebenso wenig wie die Essensträger durch. Manch einer blieb vor totaler Erschöpfung liegen und mußte von seinen Kameraden vor dem sicheren Tod durch Erfrieren in buchstäblich letzter Sekunde geborgen werden.

Im Nordraum litten die Gegenmaßnahmen unter den gleichen klimatischen Unbilden. Der Kampf gegen den orkanartigen Schneesturm war hier nicht anders als an der Südfront. Besonders schwer hatten es die Männer eines Infanterie-Regiments, das im Eilmarsch herangeholt wurde und keine Skiausrüstung besaß. Sogar die Tarnbekleidung fehlte. Das wäre den Infanteristen um ein Haar zum Verhängnis geworden. Sie waren nämlich von Titowka aus zum Gegenangriff angesetzt worden und hatten den beschwerlichen Tag ohne Skier im tiefen Schnee zurücklegen müssen. In dem dichten Schneegestöber wurden sie von den vor ihnen liegenden Kameraden für Russen gehalten. Erst ein Spähtrupp erkannte den beinahe tödlichen Irrtum.

Der Kampf gegen die Naturgewalten stoppte nicht nur die eigenen Bewegungen, er zehrte auch auf der Gegenseite an den Kräften der Sowjets und behinderte dort in gleicher Weise die geplanten militärischen Aktionen. Ihre Marine-Einheiten litten unter der ungewöhnlichen Witterung der Arktis wider Erwarten mehr als Schörners durchtrainierte und vorzüglich ausgebildete Gebirgssoldaten. Überdies waren sie diesen in den infanteristischen Kämpfen weit unterlegen. Beide Umstände trugen dazu bei, daß ihre Moral bedenklich absank. Ihre Gefechthandlungen kamen schließlich zum Erliegen. Als sich die Gebirgsjäger trotz Übermüdung erneut zum Angriff aufrafften, setzte ihnen der Gegner jedoch ein starkes Feuer seiner schweren Schiffsgeschütze entgegen und ließ den Angriff nicht mehr weiterkommen. Im Schutze dieses Feuers gaben die Sowjets ihre Stellungen auf und zogen sich eilig auf die bereitgestellten Schiffe zurück. Die Gefahr der Umfassung war damit für Schörner und seine verschworenen Eismeerkämpfer im Norden gebannt.

Im Süden waren die Gegenangriffe, die durch ausholende Bewegungen auch hier die Feindkräfte zerschlagen sollten, noch im vollen Gange. Da holten die Sowjets ihrerseits zu einer raumgreifenden Umfassung in der ungedeckten Südflanke aus und bedrohten den Flugplatz Luostari. Es war eine sowjetische Schützen-Division, die hierzu eingesetzt wurde. Ihr fehlte jedoch die Winterbekleidung und die entsprechende Ausrüstung, denn als sie von Murmansk abmarschierte, dachte niemand im Traum daran, daß sich der bereits im Abklingen befindliche Polarwinter noch einmal mit seiner ganzen Härte und Grausamkeit zurückmelden würde. So blieben ganze Kompanien des Gegners in der frosterstarrten Einöde der Tundra ermattet liegen und erfroren. Die Anmarschwege waren eingesäumt von Schneehaufen, unter denen die sowjetischen Soldaten vom Schneesturm begraben lagen. Von 6000 Mann gelangten nur 500 in die Stützpunkte an der Titowka. Sie waren auf Grund der durchgestandenen Strapazen derart erschöpft, daß es für Schörners Gebirgssoldaten ein leichtes war, sie durch kleine Kampfgruppen zu zerschlagen.

Die Sowjets gaben auf und zogen sich zurück. Nun kam es zu nicht unwesentlichen Kämpfen mit feindlichen Nachhuten. Neue Reserven wurden von den Sowjets in den Kampf geworfen. Sie befürchteten nämlich eine Verfolgung ihrer erschöpft ausweichenden Verbände bis an und über die Liza, wodurch ihre Front in große Gefahr gekommen wäre. Mehr noch: Als die gegnerischen Angriffe eingestellt und die Russen die Frühjahrsschlacht in der Arktis verloren gegeben hatten und sogar feindliche Rückzugsbewegungen festgestellt wurden, kamen Schörner und Dietl am 14. Mai 1942 zu dem Entschluß, zum Gegenangriff überzugehen. Er mußte jedoch wegen der noch immer vorhandenen sowjetischen Übermacht aufgegeben werden. Dennoch konnte man mit dem Erfolg der zehntägigen Abwehrschlacht in der Arktis zufrieden sein. Die Absicht der Sowjets, Schörners Eismeerfront zu zertrümmern, war vollends gescheitert.

Über den Abschluß der Maikämpfe meldete der Wehrmachtsbericht am 15. und 16. Mai 1942 unter anderem für den Frontabschnitt an der Barentsee: »Eine an der Eismeerküste gelandete sowjetische Marine-Brigade wurde in harten Kämpfen trotz starker Schneestürme zerschlagen und zum Rückzug über das Meer gezwungen. Der Feind ließ über 2000 Tote und eine große Anzahl leichter und schwerer Waffen zurück.« Und über die Hauptfront wurde gemeldet: »An der Murmansk-Front haben deutsche Truppen in der Zeit vom 26. 4. bis 15. 5. 1942 zahlreiche Angriffe überlegener feindlicher Kräfte abgewehrt und Umfassungsversuche vereitelt. Hierbei büßte der Feind außer zahlreichen Gefangenen über 8000 Tote und zahlreiches Kriegsmaterial ein. Unter dem Druck dieser schweren Verluste hat der Feind die Fortsetzung seiner Angriffe eingestellt und ist auf seine Ausgangsstellungen zurückgegangen.«

Das Ergebnis der Frühjahrsschlacht in der Arktis konnten Schörner und seine Männer dem Wehrmachtsbericht vom 22. Mai 1942 entnehmen: »In der Zeit vom 26. April bis 14. Mai 1942 griff der Feind an der Murmanfront mit 37 Bataillonen und zahlreichen schweren Waffen an. Es wurden 125 Angriffe geführt und von alpenländischen Gebirgstruppen abgewiesen. Der Schwerpunkt lag zunächst an der Südflanke, wo 76 Feindangriffe zurückgeschlagen wurden. Während dort die Kämpfe im vollen Gange waren, landete der Feind mit einer Marine-Brigade mit sechs Bataillonen. Anfangs mußten unsere Truppen vor der Übermacht zurückweichen, aber am 13. Mai wurde der Gegner vollends zurückgeschlagen. Alle vorübergehend aufgegebenen Positionen kamen wieder fest in deutsche Hand.«

Über zwei Jahre lang, bis zum Oktober 1944, haben die Sowjets nach der Schlappe während der Maikämpfe des Kriegsjahres 1942 keine entscheidenden Angriffe mehr an der Eismeerfront unternommen. Schörners Truppen waren hier auf eine Probe gestellt worden, die ihnen das allerletzte an physischer und psychischer Kraft abverlangt hatte. Sie haben diesen Existenzkampf bestanden, denn für sie war der Ausspruch ihres Kommandierenden Generals verpflichtend, der bekanntlich lautete: »Arktis ist nicht!«

Nur Schörners Härte, der oft getadelten, hatten es die Eismeerkämpfer zu verdanken, daß sie in der Arktis einem übermächtigen Gegner und den Naturgewalten zu trotzen vermochten – und trotz empfindlicher Verluste überlebten. Nicht umsonst notierte Dietls einstiger Narvik-Kämpfer Hans Rohr am 20. Dezember 1944 in seinem Kriegstagebuch: »Schlebrügge besucht uns in Kautokeino. Er geht aber nicht zu den Einheiten in das Gelände, sondern zieht es vor, bei mir im Hotel zu bleiben. Es entspinnt sich wieder eine Debatte über die Verantwortung für die Erfrierungen beim III. Bataillon, weil bei uns immer noch aus der Zeit Schörners der Befehl gilt, daß jeder Führer, in dessen Befehlsbereich Erfrierungen vorkommen, vor ein Kriegsgericht gestellt werden muß. Schörner hat die richtige Meinung vertreten, daß es bei entsprechender Vorsorge zu keinen Erfrierungen kommen dürfe. Ein harter Befehl, der aber sicher hunderte Soldaten vor größeren Schäden bewahrte. Nun möchte Schlebrügge mich für die Erfrierungen bei der Tragtierstaffel des III./139 verantwortlich machen. Er meint, daß ich mich um sie hätte kümmern müssen, weil sie in meinem Befehlsbereich untergebracht sind. Dies gibt mir Gelegenheit unter vier Augen Herrn von Schlebrügge einige Wahrheiten zu sagen, was er wohl noch nicht gehört hat. Ich sage ihm ganz offen, daß nach meiner Auffassung er allein die Verantwortung zu tragen habe, weil er mit der Abnahme der Filzstiefel in die Fürsorgemaßnahme des III. Bataillons zum Nachteil der Tragtierstaffel eingegriffen habe und ich auch sonst glaube, daß ihm die Soldaten nichts bedeuten. Schlebrügge läßt dies alles unbeeindruckt über sich ergehen und macht auch gar keinen Versuch, sich zu rechtfertigen. Das zeigt sich auch dadurch, daß er meinen Vorschlag, die 5 Soldaten im Lazarett zu besuchen ablehnt.« [81] (Es war derselbe Schlebrügge, der nach dem Zweiten Weltkrieg von jenen reingewaschen wurde, die Schörner an den Pranger stellten!)

Auch Dietl war anständig genug, um seinem erstarkten Rivalen Schörner auf dem skandinavischen Kriegsschauplatz den Triumph in der Arktis durch keine unkameradschaftlichen Winkelzüge streitig zu machen. Wenn jener für seinen »ordinären Sieg« bei der nordnorwegischen Hafenstadt durch eine raffinierte NS-Propaganda zum »Helden von Narvik« hochstilisiert wurde, so wurde dieser unbestreitbar zum »Helden der Arktis«. Daß Schörner es nicht offiziell wurde, lag einzig und allein daran, daß Hitler zum einen seinen Lieblingsgeneral Dietl nicht vor den Augen der Welt demontieren wollte, und daß zum anderen strategische Rückzüge und erfolgreiche Abwehrschlachten und Verteidigungskämpfe nach wie vor geringer bewertet werden als verlustreiche Angriffsoperationen. Dennoch war mit Schörner am Eismeer ein Heerführer herangewachsen, der hier sein Meisterstück in operativer Hinsicht abgeliefert hatte. Von nun an war dessen weiterer militärischer Werdegang über den Oberbefehlshaber von Armeen und Heeresgruppen bis zum einzigen Generalfeldmarschall der deutschen Gebirgstruppe unausweichlich vorgezeichnet.

Um so schmerzlicher traf ihn die Erkenntnis, daß der Kampf am Eismeer bewiesen hatte, daß die Vorherrschaft an der langgezogenen Küste und die Beherrschung des Eismeeres für die Gesamtkriegsführung während des Zweiten Weltkrieges von ausschlaggebender Bedeutung war. Wäre es Dietl nämlich bereits während der drei Offensiven an der Murmanfront im Kriegsjahr 1941 gelungen, den überlebenswichtigen eisfreien Hafen von Murmansk für die alliierten Geleitschiffe zu sperren, so hätte das für die UdSSR unabsehbare Folgen gehabt. Nun aber hatten die umfangreichen und nie versiegenden anglo-amerikanischen Hilfslieferungen der Sowjetunion die Niederlage gegen die Deutsche Wehrmacht erspart.

Jetzt setzten die Sowjets die Taktik der örtlichen Nadelstiche gegen die deutsche Hauptkampflinie in der löchrigen Eismeer- und Tundrafront fort. Bei der Vielzahl der Kampfhandlungen konnte Schörner trotz seiner Allgegenwart nicht ständig auf allen Stützpunkten gleichzeitig sein. So entwickelte sich der Krieg in der Arktis und Tundra immer mehr zu einem Kampf der Führer und Unterführer. Nicht umsonst schrieb er in einem seiner zahlreichen Sonderbefehle: »Der Krieg am Eismeer ist der Krieg des Leutnants.«

»Es wird feldmäßige Ausbildung betrieben, wobei Gefechtsausbildung und gesicherte Märsche im Vordergrund stehen«, notierte der alte Narvik-Kämpfer Hans Rohr zwischen dem 19. und 24. Oktober 1942 in seinem Kriegstagebuch. »Am 21.10. habe ich die erste Begegnung mit dem gefürchteten General Ferdinand Schörner. Meine Kompanie marschiert auf der Eismeerstraße gegen Norden, ich reite etwa 30 Meter dahinter, als plötzlich hinter mir ein Wagen scharf abbremst, aus dem Schörner herausspringt und mich beanstandet, weil ich reite. (Die Fama erzählt, Schörner sei bei einer Parade in München einmal vom Pferd gestürzt und seither mag er keinen Reiter mehr.) Ob ich nicht wüßte, daß Reiten verboten sei, herrschte er mich an. Ich springe vom Pferd, mache ihm Meldung und sage, daß es vom General Weisenberger gewünscht wird, daß der Kompaniechef beim Marsch einer geschlossenen Kompanie zur besseren Aufsicht sein Reitpferd benutzt. Weil er mir befiehlt, das Pferd nicht mehr zu besteigen, erbitte ich um eine schriftliche Ausfertigung dieses Befehles. Dies tat er nicht, springt in den Wagen und fährt weiter.« [82]

Es war aber auch eine Zeit, in der die eine oder andere Anekdote oder (doch wahre) Begebenheit um Schörner wie ein Lauffeuer von Stützpunkt zu Stützpunkt eilte. Wie diese, von der Friedrich Preiss zu berichten weiß:

»Eine spezielle Gewohnheit von ihm war, bei Nacht auf der sogenannten Eismeerstraße (Rovanjemi – Petsamo) mit vollen Scheinwerfern herumzufahren. Jeder Fahrer im AK wußte Bescheid, daß man dann rechts ranfahren mußte und anhalten, damit er ungestört vorbeifahren konnte. Eines Abends fuhr vor ihm ein Fahrzeug, dem das Hupen Schörners völlig egal schien und das keine Anstalten machte, rechts ran zu fahren. Endlich gelang es Schörner, das Fahrzeug zu überholen. Er hielt an und ließ seinen Wagen quer über die Straße stellen, sprang heraus, riß die Tür des anderen Wagens auf und fuchtelte mit der Maschinenpistole herum. Daraufhin kam aus dem Innern des Wagens eine Stimme: ›Na, Schörner, Sie spielen wohl den wilden Mann hier, was!? Ich bin Generaloberst Stumpff.‹ Man hörte«, so wird berichtet, »daß die beiden danach keine großen Freunde mehr waren.« [83]

1. Juni 1942: An diesem Sommertag wurde Ferdinand Schörner zum General der Gebirgstruppe befördert. Nur ein paar Tage später, am 12. Juni, vollendete er sein 50tes Lebensjahr. »Man blickt beunruhigt zurück«, schrieb vor ihm der feinsinnig-tiefgründige, sensible Stefan Zweig in seinen Erinnerungen »Die Welt von gestern« und fuhr dann fort: »Wieviel seines Weges man schon gegangen und fragt sich im stillen, ob er noch weiter aufwärts führt.« [84]

Nicht so Schörner, dieser eiserne Willensmensch mit seinen schier unerschöpflichen physischen und psychischen Kräften. Er hatte bzw. nahm sich keine Zeit zum Reflektieren, sondern forcierte auch in jenen Tagen weiterhin die Ausbildung, den Schießdienst, die Sicherungsauf-

gaben und eine gezielte Fernaufklärung. Er überwachte seine Anordnungen und Befehle an Ort und Stelle. Vorwiegend handelte es sich hierbei noch um solche, die rein militärischer Art waren. Aber immer mehr appellierte er in ihnen auch an die politische Gesinnung seiner ostmärkischen Gebirgsjäger, bei denen das nationalsozialistische Gedankengut auf einen fruchtbaren Boden fiel. Im November 1942 gab er einen Sonderbefehl folgenden Inhalts heraus:
»Der Gehorsam und die Treue zur Sache stehen über allem. Schwache Naturen aber müssen wissen, daß die Führung hart genug ist, um jede mangelnde Initiative, jede Art von Pflichtverletzung oder gar Feigheit vor dem Feind mit der Härte der Kriegsgesetze zu bestrafen. Im Entscheidungskampf von Weltanschauungen spielt unser individuelles Leben gar keine Rolle.«
Bereits im Sommer hatte er seinen Männern am Eismeer eingetrichtert: »Wir leben in einer revolutionären Zeit, einer Zeitenwende.«
Schörners ideologische Wandlung war auffallend und tiefgreifend: Weg vom unpolitischen Truppenführer der Weimarer Republik und hin zum nationalsozialistischen Heerführer des NS-Staates. Als solcher fiel er Hitler von Monat zu Monat immer mehr auf. Nimmt es da wunder, daß er, als die »stille Front« am Eismeer und in der Tundra zum reinen Stellungskrieg mit nur mehr vereinzelten örtlichen Gefechten erstarrt war, am 25. Oktober 1943 zu einer anderen, größeren Aufgabe abberufen wurde?
Schörners Generalkommando, das am 10. November 1942 in XIX. Gebirgs-Armeekorps umbenannt worden war, übernahm nun ein Mann, von dem Hitler ganz genau wußte, daß er das darin von Dietl und Schörner eingebrachte nationalsozialistische Gedankengut ohne Wenn und Aber in seinem Sinne fortsetzen wird. Sein Name: Georg Ritter von Hengl, Himmlers ehemaliger, karrieresüchtiger SS-Obersturmbannführer des SS-Regiments »Deutschland«.

5. Der Nationalsozialistische Führungsoffizier

Während der Reichswehrzeit galten Männer wie Schörner und Dietl auf Grund ihrer nationalsozialistischen Einstellung oder ihres zweifelhaften Rufes als unzuverlässige Außenseiter. Als Hitler an die Macht kam und ihr Oberster Befehlshaber wurde, hatten sich Cliquen etabliert, deren

Generalkommando

Der Kommandierende General

K.H.Qu., den 24.10.1943

Kameraden!

Der Befehl des Führers ruft mich zu anderer Verwendung! In der Stunde des Abschieds von meinem XIX.(Geb.) A.K. denke ich zurück an die Jahre eines unvergeßlichen Kampfeinsatzes und Heldenmutes meiner Jäger und aller mir unterstellten Truppen. Ich will keine Namen einzelner Truppenteile nennen, mit denen mich eine unlösbare Kameradschaft in Erinnerung härtester Stunden und schönster Erfolge verbunden hat und die mich weiter voller Stolz auf die Leistungen meines Gebirgskorps wird verbunden lassen sein. Die Schlachten in Polen, Frankreich und Griechenland haben unsere Kampfgemeinschaft geboren, der Einsatz und die Erfolge in der Arktis haben sie gehärtet im sieghaften Kampf gegen Feind und Natur. Voll Stolz kann jeder, der mit dabei war und dabei ist, sagen, daß er Teil hat an heldenhaften Leistungen. Dafür gilt heute Euch allen mein Dank und meine Anerkennung.

Ich danke allen Verbänden der Luftwaffe und der Marine für die treue Kameradschaft in diesem Kampf, deren vorbildlicher und heldenhafter Einsatz schönster Ausdruck deutschen Soldatentums ist.

Ich danke den tapferen Kämpfern der finnischen Wehrmacht, denen ich in unverbrüchlicher Treue verbunden sein werde!

Der Gefallenen in diesem Kampfe gedenke ich in Ehrfurcht und Trauer.

Wie bisher kein fußbreit Bodens des nordischen Raumes aufgegeben werden mußte, so gelten meine besten Wünsche den gleichen Kampferfolgen in der Zukunft! Und dieser Kampf geht weiter bis zum Sieg!

Es lebe Großdeutschland!

Heil unserem Führer!

Schörner

Seilschaften erst nach und nach durchtrennt und zerschlagen werden konnten. Wenn wir uns die Beförderungen dieser beiden Lieblingsgenerale des Führers betrachten, dann ersehen wir, »wie schwierig es war, einen Mann wie Dietl aus der Versenkung herauszuholen, wie schwierig es war, daß ein Mann wie Schörner als ewig nicht beförderter Oberstleutnant im Alter von damals weit über 40 [...] eine Gebirgsdivision bekam«. [85]

Aber dann, als sie endlich durch Hitlers Fürsprache im Heer Fuß gefaßt hatten, wurden sie auf Grund ihrer offen zur Schau gestellten nationalsozialistischen Gesinnung und ihrer aufsehenerregenden Waffentaten zu Volkshelden und volkstümlichen Generalen hochstilisiert: der eine als »Held von Narvik« der andere als »Sieger von Athen«. Nun begann die Zeit ihres kometenhaften militärischen Aufstiegs. Im Laufe des 5½ Jahre dauernden Zweiten Weltkrieges wurde Schörner gar vom Oberst (27.8.1939) über den Generalmajor (1.8.1940!), den Generalleutnant (27.1.1942!!) und den General der Gebirgstruppe (1.6.1942!!!) zum Generaloberst (1.4.1944!!!!) und schließlich zum Generalfeldmarschall (5.4.1945!!!!!) befördert. »Auf Grund seiner Herkunft [...] lebte er in einem starken Ressentiment gegen das so aristokratisch erscheinende Offizierskorps der Reichswehr und fühlte sich vor allem aus diesen Beweggründen heraus einem Manne wie Hitler verbunden, der danach strebte, die Exklusivität des alten Offizierskorps zu durchbrechen.« [86]

Wie zwischen Dietl und Hitler, so entwickelte sich im Laufe des »Weltanschauungskrieges« auch zwischen Schörner und dem Führer eine unverbrüchliche Treue, denn »dem Idealtyp des nationalsozialistischen Offiziers, als den Hitler den General Dietl hinzustellen beliebte, entsprach [...] nur eine Minderheit.« [87] Zu ihr zählte zweifellos Schörner, der am 6. März 1942 in einem Sonderbefehl als Kommandierender General des Gebirgskorps Norwegen bekannte: »Eine Teilung in militärische und geistige Führung gibt es nicht [...] Der Soldat des Heeres von heute siegt mit der Waffe und mit der Weltanschauung.« [88]

In die gleiche Richtung zielte auch sein psychologisch geschickt abgefaßter Sonderbefehl Nr. 10 über die »Forderung des Tages« vom 1. Februar 1943. In ihm forderte Schörner unter anderem: »Der Glaube ist die stärkste Lebensmacht. Der Erfolg im Leben ist immer bei denen, die froh und unentwegt an ihn glauben, und das Schicksal liebe diese Gläubigen, die Frohgemuten und die Tapferen.« Denn »aus der Treue zum Führer erwachse der Sieg. Zu den Lehr- und Kernsätzen solcher Erziehungskunst gehörte vor allem, daß die vom Feinde kommenden

Nachrichten, auch wenn sie richtig waren, als Gerüchte abgetan wurden.« [89]
Nach Messerschmidt wurde »die wehrgeistige Erziehung [...] mehr und mehr zum Versuch, den Soldaten in eine von der eigenen Propaganda zurechtgeschneiderte Welt der Unwirklichkeiten einzukapseln.« [90]
Nicht umsonst appellierte Schörner an die erzieherische »Aufgabe des Offiziers«, die sich »im Volksheer [...] zur Verankerung der Idee und der Lehre unseres Führers« auswirken müsse. Denn »der Soldat müsse klar die nationalsozialistische Idee erkennen und in leidenschaftlicher Überzeugung in Wort und Tat für sie kämpfen.« [91]
Von Dietl während der Kemptner Reichswehrzeit und an der Eismeerfront infiziert, drohte Schörner seinen Führern: »Ein Offizier, der eine nationalsozialistische Losung lehrt und in der Praxis davon abweicht, hat seine Berechtigung in meinem Korps ebenso verwirkt wie derjenige, der heute noch im Nationalsozialismus eine aufgezwungene Form der geistig-seelischen Haltung sieht.« [92]
Nicht umsonst wurde die nationalsozialistische Erziehung und Schulung gerade in Dietls Lappland-Armee und Schörners Gebirgskorps Norwegen ganz groß geschrieben. Vorbilder gab es ja genug. So forderte bereits am 27. April 1937 der Reichskriegsminister und Oberbefehlshaber der Wehrmacht, der Generalfeldmarschall von Blomberg, vor den Kreisleitern der NSDAP auf der SS-Ordenburg Vogelsang:

»1. Wichtigster Maßstab zum Reserveoffizier ist die soldatische Führereignung. Sie ist nicht abhängig von der sozialen Herkunft und von den Geldmitteln der Eltern.
2. Grunderfordernis ist auch nationalsozialistische Gesinnung und Haltung.
3. Kommt zu den Voraussetzungen 1 und 2 noch die Mitgliedschaft zur Partei, zu einer ihrer Gliederungen oder Verbände hinzu, oder gar langjährige Bewährung in Führer- und Unterführerstellen der Partei, namentlich in der Zeit vor 1933, *so ist das kein Behinderungsgrund, sondern im Gegenteil ein Beförderungsgrund mehr*!« [93]

Über die nationalsozialistische Erziehung der Soldaten und die Aufgabe der Vorgesetzten gab auch der Erlaß des Oberbefehlshabers des Heeres – Generalstab des Heeres – vom 7. Oktober 1940 Auskunft. Ihm konnte Schörner entnehmen: [94]

»Im Kriege steht ein weit größerer Teil der wehrfähigen Mannschaft unter den Waffen als im Frieden. Für zahlreiche Soldaten bringt er eine erhebliche Verlängerung der Dienstzeit mit sich. Die Wehrmacht übernimmt damit vermehrt die Aufgabe, die Soldaten neben der Waffenausbildung auch weltanschaulich und nationalpolitisch zu erziehen. Es kann kein Zweifel darüber bestehen, daß die Ausbildung des Soldaten zu einem entschlossenen und angriffsfreudigen Kämpfer von einer lebendigen nationalsozialistischen Erziehung nicht zu trennen ist.
Ihr ist daher von allen Vorgesetzten besondere Aufmerksamkeit zu schenken. Es kommt dabei nicht darauf an, *zahlreiche* Gebiete zu behandeln. Entscheidend ist, daß im Heere eine *einheitliche* Auffassung über die nationalsozialistischen Grundlagen besteht und daß sie Gemeingut aller Soldaten wird.
Für den Geist und die Haltung seiner Soldaten ist der Truppenführer allein verantwortlich. Damit ist auch die weltanschauliche Erziehung der Truppe seine Aufgabe. Für die Schulen und Lehrgänge des Heeres ist diese Aufgabe von weittragender Bedeutung.«

Daraus formulierte Schörner in seinem Sonderbefehl Nr. 10 die »Forderung des Tages« für seine Untergebenen. »Die zahlreichen politischen Leiter sind zur Mitarbeit an der Erhaltung des inneren Gefüges der Truppe verschiedentlich stärker einzuschalten; wesentlich ist dabei ihr eigenes fest gegründetes Soldatentum«, lautete eines seiner Ansinnen. Und weiter: »Die nationalsozialistische Erziehung der Truppe ist zeitlich unbegrenzt. [...] dabei stellt der Offizier die nationalsozialistische Lebensauffassung grundsätzlich und kompromißlos heraus.«
Schörners Sonderbefehl vom 1. Februar 1943 ist in zweierlei Hinsicht bedeutungsvoll: Zum einen führt er die Mär vom angeblich ganz und gar unpolitischen Soldaten der Wehrmacht, eine Forderung, auf die Generaloberst Hans von Seeckt in seiner Reichswehr noch so großen Wert gelegt hatte, ad absurdum; zum anderen erhält er Forderungen, die kein Gehirn in der Parteizentrale der NSDAP hätte besser, eindeutiger und richtungweisender formulieren können. Nun dauerte es auch nicht mehr allzu lange, bis Hitler daraus die Schlußfolgerungen zog und dementsprechend handelte, denn nach seinen eigenen Worten fehlte noch immer ein revolutionärer Offiziers- und Generalsnachwuchs, der »improvisieren und politisch denken« konnte. »Führungskräfte von dem Einfallsreichtum und Organisationstalent eines Großadmirals Raeder [...] waren nach seiner Darstellung ebenso knapp wie ›Haudegen mit Kopf‹, wie [...] Dietl.« [95]

Nachdem es um Schörners weitere militärische Verwendung im Herbst 1943 und im Winter 1943/44 einige Irritationen gegeben hatte, notierte General Schmundt am 28. Oktober 1943 im »Tätigkeitsbericht des Chefs des Heerespersonalamtes«: »General d. Geb.Truppe Schörner, auf Befehl des Führers zur besonderen Verwendung in die Führerreserve OKH versetzt, wird in das Führerhauptquartier kommandiert.« [96]
Am 2. November 1943 heißt es dann: »General d. Geb.Truppe Schörner kommt nicht in der Form zur Auswirkung, wie es von höchster Stelle geplant war. Gen. d. Geb. Tr. Schörner legt darüber einen Bericht vor.« [97]
Bis dann am 1. Februar 1944 endgültig feststand: »General der Gebirgstruppe Schörner wird zum Chef des NS-Führungsstabes (Heer) ernannt.« [98]
Hierzu erließ Hitler höchstpersönlich folgenden Befehl:

»Der Führer — Führerhauptquartier, den 14. März 1944

Für die nationalsozialistische Führung
im Heer befehle ich:

1. Mit dem 15. 3. 1944 ernenne ich zum Chef des NS-Führungsstabes des Heeres im OKH (Feld- und Ersatzheer) den General der Gebirgstruppe Schörner.
2. Der Chef des NS-Führungsstabes des Heeres untersteht mir unmittelbar und handelt in Durchführung seiner Aufgaben in meinem Auftrag.
3. Mein Befehl vom 22. 12. 1943 regelt die Zusammenarbeit mit dem Chef des NS-Führungsstabes des OKW.
4. Der Chef des NS-Führungsstabes des Heeres arbeitet im engen Einvernehmen mit Chef, Generalstab und Chef HPA. Er unterrichtet sie über alle grundsätzlichen Fragen seines Arbeitsgebietes. In gleicher Weise übt er seine Befugnisse aus im Bereich des Chef H Rüst und BdE.
5. Der Chef des NS-Führungsstabes des Heeres hat die politische Willensbildung und Aktivierung im Heere durch einheitliche politische und weltanschauliche Führung im Sinne meines Befehls vom 22. 12. 1943 sicherzustellen. Hierzu ist er berechtigt, den Stand der nationalsozialistischen Führung bei Truppen, Dienststellen und Einrichtungen des Feld- und Ersatzheeres zu prüfen. Er gibt in meinem Auftrage die für die Durchführung dieser Aufgaben im Heere erforderlichen Befehle, Anweisungen und Richtlinien.

gez. Adolf Hitler«

Was verbarg sich nun hinter Schörners neuer Tätigkeit, die ihm nicht zuletzt auf Grund seines richtungweisenden Befehls vom 1. Februar 1943 wie von selbst zugeflogen war?
Der Nationalsozialistische Führungsoffizier (NSFO) war für die politisch-ideologische Ausrichtung der Offiziere und Unteroffiziere der Deutschen Wehrmacht verantwortlich. Als besonders wichtiges Instrumentarium dienten zunächst der politische Unterricht und die regelmäßige Behandlung von militärpolitischen Tagesfragen in den Kompanien. Nach dem Rückschlag des deutschen Ostheeres im bitterkalten Winter 1941/42 erfolgte am 15. Juli 1942 die Einsetzung von hauptamtlichen Bearbeitern für die wehrgeistige Führung in allen höheren Stäben bis hinunter zu den Divisionen. Diese Maßnahme wurde wenig später im Heer durch die Benennung eines für diese Aufgabe verantwortlichen Offiziers in jedem Stab ergänzt. [99]
Nach der verheerenden Niederlage von Stalingrad im Winter 1942/43 entstand in der gesamten Deutschen Wehrmacht ein »breitgefächertes System« von haupt- und nebenamtlichen Betreuungsoffizieren bzw. von Offizieren für die wehrgeistige Führung. Sie waren die Gehilfen der Oberbefehlshaber, der Kommandierenden Generale, der Kommandeure und der Kompaniechefs, die weiterhin die Hauptverantwortung für die politisch-ideologische Ausrichtung des Offizierskorps trugen. Ende November 1943 wurde dann die »Wehrgeistige Führung« in »Nationalsozialistische Führung« und die »Betreuungsoffiziere« bzw. die »Offiziere für wehrgeistige Führung« in »Nationalsozialistische Führungsoffiziere« umbenannt. [100]
Hitlers grundlegender Befehl vom 22. Dezember 1943 über die »nationalsozialistische Führung in der Wehrmacht« verlangte, die politische Erziehung zum fanatischen Soldaten des Nationalsozialismus zu aktivieren und ein engmaschiges Netz von NSFO bis hinab zu den Bataillonen zu spinnen. Im einzelnen beinhaltete dieser Führerbefehl folgendes: [101]

»Führerhauptquartier, den 22. 12. 1943
5 Ausfertigungen
2. Ausfertigung

Der Führer

Für die nationalsozialistische Führung in der Wehrmacht befehle ich:

I.

Im 5. Kriegsjahr ist die politisch-weltanschauliche Führung und Erziehung der Truppe in verstärktem Maße durchzuführen. Das Oberkommando der Wehrmacht hat alle hierzu erforderlichen Maßnahmen im Einvernehmen mit der Partei-Kanzlei zu treffen und für eine einheitliche Handhabung innerhalb der Wehrmacht zu sorgen.

II.

1. Im OKW ist ein NS-Führungsstab zu bilden.
2. Der Chef des NS-Führungsstabes des OKW handelt in Durchführung seiner Aufgaben in meinem unmittelbaren Auftrage. Er hat hierbei das Einvernehmen mit der NSDAP als der Trägerin des politischen Willens herzustellen. Er ist verpflichtet, den Oberbefehlshabern der Wehrmachtteile unmittelbaren Vortrag zu halten.

III.

Der Chef des NS-Führungsstabes des OKW hat folgende Aufgaben:
1. Er hat dafür zu sorgen, daß die für die Truppe notwendige politische Willensbildung und Aktivierung sichergestellt wird. Hierzu vermittelt er das grundlegende politisch-weltanschauliche Gedankengut und die erforderlichen Hilfsmittel.
2. Er ist berechtigt, zur einheitlichen politisch-weltanschaulichen Ausrichtung der NS-Führungsstäbe der Oberkommandos, der NS-Führungsoffiziere und der Offiziere und Wehrmachtbeamten in leitenden Stellen Hinweise zu geben, sowie Lehrgänge durchzuführen oder durchführen zu lassen.
3. Er ist bei der Besetzung der Stellen leitender Offiziere und Wehrmachtbeamter der NS-Führungsstäbe der Oberkommandos zu hören. Ihm steht für die Auswahl der NS-Führungsoffiziere in Zusammenarbeit mit dem Leiter der Partei-Kanzlei ein Vorschlags- und Einspruchsrecht zu.
4. Er stellt Richtlinien für die politisch-weltanschaulichen Voraussetzungen auf, die Offiziere und Wehrmachtbeamte erfüllen müssen, wenn sie in Stellen für die Ausbildung und Förderung von Offizieren und Wehrmachtbeamten sowie des Führer- und Unterführernachwuchses verwendet werden sollen.
5. Die Dienstanweisungen für die NS-Führungsoffiziere der Wehrmachtteile sind mit ihm abzustimmen.

IV.

1. Zum Chef des NS-Führungsstabes des OKW wird der Chef des Allgemeinen Wehrmachtamtes ernannt. Er ist in seinen sonstigen Aufgaben durch einen ständigen Vertreter weitgehend zu entlasten.
2. Die Wehrmachtteile haben den personellen Anforderungen des OKW zur Besetzung der Planstellen des NS-Führungsstabes des OKW zu entsprechen.

[...]

gez. Adolf Hitler«

»Zur Beseitigung aller Unklarheiten« gab der General der Gebirgstruppe Ferdinand Schörner am 28. März 1944 seine »Richtlinien für die nationalsozialistische Führung im Heere« heraus. »Sie trafen«, nach Messerschmidt, »in Ton und Inhalt die Intentionen Hitlers und der Partei zweifellos noch besser als die einschlägigen Bemühungen Keitels und Reineckes. Niemand konnte so besessen und naiv die Überlegenheit der Idee über die waffentechnische Übermacht der Gegner proklamieren als dieser General, der sich bei Hitler immer größerer Beliebtheit erfreute.« [102] Sehen wir uns auch dieses Dokument in all seinen Einzelheiten sehr genau an: [103]

»Der Chef des NS-Führungsstabes des Heeres — H. Qu., OKH, den 28.3.44

c) Richtlinien für die nationalsozialistische Führung im Heere.

Der Führer hat mich mit Wirkung vom 14.3.1944 zum Chef des NS-Führungsstabes im OKH (Feld- und Ersatzheer) ernannt. Ich bin ihm unmittelbar unterstellt. Der mir vom Führer erteilte Auftrag besagt, daß ich »die politische Willensbildung und Aktivierung im Heere durch einheitliche politische und weltanschauliche Führung sicherzustellen« habe. Zur Beseitigung aller Unklarheiten gebe ich folgende Richtlinien:

Sinn der NS-Führung.

In diesem Krieg der Weltanschauungen, mit einer Härte, die solchen Kämpfen eigen ist, steht das Schicksal unseres Volkes auf dem Spiel. Kriege von diesem Ausmaß werden weder durch zahlenmäßige noch durch materielle Überlegenheit entschieden. Entscheidend sind allein die höchsten Werte eines Volkes, Tapferkeit, eiserne Disziplin, Ehre und das Bewußtsein, Träger und Kämpfer einer hohen Idee zu sein. Gerade in Weltanschauungskämpfen ist die kämpferische Idee die entscheidende Waffe.

Die Mobilisierung solcher Werte für den Sieg, also die Aktivierung der politischen Erziehung zum fanatischen Soldaten des Nationalsozialismus ist die Aufgabe des NS-Führungsoffiziers. Je länger der Krieg dauert und je schärfer die weltanschaulichen Fronten sich hüben und drüben abzeichnen, umso wichtiger wird diese Aufgabe.
Es kommt ausschlaggebend darauf an, daß der Soldat – ob im Panzerdeckungsloch oder in einem Stab – sich jederzeit der auf ihm ruhenden Verantwortung für sein Volk bewußt ist und daß er danach handelt. Das muß ihm tagaus, tagein von seinen Vorgesetzten eingeschärft werden. Das volle Bewußtsein, Kämpfer der nationalsozialistischen Weltanschauung zu sein und die letzte Verantwortung gegenüber der schwer geprüften Heimat zu tragen, muß den Soldaten selbst in aussichtsloser Lage zum verbissenen Widerstand anfeuern. Dieser feste Glaube an die Überlegenheit der Idee und an die Gerechtigkeit seiner Sache sind die schärfsten Waffen gegen den Feind und dessen fadenscheinige Moral. Eine deutsche Truppe dieser Art ist unbedingt überlegen und überwindet jede Krise, selbst wenn einmal der Nachschub an Waffen und Munition nicht klappt.

Aufgaben des Offiziers:
Nach dem Willen des Führers ist im Heer der Offizier der Träger der politischen Willensbildung. Er führt seine Mannschaft im Kampf. Vorbedingung ist, daß er seine Männer hierzu richtig erzieht. Da ihre politische Haltung das Grunderfordernis für diese ist, trägt er die volle Verantwortung. Eine Teilung in militärische und politische Aufgaben widerspricht dem nationalsozialistischen Führungsgrundsatz und ist abzulehnen. Das erfordert, daß beim Offizier in Wort und Tat weithin sichtbar seine nationalsozialistische Einstellung zum Ausdruck kommt. Sein Glaube an unseren Sieg und seine Treue zum Führer sind bedingungslos. Zwischen seiner Einsatzbereitschaft als Soldat und seinem politischen Bekenntnis darf kein Widerspruch klaffen. In diesem harten Ringen genügt für einen Offizier eine loyale Einstellung zum Nationalsozialismus nicht mehr.
Es ist selbstverständlich, daß der Offizier des nationalsozialistischen Heeres jeder Kritik aufrecht und entschieden entgegentritt. Gerade in Krisenzeiten müssen der Glaube und die Siegeszuversicht des Offiziers auf die Männer ausstrahlen und sie in ihrer Haltung bestärken. Der Offizier muß hierzu jede Gelegenheit zum Einwirken auf seine Männer ausnutzen.

Der NSFO.
Hierbei ist ihm der NSFO der erste Gehilfe und sein ständiger Berater.
Der NSFO selbst muß ein bewährter Frontsoldat sein. Der Nationalsozialismus ist im Schützengraben des Weltkrieges entstanden, und im Frontsoldatentum dieses Krieges findet er seine höchste Bewährung. Nur der Frontsoldat kann deshalb zum Frontsoldaten sprechen, nur er spricht die harte und nüchterne Sprache der Front, und nur er findet den Weg zum Herzen des Grenadiers.
Der NS-Führungsoffizier ist Führungsoffizier und nicht ein Organ der materiellen Betreuung oder der Fürsorge. Er hat eine kämpferische, keine seelsorgerische Aufgabe zu erfüllen und tritt gleichwertig neben die taktische Führung und Ausbildung.
Für die Stellung des NSFO treffen die für die höheren Adjutanten gegebenen Richtlinien zu.
Für den Erfolg seiner Aufgabe ist eine enge und vertrauensvolle Zusammenarbeit mit der Führungsabteilung und dem IIa Voraussetzung. Der NSFO gehört stets zur Führungsabteilung.
Der dem NSFO erteilte Auftrag ist derartig umfassend und wichtig, daß ihm von der Division an aufwärts keine anderen Aufgaben übertragen werden dürfen. Einen Wechsel in der Stellenbesetzung bis zu den Divisionen herab bedarf der Genehmigung des OKH, beim Regiment und Bataillon jeweils die der vorgesetzten Dienststelle.
Der NSFO muß das uneingeschränkte Vertrauen seines Truppenführers und der Soldaten besitzen. So wird auch nur der Anschein eines Politruks vermieden. Seine Aufgabe ist die Herstellung einer geschlossenen und unerschütterlichen nationalsozialistischen Kampfgemeinschaft und nicht die Aufspaltung in Nationalsozialisten und Andersgläubige.
Mit schönen, geistvollen Reden ist der Mann nicht zu gewinnen. Das persönliche Beispiel ist immer die wirksamste Erziehung. Vom NSFO verlange ich weniger wohlgeformte Reden als eine absolut saubere Lebensführung und eine soldatisch gerade Haltung. Auf geistige Auseinandersetzungen über Probleme, die mit dem Gewinnen des Krieges nichts zu tun haben, lege ich keinen Wert. Bei dem NSFO muß der Soldat das Gefühl haben, daß alles was er sagt, aus dem Herzen kommt und nicht aus einem kühl wägenden Verstand.
Die Aktivierung der nationalsozialistischen Erziehung bedeutet, daß der NSFO bis zum letzten Mann vordringt und ihn beeinflußt. Hierbei hat der NSFO des Regiments eine außerordentlich wichtige Aufgabe. Der Offizier und der NSFO müssen sich jederzeit einsetzen und gegen

jede Art der Verstumpfung oder einer aufkommenden Gleichgültigkeit angehen. Selbst bei eingeschlossenen Verbänden und gerade hier ist die Arbeit des NSFO möglich und notwendig.

Der Truppenführer wird bei dieser Arbeit bald spüren, wie sich die politische Erziehung auf den Geist und die Kampfkraft seiner Truppen auswirken. Der NSFO soll überhaupt nur positiv wirken und zur Steigerung der Kampfkraft beitragen, auf keinen Fall aber seine Aufgaben in einem müden Stabsleben sehen. Ich kann als NSFO daher nur Aktivisten und fanatische nationalsozialistische Kämpfer gebrauchen.

Im Heer ist auf dem Gebiete der nationalsozialistischen Führung schon viel getan worden. Die gegenwärtige Lage an den Fronten erfordert jedoch eine gesteigerte Aktivität:

1. Der aus der Partei und ihren Gliederungen zum Heer einrückende junge Deutsche, der frühzeitig mit politischen Fragen vertraut gemacht wurde, muß planmäßig weitererzogen werden. Diese politische Erziehung ist ebenso wichtig, wie die Ausbildung an der Waffe. Dem Ersatzheer fällt hier eine bedeutende Aufgabe zu.
2. Jeder Soldat ist regelmäßig zu erfassen, denn auf jeden kommt es an. Der totale Krieg kennt keine Unbeteiligten und keine politisch neutralen Soldaten mehr. Insbesondere gilt dies für Stäbe und Stabseinheiten, und die rückwärtigen Dienste, die stets negativen Einflüssen ausgesetzt sind.
3. Es darf nunmehr kein Lehrgang – selbst nicht ein Waffenspeziallehrgang – ohne Heranziehung des NSFO vorübergehen. In den Schulen, Soldaten-, Urlauber- und Erholungsheimen hat der NSFO ein weites Betätigungsfeld.
4. Außergewöhnliche Bedeutung kommt der politischen Erziehung unseres Führernachwuchses zu. Hier werde ich meine Arbeit beginnen.
5. Es ist jetzt über nationalsozialistische Führung genug geredet und geschrieben worden; jetzt gilt wie überall im militärischen Leben nur noch die Tat. Die für die NS-Führung gegebenen Befehle sind zu befolgen, und ihre Durchführung ist ebenso wie die Ausführung taktischer Befehle unter vollem Einsatz der Persönlichkeit des Truppenführers notfalls mit scharfen Mitteln sicherzustellen. Der Erfolg wird dann unser sein.

   Der tapfere Grenadier des Heeres, der die erbarmungslose Härte dieses Krieges am meisten spürte, wird sich durch eine klare nationalsozialistische Haltung den ihm gebührenden Platz im Volke erkämpfen.

Der NSFO hat nur nach einer Parole zu arbeiten und die heißt:
Alles für den Sieg!

F. d. R. d. A. — Im Auftrag des Führers
gez. Unterschrift — gez. Schörner,
Oberleutnant. — General der Gebirgstruppen.«

Genau wie Schörner war, gab er noch am selben Tage, also am 28. März 1944, die aufschlußreiche »Dienstanweisung für die NS-Führungsoffiziere im Heere« heraus. [104]
Schörner war ein Denker, und je länger der Krieg dauerte gewiß ein ideologischer; zuweilen war er aber auch ein Intellektueller in Uniform. Auf Grund seiner geistigen Fähigkeiten war er im Gegensatz zu Dietl ein Mann, der am laufenden Band neue Ideen produzierte. Deshalb hatte Hitler ihm das Amt der NSFO übertragen. (Die Dokumente, die wir aufmerksam betrachtet haben, sind das Resultat.) Aber dieser zuweilen auch sehr feinsinnige und sensible Mensch war dennoch kein Mann des Schreibtisches, sondern einer der Tat, eben der eiserne, der tollkühne und wilde Ferdinand. Nicht umsonst war er im Gegensatz zu einigen seiner Generalskameraden mehr an der Front als in den Stäben oder auf Treibjagden zu finden. Aus diesem Grunde hielt er es auch nicht sehr lange in Berlin aus. Für ihn war die Arbeit als oberster Nationalsozialistischer Führungsoffizier erledigt, nachdem er gesehen hatte, daß seine richtungweisenden Ideen und Richtlinien begierig aufgenommen und schnellstens in die Tat umgesetzt wurden. Nun sollte ein anderer die Arbeit fortsetzen.
Schörner reizte der Kanonendonner der stark erschütterten Ostfront mehr als eine ruhige Vortragsveranstaltung auf den Ordensburgen von Sonthofen und anderenorts, wo laufend Generale und Generalstabsoffiziere aller Dienstgrade auf den NSFO-Lehrgängen oder in Kurztagungen geschult und weltanschaulich ausgerichtet wurden. Überdies stand schon ein viel strammerer Nationalsozialist als er Gewehr bei Fuß, um ihn durch einen Führerbefehl vom 28. Mai mit Wirkung vom 15. Mai 1944 abzulösen; einer, der ihn bereits als Kommandierender General des XIX. Gebirgs-Armeekorps beerbt hatte. Sein Name ist uns daher alles andere als unbekannt: Georg Ritter von Hengl.
Dieser General der Gebirgstruppe, der auf Grund seiner guten Beziehungen zu Heinrich Himmler kurz nach seinem Eintritt in die SS-Verfügungstruppe schnellstens zum Kommandeur des I. Bataillons der SS-Standarte »Deutschland« ernannt und innerhalb eines Jahres gleich zweimal befördert wurde, war auf Grund seiner sehr ausgeprägten

nationalsozialistischen Gesinnung Hitlers neuer Mann. So hielt er anläßlich einer Sonthofener Tagung vor dem 20. Juli 1944 vor den dort anwesenden Generalen und Generalstabsoffizieren einen derart glühenden Vortrag, daß der neue Befehlshaber des Ersatzheeres in einem Befehl vom 21. Juli 1944 »die darin entwickelten Gedanken als bindend für die weitere NS-Führung des Ersatzheeres vorschrieb« [105] – und zwar mit den Worten: »Die Gedanken der Richtlinien und des Vortrages des Chefs des NS-Führungsstabes des Heeres sind für die weitere Arbeit der NS-Führung des Ersatzheeres *Befehle.*«

Als Nationalsozialistischer Führungsoffizier übertraf von Hengl Schörner bei weitem. Denn die »ungeheure« Aufgabe des deutschen Offiziers sollte nach diesem Rittersmann darin bestehen, die Soldaten zum »unbändigen Vernichtungswillen und zum Haß« zu erziehen. Er »wollte die ›seelischen Kräfte des Willens‹ mobilisieren und ›auf breitester Grundlage zum Einsatz bringen‹.« Denn, so sein Kredo: »Wer nicht glaube, werde nicht siegen. Das Wichtigste sei der Glaube, dann komme das Bekenntnis, und aus dem Bekenntnis entstehe das Vorbild als wirksamstes Erziehungsmittel.« [106] Ferner forderte von Hengl, »die Unteroffiziere als nationalsozialistischen Stoßtrupp bewußt einzuschalten.« Die Offiziere teilte er nach Messerschmidt in drei Gruppen ein:

»1. in die Gruppe der ›klar ausgerichteten Persönlichkeiten voll Fanatismus für die Idee, die unentwegt in diesem Sinne ihre Soldaten bei jeder Gelegenheit erziehen‹; 2. in die Gruppe der unpolitisch Aufgewachsenen, die sich langsam zur ›Idee‹ durchgerungen haben, ›denen aber zum Teil noch das Lippenbekenntnis fehlt‹. Wer aber von den Führerreden auf den Offizierstagungen nicht gepackt werde, ›dem ist überhaupt nicht zu helfen‹; ›sollte es eine dritte Gattung Offiziere geben, die dem Führer zwar geschworen hat, aber weder durch Herz noch durch den Verstand als wirkliche Nationalsozialisten zu gewinnen war, so schweigen wir lieber über diese Ausnahmeerscheinungen‹ ...« [107]

In die gleiche Kerbe schlug auch der Generaloberst Eduard Dietl als Oberbefehlshaber der 20. Gebirgs-Armee mit seinem Tagesbefehl zum 20. Jahrestag des Hitler-Ludendorff-Putsches von 1923, der im Rahmen der befohlenen geistigen Betreuung bei einem würdigen Appell bekanntzugeben war. In ihm bekannte der »Held von Narvik« auf sieben Seiten unter anderem:

»Das deutsche Volk gedenkt am 9. Nov. des Tages, an dem der Führer das große Wagnis unternahm, mit einer Handvoll entschlossener Männer die Führung des Reiches an sich zu reißen und damit das deutsche Schicksal entscheidend zum Guten zu wenden. Verrat und Mißbrauch von Waffengewalt haben ihn damals überwältigt. [...] Der Weg von 1923 bis 1933 führte zur Wiedergeburt und nationalen Selbstbesinnung des deutschen Volkes. [...] Unter der Führung des so neu entstandenen Reiches steht heute Europa in dem gewaltigen Ringen um den Bestand unseres Erdteils gegen die drohende Macht des Bolschewismus und der anglo-amerikanischen Plutokratie.
Wir feiern die 20. Wiederkehr des 9. Nov. 1923 als den Tag der unbedingten Treue zum Führer, zur Idee des Reiches, zur Ehre der Nation und zur nationalen Gemeinschaft des deutschen Volkes. Die 16 Blutzeugen der Bewegung sind für jeden deutschen Mann seitdem Vorbild geworden. Der Typ des politischen Soldaten ist in ihnen vorgebildet. [...] Heute ermöglicht die gemeinsame weltanschauliche Grundlage und die einheitliche politische Ausrichtung des deutschen Volkes auch dem Soldaten die Teilnahme am politischen Leben der Nation; ja diese politische Einstellung aller Soldaten ist in dem augenblicklichen Kampf eine zwingende Notwendigkeit geworden. [...] In sogenannten politischen Konferenzen offizieller Politiker werden diplomatische Redensarten veröffentlicht, die im Grunde diesen jüdisch-bolschewistischen Haßgesängen entsprechen [...] Das deutsche Volk hat in diesem Kriege entweder alles zu verlieren oder aber alles zu gewinnen. [...]
In der Stunde der letzten Bewährung gedenken wir der ersten Blutzeugen dieses gewaltigen Ringens am 9. Nov. 1923 [...] Ihr Heldentod macht uns bereit zu jeder Entsagung und allen Opfern, die dieser Krieg von uns fordert und noch fordern wird. [...] Wir vertrauen aber auf den Führer und stellen ihm eine durch keine Feindpropaganda oder Gerüchte zu erschütternde Siegeszuversicht und ein Soldatentum zur Verfügung, das unbesiegbar ist. Unser Glaube reicht nicht nur von heute auf morgen. Wir wissen, daß der Krieg noch lange dauern kann und daß er vielleicht erst nach sehr harten, opfervollen, langen Kämpfen und Nervenbelastungen möglich ist, mit der letzten Division oder gar dem letzten Regiment dem Feind den entscheidenden Todesstoß zu versetzen. [...]« [108]

Fürwahr: Die nationalsozialistische Gesinnungsverwandtschaft zwischen Schörner – von Hengl – Dietl ist nicht zu verleugnen. Dennoch wurden der »Held von Narvik« und Himmlers SS-Mann in der Nachkriegszeit von verklärungssüchtigen Vereinigungen reingewaschen, während man den »Sieger von Athen« ganz bewußt im Regen stehen ließ, um von der eigenen braunen Vergangenheit abzulenken.

6. Der Fels von Nikopol

Schörners NSFO-Tätigkeit war nur ein Intermezzo; ein kurzzeitiges noch dazu. Es lag zwischen zwei aufregenden Kriegseinsätzen am Eismeer und an der von der roten Brandung äußerst bedrohten Ostfront. Jedem anderen Befehlshaber wären derartige Verwendungen zum Schleuderstuhl geworden. Nicht so dem eisernen Ferdinand, der seine Nerven nach wie vor voll im Griff hatte, der das Schlachtgetümmel mehr als den verhaßten Schreibtisch liebte; der noch immer voller Energie steckte und die Etappe schonungslos auskämmte, um alle verfügbaren Kräfte an die Front zu werfen.
Dieser Schörner war während seiner nun folgenden Einsätze in seinem ureigenen Element. Er wurde zum Turm einer Reihe von Abwehrschlachten, deren Ausgang die Sowjets schon im voraus als Siege für sich verbucht hatten. Aber sie hatten die Rechnung in jeder Beziehung ohne ihn gemacht, denn ihre Taktik blieb zuweilen noch, »was sie schon immer gewesen war – langsames Vor- und Rückwärtsschieben von Massen nichtdenkender Männer: militärische Rinderherden als verlokkende Beute für die deutschen gepanzerten Tiger.« [109] Schörners operatives Geschick war da weitaus flexibler und erfolgreicher. Er führte den Roten Bären gar manches Mal wie an einem Nasenring durch die Manege der Südfront – auch dann noch, als »die Rote Arbeiter- und Bauernarmee [. . .] die aggressivste von allen jemals dagewesenen Offensivarmeen« war. [110]
Nach seinem Abenteuer in der Arktis wurde Schörner zunächst im Bereich der Heeresgruppe Süd mit Wirkung vom 1. Oktober 1943 zum Kommandierenden General des XXXX. Panzerkorps und wenig später gar zum Befehlshaber der eilig zusammengestellten »Gruppe Schörner« bzw. Armee-Abteilung Nikopol ernannt – und zwar mit dem ganz klaren Auftrag, »den Brückenkopf Nikopol um jeden Preis zu verteidigen und der deutschen Kriegswirtschaft das Erzgebiet von Nikopol zu erhalten« [111], das sehr reich an Mangan war.
»Heute Saporoshje, morgen Nikopol [. . .] So zeichneten sich die weite-

ren Aufgaben für die Südwestfront [...] ab«, beschrieb der sowjetische Marschall W. I. Tschuikow die Lage. »Die faschistische Führung klammerte sich an die letzte Möglichkeit, das ukrainische Eisen- und Manganerz zu behalten, da sie das eine wie das andere dringend für die Rüstungsindustrie brauchte. Der Kampf um die ukrainischen Erzvorkommen war eine der schwierigsten Operationen und mußte unter unsagbar schweren Bedingungen geführt werden. Wetter- und Straßenverhältnisse erschwerten sie, die Truppenbewegungen und die vielen kleinen Teiloperationen waren sehr kompliziert.« [112] Nicht umsonst hatte das sowjetische Hauptquartier im Zusammenhang mit der Eroberung der Ukraine schon am 16. Oktober 1943 »den Befehl über die Umbenennung der Fronten unterzeichnet. Aus der Woronescher Front wurde die 1. Ukrainische Front, aus der Steppenfront die 2. Ukrainische Front, aus der Südwestfront die 3. Ukrainische Front und aus der Südfront die 4. Ukrainische Front. Der Befehl«, so Tschuikow, »trat am 20. Oktober in Kraft.« [113]

Daß ausgerechnet ein General der Gebirgstruppe zum Gegenspieler der sowjetischen Marschälle auserkoren und mit der Führung von Panzerverbänden betraut wurde, zeigt uns zweierlei: Zum einen, daß Hitler in Schörner den Mann sah, der auf Grund seines operativen Geschicks auch in der Lage sein würde, bunt zusammengewürfelte Verbände zu einer homogenen Truppe zusammenzuschweißen, und da er zum anderen der ideale Truppenführer war, der auf Grund seiner Tatkraft und Unerschrockenheit die ins Wanken geratene Ostfront wieder zusammenhalten und den Frontsoldaten die notwendige Zuversicht einflößen könnte. Das war besonders wichtig, da die Rote Armee nach der Kapitulation der 6. Armee in Stalingrad am 31. Januar 1943 ständig weiter in Richtung Westen vordrang.

Überdies jagte im Kriegsjahr 1943 eine Hiobsbotschaft die andere: Da war die alliierte Konferenz von Casablanca mit dem Beschluß der »bedingungslosen Kapitulation« Deutschlands; die Entlassung des Großadmirals Raeder und die Nachfolge durch Dönitz; Goebbels Verkündigung des »Totalen Krieges«; die Kapitulation der deutsch-italienischen Streitkräfte in Tunis und die Landung der Alliierten auf Sizilien; der Umsturz in Rom mit der Gefangennahme Mussolinis; die Kapitulation Italiens und damit das Eintreten des Falles »Achse«. Ferner vollzog sich die Landung der 5. US-Armee bei Salerno und die alliierten Konferenzen von Moskau und Teheran mit den Vorbereitungen der Invasion in der Normandie (Operation »Overlord«).

Nicht weniger lichterloh brannte es im Krisenjahr 1943 an der ins

Wanken geratenen deutschen Ostfront. Nach der Wiederaufnahme der im Frühjahr abgebrochenen Offensive brachte die Rote Armee die Südfront wieder in Bewegung. Charkow, die so oft umkämpfte Stadt, wurde im Norden umfaßt und mußte von den deutschen Truppen am 22. August für immer geräumt werden. Am 7. September ging Stalino verloren. Damit hatte die Wehrmacht das Donezbecken aufgegeben. Generalfeldmarschall von Manstein bildete eine neue Front hinter Dnjepr und Desna. Von den Gebirgsgtruppen nahmen an den folgenden schweren Rückzugsgefechten die 3. und die 4. Gebirgs-Division teil. Und das war gut so. Denn der neue Befehlshaber der Armee-Abteilung Nikopol wußte zu genau, daß auf die Männer mit dem Edelweiß auch in kritischen Lagen Verlaß war.

»Gegen Abend klingelte beim Ib, dem Major i. G. Leeb, das Telefon«, schilderte uns Karl Ruef die Situation: ›Hier Schörner, ich komme in einer Stunde zu Ihnen. Niemand darf von meinem Besuch etwas erfahren, ich mache Sie dafür verantwortlich!‹ Der Major kannte den inzwischen zum General der Gebirgstruppe Beförderten; er wußte, wie man sich ihm gegenüber zu verhalten hatte. Daher war sein erster Weg zur Wache der Quartiermeisterabteilung. Er schärfte den Posten die Wachregeln ein.
Als General Schörner bei Dunkelheit eintraf, trat ihm ein Posten mit schußbereitem Gewehr entgegen. ›Halt, Kennwort!‹ Der General wußte es. ›Genügt nicht! Ihren Ausweis!‹ ›Ich bin der General Schörner!‹ ›Ich kenne Sie nicht! Ihren Ausweis, sonst muß ich Sie abführen lassen!‹ Also zeigte Schörner sein Soldbuch her und durfte passieren.
›Leeb, ich freue mich! Endlich eine anständige Truppe! Gebirgsjäger bleiben eben Gebirgsjäger!‹ Schörner sparte nicht mit Lob. Dann verlangte er Quartier für mehrere Tage. Er wollte möglichst ohne Aufhebens, fast inkognito, die Fronten im Brückenkopf besuchen, sich ein Bild über den Zustand der Truppe, über die taktischen und Versorgungsmöglichkeiten, aber auch über die Schwierigkeiten machen. Denn, so erklärte er, Hitler habe ihn beauftragt, mit den derzeit ihm zur Verfügung gestellten neun Divisionen die Armeegruppe Schörner zu bilden und den Brückenkopf Nikopol zu verteidigen. So würde das Panzer-AOK 1, das nördlich des Dnjpr alle Hände voll zu tun hätte, entlastet, und auch die auseinandergerissene 6. Armee könnte sich leichter konsolidieren.
›Aber wie schon gesagt, Leeb, Sie dürfen keinem Kommando mitteilen, daß ich hier bin. Nur so kann ich mir ein ungeschminktes Bild über den

tatsächlichen Zustand meiner zukünftigen Truppe machen. Viele Leute wissen nicht Bescheid, weil sie ihren sicheren Gefechtsstand nicht verlassen oder zu schwach sind, Übelstände abzuschaffen.‹« [114]

Nach Tagen rastloser Frontbesuche, an denen »sich sein Temperament, seine Agilität, seine scheinbar unverwüstliche seelische und körperliche Kraft auf die eigene Truppe und auf den Gegner auswirken konnten« [115], stand Schörner wieder auf seinem Gefechtsstand und informierte sich zunächst über die zurückliegenden Kampfhandlungen, bevor er sich auf den entscheidenden Abwehrkampf und die zu treffenden Maßnahmen einstellte. Um die ihm zur Verfügung stehenden Truppen optimal einsetzen zu können, wollte er unbedingt wissen, was sie bis dato geleistet, wo sie sich besonders ausgezeichnet oder ob sie gar überfordert wurden und gescheitert waren. Erst aus der Summe dieser Daten und Fakten leitete er seine operativen Entschlüsse und den Kräfteansatz der ihm unterstellten Verbände ab.
So stand Dietls ehemalige 3. Gebirgs-Division, die nach der verheerenden Niederlage an der Liza vom Eismeer an die Ostfront geworfen worden war, im Laufe des Jahres 1943 mit Teilen zwischen dem Asowschen Meer und dem Donez ununterbrochen in schweren Abwehrkämpfen. Zu ihnen zählten in diesem Frontabschnitt der Stellungskrieg beiderseits der Rollbahn Woroschilowsk – Woroschilowgrad in der Zeit vom 1. März bis zum 28. August 1943 sowie die Kämpfe in der Redkina-Schlucht vom 17. bis zum 22. Juli 1943. Dann folgte in groben Zügen die Abwehrschlacht westlich Kuibyschewo vom 18. August bis zum 4. September 1943 und der Sturm auf Porkowo Kirejewka in der Zeit vom 28. August bis zum 2. September 1943. Nach der Panzerschlacht östlich von Nowo-Laspa (7. bis 8. September 1943) folgten die Stellungskämpfe von der Eidechsen- bis zur Wotanstellung in der Zeit vom 9. bis zum 20. September 1943.
Es waren fast ausnahmslos verzweifelte Lagen, in die die Fronttruppe durch die Oberste Führung in Unkenntnis der Situation vor Ort durch schöngefärbte Meldungen von Kommandeuren ohne ausreichendes Rückgrat hineinmanövriert wurde. Ersatz an geeigneten Mannschaften, Unteroffizieren und Offizieren füllten bei weitem nicht die hohen Verluste auf. Der Ausspruch: »Alles umsonst gewesen« klang fast resignierend in einer Zeit, da sich die Überlegenheit des Gegners dank der umfangreichen Waffenlieferungen durch die Amerikaner von Tag zu Tag erdrückender bemerkbar machte.
Nun wurde es eng. Schörner wußte zu genau, daß eine Flut, die, wie die

sowjetische, erst einmal so richtig in Schwung gekommen war, ihre eigene Dynamik entwickelte und nicht mehr so schnell zu stoppen war; es sei denn, man wendete geeignete, nicht selten drakonische Gegenmaßnahmen an. Und hierfür war der General der Gebirgstruppe Ferdinand Schörner der richtige Mann zur richtigen Zeit am richtigen Ort. Er lobte und tadelte in einem, wenn er eine mutige Tat gesehen oder einen Schwachpunkt entdeckt hatte. Hier legte er keinen großen Wert auf äußere Formalitäten. Hier zählte für ihn nicht der schneidige Offizier, sondern der harte Mann, der unerschrockene Einzelkämpfer, der rauhbeinige Landser und der bärtige Gebirgsjäger, der dem Gegner den Angstschweiß auf die Stirne trieb, und der jederzeit bereit war, für seine Kameraden den letzten Einsatz zu wagen. Hier war ihm jedes Mittel und jeder Mann, der sich als ganzer Kerl auszeichnete, recht. Über den einzelnen setzte er jedoch die Gemeinschaft. Ideelle Werte wie Ehre und Treue, Pflicht und Kameradschaft hatten das Handeln seiner Soldaten zu bestimmen.

Schörners Armee-Abteilung Nikopol verfügte über dem XXXX. Panzerkorps über das IV. und XXIX. Armeekorps mit insgesamt sechs Divisionen. Zu ihnen stießen später Teile der 24. Panzer-Division. Im weiteren Kampfverlauf erhielt er noch das XVII. Armeekorps unter dem tüchtigen Generalleutnant Hans Kreysing, der sich bereits als Alpenkorpskämpfer und später in der Arktis mit Dietls ehemaliger 3. Gebirgs-Division ausgezeichnet hatte. Mehr noch: Dieser bescheidene Truppenführer ohne Furcht und Tadel war auch die treibende Kraft während des erfolgreichen Durchbruchs der nach ihm benannten Gruppe aus Millerowo zu Beginn des Kriegsjahres 1943. Nur dadurch konnte die »Dritte« überhaupt gerettet werden und stand nun dem Befehlshaber zur Verfügung. Schörner wußte um Kreysings Verdienste und um seine hohe Führungskunst. Daher schaute er der kommenden Auseinandersetzung mit der ihm eigenen Ruhe entgegen.

Es war vor allem wichtig, die Nerven zu behalten, denn vom 21. September bis zum 3. Oktober 1943 stand die 3. Gebirgs-Division als Eckpfeiler der Armee im russischen Heidelberg im schweren Kampfeinsatz, um dann anschließend bis zum 26. Oktober die letzten Kämpfe südostwärts von Saporoshje auszutragen. Damit wurde die letzte Etappe zum Stromlauf des Dnjepr eingeleitet. Der neue Feindangriff setzte am 21. Oktober ein. Nachdem die Armee auf Grund des massierten sowjetischen Drucks den Befehl zur Räumung erteilt hatte, wurde die Stellung bei Heidelberg geräumt und statt dessen die Franken-Stellung bezogen; bis auch sie aufgegeben werden mußte.

Nun ging es in den Brückenkopf von Nikopol, wo sich in groben Zügen folgendes abspielte: Aufbau der Front zwischen dem 26. Oktober und dem 19. November 1943; erster Ansturm der Roten Armee und erste Abwehrkämpfe in der Zeit vom 20. bis zum 30. November mit anschließender Kampfpause im Schlamm (1. bis 18. Dezember 1943). Bis zur Jahreswende folgten dann die Großkampftage vom 19. Dezember 1943 bis zum 1. Januar 1944 und die letzten Tage im Brückenkopf vom 2. Januar bis zum 2. Februar 1944.
Dieser Brückenkopf war von großer operativer Bedeutung. Zum einen schützte er die Südflanke der 1. Panzerarmee, die in dem von Nikopol nach Osten vorspringenden großen Dnjeprbogen stand und die kriegswirtschaftlich wichtigen Manganerzgruben von Nikopol und Kriwoi Rog schützte; zum anderen gewährleistete er noch die Möglichkeit, aus ihm heraus einen deutschen Angriff nach Süden zu unternehmen, um die Verbindung zur 17. Armee wiederherzustellen. Ein Blick auf die Karte genügte den Sowjets, um die Trumpfkarte der Deutschen rasch zu erkennen. Daher berannte die 8. Gardearmee unter General Tschuikow am 31. Januar 1944 und am 1. Februar mit weit überlegenen Kräften von Norden her die Achillesferse der Deutschen.
Es war Schörner, der den Ernst der Lage sogleich erkannte und unverzüglich handelte. Obwohl Hitler befohlen hatte, den Brückenkopf von Nikopol unter allen Umständen zu halten, ließ er nach eingehender Lagebeurteilung vor Ort noch am 2. Februar die Stellungen jenseits des Dnjepr räumen. Die Wehrmachtsberichte, die jetzt folgten, begannen nun täglich mit folgenden Meldungen:
5. Februar 1944: »Im Kampfraum von Nikopol verstärkten die Sowjets [...]« 6. Februar 1944: »Im Raum von Nikopol stehen unsere Divisionen weiter [...]« 7. Februar 1944: »Im Raum von Nikopol setzte der Feind mit starken Kräften [...]« 9. Februar 1944: »Von vorbildlichem Kampfgeist erfüllt, wiesen unsere Truppen in schweren Abwehrkämpfen bei Nikopol [...]« 10. Februar 1944: »An der Ostfront scheiterten auch gestern westlich Nikopol [...]« 11. Februar 1944: »Die Truppen der Ostfront wiesen erneut zahlreiche starke Angriffe der Sowjets im Raum westlich Nikopol und südlich Kriwoi Rog ab.« [116]
Damit war die Gefahr allerdings nicht beseitigt. Denn nun war eine Situation entstanden, in der andere Befehlshaber leicht der Versuchung erlegen wären, sich noch weiter nach hinten abzusetzen. Schörner war aber diesbezüglich nicht so verantwortungslos, sondern er blieb jetzt erst recht bei seiner Fronttruppe. Mehr noch: Hier, am Brückenkopf von Nikopol, zeigte er Flagge. Mit gezogener Pistole stand er mit seinen

Feldgendarmen an der Brücke und überwachte persönlich den geordneten Übergang seiner Verbände über den breiten Dnjepr. Da die Straßen dorthin verstopft waren, stießen sowjetische Flieger pausenlos auf die ihrer Meinung nach leichte Beute der sich immer wieder stauenden Troßfahrzeuge, um die Deutschen zu demoralisieren. Aber sie wußten nicht, daß Schörner mitten unter ihnen war und seinen Männern ein Beispiel an Mut, Unerschrockenheit und Tapferkeit vorlebte; daß er durch sein tollkühnes Ausharren auch den Wankelmütigsten und Schwächsten mitriß. Selbst die Herren Stabsoffiziere ließ er aus ihren Fahrzeugen aussteigen und schickte diese zurück, um die noch am jenseitigen Ufer des träge dahinfließenden Stromes stehenden Truppen zurückzuholen und Verwundete zu bergen. Diese beispiellose Rettungsaktion bewertete Schörners Chef des Stabes, der Oberst von Kahlden, mit den Worten:

»Nach den vorangegangenen, schweren und verlustreichen Rückzugskämpfen von der Mius-Front kam es darauf an, daß die Truppe wieder Vertrauen in die eigene Leistungsfähigkeit gewann und ihre Disziplin in und hinter der Front wieder gefestigt wurde.
Diese Aufgabe sowie die Abwehr der immer erneuten schweren Angriffe des Feindes gegen die Brückenkopffront von Nikopol erforderten den rastlosen Einsatz des Befehlshabers, der dabei häufig unmittelbarem Feindfeuer ausgesetzt war. Seiner persönlichen Einwirkung auf dem Gefechtsfeld war es wiederholt zu verdanken, daß die Fronten gehalten und feindliche Einbrüche bereinigt werden konnten. Seiner Energie, Umsicht und Fürsorge gelang es, die zur Erfüllung des Auftrages fast ständig notwendigen Höchstleistungen von Führung und Truppe zu erreichen.
Die Armee-Abt. war von seinem unbedingten Widerstandswillen erfüllt und vertraute voll seiner Führung.« [117]

Paul Carell schildert Schörners Wirken und Handeln am Dnjepr in seinem Werk »Verbrannte Erde« wie folgt: [118]

»Die Verbände der Südfront gehen auf den zwei hartbedrängten Brükken von Nikopol und Lepeticha über den Strom und werden dem von Norden anstürmenden IV. Garde-mech.-Korps und anderen Verbänden der 8. sowjetischen Garde-Armee entgegengeworfen.
Die Schlacht stand wieder. In letzter, in allerletzter Minute glückte es auf diese Weise, den sowjetischen Durchstoß zum Dnjepr noch einmal

zu verhindern und einen kleinen Korridor zwischen dem Fluß und der Stadt Apostolowo wieder freizukämpfen und offenzuhalten. Daraufhin setzte Schörner sofort seinen Plan für den Ausbruch aus der nur noch einen Spaltbreit offenen Falle gegen alle Einmischungsversuche Hitlers durch. ›Kein Zögern!‹ war seine Parole im Gegensatz zu dem ewig zaudernden Hitler. Und was der General und sein Chef des Stabes zuwege brachten, war eine glänzende und tollkühne Ausbruchsoperation.

Schörner, der ständig vorn bei der Truppe war, wußte genau, was er seinen abgekämpften Verbänden noch zumuten konnte. Diese Fähigkeit ermöglichte es ihm, dem siegessicheren Feind in letzter Minute den letzten Sprung an den Fluß zu verwehren.

Die 3. Gebirgsdivision, von der ›Gruppe Schörner‹ als erste Division aus der Brückenkopfstellung herausgezogen, wurde zum Flankenschutz westlich Gruschewka eingesetzt. Ihr folgte die 17. Infanteriedivision, die den Abschnitt bis Marinskoje übernahm. Von hier aus traten am 8. Februar die Kampfgruppen Zimmer und Lorch mit Teilen der 17. und 3. Division unter Führung des IV. Korps zum Angriff auf Apostolowo an. Angriffsziel: Bahnlinie mit Bahnhof Tok-Apostolow. Der Angriff der Gruppe Mieth schlug durch, stellte aber an die Grenadiere und Gebirgsjäger hohe Anforderungen. Besonders an die 17. Infanteriedivision, die tief in den feindlichen Durchbruchsraum vorzustoßen hatte.

Die Grenadiere mußten die Stiefel mit Zeltbahnstreifen umwickeln, um sie nicht im knietiefen Schlamm zu verlieren. Dieser ukrainische Schlamm war von unvorstellbarer Zähigkeit. Nicht einmal zehn Zugpferde brachte ein leichtes Pakgeschütz von der Stelle.

Unter unsäglichen Mühen konnte die Deckungsfront am Flaschenhals verstärkt werden. Hinter ihr strebten die Verbände des XVII. Korps nach Westen: Die 8. Garde-Armee Tschuikows konnte westlich Apostolowo aufgefangen werden.«

Mehr noch: »Kein Soldat, kein Verwundeter – es mußten aus Nikopol allein rund 1800 Verwundete abtransportiert werden – blieb in Feindeshand. Die Materialverluste waren allerdings infolge der praktischen Bewegungslosigkeit durch die Schlammperiode schwer. Trotzdem gelang es, die Masse der Artillerie und Pz.-Abwehrkanonen mit zurückzuführen. Der Kampfwille der Truppe war ungebrochen und hielt auch gegenüber den verstärkt einsetzenden Unbilden der Witterung stand. Die operative Absicht des Feindes, die weit nach Osten vorgestaffelten Kräfte abzuschneiden und zu vernichten, war vereitelt worden; ein

Beweis für die Güte der Truppe und ihrer Führung und des gegenseitigen Vertrauens.« [119]

Es war einzig und allein Schörner, der durch sein couragiertes, sich über unsinnige Führerbefehle hinwegsetzendes Handeln statt Zaudern mit Hilfe seiner Kommandeure ein Stalingrad am Dnjepr vereitelt hatte. Nicht umsonst wurde ihm dafür am 17. Februar 1944 das Eichenlaub zum Ritterkreuz des Eisernen Kreuzes verliehen. Tags darauf meldete der Wehrmachtsbericht:

»In den schweren Kämpfen im Raum von Nikopol haben ostmärkische, bayerische, rheinisch-westfälische, sächsische, mecklenburgische, pommersche und ostpreußische Divisionen unter dem Befehl des Generals der Gebirgstruppen Schörner und der Generale Brandenburger, Mieth und Kreysing in der Zeit vom 5. November 1943 bis 15. Februar 1944 in Angriff und Abwehr starke Durchbruchsversuche der Bolschewisten oft mit blanker Waffe verhindert und ihnen hohe Verluste zugefügt. Dabei wurden 1754 Panzer, 533 Geschütze, zahlreiche andere Waffen und sonstiges Kriegsgerät erbeutet oder vernichtet und 56 feindliche Flugzeuge durch Infanteriewaffen abgeschossen. Unsere Luftwaffe hat an diesen Erfolgen durch Einsatz starker Kampf- und Schlachtfliegerverbände hervorragenden Anteil.«

Für den Militärhistoriker Walter Görlitz ging »aus diesen Abwehrkämpfen [...] die letzte Generation deutscher Armeeführer im Osten hervor, die brutalen Feldwebelgestalten wie Feldmarschall Schörner, die unbedingt Gläubigen wie Feldmarschall Model und die zähen soldatischen Fachleute, Generaloberst Dietl an der Lapplandfront, und die Generalobersten Heinrici, Hans Reinhardt, Harpe und Frießner oder der Kommandeur der 7. Panzer-Division unter Manstein, General Hasso v. Manteuffel, der sich bei Shitomir auszeichnete. Die letzten Vertreter der alten Generation der Generalfeldmarschälle büßten jetzt ihre Posten ein.« [120]

7. Die aufgerüttelte Heeresgruppe

»Im März 1944 schlug die Stunde, in der für den grundlegenden Fehler der deutschen obersten Führung die Rechnung zu begleichen war«, resümierte der Generalfeldmarschall Erich von Manstein in seinen Erinnerungen. »Für den Fehler, niemals etwas preisgeben zu wollen (sei

es im Osten oder auf anderen Kriegsschauplätzen), um statt dessen an der entscheidenden Stelle überlegen oder wenigstens stark genug sein zu können. In erster Linie also dafür, im Jahre 1943 nicht *alles* an eine *Entscheidung im Osten* gesetzt zu haben, um hier wenigstens noch ein Remis oder eine Erschöpfung der sowjetischen Angriffskraft zu erreichen, ehe im Westen eine wirklich zweite Front entstehen würde.« [121]
Je mehr von Mansteins und Rommels Stern an Glanz verlor und verglühte, je mehr erstrahlte Schörners. Er wurde zum »Liebling Hitlers im Heer«. [122] Auch von Dietl, dem tragischen Helden der Arktis, war nicht mehr viel die Rede. Von Hitlers Volksgeneralen produzierten zur Zeit einzig und allein Model und Schörner die Schlagzeilen, die aufhorchen ließen. Sie standen immer mehr im Mittelpunkt der sich überschlagenden militärischen Ereignisse an der Ostfront. Sie allein entwickelten sich zu Hitlers Feuerwehrmännern, wenn es irgendwo – und es loderte seinerzeit allerorten – lichterloh brannte. So ist es nicht allzu verwunderlich, wenn wir im Tätigkeitsbericht des Chefs des Heerespersonalamtes unter dem 31. März 1944 folgende Eintragung finden:
»Die Lage im Süden der Ostfront macht es notwendig, einen Wechsel in der Besetzung der Heeresgruppen A und Süd vorzunehmen. Unter Umbenennung der Heeresgruppen werden Generaloberst Model unter Beförderung zum Feldmarschall zum OB der Heeresgruppe Nord-Ukraine und Gen. d. Geb. Tr. Schörner unter gleichzeitiger Beförderung zum Generaloberst zum OB der H. Gruppe Süd-Ukraine ernannt« [123], obwohl weder die eine noch die andere Heeresgruppe »keinen Fußbreit ukrainischen Bodens mehr zu verteidigen hatten. Damit«, so Görlitz in seiner Model-Biographie, »wollte Hitler indes demonstrieren, daß er an die spätere Rückeroberung der Ukraine dachte.« [124]
Mehr noch: Mit dieser Maßnahme hatte Hitler mit einem einzigen Federstrich die beiden abwägenden Generalfeldmarschälle von Manstein und von Kleist kaltgestellt und durch Heerführer, die sich durch besonderes »Stehvermögen« ausgezeichnet hatten, abgelöst. In der Tat: »Nach der Entlassung Mansteins und Kleists waren zunächst alle Krisen überwunden worden. Kurzfristige Änderungen der Befehlsverhältnisse und der Stellenbesetzung, die Model, Harpe, Schörner und Frießner betrafen, gerieten«, nach Hermann, auch »unter politische Aspekte. Es ging jetzt um die unmittelbare Bedrohung des Balkan.« [125]
Es war offensichtlich: Hitler setzte in der Schlußphase des Krieges auf Generale mit einem unbändigen Siegeswillen und operativem Geschick, »denen der Ruf rücksichtsloser Energie vorausging« [126], auf »die

Ehrgeizigen, die ihre Zweifel unterdrückten [...] die an der Front ihre Leute bis zum äußersten antrieben und sich nicht viel Kopfweh über die strategische Lage machten.« [127] Für Schörners ehemaligen Eismeerkämpfer Ruef waren die beiden neuen Oberbefehlshaber der Heeresgruppen Süd- und Nordukraine in ihrem Führungsstil ähnlich, nämlich »robust, unerhört beweglich, immer bei der Truppe, rücksichtslos gegen sich selbst und Schwächlinge, oft grob und sehr geradeheraus. Nur war Schörner mehr politischer Natur als Model und zog als Generalfeldmarschall nach Auflösung seiner Heeresgruppe andere Konsequenzen [...]« [128]

Dennoch gab es zwischen diesen beiden herausragenden Heerführern mehr Verbindendes als Trennendes. Wie Schörner, so war auch Model es nicht gewohnt, »auf Untergebene Rücksicht zu nehmen, weil er selbst keine Rücksicht gegenüber der eigenen Person kannte, sich niemals schonte und so stark in der Erfüllung seiner dienstlichen Aufgaben aufging, daß er auf Menschen darüber nicht achtete«. Nimmt es da wunder, »daß er es bei seinen überaus hohen Anforderungen an alle Untergebenen oft an Takt fehlen ließ, und wenn ihm Vorgesetzte nicht paßten, kannte er auch keine Scheu, diesen seine Meinung zu sagen«. [129] Schörner war aus demselben Holz geschnitzt.

Obwohl beide vom operativen Geschick her grundverschieden waren, boten Schörner und Model Hitler die beste Gewähr, um der Krisenlage an der Südostfront Herr zu werden. Dieser als Meister der Defensive und des strategischen Rückzugs, dessen Strategie sogar im Konzept der NATO fortlebte, und jener als knallharter und kompromißloser Oberbefehlshaber, der sich im Abwehrkampf in der winterlichen Arktis und bei der Verteidigung von Nikopol besonders bewährt hatte. In seinem ersten Tagesbefehl anläßlich des Wechsels im Oberbefehl der Heeresgruppe Südukraine ließ Schörner die harten Kämpfe der letzten Wochen und Monate nochmals Revue passieren:

»Soldaten der Heeresgruppe Südukraine!

Der Führer hat mich zum Oberbefehlshaber der Heeresgruppe ernannt. Harte Monate mit schweren Kämpfen gegen einen zahlenmäßig überlegenen Feind, gegen Schlamm, Dreck und Kälte liegen hinter Euch. Eure Tapferkeit und Euer Kampfgeist haben aber alle Versuche des Feindes, die Entscheidung zu erzwingen, zunichte gemacht. Was Ihr in diesen Monaten geleistet habt, geht in die Geschichte ein.

Wir haben in diesen Kämpfen viel Boden aufgeben müssen. Nun stehen wir am Rande des Raumes, dessen Besitz für die weitere Kriegsführung

und den Endsieg entscheidend ist. Jeder Meter Boden muß jetzt mit letztem Fanatismus verteidigt werden. Wir müssen uns verbissen in den Boden festkrallen, keine Stellung und kein Panzerdeckungsloch dürfen weiterhin leichtfertig preisgegeben werden.
Ich weiß, wie es bei Euch aussieht. Ich kenne Eure zerschlissenen Röcke, Eure zerschlissenen Stiefel. Ich weiß, daß Munition und Verpflegung zur Zeit knapp sind. Aber nur durch zähes Halten kann sich die Lage bessern. Daß Euch mit allen Kräften geholfen wird, dafür setze ich mich ein. Unsere Heimat schaut mit leidenschaftlicher Anteilnahme auf Euch; sie weiß, daß Ihr Soldaten der Heeresgruppe Südukraine heute das Schicksal unseres Volkes in Händen haltet.
Seite an Seite mit unseren Verbündeten, den tapferen Soldaten S. M. des Königs Michael und des Marschalls von Rumänien, werden wir kämpfen, bis der Feind sich verblutet hat.

gez. Schörner«

Kaum hatte der neue OB seine Heeresgruppe übernommen, da drohte der neu aufgestellten 6. Armee im Raum von Odessa das gleiche Schicksal wie ihrer Vorgängerin, die bekanntlich unter dem Generalfeldmarschall Paulus in Stalingrad eingekesselt und aufgerieben worden war, nämlich die völlige Einschließung und Vernichtung. »Schörners Schwierigkeiten wurden vergrößert durch die geringe Zahl und den schlechten Zustand der Verkehrsverbindungen in seinem Rücken.« [130] Überdies hatte er »kaum eine Möglichkeit gehabt, der 17. Armee tatkräftig zu helfen«, denn »Odessa war noch unter v. Kleist in aussichtslose Lage gekommen«. [131]
Um zu verstehen, wie es dazu gekommen ist, müssen wir das Rad der kriegerischen Auseinandersetzungen im südlichen Bereich der Ostfront etwas zurückdrehen, denn Stalin und seine Marschälle hatten beschlossen, »den Gegner auf der Krim zu zerschlagen. Jetzt galt es nur zu entscheiden«, so der Armeegeneral S. M. Schtemenko, »wie die Halbinsel genommen werden sollte.« [132]
Mit der Zurücknahme der Front im Herbst 1943 in die Linie Mariupol – Dnjepr – Witebsk war die Räumung des Kubanbrückenkopfes in dem »rund 400000 Mann weit ab von der [...] Schlacht lahmgelegt blieben« [133], notwendig geworden. [134] Das XXXXIX. Gebirgs-Armeekorps hatte unter Schörners altem Reichswehr-Kameraden Konrad das Kommando über den Hauptteil der Krim und ging nach dem Übersetzen sofort an den Ausbau der Festung Sewastopol, die nur mehr einige zerstörte Hafenanlagen besaß. Außerdem baute Konrads Gebirgskorps

alsbald drei große Befestigungslinien in gleichen Abständen zwischen dem Siwash und Sewastopol zur Abwehr eines nördlichen Einbruches in die Halbinsel.

In seinem Text-Bildband schrieb der Kommandierende General: »Als der außerplanmäßig rasche Rückzug der neuen 6. Armee von Melitopol auf Nikopol und Odessa die Nordzugänge zur Krim Ende Oktober freilegte, gelang es dem 49. Geb.-AK mit kaukasischen Btln., Baueinheiten und Verbänden verschiedenster Herkunft gerade noch rechtzeitig, die Enge von Perekop zu schließen und den feindlichen Panzereinbruch zu verhindern. Die wiederholte Forderung auf planmäßige, rechtzeitige Räumung der Krim lehnte Hitler mit militärischen und politischen Vorwänden ab. Sie wäre, wie beim Kuban-Brückenkopf voll gelungen.« [135]

Unter den auf der Krim verbliebenen Verbänden befand sich auch ein rumänisches Gebirgskorps mit der 1. und 2. rumänischen Gebirgs-Division unter dem General Schwab, einem Siebenbürgener Sachsen und ehemaligen k. u. k. Offizier. Für seinen Kampfauftrag war ihm auch noch die brandenburgische 50. Infanterie-Division des Generalleutnants Friedrich Sixt unterstellt worden. Dieser beschrieb die Situation auf der Halbinsel wie folgt:

»Die Lage zu Beginn des Jahres 1944 ließ keinen Zweifel, daß der Verlust der Krim unvermeidbar wurde. Hitler lehnte jedoch die wiederholt dringend erhobene Forderung, die Halbinsel zeitgerecht und planmäßig zu räumen, hartnäckig ab; er verbot jeden Gedanken daran und jede Vorbereitung. Das vermochte General Konrad vor seinem Gewissen nicht mehr zu verantworten. Ohne Rücksicht auf seine Person betrieb er vorausblickend und entgegen dem Verbot alle nur möglichen Vorbereitungen, die nötig erschienen, um die Truppen der Nordfront der Krim auch bei schärfstem Feinddruck sicher und rasch über die weite, deckungs- und abschnittslose Steppe auf Sewastopol zurückzuführen und die Verteidigung der ehemaligen Festung bis zur endgütigen Räumung sicherzustellen. Als der seit langem erwartete, weit überlegene Großangriff der Russen gegen die Nordfront der Krim am 8./9. April 1944 eine rumänische Division durchbrochen und die 50. Infanterie-Division schwer getroffen hatte, war die erste Führungsmaßnahme Hitlers, General Konrad als den an der Nordfront führenden General abzuberufen und ein kriegsgerichtliches Ermittlungsverfahren gegen ihn anzuordnen.« [136]

Das war eine Entscheidung von schwerwiegender Tragweite, denn der egozentrische Kommandierende General »war manchmal dickköpfig und hatte nicht immer Verständnis für die Nöte der anderen« [137], weil er ein Jahr lang als General des Heeres beim Oberbefehlshaber der Luftwaffe zu sehr Görings Allüren und dessen großmannssüchtiges Auftreten kopiert hatte, um diesem zu imponieren. »Obwohl Konrad lange bei der Gebirgstruppe Dienst gemacht hatte, hatte er keinen Spitznamen – ein Zeichen für Respekt, aber nicht gerade für Zuneigung.« [138]

In Erinnerung an die nicht immer glückselige Reichswehrzeit in Kempten, wo seinerzeit wiederholt jeder gegen jeden um die wenigen begehrten Planstellen in der erst im Aufbau begriffenen deutschen Gebirgstruppe mit harten Bandagen kämpfte, vermutete Konrad, der für die sprichwörtliche alttestamentarische »Härte und Rücksichtslosigkeit« bekannt war [139], auf Grund seines pathologisch schlechten Gewissens gegenüber Schörner gleich dessen langen Arm in das Führerhauptquartier, als er, der Untergebene des OB Schörner [140], abgelöst wurde. Denn, so seine feste Überzeugung, hinter Hitlers Maßnahme konnte nur der unberechenbare Ferdinand stecken, um eine alte Rechnung zu begleichen. Aus seiner Sicht heraus eine nicht allzu abwegige Überlegung. Während nämlich sein Oberbefehlshaber eine Frontbegradigung nach der anderen vornahm, wenn es die Feindlage erforderte, und dennoch in der Gunst Hitlers immer höher aufstieg, war er, Konrad, gleich bei seiner ersten derartigen Maßnahme beim Führer derart in Ungnade gefallen, daß seine militärische Karriere abrupt endete. Das schmerzte. Der Stachel der Schmach saß dermaßen tief in Konrads Stiernacken, daß er ihn sogar in der Nachkriegszeit spürte, sobald er den Namen Schörner hörte und diesen daher abgrundtief haßte. Ein Haß mit Folgen ...

Noch am 12. April 1944 erließ Hitler den Befehl: »Sewastopol wird auf die Dauer verteidigt. Es werden keine Kampftruppen transportiert. Im Gegenteil: Kampfeinheiten werden der Festung zugeführt.«

Sein Durchhalteappell erfolgte nicht nur in kriegswirtschaftlicher, sondern mehr noch in geopolitischer Hinsicht. Denn, so seine Überlegungen, fällt Sewastopol, dann wanke auch der türkische Partner. Damit war auf der umkämpften Halbinsel die gleiche Lage wie in Stalingrad entstanden. Schlimmer noch: Da Sewastopol von der Landseite aus abgeschnitten war, konnte die Festung nur mehr auf dem Seewege versorgt werden. Das war auf Dauer ein unhaltbarer Zustand. Es war Schörner, der diese Zwickmühle sogleich erkannte.

Gewiß, Hitlers Argumente für das Halten waren stichhaltig. Aber die sowjetische Übermacht war, wie Schörner an Ort und Stelle feststellte, stärker. So drängte er auf eine Revision, indem er den Chef des Generalstabs des Oberkommandos des Heeres beschwor, Hitler die unmittelbare Situation klarzumachen und zur Aufhebung seines Sewastopol-Befehles zu bewegen. »Herauszustellen ist«, so sein späterer Rechtsanwalt Aschenauer, »daß die personellen deutschen Verluste vom 6. bis 16. April 1944 13131 Mann betrugen (1253 Mann gefallen, 4129 verwundet, 6986 vermißt, 763 krank) und die rumänischen Verluste sich auf insgesamt 17652 beliefen. Die Verpflegungsstärke der 17. Armee betrug damals 124233 Mann, davon 75546 Deutsche und 45887 Rumänen. Schörner ging davon aus, daß die Räumung der Krim zwei Wochen dauern würde.« [141] Voller Bewunderung schreibt Paul Carell: [142]

»Die ganze Dramatik des Ringens zwischen Hitler und der Truppenführung zeigt sich geballt in den Bemühungen Schörners um die Aufhebung des Führerbefehls. Der vielgeschmähte Mann, Schörner, taktiert bei Hitler klug: Am 18. April, 10.30 Uhr, telefoniert er mit Zeitzler. Der Generaloberst argumentiert: ›Der Führerbefehl, Sewastopol zu halten, wird selbstverständlich ausgeführt. Aber ich weise darauf hin, daß jede Waffe, die auf die Krim kommt, sowie alle Munition, die auf die Krim geschafft wird, für den Entscheidungskampf der Heeresgruppe Südukraine am Dnjestr fehlen wird – den Entscheidungskampf, den zu gewinnen alles darangesetzt werden muß.‹
Wie richtig Schörner den Ton getroffen hat, zeigt Zeitzlers Antwort: ›Ich bin der gleichen Meinung‹, sagt er, ›aber um die Entscheidung, daß Sewastopol aufgegeben werden dürfe, vom Führer zu erhalten, ist es von Wert, noch genauere Unterlagen über die 17. Armee zu erhalten.‹
Um 22.05 Uhr betont Schörner in einem weiteren Telefongespräch mit Zeitzler, ›daß die Entscheidung hinsichtlich Sewastopol bis zum 20. April fallen muß, da bis dahin alle entbehrlichen Troßteile von Sewastopol abgefahren sind‹. Schörner rechnet Zeitzler vor: Am 19. abends sei der Abtransport des Wehrmachtsgefolges beendet, dann folgten die Rumänen. Die Tagesleistung betrage 7000 Mann. Die Luftlage auf der Krim werde jedoch immer ungünstiger. Der Artilleriebeschuß erfasse den ganzen Festungsraum außer der Landspitze von Chersones. ›Die Entscheidung über das Schicksal der Heeresgruppe fällt auf dem Festland bei der Armeegruppe Wöhler, nicht in Sewastopol‹, schließt Schörner.
Am folgenden Tag drängt Schörner in einem Ferngespräch mit Zeitzler um 21.30 Uhr weiter: ›Die Entscheidung wegen der Krim muß nun

fallen. Der Luft- und Seetransportraum hat schon einige Verluste erlitten, die Kriegsmarine muß bereits im Kampf hin- und herfahren, und auch bei der Luftwaffe sind die Verluste schwer zu ersetzen. Die Räumung wird mindestens zwei Wochen dauern. Deshalb ist sofortiges Anlaufen notwendig. Und nicht zu vergessen: Zur Verteidigung stehen ja nicht fünf Divisionen zur Verfügung, sondern das sind ja in Wirklichkeit nur fünf deutsche Regimenter. Die Rumänen haben praktisch keinen Kampfwert mehr.‹
Trotz dieser eindrucksvollen Appelle lehnt Hitler in der Abendbesprechung am 19. April Schörners Vorschlag ab. Verbietet noch einmal den Abtransport von Kampftruppen. Aber Schörner gibt nicht auf.
Am 21. April fliegt er zu Hitler auf den Berghof, um im persönlichen Gespräch eine Aufhebung des Haltebefehls zu erwirken. Generaloberst Schörner beweist seinem Obersten Befehlshaber, daß Sewastopol auf die Dauer nicht verteidigt werden kann.«

Doch seine fundiert untermauerten Argumente prallen bei seinem Obersten Befehlshaber ab. Dessen Blick ist auf die Türkei und auf den Balkan gerichtet. Wenn die Krim aufgegeben wird, dann werden diese Staaten wie Dominosteine fallen. So verspricht Hitler Schörner weitere Verstärkungen, die er in Wahrheit aber nicht mehr besitzt; ausgenommen zwei Marsch-Bataillone mit 1300 Mann, 15 Pak, zehn Mörser und vier Feldhaubitzen. Das war für die alte russische Festungsanlage, in der sich die Truppe regelrecht verschanzt hatte nicht viel mehr als der so oft zitierte Tropfen auf dem heißen Stein.
Da eröffnete die Rote Armee am 5. Mai 1944 mit einem schweren Trommelfeuer ihren Großangriff auf Sewastopol, das nur mehr von einem Artilleriekorps und fünf Regimentern verteidigt wurde. Zunächst berannten 29 sowjetische Divisionen, ein starkes Panzerkorps, drei Artillerie-Divisionen mit insgesamt 6000 Geschützen und 600 Panzern die Nordfront. Zeitgleich brandete die rote Flut gegen die Süd- und Ostfront. Am 8. Mai erstürmten die Sowjets die Sapuner-Höhen. Die deutschen Verluste waren dermaßen hoch, daß sie die Schlacht entschieden.
Im Strudel dieses Hexenkessels stand auch Schörner. Auf seinen breiten Schultern ruhte, nein lastete nun die gesamte Verantwortung tonnenschwer. »Wird sich der OB so entscheiden wie einst sein Alpenkorps-Kamerad Paulus in Stalingrad?« »Wird unser OB aus blindem Gehorsam gegenüber seinem Führer seine Heeresgruppe von der Roten Armee vollends einkreisen lassen?« Das waren jene bangen Fragen, die

sich seine Generale in diesen nervenaufreibenden Stunden und Tagen immer wieder stellten. Für Schörner war das jedoch kein Thema. Er war aus einem ganz anderen Holz geschnitten als der unglückselige Oberbefehlshaber der 6. Armee, der nach seiner Gefangennahme sogar mit den Sowjets paktierte.

Daher funkte Schörner noch am Abend des 8. Mai 1944 in das Führerhauptquartier: »Antrag auf Räumung, da weitere Verteidigung Sewastopols nicht mehr möglich.«

Um 23.00 Uhr stimmte Hitler der Räumung der Festung zu. Tags darauf verließen um 16.00 Uhr die letzten Kampfgruppen der 50. Infanterie-Division das zerstörte Sewastopol und zogen sich unter starkem Feinddruck auf die letzte Krimstellung bei Chersones zurück. »Tragischerweise war unterdessen die rote Artillerie auf den Sapuner-Höhen aufgefahren und nahm den letzten Flugplatz Chersones unter gezieltes Feuer. General Deichmann war gezwungen, seine letzten 13 Jagdmaschinen abzuziehen. Damit verloren die deutschen Soldaten ihren Jagdschutz und waren der roten Luftwaffe hilflos preisgegeben. Nur noch mutige Ju-52-Besatzungen landeten in der Nacht auf der behelfsmäßig hergestellten Piste und flogen Tausende Verwundete aus. Todesmutig wehrten die Truppen sich gegen die siegestrunkenen anstürmenden Rotarmisten und warteten auf die rettenden Schiffe. Die Transporter ›Totila‹ und ›Teja‹ wurden am 10. Mai, nachdem sie 9000 Mann an Bord genommen hatten, von den ungehindert angreifenden roten Bombern vernichtet. Nur 1000 Mann konnten sich retten.« [143]

Das war Schörner aus Gründen der Fürsorgepflicht für seine Truppe jedoch viel zu wenig. Als keine weiteren Rettungsschiffe des Admirals Brinkmann am Horizont erschienen, war er außer sich. »In einem gegen Mitternacht an die Operationsabteilung abgehenden Fernschreiben meldete der Oberbefehlshaber, daß er bei seiner Anwesenheit in Konstanza in seiner Eigenschaft als rangältester deutscher Offizier dem Admiral Schwarzes Meer den Befehl gab, die rumänischen Schiffe wegen ihrer mangelnden Einsatzbereitschaft beim Abtransport aus dem Kampfraum Sewastopol notfalls unter Einsatz deutscher Kriegsfahrzeuge zur Erfüllung ihrer Pflicht zu zwingen. Gleichzeitig bat er durch ein Fernschreiben den Marschall Antonescu, ›ein mahnendes persönliches Wort‹ an die für die Räumung von Sewastopol und der Chersones-Halbinsel eingesetzten Kriegs- und Handelsschiffe zu richten.« [144]

Plötzlich nahmen 190 deutsche und rumänische Kriegs- und Handelsschiffe Kurs auf Chersones, während die Verteidiger der letzten Stellungen bis zuletzt aushielten – insbesondere das XXXXIX. Gebirgs-Ar-

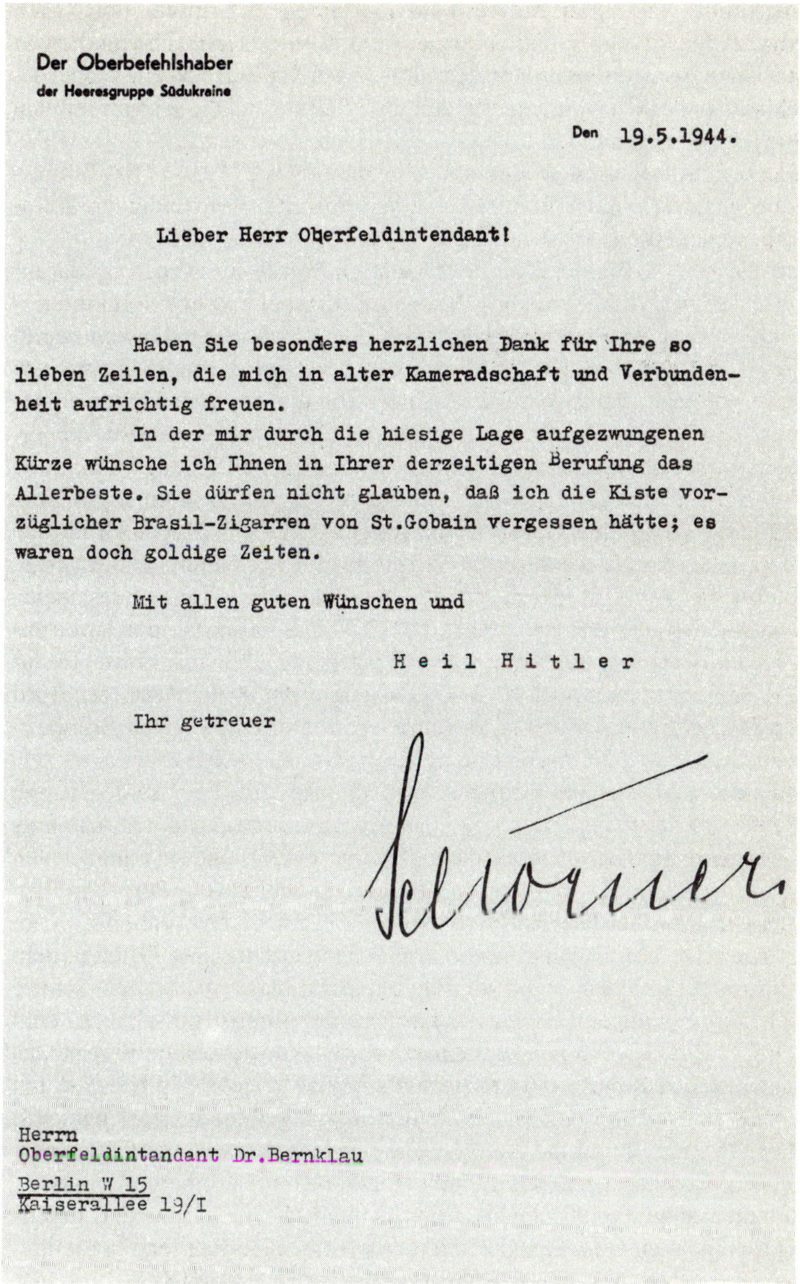

Der Oberbefehlshaber
der Heeresgruppe Südukraine

Den 19.5.1944.

Lieber Herr Oberfeldintendant!

Haben Sie besonders herzlichen Dank für Ihre so lieben Zeilen, die mich in alter Kameradschaft und Verbundenheit aufrichtig freuen.

In der mir durch die hiesige Lage aufgezwungenen Kürze wünsche ich Ihnen in Ihrer derzeitigen Berufung das Allerbeste. Sie dürfen nicht glauben, daß ich die Kiste vorzüglicher Brasil-Zigarren von St.Gobain vergessen hätte; es waren doch goldige Zeiten.

Mit allen guten Wünschen und

H e i l H i t l e r

Ihr getreuer

Schörner

Herrn
Oberfeldintendant Dr.Bernklau
Berlin W 15
Kaiserallee 19/I

meekorps, das nach Konrads entwürdigender Verabschiedung unter seinem neuen Kommandierenden General Walter Hartmann eine gegnerische Angriffswelle nach der anderen zurückwarf. »Unterdessen war endlich die Einschiffung voll angelaufen. Pionierboote, Sturmboote und Siebelfähren, Prahmen fahren den Schiffen entgegen. So werden 39808 Mann in drei Tagen in Chersones eingeschifft. 31708 langten heil am Festland an. Rund 12000 Mann konnten nicht mehr gerettet werden. Die meisten Offiziere wurden von den Rotarmisten an Ort und Stelle erschossen [...], alle Ostfreiwilligen füsiliert.« [145]

Wechseln wir den Schauplatz des Geschehens.

Ende Mai 1944 fielen hinter der deutschen Front an der Dnjestrschleife bei Koschniza ausnahmsweise mal keine Bomben, sondern Flugblätter vom Himmel. Andere wurden dort von Hand zu Hand weitergereicht und deren Inhalt hastig durchgelesen, denn kein geringerer als der Generaloberst Ferdinand Schörner hatte diese außergewöhnliche Aktion veranlaßt. Für die einen, insbesondere für die gerüffelten höheren Offiziere, griff der Oberbefehlshaber der Heeresgruppe Südukraine darin in ihrer Meinung nach entstellender Weise die Führung der 4. Gebirgs-Division und das ihr unterstellte Gebirgs-Jäger-Regiment 91 an. Andere, vor allem die einfachen Frontsoldaten, die wieder einmal mehr die Suppe, die ihnen die Stabsoffiziere und ihre Führer eingebrockt hatten, auszulöffeln hatten, begrüßten Schörners Maßnahme der Selbstreinigung, weil er in ihren Augen die Unfähigkeit und Feigheit ihrer Kommandeure bloßgestellt, Mißstände schonungslos beim Namen genannt und die ins Wanken geratene Front der zurückweichenden Heeresgruppe wieder zum Stehen gebracht hatte. Dem Soldaten im Graben vermittelte er damit einmal mehr ein Gefühl der Sicherheit und Beruhigung. [146]

Was war der Hintergrund für Schörners Warnung? Wie war es zur Affäre von Koschniza gekommen? Warum hatten ausgerechnet seine Gebirgsjäger versagt? Hier ist die Vorgeschichte:

Die Kommandeure, die Zug- und Gruppenführer der 4. Gebirgs-Division spürten in der Sehnenstellung des Dnjestr, in der sie lagen, daß irgend etwas in der von Tag zu Tag bleihaltiger werdenden Luft lag. Fast jede Nacht kamen die »Nähmaschinen«, wie die Deutschen die leichten sowjetischen Flugzeuge nannten, die der Heeresgruppe Südukraine im Zusammenwirken mit Infanterie-, Artillerie- und Panzerverbänden am Dnjestr endgültig den Todesstoß versetzen sollten. Es waren die alten Doppeldecker vom Typ U2, die der deutschen FW44 oder der He72 sehr ähnlich waren. Jedem Soldaten der Ostfront waren die Störangriffe der sowjetischen Flieger insbesondere während der Nachtstunden in unangenehmer Erinnerung geblieben.

Die Nerven von Schörners »Blumenteufeln« waren zum Zerreißen angespannt. Kein Wunder, denn die hohen personellen wie auch materiellen Verluste der zurückliegenden schweren Kampfhandlungen von der Ukraine bis zu diesem Schicksalsstrom hatten in einem gefährlichen Ausmaße an ihrer Substanz gezehrt. Auch das wiederholte Durchkämmen der Trosse, die an sich schon als »ausgekämmt« betrachtet werden konnten, brachte keine nennenswerte Erhöhung der Kampfkraft. Mit dieser trostlosen Perspektive sahen die Gebirgssoldaten der »Vierten« in eine noch ungewissere Zukunft. Wieder einmal!

In einem äußerst labilen Zustand übernahm das Gebirgs-Jäger-Regiment 91, das durch das Gebirgs-Jäger-Bataillon 94 und die 2. Schwadron der Gebirgs-Aufklärungs-Abteilung 94 verstärkt wurde, unter der Führung des gesundheitlich angeschlagenen Oberst Hörl den acht Kilometer breiten Abschnitt am Hals der Dnjestr-Schleife. Hörl hatte den Auftrag, den exponierten Abschnitt am Strom zu verteidigen. Laut amtlicher Feststellung standen ihm für die Besetzung lediglich 1300 Mann zur Verfügung. Als erschwerend kam hinzu, daß die Stellung zum Teil erst erkämpft werden mußte, weil die Sowjets sich dort bereits festgesetzt hatten.

Ohne ausreichende Ruhe machten sich die Gebirgsjäger daran, die Stellungen so gut es ging auszubauen – und das, obwohl es an Schanzzeug, Stellungsbaumaterial und Minen sowie an ausreichender Munition allenthalben fehlte. Darüber hinaus wurde die Truppe durch Sicherungsdienste und Spähtrupptätigkeit über Gebühr beansprucht. Eine Tiefe konnte bei der geringen Gefechtsstärke nicht gebildet werden. Die Artillerie, die dafür geeignet gewesen wäre, stand am jenseitigen Ufer des mächtigen Stromes. Der Ausbau einer rückwärtigen Sehnenstellung mit einem vorgeschobenen Regiments-Gefechtsstand war zwar vorgesehen, er mußte aber aus Kräftemangel zurückgestellt werden. Trotzdem gelang es Hörls Gebirgssoldaten, vom 13. April bis zum 13. Mai 1944 nicht weniger als fünfzehn feindliche Vorstöße bis zu einer Regimentsstärke abzuweisen. Dennoch traten die Sowjets am 14. Mai 1944 gegen 2.00 Uhr nach einstundiger, stärkster Artillerievorbereitung mit einer massierten Luftunterstützung zum neuerlichen Angriff an, um den Rest ihres von den deutschen Truppen besetzten Territoriums sowie die »Brudervölker« Rumänien, Bulgarien und Ungarn zu befreien. [147]

Den starken gegnerischen Kräften, die im Rahmen der sowjetischen Offensive auf die Dnjestr-Schleife bei Koschniza angesetzt wurden, waren Schörners Gebirgssoldaten jedoch weder personell noch materiell gewachsen. So kam, was kommen mußte: Die Front des verstärkten Gebirgs-Jäger-Regiments 91 wurde von den massiert vorgetragenen Angriffen des Feindes rasch durchbrochen, da die Tiefenstaffelung fehlte. [148] Schlimmer noch: Bereits am 14. Mai 1944 verließ Oberst Hörl, der an einer Mandel- und Blasenerkrankung litt und täglich auf seine Ablösung wartete, seinen Gefechtsstand in Koschniza und verlegte diesen weiter nach hinten, nachdem 18 sowjetische Panzer durchgebrochen waren. Das war jedoch ein eindeutiger Verstoß gegen den Befehl des übergeordneten LII. Armeekorps vom 22. April 1944, »nach dem Gefechtsstände zur infanteristischen Rundumverteidigung einzurichten und unter allen Umständen zu halten waren.« Damit war die 4. Gebirgs-Division in die Schußlinie geraten. Nachdem ihr Kommandeur von Schörner in scharfer Weise zur Rechenschaft gerufen worden war, erstattete Generalleutnant Julius Braun am 15. Mai 1944 gegen seinen Regiments-Kommandeur Hörl eine Anzeige beim Kriegsgericht seiner Division, wo »sofort ein gerichtliches Ermittlungsverfahren einzuleiten und durchzuführen« sei. [149] Während der Oberbefehlshaber der Heeresgruppe Südukraine am 29. Mai 1944 im Sonderbefehl Nr. 10/44 den Fall von Koschniza in schärfster Form verurteilte und durch Flugblätter verbreiten ließ, erfolgte noch am selben Tage die Anklageverfügung gegen den Oberst Ludwig August Hörl durch den Kommandierenden General des LII. Armeekorps, »weil er hinreichend verdächtig ist, im April und Mai 1944 im Felde in 2 selbständigen Fällen einen Befehl in Dienstsachen nicht befolgt und dadurch fahrlässig einen erheblichen Nachteil und eine Gefahr für die Schlagfertigkeit der Truppe herbeigeführt zu haben, durch eine weitere selbständige Handlung eine Dienstpflicht fahrlässig verletzt und dadurch fahrlässig bewirkt zu haben, daß den deutschen Truppen Gefahr oder Nachteil bereitet wurde.« [150]

Doch damit nicht genug: Der Fall von Koschniza wurde nun gar zur Affäre der 4. Gebirgs-Division – insbesondere aber zu einer des verstärkten Gebirgs-Jäger-Regiments 91, »dem der Oberbefehlshaber der 6. Armee bescheinigt hat, daß es das Menschenmögliche getan habe [...] sich gegen die feindliche Übermacht gewehrt [zu haben] bis zum Verschuß seiner kargen Munition und mit der blanken Waffe. In den Ortschaften Dorozkoje und Progreby wurde harter Widerstand geleistet.« [151]

Aber es half nichts. Der Kommandeur des Regiments wurde am 17. Juli 1944 in einem Feldurteil vom Gericht der 6. Armee »wegen Ungehorsams in zwei Fällen zu einer Gesamtstrafe von 2 – zwei – Jahren Festungshaft verurteilt.« [152] Jetzt ließ Schörner, der 1924 Fähnrichsvater und 1927/28 Kompanie-Chef von Hörl gewesen war, gegenüber dem Verurteilten seine ganze Fürsorgepflicht walten. Daher gab er die folgende überaus wohlwollende Beurteilung ab:

»Ich kenne Hörl seit seinem Eintritt ins Heer und hatte ihn später wiederholt in meinem Befehlsbereich.
Nach Wiederherstellung seiner Gesundheit, die in drei Jahren tapfer durchgestandener Frontdienstleistung im Osten gelitten hat, wird Hörl auf Grund seines Führungskönnens, seiner Erfahrungen und seiner oft bewiesenen Einsatzbereitschaft die Stelle als Regimentskommandeur an der Front, möglichst als hochbewährter Kommandeur eines Gebirgsjägerregiments wieder voll ausfüllen.

gez. Schörner
Generaloberst.«

(Zusatz:) nicht in der
3. und 4. Geb. Div.

Doch damit nicht genug der Fürsorglichkeit. In einem Begleitschreiben schrieb er dem gedemütigten Oberst am 30. Juli 1944:

»Lieber Hörl!
Mit der Bitte um absolut vertrauliche Behandlung gebe ich Ihnen Kenntnis von beiliegender Stellungnahme. Auch Ihr Abschlußurteil ist derart, daß Sie nach gründlicher Wiederherstellung der Gesundheit, was Sie längst verdient haben, Kommandeur eines Gebirgs-Jäger-Regiments sein sollten.
In der mir durch meine neue und nicht einfache Lage aufgezwungenen Kürze Ihnen und Ihren lieben Angehörigen die allerbesten Wünsche

in alter Kameradschaft und mit
Heil Hitler
gez.: Ihr Schörner« [153]

Koschniza und kein Ende! Wer gedacht hatte, Schörners Fürsorgepflicht gegenüber einem alten Gebirgsjäger-Kameraden würde entsprechend honoriert oder zumindest Gras über die Affäre wachsen lassen, der sah sich bitter enttäuscht. Denn erst in der Nachkriegszeit, nach seiner Heimkehr aus zehnjähriger sowjetischer Kriegsgefangenschaft, rückten seine einstigen Untergebenen ihrem angeschlagenen, ehemaligen Oberbefehlshaber kräftig zu Leibe. Jetzt versuchten sich Schörners Widersacher mit allerlei juristischen Tricks im wahrsten Sinne des Wortes reinzuwaschen. [154]

Nein, es ging nicht um Recht, sondern um Rache an Schörner. Dabei machte der abgrundtiefe Haß viele so blind, daß sie ignorierten, daß einzig und allein durch das harte Vorgehen des Oberbefehlshabers der Heeresgruppe Südukraine der sowjetische Einbruch abgefangen sowie Teile der Roten Armee eingeschlossen und vernichtet werden konnten, so daß die HKL am 21. Mai 1944 an der Dnjestr-Front wieder bereinigt und stabilisiert war. Mag Schörner dabei im einzelnen auch zu äußerst drakonischen Mitteln gegriffen und mit entsicherter Pistole für Ruhe und Ordnung gesorgt haben, er rettete damit seine Armeen und Divisionen vor dem Zusammenbruch und bewahrte die Truppe vor einem Chaos mit unübersehbaren Folgen für jeden einzelnen. Die Front, und das war in der Tat das entscheidende für das Gros der Heeresgruppe, stand wieder fest. [155]

»Er scheute dabei auch nicht vor Mitteln und Methoden zurück, die die Grundsätze der Angemessenheit, ja selbst die Grenzen des Rechtes überschritten«, urteilte Ulrich de Maizière über seinen einstigen Kriegsschullehrer. »Sein explosives Temperament und seine Eitelkeit verleiteten ihn zu Übertreibungen und bewußter Schauspielerei. Spitznamen wie ›der narrische Ferdl‹, der ›Terrorflieger‹ oder der ›Reichsfeldgendarm‹ kennzeichneten seinen Ruf.« [156]

Das war Schörners eine Seite. Die andere lernte der spätere Vier-Sterne-General auch kennen, als Schörner seine Division zwischen Dnjestr und Pruth besichtigte. »In Erinnerung an die Dresdner Offiziersschuljahre [...] behandelte mich Schörner mit ausgesuchter Liebenswürdigkeit« [157], so daß de Maizière seiner Mutter ironisch nach Hause schrieb: »Zu mir war er huldvoll.« [158]

Mochten die Generale und die höheren Offiziere der Heeresgruppe Südukraine auch noch so jammern und lamentieren, beim Obersten Befehlshaber hatte Schörner sich schon längst den Ruf eines »Stehers« erworben. So wurde er für Hitler von Monat zu Monat immer mehr zu einem jener Oberbefehlshaber, die man immer dann rief, wenn es an einem Frontabschnitt wieder einmal lichterloh brannte. So war es auch dieses Mal, als General Burgdorf [159] am 23. Juli 1944 als amtierender Chef des Heerespersonalamtes im Tätigkeitsbericht notierte:

»Die weitere Verschärfung der Lage in der Mitte und im Norden der Ostfront erfordert, daß Generaloberst Schörner, OB H. Gruppe Süd-Ukraine, mit Gen. d. Inf. Frießner ausgetauscht wird. Unter Beförde-

rung zum Generaloberst übernimmt Gen. d. Inf. Frießner die Heeresgruppe Süd-Ukraine.« [160]
Doch damit nicht genug. Tags darauf nahm Burgdorf unter anderem noch diese Eintragung vor: »Generaloberst Schörner nimmt an der Lagebesprechung teil und weist darauf hin, daß Gen. d. Kav. Hansen, Chef der Heeresmission in Rumänien, unter den immer schwieriger werdenden Verhältnissen der Lage nicht mehr gewachsen ist. Er beantragt seine Ablösung.« [161]
Schörner versuchte also noch nach seiner bevorstehenden Ablösung als Oberbefehlshaber der Heeresgruppe Südukraine massiv Personalpolitik zu betreiben, um der Fronttruppe das Schlimmste zu ersparen. Daß er damit bei den Generalen aneckte, störte ihn nicht im geringsten, wenn es nur der arg bedrängten Südostfront nutzte. Daher übergab er bei diesem Bäumchen-wechsel-dich-Spiel seinem Nachfolger eine völlig intakte Heeresgruppe. Es lag nun an Hans Frießner, das Beste aus der von Tag zu Tag angespannter werdenden Lage zwischen den beiden Bündnis- und Waffenpartnern Deutschland und Rumänien zu machen. [162]
Schörner fuhr nun seinerseits nach Kurland und beerbte Frießner, der sich während all seiner Verwendungen als ein pflichtgetreuer und gewissenhafter General ausgezeichnet hatte. Im Gegensatz zum eisernen Ferdinand verfügte er jedoch nach Hitlers Meinung nicht über die »Steherqualitäten«, die seinen Lieblingsgeneral auszeichneten und für schwere und aussichtslose Lagen prädestinierten.

8. Der Feldherr von der Bernsteinküste

Während Schörner dank seiner Energie und Führungskunst den Südflügel der Ostfront wider Erwarten zum Stehen gebracht und so ein weiteres kleines Stalingrad verhindert hatte, zeichnete sich an ihrem Nordflügel eine ebenso kritische Lage für die deutschen Verbände ab. Im Baltikum focht die Heeresgruppe Nord zuerst unter dem damaligen Generalobersten Walter Model und dann ab 30. März 1944 unter dem Generalobersten Georg Lindemann gegenüber einem weit überlegenen Gegner einen Kampf des David gegen den Goliath.
»Zu jener Zeit hatten die sowjetischen Truppen die Faschisten aus der Sowjetunion vertrieben, die Staatsgrenze der UdSSR wiederhergestellt

und die Kampfhandlungen teilweise in das faschistische Deutschland und die osteuropäischen Staaten getragen«, stellte der Sowjetmarschall Georgi K. Schukow in seinen »Erinnerungen« fest. »Lediglich in Kurland standen noch Kräfte des Gegners. Die 2. und die 1. Baltische Front hatten die Linien Tukkum – Memel (ausschließlich) – Neman – Jurbarkais erreicht. Die 3. und die 2. Belorussische Front standen längs der Linie Jurbarkas – Augustower Kanal – Lomža – Serock und hatten zwei Brückenköpfe am Narew gebildet.« [163]

Als Hitler den ständigen Forderungen Lindemanns nach einer Zurücknahme seiner Heeresgruppe hinter die Düna überdrüssig geworden war, tauschte er den unbequemen Mahner am 3. Juli 1944 kurzerhand gegen den Generaloberst Johannes (Hans) Frießner aus. Aber auch dieser richtete nach nur wenigen Tagen einen persönlichen Brief an seinen Führer, in dem er den Forderungen seines Vorgängers Nachdruck verlieh.

Daraufhin kam es am 12. Juli 1944 zu einer persönlichen Aussprache zwischen dem neuen Oberbefehlshaber und seinem Obersten Befehlshaber. Mit versteinerter Miene stand Hitler in seinem Hauptquartier und studierte die Lagekarten, in denen mit roten Farbstiften immer mehr Feindbewegungen in Richtung der Bernsteinküste, also in das alte Samland und Baltikum mit Stoßrichtung Riga eingetragen wurden. Daher warnte Frießner:

»Es kommt jetzt m. E. nüchtern gesehen, wenn man die Armeen der Heeresgruppe Nord retten will, entscheidend darauf an, die Armeen unter Belassung starker Nachtruppen, die hinhaltend kämpfen müssen, wie folgt zurückzuführen: Armeeabteilung Narwa nach Reval. Abtransport auf dem Seewege je nach Entwicklung der Lage, nach Riga – Litau oder Memel, 16. und 18. Arme in Linie Kauen – Riga. Es läßt sich nicht mit Sicherheit sagen, ob die Rückführung bei der Entwicklung der Lage südlich der Düna noch möglich ist. Es würde jedoch der letzte Versuch sein, die Heeresgruppe Nord, wie eindeutig und klar zu sehen ist, der Einkesselung, wenn nicht der Vernichtung, zu entziehen.« [164]

Hitler erkannte zwar die kritische Lage, in der sich Frießners Heeresgruppe befand, er war auch bereit, einen Sperrverband zum Schutze von Riga zur Verfügung zu stellen, aber damit erschöpfte sich auch schon seine Hilfe. Als der Oberbefehlshaber, der seine Aufgabe trotz großer Schwierigkeiten ordentlich gelöst hatte, nach einer weiteren Aussprache mit Hitler am 18. Juli 1944 noch am selben Tage zu seiner Heeresgruppe zurückkehrte, fand er die alte Lage vor. »Auf der ganzen Front waren ununterbrochene Feindangriffe mit weit überlegenen Kräften im

Gange. Die sowjetische 43. Armee schwenkte mit starken Teilen gegen die nur lockeren Sicherungslinien unserer weit gespannten offenen Südflanke ein. Die große Lücke zwischen der 3. Panzerarmee und dem Südflügel der Heeresgruppe Nord – das ›Wehrmachtsloch‹ – blieb offen. Als in den nächsten Tagen keine entscheidende Hilfe kam, sah ich mich genötigt, zum wiederholten Mal zu melden, daß kein Mittel mehr verfügbar sei, Durchbrüche zu verhindern, geschweige denn zu bereinigen. Die Einschließung der Heeresgruppe wäre nur noch eine Frage kurzer Zeit. Ich verwies auf mein Memorandum vom 12. Juli«, schilderte Hans Frießner die Situation. [165]
Bei dieser pessimistischen Lagebeurteilung sah Hitler nur mehr einen Ausweg: den Generaloberst Ferdinand Schörner. Denn fast alle Oberbefehlshaber der Heeresgruppe Nord (von Leeb, von Küchler, Lindemann und Frießner), einundzwanzig von siebenunddreißig Generalobersten und elf von achtzehn Generalfeldmarschällen (von Brauchitsch, von Rundstedt, von Leeb, List, von Bock, von Küchler, von Kleist, von Manstein, von Weichs, von Witzleben und Busch) mußten »nach Differenzen mit ihrem Obersten Befehlshaber ihre Posten zur Verfügung stellen«. [166]
Nicht so Schörner. Dieser war nach seinen zahlreichen Einsätzen gegen die Rote Armee schon lange aus der Rolle des taktischen Truppenführers heraus- und in die eines erfolgreichen Heerführers hineingewachsen. Nachdem er die Sowjets am Eismeer bei ihrem Stoß in Richtung Petsamo aufgehalten hatte, bot er ihnen bei Nikopol derart die Stirn, daß sie sich an seinem kantigen Schädel so lange aufrieben, bis die deutschen Truppen geordnet zurückgenommen werden konnten. Nicht weniger erfolgreich operierte er während der deutschen Absetzbewegungen auf der Krim und in der Ukraine. Warum, so Hitlers Überlegungen, sollte es diesem Heerführer, der mittlerweile nicht nur für die Generalstabsoffiziere und Drückeberger in der Etappe zum Bösewicht, sondern ebenso für die Russen zu einem Schreckgespenst geworden war, nicht gelingen, die Heeresgruppe Nord zum Stehen zu bringen? Und da der Oberste Befehlshaber diesbezüglich Schörners eisernem Durchhaltewillen mehr zutraute als Frießners sensiblen Nerven, tauschte er die beiden Oberbefehlshaber kurzerhand aus und erließ hierzu die Weisung Nr. 59: [167]

Der Führer F. H. Qu., den 23. 7. 1944.
OKW/WFSt/Qu. 2 (Ost) Verw. 1 Nr. 007984/44 g. Kdos.

70 Ausfertigungen
Geheime Kommandosache! 16. Ausfertigung.

Betr.: Neuregelung der Befehlsverhältnisse im Bereich der Heeresgruppe Nord.

I. Ich ernenne den Generaloberst Schörner zum Oberbefehlshaber der Heeresgruppe Nord und übertrage ihm für seinen gesamten Befehlsbereich die Befugnis, alle verfügbaren Kampfkräfte und -mittel der Wehrmachtteile und Waffen-SS, der Gliederungen und Verbände außerhalb der Wehrmacht, der Partei- und der zivilen Dienststellen zur Abwehr des feindlichen Angriffs und zur Erhaltung des Ostlands einzusetzen.
Alle Waffenträger, gleichgültig welchem Wehrmachtteil oder welchen Verbänden außerhalb der Wehrmacht sie angehören, sind hierzu einheitlich anzusetzen. Dabei muß die Einsatzfähigkeit der Seestreitkräfte und der dazugehörigen Versorgungsbetriebe sowie die Einsatzbereitschaft der Luftwaffe gewährleistet bleiben.
Seestreitkräfte und die Streitkräfte der Luftwaffe für operative Kriegführung unterstehen der Kriegsmarine bzw. der Luftwaffe. Sie sind jedoch gehalten, den Anforderungen des Oberbefehlshabers der Heeresgruppe Nord im Rahmen ihrer taktischen Möglichkeiten zu entsprechen.

II. Der gesamte Befehlsbereich der Heeresgruppe Nord (Reichskommissariat Ostland ohne die zur Heeresgruppe Mitte gehörenden Teile des Generalkommissariats Litauen) ist Operationsgebiet.
Der Wehrmachtbefehlshaber Ostland wird dem Oberbefehlshaber der Heeresgruppe Nord in jeder Beziehung unterstellt.

III. Die Zivilverwaltung im Operationsgebiet der Heeresgruppe Nord und das Verhältnis der militärischen Kommandobehörden zur Zivilverwaltung bleiben in ihrer bisherigen Form bestehen.

IV. Ich stelle dem Reichskommissar Ostland für den zivilen Bereich und dem Oberbefehlshaber der Heeresgruppe Nord für den militärischen Bereich diejenigen Rückführungs- und Räumungsmaßnahmen im Ostland frei, die sie nach pflichtmäßigem Ermessen mit Rücksicht auf die Frontlage als notwendig ansehen.
Die durch Höheren SS- und Polizeiführer Ostland auf Grund meiner Vollmacht durchgeführte Erfassungsaktion darf durch derartige Maßnahmen nicht beeinträchtigt werden.
Befehl für Räumungsmaßnahmen im estnischen Ölschiefergebiet behalte ich mir vor.

gez. Adolf Hitler
F. d. R.
Warlimont
General der Artillerie.

Befehlsgemäß löste Schörner seinen Vorgänger Frießner am 24. Juli 1944 in der Führung der Heeresgruppe Nord ab. Als er noch am selben Tage einen Blick in das Kriegstagebuch seiner neuen Heeresgruppe warf, wußte er ganz genau, was die Stunde geschlagen hatte, denn dort stand unverblümt zu lesen: »Das Verhältnis gegenüber der Stärke der fechtenden Truppe ist unhaltbar! 100000 Mann freimachen!«
Die Verluste der Heeresgruppe betrugen vom 22. Juni 1944 bis zum 26. Juli 1944 bei der 16. Armee 33020, bei der 18. Armee 12158 und bei der Armee-Abteilung Narwa 4320 – also insgesamt 49498 Mann. Die Kampfkraft der Divisionen wurde folgendermaßen eingestuft: Zerschlagen waren die 23. Infanterie-Division sowie die lettische 15. und 19. Waffen-Grenadier-Division der SS; als abgekämpft galten die 24., 32., 81., 83., 87., 93., 121., 132., 205., 215., 218., 290. und 329. Infanterie-Division sowie die 281. Sicherungs-Division; bedingt kampffähig waren die 126., 225., 263. und 389. Infanterie-Division sowie die estnische 20. Waffen-Grenadier-Division der SS und die 21. Luftwaffen-Feld-Division; als voll kampffähig galten nur mehr die 11., 21., 30., 58., 61. und 227. Infanterie-Division sowie die 12. Luftwaffen-Feld-Division. [168]
Schörner erkannte sogleich die tödliche Gefahr, die seiner Heeresgruppe in zweierlei Hinsicht drohte: zum einen durch die extrem hohen Ausfälle und den ausgesprochen schlechten Nachersatz, zum anderen durch die immer aggressiver operierende Rote Armee, die die Schwachstellen in der deutschen Front schonungslos aufdeckte. So standen die 16. und die 18. Armee sowie die Armee-Abteilung Narwa zwischen dem Oberlauf der Düna und am Peipussee, während im Rücken seiner Heeresgruppe die bei der benachbarten Heeresgruppe Mitte durchgebrochenen sowjetischen Panzerverbände bereits bis zum Meerbusen von Riga vorstießen und am 29. Juli 1944 die Bernsteinküste bei Tukkum erreichten, so daß Estland und Lettland nun von der übrigen deutschen Ostfront abgeschnitten waren. Was war geschehen?
Tags zuvor hatten die ersten Aufklärer die Hiobsbotschaft verbreitet: »Ca. 900 Fahrzeuge, darunter schwere Panzer, rollen von Mitau in Richtung Nordost nach Tukkum!«
Schörner verschob daraufhin zwei Kompanien der 58. und 61. Infanterie-Division nach Schlock, um die dortige Enge zu sperren. Dann meldete er die bedrohliche Lage dem Oberkommando des Heeres. Generaloberst Guderian antwortete darauf um 12.30 Uhr telefonisch: »Kann im Augenblick nichts für die Heeresgruppe tun!« Schörners Tagesbefehl lautete um 14.15 Uhr: [169]

»1. Feindliche Panzerkräfte mit motorisierter Infanterie in bisher nicht festgestellter Stärke haben Westflügel der Heeresgruppe umfaßt und sind in den Raum Mitau vorgestoßen. Weitere Feindkräfte aus dem Baltenloch im Vormarsch auf Riga.
2. HGr. Nord verhindert weiteres Feindvorgehen aus Raum Schaulen nach Norden und stößt den auf Mitau vorgehenden Feindkräften in die Ostflanke. Weitere Absicht ist, im Zusammenwirken mit 3. Pz. Armee durch Angriffe die Lücke zwischen 3. Pz. Armee und HGr. zu schließen.
3. Neugliederung am 28. 7. . . .
4. Aufträge:
   a) Wehrmachts-Befh. Ostland hält Brückenkopf Riga gegen alle Angriffe. Auf das Halten der vorgeschobenen Stellung Mitau einschl. Brücken wird besonderer Wert gelegt.
   b) 16. Armee stößt noch am 28. 7. mit schwachen Kräften von Bauske in Richtung Eleja vor, um weiteres Vorgehen des Feindes zwischen Rollbahn und Bauske zu verhindern. . . .
   Mit linkem Flügel Abwehr in jetzt erreichter Linie. . . .
   c) 18. Armee und Armee-Abt. Narwa Abwehr in jetzt erreichter Linie.«

Darüber hinaus versuchte Schörner wie sein Vorgänger Frießner mit Einverständnis des Chefs des Generalstabes des OKH die Einwilligung des Führerhauptquartiers zur Zurücknahme der Heeresgruppe in den Raum Kurland durchzusetzen, und zwar unter Inkaufnahme von persönlichen Nachteilen, die sich auf Grund seiner abweichenden Lagebeurteilung zu Hitlers operativen und strategischen Ansichten leicht ergeben könnten. Wie erwartet wurden mit Rücksicht auf die große Lage – unter anderem spielten hier die Treibstofflager der Kriegsmarine bei Narwa eine große Rolle – Schörners wiederholte Vorschläge auch dann noch abgelehnt, als es am 20. August 1944 eigenen Kräften gelungen war, bei Tukkum nochmals einen schmalen Korridor über Riga nach Süden freizukämpfen und damit eine letzte Möglichkeit für einen geordneten Rückzug zu schaffen.
Da geschah wieder etwas, was bei Schörner seit den Tagen von Nikopol schon zum festen Bestandteil seines unorthodoxen Führungsstils geworden war. Nachdem ein gegnerischer Durchbruch bei Narwa wegen gleichzeitiger schwerer Angriffe gegen die Frontmitte der Heeresgruppe nicht aufgefangen werden konnte, handelte er abermals auf eigene Faust, um seine Soldaten vor der sicheren Gefangenschaft in Stalins

Lagern des Grauens und Schreckens zu retten. Er befahl einerseits die Zurücknahme der 16. Armee und der Armee-Abteilung Narwa nach Kurland, und er führte andererseits diese dramatische Operation unter gleichzeitigen Gegenangriffen gegen Osten mit dem III. SS-Panzerkorps in fast exerziermäßiger Ordnung durch.

»Er hatte nämlich, entgegen allen Befehlen des OKW, für diesen Fall schon vorausschauende Weisungen gegeben. Nur dadurch konnte die drohende Katastrophe verhindert werden. Bei dieser Bewegung ›durch den Flaschenhals‹ bei Riga war der OB überall zugleich. Die Legendenbildung«, so Aschenauer, »die schon durch seine Befehlsführung an der Eismeerfront [. . .] angeregt worden war, erhielt durch wahre oder auch vom grimmigen Soldatenhumor gut erfundene Anekdoten reiche Nahrung. Die Fronttruppe wußte es zu schätzen, daß ›ihr‹ Schörner von denen, die es anging, fast ebenso gefürchtet wurde wie der Gegner – der nun aber um die fast sichere Beute geprellt wurde.« [170]

Und da Hitler nicht nur Schörners Mut bei anstehenden unbequemen Entscheidungen bewunderte und dessen operatives Geschick anerkannte, billigte er auch dieses Mal nachträglich die von Schörner eigenmächtig veranlaßte Zurücknahme der Heeresgruppe Nord durch seinen »General der letzten Stunde«. Mehr noch: Auch in der Personalpolitik konnte Schörner seine Vorstellungen weitgehend verwirklichen – und trat damit wieder einmal mehr dem einen oder anderen Herrn auf die Füße, so daß sich die Betroffenen in der Nachkriegszeit dafür auf ihre Weise revanchierten.

Besonders undankbar war in dieser Beziehung der damalige Oberst i. G. Oldwig von Natzmer, der erst durch Schörners Wohlwollen zum Generalmajor (1. Juli 1944 [P. 1. Januar 1945]) und kurz darauf gar zum Generalleutnant (15. März 1945) befördert wurde. Er löste gleich bei der Übernahme der Heeresgruppe Nord den bisherigen Chef des Generalstabes, den Generalleutnant Eberhard Kinzel, ab. Aber das war erst der Anfang einer ganzen Reihe von »Flurbereinigungen«. Die Vollmachten hierzu hatte Schörner persönlich von Hitler erhalten, um seine Heeresgruppe und den operativen Raum in den Griff zu bekommen.

Fortan mußte sich der Chef des Heerespersonalamtes in seinem Tätigkeitsbericht die Finger regelrecht wund schreiben, denn der eiserne Ferdinand kämmte seine neue Heeresgruppe ebenso erbarmungslos aus wie die alte in Südrußland. So notierte General Wilhelm Burgdorf am 10. August 1944: »Generaloberst Schörner schickt den Wehr-

machtsbefehlshaber Ostland, Gen. d. Pz. Tr. Kempf, und den Generalleutnant Scherer zurück, da er keine Verwendung für diese Generale und ihre Stäbe in seinem Bereich hat.« [171]
Am 30. August 1944 schrieb Burgdorf: »Generaloberst Schörner orientiert vor, daß er beabsichtigt, Gen. d. Art. Loch, m[it]F[ührung]b[eauftragt] 18. Armee, zu ersetzen. Der Zeitpunkt der Durchführung steht noch aus. Als Nachfolger wird Gen. d. Inf. Boege vorgeschlagen.« [172]
Nur vier Tage später hieß es dann: »Generaloberst Schörner löst den Kom. Gen. des X. A. K., General der Infanterie Köchling, ab, weil er bei der Führung seiner Truppen zu wenig Härte gezeigt hat und beim Ausmerzen der Etappe Erscheinungen innerhalb seines Korpsbereiches nicht in dem Maße durchgegriffen hat, wie es von ihm termingemäß gefordert wurde. Die Ablösung wird durch eine Verfügung den Oberbefehlshabern der H. Gruppe bekanntgegeben.« [173]
Doch damit nicht genug. Am 9. September 1944 forderte Schörner die Ablösung des Oberbefehlshabers der Armee-Abteilung Narwa. »Als Nachfolger wird Gen. d. Inf. Hasse, bisher Kom. Gen. des II. A. K., vorgeschlagen. Gen. Lt. Roepke wird mit der Führung des II. A. K. beauftragt. Der mit der Führung der 18. Armee beauftragte Gen. d. Art. Loch wird auf Antrag von Gen. Oberst Schörner in die Führer-Reserve versetzt. Sein Nachfolger wird Gen. d. Inf. Boege.« [174]
In Schörners Personalentscheidungen und seiner Allgegenwart sah die Fronttruppe die bei anderen Vorgesetzten so oft vergeblich angemahnte Fürsorgepflicht ihres neuen OB. Den Kommandierenden Generalen und Kommandeuren gefiel dagegen weder das eine noch das andere, wie wir einer Eintragung im Kriegstagebuch der Heeresgruppe Nord entnehmen können. Dort heißt es am 9. August 1944, die 18. Armee werde über die weitere Verwendung der 23. Infanterie-Divisionen einen Vorschlag machen. [175]
Schörner bemerkte hierzu: »Ebenso muß der Kdr. 23. Inf. Div. beobachtet werden.« Ferner stellte er die Ablösung von Generalleutnant de Beaulieu dem Oberbefehlshaber der 18. Armee »anheim«. [176] Nach diesem Großreinemachen wies die Heeresgruppe des »Gendarms von Kurland« für die Monate September/Oktober 1944 folgende Stellenbesetzung auf: [177]

1. *Oberbefehlshaber der Heeresgruppe Nord:*	*Chef des Generalstabes:*
Generaloberst Schörner	Generalmajor v. Natzmer
2. *Oberbefehlshaber der 16. Armee:*	
General der Infanterie Laux bis 2.9.1944	Generalmajor Hermann

	bis 22.10.44
General der Infanterie Hilpert ab 2.9.1944	Oberst i. G. v. Gersdorff ab 23.10.44
3. *Oberbefehlshaber der 18. Armee:*	
General der Artillerie Loch bis 2.9.1944 General der Infanterie Boege ab 2.9.1944	Generalmajor Foertsch
4. *Oberbefehlshaber der Armeeabteilung Narwa (Grasser):*	
General der Infanterie Grasser	Generalmajor Reichelt
5. *Oberbefehlshaber der 3. Panzerarmee:*	
Generaloberst Raus	Generalmajor Müller-Hillebrand

Aber damit nicht genug der personellen Veränderungen, die Schörner gegen manche Heckenschützen und Intriganten in seinem Befehlsbereich durchboxte. Auch auf die staatsrechtlichen Verhältnisse im Ostland nahm er massiv Einfluß, um in diesem Gebiet optimal führen zu können. So heißt es in einem vertraulichen Dokument: »Generaloberst Schörner hat weitgehende Vollmachten, die die Rechte der Ostverwaltung einschränken. Über diese hinaus hat er durch sehr energisches und schneidiges Vorgehen die Ostverwaltung weitgehend zurückgedrängt.« [178]

Über die staatsrechtlichen Verhältnisse im Ostland erfahren wir aber auch: »Gauleiter Koch [. . .] weitet jedoch seinen Auftrag räumlich wie sachlich erheblich aus. [. . .] Es ist nicht ausgeschlossen, daß Koch auch die Belange unserer Propagandaämter antastet. Bisher sind sie allerdings unbehelligt geblieben.« [179] Nicht weniger unbehelligt blieb Schörner von diesem Tyrannen. An ihn traute sich der Gauleiter von Ostpreußen, der als Reichskommissar für die Ukraine dort eine Schreckensherrschaft errichtete, nicht heran.

Kein Wunder, denn Schörners Energie und Schaffenskraft war nach wie vor ungebrochen. Er war allgegenwärtig – und zwar nicht nur auf dem Schlachtfeld und im Kampfgetümmel, sondern auch auf dem schlüpfrigen diplomatischen Bankett, wo gerade Männer seines Schlages und Schwergewichts sehr leicht die Balance verlieren und ausrutschen konnten. Aber nicht er, der es sich sogar herausnehmen konnte, seine wahre Meinung über diese oder jene militärpolitische Lage frank und frei, das heißt ohne linguistische Winkelzüge oder falsche Zungenschläge kundzutun.

Nicht umsonst schickte Hitler, der die dramatische innenpolitische Entwicklung in Finnland von Tag zu Tag mit größerer Unruhe verfolgte, als Mann seines Vertrauens den Generalobersten Ferdinand Schörner und keinen Politiker in diplomatischer Mission am 3. August 1944 zum finnischen Marschall Mannerheim, der am 1. August 1944 nach dem Rücktritt des Staatspräsidenten Ryti zum Präsidenten seines Landes ernannt worden war, um diesem sowohl »über die Lage bei der Heeresgruppe Nord zu berichten« [180] als auch mitteilen zu lassen, »daß das Baltikum unbedingt gehalten werden würde«. [181]

Schörners Mission bei dem aristokratischen und sehr selbstbewußten finnischen Marschall muß als Erfolg gewertet werden; was sich daraus ableiten läßt, daß er zum einen trotz eines randvollen Terminkalenders Mannerheims infolge seines Regierungsantritts von diesem mit »liebenswürdiger Höflichkeit« in dessen Sonderzug in Helsinki empfangen wurde, und daß sich nach Schörners Vortrag noch »eine kurze Unterhaltung über Kampferfahrungen, die der deutsche Oberbefehlshaber bei den schweren Kämpfen in den letzten Wochen im Süd- und Nordabschnitt der Ostfront gesammelt hatte«, anschloß. [182] Obgleich wegen der Kürze der Zeit politische Fragen mit Mannerheim nicht erörtert werden konnten, waren sowohl Schörner als auch das Oberkommando der Wehrmacht »über den Verlauf seines Besuches bei Mannerheim recht befriedigt.« [183]

Nun, der russische Bär hatte das Auftauchen des schlauen Fuchses vor seiner nördlichen Front rechtzeitig erkannt. Gewarnt durch die negativen Erfahrungen aus dem südlichen Frontbereich, stellte er sich sogleich auf seinen altbekannten, aber immer wieder mit neuen Varianten aufwartenden Gegner ein. Nicht umsonst bekannte der Sowjetmarschall Bagramjan vor Beginn der Auseinandersetzung an der Bernsteinküste in richtiger Einschätzung der Lage:

»Inzwischen war man im Generalstab zu der Überzeugung gelangt, daß der Gegner nicht beabsichtigt, das Baltikum aufzugeben. Im Gegenteil: Die Heeresgruppe Nord wurde zusehens aktiver. [...] Deshalb wunderte ich mich nicht, [...] daß zum Oberbefehlshaber der Heeresgruppe Nord Generaloberst Schörner ernannt worden sei. Hitler hoffte, dieser werde die Heeresgruppe vor der Katastrophe retten.« [184] Stalins Heerführer sahen nämlich in dieser Ernennung einen Beweis für Hitlers Absichten, »das Baltikum um jeden Preis zu behaupten. Demzufolge würde er auch keine Kräfte scheuen und Schörner neue Reserven bereitstellen.« [185] Und voller Hochachtung für den deutschen Generaloberst fügte der sowjetische Marschall hinzu: »Mit einem leichten Sieg dürften wir nicht rechnen.« [186]

Damit war die Gefechtsordnung auf dem Nordflügel der Ostfront festgelegt. Die Sowjets vermieden dabei von vornherein den Fehler, Schörner zu unterschätzen. Mehr noch: Allein die Allgegenwart des Deutschen versetzte sie in Angst und Schrecken und lähmte ihren Angriffsschwung zuweilen derart, daß sie, um nur ein Beispiel zu nennen, Ostpreußen erst ein halbes Jahr später angriffen, als sie es ursprünglich eingeplant hatten. Erst dadurch konnten Zehn-, ja Hunderttausende von zurückflutenden Truppenteilen und Abertausende von Zivilisten evakuiert werden, die ohne Schörners knallharte Durchhaltetaktik und sein enormes Stehvermögen hoffnungslos von der roten Walze überrollt worden und entweder an Ort und Stelle oder später in den sibirischen Todeslagern qualvoll ums Leben gekommen wären!

Aber noch war es nicht so weit. Vorsichtig, fast ängstlich tasteten sich die sowjetischen Marschälle und Generale an Schörners Heeresgruppe heran, bevor es zum ersten Schlagabtausch kam. Und dieser gestaltete sich wie folgt: Für Marschall Bagramjan war klar, »daß Hitler, um Schörner zu helfen, dem Oberbefehlshaber der 3. deutschen Panzerarmee befohlen hatte, die 1. Baltische Front von Süden anzugreifen, obwohl sich diese Armee selbst in einer schweren Lage befand.« [187]

In der Tat: »23. Inf. Div. vollständig zurückgeworfen«, heißt es am 11. August 1944 fälschlicherweise im Kriegstagebuch der Heeresgruppe Nord. »Mit schärfsten Mitteln und energischer Führung eingreifen. Bereits eine Reihe von Maßnahmen getroffen.« Aber »die 23. Inf. Div. war nicht zurückgeworfen worden. Sie hatte nur Stellungen bezogen, in denen sie sich angesichts des Angriffs gegen die 32. Inf. Div. verteidigen konnte [...] Am 12. August weist hier die 23. Inf. Div. einen russischen Angriff ab. 11 Feindpanzer werden abgeschossen. In der Nacht zum 13. August muß die 23. Inf. Div. die Stadt Modohn räumen. Westlich der Stadt werden neue Stellungen bezogen.« [188]

Am 13. August 1944 meldete das X. Armeekorps der 18. Armee: »23. Inf. Div. wies auf rechtem Flügel (des X. A. K.) wiederholte Angriffe bis Btls. Stärke ab.« Noch am selben Tage wurde in das Kriegstagebuch der Heeresgruppe Nord eingetragen: »Major Rudel hat sich verpflichtet, täglich 40 Panzer abzuschießen, wenn sie nur da sind.« [189]

Schörner war nicht zu beneiden. Wenig Lichtblicke, dafür um so mehr Schwierigkeiten über Schwierigkeiten. Nur ein Mann mit seinen eisernen Nerven und dem nötigen Selbstvertrauen in die eigenen Führungsqualitäten konnte in derartigen Situationen bestehen. Dem Auskunftsbericht ihres Frontstabes konnten die Sowjets am Abend des 25. August 1944 entnehmen, »daß der Gegner allein zwischen dem 16. und 25. Au-

gust 15500 Soldaten und Offiziere, 354 Panzer, 26 Sturmgeschütze, 268 Geschütze, Tausende Fahrzeuge und viele andere Technik und Bewaffnung verloren hatte.« [190]
Trotz dieser eindrucksvollen Zahlen lief es Bagramjan im nachhinein noch eiskalt über den Rücken hinunter, als man ihm erbeutete Dokumente und Aussagen von gefangenen deutschen Offizieren vorlegte. Sie besagten nämlich, daß Schörner, dem am 28. August 1944 für seine hohe Führungskunst als 93. Soldaten der Wehrmacht das Eichenlaub mit Schwertern zum Ritterkreuz des Eisernen Kreuzes verliehen wurde, »mit mehreren Infanterie-, 6 Panzer- und einer Panzergrenadier-Division, insgesamt über 800 Panzer und Sturmgeschütze, die 51. Armee und die 2. Gardearmee zwischen Rigaer Bucht und Kelme einschließen und zerschlagen [konnte], um dann im weiteren Verlauf nach Osten die wichtigsten Straßen- und Bahnverbindungen zwischen den Heeresgruppen Nord und Mitte frei zu machen.« [191]
Zugegeben, die sowjetischen Marschälle und Generale wußten auf Grund ihrer regen Spionagetätigkeit und der nicht weniger ergiebigen Feindaufklärung sehr viel. Aber eben nicht alles. So blieb ihnen weitgehend verborgen, daß Schörner nicht nur einen Kampf gegen ihre Rote Armee, sondern zuweilen einen ebenso zähen gegen seinen Obersten Befehlshaber zu führen hatte, um weitere unnötige Opfer an Menschen und Material zu vermeiden. Auch jetzt, wo er Hitler und dessen Hauptquartier ohne Rücksicht auf die eigene Person die folgenden Lagebeurteilungen frank und frei unterbreitete: [192]

»Am 15.9.1944 um 10.05 rief Generaloberst Schörner den Chef des Generalstabes an und erklärte:
›Ich rufe an, weil die Heeresgruppe seit gestern in den entscheidenden Abwehrkampf getreten ist... Es ist bisher gelungen, den Durchbruch zu verhindern, wir haben ganz erhebliche Einbrüche vor allem bei Bauske. Dort ist bereits jetzt schon die Durchbruchsgefahr auf Riga gegeben...‹ ›Ich bitte dringend, daß heute noch von oberster Stelle der Befehl gegeben wird, zu ›Aster‹. Und bitte machen Sie es dringend. Wir kämpfen hier um unser Leben... Trotz aller politischen Bedenken, die ich ja verstehe – die Finnen sind ja in Moskau nicht so sehr gut empfangen worden –, muß ich vom militärischen Gesichtspunkt ganz klar betonen: Es ist der letzte Moment, den ich bei allem Optimismus und gutem Vertrauen jetzt noch sehe, um die Sache hinzubringen.‹
Am 16.9. trug Schörner die Lage im Führerbunker im Beisein von Göring, Dönitz, Guderian und Wenck Hitler vor.

Um 12.00 Uhr teilt Schörner dem Chef der Gen. St. Hgr. mit, daß Absetzbewegung ›Aster‹ genehmigt sei.
Dem OB der 16. Armee teilte Schörner weiter mit, daß die Führung über die Entwicklung beim I. A. K. nicht erfreut sei, daß er die Armee jedoch voll gedeckt habe.
Am 17.9.1944 rief Schörner den Chef des Generalstabes Guderian an: ›Ich darf aufmerksam machen, ›Aster‹ hat auf die Lage bei Riga keinen Einfluß. So wie sich die Situation im Augenblick entwickelt, wird die Frage brennend, wohin Narwa ausweichen soll. Ich habe die dringende Bitte: Die Marineleute müssen dem Führer eindeutig sagen, daß bei Reval die Dinge auf jeden Fall in den Eimer gehen. Ich bin ja nun überall gewesen: an der Kanalküste, in Norwegen, auf der Krim, ich kenne das also. Es sind gestern gefährliche Worte gefallen von Kertsch und Sewastopol. Sewastopol war ja immerhin eine Festung ... Ich werde Sie heute abend noch einmal anrufen. Denn wissen Sie, es geht jetzt hier ums Ganze ...
Bei Dorpat ist heute die Sache losgegangen. Die Front ist zweifellos an einigen Stellen aufgebrochen. Die Esten sind wieder weggelaufen, die gehen einfach nach Haus. Mit den jetzigen Kräften ist es auf die Zeit, die ich zum Herausbringen der ganzen Heeresgruppe brauche, nicht mehr zu machen. Wir haben jetzt zwei Drittel der Infanteriekraft verloren ...‹
›Das Bild ist völlig falsch, wenn wir jetzt allein durch die Tapferkeit der Truppe alles mal wieder so gerade hingebracht haben, das geht nicht immer so. Es geht jetzt hier um das Schicksal der Heeresgruppe ... Wissen Sie, ich habe wochenlang nicht angerufen. Wenn ich es aber jetzt tue, so nicht ohne Grund. Es fällt mir selbst nicht leicht, das zu sagen, aber wir sind am Ende. Ich stelle mich heute schon auf die Lösung ein, zu schwimmen, und habe mir deswegen gerade eine Besprechung zusammengeholt ...‹
Am 18.9.1944 erklärte Schörner dem Chef des Generalstabs, daß Armee-Abteilung Narwa diesen Abend die Absetzbewegung antrete und dann sofort Teile in Richtung Riga durchgezogen würden. Um 03.05 Uhr befahl er dem XXX. SS-Pz.-Korps das Absetzen nach Penzau in zügiger Bewegung.
Er lehnte eine Mitau-Oststellung ab, da das vorwiegende Sumpf- und Waldgelände eine große Zahl infanteristischer Kämpfer verlangte. Er beabsichtigte, einen Teil der Armeeabteilung Narwa bis zur 16. Armee durchzuziehen.
19.9.1944: Schörner wies darauf hin, daß die Heeresgruppe in der Segewold-Stellung keine Kräfte einspart.

Die eigenen Divisionen seien nur noch schwache Kampfgruppen. Guderian betonte, daß das Halten von Riga ein äußerst energisch ausgesprochener Führerbefehl sei, worauf Schörner erklärte, das Halten der Segewold-Stellung sei zwecklos, ebenso habe eine erweiterte Brückenkopfstellung keinen Sinn. Erst müsse man die Schlacht südlich Riga gewinnen, ehe man daran denken könne, ob Riga überhaupt gehalten werden könne.«

Nachdem die Heeresgruppe Nord vom 14. bis 26. September 1944 in einen Brückenkopf um Riga zurückgenommen worden war, um sie, wie ursprünglich im OKH geplant, »von dort beschleunigt an die Heeresgruppe ›Mitte‹ heranzuführen«, warf Generaloberst Guderian Schörner vor: »Diese Absicht wurde durch die abweichende Auffassung des Oberbefehlshabers der Heeresgruppe, [...] durchkreuzt. Dieser hielt seine Panzerkräfte bei Riga – Mitau fest, anstatt sie in den Raum westlich Schaulen zu führen, und ermöglichte dadurch den Durchbruch der Russen bei Schaulen und die endgültige Abtrennung der Heeresgruppe vom Hauptheer.« [193]
Da diese operative Wunschvorstellung Guderians auf Grund von Schörners gegenteiliger Lagebeurteilung vor Ort und den daraus gezogenen operativen Entschlüssen fiktiv geblieben ist, läßt sich im nachhinein schwer nachvollziehen, wer von den beiden Haudegen sich letztlich geirrt hat.
Einen Monat später, am 21. Oktober 1944, erging Hitlers Befehl zur nachhaltigen Verteidigung von Kurland, »nachdem der Oberbefehlshaber der Heeresgruppe, Generaloberst Schörner, noch am 19. Oktober für eine schrittweise Zurückführung der Kräfte nach Ostpreußen eingetreten war. Schließlich befahl Hitler am 26. Oktober der Heeresgruppe Nord die Abgabe von 3 Infanteriedivisionen (11., 61., 121.) und 1 Panzerdivision (4.) an die Heeresgruppe Mitte beziehungsweise zur Verfügung des OKH.« [194]
Schörner konnte noch so viel anmahnen und seine Verbände konnten noch so aufopferungsvoll kämpfen, auf Grund des unentwegten Feinddrucks verschlechterte sich im Baltikum die Lage seiner Heeresgruppe Nord und der Armee-Abteilung Narwa ebenso wie die der 16. und 18. Armee sowie der 3. Panzer-Armee der Heeresgruppe Mitte, die ihm am 25. September 1944 unterstellt wurde. Denn »die Idee der Baltischen Operation sah vor, mit der 3., der 2. und der 1. Baltischen Front wuchtige Schläge in konzentrischen Richtungen gegen Riga sowie mit der Leningrader Front und der Baltischen Front gegen Tallin zu führen

17 Heinrich Himmler und Ferdinand Schörner anläßlich eines Eisstockschießens des Reichsführers-SS an der Eismeerfront

18 Schörners Gebirgssoldaten ziehen mit ihren Tragtieren durch die winterliche Arktis

19 Links der »Sieger von Athen« als Kommandierender General des XIX. Gebirgs-Armeekorps und rechts der »Held von Narvik« als Oberbefehlshaber der legendären Lappland-Armee, später 20. Gebirgs-Armee

20 An der Eismeerfront. Von links nach rechts: General Schörner, Generaloberst Dietl und General Wintergerst. Dahinter die Ordonnanz-Offiziere Oberleutnant Fürst Windisch-Grätz und Leutnant Singer

21 Schörner als Befehlshaber der Armee-Abteilung Nikopol mit General Wittmann, dem Kommandeur der 3. Gebirgs-Division, auf dem Gefechtsfeld in vorderster Front

22 Gebirgsjäger an der Rollbahn Nikopol–Balki im Südabschnitt der Ostfront

23 Frühjahr 1945. Goebbels bedankt sich auf dem Marktplatz von Lauban bei Schörner für die Zurückeroberung der schlesischen Stadt

24 Generalfeldmarschall Ferdinand Schörner mit Großadmiral Karl Dönitz während der letzten Kriegstage

mit dem Ziel, die Verteidigung des Gegners aufzuspalten, seine Gruppierungen einzuschließen und nach Teilen zu vernichten und die Baltischen Republiken zu befreien.« [195]
Nach eigenen Angaben verfügten die sowjetischen Marschälle für diese Operation über 900000 Mann, rund 17500 Geschütze und Granatwerfer, über 3000 Panzer und Selbstfahrlafetten und über 2600 Kampfflugzeuge. Eine erdrückende Zahl, der Schörner nur wenige Fliegerasse vom Kaliber eines Hans-Ulrich Rudel – als einziger Träger des goldenen Eichenlaubs mit Schwertern und Brillanten zum Ritterkreuz des Eisernen Kreuzes unter gleichzeitiger Beförderung zum Oberst der höchstdekorierte Soldat des Zweiten Weltkrieges und einer der überzeugtesten Kämpfer gegen den Bolschewismus – entgegensetzen konnte. Dieser »war bereits bei der Luftflotte 1 eingetroffen. Von dem Tag an war die III./S. G. 4 hauptsächlich als Jagd- und Begleitschutz für den Ju87-Verband eingesetzt mit der Nebenaufgabe des Bombenwerfens auf erkannte Ziele.« [196]
Trotzdem konnten die Sowjets ihren Einbruch südlich von Riga am 23. September 1944 nach Norden erweitern. Und dennoch »konnte Schörner am 28. September melden, daß die angreifenden Rotarmisten schwerste Verluste erlitten hatten; allein über 1000 Rotpanzer wurden abgeschossen. Der Angriff von 101 roten Divisionen, 2 sowjetischen Panzerkorps und einem Mech.-Korps waren vor der deutschen Abwehr liegengeblieben. Doch auch die deutschen Verluste waren sehr schwer.« [197] Wie war es dazu gekommen?
»Die Kapitulation Finnlands machte den Weg frei für eine konzentrische russische Offensive gegen die deutsche Heeresgruppe Nord«, schildert der britische Militärhistoriker Liddell Hart den beispiellosen Vorgang, in den Schörner mit Urgewalt hineingezogen wurde.

»Die Truppen von zwei ›Fronten‹ – Goworows und Maslennikows – rückten gegen Schörners Front vor, während die Truppen Jeremenkos seine Flanke umfaßten und die Bagramjans seinen Rücken bedrohten. Es schien kaum möglich, daß die Deutschen aus einem so langen Schlauch entkommen könnten, zumal da der Ausgang so schmal war. Aber innerhalb einer Woche hatten sie sich über 300 Kilometer in den Schutz ihrer Stellungen bei Riga zurückgezogen, ohne daß nennenswerte Verbände abgeschnitten wurden; den Truppen Bagramjans war es nicht gelungen, den Flaschenhals zu schließen. Wieder einmal hatten die Ereignisse gezeigt, wie schwer es ist, auf schmalen Frontabschnitten anzugreifen, wenn die Verteidigung noch dicht genug ist.

Um die Scharte auszuwetzen, verstärkte das russische Oberkommando Bagramjans Heeresgruppe, damit er aus dem mittleren Litauen südlich von Riga bis zur Ostsee durchstoßen könnte. Diese neue Offensive begann am 5. Oktober. Die Weite des Raumes und die Konzentration des Gegners im Raum Riga ausnutzend, erreichte sie nördlich und südlich von Memel am 11. Oktober die Küste. Zwei Tage später gab Schörner Riga auf und zog sich nach Kurland zurück. Dort gelang es jedoch seinen eingeschlossenen Truppen, noch länger Widerstand zu leisten; ebenso gelang dies der eingeschlossenen Garnison von Memel. Freilich hatten die Russen genug überschüssige Kräfte, die sie gegen die dort eingeschlossenen Deutschen einsetzen konnten. Ihr Hauptproblem war wieder der Nachschub und der Raum zum Manövrieren.
Nach dieser Säuberung der baltischen Flanke griffen die Russen jetzt Ostpreußen an und begannen dort Mitte Oktober eine starke Offensive. Doch wiederum behauptete sich die Verteidigung in einem Gelände, das von Seen und Sümpfen durchzogen und für frontale Angriffe ungünstig war. Der Hauptvorstoß erfolgte in Richtung Insterburg, wurde aber abgeschlagen in einer großen Panzerschlacht bei Gumbinnen – dem Schauplatz der kurzlebigen russischen Erfolge im Jahre 1914. Anderen Vorstößen in benachbarten Abschnitten gelang ebensowenig ein Durchbruch, der weit genug war, die Front aus den Angeln zu heben. Bis Ende Oktober hatte sich die Offensive erschöpft, und es kam wieder zu einer Kampfpause.« [198]

Dieses Husarenstück war jedoch kein Einzelfall. Auf die Forderung der Heeresgruppe Nord an das Oberkommando des Heeres, die Halbinsel Sworbe räumen zu dürfen, antwortete Generaloberst Guderian am 18. Oktober 1944 mit einem Fernschreiben, das General Wenck formuliert hatte, mehrdeutig: »Sworbe solange wie irgend tragbar halten, Vernichtung dortiger Kräfte jedoch auf jeden Fall vermeiden.« [199] Am 19. Oktober befahl Stalin, Schörners Heeresgruppe bis zum 7. November, dem Feiertag der Oktoberrevolution, zu zerschlagen. »Auf Sworbe begann ein Großangriff gegen den Arieste-Riegel. Dabei gelang ein tiefer Einbruch über den unbesetzten Ranna-Riegel hinweg bis zum Leo-Riegel [. . .] Am 24. Oktober griffen zwei neu herangeführte Schützendivisionen den Leo-Riegel an, die abgewiesen wurden.« [200]
Nun griff der Schwere Kreuzer »Lützow« mit seiner wirkungsvollen Schiffsartillerie erstmals in die Erdkämpfe ein. »In dieser Zeit fällt der Besuch des Generalobersten Schörner auf Sworbe«, erfuhr Wolfgang Paul.»Die Meldungen der Divisionen hatten ihn wohl veranlaßt, selber

nach dem Rechten zu sehen. Die Kommandeure wurden auf den Rgts. Gef. Std. befohlen und von Schörner nach ihren Sorgen befragt. Keiner nahm ein Blatt vor den Mund. Er fuhr sehr beeindruckt ab und wir erfuhren die Wirkung: Es kamen Winterbekleidung, Marketenderwaren, Feldpost, Munition und anderes mehr, auch einige weitreichende Geschütze. Schörner, der mit 6 Schnellbooten aufgebrochen war, wurde von russischen Schlachtfliegern angegriffen und kam mit dem letzten intakten Boot zu uns.« [201]

Als die Verteidiger wenig später mit 69 Offizieren, 394 Unteroffizieren, 2640 Mannschaften und 117 freiwilligen Esten, die auf deutscher Seite gekämpft hatten, zurückkehrten, wurden sie bei ihrer Landung in Windau von einigen höheren Offizieren empfangen. Generaloberst Schörner, der unter ihnen weilte, hatte Hitler gemeldet: »Ich habe heute nacht Sworbe geräumt.« Diese Räumung geschah, wie manch andere, die der eiserne Ferdinand durchgeführt hatte, gegen den Willen des Führers. »Jeder andere wäre für diese Meldung degradiert worden, hier war es gut.« [202]

Nicht weniger dramatisch verlief die militärische Aktion um die baltische Ostseeinsel Oesel. [203] »Generaloberst Schörner wußte um die Unhaltbarkeit der Insel«, erfahren wir von Günter Fraschka. »Er kannte aber auch den Führerbefehl. Trotzdem erwog er die Räumung, wenngleich er diesen Plan keinem seiner Offiziere mitteilte. Im Herbst 1944 fuhr er eines Tages mit dem ›Admiral Ostsee‹, dem Vizeadmiral Bernhardi in Schnellbooten zur Insel Oesel und besuchte dort den Divisionsstab und verschiedene Kommandeure der hart kämpfenden Front. Der Regimentskommandeur der vordersten Infanterieeinheit hauste mit seinem Stab in einem riesigen Granattrichter. Schörner unterhielt sich mit den Männern und Offizieren und gewann anhand der Skizzen und Karten, aber vor allem aufgrund seiner eigenen Beobachtungen den Eindruck, daß Oesel nur noch ein paar Tage gehalten werden könne. Als Schörner während der Rückfahrt mit seinem Begleiter, Major Schmidt, über die Lage sprach, griffen sowjetische Jagdflieger die Boote an. Schmidt wurde verwundet, das Boot in Brand geschossen. Es blieb nichts anderes übrig, als auf hoher See umzusteigen. Als dieses Manöver unter ständigen feindlichen Angriffen gelungen war, dauerte es noch Stunden, bis Schörner und seine Begleitung am Abend endlich im Kriegshafen Windau landen konnten, nachdem über Funk eigene Jäger zum Schutz herangeholt worden waren. Unmittelbar nach der Landung diktierte der Generaloberst dem verwundeten Major Schmidt einen Funkspruch an Hitler, daß er Befehl gegeben habe, Oesel

zu räumen, da die Insel nicht mehr zu halten sei. Dieser Funkspruch wurde abgesetzt und sein Empfang bestätigt. 30000 Soldaten konnten so der sowjetischen Gefangenschaft entgehen.« [204]
Und immer wieder lesen wir in den verschiedenen Kriegstagebüchern der Heeresgruppe Nord und der ihr unterstellten Armeen Eintragungen wie diese: »Generaloberst Schörner versuchte [...] durch persönliches Eingreifen [...] die Lage zu stabilisieren.« [205]
Sein Mut war in jeder Beziehung bewundernswert. Er war zur Freude der Fronttruppe und zum Leidwesen der Etappe, der er kräftig auf die Finger klopfte, wenn er irgendwo einen Drückeberger ausfindig machte, allgegenwärtig. Ohne dieses rücksichtslose Auskämmen der Trosse hätte er seine arg dezimierte Heeresgruppe nie und nimmer solange zusammenhalten können. Nicht umsonst konnte der Wehrmachtsbericht am 3. November 1944 melden:
»[...] im Raum südostwärts Libau wurde der erstrebte sowjetische Durchbruch von unseren Truppen in vorbildlicher Standhaftigkeit unter Abschuß von 62 Panzern vereitelt [...] Insgesamt verlor der Gegner im Monat Oktober im kurländischen Raum 1144 Panzer [...]«
Doch schon griffen die Sowjets am 19. November 1944 von neuem an. Der Schwerpunkt des Kampfgeschehens lag dieses Mal ostwärts von Frauenburg. Nicht weniger als 25mal berannten sie die deutschen Stellungen zwischen Doblen und Autz und ebenso oft blieben sie vor der deutschen HKL liegen, bis strömender Regen die zweite Kurlandschlacht im Schlamm erstickte. In dieser von den Naturgewalten erzwungenen kurzen Atempause quälte sich der Nachschub nur mehr mit seinen Panjewagen fast zwanzig Kilometer durch den klebrigen Schlamm.
Am 21. Dezember 1944 begann die dritte Kurlandschlacht. Auf einer Frontbreite von 35 Kilometern schleuderten die sowjetischen Artillerie- und Werfer-Batterien rund 170000 Granaten und Geschosse auf die deutschen Stellungen. Und abermals hielt Schörners Heeresgruppe mit Verbänden der Wehrmacht und Waffen-SS die Rote Armee in Schach. Nach einer kurzen Feuerpause griffen die Sowjets am 26. Dezember bei Frauenburg wieder an. Jedoch vergeblich, so daß der Wehrmachtbericht über die dritte Schlacht in Kurland meldete:
»Die Heeresgruppe Kurland hat 513 Panzer, 79 Geschütze und 267 Maschinengewehre der Roten Armee vernichtet und 145 Flugzeuge abgeschossen.«
Dennoch war dieser neuerliche Abwehrerfolg nicht dazu angetan, die militärische Lage der Heeresgruppe in rosaroten Farben zu sehen. Dazu war für Schörner und seine Generale auch wirklich kein Anlaß, denn ein

Blick auf die Lagekarte offenbarte ihnen schonungslos, daß durch den sowjetischen Vorstoß südlich der Heeresgruppe die Verbindung mit Ostpreußen zerrissen war. Alle Versuche, eine Gasse dorthin zu schlagen, scheiterten. Schörners Heeresgruppe war nun endgültig abgeschnitten und konnte nur mehr über die Ostsee mit den Häfen Libau und Windau durch die Kriegsmarine versorgt werden. So liefen noch im Dezember 1944 575 Schiffe Kurland mit Nachschubgütern an. Diese waren für jene 26 deutschen Divisionen bestimmt, die sich in erbitterten Gefechten gegen einen weit überlegenen Gegner zu erwehren hatten. Das war nur möglich, weil Schörner die Front einerseits zum Stehen gebracht hatte und weil er andererseits durch seinen persönlichen Einsatz jedem Kurlandkämpfer signalisiert hatte, daß er voll und ganz hinter ihm stand. [206]

Hitlers ausdrücklicher Befehl, daß sich die eingeschlossene Heeresgruppe rundum zu verteidigen habe, wurde dieses Mal von Schörner nur deshalb akzeptiert, weil er zu genau wußte, daß er damit mehr als einhundert sowjetische Divisionen im Norden band und diese so der Hauptfront entzog. »Bis zum bitteren Ende kämpften die deutschen Soldaten beispielhaft tapfer [. . .] unbesiegt in sechs großen und blutigen Kurlandschlachten, die Stalin bittere Niederlagen brachten.« [207]

Das letzte Kriegsjahr hatte noch gar nicht richtig Tritt gefaßt, da wartete auf den Generaloberst Ferdinand Schörner eine weitere hohe Auszeichnung. In Anerkennung seiner überragenden Verdienste als Oberbefehlshaber der Heeresgruppe Nord und für die Rettung Zehn-, ja Hunderttausender deutscher Soldaten und Zivilisten vor der sicheren sowjetischen Internierung [208] wurde er als 23. Soldat der Deutschen Wehrmacht am 1. Januar 1945 mit dem Ritterkreuz des Eisernen Kreuzes mit dem Eichenlaub, den Schwertern und Brillanten ausgezeichnet. [209]

Es war am 16. Januar 1945, als Hitler seinen »Feldmarschall der letzten Stunde« in die Berliner Reichskanzlei befohlen hatte. »Um 11 Uhr empfing er Generaloberst Guderian, den Chef des Generalstabes des Heeres, zu einer Lagebesprechung, um 13.20 Uhr erhielt SS-Gruppenführer Krüger [. . .] einen Orden, und nach dem Mittagessen bekam auch Generaloberst Schörner einen. Dann wurde die Wochenschau vorgeführt.« [210]

9. »Schörner – Sie führen ja schon richtig«

»Die Russen kommen! – »Die Russkis sind da!«
Wie zu den Zeiten der mittelalterlichen Pest, die als Massenseuche weite Landstriche Deutschlands dezimierte, eilte zur Jahreswende 1944/45 diese Hiobsbotschaft an den östlichen Grenzen des Reichsgebietes von Dorf zu Dorf und löste damit den »Beginn einer menschlichen Lawine, die an Umfang und Schrecken alle bisherigen Völkerwanderungen übertraf«, aus. [211] Ab jetzt bekam man zu sehen, »was an Schreckensbildern bereits aus den Randstaaten und Ostpolen, Rumänien, Siebenbürgen und Ungarn nach dem Westen gedrungen und von geflohenen jugoslawischen Kommunisten bestätigt worden war, nun aber weiten Gebieten Deutschlands bevorstand: geplünderte Wohnstätten, geschändete Frauen und Mädchen, niedergemetzelte Flüchtlingsscharen [. . .]« [212]
Das, was er sah, versuchte Schörners General von Mellenthin mit den Worten zusammenzufassen: »Man kann unmöglich beschreiben, was in den ersten Monaten des Jahres 1945 zwischen Weichsel und Oder vor sich ging. Seit dem Untergang des Römischen Reiches hat Europa nichts Ähnliches gekannt.« [213]
Nachdem es Schörner gelungen war, für einen geordneten Rückzug der Heeresgruppe Nord zu sorgen und damit ein Chaos zu verhindern, brannte es nun im Bereich der benachbarten Heeresgruppe Mitte lichterloh. Mehr noch: Die Rote Armee war drauf und dran, den Deutschen den »Coup de grâce« zu versetzen. Aber Hitler dachte nicht daran, sich kampflos den Gnadenstoß versetzen zu lassen. Denn noch hielt er in seiner, wenn auch schwächer gewordenen Hand einen Joker von unschätzbarem Wert; noch dazu einen, den die Russen wie keinen anderen fürchteten, ja vor dessen Tatkraft und Einfallsreichtum sie sogar in gewisser Hinsicht respektvoll den Hut zogen: Ferdinand Schörner.
Er wurde am 17. Januar 1945, an dem Tage, an dem die Sowjets Krakau, die Residenz des Generalgouverneurs, besetzten, zum letzten Male mit einer neuen Heeresgruppe betraut – und zwar mit der Hgr. Mitte. Mit ihr sollte er u. a. den Widerstand im oberschlesischen Industriegebiet solange organisieren und aufrecht erhalten, bis der Rücktransport von Hunderttausenden von Frauen und Kindern aus den deutschen Ostgebieten durchgeführt worden war.
Nach dem »Lagebuch« des Wehrmachtsführungsstabes traten am

25. Januar 1945, um 0.00 Uhr, im Osten folgende Umbenennungen in Kraft: Heeresgruppe Süd = Heeresgruppe Süd (OB wie bisher Generaloberst Frießner), Heeresgruppe A = Heeresgruppe Mitte (OB jetzt Generaloberst Schörner), Heeresgruppe Mitte = Heeresgruppe Nord (OB wie bisher Generaloberst Reinhardt), Heeresgruppe Nord = Heeresgruppe Kurland (OB jetzt Generaloberst Dr. Rendulic). Zwischen die Heeresgruppen Nord und Mitte wurde die neue Heeresgruppe Weichsel eingeschoben. [214] »Es war«, so der Generaloberst der Waffen-SS Hausser, »eine Tragik – nein ein Verbrechen [Sperrung von Hausser], in dieser höchst gespannten Lage diese Heeresgruppe H. Himmler anzuvertrauen.« [215]

Schörners Ankunft in seinem neuen Hauptquartier in Oppeln schilderte der Erste Generalstabsoffizier der Heeresgruppe, der Oberst i. G. Freiherr von Weitershausen, mit den bewundernden Worten: »Die Heeresgruppe hatte eine Schlacht von kriegsentscheidendem Ausmaß verloren. Der erste Blick, den der neuernannte Oberbefehlshaber auf die Lagekarte der Heeresgruppe warf, hätte einen nervenschwächeren General als Schörner es war, an der ihm neu gestellten Aufgabe verzweifeln lassen müssen. [...] Der russische Vormarsch, der sich in der zerschlagenen Front nunmehr zwischen Tschenstochau und Litzmannstadt (Lodz) breit entwickelte, ging pausenlos weiter, kaum mehr aufgehalten von einzelnen Widerstandsinseln, die sich unter entschlossenen deutschen Führern doch immer wieder bildeten. Dazu kam ein schwerer Frosteinbruch in diesen Tagen, der die Temperaturen auf 20 Grad unter Null sinken ließ, der zwar den witterungsgewohnten Soldaten beider Parteien wenig ausmachte, dafür aber schwere Rückwirkungen auf die nunmehr in Bewegung kommende schlesische Bevölkerung haben mußte.« [216]

Albert Speer beschrieb die dramatische Lage in seinen »Erinnerungen« wie folgt: »Als ich am 21. Januar 1945 in Oppeln mit dem neu ernannten Oberbefehlshaber der Heeresgruppe [...] zusammentraf, bestand diese, wie er mir mitteilte, nur noch dem Namen nach: Panzer und schwere Waffen waren im Verlauf der verlorenen Schlacht zugrunde gegangen. Niemand wußte, wie weit die Sowjets bereits in Richtung auf Oppeln vorgestoßen waren; jedenfalls reisten die Offiziere des Hauptquartiers ab, in unserem Hotel bleiben nur wenige Schlafgäste zurück.« [217]

Werfen wir zunächst einen kurzen Blick auf die Stellenbesetzung der Heeresgruppe Mitte: [218]

Oberbefehlshaber:	Generaloberst Schörner
Chef des Generalstabes:	Generalleutnant von Xylander
	Generalleutnant von Natzmer
1. Generalstabsoffizier (Ia):	Oberst i. G. Schindler
Ia/Führung:	Oberstleutnant i. G. Bennecke
Ic/Abwehr:	Oberst i. G. Stephanus
Oberquartiermeister:	Oberst i. G. Leutheuser
General der Pioniere:	Generalleutnant Boehringer
General des Transportwesens:	Oberst i. G. Meinhardt
Stabsoffizier der Artillerie:	Oberst Bamler
Heeresgruppen-Arzt:	Generalstabsarzt Dr. Jaeckel
Heeresgruppen-Veterinär:	Generalstabsveterinär Dr. Schäfer

Am 21. Januar 1945 gab Hitler ein *Fernschreiben an sämtliche militärischen Befehlshaber* bis hinunter zu den Divisions-Kommandeuren heraus und verbot ihnen nochmals jede selbständigen Operationen oder gar Rückzugsbewegungen. Sein Text lautete:

»Ich befehle:

1. Die Oberbefehlshaber, Kommandierenden Generale und Divisions-Kommandeure sind mir persönlich dafür verantwortlich, daß mir a) jeder Entschluß zu einer operativen Bewegung, b) jeder beabsichtigte Angriff vom Divisionsverband an aufwärts, der nicht im Rahmen von allgemeinen Weisungen der obersten Führung liegt, c) jedes Angriffsunternehmen an ruhigen Fronten über die normale Stoßtrupptätigkeit hinaus, das geeignet ist, die Aufmerksamkeit des Gegners auf diesen Frontabschnitt zu ziehen, d) jede beabsichtigte Absetz- oder Rückzugsbewegung, e) jede beabsichtigte Aufgabe einer Stellung eines Ortsstützpunktes oder einer Festung so frühzeitig gemeldet wird, daß mir ein Eingreifen in diese Entschlußfassung möglich ist und ein etwaiger Gegenbefehl die vorderste Truppe noch rechtzeitig erreicht.
2. Die Oberbefehlshaber, Kommandierenden Generale und Divisions-Kommandeure, die Chefs der Generalstäbe und jeder einzelne Generalstabsoffizier oder in Führungsstäben eingesetzte Offiziere sind mir dafür verantwortlich, daß jede an mich unmittelbar oder auf dem Dienstweg erstattete Meldung die ungeschminkte Wahrheit enthält. Ich werde künftig jeden Versuch einer Verschleierung, sei sie absichtlich oder fahrlässig oder durch Unachtsamkeit entstanden, drakonisch bestrafen.

3. Ich muß darauf hinweisen, daß das Halten der Nachrichtenverbindungen, vor allem bei schwierigen Kampfhandlungen und in Krisenlagen, die Voraussetzung für die Führung des Kampfes ist. Jeder Truppenführer ist mir dafür verantwortlich, daß diese Verbindung sowohl zu der vorgesetzten Kommandobehörde als auch zu der untergeordneten Kommandostelle nicht abreißt und daß unter Ausschöpfung aller Mittel und unter Einschalten der eigenen Person die ständige Nachrichtenverbindung nach oben und unten in jeder Lage sichergestellt ist.

Adolf Hitler.«

Dennoch lautete die allgemeine Parole: »Vorwärts Kameraden, wir müssen zurück!« Denn die sowjetischen Generale trieben ihre Soldaten erbarmungslos westwärts. »Unsere Feldarmee zählte anfang 1945 etwa 6 Millionen Mann«, erfahren wir von Marschall W. I. Tschuikow, der seine Gardisten Richtung Berlin peitschte. »Unsere Industrie und unsere Arbeiter hatten uns mit einer mächtigen Artillerie ausgerüstet. Wir verfügten über 91400 Geschütze und Granatwerfer und 2993 Geschoßwerfer. Ungefähr 11000 Panzer und Selbstfahrlafetten sowie 14500 Flugzeuge standen zum Einsatz bereit.« [219]
Das war eine gewaltige Übermacht, der Schörner personell nicht viel und materiell noch weniger entgegensetzen konnte. »Wir hatten uns im Januar/Februar 45 aus dem großen Weichselbogen mehr oder weniger selbständig (oft einzeln oder zu zweit) an die Oder nach Glogau durchgeschlagen«, erfahren wir von Karl Koschler. »Dort stand an einer Oderbrücke: ›Deutschland muß leben – und wenn wir sterben müssen!‹ Der Sinn dieser Parole sollte uns bald aufgehen! Am Sammelpunkt, einer Kaserne, nahm man uns die Waffen ab, um sie zu reinigen. Dann mußten wir (etwa 300 Mann) im Kasernenhof zusehen, wie ein Kamerad zu unserer Abschreckung wegen ›defaitistischer Redensarten‹ erschossen wurde – damit Deutschland noch ein paar Wochen länger leben konnte! [...] Während des weiteren Rückzuges wurden ganze Gruppen von Kameraden wegen eigenmächtigen Zurückweichens festgenommen. Am Btl.-Gefechtsstand mußten sie in einer Reihe antreten; jeder Zehnte wurde von einem Standgericht zum Tod verurteilt. Zur Vollstreckung kamen die Verurteilten zum Regiment, die anderen wurden eingeschüchtert wieder an die Front geschickt. Einmal gings auch schneller: Ein einzelner Kamerad war wegen ›Feigheit vor dem Feind‹ zum Tod verurteilt worden. Er wurde unmittelbar danach erschossen. Seine letzten verzweifelten Worte: ›Es lebe Deutschland, es lebe der Führer!‹ Doch auch damit konnte er seinen Kopf nicht retten. Ein

Oberleutnant gab ihm, als er nach einer Salve zusammengesunken war aber noch lebte, den Gnadenschuß in den Kopf.« [220]
Wer berichtet schon gerne von derartigen Vorkommnissen oder von erniedrigenden Rückzügen? Sie bringen einem Chronisten genauso wenig Meriten wie einem Feldherrn, weil es hier nichts, aber auch rein gar nichts zu beschönigen oder zu gewinnen gibt; geschweige denn zu glorifizieren. Nicht umsonst stehen die Rückzüge im Schatten der Kriegsgeschichte. Meist folgen sie einer Niederlage; seltener einem operativen Entschluß, das Kräfteverhältnis durch ein freiwilliges Ausweichen auf die eigene Versorgungsbasis zu verbessern. Schörners Rückzüge dienten in erster Linie der Stabilisierung seiner überdehnten Gesamtfront und zur Einsparung von Kräften für andere Aufgaben.
Wenn auch Schörner auf Grund der sich immer mehr auswirkenden personellen und materiellen Überlegenheit der Sowjets, die von den Anglo-Amerikanern von Monat zu Monat aus deren unerschöpflichem Kriegsarsenal aus- und aufgerüstet wurden, letztlich zu den großen Verlierern dieses weltweiten Völkermordens zählte, so wollen wir seine letzten Wochen und Monate dennoch nicht weniger aufmerksam verfolgen – und zwar zunächst anhand einer kurzgefaßten Zusammenstellung der wichtigsten militärpolitischen Ereignisse im untergehenden »Tausendjährigen Reich«.
Im Kriegsjahr 1945 durchbrachen die Sowjets die östliche Reichsgrenze. Ihr Vormarsch führte, nur durch einen kurzen Aufenthalt an der Oder unterbrochen, bis nach Berlin. Zu ihren wichtigsten Stationen dorthin zählten: 12. Januar Beginn des sowjetischen Angriffs vom Brückenkopf westlich der Weichsel; Zusammenbruch der deutschen Front in Polen und Eroberung des Landes durch die Rote Armee. Am 17. Januar wurde Warschau, am 19. Krakau von den Deutschen geräumt. Angriffe der Roten Armee gegen Ostpreußen. Am 19. Januar wurde Tilsit, am 25. Allenstein geräumt; Übergang über die Oder bei Steinau – zwischen Glogau und Breslau gelegen. Nun folgten die Räumung des oberschlesischen Industriegebietes, im Februar die Evakuierung Niederschlesiens, der elfwöchige Kampf um Breslau sowie der Angriff der Roten Armee gegen Pommern. Am 13. März erzwangen die Sowjets den Übergang über die untere Oder. Am 30. März kapitulierte Danzig, am 9. April Königsberg. Angesichts des zügigen sowjetischen Vormarsches hatte Winston Churchill bereits am 27. Januar 1945 an Stalin geschrieben: »Wir sind von Ihren ruhmvollen Siegen begeistert! Seien Sie unserer tiefen Dankbarkeit versichert und nehmen Sie unseren Glückwunsch aus Anlaß der historischen Heldentaten entgegen.« [221]

Während die Front im Osten lichterloh brannte, marschierten im Westen die Amerikaner und die Briten über den Rhein, bereinigten den Ruhrkessel und trafen sich schließlich, nachdem Berlin zuvor gefallen war, am 25. April 1945 mit den Sowjets bei Torgau an der Elbe. Als nahezu das gesamte Reichsgebiet von den Alliierten besetzt worden war, erfolgte nach Hitlers Freitod durch seinen Nachfolger, den Großadmiral Dönitz, die bedingungslose Kapitulation Deutschlands in zwei Schritten – und zwar am 7. Mai durch den Generalobersten Alfred Jodl in Eisenhowers Hauptquartier in Reims und am 8. Mai durch den Generalfeldmarschall Wilhelm Keitel im sowjetischen Hauptquartier in Karlshorst bei Berlin. Eine Minute nach Mitternacht trat am 9. Mai 1945 die Gesamtkapitulation der Deutschen Wehrmacht in Kraft. Das Dritte Reich hatte aufgehört zu bestehen. Der Zweite Weltkrieg war in Europa beendet.

Beschränken wir uns aber nicht allzusehr auf die Rolle des nüchternen Historikers, der nur mehr seine Chronistenpflicht zu erfüllen hat, sondern greifen wir nun aus der Vielzahl der spannungsgeladenen Ereignisse dieses oder jene Geschehen heraus, um Schörners letztes Wirken an der Ostfront und im Heimatkriegsgebiet mit einigen farbigen Tupfern besonders hervorzuheben, denn »um die Wende des Januar stieß Marschall Schukow mit seinen Panzer-Divisionen längs der südpommerschen Grenze bis tief in die Mark Brandenburg auf Küstrin an der Oder vor, um die Reichshauptstadt zu erobern. In Schlesien mühte sich [...] Schörner mit dem Aufgebot all seiner Brutalität, aus den Resten der Heeresgruppe A*, eine Front in der Lausitz, im niederschlesisch-böhmischen Grenzgebiet und in der Tatra aufzubauen.« [222]

Zunächst wurde er durch einen Aufruf des sowjetischen Marschalls Schukow elektrisiert. Dieser, sein großer Gegenspieler und Bewunderer, hatte zu Beginn der Januar-Offensive in einem Aufruf den »Tod der deutschen Okkupanten« befohlen:

»Die große Stunde hat geschlagen!
Die Zeit ist gekommen, dem Feind den letzten, entscheidenden Schlag zu versetzen und die historische Aufgabe zu erfüllen, welche vom Genossen Stalin gestellt wurde: dem faschistischen Tier in seiner eigenen Höhle den Garaus zu machen und über Berlin die Siegesfahne zu hissen!

* Richtig: Heeresgruppe Mitte.

Die Zeit ist gekommen, mit den deutsch-faschistischen Halunken abzurechnen. Groß und brennend ist unser Haß! Wir haben die Qual und das Leid nicht vergessen, welche von den Hitlerschen Menschenfressern unserem Volke zugefügt wurden. Wir haben unsere niedergebrannten Städte und Dörfer nicht vergessen. Wir gedenken unserer Brüder und Schwestern, unserer Mütter und Väter, unserer Frauen und Kinder, die von den Deutschen zu Tode gequält wurden. Wir werden uns rächen für die in den Teufelsöfen Verbrannten, für die in den Gaskammern Erstickten, für die Erschossenen und Gemarterten. Wir werden uns grausam rächen für alles.

Wir gehen nach Deutschland, und hinter uns liegt Stalingrad, die Ukraine und Weißrußland; wir gehen durch die Asche unserer Städte und Dörfer, auf den Blutspuren unserer Sowjetmenschen, die zu Tode gequält und zerfetzt wurden vom faschistischen Getier.

Wehe dem Lande der Mörder!

Nichts wird uns jetzt aufhalten!

Wir haben unseren zugrunde gegangenen Freunden, wir haben unseren Kindern gelobt, die Waffen nicht niederzulegen, bevor die Missetäter erledigt sind. Für den Tod, für das Blut unseres Sowjetvolkes sollen die faschistischen Räuber mit der vielfachen Menge ihres gemeinen schwarzen Blutes zahlen.

Die Zeit ist gekommen, Genossen, Millionen unserer Sowjetmenschen, die mit Gewalt von den faschistischen Unterdrückern zur Zwangsarbeit vertrieben wurden, aus der deutschen Sklaverei zu befreien. Ihnen droht Lebensgefahr. Und je eher wir in Deutschland sind, um so mehr von ihnen können wir noch retten. Gleichzeitig werden wir unseren Brüdern, den Polen, den Tschechen und anderen unterdrückten Völkern helfen, die Ketten der deutschen Sklaverei abzuwerfen. Indem wir das faschistische Getier vernichten, erfüllen wir bis zum Ende auch unsere Rolle als Befreiungsarmee.

Der Krieg kann nicht beendet werden, solange in der deutschen Sklaverei noch Sowjetmenschen schmachten, solange das faschistische Räubernest nicht endgültig zerschlagen ist.

Genossen!

Uns steht die Überwindung erbitterten feindlichen Widerstandes bevor. Eingeklemmt in die Schraubzwinge zweier Fronten zwischen uns und unseren Verbündeten, wird der Feind mit der Verzweiflung des zum Tode Verurteilten Widerstand leisten. Für uns ist es aber nichts Neues, den Deutschen zu schlagen. Die Truppen unserer Front haben ihn bei Stalingrad und Kursk, am Dnjepr und in Weißrußland, an der Weichsel

und am Narew geschlagen. Wir haben ihn auch schon damals geschlagen, als er mit seinen Helfershelfern, den Ungarn und Finnen, den Rumänen und Bulgaren, vorging. Jetzt wenden sie alle, nachdem sie von der Roten Armee eine harte Lehre bekommen haben, ihre Waffen gegen die Deutschen. Der Deutsche ist jetzt allein, wie ein gehetztes Tier. Wir haben den Deutschen schon damals geschlagen, als wir noch allein kämpften, jetzt aber schlagen ihn mit uns zusammen auch die Amerikaner und Engländer, die Franzosen und Belgier.
Diesmal werden wir das deutsche Gezücht endgültig zerschlagen!
Ruhmreiche und kühne Kämpfer unserer Front!
Um diese Aufgabe zu lösen, muß jeder von uns auf dem Kampffelde tapfer, kühn, mutig, entschlossen und heroisch sein. Wir sind verpflichtet, so zu handeln, wie es Genosse Stalin von uns fordert. Durch geschickte Kombination von Feuer und Bewegung die feindliche Verteidigung in ihrer ganzen Tiefe aufzubrechen, dem Feinde keine Ruhepause zu geben, rechtzeitig die Versuche des Feindes zu liquidieren, durch Gegenangriffe unseren Angriff aufzuhalten, die Verfolgung des Feindes geschickt zu organisieren, ihn daran zu hindern, seine schweren Waffen mitzunehmen, durch kühne Manöver die Flanken des Feindes zu erfassen, in seinen Rücken zu stoßen, ihn einzuschließen, aufzusplittern und zu vernichten. [...]
Wir sind stärker als der Feind. Unsere Kanonen, Flugzeuge und Panzer sind besser als die deutschen, und wir haben mehr davon als der Feind. Diese erstklassige Ausrüstung hat uns unser Volk gegeben, das durch seine heroische Arbeitsleistung unsere Siege sicherstellt.
Wir sind stärker als der Feind, weil wir für die gerechte Sache kämpfen, gegen Sklaverei und Unterdrückung. Wir werden erzogen, organisiert und zum Heroismus begeistert von unserer Partei Lenin-Stalin, der Partei des Siegers.
Wir sind stärker als der Feind durch die Weisheit unseres Oberbefehlshabers, des Marschalls der Sowjetunion, Genossen Stalin, der den Kampf unseres Volkes und der Roten Armee leitet. Wir aber wissen: Stalin ist mit uns – der Sieg ist mit uns.
Unser Ziel ist klar. Die Tage Hitler-Deutschlands sind gezählt. Die Schlüssel zum Siege sind in unserer Hand.
Auf zum letzten und entscheidenden Kampf, ruhmreiche Recken!
Durch heroische Taten werden wir den Ruhm unserer Kampfbanner, den Ruhm unserer Roten Armee steigern!
Für unser sowjetisches Vaterland, für unser heroisches Volk, für unseren geliebten Stalin – vorwärts, Kampfgefährten!

Tod den deutschen Eroberern!
Es lebe der Sieg!«

Schörner zeigte eine nicht weniger ausgeprägte grimmige Kampfentschlossenheit. Schukows Aufruf und Siegeszuversicht stimulierten ihn und seine Männer in einem ungeahnten Maße. Denn, so sagten sie sich, was hatten sie schon zu verlieren, nachdem der sowjetische Marschall für sie ohnehin nur mehr den unausweichlich eingeplanten Tod parat hatte? Dermaßen angestachelt, hämmerte Schörner seinem letzten Aufgebot eine Durchhalteparole nach der anderen ein. Aber auch er vermochte das Kriegsglück, das die Deutschen schon lange verlassen hatte, durch einen noch so gewaltigen Kraftakt nicht mehr auf seine Seite zu ziehen. Das ungleiche Kräfteverhältnis zwischen seiner Heeresgruppe und der Roten Armee war derart groß, daß er ohne nennenswerte Frontbegradingungen nur mehr unaufhaltsam zurückweichen mußte.
Als er während der letzten Januartage die große Lagekarte betrachtete, bebte dieses Energiebündel vor innerer Erregung und schäumte vor Wut ob all der rot eingezeichneten Linien, die von den sowjetischen Generalen wie Giftpfeile auf seine weidwunde Heeresgruppe pausenlos abgeschossen wurden. Am 27. Januar 1945 stand er wieder einmal mehr vor einer schweren Entscheidung. Die Sowjets warfen derart starke Panzerverbände gegen das schlesische Industriegebiet, daß sie es fast einschließen konnten. So fielen Myslowitz, Kattowitz, Sosnowitz und Czeladz in ihre Hand, während in den Städten schwere Straßen- und Häuserkämpfe tobten.
An jenem eiskalten Januartag sah Schörner ganz klar, daß die Lage im oberschlesischen Industriegebiet unhaltbar geworden war. Das Kräfteverhältnis der deutschen zu den sowjetischen Truppen betrug bei den Panzern eins zu sieben, bei der Infanterie eins zu elf, bei der Artillerie eins zu zwanzig und bei der Luftwaffe gar eins zu vierzig! Die pausenlosen Angriffe des weit überlegenen Feindes gegen seine abgekämpften Verbände, die er zwischen Frankfurt an der Oder und dem Raum südlich von Brünn befehligte, konnte der Generaloberst nur mehr durch ein geschicktes Ausweichen und durch die Aufgabe des Industriegebietes wettmachen, das Hitler um jeden Preis zu halten befohlen hatte. Aber nur so konnte die 17. Armee, die vor allem den konzentrischen Hammerschlägen der Roten Armee ausgesetzt war, vor der Einschließung und Vernichtung gerettet und der Durchbruch des Gegners nach Mähren verhindert werden.
Aber Hitler hatte seinem Oberbefehlshaber in mehreren Funksprüchen

eine Räumung des oberschlesischen Industriegebietes und einen geordneten Rückzug der 17. Armee ausdrücklich verboten. Da Schörner wußte, daß dieses Oberschlesien so oder so verloren war, entschloß er sich nach eingehendem Abwägen des Für und Wider, das Industriegebiet auch ohne eine vorherige Genehmigung des Führers aufzugeben und die 17. Armee des Generals der Infanterie Schulz bis zur Oder zwischen Ratibor und Cosel zurückzuführen. Da klingelte das Telefon. Am anderen Ende der Leitung meldete sich das Führerhauptquartier in Berlin. Schörners Chef des Generalstabes, der Generalleutnant Wolf-Dietrich von Xylander, hörte an einem Nebenapparat das Gespräch mit klopfendem Herzen mit:

»Mein Führer«, sagte Schörner mit fester Stimme, »ich habe soeben die Räumung des oberschlesischen Industriegebietes befohlen. Die Truppe hat sich seit vierzehn Tagen dort erbittert geschlagen, sie kann nicht mehr. Wenn wir nicht räumen, verlieren wie eine ganze Armee, der Weg nach Mähren wird frei. Wir gehen auf die Oder zurück, dort wird gehalten.«

Von Xylander, der dieses Telefonat von schicksalhafter Bedeutung mitstenographierte, erwartete, »daß Hitler sich mit Hemmungslosigkeit gegen diese eigenmächtige Anordnung Schörners auflehnen und zumindest ihren Widerruf verlangen würde«. Doch das Gegenteil war der Fall. Nachdem es sekundenlang still gewesen war, sagte eine müde Stimme am anderen Ende der Leitung:

»Ja, Schörner, wenn Sie meinen, Sie führen ja schon richtig.« [223]

Das war »Hitlers einzige Antwort auf seinen General, als dieser ihm die traurige Notwendigkeit mitteilte, das so wichtige Gebiet preiszugeben. Jeden anderen General hätte Hitler ablösen lassen und in ein Konzentrationslager geschickt.« [224] Nicht jedoch Schörner, der im Gegensatz zu Paulus wieder einmal die Yorck'sche Tat gewagt hatte, um seine Armee den zupackenden Tatzen des russischen Bären in buchstäblich letzter Minute zu entreißen.

Wenn David Irving schreibt, »Hitler vermochte seine Umgebung gleichsam zu hypnotisieren, ihre von der Realität bestimmten Argumente mit einer einprägsamen Behauptung, für die sie keine Erwiderung parat hatten, zu entkräften«, so traf diese Feststellung gewiß auf viele seiner »Generale und Ratgeber« zu – nicht jedoch in jedem Fall auf Schörner, der nur in seltenen Fällen durch ein »eisiges Schweigen« seines Führers »seinen Standpunkt revidierte«. [225]

»Handelte es sich um Symptome des Autoritätszerfalls?« stellte Albert Speer die rhetorische Frage, um gleich darauf die Antwort zu geben:

»Hitler hat nach wie vor das letzte Wort [...] Das war der Grund, weshalb Hitlers Prestige am Ende doch unbeschädigt blieb [...]« [226] Die gleiche Meinung vertrat der Generaloberst Dr. Rendulic, indem er feststellte: »Hitler sprach genau so klar und überlegt und mit dem gleichen festen Nachdruck wie bei allen früheren Gelegenheiten. Auffallend war der klare und lebhafte Ausdruck seiner Augen. Ich erinnere mich hier an die zahlreichen Publikationen, auch solche aus der Feder von Personen aus der Umgebung Hitlers, die nach 1945 erschienen und in denen von Hitlers geistigem Zusammenbruch im letzten Jahr des Krieges gesprochen wurde. Solche Behauptungen sind absolut unrichtig.« [227]
Nachdem jedoch Schörner wieder einmal mehr seinem Obersten Befehlshaber von der Richtigkeit seiner operativen Maßnahmen überzeugt hatte, waren die Würfel gefallen. Im Brennpunkt der Kämpfe stand jedoch zunächst Breslau, das »durch die Kriegsumstände [...] zu einer Millionenstadt angewachsen« war. [228] In der schlesischen Hauptstadt war am 31. Januar 1945 ihr erster Kommandant, der General Krause, der an einer Lungenentzündung erkrankt war, von Schörner durch den tatkräftigen Generalmajor Hans von Ahlfen ersetzt worden, der am 1. Februar in der von allen Seiten bedrohten »Festung Breslau« landete. Der neue Kampfkommandant, der sich zuvor mit seinen Soldaten von der Front an der Weichsel bis nach Schlesien durchgeschlagen hatte, obwohl sowjetische Panzerspitzen bereits gegen die deutschen Ostgrenzen anrollten, hatte unbeschreibliche Schwierigkeiten gemeistert und sich dank seiner Seelenkraft an das Grauen und Entsetzen, das die Rote Armee ins Reichsgebiet brachte, gewöhnt. So schien er für den eisernen Ferdinand der richtige Mann zur rechten Zeit am richtigen Ort zu sein, um die schlesische Hauptstadt zu verteidigen. Die Lage in Breslau, seine Tätigkeit als Stadt- bzw. Festungskommandant und die Zusammenarbeit mit Generaloberst Schörner und dem niederschlesischen Gauleiter Hanke schilderte von Ahlfen wie folgt:

»Zur Verteidigung Breslaus standen eine Anzahl schlecht organisierter Bataillone und Batterien und etwa 15000 Mann mangelhaft bewaffneten Volkssturm, insgesamt rund 45000 Soldaten, zur Verfügung. Die Zivilbevölkerung zählte noch 250000 Köpfe... Lebensmittel waren im Überfluß vorhanden, weil Schlesien Ausweichprovinz gewesen war. Völlig unzureichend aber war die Bevorratung mit Waffen und Munition... Die Verschiebebahnhöfe waren mit unabgefertigten Güterzügen überfüllt. Im Kraftfahrverkehr herrschte Willkür... Die Industrie hatte ihren Betrieb eingestellt. Zu diesen Mängeln in der Verteidigungskraft Breslaus trat noch die Tatsache, daß, abgesehen von einigen kleinen Infanteriewerken aus dem Jahre 1914, keine Befestigungsbauten vorhanden waren ...

All diesen Mängeln stand im Februar ein ... Plus gegenüber. Dies war der zweifellos vorhandene Wille der Truppe und auch eines großen Teiles der zurückgebliebenen Bevölkerung, mit der Behauptung Breslaus nicht nur das nackte Leben zu verteidigen, sondern zugleich auch einem strategischen Zweck zu dienen ... Es waren bei der Einschließung amtliche Nachrichten im Umlauf, nach denen sich die Lage an der Westfront infolge wachsender Uneinigkeit unter den Alliierten gefestigt hatte und mit dem Abtransport erheblicher Verstärkungen nach Oberschlesien und Pommern sowie einer entscheidenden Gegenoffensive gerechnet werden dürfte, welche die Russen in eine große Zange nehmen und unter Zuhilfenahme neuer Waffen vernichtend treffen sollte. Daß diese auf amtlichen politischen Wegen gekommenen Nachrichten nicht den Tatsachen entsprachen, konnte in Breslau Anfang Februar nicht erkannt werden. Von seiten Schörners wurde sofort nach der Einschließung eine ausreichende Luftversorgung mit Munition versprochen. Damit wurden Besitz und Betriebsfähigkeit des Flugplatzes Breslau-Gandau zum Angelpunkt für die Behauptung der Stadt. Seit Anfang Februar war zwar auf der sogenannten Friesenwiese ein Behelfsflughafen im Bau, aber er war noch nicht fertiggestellt. So mußte zwangsläufig an der Spitze aller Führungsmaßnahmen die Behauptung Gandaus stehen. Bei Tage war von Anfang an die Landung von Flugzeugen wegen der Nähe der russischen Front nicht möglich ... Auch fehlte es an Junkers-Flugzeugen. Kampfflugzeuge ... konnten aber infolge ihrer Lande- und Startgeschwindigkeit Gandau nicht benutzen und mußten ihre Munition in Fallschirmbehältern abwerfen. Deren Einsammeln dauerte erhebliche Zeit, und ein Teil stürzte in die Oder oder auch in feindliches Gebiet. Die Munitionsrechnung glich dauernd der Bilanz eines Bankrotteurs.«

»Ende Februar«, so berichtet v. Ahlfen weiter, »begann Gauleiter Hanke sich ... in die militärische Führung einzuschalten. Er schlug mir folgendes vor: Er habe mit seiner starken Funkstelle unmittelbare Verbindung mit der Reichskanzlei. Als Reichsverteidigungskommissar habe er dort großen Einfluß. Wenn ich als Festungskommandant eilige Anträge hätte, sollte ich sie im Entwurf ihm geben. Er werde sie dann – nach Übersetzung in eine für die Reichskanzlei passende Fassung – in seinem Namen an die Reichskanzlei funken. Dadurch sei rasche Genchmigung gewährleistet. Für die Wahrung des Urheberrechts würde er selbstverständlich sorgen. Hanke hat das Versprechen der Wahrung des Urheberrechts nicht gehalten. Der einzige Antrag militärischen Inhalts, der von ihm ausging, war die Bitte um Zuweisung eines Fallschirmjägerbataillons, das Ende Februar einflog. Alle übrigen Anträge, die Hanke nach Berlin funkte, waren militärisches Gedankengut, das er... ausnutzte, um sich in das Licht einer militärischen Führerpersönlichkeit zu setzen. Sein Ehrgeiz in dieser Beziehung wurde sehr bald fühlbar. Er war um so gefährlicher, als Hanke... über eine sehr oberflächliche militärische Ausbildung verfügte und aus seiner Halbbildung heraus falsche Urteile fällte...

Unterdessen griff der Feind an. Im Süden spielten sich bald pausenlos erbitterte Kämpfe ab. Daß der Gegner dabei die Zeit vom 20. Februar bis zum 1. März, also zehn Tage, benötigte, um vom Südpark her den Hindenburgplatz zu erreichen – eine Strecke, von zwei Kilometern –, zeugt von der Zähigkeit der Verteidiger. Verbissen waren die Straßenkämpfe. Mit Brandgeschossen aller Kaliber und mit Brandbomben setzten die Russen die Eckhäuser in Brand. Wenn diese Brände die Verteidiger zum Verlassen der Eckhäuser zwangen, griff der Feind mit starken Stoßtrupps, die über Feuerlöschgeräte verfügten, an und setzte sich in den Besitz der Eckhäuser, von wo sich dann der Angriff weiterfraß. Wir waren gezwungen, dem Inbrandsetzen der Eckhäuser durch den Feind zuvorzukommen. In den künftigen, für die Verteidigung vorgesehenen Stellen zwischen Hindenburgplatz und Sadowastraße wurden besonders wichtige Häuser ausgebrannt... Nach dem Eindringen des Feindes in den Südteil der Stadt mußten die übermannshohen Hauptrohre der Kanalisation gesperrt werden, da sonst mit einem unterirdischen Vorgehen der Russen zu rechnen war.

Es war notwendig, daß der Festungskommandant persönlich über jeden Einsatz der wenigen vorhandenen Sonderwaffen und der Munition entschied... Eine der Reibungsflächen (mit Hanke) bildete das Ende Februar eingeflogene Fallschirmjägerbataillon. Dieses Bataillon bestand... zum großen Teil aus wegen Treibstoffmangels überflüssig gewordenen Flugzeugführern. Es besaß... außer den Handfeuerwaffen weder schwere Waffen, noch verfügte es über genügende Ausbildung und Kampferfahrung... Hanke war dagegen der Ansicht, daß dieses Bataillon geeignet sei, einen Ausfall zu machen und die Verbindung mit der Front Schörners am Zobten herzustellen. Er war nicht zu überzeugen, daß zu einem solchen Durchbruch und vor allem zur Behauptung der Verbindung mehrere Divisionen notwendig seien. Über diesen

Gegensätzen entwickelte sich auch ein Gegensatz zu Schörner, der, seiner ganzen Art entsprechend, immer engere Verbindung mit Hanke aufnahm und sich durch diesen informieren ließ. Schörner sandte daher im Falle des genannten Bataillons einen Funkspruch: ›Das Fallschirmjägerbataillon ist gut. Ich erwarte nunmehr höchste Tatkraft von Ihnen.‹ Das Verhältnis zu Schörner wurde schnell gespannter, nachdem er zweimal im Februar im Flugzeug Ordonnanzoffiziere nach Breslau gesandt hatte. Sie führten Briefe an Hanke mit, in welchen dessen Tatkraft und Tapferkeit aufs höchste gelobt wurde. Der Kommandant erhielt Abschriften dieser Briefe mit dem Bemerken: ›Abschrift, Festungskommandant zur Kenntnis.‹ [...]
Artilleriebeschuß und Bombenabwurf auch bei Tag auf nicht unmittelbar angegriffene Stadtteile nahmen Ende Februar dauernd zu. Munitionsmangel verbot die Bekämpfung der Flugzeuge ...
Seit Anfang März begannen auch an der bisher ruhigen Nordfront Angriffe gegen den Weideabschnitt. Wenn sie auch abgewehrt werden konnten, so belasteten sie die Führung erneut wegen der knappen Reserve an Truppen und Munition. Entsprechende Lagebeurteilungen ließen keinen Zweifel an dem Ernst der Lage. Aber an Stelle von Munition hagelte es Befehle Schörners. Einer der letzten lautete: ›Die Zahl der Drückeberger nimmt wieder in erschreckendem Maße zu. Daher hat jeder Truppenverband jeden Tag eine rückwärtige Linie zu befehlen, hinter die sich kein Soldat ohne schriftlichen Befehl begeben darf. Wer hinter dieser Linie ohne einen solchen Befehl angetroffen wird, ist vom nächsten Vorgesetzten auf der Stelle zu erschießen.‹ Die Ausführung dieses Befehls«, so General von Ahlfen abschließend, »hätte organisierten Mord bedeutet [...]« [229]

Da war er wieder, der Bumerang, der Schörner nach dem Kriege wie ein Keulenschlag niederstreckte. Das, was als massive Drohung gedacht gewesen war, um die Truppe einzuschüchtern, verwandelte sich durch eine zynische Von-Mund-zu-Mund-Propaganda zu imaginären Todesurteilen, deren vermeintliche Opfer in Adenauers Bundesrepublik erst nach und nach eine fidele Auferstehung feierten. [230]
Noch dachte Schörner aber nicht so weit voraus, wenn er mit drakonischen Urteilen und Maßnahmen drohte, um die ins Wanken geratene Front zu stabilisieren. In der Tat: Trotz örtlicher Rückschläge brachte er es immer wieder fertig, daß seine Heeresgruppe nicht vollends überrannt wurde. Um so bedrohlicher wurde dagegen die Lage an der Nahtstelle zur Heeresgruppe Weichsel des Reichsführers-SS Heinrich

Himmler, der nach seinem Waterloo im Oberelsaß als letzte Bewährung ausgerechnet diese Heeresgruppe am 21. Januar 1945 von Adolf Hitler erhalten hatte. Aber auch hier gelang es ihm nicht, sich als wahrer Feldherr, der er so gerne sein wollte, auszuzeichnen, so daß die Lage dort immer aussichtsloser wurde, nachdem die Rote Armee zwischen den deutschen Armeen in Ostpreußen und Schörners Heeresgruppe Mitte fast ungehindert westwärts vorstieß.
Nachdem Himmler an seiner operativen Aufgabe jämmerlich gescheitert war, klammerte sich alles um so mehr an Schörner, den man jetzt als einzigen für fähig und willensstark genug hielt, diese Lücke zu schließen und den sowjetischen Durchstoß auf Danzig und Posen zu stoppen, um so die Isolierung von Ostpreußen zu vereiteln und Tausenden von Flüchtlingen Zeit für eine Flucht zu verschaffen, damit die größte Rettungsaktion der Weltgeschichte doch noch gelingen konnte. Hierzu erließ er nach dem Motto: »Der Zweck heiligt die Mittel« folgenden Durchhaltebefehl:

»Der Oberbefehlshaber der
Heeresgruppe Mitte — H. Qu., den 27.2.1945
Nr. 750/45 geh.

An die
Oberbefehlshaber und
Kommandierenden Generale.

Ich habe jetzt ein genügend klares Bild über Haltung und Zustand von Truppe und Stäben, außerdem durch meine häufig wechselnde Verwendung einigen Überblick.
Ich stelle fest, daß gerade an diesem Teil der Ostfront prächtige Truppen kämpfen, die unter beweglichen und kühnen Führern jeder Lage nicht nur mit Tapferkeit, sondern tatsächlich mit einem revolutionären Schwung gegenübertreten, wie er großen Zeiten immer eigen war. Damit werden Leistungen vollbracht, wie wir sie gerade im 6. Kriegsjahr brauchen.
Auf der anderen Seite fallen aber einige Verbände derart kraß ab, wie ich das unter ähnlichen Bedingungen noch nie erlebt habe, und die eher etwa zur rumänischen Wehrmacht passen, als zu unserer nationalsozialistischen, die auf deutschem Boden um Sein oder Nichtsein unseres großen Volkes kämpft. Ich meine damit nicht nur die improvisierten Einheiten, die unter tatkräftigen Führern zum Teil heute gleichfalls schon Hervorragendes leisten. Sachlich stelle ich in all diesen negativen

Fällen fest, daß die Wurzel des Übels – selbstverständlich – in der Führung und in den Stäben liegt. Fast vier Jahre eines asiatischen Krieges haben dem Frontsoldaten ein anderes Gesicht gegeben, wie einst dem Kämpfer vor Verdun und an der Somme; sie haben ihn hart gemacht und im Kampf gegen den Bolschewisten fanatisiert. Auch an der Lausitzer Neiße werden in diesen Tagen keine Gefangenen mehr gemacht. Im Ostfeldzug ist der politische Soldat gewachsen, der damals schon in den Trichtern des Westens entstand und die nationalsozialistische Front gründete. Er wußte damals und er weiß heute, worum es geht; er handelt und er lebt danach.
Spurlos dagegen scheint diese revolutionierende Bewegung an einigen Stäben vorübergegangen zu sein. Ich vermisse da das erforderliche Anpassen an den blutigen Ernst unseres Existenzkampfes, den wir heute führen, jeder an seiner Stelle. Man findet in Stäben noch ein Maß von Gleichgültigkeit dem politischen und militärischen Geschehen gegenüber, daß man sich des Eindrucks nicht erwehren kann, sie seien Rudimente einer vergangenen Zeit ohne jegliche Idee. Die Sorge um das bequeme Quartier, wo man Gutsherr spielen kann, um gutes Essen und Marketenderwaren, um die Gelegenheit, mit fremdländischen Huren verkehren zu können, und ein dauerndes Feiern von sogenannten Geburtstagen gegenüber der Sorge um die Front schlagen dem Frontsoldaten ins Gesicht. Dieser Zustand hat hiermit augenblicklich aufgehört, oder es wechseln die Nutznießer und ihre Gönner.
Selbstverständlich strahlen Repräsentanten solcher Stäbe nicht die geringste Aktivität und Willenskraft in die kämpfende Truppe aus. Es soll da Leute geben, die noch nicht einmal vorwärts des Divisions-Gefechtsstandes übernachtet haben! Und diese Leute sollen ausgerechnet für das Wohl und Wehe unserer tapferen Frontsoldaten irgendeine Funktion mit Nutzen ausüben können? Erbitterten Kampf der bisherigen Anonymität der Führung! Der Stab ist kein anonymes Gebilde, sondern die Summe einzelner Soldatenpersönlichkeiten, die jeder Mann an der Front kennen und anerkennen soll!
Eines dürfte klar sein: Die Zeiten sind vorbei, die ohne Lebensgefahr mit vornehmer Geste und einer defaitistischen Müdigkeit des Geistes und Willens die Behaglichkeit eines Lebensstiles, der gar keiner ist, über die harte Pflicht stellen. Geistreich getarnter Defaitismus lähmt die Aktivität der Truppe; hier kann sich der Soldat keine Kraft holen, sondern sich nur gleichfalls anstecken.
Lächerlich erscheint es aber, mit solchen Gestalten die Truppe fanatisieren zu wollen, da sie selbst einer Fanatisierung am meisten entgegenste-

hen und den Begriff des Revolutionären ablehnen. Mit blödem Lächeln und billigen Redensarten, gelegentlich saloppen Sprüchlein über die Lage, sollen sich in früheren Zeiten Unverantwortliche über den Ernst der Stunde hinwegzusetzen versucht haben. Heute wäre es jedenfalls Wahnsinn, die fanatisierten Bolschewisten mit Bürgern vernichten zu wollen, die dem politischen Geschehen kindlich harmlos gegenüberstehen.
Ich bin mir mit den Oberbefehlshabern und Kommandierenden Generalen einig wie mit jedem Frontsoldaten, daß wir im asiatischen Krieg revolutionäre und mitreißende Offiziere brauchen, gerade auch in den Stäben, deren einzelne Angehörige sämtlich irgendwie führend sein sollen. Stalin wäre mit seinen Bolschewisten nie so weit vorgefahren, wenn er geduldet hätte, mit bürgerlichen Methoden Krieg zu führen. Wir können das Geschick nur wenden, wenn wir tatsächlich mit äußerstem Fanatismus in dieser kritischen Stunde ans Werk gehen, wenn wir diese Äußerung unseres nationalsozialistischen Kämpfertums jedem offenbar machen und vor allem unsere Offiziere durch die Tat davon überzeugen, daß es nur so geht.
Ich dulde in dieser Frage keine Umschreibung mehr.
Ich fordere klar und eindeutig Fanatismus, nichts anderes.
Es überrascht mich, daß für einzelne solcher Kreise die nationalsozialistische Führung der Truppe immer noch ein Stein des Anstoßes ist, den es taktisch geschickt zu umgehen und auszuschalten gilt. Diese Toren, Vertreter einer verbrecherisch schleichenden Agonie, haben noch nicht begriffen, daß im totalen Krieg nur der politische Soldat bestehen kann. Die billige charakterlose Methode, den NSFO als ›Angeber‹ zu diffamieren, sobald er seine Pflicht erfüllt und gegen solche Zeitgenossen vorgeht, ist verwerflich und gefährlich! Ich werde mich an anderer Stelle über die klar vorgezeichneten Aufgaben des NSFO aussprechen, der politisch weniger aufgeklärt, als verantwortlich führt.
In dieser Stunde ziemt nur das offene Gesicht der Wahrheit; denn so sind meine Zeilen gemeint. Wir haben uns verstanden, und ich bitte dringend, da, wo es nötig ist, rechtzeitig in eigener Zuständigkeit und ohne Rücksicht auf die Person die erforderlichen Konsequenzen zu ziehen.

gez. Schörner«

Schörners Sprache war eindeutig. Er redete nicht um den heißen Brei herum. Er geißelte die Mißstände, nannte die Huren und ihre uniformierten Freier, die sich in der Etappe zu Tode amüsierten, während die

armen Frontschweine im Dreck verbluteten, beim Namen und deckte alle Arten von Mißständen schonungslos auf, so daß sich nicht wenige von ihrem Oberbefehlshaber auf frischer Tat ertappt fühlten (und ihre Rechnung nach Kriegsende beglichen).
Daß der Gegner trotz seiner gewaltigen Übermacht an Flugzeugen, Panzern und Artillerie nicht den schnellen operativen Erfolg erzielen konnte, den er erwartet hatte, lag nicht zuletzt an Schörners festem Auftreten, das jede Drückebergerei im Keime erstickte und die letzten Reserven mobilisierte. So gelang ihm auch noch in dieser Phase des Kriegsgeschehens immer wieder ein örtlicher Erfolg; wie zum Beispiel nordöstlich von Lauban. Was war geschehen?
Weder der Generaloberst Schörner noch der General der Panzertruppe Walther K. Nehring waren gewillt, dem Gegner das Kampffeld widerstandslos zu überlassen. Daher entwickelte sich zwischen dem 2. und dem 6. März 1945 die Schlacht um Lauban – ein letzter operativer Angriffserfolg der Heeresgruppe Mitte. Mit der Durchführung dieser Operation wurde Schörners Heeresgruppe Mitte beauftragt. Das Oberkommando des Heeres stellte hierzu folgende Kräfte bereit: [231]

1) Aus dem Panzer-Generalkommando XXIV unter General der Panzertruppe Nehring wurde der Führungsstab einer »Panzergruppe« gebildet. Chef des Generalstabes blieb Oberst i. G. E. F. Binder, Nachschubbearbeiter Major i. G. Kurt Blüthgen. Das Generalkommando XXIV wurde an seiner bisherigen Front Forst-Guben gegen das Generalkommando des V. Armeekorps ausgetauscht, das bisher im Raum von Lauban geführt hatte.
2) An Truppen wurden zugeführt:
a) rechts, also ostwärts von Lauban, das LVII. Panzerkorps unter General der Pz. Tr. Fr. Kirchner mit Oberst i. G. Kleinschmit als Chef des Generalstabes.
Diesem Korps unterstanden:
Führerbegleit-Panzerdivision unter Gen. Major Otto-Ernst Remer (32 Jahre alt), Div. Kdr. seit 31. 1. 1945
8. Pz. Division unter Oberst Hermann-Georg Hax, Div. Kdr. seit Januar 1945 (1936 Olympiakämpfer)
16. Pz.Division unter Gen. Major Dietrich v. Müller, Div. Kdr. seit Sommer 1944, zwei Inf. Divisionen
b) links, also westlich von Lauban, das XXXIX. Pz. Korps unter General d. Pz. Tr. Karl Decker mit Oberst i. G. Kühlein als Chef des Generalstabes.

Nachdem die Schlacht von Lauban am 6. März 1945 durch einen beherzten Angriff der Panzergruppe Nehring erfolgreich geschlagen worden war, gab der Kommandierende General tags darauf über den Rundfunk einen Bericht ab. Aus ihm konnte nun jedermann den genauen Verlauf der Kampfhandlungen entnehmen: [232]

»Am 2. März 1945 traten die mir unterstellten Divisionen des LVII. Panzerkorps und des XXXIX. Panzerkorps aus ihren Bereitstellungsräumen zum umfassenden Angriff auf Lauban an. Mein Auftrag war, das feindliche Vorgehen in Richtung Görlitz durch einen harten Schlag abzufangen und Lauban wieder freizukämpfen, dabei den hier vorspringenden russischen Frontbogen zu beseitigen und durch diese Frontverkürzung eigene Kräfte einzusparen. Trotz sehr harten und verbissenen Widerstandes des Feindes – einer russischen Garde-Panzerarmee –, trotz ungünstiger Witterungs- und Bodenverhältnisse, trotz mangelnder Ruhe und Unterkunft haben wir die Sache bei Tag und bei Nacht so geschafft, wie sie von uns erwartet wurde. Vom Truppenführer bis zum letzten Mann gab jeder sein Bestes her, um den Erfolg zu erzwingen. Obwohl der Russe unseren Zangenangriff auf beiden Ufern des Queis erkannt und nach Gefangenenaussagen den schärfsten Befehl hatte, den für ihn operativ wichtigen Raum um Lauban zu halten, wozu er erhebliche neue Kräfte heranführte, konnte er die Vereinigung unserer Angriffsspitzen südlich Naumburg (Queis) am 6. März vormittags nicht verhindern. Unser Ziel war damit erreicht.
Die Verluste des Feindes sind erheblich. Wir haben als vorläufiges Ergebnis 149 Panzer und 142 Pak vernichtet. Das sind Zahlen, die sich hören lassen können. Darüber hinaus wurde noch weitere Beute wie Geschütze, Waffen aller Art, Lastkraftwagen eingebracht.
Erneut hat sich dabei unser Soldat als unübertrefflicher Einzelkämpfer gezeigt, der dem Russen weit überlegen ist. Ich war immer wieder tief beeindruckt von der Einsatzbereitschaft unserer Männer. Verdreckt und übermüdet, die Panzerfaust in der Hand, gingen sie dem Russen und seinen Panzern entgegen, um ihre schwere Aufgabe erfolgreich zu lösen. Alle Waffengattungen haben sich gleichermaßen bewährt, der Grenadier und der Panzergrenadier, der Panzermann und der Artillerist, der Sturmflaksoldat, der Flieger und alle übrigen Kämpfer oder rückwärtigen Dienste. Ich war stolz darauf, sie alle unter meinem Befehl zu haben. Unmittelbar nach der Wiedereinnahme habe ich Lauban aufgesucht. Die Stadt hat sehr gelitten. Der feindliche Beschuß ist sehr stark gewesen. Wir haben an manchen Tagen etwa 6000 Einschläge

gezählt. Hier und an anderen Orten, die wir befreien konnten, mußten wir wiederum feststellen, wie furchtbar die Russen gehaust haben, angestachelt vom glühenden Haß eines Ilja Ehrenburg! Verwüstete Wohnungen, ermordete Bürger, geschändete Frauen waren uns eindringliche Beweise dafür. Sie zeigten, was unserem Volk bevorsteht, wenn wir schwach werden sollten, und bestätigten erneut den festen Entschluß, alles zu tun, um unser Volk vor dem ihm zugedachten Schicksal zu bewahren.«
Tags darauf gab Schörner folgenden Tagesbefehl heraus:

»Der Oberbefehlshaber der Heeresgruppe Mitte

H. Qu., den 7. März 1945

Tagesbefehl

In der fünftägigen Schlacht um Lauban (vom 2. bis 6.3.45) haben Panzerverbände, Volksgrenadiere und Flakartilleristen, hervorragend unterstützt trotz schwierigster Wetterbedingungen durch Schlacht- und Jagdflieger des VIII. Fliegerkorps, die feindliche 3. Garde-Panzer-Armee geschlagen und ihr schwere Verluste beigefügt. Die feindliche Armee ist dadurch für längere Zeit nicht mehr kampffähig.
Ich spreche allen Offizieren, Unteroffizieren und Soldaten aller Waffengattungen und den zur Abschirmung der Flanken eingesetzten Volkssturmmännern meinen Dank und meine Anerkennung für diese gewonnene Schlacht aus. Der fünftägige Kampf um Lauban zeigt, daß wir trotz aller Schwierigkeiten der derzeitigen Lage, trotz härtester Wetterbedingungen und verbissenstem Feindwiderstand den Feind schlagen können, wenn wir den Willen dazu haben und jeder einzelne bereit ist, sich voll für den Sieg einzusetzen. Der Sieg von Lauban soll allen Soldaten der Heeresgruppe Mitte Ansporn sein, sich ebenso einzusetzen wie die Kämpfer von Lauban.

gez. Schörner«

In diesen Freudenbecher fiel für Nehring allerdings ein Wermutstropfen. Denn »während der letzten Kampfphase hielt sich der Propagandaminister Dr. Joseph Goebbels in Görlitz auf und besuchte nach Abschluß der erfolgreichen Schlacht den Kampfraum nordwestlich von Lauban, wobei er durch den Kommander der Begleit Pz. Gren. Div.* Mäder geführt wurde und Truppenteile begrüßte. An einem Abend sprach Goebbels auch öffentlich in der großen Stadthalle in Görlitz zu

* Richtig: Grenadier-Division G. D.

Einwohnern und zu Soldaten der Angriffstruppe. General Nehring als Führer der Operation um Lauban war nicht zur Teilnahme aufgefordert worden, statt dessen aber der an der Kampfführung unbeteiligte Oberbefehlshaber der nördlich anschließenden Nachbararmee.« [233]
Schörner hatte Nehring ausdrücklich mitteilen lassen, daß statt ihm nur sein Chef des Generalstabes, der Oberst i. G. Binder, anwesend sein sollte. Denn, so die nachgeschobene Begründung, man wolle nicht »so viele Generale zeigen!« Das war, wie Nehring Jahre später erfuhr, jedoch nicht die volle Wahrheit. Denn aus einer abfälligen Eintragung in Goebbels Tagebuch vom 18. Dezember 1942 konnte er unter Anspielung auf seine Person nachlesen:
»Es ist schade, daß wir in den Jahren vor dem Kriege versäumt haben, tüchtige und handfeste Nationalsozialisten in die Wehrmacht einzubauen.« [234]
Hitlers geschliffener Propagandaminister wollte dem General Nehring am 8. März 1945 in Niederschlesien ganz bewußt aus dem Wege gehen, um ihm nicht vor aller Augen eine Anerkennung aussprechen zu müssen. Statt dessen traf er in Görlitz mit dem Kreisleiter Bruno Malitz zusammen, »der die Verteidigung der Stadt in einen ›fabelhaften Zustand‹ versetzt habe. Von Generaloberst Ferdinand Schörner, dem Oberbefehlshaber der schlesischen Front, war Goebbels begeistert, schien er ihm doch kein Schreibtisch- oder Karten-General zu sein, sondern ein ›Kämpfer‹ in der vordersten Linie. Was Goebbels am meisten imponierte, war das brutale Vorgehen des als ›Bluthund‹ berüchtigten Generals gegen ›Feiglinge‹ in den eigenen Reihen« [235], schrieb Reuth in seiner Goebbels-Biographie. »Er geht mit solchen Figuren ziemlich brutal um, läßt sie am nächsten Baum aufhängen«, notierte der zwischenzeitlich zum Generalbevollmächtigten für den totalen Kriegseinsatz ernannte Goebbels in seinem Tagebuch. [236]
Dann fuhr er mit Hitlers Lieblingsgeneral frontwärts, »vorbei an abgeschossenen Sowjetpanzern, jenen ›ungestümen, roboterhaften Stahlkolossen [. . .], mit denen Stalin Europa unterjochen‹ wolle.« [237]
Nachdem Schörner die harten Maßnahmen zur Totalisierung des »asiatischen Krieges« gewürdigt und Goebbels' öffentlichen Dank für die Rückeroberung von Lauban entgegengenommen hatte, beschwor der Propagandaminister des »totalen Krieges« vor einer Formation von 16jährigen »Kindsoldaten« auf dem Marktplatz des zerstörten niederschlesischen Städtchens das Bild Friedrichs des Großen, »dessen Beharrlichkeit und ungebrochenes Herz gerade auf diesem geschichtlichen Boden Preußen und damit das spätere Reich gerettet habe. Genau so

werde der Führer mit ungebrochenem Herzen unsere Generation zum Siege führen, wenn sich auch ihm wie einst dem großen Preußenkönig das Volk in jeder Stunde [...] gläubig und treu zur Verfügung stelle.« [238]
Aber das war nur mehr ein reines Wunschdenken. Zu groß waren nämlich die Fehler, die in operativer Hinsicht in den Jahren 1943/44 begangen worden waren; zu hoch waren die Verluste an Menschen und Material (es fehlte vor allem an schweren Waffen, an Artillerie, Pak, Panzern und Zugmaschinen) gewesen, um dem Kriegsausgang noch die entscheidende Wende zugunsten des bedrohten Großdeutschen Reiches geben zu können. Daran änderte auch der Zerstörungsbefehl »Verbrannte Erde« vom 19. März 1945 nichts mehr:

»Der Kampf um die Existenz unseres Volkes zwingt auch innerhalb des Reichsgebietes zur Ausnutzung aller Mittel, die die Kampfkraft unseres Feindes schwächen und sein Vordringen behindern. Alle Möglichkeiten, der Schlagkraft des Feindes unmittelbar oder mittelbar den nachhaltigsten Schaden zuzufügen, müssen ausgenützt werden. Es ist ein Irrtum, zu glauben, nicht zerstörte oder nur kurzfristig gelähmte Verkehrs-, Nachrichten-, Industrie- und Versorgungsanlagen bei der Rückgewinnung verlorener Gebiete für eigene Zwecke wieder in Betrieb nehmen zu können. Der Feind wird bei seinem Rückzug uns nur eine verbrannte Erde zurücklassen und jede Rücksichtnahme auf die Bevölkerung fallenlassen.
Ich befehle daher:

1. Alle militärischen Verkehrs-, Nachrichten-, Industrie- und Versorgungsanlagen sowie Sachwerte innerhalb des Reichsgebietes, die sich der Feind für die Fortsetzung seines Kampfes irgendwie sofort oder in absehbarer Zeit nutzbar machen kann, sind zu zerstören.
2. Verantwortlich für die Durchführung dieser Zerstörung sind: die militärischen Kommandobehörden für alle militärischen Objekte (einschließlich der Verkehrs- und Nachrichtenanlagen), die Gauleiter und Reichsverteidigungskommissare für alle Industrie- und Versorgungsanlagen sowie sonstige Sachwerte. Den Gauleitern und Reichsverteidigungskommissaren ist bei der Durchführung ihrer Aufgabe durch die Truppe die notwendige Hilfe zu leisten.
3. Dieser Befehl ist schnellstens allen Truppenführern bekanntzugeben. Entgegenstehende Weisungen sind ungültig.

gez. Adolf Hitler«

Im Einvernehmen mit Hitlers Rüstungsminister Albert Speer, dem es gelang, »den als störrisch bekannten Schörner« [239] für seine Politik zu gewinnen, verhütete er das Schlimmste und befahl im offenen Widerspruch zum Führerbefehl, daß nur solche Objekte in Schlesien zerstört werden sollen, die den Sowjets für ihre Kriegsführung von unmittelbarem Nutzen sind. Überdies verbot der Großadmiral Dönitz, der nach Hitlers Freitod Reichspräsident wurde, in einem Befehl vom 5. Mai 1945 jede Zerstörung von Hab und Gut:

»Ich ordne unter Aufhebung früherer entgegenstehender Befehle an:
1. Jede Zerstörung oder Lähmung eines Betriebes, gleich welcher Art, der Land- und Wasserstraßen oder von Bahn- und Nachrichtenanlagen ist ab sofort untersagt. Die Vorbereitungen zur Zerstörung und Lähmung sind zu beseitigen. Bei bereits durchgeführten Lähmungen sind die herausgenommenen Einzelteile wieder in die Betriebe zu verbringen.
2. Maßnahmen zur Erhaltung der Werke, Bahn- und Nachrichtenanlagen sind sofort örtlich zu treffen.
3. Die Lager an Ernährungs- und Bedarfsgütern für Zivilbevölkerung sowie die entsprechenden Wehrmachtslager sind bei Feindnäherung nicht mehr zu zerstören.
4. Diese Anordnung gilt auch im besetzten Norwegen und in Böhmen und Mähren.

gez. Dönitz«

Vorerst lautete jedoch die Frage: »Wie soll es weitergehen?« nachdem einerseits sowohl die Ost- als auch die Westfront immer mehr zusammenrückten und andererseits die Kampfkraft der deutschen Truppen rapide absank. Zunächst ernannte Hitler zu Beginn des Monats April 1945 nochmals einen Generalfeldmarschall, obwohl er Anfang 1943 nach dem Ende der 6. Armee in Stalingrad geschworen hatte, Paulus sei der letzte gewesen. [240] Aber inzwischen hatte der Führer noch folgende Generalfeldmarschälle ernannt: Busch, von Kleist und von Weichs am 1. Februar 1943; von Richthofen am 16. Februar 1943 und Model am 1. April 1944. Dieses Mal war Schörner der Glückliche. [241] Die amtliche Bekanntmachung hatte folgenden Wortlaut:
»Der Führer hat Generaloberst Ferdinand Schörner, Oberbefehlshaber einer Heeresgruppe, am 5. April zum Generalfeldmarschall befördert. Mit dieser Beförderung hat der Führer einen Heerführer ausgezeichnet, der wie kaum ein anderer der deutschen Generale zum Symbol für die

unerschütterliche Standfestigkeit der deutschen Abwehrkraft im Osten geworden ist.« [242]
Bessere Zeiten vorausgesetzt, wäre diese letzte Beförderung für des Führers jüngsten und letzten Generalfeldmarschall des Heeres und seinen Stab ein Grund zu einer ausgiebigen Feier gewesen. Doch angesichts der militärischen und politischen Lage blieb dazu zum einen keine Zeit und zum anderen war auch niemandem nach derlei Festlichkeiten zumute. Denn schon begann eine neue sowjetische Offensive, die dieses Mal auf Troppau abzielte und zwischen dem 12. und 28. April 1945 wie ein Damoklesschwert über der 1. Panzerarmee mit ihren Armeekorps und Divisionen schwebte – und zwar über dem XXIV. Panzer-Armeekorps mit der 10., 254. und 344. Infanterie-Division und der 78. Sturm-Division; dem XI. Armeekorps mit der 68., 158. und 371. Infanterie-Division und der 1. Skijäger-Division und der 97. Jäger-Division; dem LIX. Panzer-Armeekorps mit der 544. und 715. Infanterie-Division, der 16. und 19. Panzer-Division, und der 4. Gebirgs-Division; dem XXXXIX. Gebirgs-Armeekorps mit der 253., 304. und 320. Infanterie-Division, der 3. Gebirgs-Division, der 16. ungarischen Division und der Kampfgruppe Bader; dem XXIX. Armeekorps mit der 8., 15., 76. und 153. Infanterie-Division; sowie als Reserven die 8. und 17. Panzer-Division und die 75. und 154. Infanterie-Division.
Sollte die 1. Panzerarmee in ihrem Frontabschnitt das gleiche Schicksal ereilen wie jene Verbände, die bereits von der roten Flut verschlungen worden waren? Sollte sie noch kurz vor Kriegsende so enden wie die Masse des Ostheeres? Fragen über Fragen, als der letzte Opfergang begann. Bis zum 15. April war eine Anzahl von Verbänden der 1. Panzerarmee in die neuen Stellungen eingerückt. Dort hörten sie Hitlers Tagesbefehl, den er am Nachmittag des 16. April mit seinem Propagandaminister aufgesetzt hatte. Er lautete:

»Soldaten der deutschen Ostfront!
Zum letzten Male ist der jüdisch-bolschewistische Todfeind mit seinen Massen zum Angriff angetreten. Er versucht, Deutschland zu zertrümmern und unser Volk auszurotten. Ihr Soldaten aus dem Osten wißt zu einem hohen Teil bereits selbst, welches Schicksal vor allem den deutschen Frauen und Kindern droht. Während die Alten, Männer und Kinder ermordet werden, werden Frauen und Mädchen zu Kasernenhuren erniedrigt. Der Rest marschiert nach Sibirien.
Wir haben diesen Stoß vorausgesehen, und seit dem Januar dieses Jahres ist alles geschehen, um eine starke Front aufzubauen. Eine

gewaltige Artillerie empfängt den Feind. Die Ausfälle unserer Infanterie sind durch zahllose neue Einheiten ergänzt. Alarmeinheiten, Neuaufstellungen und Volkssturm verstärken unsere Front. Der Bolschewist wird dieses Mal das alte Schicksal Asiens erleben, das heißt, er wird und muß vor der Hauptstadt des Deutschen Reiches verbluten.
Wer in diesem Augenblick seine Pflicht nicht erfüllt, handelt als Verräter an unserem Volk. Das Regiment oder die Divisionen, die ihren Platz verlassen, benehmen sich so schimpflich, daß sie sich vor den Frauen und Kindern, die in unseren Städten dem Bombenterror standhalten, werden schämen müssen.
Achtet vor allem auf die verräterischen wenigen Offiziere und Soldaten, die, um ihr eigenes erbärmliches Leben zu sichern, im russischen Solde, vielleicht sogar in deutscher Uniform, gegen uns kämpfen werden. Wer Euch Befehle zum Rückzug gibt, ohne daß Ihr ihn genau kennt, ist sofort festzunehmen und nötigenfalls augenblicklich umzulegen, ganz gleich, welchen Rang er besitzt.
Wenn in diesen kommenden Tagen und Wochen jeder Soldat an der Ostfront seine Pflicht erfüllt, wird der letzte Ansturm Asiens zerbrechen, genauso, wie am Ende auch der Einbruch unserer Gegner im Westen trotz allem scheitern wird.
Berlin bleibt deutsch, Wien wird wieder deutsch, und Europa wird niemals russisch.
Bildet eine verschworene Gemeinschaft zur Verteidigung nicht des leeren Begriffs eines Vaterlandes, sondern zur Verteidigung Eurer Heimat, Eurer Frauen, Eurer Kinder und damit unserer Zukunft!
In dieser Stunde blickt das ganze deutsche Volk auf Euch, meine Ostkämpfer, und hofft nur darauf, daß durch Eure Standhaftigkeit, Euren Fanatismus, Eure Waffen und unter Eurer Führung der bolschewistische Ansturm in einem Blutbade erstickt.
In diesem Augenblick, in dem das Schicksal den größten Kriegsverbrecher* aller Zeiten von dieser Erde weggenommen hat, wird sich die Wende des Krieges entscheiden. gez. Adolf Hitler.«

An jenem 16. April 1945, als Hitler und Goebbels dem Aufruf an die »Soldaten der deutschen Ostfront« den letzten dramatischen Schliff gegeben hatten, um Schörners Heeresgruppe zum allerletzten Kraftakt zu motivieren, begann der Feuerzauber der sowjetischen Schlachtflieger, Artillerie und Panzer gegen die Oppa-Stellung, die mit betonierten

* Gemeint ist der amerikanische Präsident Roosevelt, der am 12. April 1945 plötzlich verstarb.

Kampfständen und Werken ausgebaut war. Aber erst vier Tage später tastete der Russe mit seinen infanteristischen Verbänden die deutsche Front ab. Wahrscheinlich steckten ihm die empfindlichen Niederlagen, die ihm Schörner und die deutschen Generale während der Kriegsjahre 1941 bis 1943 beigefügt und zeitweilig sogar an den Rand der totalen Niederlage gebracht hatten, noch zu sehr in den Knochen. Doch dann, nachdem Hitler an seinem letzten Geburtstag das noch verbliebene Reichsgebiet in einen »Nordraum« unter dem Großadmiral Dönitz und in einen »Südraum« unter dem Generalfeldmarschall Kesselring, dem »Schörner sich nicht unterordnen wollte« [243], aufgeteilt hatte, und die Sowjets merkten, daß ihnen nur mehr Rudimente von Armeen, Divisionen und Kampfgruppen mit teilweise unklaren Befehlssträngen und Führungsschwierigkeiten gegenüberstanden, griffen sie am 25. April 1945 mit der erwarteten Härte an. Mit schweren Panzern und Infanteriewaffen, mit Schlachtfliegern und Artillerie, die ihre tödlichen Granaten, Bomben und Geschosse tausendfach gegen Schörners HKL schleuderten, berannten sie die löchrigen Stellungen seiner Heeresgruppe.
Mochten sich Schörners Männer auch noch so tapfer verteidigt haben, die sowjetische Übermacht hatte ein Schlupfloch gefunden, durch das sie sich in Richtung des böhmisch-mährischen Kessels ergießen konnte. Die Masse der roten Flut war nämlich bei der völlig ungenügend ausgerüsteten und bewaffneten 78. Sturm-Division in Richtung Mährisch-Ostrau durchgeströmt. Zwar versuchten Schörners »Blumenteufel« von seiner bei Koschniza so schwer gescholtenen 4. Gebirgs-Division am 28. April 1945 nochmals, die Lücke, die entstanden war, zu schließen, doch ihre Kräfte waren zu schwach, um der erdrückenden Übermacht des gnadenlosen Gegners standzuhalten. So war die »Vierte« Ende April froh, daß sie nicht zerschlagen wurde und statt dessen eine geordnete Rückwärtsbewegung einleiten konnte, um den Anschluß an die HKL wiederherzustellen. Der übermächtigen Allianz der Kriegsgegner weit unterlegen, zogen sich Schörners Truppen in das Protektorat Böhmen und Mähren zurück: diszipliniert und tapfer – aber müde, ausgebrannt und verblutet ...
Wie hatte doch ein Fürst Otto von Bismarck, der »Eiserne Kanzler« des »Zweiten Reiches« prophezeit?: »Der Herr von Böhmen ist der Herr Europas.«
Noch besaß Schörner dieses Herzland, die Zitadelle des Alten Kontinents, die als klar umgrenztes Viereck wie ein wehrhafter Burgfried über der west-, süd- und nordostdeutschen Landschaft thront; die, so die nationalsozialistische Propaganda, als »Luftschutzkeller des Reiches«

ausgebaut worden war. Von hier, von der »Rüstkammer des Großdeutschen Reiches« aus, sollte der Eroberungszug des Bolschewismus ein für allemal aufgehalten und zerschlagen werden.

Die Fronttruppe klammerte sich in ihrer psychischen Not an jeden nur erdenklichen Hoffnungsschimmer. Auch Schörner gehörte für viele Landser zu den Generalen, von denen man sich noch Wunder erhoffte. Denn man hatte in den langen Jahren des Ostfeldzuges den Kommunismus am eigenen Leibe kennengelernt und wußte zu genau, was passieren würde, wenn man nach Sibirien in Gefangenschaft geriet oder wenn man Deutschland den Sowjets und ihren asiatischen Hilfstruppen überließe. Viele Soldaten kämpften daher nicht mehr für eine großdeutsche Idee, sondern einzig und allein für den Fortbestand ihrer Heimat, um die bolschewistische Gefahr aufzuhalten; sie daran zu hindern, daß sie ganz Europa überrollt. Daß sie in ihren Anstrengungen dabei von der politischen Führung – aber auch von den Westalliierten! – im Stich gelassen wurden, das begriffen zu jener Zeit nur die allerwenigsten. Wie sollten sie auch, wo ihnen doch die Einsicht in die großen militärpolitischen Vorgänge und Zusammenhänge auf Grund mangelnder objektiver Berichterstattung und Informationsfreiheit fehlte?

Und diejenigen, die, wie Schörner, begriffen, was geschehen war und geschehen wird, die waren, nachdem sich die Ansicht durchgesetzt hatte, daß der Westen Deutschland abgeschrieben hatte, noch mehr bereit, bis zum letzten Atemzug zu kämpfen, denn die radikalen alliierten Kriegsziele lagen unverhohlen auf dem Tisch, auf dem es nichts mehr zu verhandeln, sondern nur mehr aufzuteilen gab: die »bedingungslose Kapitulation« Deutschlands, der sogenannte »Lindemann-Plan«, der die Ausrottung der deutschen Zivilbevölkerung beinhaltete, sowie der berühmt-berüchtigte »Morgenthau-Plan«, nach dem Deutschland zerstückelt und ausgehungert werden sollte.

Nein, das waren für Schörner und seine Generale allesamt keine akzeptablen Perspektiven, um die Waffen beizeiten vor den Alliierten zu strecken, zumal er wie sein Führer insgeheim noch immer auf ein Zerwürfnis zwischen Stalin einerseits und Roosevelt und Churchill, der ungeduldig nach Triest und Berlin drängte, andererseits hoffte.

»Amerikaner gegen Russen!« lautete nicht umsonst eine Parole, die Schörner wiederholt in der in Schutt und Asche versinkenden Reichshauptstadt hörte.

In der Tat: Dieses Wunschdenken erhielt plötzlich neue Nahrung, nachdem der US-Präsident Roosevelt überraschend gestorben war. Aber sein Tod hat auf den Ablauf des Kriegsgeschehens keinen Einfluß

gehabt. Der Vorhang, der zum »Eisernen« werden sollte, war endgültig gefallen.
Und dann war da noch etwas, an das sich Schörner und die Deutschen wie Ertrinkende an den Strohhalm klammerten: die angeblichen »Wunderwaffen«, die den Krieg in letzter Stunde noch zugunsten des Dritten Reiches entscheiden sollten. Aber auch sie blieben letztlich – wie so manches – eine Illusion.

10. Hitlers letzter Oberbefehlshaber des Heeres

Endzeitstimmung in den Katakomben der Berliner Reichskanzlei. Die Tragödie näherte sich dem Höhepunkt! Für das »Tausendjährige Reich« wie für seinen Führer und dessen Umgebung zeichnete sich ein apokalyptisches Ende ebenso ab wie für den Zweiten Weltkrieg, den er leichtsinnig entfesselt, in den er sich durch die Raffinesse des britischen Löwen und anderer Kriegstreiber allzu bereitwillig hat hineinziehen lassen. Und Ferdinand Schörner war mitten drin, in diesem alles hinunterziehenden Strudel der totalen Niederlage.
Denn inzwischen war die sowjetische Offensive an der Oder losgebrochen. Nach schwersten und für beide Seiten verlustreichen Kämpfen hatten die Armeen und Divisionen der 1. Belorussischen und der 1. Ukrainischen Front am 16. April 1945 die deutschen Verteidigungslinien am und beiderseits des Brückenkopfes von Küstrin geknackt, und zwar so perfekt, daß die Panzerverbände der Marschälle Schukow und Konjew schon nach fünf Tagen die nördlichen, die südlichen und die östlichen Vororte der deutschen Reichshauptstadt erreichten. Daraufhin übertrug Hitler am 19. April dem Oberbefehlshaber der Heeresgruppe Weichsel die Kommandogewalt über Berlin. Der Generaloberst Gotthard Heinrici war von dieser Maßnahme überrascht, da es für ihn vollkommen klar war, daß die Stadt nicht verteidigt werden könnte. Aus diesem Grunde versuchte er in den nächsten Tagen, daß von ihm erkannte tragische Schicksal von der Spreemetropole fernzuhalten. Jedoch fand er keine Gelegenheit mehr, die Verhältnisse zu entwirren. Denn Hitler entzog ihm die Verantwortung und übernahm nun selbst das Kommando über den Verteidigungsbereich von Berlin.
Damit wurde der 22. April 1945 unversehens zum Schicksalstag für den Endkampf um seine in Schutt und Asche versinkende Reichshauptstadt.

Hitler entschloß sich nun, nicht nur selbst in Berlin zu bleiben, sondern er gab jetzt Befehle heraus, nach denen sich deutsche Truppen von Norden und Süden in Marsch zu setzen hatten, um die Sowjets wieder aus dem Großraum Berlin zu vertreiben. Noch am selben Tage befahl er den Generalfeldmarschall Keitel und den Generaloberst Jodl zu den einzelnen Armeekorps, um die geplanten Gegenangriffe in Gang zu setzen. Währenddessen schwang sich Goebbels dank seines Intellekts und seiner unerschöpflichen Improvisationskunst zum wahren Herren des Geschehens auf und überredete seinen Führer endgültig, in der Stadt zu bleiben. Noch in derselben Nacht erließ er eine Reihe von Aufrufen, die einerseits die volle Wahrheit brachten, und andererseits die Berliner zu einer letzten Kraftanstrengung aufforderten. Der erste Aufruf begann mit den Worten: »Die Stadt Berlin wird bis zum letzten verteidigt!«

Der Dämon Goebbels hatte endgültig über den schwächer werdenden Willen Hitlers obsiegt. Daher war auch der erneute Versuch Schörners gescheitert, seinen Führer persönlich aus der Reichshauptstadt in das Protektorat zu holen. In einem Brief vom 23. April 1945 unternahm Schörner einen letzten Versuch, seinen Obersten Befehlshaber umzustimmen, nachdem er diesem am 21. April zur Nachmittagslage vorgetragen hatte, »daß es ihm tatsächlich gelungen sei, den Vormarsch von Konjews Südgruppe auf Dresden durch einen Gegenangriff zu verzögern«. [244]

»Mein Führer!

In Fortsetzung der mir heute nacht gewährten Unterredung darf ich als Ihr Feldmarschall im Namen aller tapferen Soldaten, die für Sie kämpfen, und auch im Namen der Männer, die für Sie ihr Leben gelassen haben, Sie, mein Führer, im tiefen Ernst dieser Stunde bitten, sofort Berlin zu verlassen und die Führung des Reiches und der Wehrmacht vom südlichen Kriegsschauplatz aus zu übernehmen.

Sie allein, mein Führer, sind der Garant für den weiteren Zusammenhalt des Reiches. Nur Ihnen allein ordnet sich jeder deutsche Mann, ordnet sich die gesamte anständige deutsche Wehrmacht bedingungslos unter. Nur Sie, mein Führer, sind Deutschland, auch für jeden Feindstaat. Mit Ihnen fiele Deutschland.

Millionen deutscher Männer warten darauf, das Reich mit Ihnen, mein Führer, wieder aufbauen zu können. Nichts ist verloren, alles kann noch gerettet werden, aber einzig und allein mit Ihnen. Dies ist unser aller soldatische und nationalsozialistische Überzeugung.

Ich erneuere meine Bitte für alle Tapferen, die Ihre Bedenken, Berlin zu verlassen, durchaus verstehen.

Heil, mein Führer!
Schörner, Generalfeldmarschall«

Daraufhin erhielt Schörner von Hitler, der ursprünglich in der »Alpenfestung« »den letzten Kampf bestehen wollte« [245] folgenden Funkspruch:

»Ich bleibe in Berlin, um in ehrenvoller Weise an der Entscheidungsschlacht Deutschlands teilzunehmen und ein gutes Beispiel für alle übrigen zu geben. Ich glaube, Deutschland damit den besten Dienst zu erweisen.
Im übrigen muß alles versucht werden, die Schlacht um Berlin zu gewinnen. Sie können dabei entscheidend helfen, indem Sie möglichst frühzeitig nach Norden vorstoßen.

In herzlichster Freundschaft
Ihr (gez.) Adolf Hitler«

Auch gegenüber dem Reichsjugendführer Arthur Axmann bekräftigte Hitler seinen Entschluß, Berlin nicht zu verlassen. Denn, so seine Begründung, »mit der Berennung der Viereinhalb-Millionen-Stadt hat sich der Russe eine kolossale Last aufgeladen«.
Stalin sah es anders. Mit Berlin besaß er ein Faustpfand von unschätzbarem Wert, mit dem sich seiner Meinung nach später gegenüber den Westalliierten nach Belieben wuchern ließ. Daher stieß seine Rote Armee zügig vor und stand in der Nacht zum 23. April 1945 mit ihren Armeen bereits im Norden und Süden von Berlin. Nun befahl Schukow das Eindrehen seiner Panzerarmeen nach Südwesten, um im Raum von Potsdam die Vereinigung mit den Truppen der 1. Ukrainischen Front herzustellen. Die Verbände Konjews kämpften am Teltow-Kanal und begannen, in die südwestlichen Vororte der heißumkämpften Stadt einzusickern. Damit war Berlin im Süden von der übrigen Front abgetrennt worden.
»Jeder Infanterie- und Panzerangriff wurde durch massierte Schläge der Artillerie und der Fliegerkräfte unterstützt«, erfahren wir aus Schukows »Erinnerungen«. »Das geschah in allen Richtungen. 11000 Geschütze verschiedener Kaliber eröffneten in bestimmten Abständen zusammen das Feuer. Vom 21. April bis zum 2. Mai wurden 1800000 Schuß unserer Artillerie in Berlin abgegeben. Insgesamt verbrauchten wir zum Durch-

bruch der Stellungen in der Stadt 36000 Tonnen Metall. Am dritten Tag der Kämpfe um Berlin brachten wir auf der eigens hierzu auf unsere Spurweite umgenagelten Bahnstrecke zum Schlesischen Bahnhof Belagerungsgeschütze heran, die das Feuer auf Ziele der Innenstadt eröffneten. Jedes Geschoß wog eine halbe Tonne. Die Verteidigung Berlins zerbrach.« [246]

Später sagte der Generalfeldmarschall Keitel aus: »Am 22. April war klar, daß Berlin fallen würde, wenn wir nicht alle Truppen von der Elbe abziehen, um sie gegen die angreifenden Russen zu werfen. Nach einer Beratung bei Hitler, an der Goebbels, Jodl und ich teilnahmen, wurde entschieden, daß die zwölfte Armee eine schwache Nachhut gegen die Amerikaner zurückläßt und die russischen Truppen angreift, die Berlin eingekesselt hatten.« [247]

Täglich fingen die sowjetischen Marschälle jetzt Hitlers Funksprüche auf: »Wo bleibt die 12. Armee?« »Warum greift Wenck nicht an?« »Wo bleibt Schörner?« »Unverzüglich angreifen!« »Wann beginnen Sie mit dem Angriff?« [248]

Am 27. April 1945 fand die letzte Lagebesprechung im Führerbunker statt. Im Mittelpunkt des Gesprächs standen dabei die Entsatzarmee, in die Hitler seine ganzen Hoffnungen gesetzt hatte, und der Generalfeldmarschall Ferdinand Schörner, der in diesen nervenaufreibenden Tagen zum unverwüstlichen Titanen emporwuchs.

»Wenn eine solche Sache nicht zügig gemacht wird, ist es vorbei«, resümierte Hitler. »Der andere reagiert immer schneller darauf. Die 9. Armee war mit die beste, die wir noch haben: Elf Divisionen! Wenn er die Hauptstärke nach Nordwesten verlegt hätte, hätte er den Stoß machen können. [...] Auf der ganzen Front zeigt sich nur ein Mann als wirklicher Feldherr. Derjenige, der die furchtbarsten Angriffe auszuhalten hat, hat die geordnetste Front: Schörner. Schörner hatte ein miserables Zeug: Das hat er in Ordnung gebracht. Schörner hat noch auf allen Posten, auf die man ihn gestellt hat, Hervorragendes geleistet. Schörner mit Wenck zusammen – das war das glücklichste Gespann, das ich mir denken kann, und Schörner hat in wenigen Wochen aus einem Sauhaufen eine Front gebildet, diese nicht nur zum Stehen gebracht, sondern mit einem neuen Geist erfüllt und die Front gehalten. [...] Man muß doch mit der 9. Armee eine Verbindung herstellen. Eine halbe Stunde am Tage besteht noch Funkverbindung. Tito funkt mit seinen Partisanen über den ganzen Balkan mit Kurzwellengeräten.« [249]

Tags darauf, am 28. April 1945, stießen die Sowjets immer näher zur Reichskanzlei vor. Am Potsdamer Platz und nördlich des Reichstagsgebäudes waren schwere Kämpfe entbrannt. Nachdem Hitler sich in den langen schlaflosen Nächten zu der Erkenntnis durchgerungen hatte, daß der Tod für ihn eine Erlösung sein werde, rief er noch am Abend des 28. April 1945 unmittelbar vor der Lagebesprechung mit dem General Weidling seine langjährige Sekretärin Traudl Junge herbei und diktierte ihr zwei Testamente in ihre Schreibmaschine – und zwar ein politisches und dann ein persönliches. In seinem politischen Testament ernannte er »als Führer der Nation folgende Mitglieder des neuen Kabinetts: Reichspräsident: Dönitz; Reichskanzler: Dr. Goebbels; Parteiminister: Bormann; Außenminister: Seyß-Inquart; Innenminister: Gauleiter Giesler; Kriegsminister: Dönitz; Oberbefehlshaber des Heeres: Schörner; Oberbefehlshaber der Kriegsmarine: Dönitz; Oberbefehlshaber der Luftwaffe: Greim [. . .]«

Nachdem Hitler sein Testament unterzeichnet hatte [250], zog er sich mit seiner Lebensgefährtin Eva Braun in seine Privaträume zurück, während Goebbels rasch einen Anhang zum politischen Testament seines Führers entwarf. Noch in der Nacht vom 28. auf den 29. April 1945 wurde der General der Infanterie Wilhelm Burgdorf damit beauftragt, die Testamente aus Berlin hinausbringen zu lassen. So verließ der Major Willi Johannmeier, Hitlers Wehrmachtsadjutant, den Bunker, um dem Generalfeldmarschall Ferdinand Schörner als dem neuernannten Oberbefehlshaber des Heeres Hitlers politisches Testament zu überreichen. Mehr noch: »Der Major erhielt dazu einen handschriftlichen Begleitbrief, in dem Burgdorf dem Feldmarschall erläuterte, Hitler habe das Testament ›unter der niederschmetternden Nachricht über den Treuebruch des RfSS‹ geschrieben, und es sei ›sein unabänderlicher Entschluß‹. Das Testament solle veröffentlicht werden, ›sobald es der Führer befiehlt oder sobald sein Tod feststeht‹.« [251] Johannmeier gab später an, er habe Schörner nicht erreicht und das für den Generalfeldmarschall bestimmte Exemplar im Garten seines Hauses in Iserlohn vergraben. [252]

Am 29. April 1945 jagte eine Schreckensmeldung die andere. Auf Grund der sich überschlagenden militärischen Ereignisse wurde der endgültige Zusammenbruch des »Tausendjährigen Reiches«, das Schörner mitgeholfen hatte aufzubauen, zu mehren und noch im totalen Chaos zu retten, innerhalb von 24 Stunden besiegelt. Im Kriegstagebuch des Führungsstabes Nord (A) der Wehrmacht notierte Major Schultz am 29. April 1945: [253]

»19 Uhr 31 trifft Funkspruch von General Krebs und Reichsleiter Bormann an Feldmarschall Keitel ein. ›Danach verbreitet Auslandspresse neuen Verrat. Der Führer erwartet von Ihnen, daß Sie blitzschnell und stahlhart ohne Unterschied durchgreifen.‹ Von Wenck, Schörner und anderen erwartet der Führer, daß diese ihre Treue zu ihm durch schnellsten Entsatz unter Beweis stellen.«

Am Spätnachmittag versammelte Hitler nochmals die Männer und Frauen seiner engsten Umgebung in seinem Arbeitszimmer. Dabei kam er auf Wenck zu sprechen, in dessen Armee er seine letzte Hoffnung gesetzt hatte. »Wenn kein Wunder geschieht, sind wir verloren. Meine Frau und ich werden sterben. Ich will nur noch Gewißheit haben, daß Lorenz, von Below und Zander durchgekommen sind und die Ausfertigungen meines Testaments an Dönitz, Schörner und Kesselring übergeben haben. Ich muß verhindern, daß nach meinem Tode ein Chaos entsteht.« [254]

Hitler hatte mit seinem Leben abgeschlossen. Seine Nerven waren zuletzt viel schwächer als die Schörners, dem er bis zu seinem letzten Atemzug sein vollstes Vertrauen geschenkt hatte und auf Grund seines eisernen Willens, seiner enormen Arbeits- und Leistungskraft sowie seiner geschickten Führungskunst und seines nie versiegenden Optimismus uneingeschränkt bewunderte. In den ersten Stunden des 30. April 1945 traf ein Funkspruch Keitels ein, der die allerletzten Hoffnungen im Führerbunker der zerstörten Reichskanzlei bezüglich der Ersatzarmeen, die nicht mehr durchkamen, in Windeseile zunichte machte.

»Finis Germaniae!«

In diese Weltuntergangsstimmung, die zwar jeder registrierte, die aber dennoch nur die wenigsten in letzter Konsequenz wahrhaben wollten, weil der überlebens-wichtige Verdrängungsmechanismus trotz aller Ratlosigkeit und Resignation immer noch erstaunlich gut funktionierte, ereilte Schörner die Nachricht vom »Heldentod« seines Führers und Obersten Befehlshabers. Es war, als hätte Hegels »Macher der Geschichte« eine seiner zahlreichen Geißeln aus der Hand gelegt.

»Kann wirklich der Wille eines Mannes die Welt in Brand setzen, oder bedient sich ein unbekannter Weltgeist dieser Gestalt, um einer Epoche ein Ende zu setzen?« fragte sich in jener Zeit eines gewaltigen militärpolitischen Umbruchs die Frau des Generalobersten Alfred Jodl, der in jenen Tagen immer wieder die eine oder andere Weisung des Führers für Schörner auszuarbeiten hatte. [255]

Aber was half es Hitlers letztem Oberbefehlshaber des Heeres, wo dieser nach wie vor erbarmungslos von den sowjetischen Marschällen in den böhmischen Kessel hineingetrieben wurde, nachdem sie ihre Armeen durch die deutschen Länder und Städte des Ostens gepeitscht

hatten, um das Land auf ihre Weise zu »befreien«. Für viele bedeutete Stalins Invasion in Osteuropa jedoch Knechtschaft und Kerker, jahrelange Verbannung und einen grausamen Tod.
Sowohl die Heeresgruppe Süd (600000 Soldaten) des Generalobersten Dr. Rendulic als auch die Heeresgruppe Mitte (1200000 Soldaten) des Generalfeldmarschalls Schörner waren Anfang Mai 1945 noch kampfkräftig, »mußten sich aber, der allgemeinen Lage entsprechend, möglichst schnell zurückziehen, um in den Bereich der Westalliierten zu gelangen«. [256] Denn weder vom Oberkommando der Wehrmacht noch vom Reichspräsidenten konnte Schörner eine Hilfe erwarten. Daran änderte auch der Tagesbefehl, den Dönitz am 1. Mai an die Wehrmacht erteilt hatte, nichts:

»Der Führer ist gefallen. Getreu seiner großen Idee, die Völker Europas vor dem Bolschewismus zu bewahren, hat er sein Leben eingesetzt und den Heldentod gefunden. Mit ihm ist einer der größten Helden deutscher Geschichte dahingegangen. In stolzer Ehrfurcht und Trauer senken wir vor ihm die Fahnen.
Der Führer hat mich zu seinem Nachfolger als Staatsoberhaupt und als Oberster Befehlshaber der Wehrmacht bestimmt. Ich übernehme den Oberbefehl über alle Teile der deutschen Wehrmacht mit dem Willen, den Kampf gegen den Bolschewismus so lange fortzusetzen, bis die kämpfende Truppe und die Hunderttausende von Familien des deutschen Ostseeraumes vor der Versklavung oder Vernichtung gerettet sind.
Gegen Engländer und Amerikaner muß ich den Kampf so weit und so lange fortsetzen, wie sie mich in der Durchführung des Kampfes gegen den Bolschewismus hindern.
Die Lage erfordert von Euch, die Ihr schon so große geschichtliche Taten vollbracht habt und die Ihr jetzt das Ende des Krieges herbeisehnt, weiteren bedingungslosen Einsatz. Ich verlange Disziplin und Gehorsam. Nur durch vorbehaltlose Ausführung meiner Befehle werden Chaos und Untergang vermieden. Ein Feigling und Verräter ist, wer sich gerade jetzt seiner Pflicht entzieht und damit deutschen Frauen und Kindern Tod oder Versklavung bringt.
Der dem Führer geleistete Treueeid gilt nunmehr für jeden einzelnen von Euch ohne weiteres mir als dem vom Führer eingesetzten Nachfolger.
Deutsche Soldaten, tut Eure Pflicht. Es gilt das Leben unseres Volkes.«

An jenem 1. Mai 1945 erreichte Schörner ein Funkspruch des Oberkommandos der Wehrmacht, der besagte, daß ein wichtiges Schreiben Hitlers für ihn von der Pfaueninsel bei Potsdam abzuholen sei. Daraufhin versuchten drei Flugzeuge, dorthin durchzukommen. Wegen der erdrückenden alliierten Luftüberlegenheit mußten sie jedoch allesamt wieder unverrichteter Dinge umkehren. [257] Mehr Glück hatte Schörners Generalstabschef von Natzmer. Er erreichte am 3. Mai mit seiner Maschine Flensburg-Mürwik. Der General sollte tags darauf einerseits auf Befehl seines Oberbefehlshabers die allgemeine Lage erkunden und andererseits Dönitz die Lage der Heeresgruppe Mitte erläutern. Dabei erfuhr der Großadmiral, daß Hitlers letzter Oberbefehlshaber des Heeres für die geplante Absetzbewegung nach Westen eine Galgenfrist benötige, um noch so vielen Flüchtlingen wie nur irgend möglich eine ausreichende Zeit zur Flucht zu geben und seine Soldaten geschlossen in die von den Westalliierten besetzten Gebiete zu führen, um sie so vor dem Zugriff der Roten Armee zu retten.

Auf Dönitz' Frage, wie lange die Heeresgruppe Mitte längstens brauche, um die amerikanischen Linien zu erreichen, antwortete Schörners Generalstabschef: »Eine Woche.« Nicht umsonst argwöhnten die Amerikaner, »die Deutschen wollten mit ihrer Taktik, erst nur nach Westen zu kapitulieren und Zeit zu gewinnen, einen Keil zwischen die Alliierten treiben«. [258] In seinen Erinnerungen hielt Dönitz diese Besprechung, bei der auch der Generalfeldmarschall Keitel, der Generaloberst Jodl und der neue Reichsaußenminister Schwerin von Krosigk anwesend waren, wie folgt fest:

»Im Laufe des Tages erschienen die zivilen und militärischen Befehlshaber der von uns noch besetzten Gebiete bei mir. An Stelle von Schörner war der General von Natzmer für die Heeresgruppe Mitte gekommen. Er übermittelte mir Schörners Ansicht, daß seine Heeresgruppe zusammenbrechen würde, wenn sie ihre gut ausgebaute Sudetenstellung aufgäbe. Er war also der gleichen Ansicht wie das Oberkommando der Wehrmacht. Ich teilte ihm mit, warum ich ein möglichst baldiges Absetzen in Richtung auf die amerikanische Front für nötig hielt. Es wären sofort alle Vorbereitungen für das Zurücknehmen der Heeresgruppe zu treffen.« [259]

Nun lief Schörner jene Zeit, die er so dringend benötigte, um seinen gigantischen Flüchtlingsstrom von Zivilisten und Soldaten noch vor der Gesamtkapitulation in Richtung Westen in Marsch zu setzen, wie warmer Seesand zwischen seinen zupackenden Händen davon. Er spürte, daß diese Zeit gegen ihn und seine Heeresgruppe arbeitete. Wie

Recht er mit dieser Vermutung hatte, bestätigte Dönitz. »So haben wir später erfahren, daß die amerikanische Armeefront die Aufnahme von Flüchtlingen und selbst einzelner unbewaffneter Soldaten der Armee Schörner verweigerte, sie mit Waffengewalt an der Flucht nach Westen hinderte, sie zusammentrieb und den Russen auslieferte.« [260]
Schörner hatte – wie seinerzeit während des Überlebenskampfes in der Arktis – sein Ohr ganz auf die Sorgen und Nöte des einfachen Frontsoldaten ausgerichtet und kannte daher zu genau die Stimmung in der Truppe, deren Nerven zum Zerreißen angespannt war. »Bloß nicht in letzter Sekunde die Nerven verlieren!« beschwor er sie händeringend. Aus dieser Fürsorge heraus richtete er am 5. Mai 1945 den folgenden Aufruf an seine Männer:

»Soldaten der Heeresgruppe Mitte!
Nach sechsjährigem harten Kampf ist es der Übermacht unserer Feinde gelungen, einen Teil unserer Fronten zum Einsturz zu bringen, allein die Front der südlichen Heeresgruppen der Ostfront steht noch ungebrochen. Dies ist Eurer Tapferkeit und Standhaftigkeit zu danken.
Der Krieg geht seinem Ende zu. Entsprechend dem Befehl des vom Führer berufenen Staatsführers und Obersten Befehlshabers der deutschen Wehrmacht, Großadmiral Dönitz, gilt es solange weiterzukämpfen, bis wertvollste deutsche Menschen geborgen sind.
Nach Erfüllung dieser Aufgabe ist es meine Absicht, Euch, meine Soldaten, geschlossen und in stolzer Haltung in die Heimat zurückzuführen. Diese hohe Aufgabe der Führung kann nur mit einer gehorsamen und schlagkräftigen Truppe durchgeführt werden. Wir dürfen in diesen schwersten Tagen unseres Reiches die Nerven nicht verlieren und nicht feige werden, vor allem dürfen wir nicht auf die vom Feind raffiniert ausgestreuten Parolen hören. Wir müssen das Vertrauen zu unserer Führung haben, daß sie auch in dieser Lage das Richtige tut.
Sechs lange Jahre haben wir zusammengehalten und dem Feind getrotzt. In den letzten Wochen dürfen wir der Welt kein Bild der Auflösung bieten und die jetzt angebahnten Verhandlungen dadurch zerschlagen. Jede unerlaubte Entfernung, jeder Versuch aus eigener Kraft den Weg in die Heimat zu finden, ist ehrloser Verrat am Kameraden, an unserem Volk und muß entsprechend geahndet werden.
Unsere Disziplin und unsere Waffen in der Hand sind für uns das Unterpfand, anständig und tapfer aus diesem Kriege zu gehen. Unsere Ehre und der Heldentod so vieler unserer Kameraden verpflichten uns dazu. Nur wer sich selbst aufgibt, ist wirklich verloren.

Soldaten meiner Heeresgruppe!
Wir haben zusammen so manche schwere Krise an manchem Frontabschnitt des Ostens gemeistert. Ihr könnt das Vertrauen zu mir haben, daß ich Euch auch aus dieser Krise herausführe; und ich habe das Vertrauen zu Euch, daß Ihr zu Volk, Staat und Staatsführer steht.
Aber zusammenstehen müssen wir und trotz einiger Verräter und Feiglinge unsere letzte Kraft in der letzten Stunde dieses Krieges für die Erfüllung unseres Auftrages einsetzen. Nur eiserner Zusammenhalt, unerschütterlicher Widerstandswille und eine stets geschlossene Front führen uns gerade und erst recht auf dem Boden des Protektorats in die Heimat.

Schörner
Generalfeldmarschall«

Noch am selben Tage wurde der Frontbogen südlich von Mährisch-Ostrau planmäßig zurückgenommen. Dagegen kam es bei Olmütz zu erbitterten Kampfhandlungen, wo die Sowjets auch tags darauf, also am 6. Mai 1945, mit überlegenen Kräften vordrangen. Mehr noch: Westlich von Waagstadt drang der Gegner nördlich von der oberen Oder in die deutsche HKL ein. Am 7. Mai verstärkten sie, die Sowjets, ihren Druck auf die leidgeprüfte Stadt an der March.
Schörner war elektrisiert. Er spürte die ungeheure Nervenanspannung der Truppe, die sich jederzeit durch einen Funken der Resignation unkontrolliert entladen konnte. Um seine Männer einerseits zu besänftigen, und um sie andererseits zu einem allerletzten Kraftakt aufzustacheln, zum Durchhalten aufzufordern und das Unmöglichste zu wagen, erließ er noch am 7. Mai 1945 das folgende Blitzfernschreiben:

»– – – Mittel des Nervenkrieges. – – –
Von feindlicher Seite wird das Gerücht verbreitet, die Reichsregierung beabsichtige die Gesamtkapitulation den Angloamerikanern und auch der Sowjet-Union anzubieten. Es ist eins der üblichen Gerüchte im Nervenkrieg gegen uns und unsere Heimat und kann unseren nur nach Osten gerichteten Widerstandswillen nicht erschüttern. –
Getreu den von Großadmiral DOENITZ gegebenen Befehlen geht der Kampf gegen den Osten weiter, bis die deutschen Menschen im Reich geborgen sind. Der Kampf gegen den Westen dagegen ist beendet. Eine Kapitulation gegenüber den Bolschewisten kommt niemals in Frage, das wäre Tod von uns allen.
Mit Gerüchten über Kapitulation versucht der Feind Unruhe zu stiften

und unsere Widerstandskraft zu lähmen. Unbeirrt von allen derartigen Meldungen und Propagandatrixs* kämpft die Truppe im Raume Boehmen und Maehrens solange weiter, bis alle deutschen Menschen gerettet sind. –
In stolzer und aufrechter Haltung erfüllen wir diese uns befohlene Pflicht. Unseren Widerstandswillen koennen weder die wenigen Feiglinge und Verraeter in unseren eigenen Reihen noch Feindparolen selbst in diesem Augenblick brechen. –
Die unbesiegten Truppen der Heeresgruppe Mitte kaempfen tapfer und unbeirrt für Volk und Heimat bis sie ihr Ziel erreicht haben. – – –
Gez. Schoerner, Generalfeldmarschall. – – –
Zur Auswertung an saemtliche unterstellten Einheiten. – – –
Gez. Petzold, Obstl. i. G. – – –«

Dennoch: Die Auflösung der deutschen Staatsgewalt war auch den Tschechen nicht verborgen geblieben. So kam es bereits am 5. Mai 1945 in Böhmen und Mähren zum offenen Ausbruch des tschechischen Aufstandes, dem schließlich die Austreibung der sudetendeutschen Bevölkerung als millionenfache Antwort auf die »völkische Flurbereinigung« des NS-Regimes im Rahmen seiner Lebensraumpolitik in Mittel- und Osteuropa folgte. Daß diese nicht schon früher erfolgte, war einzig und allein Schörner und seiner Heeresgruppe zu verdanken, die vor der Kapitulation »noch den größten Teil der von den Deutschen bewohnten Gebiete hielt«. [261]
In einer Zeit, in der man den Deutschen noch immer (oder schon wieder) allzu gerne den Spiegel ihrer Verbrechen an die Menschlichkeit vor Augen hält, sei es gestattet, auch daran zu erinnern, was die arbeitsame sudetendeutsche Bevölkerung in jenen Wochen und Monaten des Hasses an Tragik und unbeschreiblichem Leid über sich ergehen lassen mußte. [262]
Statt Essen gab es für viele Prügel von einer blindwütigen Menschenmenge, die nach Belieben straflos mordete. Aus Freudenthal wurde ein Tal der Tränen; die Sudetendeutschen waren vogelfrei. Viele verschleppte deutsche Bewohner Böhmens und Mährens empfanden Rußland gegenüber dem Spießrutenlaufen in ihrer angestammten Heimat als eine Art Sanatorium. Folterkammern und Folterknechte, geschändete und ermordete deutsche Frauen und Kinder erinnerten eher an die düstere Zeit des Dreißigjährigen Krieges als an das angeblich aufge-

* Richtig: Propagandatricks.

klärte, humanistische zwanzigste Jahrhundert. Von den Hauswänden schrien vielerorts die tschechischen Inschriften in plakativen Lettern: »Tod den deutschen Okkupanten!«

Und dieser Tod kam wie das Amen in der Kirche. Zuerst wurde gefoltert, dann gehängt und später mit der Mistgabel bestattet. In vielen Orten des Sudetenlandes wütete der sogenannte tschechische »Volksgerichtshof« gegen Deutsche, die oft wahllos in schneller Folge »verurteilt« wurden. Die meisten »Angeklagten« fanden bei diesen blutigen Orgien den Tod. Aus dieser Pogromstimmung heraus erwuchsen viele Lidice – sudetendeutsche Dörfer, die dezimiert oder ganz ausgerottet wurden. Diejenigen, die mit dem Leben und ein paar Habseligkeiten (ein Waschkorb mit dem Allernotwendigsten, ein paar Taschen oder vielleicht gar ein Koffer) davonkamen, zogen in langen Elendszügen (immer wieder beraubt, verprügelt und geschändet) körperlich erschöpft und seelisch gebrochen in Richtung Westen. [263]

Daß es soweit erst gar nicht kommen sollte, dafür setzte Schörner in jenen Maitagen des letzten Kriegsjahres immer wieder seine ganze Willensstärke und Nervenkraft ein. Letztendlich jedoch vergeblich, nachdem die Westalliierten beschlossen hatten, den Sowjets Osteuropa und die Tschechoslowakei als deren Einflußgebiet zu überlassen.

Zu einem anderen, militärpolitisch wie menschlich nicht weniger erschütternden Drama gestaltete sich der Einsatz von Wlassow-Verbänden in Schörners Befehlsbereich. [264] Die 1. Wlassow-Division unter Generalmajor Bunjatschenko (Bunitschenko) sollte seiner Heeresgruppe mit rund 17000 Mann unterstellt und zunächst an der Ostfront eingesetzt werden. Aber statt sich über diese vermeintliche Verstärkung zu freuen, war der Oberbefehlshaber über diese Unterstellung zunächst gar nicht glücklich, denn die Division war von der Heeresgruppe Nord bzw. von der 9. Armee regelrecht abgeschoben worden.

»Schörner hatte mit Wlassow nicht viel im Sinn. Während Bunjatschenkos ganzes Trachten dahin ging, seine Division vor einer Auslieferung zu bewahren, wollte Schörner die Division an der Front einsetzen [...] Deshalb entzog sich Bunjatschenko den Befehlen Schörners, der sich darüber fürchterlich aufregte und eine angeschlagene SS-Panzerdivision beauftragte, die Wlassow-Division zu entwaffnen. Dazu ist es nicht gekommen.« [265]

Später wurde die Division, von Dresden kommend, auf Prag angesetzt. [266] »Unglücklicherweise hatte Schörner mit dem Einsatz der 1. Wlassow-Division fest gerechnet.« [267]

Doch der Divisions-Kommandeur befolgte Schörners Befehl nicht ganz, sondern entfernte sich immer mehr in westlicher Richtung von seiner Marschroute. Angeblich wollte er sich mit einer anderen Wlassow-Division vereinigen, die in Jugoslawien oder irgendwo in der Ostmark stand. [268] Nach Hoffmann hatte es Bunjatschenko »mit Klugheit, Festigkeit und notfalls mit List verstand[en], die Verbände aus der Front zu lösen und seine 20000 Soldaten allen deutschen Forderungen und Drohungen zum Trotz nach Böhmen, zwecks Vereinigung mit den übrigen Teilen der Befreiungsarmee zu führen. Die Methoden, die er anwandte, um eine offene Befehlsverweigerung zu umgehen, waren nach deutschem Urteil dabei ›vielfältig, interessant und oft typisch russisch‹, so, wenn er beispielsweise eher eine fadenscheinige Ausrede gebrauchte, als eine unbequeme Wahrheit zuzugeben.« [269]

Nach Schörners Meinung handelte es sich seinerzeit jedoch nicht mehr um einen geordneten Marsch der 1. Wlassow-Division, deren Auflösungserscheinungen in seinen Augen einen ungewöhnlichen Umfang annahmen. Plündernde Trupps zogen durch das Land; davon etliche auch in Richtung bayerisch-tschechische Grenze. Einige von ihnen sind dann nach Bayern eingesickert. Mit Bestimmtheit erinnerte sich Schörner noch nach Kriegsende und Gefangenschaft an die zahlreichen Hilferufe, vor allem aus dem Sudetenland, die von den Gemeinden, den Bürgermeistern und anderen an seine Heeresgruppe gelangten und die sich über diese »marodierenden Horden« beschwerten. [270]

Das war kein Wunder, denn in der 1. Wlassow-Armee waren asiatische Volksstämme wie Tataren, Kirgisen und andere mehr vertreten, die auch in deutscher Uniform durch ihr Aussehen und ihren Körperbau sogleich als Sowjetmenschen erkannt wurden. Dies ergab das optische Bild »russischer Soldaten«, das noch aus einem psychologischen Grund verstärkt wurde, weil man doch gerade die Russen so fürchtete und vor ihrem »Untermenschenverhalten« ausreißen wollte. [271]

Schörner tobte, als er davon erfuhr. Er »forderte die Herausgabe des ungehorsamen Bunjatschenko, um ihn standrechtlich erschießen zu lassen«. Dieser »stellte seine Truppen sogleich zu einer defensiven ›Igel‹-Formation auf, die bereit war, sich bis zum letzten Mann zu verteidigen«. Zähneknirschend mußte sich Schörner nun den »Gegebenheiten der Lage fügen«. [272]

Zuvor war in Südbayern die 2. Wlassow-Division ostwärts gezogen. »Bei Landsberg kam es zu Russenverbrüderungen mit daneben abmarschierenden sowjetischen Kriegsgefangenen und Schießerei. Wlassow kam noch nach Füssen und Reichenhall, zuletzt aber mit seiner auf amerikanische Gefangenschaft hoffenden Truppe nach Böhmen.« [273]

Dadurch, daß die 1. Wlassow-Division Schörners Befehle nicht mehr befolgte und sich statt dessen absetzte, mußte »die Front in Mähren in aller Eile zurückgenommen und Brünn geräumt werden [...] Die dort lebenden Deutschen wurden von den militärischen Operationen derart überrascht, daß sie sich dem Rückzug nicht mehr anschließen konnten. Tausende gingen in dem folgenden Gemetzel unter. Deutsche Frauen und Mädchen wurden splitternackt in Bunker und Keller eingesperrt und dann den einrückenden Rotarmisten übergeben.« [274]
Nicht viel besser erging es allerdings den Wlassow-Truppen. »Als die Amerikaner an der vereinbarten Demarkationslinie stehenblieben, rückte am 7. Mai eine südlich von Prag liegende Division der Wlassow-Armee zur Unterstützung der Aufständischen heran – offenbar, um sich wenigstens den Amerikanern gegenüber in letzter Minute zu rehabilitieren. Nachdem aber Schörners Heergruppe ihre am 6. Mai befohlene Absetzbewegung auf die amerikanischen Linien begonnen hatte und mit dem baldigen Eintreffen sowjetischer Streitkräfte zu rechnen war, gerieten die tschechischen Aufständischen in die Verlegenheit, sich von den Wlassow-Truppen distanzieren zu müssen.« [275]
Damit war Andrej Andrejewitsch Wlassow, der Begründer der »Russischen Befreiungsarmee«, dem es zuvor als erstem General der Roten Armee gelungen war, im Nordabschnitt der Ostfront deutsche Divisionen zu schlagen und zum Rückzug zu zwingen, mit seinen Truppen »zu einem verlorenen Haufen von ›Verrätern‹ zwischen allen Fronten geworden, die der rächenden Hand ihrer sowjetischen Landsleute nicht mehr entrinnen konnten«, [276] denn über ihr Schicksal war auf der Konferenz von Jalta mit der Auslieferung durch die Briten und Amerikaner an Stalin gnadenlos entschieden worden. [277]
»Einzelne Wlassow-Russen haben sich vorsorglich Rasierklingen in die Kleider genäht. Die Klingen gehen von Mann zu Mann, bis aus den Wagen das Blut trieft. Die Amerikaner kümmern sich nicht darum. Denn die Züge rollen nach Osten. Die politische Instinktlosigkeit der Amerikaner hat einen letzten Triumph gefeiert.« [278]
Einen Tag, nachdem es zu den offenen Ausschreitungen gegen die Deutschen gekommen war, floß die Mehrzahl von Schörners Verbänden hinter die March zurück – und zwar abgeschirmt vom XXXXIX. Gebirgs-Armeekorps, insbesondere aber von der 3. und 4. Gebirgs-Division, die die zurückflutenden deutschen Truppenbewegungen gegen die ungestüm vorwärtsdrängende Rote Armee sicherten.
Es war der 6. Mai 1945, als der konzentrische Angriff der 1., 2. und 4. Ukrainischen Front mit insgesamt drei Panzer-Armeen (3., 4. und

6. Garde-Panzer-Armee) und 17 Schützen-Armeen (1., 3., 5., 7. und 9. Garde-Armee, 13., 18., 21., 28., 31., 38., 40., 46., 52., 53., 59. und 60. Schützen-Armee, 2. polnische Armee sowie 2. rumänische und dem I. tschechischen Korps), die von der 2., 5. und 8. Luftarmee unterstützt wurden, gegen die Heeresgruppe Mitte mit ihrer 1. und 4. Panzer-Armee sowie der 17. Armee begann. [279] Nun lief Schörner und seinen Gebirgssoldaten die Zeit förmlich davon, denn am 7. Mai gab es für sie nur noch einen Weg zurück ins Heimatland: die Frontlücke bei Olmütz, nachdem die amerikanischen Truppen am westlichen Rand der Sudeten verharrten und damit Böhmen und die Masse von Schörners nahezu intakter Heeresgruppe dem Zugriff der Sowjets aussetzten, anstatt beides als Faustpfand für eine neue Nachkriegsordnung in die Hand zu bekommen. (Wenn man berücksichtigt, daß Prag erst am 9. Mai 1945 nach der deutschen Gesamtkapitulation den Truppen des Sowjetmarschalls Iwan S. Konjew, die von Norden her durchgestoßen waren, in die Hände fiel, dann kann man ermessen, was die Westalliierten leichtsinnig verschenkt haben.)

Das XXXXIX. Gebirgs-Armeekorps, das von August 1944 bis Kriegsende von Dietls altvertrauten Putschisten Karl von Le Suire kommandiert wurde, hatte noch am Morgen des 8. Mai 1945 die Nachricht erhalten, daß die Heeresgruppe Schörner beabsichtige, mit der amerikanischen Truppenführung Verbindung aufzunehmen, um zu versuchen, daß die Soldaten in geordnetem Rückzug über die Moldau zu den Amerikanern übertreten könnten. Diese Aktion sollte unter dem Decknamen »Fallschirmspringer« stattfinden. Die Einheiten sollten bis zum Abend des 8. Mai die entsprechenden Befehle erhalten.

»Unser Batl.-Gef. Stand befand sich am 8. Mai 1945 in Wachtel, einem kleinen Ort in der Nähe von Olmütz«, erinnerte sich Rolf Brachmann, der ehemalige Adjutant des motorisierten Heeres-Gebirgs-Pionier-Bataillons 74. »Als bis zum Abend kein Befehl vom Geb.-AK einging und Fernsprech- oder Funkverbindungen nicht bestanden, sandte mich der Kommandeur, Hauptmann Münzing, zum Korps-Pi.-Führer, Oberstleutnant Thomas. Mit meinem Fahrer machte ich mich auf den Weg und fand beim XXXXIX. Geb.-AK. Oberstlt. Thomas vor.« [280]

Dieser erklärte: »Die Amerikaner hätten das Ersuchen von Schörner abgelehnt und strikte sofortige Kapitulation gefordert. Jeder Soldat, der ab 9. Mai mit der Waffe in der Hand angetroffen wird, wird als Franktireur erschossen.« [281]

Dennoch geisterten noch immer die Latrinen-Parolen durch die ausgemergelten und ausgebluteten Divisionen:

»Dönitz kommt nach Prag!«
»Schörner führt uns nach Hause!«
»Kapitulation kommt nicht in Frage!«
Und doch! Es war am 8. Mai 1945, um 23.40 Uhr, als die Nachricht von der bedingungslosen Kapitulation die Truppe erreichte. Jetzt kam auch für Schörners Gebirgssoldaten der Befehl zum Absetzen hinter die March. Für die 3. und 4. Gebirgs-Division begann die Flucht nach Westen. Um Mitternacht stand die »Vierte« nach entkräftenden Eilmärschen am Westufer der March. Geschafft, dachten sich die meisten. Sie sollten sich jedoch wie ihr Oberbefehlshaber schmerzlich geirrt haben, denn die drei Großen Stalin, Roosevelt und Churchill hatten auf ihren alliierten Konferenzen bereits anders entschieden: Die anglo-amerikanischen Truppen hatten die ostdeutschen Gebiete abzuriegeln, um keine deutschen Truppen mehr nach Westen durchzulassen.
»Der 9. Mai«, schrieb Thorwald in seinem Buch »Das Ende an der Elbe«, »war ein trügerisch schöner Frühlingstag. An den Straßen blühten die Bäume, so als wollten sie den Aufbruch des Hasses verdecken, der sich zur gleichen Zeit abseits der Straßen, auf denen noch kampffähige, geschlossene deutsche Verbände marschierten, vollzog. 200 Kilometer trennten die Nachhuten von der March vom Böhmerwald, wo die amerikanischen Soldaten standen. 200 Kilometer waren keine Entfernung für die Soldaten, welche die Strapazen des Krieges im Osten bis zur letzten Stunde überwunden hatten und hinter sich sowie in ihren Flanken den sowjetischen Gegner wußten. Einzelne Kolonnen zu Fuß und zu Pferd wurden zwar von sowjetischen Verbänden überholt. Sie gingen verloren. Aber die Masse der Armee blieb geschlossen auf ihrem Marsch der Hoffnung.« [282]
Dieser »Marsch der Hoffnung« stellte sich jedoch schneller als erwartet als ein »Marsch ohne Hoffnung« heraus. Schon am Abend jenes »trügerisch schönen« 9. Mai 1945 geriet die Masse der Heeresgruppe Mitte, die etwa in der Linie Görlitz – Glatz westlich Mährisch-Ostrau – Brünn lag, in tschechische bzw. sowjetische Gefangenschaft, denn bis zu den Amerikanern, die bis in die Linie Karlsbad – Pilsen – Passau vorgestoßen waren, waren es teilweise mehr als 200 Kilometer.
Schörner, der während all der Jahre als Akteur des gewaltigen Kriegstheaters nach Belieben schaltete und waltete, war plötzlich machtlos, denn er mußte, wie der Ritterkreuzträger Gerhard Boldt in seinem beeindruckenden, authentischen Tatsachenbericht als einer der wenigen überlebenden Augenzeugen der letzten Tage Hitlers belegt, »seine Truppen im Augenblick ihrer größten Bedrängnis verlassen«. [283] Das

allgemeine Urteil über Hitlers letzten Oberbefehlshaber des Heeres würde sicherlich ganz anders, d. h. positiver ausfallen, wenn er einen anderen Entschluß gefaßt und bei seiner Heeresgruppe geblieben wäre und dort den Tod auf dem Schlachtfeld gesucht hätte. Aber das ist leichter gesagt als getan, denn noch wartete seiner Meinung nach eine andere militärische Aufgabe auf ihn: die »Alpenfestung«!

11. Das Finale in der »Alpenfestung«

In der Nacht vom 8. auf den 9. Mai 1945 trug Schörner zum letzten Male den Waffenrock eines Generalfeldmarschalls. Seine roten Generalstreifen signalisierten nach wie vor eine ungebrochene Autorität. Seine Stimme und Tonlage zeichneten noch immer seinen unverwechselbaren Führungsstil aus, wenn er Anordnungen und Befehle erließ. Um den Hals trug er wie seit den Tagen seiner Verleihung den heißbegehrten preußischen Orden Pour le mérite zur Erinnerung an seinen kampfentscheidenden Einsatz während der 12. Isonzo-Schlacht. Nun war auch noch das Ritterkreuz zum Eisernen Kreuz mit dem Eichenlaub, den Schwertern und den Brillanten hinzugekommen, das ihm für seine knallharte Haltetaktik an der Bernsteinküste und in Kurland verliehen worden war, womit er Tausende und Abertausende vor dem Zugriff der Roten Armee rettete. Das Goldene Parteiabzeichen der NSDAP glänzte an seiner linken Brusttasche.
Inzwischen hatte das Oberkommando der Wehrmacht am 8. Mai 1945, 20.00 Uhr, durch den Rundfunk bekanntgegeben: »Ab 9. Mai, 0.00 Uhr, sind auf allen Kriegsschauplätzen, von allen Wehrmachtteilen und von allen bewaffneten Organisationen oder Einzelpersonen die Feindseligkeiten gegen alle bisherigen Gegner einzustellen.« [284]
Am 9. Mai 1945 legte die Wehrmacht in der Tat ihre Waffen nieder, und das Oberkommando gab seinen letzten Wehrmachtbericht, in dem Schörner nochmals namentlich genannt wurde, heraus. Damit waren seine Hände gebunden. Seine Pläne, die Heeresgruppe Mitte in einem letzten Kraftakt doch noch hinter die amerikanischen Linien zu führen, waren mit einem Schlage nur mehr Makulatur. Er hatte das Rennen mit dem Stundenzeiger und damit auch die Befehlsgewalt über seine Heeresgruppe und ihre Armeen verloren!
Schörner war ohnmächtig vor Wut. Denn tags zuvor war der Oberst i. G.

Meyer-Detring als Vertreter des Wehrmachtführungsstabes mit vier amerikanischen Offizieren zehn Kilometer westlich von Josephstadt in Schörners Hauptquartier im Hauptgebäude des Sanatoriums eingetroffen und teilte im Auftrag von Generaloberst Alfred Jodl folgendes mit: »Die Truppen im Erzgebirge (unter Generaloberst Hoth) sollten noch eine gewisse Zeit Widerstand leisten, um den Abfluß der ostwärtigen Teile der Heeresgruppe nach Westen zu ermöglichen. Er hatte den Feldmarschall weiterhin darüber zu unterrichten, daß Jodl ihm ausdrücklich aufgetragen hätte, weder der Stab der Heeresgruppe noch der Feldmarschall selbst dürften bei etwaigem Widerstand im Erzgebirge, über den Kapitulationstermin hinaus, in Erscheinung treten.« [285]
Damit war Schörner nicht nur durch die bedingungslose Kapitulation, sondern auch durch diese »Sonderanweisung« jede weitere Führungsbefugnis über die Heeresgruppe Mitte nach dem 8. Mai 1945 entzogen. Nun gab es für ihn nur mehr einen einzigen Auftrag: Als Oberbefehlshaber des Heeres bei Generalfeldmarschall Kesselring zu erkunden, wie es um die »Alpenfestung« stand. [286]
Die Situation war beklemmend und gespenstisch zugleich, als sich Hitlers letzter Oberbefehlshaber des Heeres in soldatisch einwandfreier Form in Podersam verabschiedete – und zwar in Gegenwart seines Generalstabschefs beim Oberbefehlshaber der Luftflotte, dem General der Flieger Seidemann, und dessen Stab. Bei dieser Gelegenheit bat er Seidemann in Gegenwart von Generalleutnant von Natzmer um die Überlassung eines Fieseler Storches [287], da er noch einen bedeutungsvollen Funkspruch erhalten hatte, der am 6. Mai, um 23.43 Uhr, vom Luftwaffen-Kommando 4 an das Luftflotten-Kommando 6 gegeben wurde. Dieser Funkspruch war dort am 7. Mai, um 1.30 Uhr, eingetroffen. Schörner quittierte ihn am 7. Mai, um 14.00 Uhr. In ihm hieß es: »Bitte feststellen, ob Oberbefehlshaber Mitte Befehl zur Besprechung, Flugplatz Zeltweg, erhalten. Kann Oberbefehlshaber oder Chef am 7. Mai früh in Zeltweg südwestlich Vouben oder mittags in Graz sein? Bitte sofort Benachrichtigung für Feldmarschall Kesselring.« [288]
Als Ferdinand Schörner am 9. Mai 1945, gegen 3.00 Uhr früh, also erst nach dem Inkrafttreten der bedingungslosen Kapitulation, das bereitstehende Flugzeug bestieg, überkam ihn ein beklemmendes Gefühl. Zwar war er von der schweren Bürde des Oberbefehlshabers Mitte, der seine Heeresgruppe mit allen Mitteln noch über die abgeriegelte Demarkationslinie nach Bayern zurückführen wollte, befreit, aber nun meldete sich sein Gewissen um so mehr, denn er erahnte sehr wohl, daß man ihm eines Tages das Verlassen der ihm unterstellten Armeen und

Korps als eine feige Flucht auslegen könnte. Gerade er, der »eiserne Ferdinand«, der gegenüber seinen Untergebenen stets eine besonders harte Haltung eingenommen und auf absolute Disziplin geachtet hatte, würde sich, so erahnte er das Argument seiner unzähligen Feinde und Neider, in der verzweifelten Situation, in der sich seine Männer befanden, aus dem Staub machen.

Diese Gedankengänge waren nicht so abwegig, wie sich später herausstellen sollte, denn die Masse der Offiziere, Unteroffiziere und Mannschaften wußte wenig oder überhaupt nichts von der großen militärpolitischen Lage im Herzen Europas. Und den allerwenigsten war bekannt, daß er, Schörner, sich »auf dem schnellsten Weg in den Alpenraum begeben und dort den Oberbefehl über die Alpenfront übernehmen« sollte. [289]

Thorwalds Behauptung, »Schörner hatte nicht nur seine Soldaten im Stich gelassen. Er hatte auch alle jene Deutschen im Stich gelassen, die am 6. und 7. und 8. Mai in Prag und im ganzen tschechischen und sudetendeutschen Gebiet noch darauf hofften, seine nach Westen zurückgehenden Truppen würden sie schützen oder befreien und ihnen ebenfalls den Weg nach Bayern oder ins amerikanisch besetzte Gebiet öffnen« [290] ist nach dem, was wir bisher an historischen Daten und Fakten in Erfahrung gebracht haben und noch vernehmen werden, eine bösartige Unterstellung. [291]

Erleichtert schrieb Schörner am 7. Mai 1959 aus der Landsberger Haftanstalt: »Es gibt auch freudige Nachrichten, nämlich die Bundesdisziplinarkammer hat mit 23. 4. 59 folgenden Beschluß im bekannten Disziplinarverfahren erlassen: ›... (nach längeren Begründungen) Bei der auf die Beschwerde des Beschuldigten (dies bin natürlich ›immer ich‹) hin vorgenommenen Prüfung hat die Kammer jedoch auch in den Fällen der Anschuldigungsschrift kein Dienstvergehen als erwiesen angesehen ...!‹ Kosten trägt der Bund usw. Mit diesem starken, freilich längst erwarteten Erfolg«, so Schörner kämpferisch, »sind also die besonders perfiden Verleumdungen von meiner ›Flucht‹ vor der Kapitulation, das sog. ›Märchen vom Storch‹ usw. auf ihre tatsächliche Substanz zurückgeführt: Ganz gemeine Lügen, die allerdings nur von Idioten oder gehassigen Neidern geglaubt wurden.« [292]

Schörner war beileibe nicht der einzige, der sich in dem »Bollwerk der Kernfestung Alpen« [293] einzufinden hatte, um hier einen geordneten Widerstand bzw. Abwehrkampf gegen die Alliierten zu organisieren. Franz Hofer, der Gauleiter von Tirol, dem am 12. September 1943 auch noch Südtirol und das italienische Gebiet bis Verona unterstellt worden war, war außerdem als Befehlshaber in dieser Festung aus Fels und Eis vorgesehen. Der Kärntner Gauleiter Dr. Friedrich Rainer war seit seiner Ernennung zum Obersten Kommissar in der Operationszone »Adriatisches Küstenland« ebenso mit dem Ausbau der »Alpenfestung« beschäftigt wie der Oberbefehlshaber Südwest, der Generalfeldmarschall Albert Kesselring.

Auch er hatte sich befehlsgemäß in der »Alpenfestung« einzufinden: der Rassenfanatiker Julius Streicher. Am 13. April 1945 meldete er sich über Goebbels beim Führerhauptquartier zum »Endkampf«. Dann fuhr er gemeinsam mit seiner Frau nach München und von dort nach Passau und Berchtesgaden zur Verteidigung des Alpenraumes. Auf Grund der chaotischen Verhältnisse fuhr er jedoch nach Kitzbühel weiter und hielt sich dort am 4. Mai 1945 auf einem Bergbauernhof bei Waidring in Tirol auf, wo er, als Kunstmaler getarnt, am 22. Mai durch den US-Major Henry Blitt verhaftet, in Salzburg interniert und später durch das Internationale Militärtribunal in Nürnberg zum Tode durch den Strang verurteilt wurde. [294]

Eine andere Größe des Dritten Reiches entdeckte plötzlich die »Alpenfestung« als einen Hort der relativen Sicherheit. Sein Name: Franz Ritter von Epp, Schörners ehemaliger Kommandeur des glorreichen Königlich Bayerischen Infanterie-Leib-Regiments und Hitlers Reichsstatthalter in Bayern. Als in der Nacht zum 28. April 1945 das tiefsinnige Stichwort »Fasanenjagd« (Goldfasane hießen im Volksmund die Hoheitsträger der NSDAP) ausgegeben wurde, versuchten Angehörige der Widerstandsgruppe »Freiheitsaktion Bayern« auch den General von Epp für diese Aktion zu gewinnen. Zunächst war er vom Umsturz beeindruckt, so daß der oberbayerische Gauleiter Paul Giesler im Bunker des Münchner Staatsministeriums tobte:

»Der Epp, dieses Schwein, ein Reichsstatthalter des Führers, verrät die Sache, wenn ich ihn hier hätte, würde ich ihn eigenhändig erschießen.« [295]

Doch dann erklärte Epp plötzlich: »Es ist mir unmöglich, meinen Freunden in der Partei in den Rücken zu fallen.« [296]

Nachdem Epp München in unbekannter Richtung verlassen und mit seiner Rückkehr nicht mehr zu rechnen war, bekannte der schwäbische Gauleiter Karl Wahl, ein besonders gern gesehener Gast der Gebirgssoldaten während des Rußlandfeldzuges, der beim Anmarsch der Amerikaner auf Augsburg seine Gauhauptstadt am 28. April 1945 kampflos übergeben hatte, voller Verbitterung: »Das war das erstemal, daß mich Epp enttäuschte.« [297]

Schörner hatte derartige Erfahrungen mit dem umtriebigen General bereits vorher gemacht. Ihm war der Wendekurs seines ehemaligen »Leiber«-Kommandeurs daher nichts Neues. Nachdem Epp aufgegriffen wurde, geriet er bei Kriegsende in amerikanische Internierung, wo er am 31. Dezember 1946 in München verstarb.

Zwischen den bayerischen und den oberitalienischen Alpen einerseits und dem Bregenzer und Wiener Wald andererseits handelte es sich um keine x-beliebige Front, sondern um eine »Festung«, wenn auch mehr um eine imaginäre, die die Phantasie der Deutschen ebenso beflügelte wie die Gedankenwelt der Alliierten. Daran, daß es eine Konzeption und auch Befehle für den Ausbau, die Bevorratung und die Besetzung dieses wehrhaften Raumes gegeben hat, besteht kein Zweifel.

»Die Alpenfestung sollte und konnte – für einen denkenden Soldaten – nicht den verlorenen Krieg fortsetzen, jedenfalls nicht gegen die Westmächte. Es handelte sich jetzt vielmehr um die Bereitstellung deutscher Kräfte für einen möglicherweise beabsichtigten Frontwechsel gegen die Sowjetunion, ähnlich wie deutsche Truppenverbände in Frankreich, Norwegen und Schleswig-Holstein zum gleichen Zweck noch längere Zeit zusammengehalten wurden.« [298]

Schon im September 1944 äußerte sich Kesselring anläßlich einer Frontbesichtigung bei der Kampfgruppe Triest erstmals über die »Alpenfestung«. Die Verlautbarungen des Oberbefehlshabers Südwest im historischen Schloß Miramare in Gegenwart des Befehlshabers der Operationszone »Adriatisches Küstenland« waren von einer derartigen Brisanz, daß der damalige Kampfgruppen-Kommandant darüber sogleich eine Eintragung in seinem Kriegstagebuch vornahm. [299]

In seinen »Gedanken zum Zweiten Weltkrieg« äußerte Kesselring sich hierzu wie folgt: »Hitler hat niemals an den Befestigungsvorhaben des OB Süd, des späteren OB Südwest, in Italien Anstoß genommen, sie sogar durch reichliche Zuführung von Bautruppen, Baumaschinen und Material unterstützt. Auch die Gauleiter von Tirol [. . .] und Steiermark [. . .] bauten unter taktischer Anleitung des OB Südwest mit großem Erfolg starke, tief gegliederte Befestigungsanlagen in der Po-Ebene, in Istrien und dessen Hinterland bis nach Laibach und am Südrand der Alpen.« [300]

Wenn es sich in den oberitalienischen Alpen und an ihren Ausläufern auch nur um Verteidigungslinien und Verlängerungen der sogenannten »Reichsschutzstellung« handelte, so wurden diese Stellungssysteme doch in die sogenannte »Alpenfestung« miteinbezogen. [301] In seinen Memoiren schrieb Kesselring [302]:

»Als ich ungefähr am 20. April 1945 in meinem damaligen Hauptquartier Motzenhofen (nördlich München) von dem Befehl, die ›Alpenfestung‹ zu verteidigen, Kenntnis erhielt, versuchte ich, mir hierüber ein klares Bild zu verschaffen. Über die Alpenfestung ist sehr viel, meist Falsches geschrieben worden. Der Alpensüdrand mit einer verlängerten Flanke gegen die Schweiz war zu der Zeit, als ich Oberbefehlshaber Südwest war, ausgebaut worden und zum Teil noch im Ausbau.
Dort standen Sicherheitsbesatzungen aus dem Bereich des Gauleiters Hofer (Standschützen), die durch Führer und Unterführer meiner früheren Heeresgruppe C ausgebildet waren.
Im Norden und gegen Nordosten waren keinerlei festungsgemäße Geländeverstärkungen vorhanden oder um den 20. April herum in Angriff genommen.
Bodenständige Truppen, Festungstruppen zur Verteidigung dieser Front gab es nicht. Sie waren auch nicht vorgesehen.
Die in den letzten Apriltagen von Oberbefehlshaber Südwest nach Norden verschobenen Bataillone unter General der Gebirgstruppe Feurstein hatten – wie seinerzeit, anscheinend nicht den Tatsachen entsprechend, gemeldet – innerdeutsche Aufgaben.
Die Ereignisse der letzten Kriegsmonate hatten viele Stäbe und rückwärtige Formationen von Nord, Süd, Südost und Ost in das Alpenreduit gebracht. Dies führte zu einer Überbelegung des Raumes und zu Ernährungsschwierigkeiten. Eine Räumung war unter den im April 1945 gegebenen Verhältnissen nicht möglich.
Die Verteidigung der sogenannten Alpenfestung hätte ausgesprochene Hochgebirgstruppen erfordert, die nicht vorhanden waren. Die Masse der Trosse und Heimatdienststellen war nur Kanonenfutter. Als sich Anfang Mai Armeen der Heeresgruppe Süd (Rendulic) in die Alpen zurückziehen und dort bis zum Ende kämpfen wollten, brauchte ich lange, um die Oberbefehlshaber der Armeen von der Undurchführbarkeit dieses Unternehmens zu überzeugen. Man brauchte, wie gesagt, gute Hochgebirgstruppen, die es in diesem Raum nicht mehr gab.
Die Bevorratung mit Nahrungsmitteln, wie mit dem militärischen Bedarf, soll dem Verwaltungschef der SS, Obergruppenführer Pohl, übertragen gewesen sein. Obgleich er in Süddeutschland gewesen sein soll, war er für uns nicht auffindbar. Tatsächlich war, wie übrigens auch auf dem Nachschub- und Fliegergebiet, nichts geschehen.
Rein militärisch betrachtet, hätte die Alpenfestung nur dann Wert gehabt, wenn sie nicht nur um ihrer selbst willen verteidigt wurde, sondern durch starke ›Hauptreserven‹ aller Waffen in weiträumigen

Ausfallschlachten und in Luftangriffen nicht nur gefesselt, sondern auch zerschlagen hätte. Dies war nicht möglich, alles andere war phantasievolle Spielerei!«

Aber eine mit weitreichenden Folgen. Denn diese »Alpenfestung« war zweifellos ein Zufluchtsort der nationalsozialistischen Führung in der Schlußphase des Zweiten Weltkrieges. Sie beschäftigte Anfang 1945 mehr und mehr die Alliierten. In der Tat wurden ihre Befürchtungen, in diesem »nationalen Reduit« (»A«) wolle sich die NS-Führung verschanzen und durch den Einsatz neuer »Wunderwaffen« sowie durch einen Zerfall der alliierten Kriegsallianz auf Grund unüberbrückbar erscheinender Differenzen zwischen der UdSSR und den Westmächten das Kriegsglück in letzter Minute nochmals auf ihre Seite zwingen, bestärkt, nachdem Teile des Oberkommandos der Wehrmacht und einige Ministerien in das Gebiet um Berchtesgaden verlagert wurden. In Wirklichkeit waren jedoch von einigen Panzersperren am Zirler Berg, bei Eschenlohe und anderswo sowie durch ein weit vorausschauendes Bevorratungssystem mit entsprechender Logistik [303] keine allzu großen Vorbereitungen für ein gigantisches Projekt getroffen worden. Zwar förderte der Chef des Reichssicherheitshauptamtes, Kaltenbrunner, entsprechende Pläne, jedoch mehr in der Absicht, die Furcht der Westmächte, hier noch einen letzten Kampf mit unübersehbar hohen Verlusten führen zu müssen, zu politischen Zugeständnissen auszunutzen.

Der Generalstabschef der Luftwaffe, Koller, bezeichnete das Projekt »A« auf Grund der nicht zu übersehenden Versorgungsmängel und einer unzureichenden Ausrüstung gar als »kompletten Unfug«. Mit dem Entschluß Hitlers, in Berlin zu bleiben anstatt vom Berchtesgadener Obersalzberg aus im Höhenrausch der Alpenluft den Endkampf zu führen, verlor das Projekt überdies seine Bedeutung, auch wenn der Generalfeldmarschall Schörner in Unkenntnis der wahren Sachlage befohlen hatte, dieses Gebiet als letztes Bollwerk gegen die Rote Armee zu halten. [304]

Trotz vieler widersprüchlicher Aussagen war die »Kernfestung Alpen« lange Zeit mehr als ein Phantom, obwohl sie erst am 28. April 1945 eine letzte, »und in dieser Form auch erstmals ausdrückliche und geographisch geschlossene Gestalt an[nahm], nachdem allerdings schon vorbereitende Maßnahmen durch OB. Südwest am 14. April verfügt worden waren. Der Führerbefehl zur Erkundung und dem Ausbau der ›Kernfestung Alpen‹ bestimmte als solche das Gebiet innerhalb der Linie

Füssen – Allgäuer Alpen – Valluga – Arlberg – Nauders – Stilfser Joch – Ortler – Adamello – nördlich Gardasee – Feltre – Caporetto – Karawanken – Unterdrauburg – ›Gunther‹-Stellung – Leoben – Dürrenstein – Waidhofen – Steyr – Salzburg – Tegernsee – Murnau. Eine Vor-Stellung sollte die Industrie von Steyr und Linz schützen, das ganze ›Bollwerk‹ selbst war für die Aufnahme der Kesselring zu unterstellenden Verbände bestimmt, der Einheiten des OB. West, OB. Südwest, OB. Südost und Heeresgruppe Süd.« [305]

Die »Alpenfestung« wurde für Hitler und seine Feldherren zu einem Faustpfand, mit dem sie eine Zeitlang wuchern konnten. Wie sehr sie die Phantasie der Westalliierten beflügelte, das veranschaulichen uns die darüber verfaßten Abhandlungen, die sich stellenweise wie Kriminalromane lesen. So schrieb zum Beispiel Rodney Minott in seinem Buch »Top Secret. Hitlers Alpenfestung« [306]:

»Am 21. April hielt General Smith im SHAEF eine vertrauliche Pressekonferenz ab. Offiziell erläuterte er noch einmal die Gründe, die den Oberbefehlshaber veranlaßt hatten, nicht auf Berlin vorzustoßen; seine Kommentare zu den nach dem 21. April geplanten anglo-amerikanischen Operationen aber waren inoffiziell. Er sagte, eigentlich wisse man im SHAEF nicht genau, was an der Alpenfestung wahr sei, noch, was man dort vorfinden werde; er fügte jedoch hinzu: ›Wir vermuten, daß es bedeutend mehr sein wird als das, worauf wir gefaßt sind (sic!).‹ Vor allem (sagte Smith): umfangreichere unterirdische Anlagen, als man ursprünglich für möglich gehalten hatte. Wenn also Hitler oder einige aus seiner Gefolgschaft sich in der Festung befänden, könnten sie per Funk den Widerstand schüren. Infolgedessen habe Eisenhower, um den Krieg schnell zu beenden, Pattons 3. Armee und Patchs 7. Armee für den nächsten Tag auf die östliche respektive westliche Hälfte der Alpenfestung angesetzt. Wenn erst einmal dieses Bollwerk gefallen wäre, würden nach Eisenhowers und seiner Meinung wahrscheinlich, die Stützpunkte in Dänemark, Norwegen und Holland kapitulieren. Smith wiederholte, daß unter militärischen Gesichtspunkten Berlin keine Bedeutung mehr habe, ›nicht vergleichbar mit der Bedeutung der sogenannten Alpenfestung und einer Ausgangsbasis für weitere Operationen in Norwegen‹.

Auf die Frage, wie schwierig es sein werde, die Festung zu bezwingen, erwiderte Smith, er glaube nicht, daß die Aufgabe sich als allzuschwer erweisen werde. Er schätzte die Dauer der Kämpfe auf etwa einen Monat: Nachher müsse man mit Guerillaaktionen von unbegrenzter

Dauer rechnen. Er erwähnte, daß Washington ›einen verteufelten Druck ausübe‹, um Truppen für den Pazifik freizumachen, und daß das für die zeitliche Festsetzung der Siegesproklamation mit entscheidend sei. Diese Proklamation müsse von den alliierten Regierungen, nicht von Eisenhower ausgehen, und er habe nicht den Eindruck, die deutsche Regierung würde jemals formell die Waffen strecken. Die Verkündung des Waffenstillstandes könne Wochen oder Monate vor oder nach dem Zusammenbruch der Alpenfestung erfolgen. In Beantwortung weiterer Fragen fuhr er fort, die deutschen Streitkräfte in Italien bildeten möglicherweise eine gegebene Reserve für die Festung; er glaube jedoch nicht, daß sie es wagen würden, Gas einzusetzen.
Obwohl Smith der Zukunft recht optimistisch entgegensah, überschätzte er noch immer das Potential der Alpenfestung im Hinblick auf die unmittelbare Verteidigung und als Basis anhaltender Partisanenkämpfe. Der Berichterstatter der New York Times, Drew Middleton, verließ die Konferenz in übertrieben gedrückter Stimmung. In vorsichtigen Wendungen deutete er im Hinblick auf Smiths Beurteilung der Lage und dessen Voraussagen an, der Kampf um die Alpenfestung werde Eisenhowers Hauptproblem sein und vielleicht einen umfassenden, kombinierten Feldzug der Amerikaner und der Russen erfordern ...«

Und das war kein Wunder, denn die Westalliierten gingen von folgenden Überlegungen aus: »Die Streitkräfte, die die Alpenfestung schließlich verteidigen würden, sollten 200000 bis 300000 erprobte SS-Soldaten und ausgebildete Gebirgstruppen umfassen, die sich bis zum letzten Mann fanatisch verteidigen würden.« [307]
Da war der einzige Generalfeldmarschall der »Blumenteufel« gerade der richtige Mann zum richtigen Zeitpunkt am richtigen Fleck! Schörner war bereit, sich dem kombinierten Feldzug der Alliierten in den Weg zu stellen. Denn er war nach wie vor voller Energie, Tatendrang und Siegeszuversicht! Als er mit seinem »Storch« aus dem böhmischen Hexenkessel in Richtung »Alpenfestung« flog, beging er jedoch einen verhängnisvollen Fehler: er hatte die Feldmarschalluniform gegen Zivilkleidung ausgewechselt, um bei einem etwaigen Zwischenfall nicht auf der Stelle erkannt zu werden, denn das Gebiet, das er zu überfliegen hatte, befand sich seit Tagen in Aufruhr. Nachdem er unerkannt dem tschechischen Hexenkessel entkommen war, lauerte in der Tat eine neue Gefahr auf ihn; jenes österreichische Gebiet, das bereits seit Wochen von der Widerstandsbewegung »Rot-Weiß-Rot« immer stärker kontrolliert wurde.

Nachdem Schörners »Storch« am 9. Mai 1945 oberhalb von Mittersill unbehelligt aufgesetzt hatte, erfuhr er, daß die Amerikaner sogar bis hierher vorgestoßen waren und Generaloberst Guderian mit Teilen des Oberkommandos des Heeres gefangengenommen hatten. Um unerkannt zu bleiben, beschaffte er »sich einen Trachtenanzug [...] und klärte an Ort und Stelle die Lage auf. Er ließ sich zu diesem Zweck sogar einen Sonderausweis von einer dort liegenden Kampfwagenschule ausstellen.« [308] Schörner flog bis zum Dorf Alm bei Saalfelden, wohin das bisherige Oberkommando West verlegt hatte und jetzt der Befehlszug des Generalfeldmarschalls Kesselring stand. Dort soll es nach Schörners Anwalt Aschenauer »aber in der Hektik dieser Tage zwischen beiden Feldmarschällen zu keiner Besprechung mehr« gekommen sein. [309]
Der General der Kavallerie Siegfried Westphal, zunächst Rommels und später von Rundstedts und Kesselrings Generalstabschef, schildert diese entscheidende Begegnung in seinen »Erinnerungen« wie folgt: »Mitte Mai rief mich der Oberbefehlshaber der 1. Armee an und meldete ein ›besonderes Vorkommnis‹, wie das in der Dienstsprache hieß. General Foertsch begann mit den Worten: ›Bei uns pflegen nach Einbruch der Dunkelheit Feldmarschälle einzutreffen.‹ Auf meine erstaunte Frage erwiderte Foertsch, soeben sei Feldmarschall Schörner angekommen und wolle mich sprechen. Ich fragte Schörner, auf welchem Wege er aus der Tschechoslowakei nach Österreich gelangt sei und was er hier wolle. Antwort: Mit einem Storch und mit Anhalter. Ich fragte weiter: ›Was macht die Heeresgruppe Mitte, wer führt sie jetzt?‹ Die Antwort war vieldeutig. Schörner meinte dann, er sei hierher gekommen, weil er glaubte, man könne noch Widerstand leisten. Er habe sich aber vom Gegenteil überzeugen müssen. Man müsse auf bessere Zeiten hoffen. Da sei er nun, in ›kurzer Wichs‹ und von der langen Reise stark übermüdet. Ich bedeutete ihm, wir müßten seine Ankunft leider gleich den Amerikanern melden. Das sah Schörner ein und bat nur, ihn ausschlafen zu lassen. Ich sicherte ihm zu, mich bei der 7. US-Army dafür einzusetzen. Ich wüßte aber nicht, ob man dort darauf eingehen würde. So war es auch, der Feldmarschall wurde noch in der gleichen Nacht abgeholt [...]« [310]
Hitlers Heerführer der letzten Stunde, für den in einer Regierung Dönitz sogar noch das Amt des Reichskriegsministers vorgesehen war [311], war nach seinen eigenen Erfahrungen und Eindrücken, die er an Ort und Stelle im Alpenraum gesammelt hatte, und aus den Erzählungen und Berichten von zahlreichen Bergbewohnern und heimgekehrten Gebirgssoldaten zu der Überzeugung gekommen, daß der

Zweite Weltkrieg, in dem er vom Oberst bis zum Generalfeldmarschall aufgestiegen war, tatsächlich verloren und die »Alpenfestung« nicht viel mehr als eine politische und militärische Wunschvorstellung gewesen war – allerdings eine, die dem Gegner derart viel Angst und Schrecken eingejagt hatte, daß er sich nur sehr zögernd, teilweise sogar widerwillig der »Kernfestung A« näherte.

Dabei ist es von Bedeutung, daß Schörner aus seiner Sicht und Lage heraus, den Auftrag, »den er bei seinem letzten Besuch im FHQ zu Berlin am 24. April 1945 empfing, nämlich die Alpenfront zu übernehmen und zu organisieren, für begründet und sinnvoll« hielt. [312] In Ausführung dieses Befehls begab er sich einen Tag nach der Kapitulation (seiner Befehlsbefugnis im bisherigen Rahmen enthoben und ohne die Tätigkeit als Oberbefehlshaber Mitte ausüben zu können) in den Alpenraum. Nicht umsonst stellte der Militärschriftsteller E. A. Nohn unter anderem fest: »Die Ernennung der militärischen Kommandanten für die Gesamtfestung – Generalfeldmarschall Schörner – und für die einzelnen Verteidigungsabschnitte – z. B. General der Gebirgstruppen Ritter v. Hengl – sowie die Befehlsgebung an die Truppe – drei Armeen des Feldheeres, Verbände der Luftwaffe, rückwärtige Dienste – ist offenbar erst erfolgt, nachdem der Entschluß Hitlers, das Schicksal der Reichshauptstadt zu teilen, bereits feststand.« [313]

Daß Schörner seinen Befehl zur Übernahme und wirkungsvollen Verteidigung der »Alpenfestung« nicht mehr ausüben konnte, belastet keinesfalls ihn, sondern das Oberkommando der Wehrmacht, das entweder die tatsächlichen Verhältnisse im Alpenraum nicht kannte oder Hitlers letzten Oberbefehlshaber des Heeres falsch unterrichtete.

Am 15. Mai 1945 bereitete er dem ganzen Spuk ein Ende, nachdem er sich von der Sinnlosigkeit seines Auftrages vor Ort überzeugt hatte. Aber im Gegensatz zu Hitler und Goebbels, zu Göring und dem Ritter von Greim, zu Himmler und anderen SS-Führern; aber auch zu Rommel und von Kluge, zu Model und weiteren Armeeführern der Wehrmacht, die keinen anderen Ausweg mehr sahen, schied der von den Alliierten wie eine Stecknadel gesuchte Schörner nicht freiwillig aus dem Leben, sondern stellte sich den Amerikanern. Und wiederum waren es seine nie erlahmenden, eisernen Nerven, die ihm diesen fragwürdigen Schicksalsaufschub ermöglichten, ja erzwangen.

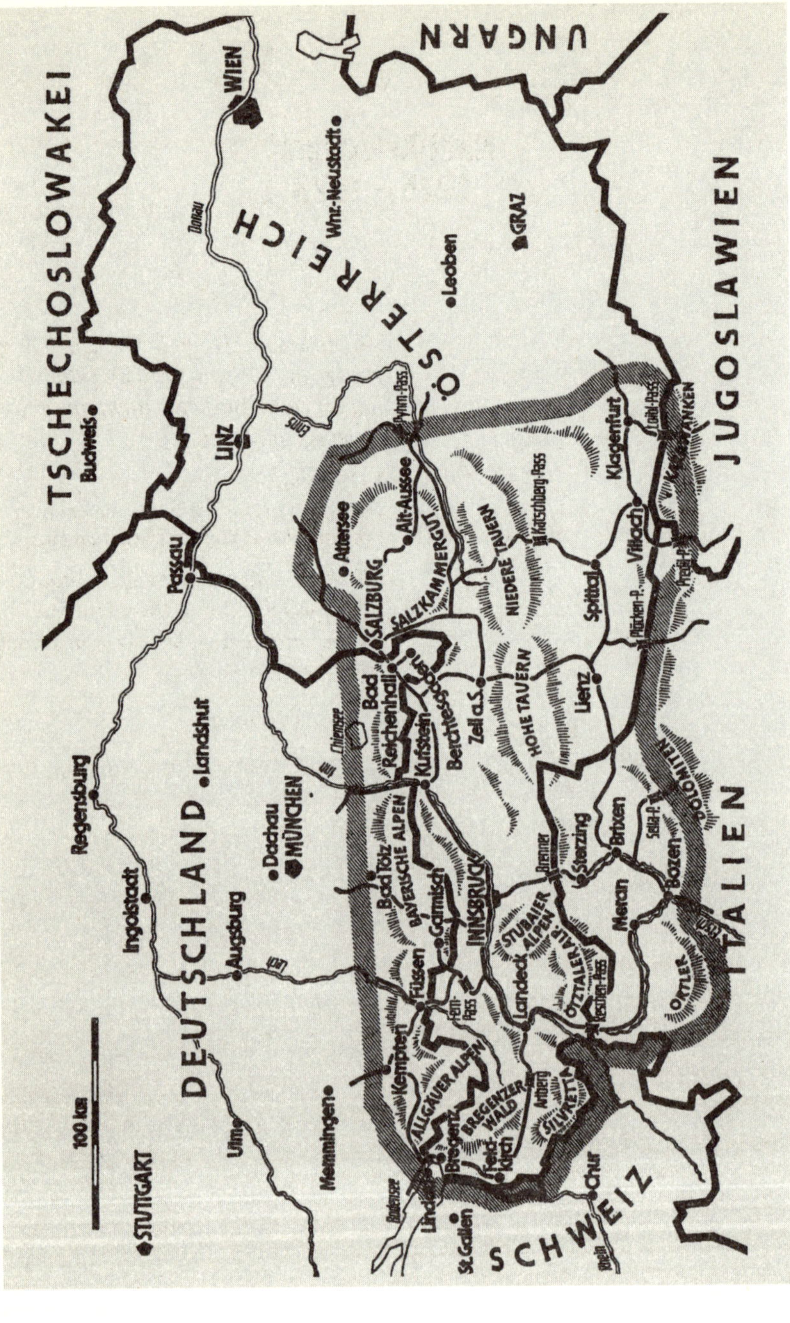
TSCHECHOSLOWAKEI
UNGARN
JUGOSLAWIEN
ÖSTERREICH
DEUTSCHLAND
ITALIEN
SCHWEIZ
WIEN
Wr.-Neustadt
GRAZ
Leoben
LINZ
Budweis
Donau
Enns
Pyhrn-Pass
Passau
Regensburg
Landshut
Ingolstadt
Dachau
MÜNCHEN
Augsburg
Lech
Ulm
Memmingen
STUTTGART
100 km
Attersee
Alt-Aussee
SALZKAMMERGUT
SALZBURG
Bad Reichenhall
Berchtesgaden
Chiemsee
Inn
Kufstein
Bad Tölz
BAYERISCHE ALPEN
Garmisch
INNSBRUCK
Füssen
Fern-Pass
Kempten
ALLGÄUER ALPEN
BREGENZER WALD
Bregenz
Lindau
Bodensee
St. Gallen
Feldkirch
Chur
Rhein
Arlberg
SILVRETTA
Landeck
ÖTZTALER ALP.
STUBAIER ALPEN
Reschen-Pass
ORTLER
Meran
Bozen
Sella-P.
DOLOMITEN
Brixen
Sterzing
Brenner
Zell a. S.
HOHE TAUERN
NIEDERE TAUERN
Katschberg-Pass
Lienz
Spittal
Villach
Klagenfurt
Plöcken-P.
Loibl-Pass
KARAWANKEN

V.

Nachkriegszeit
1945 – 1973

»Wenn Ihr zehn von Schörners Fähigkeiten und Leistungswillen gehabt hättet, wäret Ihr heute nicht unsere Kriegsgefangenen.«

KGB-Oberst
(Im Sommer 1945 beim Gefangenenverhör zum Oberfeldwebel Wilhelm Hopp)

»Es gibt keine verzweifelten Situationen, sondern nur verzweifelte Menschen, und dazu gehört kein anständiger deutscher Soldat!«

Ferdinand Schörner

1. Stalins Faustpfand

Schörner sah gedankenverloren aus dem Fenster. Draußen schlitterte die Voralpenlandschaft vorbei. Bald sah er das Lager Lechfeld. Von hier aus war er mit seinen »Leibern« Anno 1915 im Rahmen des Deutschen Alpenkorps aufgebrochen, um die bedrängte Südtiroler Front gegen den erwarteten Ansturm der Italiener zu verteidigen. Das war zu Beginn seiner einzigartigen Soldatenlaufbahn. Auch jetzt, am Ende seines militärischen Werdegangs, spielte die Alpenregion eine zentrale Rolle in seinem Leben. Denn als er im Auffanglager »Bärenkeller« bei Augsburg interniert wurde, fragten ihn die Amerikaner sogleich nach der »Alpenfestung«, die ihnen so viele schlaflose Nächte bereitet und vor lauter Angst den Vormarsch verzögert hatte. Aber diesbezüglich waren sie wahrscheinlich besser informiert als der vor ihnen sitzende Generalfeldmarschall, der hierüber so gut wie keine genauen Angaben machen konnte – außer, daß er in seiner Eigenschaft als letzter Oberbefehlshaber des Heeres noch den Befehl erhalten hatte, dieses gewaltige Bollwerk aus Fels und Eis an der Nahtstelle zwischen Mittel- und Südeuropa zu verteidigen.

Als die Amerikaner sahen, daß Schörner mit seinen spärlichen Aussagen nicht bluffte, sondern in der Tat weit weniger über dieses Reduit informiert war als sie, lieferten sie ihn kurzerhand wenige Tage später via Salzburg an die in den nordöstlichen österreichischen Bundesländern stehenden Russen aus. Und auch hier spielte die »Alpenfestung« bei der ersten Vernehmung eine Schlüsselrolle. Nicht umsonst stellte ein Offizier des berühmt-berüchtigten KGB Anfang Juni 1945 in der Moskauer Lubjanka fest: »Wir wissen, daß Sie keinen Spazierflug in die Alpen unternommen haben. Sie waren Oberbefehlshaber der Alpenfestung; das ist ein Punkt, der uns sehr interessiert.« [1]

Aber auch das bekannte später einer jener verhaßten KGB-Offiziere dem ihm gegenüber sitzenden Schörner im gefürchteten Moskauer Staatsgefängnis: »Wir hätten Sie sofort erschossen, wenn wir Ihnen hätten nachweisen können, daß die Ihnen von Ihren eigenen Offizieren zur Last gelegten Erschießungen an deutschen Soldaten tatsächlich stattgefunden hätten. Denn um so weniger hätten Sie wohl Skrupel gehabt, unsere russischen Soldaten zu erschießen...« [2] Daher ist es auch kein Zufall, daß Schörner im Gegensatz zu den meisten Hauptakteuren des Dritten Reiches und der Wehrmacht weder vor dem Nürnberger Militärtribunal noch zu irgendwelchen Nachfolgeprozessen zitiert wurde.

So wie Churchill sich mit Dietls ehemaliger Lappland-Armee in Skandinavien eine von den Sowjets unbesiegte deutsche Armee samt voller Bewaffnung bis Mitte 1945 als Faustpfand gehalten hatte [3], so betrachtete Stalin fortan Hitlers Oberbefehlshaber des Heeres als seinen Joker. Denn die Zwietracht zwischen den Westalliierten und den Sowjets war bereits so groß, daß der eine dem anderen nicht mehr über den Weg traute. Es war insbesondere der britische Premierminister, der sowohl den weiteren Vormarsch der Roten Armee im hohen Norden als auch in der Operationszone »Adriatisches Küstenland« mit allen ihm zur Verfügung stehenden diplomatischen und militärischen Mitteln stoppte, weil er die Russen weder an seiner Gegenküste in Skandinavien noch in Triest sehen wollte. Churchills sarkastischer Ausspruch, daß man das »falsche Schwein geschlachtet habe«, war auch Stalin nicht verborgen geblieben.

Wer jedoch im Westen gedacht oder gar die Legende verbreitet hatte, die Sowjets würden Schörner wie ein rohes Ei behandeln und ihm jenen »Luxus« gewähren, den die Westalliierten ihren prominenten Kriegsgefangenen zu bieten hatten, wenn sie sich nur für deren militärhistorische Forschungsarbeiten einspannen ließen, der mußte sich schon bald eines Besseren belehren lassen. Denn für Schörner hatten die Russen im Gegensatz zu Paulus und seinen Generalen, die sich von ihnen unter anderem im Nationalkomitee Freies Deutschland (NKFD) hatten vereinnahmen lassen, keine Annehmlichkeiten parat. Statt dessen hatten sie sich für Schörner allerlei Schikanen ausgedacht. Diese hat der große russische Schriftsteller Alexander Solschenizyn in seinem »Archipel Gulag« mit den entlarvenden Worten gebrandmarkt:

»Von der Bering-Straße bis fast zum Bosporus hin liegen die abertausend Inseln des verwunschenen Archipels verstreut. Unsichtbar sind sie, aber vorhanden, und ebenso unsichtbar, doch stetig müssen die unsichtbaren Sklaven befördert werden, jeder ein Leib ein Volumen, ein Gewicht« [4] – eines vom Kaliber Schörners.

Das, was die Russen sich für Hitlers Generalfeldmarschall der letzten Stunde ausgedacht hatten, war alles andere als ein Fingerschlecken. Denn er genoß keine Privilegien; ihm stand keine Datscha zur Verfügung, weil er sich seinen Geist und seine Seele nicht korrumpieren ließ. Er war, wie Solschenizyn, einer unter vielen Tausenden. So konnte auch er sich wie »jeder ehemalige Gefangene genau an sein Verhör erinnern, an die Daumenschrauben, die sie ihm ansetzten, und an den Schmutz, den sie ihm abpreßten, doch den Untersuchungsrichter, den kennt er selten beim Namen, geschweige denn, daß er sich Gedanken über ihn gemacht hätte«. [5]

Ganze zehn endlos lange Jahre hielt Stalin sein Faustpfand fest im Würgegriff. Schörner hat dieses Dezennium in den menschenverachtenden sowjetischen Kerkern und Lagern des Grauens und Schreckens in seinen Aufzeichnungen wie folgt festgehalten [6]:

»2. bis 6. Juni 1945 Einzelhaft im Bürogebäude der Lubjanka, Moskau.

6. Juni bis 7. August 1945 im Gulag 27/I (Krassnogorsk, 30 km ostwärts Moskau).

7. August 1945 bis 19. September 1949 im Gefängnis Lubjanka. Hier bis Ende Juni 1946 mit dem angebl. ›Baltenbaron‹ Uexküll (bekannt als ›Empfangschef‹ der Lubjanka im sowjetischen Dienst); ab Ende Dezember 1945 auch mit Genltn. Piekenbrock (Abwehrchef bei Canaris); ab Ende Juni 1946 dazu Vizeadmiral Hans-Erich Voß (Verb.-Offz. Dönitz im F. H. Qu.), zeitweise mit dem ungarischen Oberst i. G. Otto Hatz (ungar. Attaché in Konstantinopel und Sofia). Wiederholt Einzelhaft von 4 bis 6 Wochen.

19. September 1949 bis 1. April 1950 im Gefängnis, sprich Zuchthaus, Lefortowskaja (Leforte) mit dem angeblichen Chefredakteur Franz Rudolf Gfrorner, Wien, und dem ungarischen ›Konsul‹ Nikolaus Moisse Galfi (beide bekannte Spitzel).

1. April 1950 bis Januar 1952 im ›Europäertrakt‹ des Gefängnisses Butyrskaja, mit Gfrorner und Galfi; ab September 1952 allein mit dem ungarischen Studenten Soltan Rivó (vom Spionagedienst des ungarischen Professors Fehir, Sofia).

31. Dezember 1950 bis 2. Januar 1951 im Kältekerker der Butyrskaja. Die Folgen meiner damaligen schweren Erkrankung habe ich bis heute noch nicht gänzlich überwunden.

September 1951 bis Ende Januar 1952 wieder Einzelhaft in der Butyrskaja (ohne Lektüre und ohne Winterbekleidung!).

Ende Januar bis 19. Februar 1952 wieder im Zuchthaus Leforte.

11. Februar 1952 Prozeß vor dem Obersten Kriegsgericht der UdSSR, unter Ausschluß der Öffentlichkeit, ohne Verteidiger.«

Anschließend wurde Schörner zu zweimal 25 Jahren »Erziehungslager« verurteilt. Die wesentlichsten Punkte der Urteilsbegründung lauteten [7]:

»1. Erklärter Feind des Bolschewismus und dauernder Kampf gegen den Kommunismus, dabei u. a. ausdrücklich Anklage wegen Teilnahme bei der Niederwerfung des Aufstandes im rheinisch-westfälischen Industriegebiet im Jahre 1920, als Oberleutnant bei den Freikorpstruppen Epp/Watter.
2. Vorbereitung des Zweiten Weltkrieges, vor allem durch seine Tätigkeit als Taktiklehrer an der Kriegsschule, dann als Gruppenleiter in der 3. Abteilung Generalstab des Heeres, d. h. durch die Bearbeitung der Kriegs- und Friedenswehrmacht der Länder Italien, Tschechoslowakei, Österreich, Ungarn, der Schweiz und der Balkanstaaten; dabei wurde Schörner u. a. eine angebliche Mitschuld am Kriegseintritt Italiens angelastet. – Wesentlicher Zeuge war hierfür der Oberstleutnant Max Braun, zuletzt Bukarest.
3. Kampf des von Schörner geführten XIX. Gebirgs-Armeekorps an der Murmanskfront, wodurch der Widerstand Finnlands versteift und wesentlich verlängert worden sei.
4. Verlängerung des Krieges als Oberbefehlshaber von Armeen und Heeresgruppen an verschiedenen Frontabschnitten des Ostens, vor allem auch durch die ›Stabilisierung‹ russischer Durchbrüche und damit Verzögerung des Sieges der Sowjetunion.
In der siebenjährigen Untersuchungshaft spielten zwei weitere Vorwürfe wichtige Vernehmungspunkte: Schörner hätte nämlich
a) nicht nur Hunderttausende deutsche Soldaten, die an der russischen Front gekämpft hatten, den Amerikanern entgegen den Bestimmungen der Kapitulation zugeführt, die Kapitulation den Russen gegenüber überhaupt nicht gehalten, sondern auch Millionen deutscher Männer, Frauen und Kinder schon seit seiner Übernahme der Heeresgruppe Mitte im Januar 1945 ›gegen ihren Willen gezwungen, ihre Heimat zu verlassen und nach dem Westen zu fliehen‹,
b) den Versuch gemacht, nach der Kapitulation eine Alpenfront aufzubauen, dazu mit leitenden Persönlichkeiten der Wehrmacht und der Partei Verbindung aufgenommen und schon vorher diese seine Absicht durch Zusammenarbeit mit diesen Stellen vorbereitet. Diese Tätigkeit sei ebenso wie die Nichteinhaltung der Kapitulation eine ausschließlich gegen die Sowjetunion gerichtete feindliche Haltung gewesen.«

Tags darauf, am 12. Februar 1952, richtete Schörner gegen das Urteil eine schriftliche Beschwerde an Stalin. Schon Ende April 1952 traf völlig überraschend der Beschwerdebescheid ein. Er beinhaltete »nur« mehr 12½ Jahre Haft. Der Generalfeldmarschall sah hierin ein erstes offenkundiges Anzeichen dafür, daß Stalin mit ihm noch besondere Absichten verfolgte.

Vom 19. Februar bis Ende Mai 1952 war Schörner wieder in einer 35 Mann umfassenden Massenzelle in der Butyrskaja inhaftiert. Seine Mitgefangenen setzten sich aus zwei Drittel Russen sowie ein Drittel Deutsche und Österreicher zusammen. Unter ihnen befanden sich der General der Artillerie de Angelis, der General der Artillerie Weidling, der Vizeadmiral Voß, der SS-Gruppenführer Streckenbach, der Generalmajor Spalcke, der Oberstleutnant Geisler und der SS-Hauptsturmführer Eckhold.

»Doch schließlich«, so Solschenizyn, »hast du nicht den Boden, den dreckigen, nicht die düsteren Wände, nicht den Gestank der Latrine liebgewonnen, sondern diese da, mit denen gemeinsam du dich auf Kommando umgedreht hast; dieses Etwas, das zwischen euren Seelen pochte; ihre zuweilen erstaunlichen Worte...« [8]

Von Ende Mai 1952 bis zum 13. November 1954 saß Schörner rund 200 Kilometer nordostwärts von Moskau im »Gefängnis« Wladimir – und zwar in verschiedenen kleineren, meist 15 Mann zählenden Zellen mit Deutschen und Österreichern, Russen und Japanern: unter ihnen der japanische Flieger Kosugisan, der chinesische General Go-Ya-Lin, der Koreaner Zoi, der rumänische Redakteur Jean Melle, der Lette Maigonis Upenix, ein Grieche und ein Amerikaner. In der langen Zeit dieses Zwangsaufenthaltes brachte Schörner unter anderem folgende aufschlußreichen Erlebnisse und Begebenheiten zu Papier:

»1. *Gesundheitlicher Zustand:* Kein Gefangener hatte noch seine volle Gesundheit, kein Mann und keine Frau. Sehr häufig waren vor allem Mangelerscheinungen – wir erhielten erst seit 1954 teilweise Pakete – Tuberkulose und Störungen des vegetativen Nervensystems, dazu allgemein neuralgische Schmerzen, ernste Blutstauungen und Erkältungen. – Ärztliche Pflege: Seit 1952 wurde der ärztliche Dienst nur durch Frauen ausgeübt, die männlichen Ärzte kamen sämtliche von Wladimir weg [...] Die Verteilung der Arzneimittel erfolgte äußerst unregelmäßig, bestimmte Mittel fehlten wochen- und monatelang.

Die Durchführung einigermaßen ernsterer Operationen bedeutete Lebensgefahr oder zumindest schwere körperliche Schäden. Auch einfache Operationen wurden in langwieriger und sehr schmerzlicher Weise ausgeführt; ich habe auch darin persönliche Erfahrung.

Der sogenannte ›*Spaziergang*‹ war wegen der in den Zellen herrschenden Stickluft wichtig. Bis 1952 gab es täglich nur 15 bis 20 Minuten,

späterhin eine Stunde, für Lungenkranke auch zwei Stunden. – Die Bezeichnung ›Spaziergang‹ war ebenso ein Hohn wie der Name ›Gefängnis‹ für diese asiatischen Zuchthäuser, die ich erleben durfte: Man wurde in kleine, sogenannte ›Hundezwinger‹ getrieben, sieben Meter lang und fünfeinhalb bis sechs Meter breit; umgeben von hohen Mauern, Eisenstäben und Stacheldraht. Kein grünes Blatt. Bis 1953 war es unmöglich, bei schlechtem Wetter ›spazierenzugehen‹, da wir keinerlei Regenschutz besaßen und nur mit dem ›Zebra-Anzug‹, d. h. mit einem dünnen, vielfach zerrissenen Leinen bekleidet waren. [. . .]
Die *zahnärztliche* Pflege war in Wladimir völlig unzureichend; moderne Apparate fehlten gänzlich. Die dortige Zahnärztin war durch den geringen Stand ihres Könnens und ihre noch geringere Bereitwilligkeit zu helfen, allgemein bekannt und sogar von den Russophilen gemieden. (Mir wurden in der Lubjanka drei Zähne gezogen, die lediglich einer Füllung bedurft hätten. Plombieren gab es in den Jahren 1945–49 dort nicht.)
2. *Unterkunft* in schlecht gelüfteten Gemeinschaftszellen, zehn bis 15 Mann. Die Zellen waren derart eng, daß man sich nur seitlich zwischen den eisernen Bettstellen durchschieben konnte. Sommer wie Winter herrschte ein für die Gesundheit sehr schädlicher Luftzug, da die kleinen Oberklappen der Fenster wegen der Menschenansammlung dauernd offen bleiben mußten und die an sich massiven Türen schlecht schlossen. Bevorzugte genossen im Sommer den Vorteil, in kleinere Zellen verlegt zu werden, die besser zu lüften waren. (Ich habe nie zu diesen Bevorzugten gezählt.) – In den langen Wintermonaten bestand große Schwierigkeit zu lesen oder gar zu schreiben, da nur eine einzige schwache Lichtquelle hoch oberhalb der Eingangstür angebracht war.
3. *Typische bolschewistische Schikanen* gab es zehn Jahre lang zahllos und in den verschiedensten Arten und Graden, wenn ich auch persönlich nie eine eigentliche körperliche Mißhandlung erlebt habe. Zu diesen Schikanen, die nach raffinierter asiatischer Methode die planmäßige Demoralisierung und geistige wie seelische Vernichtung der Häftlinge bezweckten, zählten:
a) [. . .] Bei dieser körperlichen Durchsuchung wurden gelegentlich, besonders in der Butyrskaja, derart gemeine Dinge verlangt, wie sie auf der gesamten übrigen Welt nicht vorkamen. Weigerte man sich, das Geheiß dieser abgerichteten Wüstlinge zu befolgen, dann wurde man halbe Tage lang in eine enge ›Box‹ gesperrt, schließlich aber doch wieder freigelassen.
b) Dieses Einsperren in eine Box erfolgte auch ohne äußeren Anlaß

zum Beispiel dann, wenn der Kommissar mit der Aussage des Häftlings unzufrieden war. Dafür konnte man auch in den Kerker wandern. Es kam auch nicht selten vor, daß man mitten in der Nacht zum ›Untersuchungsrichter‹ geholt wurde, jedoch lediglich zu dem Zweck, daß dieser seine ›Arbeitsnorm‹ auf dem Papier erfüllen konnte. Bestenfalls las dieser Herr Zeitung oder schlief einige Stunden, um dann den Häftling wieder in die Zelle zurückführen zu lassen.

c) Äußerst qualvoll, vor allem in den späteren Jahren – als wir alle mehr oder minder gesundheitlich anfällig waren – war die strenge Anordnung, daß man nur morgens und abends austreten durfte. Sonst mußte der ›Kübel‹ benützt werden, mit allen unvermeidlichen Begleiterscheinungen in der engen, überfüllten Zelle. Dieser Zwang führte zu ernsten gesundheitlichen Störungen; niemand wollte die Zellenluft verpesten. Führte man beim Aufsichtspersonal Klage, so erhielt man nur höhnische Antworten. Sogar Einläufe wurden Magenkranken in der Zelle gemacht!

d) Selbstverständlich hatte man die ›Toiletten‹ selbst zu reinigen. Dies traf den Häftling der Reihe nach, wie er Dienst hatte. Selbstverständlich war es reiner Zufall – welche ›Zufälle‹ gab es nicht alle! – daß ich des öftern beide Kloaken unseres Doppelstockwerks zu reinigen hatte. Dies sind nur einige wenige Beispiele unserer ›korrekten und humanen‹ Behandlung.

4. *Verpflegung:* Heißes Chlorkalkwasser, dreimal täglich, als sogenannten Tee. Die Fälle, in denen wir nur lauwarmes Wasser und dieses um Stunden verspätet erhielten, waren zahlreich.

›Kascha‹, d. h. mit Wasser zubereitete, minderwertige Hülsenfrüchte – meist Graupen – bildeten die Hauptnahrung. Es ist ein Hohn, daß dieses ›Futter‹, wie es von Kommissaren selbst bezeichnet wurde, in Wörterbüchern als ›porridge‹ übersetzt wird.

Das ›Chleb‹, ebenso irreführend mit ›Brot‹ übersetzt, bestand jedenfalls in Wladimir im allgemeinen aus schwarzer, feuchter Kleie. Manchesmal flog es schon beim Empfang in Brocken auseinander und konnte überhaupt nicht geteilt werden. [. . .]

Die schlimmsten Hungerjahre waren 1947, dann 1951/53. Auch ich war damals derart abgemagert, daß mich Mitgefangene aus meinem engsten Kameradenkreis beim erneuten Zusammentreffen nach längerer Zeit zunächst nicht mehr erkannten. Wir waren Skelette. [. . .]

5. Das Zusammensein mit diesen russischen *kriminellen Verbrechern*, mit denen wir jahrelang auf engstem Raum zusammengepfercht waren, bedeutete eine unvorstellbare Strafverschärfung, wie sie bisher in kei-

nem Land sich ereignet hatte. Es waren dies Diebe und Räuber – ›Blatnoja‹, russische Verbrecherorganisation, die alles terrorisierte – Mörder, Sexualverbrecher und Wahnsinnige. Meine Zelle hatte den besonderen Vorzug der Anwesenheit zum Beispiel des berüchtigten Klebikow, der eines Nachts ohne äußeren Anlaß einem ihm mißliebigen deutschen Polizisten mit einem Holzstück das Auge ausstach; oder mit dem verrufenen Wassiljew dem jüngeren, dem sogenannten ›Schläger‹ oder ›Hauptverbrecher‹ von Wladimir, der wiederholt versuchte, Mitgefangene zu erdrosseln; oder mit dem ehemaligen hohen bolschewistischen Parteimann Crigorjew, einem wütenden Deutschenhasser u. a. m. [. . .]

6. Die deutschen und österreichischen *Frauen* waren teilweise einem besonders unmenschlichen Los unterworfen. Dabei gab es auch bei ihnen kaum Fälle, in denen sich eine Frau überhaupt einer strafbaren Handlung schuldig gemacht hatte. Diese armen Wesen waren eben eines Tages von den Bolschewisten aufgegriffen worden, erlagen zufällig nicht deren Würgegriff und blieben dann eingesperrt.

»Ich sehe mich gezwungen«, so Schörner über die Lage der Frauen im Gefängnis Wladimir, »hier Einzelheiten zu schildern, die man in einem Bericht sonst nicht schreibt. Es handelt sich hier aber um einen wirklichen ›Tatsachenbericht‹ und um eine derart außergewöhnliche seelische Mißhandlung, daß diese Dinge nicht in Vergessenheit geraten sollen. Sie stellten gerade für europäische Frauen eine noch ungeheuerlichere Strafverschärfung dar. Und dies alles noch nach vielfach mehr als zehn Jahren Einkerkerung! [. . .]

Für die Frauen war das Existieren – niemand nannte es ›leben‹ – unter solchen Verhältnissen besonders schwer. Zum Beispiel wurden auch sie täglich zweimal, genau wie die Männer und in die gleichen sogenannten Toiletten getrieben, wobei männliche Gefängniswärter häufig das Aufsichtspersonal bildeten. Man stelle sich doch einmal einen solchen ›Waschraum‹ vor: Schmutziger, häufig fingertief mit Wasser und Spucke (Rußland!) bedeckter Boden; auf der einen Seite vier bis sechs Löcher im Boden oder auf einem niederen Holzgestell; auf der anderen Seite etliche Wasserhähne – jeder in anderer Ausführung – aus denen sogar Wasser fließt, wenn man Glück hat, in den unteren Stockwerken eingesperrt zu sein.

Genauso wie die Männer werden auch die Frauen in die Hundezwinger zum ›Spaziergang‹ hinabgetrieben. Dort sind sie schamlosesten Zurufen und Anträgen durch die in den Nebenzwingern sich bewegenden russischen Verbrecher ausgesetzt. Dort werden ihnen Pamphlete, eingehüllt

in Brotkugeln, herübergeworfen, deren Inhalt samt Illustrationen das Gemeinste darstellen, was menschenähnliche Individuen ersinnen können. Ich habe selbst noch im Herbst 1954 ein derartiges Schandblatt in der Hand gehabt, das irrtümlicherweise in unseren Zwinger fiel.
Naturgemäß waren allmählich manche Frauen psychisch und moralisch diesen Eigenarten eines sowjetischen Zuchthauses erlegen. Es bedeutete eine weitere Strafverschärfung, daß die normal gebliebenen Frauen mit solchen Leidensgefährtinnen weiterhin zusammenleben mußten.
Verheiratete Paare, die im gleichen Gefängnis und gelegentlich im gleichen Stockwerk untergebracht waren, durften sich zu meiner Zeit überhaupt nie sehen, sondern nur monatlich einmal einen, selbstverständlich zensierten Brief, in russischer Sprache schreiben.
7. *Geistige Beschäftigung:* Seit Frühjahr 1954 wurde regelmäßig die ›Prawda‹ in die Zelle gegeben und zwar lediglich mit ein bis zwei Tagen Verspätung, während ab 1953 Zeitungen zwar geliefert wurden, jedoch nur unregelmäßig und grundsätzlich mit zweimonatiger Verzögerung. – Seit Herbst 1953 gab es auch die ostdeutsche Presse, meist die von Moskau aus bezahlte ›Tägliche Rundschau‹, Berlin, Chefredakteur der bekannte Amerika-Heym. Andere Zellen erhielten das sogenannte ›Nuschke-Blättchen‹. An Zeitschriften kam gelegentlich die ›Ostberliner Illustrierte‹; schließlich gab es sogar Wörterbücher zum Kauf. [. . .]
Irgendeine freie Unterhaltung über Zeitungsnachrichten, über literarische oder gar politische Themen war undenkbar, da in jeder Zelle mindestens ein Spitzel, genannt ›Klopfer‹ auf jedes Wort scharf aufpaßte. Durch ihn fand jedes unbedachte Wort seinen Weg sogleich zum Kommissar. [. . .]« [9]

Das war schon schlimm genug. Doch es gab noch eine menschenverachtende Steigerung: die Ängste und Nöte der millionenfach gemarterten Seele! Und diese wurde bei Schörner am 30. Januar 1954 auf eine ganz harte Probe gestellt, als er die erste Nachricht aus der alpenländischen Heimat erhielt. Aber diese hatte nur eine Hiobsbotschaft parat: Seine verbitterte Frau und ihr ältester Sohn Hans waren nicht mehr am Leben, das man ihnen so unerträglich gemacht hatte. Schörners Frau wurde von den Familienangehörigen seiner ehemaligen Generals- und Offizierskameraden wie eine Aussätzige behandelt. Schlimmer noch: Man hatte die in jeder Hinsicht arme Frau im gottesgläubigen Mittenwald regelrecht verhungern lassen, so daß sie an den Folgen dieser unchristlichen Behandlung physisch und psychisch dermaßen zerbrach,

daß sie 1949 gebrochenen Herzens starb. Bereits kurz darauf, 1950, folgte der hochbegabte Erstgeborene seiner verarmten Mutter in das kühle Mittenwalder Familiengrab.
Aber auch im tiefsten Seelentief, wo die Versuchung sich tagtäglich bei ihm aufhielt und aufforderte, seinem Leben ein Ende zu setzen, bewahrte Schörner seine bewundernswerte Haltung: er kapitulierte nicht. Als sich im Lager Krasnogorsk von Funktionären der Antifa aufgehetzte deutsche Gefangene zusammenrotteten und mit Schmähtransparenten vor seine Baracke zogen, trat er sofort heraus, ging geradewegs auf den ersten Randalierer zu und fragte ihn im scharfen Tonfall: »Was haben Sie gegen mich?« Dann schritt er zum nächsten und fragte diesen: »Und was wollen Sie?« Und als ihm auch der dritte Demonstrant keine Antwort geben konnte, zerstreuten sich die Aufsässigen. Währenddessen hatten sowjetische Posten mit Maschinenpistolen im Anschlag diesen unbeschreiblichen Vorgang beobachtet. [10]
So und nicht anders sahen Schörners Privilegien und Sonderbehandlungen in Stalins »Vorzugslagern« und »Ehrenhaftanstalten« aus. Alle gegenteiligen Nachrichten in den westlichen Medien waren gezielt ausgestreute Falschinformationen. Daher beruhte »seine angebliche Befehlshaberschaft bei den roten Truppen in Korea [. . .] nur auf einem Gerücht«. [11] Wie zum Beispiel auch diese Spekulationen: »Schörner als NKWD-Agent entlarvt.« – »War Schörner Sowjetspion?« – »Schörner arbeitet mit Sowjets zusammen.« – »Schörner von Stalin empfangen« – »Schörner als Sowjetmarschall mit Spezialaufgaben gegen den Westen«. [12]
Im Gegenteil: Niemand wurde vom KGB schlechter behandelt als Stalins Faustpfand. Doch während Schörner in den sowjetischen Kerkern seiner Überlebensphilosophie nachhing, um nicht seelisch oder körperlich zu zerbrechen, orakelte man im Westen weiterhin über sein Verbleiben, über seine Tätigkeiten und angeblichen Aktivitäten für das rote Imperium. Unter anderem veröffentlichte das Londoner Sonntagsblatt »Empire News« über Hitlers letzten Oberbefehlshaber des Heeres in Diensten der Roten Armee im Mai 1952 folgenden Artikel:

»General Ferdinand Schörner, dessen Tod in russischer Gefangenschaft gemeldet worden war, ist tatsächlich am Leben und soll eine der wichtigsten Figuren im internationalen Spiel Moskaus sein.
Geheimakten, die aus einem Sowjethauptquartier in Ost-Berlin in die Hände des westalliierten Geheimdienstes gefallen sind, sollen enthüllen, daß Schörner von Moskau die führende Rolle in der Durchsetzung

des ganzen Nahen und Mittleren Ostens – also der arabischen Welt – anvertraut worden ist.
Wenn zunächst in den arabischen Staaten durch innere Zersetzung und Aufputschung der Volksstimmung gegen England und Amerika erst einmal innenpolitisch der kommunistische Haupteinfluß gesichert ist, soll als zweite Phase die außenpolitische Einbeziehung dieser Gebiete in die Machtsphäre der Sowjets hergestellt werden.
[...] Die islamische Welt soll dann in zwei große Hälften geteilt werden. Für die Führung der einen ist bereits der frühere Großmufti von Jerusalem vorgesehen, für die andere der heute 76jährige Abd-el-Krim, jetzt Führer des »Nordafrikanischen Befreiungsausschusses«, von dem der Widerstand gegen die Franzosen in Tunis und Marokko ausgeht.
Beide sind alte Fanatiker. Der Großmufti befand sich bekanntlich während des Krieges auf deutscher Seite und Hitler hat ihm in Berlin einen eigenen Harem mit deutschen Mädchen eingerichtet. Zu diesen arabischen Politikern und Agitatoren steht Schörner in engster Verbindung.
[...] Interessant ist, daß Moskau sich vorwiegend deutscher Agenten bedient, weil diese von den Arabern bevorzugt werden. Schörners Stab besteht aus ehemaligen Gestapo-Leuten, SS-Offizieren und Mitgliedern des Geheimen Nachr[ichten]-Dienstes. Ein Teil von ihnen kommt aus Argentinien: sie haben gefälschte Pässe erhalten in besonderen Lagern im sowjetischen Teil Deutschlands oder in Rußland eine Ausbildung unter russischer Leitung und sind für den Einsatz in Persien, Iran, Transjordanien und anderen arabischen Ländern, Ägypten, Tunis, Libyen und ganz Nordafrika bestimmt.
[...] Schörner, der heute die Uniform eines Generals der Roten Armee trägt, hat außer seinen deutschen Agenten und Saboteuren eine ganz wohlausgerüstete Armee (arabische) von 40000 Mann unter seinem Kommando. Sein geheimes Hauptquartier soll sich in den Smaragd-Bergen in der Nähe des Roten Meeres befinden.
Offiziere des brit[ischen] Nachr[ichten]-Dienstes besitzen Unterlagen dafür, daß Schörner bereits den Empfang bedeutender Waffensendungen quittiert hat. Dazu kommen enorme Lieferungen an Munition.
Eine besondere Schule für Saboteure hat Schörner in Abul el Negrum in Oberägypten eingerichtet, wohin 100 Mann von ihrem Führer Achmed ben Afsan zur Ausbildung geschickt worden sind.
Als neuester Schritt Schörners wird die Errichtung eines örtlichen Hauptquartiers an der Grenze [zum] Iran mit einer starken, vollbewaffneten Belegschaft arabischer Legionäre gemeldet. An der ganzen Nord-

westgrenze Persiens, nahe der irakischen Grenze, wird eine Massierung sowjetisch geschulter deutscher und arabischer Spione und Agenten beobachtet. Eine ähnliche Massierung roter Agenten soll sich auch in Syrien am Verlaufe der Ölleitungen vollziehen.« [13]

Die rauhe Wirklichkeit hatte für den deutschen Generalfeldmarschall jedoch nichts, aber auch rein gar nichts mit einem orientalischen Märchen zu tun. Denn am 11. April 1953 erfolgte eine Darmoperation mit einem zweimonatigen Aufenthalt im Krankentrakt des Gefängnisses. Jetzt häuften sich die Erkrankungen aufgrund des geschwächten Gesundheitszustandes immer mehr – und zwar häufige schwere Erkältungen, rheumatische und Herzbeschwerden; starker Blutverlust infolge von Darmerkrankungen; Kopfgrippe und ernstere Herzstörungen. Vom 13. bis zum 23. November 1954 weilte Schörner in einer neu eingerichteten Krankenabteilung der Butyrskaja. Die Überführung erfolgte in einem Personenkraftwagen. Die Sonderbehandlung war auffallend gut. Die Einzelzelle deutete auf einen Ausnahmefall hin.
In der Tat: Am Nachmittag des 23. Dezember erfolgte Schörners Einkleidung im »Bolschoi Magasin«; kurz darauf eine Fahrt in ein Landhaus, das rund dreißig Kilometer nördlich von Moskau lag. Hier traf er mit dem Vizeadmiral Voß zusammen. Der Aufenthalt in der Datscha dauerte bis zum 14. Januar 1955. Tägliche Besuche von Moskau und Umgebung waren bis ins Detail vorbereitet. Das hatte etwas zu bedeuten, dachten sich die beiden Deutschen. Und wirklich: Am 15. Januar 1955 bestiegen sie in der sowjetischen Hauptstadt den Zug und fuhren vom Minsker Bahnhof zum Berliner Ostbahnhof, den sie am 17. Januar 1955 gegen 13.00 Uhr mitteleuropäischer Zeit erreichten.
Warum der Bayer Schörner nicht in seine Münchner Heimatstadt entlassen wurde, sondern in die ehemalige sowjetische Besatzungszone Deutschlands, die sich zwischenzeitlich zur Deutschen Demokratischen Republik mauserte, das hatte, wie wir im Prolog dieser Biographie erfahren haben, einen handfesten militärpolitischen Grund.

2. »Kreuzigt ihn!«

Nachdem die kommunistischen Machthaber im östlichen Teil Deutschlands schließlich eingesehen hatten, daß Schörner trotz aller Verlockungen, die sie ihm unterbreitet hatten, nicht zu bewegen war, sich für ihr Regime einspannen zu lassen, wurde er fallengelassen. Dabei hatte es der so heftig Umworbene einerseits als ein in der UdSSR Verurteilter nicht in der Hand, den Zeitpunkt und den Ort seiner Entlassung zu bestimmen oder gar zu beeinflussen. Die vielfachen publik gewordenen Bemühungen, Schörner für den Dienst im Osten zu gewinnen, erlaubten andererseits den ostzonalen Machthabern nicht mehr, ihn ohne Gesichtsverlust wieder in die Sowjetunion abzuschieben. Daher kam es an der innerdeutschen Zonengrenze zwischen den Rot-Kreuz-Vertretern zu einer regelrechten »Übergabeverhandlung« für den nun nach München in Marsch gesetzten Generalfeldmarschall. Aber auch dieser letzte Akt der kommunistischen Machthaber war sehr geschickt inszeniert.
Schörner wurde deshalb in die bayerische Hauptstadt in Marsch gesetzt, um ihn in der psychologischen Kriegsführung gegen die Remilitarisierung der Bundesrepublik Deutschland zu verwenden und die »Ohne-mich-Kampagne« anzuheizen. Der Generalfeldmarschall als »Kameraden-Schinder«, der Tausende und Abertausende im Osten sinnlos geopfert habe, sowie als angeblicher Prototyp des verdammenswerten und brutalen, des selbstsüchtigen und sadistischen »Durchhaltegenerals«!
Am 4. April 1949 erwuchs um den Kern der Brüsseler Verträge (ein am 17. März 1948 abgeschlossener militärischer Beistandspakt zwischen Großbritannien, Frankreich und den Benelux-Staaten) die »Nordatlantische Verteidigungsorganisation« (NATO = North Atlantic Treaty Organization), der außer den Brüsseler Paktstaaten die USA, Kanada, Island, Norwegen, Dänemark, Portugal und Italien angehörten. Im Februar 1952 traten diesem Militärbündnis noch Griechenland und die Türkei bei. Damit wurde die NATO zum wichtigsten und wirksamsten Damm gegen die sowjetischen Expansionsbestrebungen in Mittel- und Südosteuropa.
Gegen den schärfsten Widerstand der sich der in der Opposition befindlichen Sozialdemokratischen Partei Deutschlands (SPD) setzte die von Bundeskanzler Konrad Adenauer (CDU) geführte Bundesregierung nach dem Scheitern der Europäischen Verteidigungsgemeinschaft (EVG) durch das französische Parlament noch im selben Jahr, also 1954, den Beitritt der Bundesrepublik Deutschland in die NATO durch.

Jetzt konnte mit dem Aufbau der Bundeswehr begonnen werden. Als Gegenleistung für ihren militärischen Beitrag an der Verteidigung der freien Welt erhielt die BRD (bis auf wenige Einschränkungen) die volle Souveränität. Die Herstellung von atomaren, biologischen und chemischen Waffen (ABC-Waffen) blieb ihr untersagt.

In jenen Jahren prallten die Meinungen des Für und Wider einer deutschen Wiederbewaffnung hart aufeinander. Zu frisch und nur oberflächlich vernarbt waren die Wunden, die der verlorene Zweite Weltkrieg dem deutschen Volke geschlagen hatte. Ohne-mich-Tendenzen und pazifistische Strömungen, die den Gang der Nachkriegsgeschichte in einer radikal veränderten militärpolitischen Situation nicht immer ausreichend berücksichtigten oder die sich von der anfangs verfolgten doppelbödigen sowjetischen Politik – einerseits wurden immer wieder gesamtdeutsche Lösungen vorgeschlagen, andererseits wurde jedoch in der Sowjetisch Besetzten Zone Deutschlands (SBZ) ein eigenstaatliches kommunistisches Regierungssystem etabliert – blenden ließen, vermischten sich mit antimilitärischen Parolen. Schörners Rückkehr in die Bundesrepublik erfolgte berechnenderweise in dem Zeitabschnitt, in dem die Gesetzesvorlage für eine Wiederaufrüstung und die allgemeine Wehrpflicht die sensibilisierte Öffentlichkeit mehr denn je beschäftigte und teilweise auseinander dividierte.

Nicht wenige hegten nämlich die nicht ganz abwegige Befürchtung, daß die Bundeswehr zum Sammelbecken von Wehrmachtsgeneralen und deren Generalstabsoffizieren werden könnte, die nun als Wolf im Schafspelz wieder dort beginnen werden, wo sie nach der bedingungslosen Kapitulation gezwungen wurden, aufzuhören. Nicht umsonst schrieb der Politologe Hans Karl Rupp: »Der ›Dienst‹ in der ›Wehrmacht‹ und Teilnahme am Zweiten Weltkrieg war offenbar für Führungspositionen in der Bundeswehr Voraussetzung.« [14]

Dabei soll nicht übersehen werden, daß »auch die beiden anderen Nachfolgearmeen der Wehrmacht, das österreichische Bundesheer und die DDR-Volkspolizei (bzw. Volksarmee), auf ehemalige Wehrmachtoffiziere nicht verzichtet [haben]. Österreich reaktivierte bis zum Wehrmachtdienstgrad des Oberstleutnants einschließlich, die Volksarmee bis zum Generalleutnant, die Bundeswehr bis zum Gen. d. Inf. (darunter Gen. d. Pz. Tr. Röttiger und Gen. d. Fl. Kammhuber, die beiden ersten Inspekteure des Bundesheeres und der Bundesluftwaffe). Insgesamt wurden 44 ehemalige Wehrmachtgenerale und -admirale in der Bundeswehr und 6 in der DDR (Volkspolizei und Volksarmee) reaktiviert.« [15]

Daß die DDR auf »nur« sechs Wehrmachtgenerale zurückgreifen konnte, lag einzig und allein daran, daß die meisten noch bei Kriegsende statt in die östliche in die westlichen Besatzungszonen Deutschlands marschiert waren. Um so mehr bemühte sich die ehemalige SBZ um Schörner, obwohl er Hitler besonders nahe gestanden hatte. Im Gegensatz zur BRD nahm Ulbrichts Arbeiter- und Bauernstaat keinerlei Anstoß an den Vorwürfen, die gegen Hitlers letzten Oberbefehlshaber des Heeres immer wieder erhoben wurden.

So hatte sich der General der Panzertruppen und Träger des Eichenlaubs mit Schwertern zum Ritterkreuz des Eisernen Kreuzes, Freiherr Smilo von Lüttwitz, von Ende Januar bis März 1945 zur Verfügung des Reichskriegsgerichts in Torgau aufzuhalten. »Wie er sich erinnerte, standen in diesen Wochen dort über 100 Generale unter Anklage, wegen ›Wehrkraftzersetzung‹, ›Feigheit‹ vor dem Feind, allerdings einige auch unter dem Vorwurf der Bereicherung oder der Korruption. Lüttwitz [...] war wegen ›Defaitismus‹ und ›Befehlsverweigerung‹ von Schörner seines Postens als Oberbefehlshaber der 9. Armee enthoben worden. Schörner hatte ihm zugemutet, er solle einen Flüchtlingstreck mit Panzern von der Straße stoßen und an Ausgängen von zwei Städten zur Abschreckung von Deserteuren und Partisanen je zehn Menschen aufknüpfen lassen. Es gelang Lüttwitz mit seiner Zeugenaussage vor dem Reichskriegsgericht, zwei von Schörner angeschuldigte, ihm, Lüttwitz, vordem unterstehende Generale freizubekommen. Schörners Vorwürfe gegen sie stellten sich als unsachlich und unwahr heraus. Lüttwitz tat danach seine Pflicht bis zum 6. Mai 1945 als Kommandierender General des LXXXV. AK. Als er 1960 in den Ruhestand trat, bemerkte der ihn verabschiedende Verteidigungsminister Strauß, Lüttwitz sei, ohne je den Sinn des Gehorsams zu verletzen, stets seinem Gewissen treu geblieben.« [16]

Aber auch das wäre noch nachzutragen: »Schörner verlangte die rücksichtslose Beseitigung der auftretenden Verkehrsbehinderungen zu Lasten der Zivilbevölkerung und das Requirieren ziviler Treibstoffmengen, um den Mangel an Heerestreibstoff zu verringern. General v. Lüttwitz widersprach jedoch diesem Ansinnen, indem er vor Augen führte, daß in diesem Falle die Flüchtlinge den nachstoßenden Angreifern in die Hände fallen mußten. Trotz dieser Kontroverse gelang die Rückführung der Zivilbevölkerung im großen und ganzen zufriedenstellend.« [17]

Freiherr Smilo von Lüttwitz war beim Aufbau der Bundeswehr der erste Kommandierende General des III. Korps in Koblenz. »Seine Laufbahn ist exemplarisch für manche Kapitel der deutschen Geschichte und Militärgeschichte dieses Jahrhunderts«, schrieb Generalmajor a. D. Gerd Kobe. »Zuerst im Dienst der Königlich-Preußischen Armee, dann im Reichsheer und in der Wehrmacht, wirkte er in verantwortungsvoller Stellung daran mit, die Grundlagen für unsere heutige Sicherheit zu schaffen.« [18]

Wohin man in jenen Jahren der Wiederbewaffnung auch sah, Schörners wuchtige Gestalt war allgegenwärtig; sein Schatten wurde auch jetzt wieder lang und länger und mußte nicht selten dazu herhalten, die braune Vergangenheit anderer, die sich nun als Opportunisten besonders hervortaten, zu verdecken. Wie sehr der angefeindete Generalfeldmarschall in jener Zeit die Gemüter bewegte, das veranschaulicht uns die folgende Episode, die sich nach Aussage des Generals de Maizière im Jahre 1956 in der Bonner Ermekeil-Kaserne abgespielt hat:

Nachdem die dortige Wache gemeldet hatte, daß der Feldmarschall Schörner soeben vorgefahren sei, herrschte im Verteidigungsministerium helle Aufregung. Der Generalinspekteur Heusinger holte sich höchstpersönlich eine Weisung vom Verteidigungsminister Strauß, wie er sich verhalten solle. Als sich schließlich das Ganze als ein Aprilscherz eines jüngeren Generalstabsoffiziers herausstellte, atmeten alle erleichtert auf. [19]

Wie ihm in Ost-Berlin prophezeit, entfachte sein Auftauchen in der Bundesrepublik Deutschland in der Tat einen Sturm der Entrüstung. »Erstmals waren es die Leute, die in der Hoffnung, daß Schörner niemals wiederkehren werde, lustig drauf loslogen«, schrieb der Generalleutnant a. D. Heinrich Kittel. »Und dann kamen noch die Granden vergangener Zeiten, die es als persönliche Beleidigung empfinden mußten, wenn sie einer, berechtigt oder unberechtigt, im Avancement übersprang. [. . .] Die seelische Belastung eines über 1 Million Soldaten und 3 Millionen Flüchtlinge Verantwortlichen spielte hier keine Rolle.« [20]

Zum anderen rekrutierte sich die Phalanx der Anti-Schörner-Bewegung aus den Kreisen der »Ohne-mich-Bewegung«, aus Männern, die einer Remilitarisierung aufgrund nicht wegzuwischender Befürchtungen ablehnend gegenüberstanden, aus Mitgliedern der Gewerkschaftsbewegung sowie aus Presse, Funk und Fernsehen. Einer ihrer Wortführer war der Schriftsteller Jürgen Thorwald, dessen Buch »Das Ende an der Elbe« für Schörner zur Schmähschrift wurde, und seines zwielichtigen Informanten, des Generalleutnants von Natzmer, den der Generalfeldmarschall unumwunden als einen »Lügner« bezeichnete. [21] Denn es war kein Geringerer als sein ehemaliger Generalstabschef, der Thorwald für dessen Buch unzutreffende Berichte über Schörners angebliches »Absetzen von der Heeresgruppe« lieferte. Darin heißt es unter anderem: Er »hat nicht nur seine Soldaten im Stich gelassen, er hatte auch alle jene Deutschen im Stich gelassen, die am 6., 7. und 8. Mai in Prag und im ganzen tschechischen und sudetendeutschen Gebiet noch darauf hofften, Schörners nach Westen zurückgehende Truppen würden sie schützen oder befreien und ebenfalls den Weg nach Bayern oder ins amerikanisch besetzte Gebiet öffnen.« [22]

Obgleich diese Behauptung später vor Gericht richtiggestellt wurde und widerrufen werden mußte, weil zwischen der Kapitulation und der angeblichen »Flucht« 24 Stunden gelegen haben und Schörner bis zur Kapitulation bei seinen Truppen verblieben war und sich dann auf nachgewiesenen Befehl zur Übernahme der »Alpenfestung« abgesetzt hatte, war die publizistische Weiterverbreitung schon vorher durch Thorwalds Buch erfolgt und der Stein, der voreilig ins Wasser geworfen worden war, hatte bereits hohe Wellen geschlagen.

Schörner war nun mehr denn je der Buhmann, die Ausgeburt des Bösen, der häßliche Deutsche schlechthin. Auf ihn zeigten nun alle jene mit erhobenem Finger, die selbst genug am Kerbholz hatten, um von ihrer braunen Vergangenheit abzulenken, denn Adenauers Republik war in mancherlei Hinsicht ein Sammelbecken rechter »Wendehälse«. Daher bat der Generalfeldmarschall Adenauer in einem Telegramm, zu »Versuchen der Diffamierung und befremdenden Äußerungen hoher politischer Persönlichkeiten« gehört zu werden. Adenauer antwortete dahingehend, »selbstverständlich würde Schörner zu den gegen ihn erhobenen Vorwürfen gehört«. [23] Daraufhin entgegnete Schörner: »Ich sehe einem Strafverfahren mit außerordentlicher Ruhe entgegen, denn ich habe nichts Unrechtes getan.« [24] Ferner kündigte er an, daß er gegen die Ablehnung seiner Pensionsansprüche durch das Finanzministerium Klage erheben würde.

Aber so weit war es noch nicht. Zunächst wurde er wie ein Aussätziger durch die Straßen gezerrt. Als sich Schörner auf der Fahrt von der Zonengrenze in seine Heimatstadt befand, wurde er gewarnt, eine Station vor dem Münchner Hauptbahnhof den Zug zu verlassen. Denn dort hatte sich eine aufgebrachte Menschenmenge versammelt, um ihm einen heißen Empfang zu bereiten. Unter den Organisatoren der Anti-Schörner-Kundgebung befand sich auch Karl Weishäupl, den seine eigenen SPD-Genossen zwar als Oberbürgermeister-Kandidaten für seine Heimatstadt Rosenheim abgelehnt hatten, der aber dennoch 1954

als jüngster Staatssekretär Bayerns vom Bayerischen Ministerpräsidenten Dr. Wilhelm Hoegner, der unter anderem Augenzeuge bei den Nürnberger Hinrichtungen war, in das Bayerische Staatsministerium für Arbeit und Sozialordnung gerufen wurde. [25]
Es war Schörner nicht verborgen geblieben, daß der ehemalige Gebirgsjäger Weishäupl die Hetze gegen ihn organisiert hatte und bei seiner Rückkehr aus der Sowjetunion »den Pöbel zum vermeintlichen Empfang [. . .] schickte«. [26] Daß sich ausgerechnet dieser mit seinem VdK-Landesverband Bayern am Generalfeldmarschall rächte, hatte einen tiefenpsychologischen Hintergrund. Eigentlich galt Weishäupls Rache seinem ehemaligen Divisions-Kommandeur Kübler, der ihn aufgrund seiner Unmenschlichkeit zur Weißglut gebracht hatte. Und das kam so: Mit der 1. Gebirgs-Division nahm Weishäupl sowohl am verlustreichen Polen- als auch am Frankreichfeldzug teil. Hier wurde ihm die Exekution des Oberschützen Bachl von der 10. Kompanie des Gebirgs-Jäger-Regiments 100 zum unauslöschlichen Schlüsselerlebnis. Dieser war wegen einer geringfügigen Verfehlung durch das Kriegsgericht zum Tode verurteilt worden. Als seinerzeitiger Gefreiter verteidigte Weishäupl seinen Kameraden vor dem Kriegsgericht und machte dabei den § 51/1 bzw. 51/2 wegen Unzurechnungsfähigkeit geltend. Nach der Verurteilung bat er seinen Kompaniechef, dem Divisions-Kommandeur ein Gnadengesuch vorzulegen. Aber dieses wurde von General Kübler eiskalt abgelehnt. Schlimmer noch: auch der katholische Militärpfarrer Georg Lipp, der sich nach Meinung einiger Offiziere lieber im Kasino oder in der Quartiermeister-Abteilung als an der Front aufhielt, sah sich außerstande, für Bachl um Gnade zu bitten. So wurde dieser am 22. Juli 1940, um 7.00 Uhr morgens, auf dem Marsch der 10. Kompanie über Gex nach Fernay-Voltaire am Genfer See kurz nach Miaux in einer Sandgrube durch ein Erschießungskommando exekutiert. »In tapferer Haltung«, so Weishäupl über diesen erschütternden Vorfall des gnadenlosen »Latschen-Nurmi«, »hat Bachl das harte Schicksal über sich ergehen lassen«. [27]
Sein Divisions-Kommandeur wurde 1947 unter anderem auch als gnadenloser »Adria-Schreck«* wegen Vergehens gegen das Völkerrecht in Jugoslawien hingerichtet. An ihm konnte sich der VdK-Präsident also nicht mehr rächen, zumal Kübler zwischenzeitlich von verklärungssüchtigen Vereinigungen bereits auf einen unumstößlichen, legendenumwobenen Ehrensockel gestellt worden war, so daß die Mittenwalder Lu-

* Vgl. Kaltenegger: Operationszone »Adriatisches Küstenland«.

dendorff-Kaserne in General-Kübler-Kaserne umbenannt wurde. Was also tun? Man schlägt in derlei Situationen am besten den Sack, wenn man den Esel meint. Daher tobten sich auf Schörners breitem Rücken nicht nur die »Antimilitaristen«, die »Ohne-mich-Leute« und die notorischen Pazifisten, sondern auch die Führungsspitze des Verbandes Deutscher Soldaten, ein Teil des Heimkehrer-Verbandes und Weishäupls VdK aus, ohne sich ernsthaft zu bemühen, die wahren Hintergründe aufzuhellen.

Zu denjenigen, die das »Kreuzigt ihn!« auf die Straße trugen, gehörte auch der Münchner Kameradenkreis der ehemaligen Gebirgstruppe unter Schörners ehemaligem Untergebenen Konrad, der im allgemeinen als besonders nachtragend galt und der im besonderen dem Generalfeldmarschall die Schmach seiner Abschiebung als Kommandierender General des XXXXIX. Gebirgs-Armeekorps während seines Unterstellungsverhältnisses bei der Heeresgruppe Süd sein Leben lang nicht vergessen hat. Nun sahen die »Konrad-Diener« mit ihrem »greisenhaften Größenwahn« [28], wie Schörner diese Ehrabschneider geringschätzig nannte, endlich den Tag für gekommen, um mit dem unbequemen Vorgesetzten von einst abzurechnen. Und sie rechneten gründlich ab! Das Wort Diffamierung und eine gezielte Desavouierung wurde fortan ganz groß geschrieben, um von den eigenen Unzulänglichkeiten und Machenschaften abzulenken. Nicht umsonst sprach Schörner wiederholt geringschätzig von der »Perfidie Konrads« [29] und seiner Prätorianer, von »pflaumenweichen Erklärungen« des »gehässigen Zwerges Konrad« [30], von »Unverfrorenheit« und »Überheblichkeit« [31], was »typisch für den kleinen Gernegroß Konrad« sei, »da dadurch die Neo-Gebirgsjäger freieren Auslauf erhielten«. [32]

»Für seine dummen Stammtischreden, die u. a. der Oberst Hellmuth Raithel bezeugt«, so Schörner über Konrads permanente Hetzkampagne, »bin ich ihm zu Dank verpflichtet; denn damit charakterisiert er seinen Begriff von ›Kameradschaft‹ und Soldatentum. Da dieser winzige Neidhammel aber in seinem Vereinsblättchen ebenfalls diesen Ton beliebt, steht dafür nur ein Gespräch meines Anwalts vor dem Richter, unter Bezug auf ganz bestimmte, einschlägige §§ des Bürgerl. [Gesetzbuches] heran.« [33]

Schörner war durch das Feuer vieler Schlachten gegangen und wußte daher allzu gut, wie schwer der Kampf ist – auch der gegen seine Verleumder, die nicht locker ließen, ihn zu diffamieren, wo und wann sie nur konnten.

Der 10. Juni 1957 war einer jener Tage, an dem sich der allzu kurze

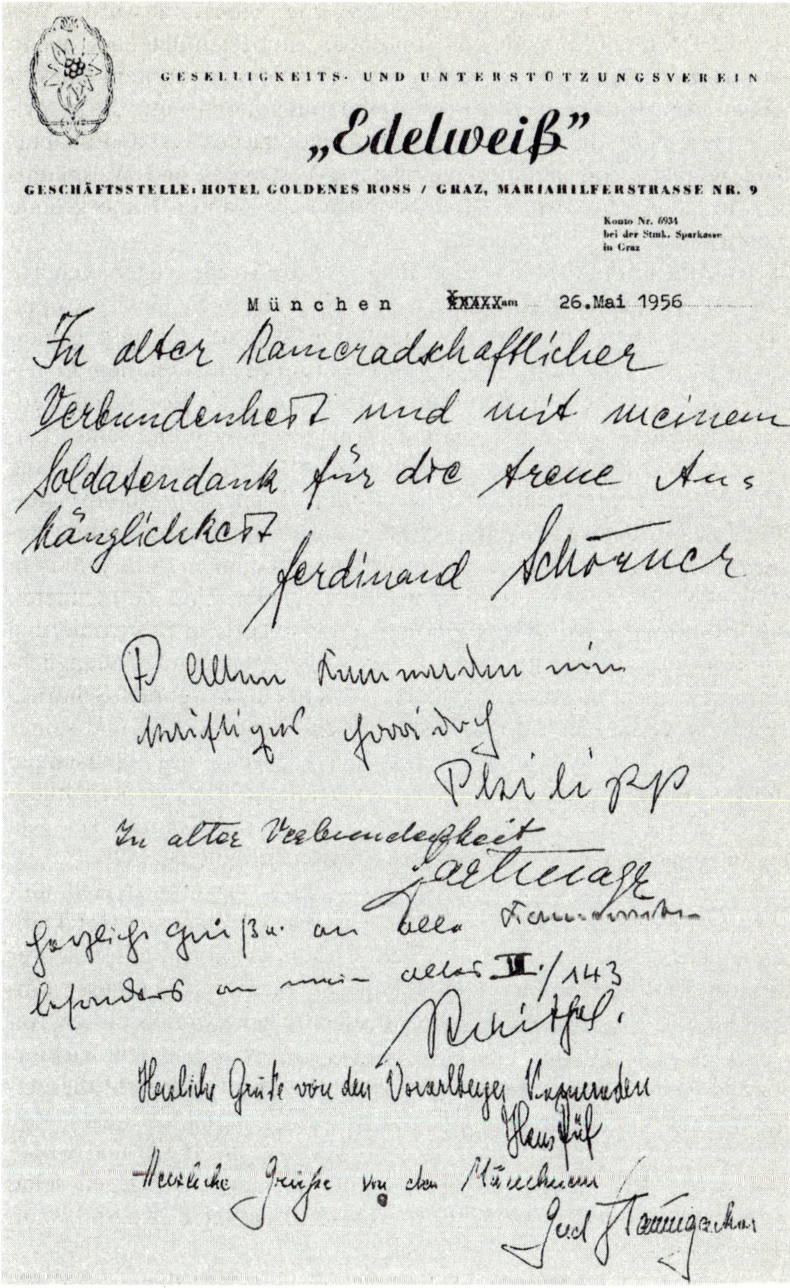
GESELLIGKEITS- UND UNTERSTÜTZUNGSVEREIN

„Edelweiß"

GESCHÄFTSSTELLE: HOTEL GOLDENES ROSS / GRAZ, MARIAHILFERSTRASSE NR. 9

Konto Nr. 6934
bei der Stmk. Sparkasse
in Graz

München ~~XXXXX~~ am 26. Mai 1956

In alter kameradschaftlicher Verbundenheit und mit meinem Soldatendank für die treue Anhänglichkeit

Ferdinand Schörner

Allen Kameraden ein kräftiges Horrido

Philipp

In alter Verbundenheit

[illegible]

Herzliche Grüße an alle Kameraden besonders an mein altes II./143

[illegible]

Herzliche Grüße von den Vorarlberger [illegible]

[illegible]

Herzliche Grüße von den Münchnern

[illegible]

Bergsommer von seiner allerschönsten Seite zeigte. Er war derart bezaubernd, daß die unzähligen angereisten österreichischen Gebirgsjäger voller Begeisterung vom Kaiserwetter sprachen. Mit ihren traditionsreichen Fahnen zogen einige von ihnen in malerischen Uniformen und schneidigen Trachtenanzügen den steilen steinernen Weg von der Gebirgs- und Winterkampfschule in Luttensee zum Denkmal der Gebirgstruppe auf den Hohen Brendten hinauf. Andere, insbesondere die Spätestheimkehrer, die erst aufgrund der Intervention des Bundeskanzlers Konrad Adenauer nach zehnjähriger harter und entbehrungsreicher sowjetischer Kriegsgefangenschaft im Jahre 1955 entlassen worden waren, schleppten sich müde und ausgebrannt, nicht selten seelisch und körperlich für den Rest ihres Lebens gebrochen, wie der Ecce homo durch die geschichtsträchtige Jerusalemer Via Dolorosa den von Latschen umsäumten Hohlweg zu den beiden kühnen, dreizehn Meter hohen Steinpfeilern des Mahnmals empor. [34] Nach all den langen Jahren des Grauens und Schreckens in Stalins Todeslagern war jedem einzelnen von ihnen anzusehen, daß er noch immer zentnerschwer an seinem Kreuz trug.

Ihr Buch, das sie mitgebracht oder hier erworben hatten, war jedoch nicht die Bibel, sondern eine Festschrift. Im Namensregister waren all jene Generale aufgeführt, von denen sie in diesem oder jenem Gefecht auf den Schlachtfeldern in Polen oder in Frankreich, auf dem Balkan oder in Rußland, am Eismeer oder in Italien geführt oder nach der Kapitulation in eine lange und entbehrungsreiche Kriegsgefangenschaft begleitet wurden. Einige von diesen Kommandeuren, Kommandierenden Generalen oder Heerführern waren gefallen oder verstorben, andere weilten an diesem denkwürdigen Tage noch unter ihnen – und zwar, dem Alphabet folgend, alles was seinerzeit noch Rang und Namen hatte, jedoch schon vielfach später im Strom unserer schnellebigen Zeit untergegangen ist:

General der Gebirgstruppe Eugen Beyer, Generalfeldmarschall Fedor von Bock, Generalleutnant Julius Braun, Generalleutnant Friedrich Breith, Brigadegeneral Hans Buchner, Generalleutnant Hans Degen, Generaloberst Eduard Dietl, General der Gebirgstruppe Karl Eglseer, General der Gebirgstruppe Valentin Feurstein, Generaloberst Franz Halder, General der Gebirgstruppe Georg Ritter von Hengl, Generalleutnant Hermann Hölter, Generalleutnant Hans von Hößlin, General der Gebirgstruppe Ferdinand Jodl, Generalfeldmarschall Albert Kesselring, Generalleutnant Reinhold Klatt, Generalleutnant Diplom-Ingenieur Heinrich Kleinschroth, Generalfeldmarschall Ewald von Kleist,

General der Gebirgstruppe Rudolf Konrad, Generalleutnant August Krakau, Generalleutnant Hermann Kreß, General der Gebirgstruppe Hans Kreysing, Generalmajor Mathias Kräutler, Generalleutnant Josef Kübler, General der Gebirgstruppe Ludwig Kübler, General der Gebirgstruppe Hubert Lanz, Generalfeldmarschall Wilhelm Ritter von Leeb, General der Gebirgstruppe Karl von Le Suire, Generalfeldmarschall Wilhelm List, General der Artillerie Robert Martinek, Generalmajor Max Josef Pemsel, Generalleutnant Christian Philipp, Generalleutnant Egbert Picker, Generaloberst Dr. Lothar Rendulic, General der Gebirgstruppe Julius Ringel, Generalfeldmarschall Erwin Rommel, Generalfeldmarschall Gerd von Rundstedt, Generaloberst Richard Ruoff, Brigadegeneral Otto Schaefer, Generalleutnant Ernst Schlemmer, General der Gebirgstruppe Hans Schlemmer, Generalleutnant Diplom-Ingenieur Paul Schricker, Generalmajor Otto Schury, General der Infanterie Otto Stapf, Generalleutnant Walter Stettner Ritter von Grabenhofen, Generaloberst Kurt Student, Generaloberst Hans-Jürgen Stumpff, Generalleutnant Willibald Utz, General der Gebirgstruppe Kurt Versock, General der Gebirgstruppe Friedrich Volckamer Jobst von Kirchensittenbach, General der Gebirgstruppe Emil Vogel, Generalmajor Max Winkler, General der Gebirgstruppe August Winter, Generalleutnant Karl Wintergerst, Generalleutnant August Wittmann, Generalmajor Wolf-Dietrich von Xylander sowie Generalleutnant Richard Zimmer.

Verdutzt rieben sich die alten Kameraden ihre müden Augen, als sie, im Gegensatz zu allen anderen Generalen, Generalobersten und Generalfeldmarschällen hinter Schörners Namen im Register lediglich seinen zu Kriegsbeginn innegehabten subalternen Dienstgrad Oberst ausgedruckt sahen. Um sicher zu gehen, ob es sich hierbei um ein Versehen oder um eine ganz bewußte Diskriminierung des einzigen Generalfeldmarschalls mit dem Edelweiß handelte, schlugen sie in der Festschrift jene Seiten auf, in denen Schörners – und damit auch ihre – Leistungen gewürdigt wurden. Vergebens suchten seine Männer vom Eismeer und von Nikopol, von den Heeresgruppen Südukraine, Nord und Mitte seinen Namen während der dortigen schweren Kampfhandlungen, denen der »eiserne Ferdinand« seinen Stempel aufgedrückt hatte. Totgeschwiegen wurde auch sein Pour le mérite vom Isonzo, den er als junger Leutnant für die kampfentscheidende Erstürmung des Monte Kolorat noch vor Erwin Rommel erhielt. Dafür wurde in der besagten Festschrift einzig und allein der Pour le mérite des »Wüstenfuchses« besonders hervorgehoben.

Nimmt es angesichts dieser einseitigen Tendenzen wunder, daß die Feierlichkeiten zur Denkmalseinweihe unter keinem günstigen Stern standen? Das schien auch der Erzbischof von München und Freising geahnt zu haben, denn nicht umsonst hatte Joseph Kardinal Wendel unter anderem folgende Worte der Versöhnung an die herbeigeeilten Gebirgsjäger gerichtet:

»Das Denkmal für die Gefallenen der Gebirgstruppe ist vollendet. Auf dem Hohen Brendten bei Mittenwald hat es inmitten einer herrlichen Bergwelt, der Welt der Gebirgsjäger, seinen Platz gefunden. Hier ragt es von der Erde zum Himmel und zeigt in seiner edlen Einfalt und stillen Größe den Weg, den, wie wir hoffen und beten, unsere Gefallenen gegangen sind, und der uns Lebenden noch aufgegeben ist: Wir sind nur Gast auf Erden und wandern ohne Ruh' durch mancherlei Beschwerden der ewigen Heimat zu. Treue Kameradschaft hat dieses Denkmal gebaut. Kameradschaft und Treue haben unsere Gebirgsjäger immer besonders ausgezeichnet. Kameradschaft und Treue flechten auch das Band, das lebende und tote Gebirgsjäger miteinander verbindet und das, wie die Liebe, stärker ist als der Tod. Treue und Kameradschaft sind mit den gefallenen Gebirgsjägern nicht begraben worden, sondern unter den Lebenden lebendig geblieben.« [35]

»Sind sie es wirklich?« fragten sich viele; insbesondere Schörners verschworene Eismeer-Kämpfer, als sie während der Totenehrung Zeuge eines Vorgangs wurden, der an Taktlosigkeit nicht mehr zu überbieten war. Zuerst rief General Konrad, der nach Aussage des amerikanischen Historikers Charles B. Burdick »nicht gerade für gute Manieren bekannt war« [36], die Abordnungen des Deutschen Alpenkorps sowie die der 1., der 2., der 3., der 4. und der 5. Gebirgs-Division zur Kranzniederlegung auf und nannte dabei namentlich alle Kommandeure.

Atemlose Stille, als Konrad die 6. Gebirgs-Division aufrief: »Österreichs Stämme, aber auch Sudetendeutsche und Ostpreußen kämpften in ihren Reihen. Sie wurde 1940 gegründet. ›Arktis ist nicht!‹ war ihre Devise, als sie 1941 mitten in der winterlichen Arktis stand.« [37]

Unruhe machte sich breit, als Generalleutnant Christian Philipp sprach: »Wir grüßen unsere Toten in den Vogesen, von der Metaxaslinie, am Olymp und von den Thermopylen, auf Kreta und von dem jahrelangen Ringen in der Tundra vor Murmansk.« [38]

Lähmendes Entsetzen bei den Österreichern und den Südtirolern, die Konrad totgeschwiegen hatte. Sie, die extra für ihren »Ferdl« in Scharen von der Etsch angereist waren, fühlten sich vor den Kopf gestoßen und mit ihrem ehemaligen Kommandeur der 6. Gebirgs-Division und Kommandierenden General des XIX. Gebirgs-Armeekorps öffentlich hingerichtet. Nach dem ersten Schock und den entsprechenden Unmutsäußerungen über die Nichterwähnung des Gründers der »Sechsten« und dem Urheber des Schlagworts »Arktis ist nicht!« verließen viele alte Kameraden unter Protest Schörners Hinrichtungsstätte auf dem Hohen Brendten vorzeitig und schworen sich, den österreichischen »Geselligkeits- und Unterstützungsverein ›Edelweiß‹« jetzt erst recht zu aktivieren und zu Schörners verlängertem Arm auszubauen.

»Wäre es nicht besser und, wenn Sie es aus politischen Gründen für zweckmäßig hielten, den Namen des Feldmarschalls Schörner nicht zu nennen, gegenüber den Soldaten der 6. und auch der 2. G. D. taktvoller gewesen, dann schon überhaupt keinen ehemaligen Kommandeur namentlich aufzurufen?« stellte der empörte Oberst Raithel dem hart attackierten General Konrad die peinliche Frage und fuhr dann fort:
»Ein ehemaliger Angehöriger der 6. G. D. und heute einer der höchsten Offiziere des Bundesheeres kam nach der Feier auf mich zu mit der spontanen Äußerung:
›Kameradschaft gilt hier leider nichts! Das ist eine Brüskierung der 6. G. D.! Um so mehr werden wir unserem alten Kameraden und unserem Kommandeur die Treue halten.‹
Vielleicht wissen Sie nicht, Herr General, daß mehrere tausend ehemalige Angehörige des XIX. Geb. A. K. durch Unterschrift bestätigt haben, daß der Feldmarschall uns allen ein hervorragender, umsichtiger und besorgter Truppenführer gewesen ist. Ich weiß von einem der Initiatoren dieser Unterschriftenaktion, daß nicht ein einziger der ehemaligen 2. und 6. G. D. diese Unterschrift verweigert hat. Das ist ein Volksentscheid, Herr General, von dem allerdings der ›Kameradenkreis‹ ebensowenig wie Bonn Kenntnis nahm.« [39]
Wie dieses Plebiszit für Ferdinand Schörner aussah, zeigen die Faksimiles auf den Seiten 342 und 343.
Nicht weniger engagiert wie der Tiroler Ritterkreuzträger Karl Ruef und seine altvertrauten Eismeer-Kämpfer von der 2. und 6. Gebirgs-Division sowie vom XIX. Gebirgs-Armeekorps waren die steirischen Gebirgsjäger der »Kameradschaft vom Edelweiß« unter der Federführung von Dr. Otto Koren und Alfred Birnstingl. Aufgrund eines einstimmigen Beschlusses des Landesverbandes wurde eine sehr erfolgreiche Unterschriftensammlung für den Generalfeldmarschall durchgeführt. So hatte der Bezirk Voitsberg während der ersten Woche über 600 Unterschriften für Schörner beisammen.

Lieber Kamerad

der ehemaligen 2. u. 6. Geb.-Div. des XIX. Geb. A. K. in Finnland!

Aus den Zeitungen hast Du in den letzten Tagen entnommen, was man unserem ehemaligen General Schörner vorwirft. Wir alle haben ihn kennengelernt, wir haben ihm viel zu verdanken: unser Leben. Er hat durch seine Härte uns gelehrt, wie man den arktischen Winter und die griechische Hitze überwindet, er hat uns gezeigt, was ein Mann in der Not und Einsamkeit tun muß, um zu bestehen. Schörner hat für uns in vorderster Linie gesorgt, er war wirklich sozial.

Wir wissen nicht, was sich 1945 abgespielt hat, vermutlich ist das Chaos des Zusammenbruches über alle, auch über Schörner, gewachsen, niemand wußte sich mehr zu helfen. Wir waren nicht im Abschnitt Mitte. Aber wir können Zeugnis ablegen für Schörner, als wir unter ihm im Krieg gestanden sind, und das sieht anders aus, als man heute zu hören bekommt. Damals hat er uns geholfen.

Heute gebietet es die Kameradschaft, daß wir ihm helfen.

Er hat dich und mich angepfiffen. Wo ist das nicht passiert? Das ist vergessen.

Was bleibt, ist die Kameradschaft, auch zwischen Jäger und General.

Unterschreibe das zweite Blatt. Wir sammeln die Unterschriften und schicken sie an das deutsche Bundeskanzleramt in Bonn.

Wir machen damit keine Politik. Aber wir wollen ehrlich sein und unsere Stimme nicht unterdrücken. Nicht nur die Politiker und Journalisten haben ein Recht, zu reden — wir waren mit Schörner an den Fronten. Darum unterschreibe sofort und schicke das Blatt gleich zurück. Es eilt.

Karl Ruef
ehem. Geb.-Jäg.-Rgt. 143
Solbad Hall, Tirol, Ruefstraße 7

Erklärung

In den letzten Tagen wurde der ehemalige Generalfeldmarschall Ferdinand Schörner, kaum aus russischer Gefangenschaft heimgekehrt, von der deutschen und österreichischen Presse und einzelnen Persönlichkeiten schärfstens angegriffen. Es wird verlangt, ihn wegen sinnlosen Mordes tausender deutscher Soldaten unter Anklage zu stellen. Man nannte und nennt ihn ein Ungeheuer, den Dschingis Khan, den „blutigen Ferdinand" als Beweis seiner Untaten.

Dazu erkläre ich Unterzeichneter:

Ich habe im Kriege unter General Ferdinand Schörner von .... bis ....

in .... bei der Einheit .... gedient.

Mein Dienstgrad war: ....

Schörner war wohl ein strenger Offizier, aber er war nicht brutal. Sein einziges Ziel bestand darin, mit geringsten Verlusten zum Erfolg zu kommen. Er haßte Laxheit und bequemes Leben sowie Laster. Diese Eigenschaften merzte er bei seiner Truppe aus und Offiziere, Unteroffiziere und Mannschaften mußten nach diesem seinem Willen leben und handeln; wenn nicht, wurden sie von Schörner eines anderen belehrt. Sein Kampf galt der Gerechtigkeit für den einfachen Mann. Für ihn mußte alles her, was ihm gebührte. Die Nachschub- und Verpflegstruppen waren für Schörner ebenfalls Soldaten mit genau umrissenen Pflichten und keinen Sonderrechten. Schörner hatte den Kampf angesagt den Geschlechtskrankheiten, tausende Frauen verdanken ihm gesundgebliebene Männer. Wenn er in den Feldzügen gegen Frankreich und Griechenland sowie in den Kämpfen vor Murmansk oft das äußerste verlangte, dann sparte er damit das Leben vieler Gebirgsjäger. Ihm ist es zu verdanken, daß der Winter 1941/42 an der Lizza überstanden wurde, daß im Mai 1942 das XIX. Geb. A. K. nicht der russischen Umklammerung zum Opfer fiel; Schörner selbst war stets in den Brennpunkten der Kämpfe und verhinderte Chaos und dadurch unnotwendige Verluste. Er handelte und schaffte Ordnung ohne Exekutionen. Solche Handlungen sind mir während meiner ganzen Dienstzeit unter ihm unbekannt geblieben. Es gab nicht mehr Kriegsgerichtsfälle als anderswo. Schörner wirkte durch seine Persönlichkeit und seine Strenge gegen sich selbst und seine Offiziere. Er erschien uns allen als ausgesprochen sozialer Mensch in seinem Wirken für den kleinen Mann. Schörner war ein Vollblutsoldat mit seinen Stärken und auch Schwächen.

Er war nie das, was man ihm heute vorwirft. Diese Aussagen kann ich nur für die Zeit machen, die ich bei ihm gedient habe, aber sie illustrieren seinen Charakter.

Ich bin jederzeit bereit, vor jedem ordentlichen Gerichte diese Angaben unter Eid auszusagen.

Datum: ....

Unterschrift und Anschrift:

....

....

»Kameraden!« schrieb Dr. Koren. »Wir wollen nicht nur unseren toten Helden Denkmäler bauen, wir wollen auch unseren lebenden Heerführern in dieser Zeit kameradschaftlich zur Seite stehen.« [40]
Über diese Unterstützung hocherfreut, antwortete Schörner am 28. Mai 1957 aus München: Man möchte dafür Verständnis haben, daß er sich zur Zeit »aus politischen Gründen [...] unter keinen Umständen bei irgendeiner öffentlichen Veranstaltung zeigen darf«. Denn »bei uns in der Bundesrepublik ist die politische Lage, wie die ganze Wehrpolitik, doch eine wesentlich andere als im glücklicheren Österreich. Und darauf muß ich in meiner derzeitigen Situation zu meinem aufrichtigen Bedauern besonders Rücksicht nehmen.« Und weiter: »Vorzugsweise die Anhänglichkeit und treue Kameradschaft meiner österreichischen Gebirgsjäger war mir von Anfang an die wesentliche moralische Stütze, meinen Kampf um Recht und Wahrheit eines Tages siegreich zu beenden.« [41]
Schörners Hoffnungen waren berechtigt, denn schon bald überreichten die steirischen Gebirgsjäger dem Münchner Schwurgericht für den anstehenden Prozeß gegen den Generalfeldmarschall einen prächtigen Unterschriftenband mit einem entsprechenden Begleitschreiben, in dem es unter anderem hieß:

»Es sind Unterschriften von ehem. Soldaten die unter FM. Schörner gekämpft haben sowie deren Angehöriger und Angehöriger unserer gefallenen Kameraden. Es sind rund 2000 Unterschriften, die einen Querschnitt durch alle Bevölkerungsschichten ergibt. Vom Akademiker bis zum Hilfsarbeiter, kath. und evangelischer Priester, Bergarbeiter und Bauern sowie eine Anzahl anderer Berufe; sie Alle protestieren gegen den Prozeß vor Allem auch deshalb, weil FM. Schörner zu danken ist, daß Hunderttausende von uns die Heimat wieder sehen konnten. [...] Wenn nun ›unser Ferdinand‹ – wie ihn seine Soldaten in treuer Anhänglichkeit zu nennen pflegten – vor Ihnen, sehr geehrter Herr Vorsitzender, stehen wird, so sollen Sie wissen, daß hinter ihm hunderttausend ehemaliger Frontsoldaten stehen und daß seine Ehre, die man mit Schmutz bewerfen will, die Ehre des deutschen Soldaten im allgemeinen ist.
Wir vertrauen nun ausschließlich auf die Qualität Ihrer Prozeßführung und Ihres Urteiles.« [42]

Wie jener verlaufen und dieses ausgefallen ist, das erfahren wir gleich. Zunächst stand Schörner in München noch auf freiem Fuß und stimmte mit seinem Rechtsanwalt und einigen engen Freunden die weitere

Marschrichtung im Hinblick auf die »Konrad-Kameradschaft« ab. So schrieb er seinem treuen Regiments-Kameraden Dr. Carl Schulze: »Sie waren ja einer der ersten und mutigsten, der trotz der skandalösen Hetze bei meiner Rückkehr ins Bundesgebiet mir in alter Kameradschaft und Treue Besuch machte. Heute kennen mich freilich wieder schon so viele Leute, die mich vor zwei Jahren gar nicht mehr gekannt hatten!« [43]

Und dem Universitätsmediziner Dr. Otto Koren bekannte der Generalfeldmarschall: »Gerade die österreichischen Frontsoldaten waren es, die seit meiner Rückkehr in die Heimat im Januar 1955 unverbrüchlich treu mir zur Seite standen und meine Gegenpartei, die allerdings täglich kleiner wird, ganz erheblich beeindruckten.« [44]

Schörners »Gegenpartei«, das waren nämlich die Mannen um das »Chamäleon Konrad«. [45] Sie rieben und zerrieben sich an ihm, der sie, insbesondere ihre allzu-menschlichen Schwächen und ihren Mangel an menschlicher Größe und humanistischer Gesinnung, nur zu genau kannte und daher durchschaute; der Zeit seines Lebens ihren »greisenhaften Größenwahn« verspottete und dem »kleinen Gernegroß Konrad«, wie er seinen Brutus geringschätzig nannte, kräftig auf die Finger klopfte, wenn er diesen mal wieder bei einer üblen Nachrede ertappte. [46]

So meldete er sich am 22. Juni 1959 aus seiner Festungshaft in Landsberg am Lech wieder einmal zu Wort, indem er unter anderem schrieb: »Von juristischer Seite wurde ich schon wiederholt darauf aufmerksam gemacht, daß das Vereinsorgan dieser Konrad-Kameradschaft grundsätzlich bei Erwähnung meines Namens den ›Feldmarschall‹ wegläßt, obwohl im gleichen Blatt jeweils von einem Feldmarschall Leeb, List u. a. gesprochen wird. Dies stellt wiederum eine bewußte Beleidigung dar, aus der Giftküche des Herrn Konrad, der sich immer noch die originell komische, unsoldatische Äußerung leistet: ›Für mich ist Schörner kein Feldmarschall.‹ Auch hier gilt mancherorts der arabische Spruch: ›Die Hunde bellen, und die Karawane zieht weiter.‹« [47]

Zunächst zog die Meute den kantigen Schörner jedoch vor den Kadi ...

3. Der Prozeß

Der Oktober 1957 war für Schörner alles andere als ein goldener. Die heiter beschwingte Luft war in jenen Tagen über München aufgeheizt. Die Stimmungsmache gegenüber Hitlers letztem Oberbefehlshaber des Heeres erreichte einen ihrer zahlreichen Höhepunkte. An jeder Ecke standen die Zeitungsverkäufer von »Bild« und schrien sich die plakative Überschrift dieses 10-Pfennig-Blattes, das in einer Gesamtauflage von 2½ Millionen Exemplaren unter die Leser gebracht wurde, aus dem Leibe: »Feldmarschall Schörner vor seinen Richtern«.
Von der entfachten Massenhysterie angewidert, eilte dieser vom Isartor in Richtung Rathaus. Schon passierten seine weit ausgreifenden Schritte die Gaststätte »Sterneckerbräu« im Tal Nr. 54, wo Dietl, der nach wie vor gefeierte »Held von Narvik«, bereits im Spätsommer 1919 der DAP/NSDAP beigetreten war und durch diesen kühnen Schritt zu einem Geburtshelfer des Dritten Reiches geworden ist. Ihm folgte wenig später Adolf Hitler, dessen rhetorisches Talent als erster von Schörners späterem Vorgesetzten Dietl entdeckt wurde.
Aber nicht nur der »Paladin des Führers« verkehrte in dieser Brutstätte der nationalsozialistischen Bewegung, sondern auch sein ehemaliger »Leiber«-Kommandeur Franz Ritter von Epp, der im Gegensatz zu Schörner von der »Leiber«-Kameradschaft mit offenen Armen aufgenommen wurde. Dieser kirchenfromme und daher von den atheistischen Parteigenossen der NSDAP als »Mutter-Gottes-General« verspottete Edelmann avancierte im Dritten Reich bekanntlich zum Reichsstatthalter von Bayern.
Dietl als auch von Epp wurde eine Generalabsolution zuteil. Nicht jedoch Schörner. Für ihn hatte die junge Bundesrepublik nur Spott und Hohn übrig. So gestaltete sich sein Weg durch die Münchner Innenstadt in jenen Tagen, Wochen und Monaten nach seiner Heimkehr aus zehnjähriger sowjetischer Kriegsgefangenschaft zu einem regelrechten Spießrutenlauf.
»Von allen alten Landsern erwartet«, schallte es ihm von den »Bild-Zeitungs«-Verkäufern wie eine Ohrfeige entgegen: »Feldmarschall Schörner vor seinen Richtern.«
Voller Abscheu vor der Sensationshascherei hastete er an der zweigeschoßigen Bürgersaalkirche vorbei in Richtung Karlsplatz. Im beinahe lichtlos gehaltenen Untergeschoß dieses Gotteshauses ruhen die Gebeine des Jesuitenpaters Rupert Mayer. Wie Schörner, so wurde auch

dieses Energiebündel mit seinem eisernen Willen und der enormen Arbeitsleistung während des Ersten Weltkrieges in vorderster Front in den Vogesen und den Karpaten eingesetzt, und zwar als tollkühner Divisionspfarrer und Feldseelsorger. Dieser Streiter wurde am 3. Mai 1987 während einer festlichen Eucharistiefeier von S. H. Papst Johannes Paul II. seliggesprochen!
Auch hier, vor dem Portal der Bürgersaalkirche, schrien sich die Zeitungsverkäufer an jenem 2. Oktober 1957 ihre Lungen aus dem Leibe, um ihr Massenblatt unter die aufgebrachte Menschenmenge zu bringen: »Feldmarschall Schörner vor seinen Richtern.«
Nun eilte der Verfemte durch das Karlstor über den Stachus zum Justizpalast, der Ende des 19. Jahrhunderts im Stil eines mächtigen nordisch-italienischen neubarocken Monuments erbaut worden war. Gewiß, das war ein Baustil, der seinem ästhetischen Kunstempfinden entsprach. Dergleichen Prachtbauten waren ihm seinerzeit auf Schritt und Tritt in Italien begegnet, und er konnte sich daran nicht sattsehen. Aber für dieses Münchner Kunstmonument, das noch immer von den Narben des alliierten Bombenterrors übersät war, hatte er jetzt kein kunstsinniges Auge. Denn dort drinnen wurde ihm der Prozeß gemacht. Wie war es dazu gekommen? Was hatte man Schörner vorzuwerfen? Welches waren die Gründe? Wer waren die Ankläger? Fragen über Fragen, die nicht nur den Angeklagten in jenen Tagen bewegten.
Kaum hatte der Generalfeldmarschall 1955 westdeutschen Boden betreten, da wurde er von einer desinformierten Presse als »Massenmörder« und »Bluthund«, als »Durchhaltegeneral« und »Feldgendarm«, als »eiskalter Ferdinand« und »blutrünstiger Heerführer«, der seine Männer gnadenlos ins Feuer trieb, der sinnlos opferte und Befehlsverweigerer am nächsten Baum ohne Gerichtsurteil aufhängen ließ [48], gebrandmarkt. Wegbereiter dieser Kampagne waren Gewerkschaftsfunktionäre, Politiker und Generale, ehemalige Untergebene und sogenannte Kameraden, die dem in der Tat sehr unbequemen Schörner endlich eins auswischen, die ihn vernichten und ein für allemal in den Geschichtsbüchern lächerlich machen wollten. So schrieb der Berliner »Telegraf« am 2. Februar 1955:

»›Sammelt Material gegen Schörner‹. Die Empörung gegen einen der furchtbarsten Henker Hitlers in Uniform, den Ex-Feldmarschall Schörner, geht durch die ganze demokratische Presse. Die Ostpresse dagegen steht unter Maulkorbzwang. Mit einer Ausnahme, der ›Nationalzeitung‹. Wer allerdings der Meinung ist, das Blatt würde in die allgemeine

Empörung einstimmen – die Ostpresse besitzt bekanntlich zur Charakterisierung faschistischer Generale ein besonderes Vokabularium –, irrt sich. Sie wendet sich gegen die Entrüstung der Menschen im Westen, zitiert Schörners Dankschreiben an die Sowjets und erklärt, Schörner habe sich offenbar gründlich mit seiner Vergangenheit auseinandergesetzt und wolle sich nun ›für friedliche Gestaltung der künftigen deutschen Geschichte‹ einsetzen. Das Blatt besitzt außerdem den Mut zu einer Rechtfertigung Schörners, denn es stellt fest, wenn er 80000 Russen hätte ermorden lassen, wäre er von einem sowjetischen Kriegsgericht zum Tode verurteilt worden. Die zahlreichen Landser, die den fliegenden Standgerichten zum Opfer fielen, und die Zehntausende, die durch die Kriegsverlängerung Schörners umkamen oder ins Elend gestoßen wurden, interessieren das Blatt überhaupt nicht.
Dagegen treffen immer wieder Briefe bei der Redaktion des ›Telegraf‹ ein, die die Verhaftung und die Aburteilung des Kriegsverbrechers Schörner fordern. Gleichzeitig aber wird eine Meldung bekannt, nach der der Generalstaatsanwalt in München der Auffassung ist, daß das vorliegende Material gegen Schörner noch nicht für einen Haftbefehl ausreicht. Ferner wird in einigen westlichen Zeitungen darauf hingewiesen, daß ein Prozeß gegen Schörner nicht die große ›Abrechnung‹ bringen werde. Man sagt, das Gericht könne nur feststellen, inwieweit sich Schörner nach dem damals geltenden Recht strafrechtlich schuldig gemacht habe.
Alle ehemaligen deutschen Soldaten, die das Wüten Schörners erlebt haben, sollten es als ihre Pflicht ansehen, der Generalstaatsanwaltschaft in München hieb- und stichfestes Material zur Verfügung zu stellen. Je schneller, desto besser. Es wäre eine Schande, wenn der Kriegsverbrecher Schörner ungeschoren bliebe und womöglich noch als 131er behandelt würde.«

Es war nicht anders zu erwarten. Nach derartigen Aufrufen meldeten sich Hunderte von Denunzianten und Ehrabschneidern, von Drückebergern und Versagern, von nicht beförderten Offizieren und verkannten Führern zu Wort. Andererseits erhielt Schörner trotz der allerorten entfachten Hysterie von all jenen Unterstützung, die ihm ihr Überleben in der Arktis, bei Nikopol, an der Bernsteinküste und anderswo verdankten. Eine entlastende Pressemitteilung stammte vom österreichischen Generalkonsul in Mailand, Steinacher, einer der bedeutendsten Abwehrkämpfer im Kärntner Abwehrkampf nach dem Ersten Weltkrieg und im Zweiten Offizier an der Eismeerfront. In den regionalen

und überregionalen Zeitungen hielten sich das Pro und Contra die Waage. [49] Es spricht für den »Spiegel«, daß er in einer Zeit, als sich die Wogen der Schörner-Hetze hoch auftürmten, auch die Meinung einiger mutiger Frontsoldaten abdruckte, wie z. B. diese:
»Monatelang bis zum Anbruch der Schlammperiode des Frühjahrs 1944 hatten drei deutsche Armeekorps dem Russen erfolgreich Widerstand geleistet, als Marschall Schukow mit einem Novum des Ostkrieges aufwartete, einer Großoffensive in die nördliche, schwach besetzte Flanke der Armeegruppe Schörner im knietiefen und im schmierseifenähnlichen Schwarzerdeschlamm. Nur allein Schörners Verdienst war es – er bildete eine ›Feuerwehr‹ aus Raupenfahrzeugen und setzte sie persönlich an allen Brennpunkten ein –, daß alle Soldaten aus der Mausefalle herauskamen und in neue Frontstellungen zurückgenommen werden konnten. Alle Fahrzeuge und Geschütze mußten zwangsläufig stehenbleiben, weil sie keinen Zoll bewegt werden konnten. Ich persönlich habe ein gutes halbes Jahr als Unteroffizier in Schörners nächster Nähe Dienst getan und während dieser Zeit kein böses Wort von ihm zu hören bekommen«, schrieb Albrecht Henke aus Scharnbeck bei Lüneburg. [50]
Am 31. Januar 1955 bekannte das Bayerische Justizministerium: »Bisher sei in der Öffentlichkeit zwar viel von verbrecherischen Handlungen Schörners, jedoch noch von keinem nachweisbaren Fall die Rede gewesen. Auch in keinem derartigen Gerichtsverfahren der Nachkriegszeit sei der Name Schörner gefallen.«
Die Münchner Generalstaatsanwaltschaft teilte am 1. Februar 1955 mit, »daß die bisher gegen Generalfeldmarschall Schörner vorliegenden Anzeigen nicht zu einem Haftbefehl ausreichen, überdies seien die bisherigen Hinweise ›nicht sehr ermutigend‹.« Nachdem Hunderte von Strafanzeigen eingegangen waren, stellten die Münchner Staatsanwälte »schon bei den ersten Überprüfungen fest, daß die meisten Anzeigen auf Gerüchten fußten oder aus gehässiger Wichtigtuerei erstattet wurden«. [51] Schließlich ermittelte der Generalstaatsanwalt in 80 übriggebliebenen Fällen gegen den Generalfeldmarschall Schörner.
Obwohl das Ermittlungsverfahren vom 23. Mai 1955 zutage brachte, daß die Strafanzeigen und Anschuldigungen ins Leere liefen, wurde weiter ermittelt. Aber auch das Ermittlungsverfahren des Münchner Generalstaatsanwalts vom 6. August 1955 gegen Schörner wegen des Verdachts nationalsozialistischer Gewalttaten offenbarte für seine Anhänger Methoden, mit denen der unbeliebte Generalfeldmarschall durch den Ersten Staatsanwalt Weiß, der »als präziser Jurist be-

kannt« [52] war und erst unlängst mit Erfolg die Anklage gegen den Generaloberst der Waffen-SS Sepp Dietrich vertreten hatte, zur Strecke gebracht werden sollte.
Schließlich blieben von den zahlreichen Beschuldigungen nur mehr drei Vorwürfe übrig. [53] »Es geht um drei Todes-Befehle an der Ost-Front«, meldete die »Bild-Zeitung« an jenem 2. Oktober 1957, als Schörner wie ein gehetzter Hase dem Münchner Justizpalast zustrebte. Schwarz auf weiß stand dann unter der plakativen Überschrift zu lesen:

»Vor dem Münchner Schwurgericht steht seit gestern Ex-Feldmarschall Ferdinand Schörner (65). Der an der Front oft als ›Landserschreck‹ verschriene Armeeführer muß sich wegen vollendeten Totschlags (der Obergefreite Arndt soll auf seinen Befehl erschossen worden sein) und wegen versuchten Totschlages in zwei Fällen (Erschießungsbefehl für den Kommandanten der Festung Neiße, Oberst Sparre, und dessen Vertreter, Major Jüngling) verantworten.
Dieser Prozeß, seit 2 Jahren von Tausenden von Soldaten, Offizieren und Angehörigen unzähliger Landser mit Spannung erwartet, zieht noch einmal den Vorhang auf vor einer düsteren Zeit, in der Befehle das Recht und der Wille einzelner ganze Gerichtsverfahren ersetzten.
In militärisch straffer Haltung, von seinen beiden Verteidigern mit ›Herr Feldmarschall‹ angesprochen, braungebrannt, mit einer silbernen Krawatte zum dunklen Anzug und sehr selbstsicher steht der Ex-Marschall Rede und Antwort.« [54]

Der Münchner Stachus hatte sich in jenen Oktobertagen des Jahres 1957 zur Plaza Santo Domingo von Mexico-City verwandelt. Dort, wo heute unter den schattenspendenden Arkaden der größten Stadt der Welt die Schreiber die vernichtenden Urteile der Richter für einige Pesos auf ihren klapprigen Schreibmaschinen zu Papier bringen müssen, tobte sich einst die gefürchtete Inquisition aus. Der Münchner Justizpalast war für Schörner nichts anderes. Er war von einer sensationslüsternen Presse vorverurteilt worden und die Herren in den schwarzen Roben hatten, so schien es, nur mehr das zu bestätigen, was ihnen die Medien diktiert hatten. In logischer Konsequenz dessen forderte der Staatsanwalt vor dem Landgericht München I für den Angeklagten eine Strafe von acht Jahren Zuchthaus und einen Ehrverlust für die Dauer von sechs Jahren.
In der Urteilsbegründung gegen den Generalfeldmarschall wurde vom Landgerichtsdirektor Graf als straferschwerend angeführt: »Er war ein

Draufgänger« – »Er setzte rücksichtslos seine Aushalteparolen durch« – »Seine Meinung, eigenmächtiges Handeln sei erlaubt, kann nicht anerkannt werden«. [55] Ein Fazit des Urteils im Schörner-Prozeß lautete demnach unter anderem, daß Draufgängertum ein strafwürdiges Verbrechen ist und unter allen Umständen gesühnt werden muß!

In soldatisch strammer Haltung wies Schörner jede Schuld von sich. Sein Rechtsanwalt Dr. Franz Moser setzte sich am 7. Oktober 1957 in seinem Plädoyer sehr sorgfältig mit den Anklagepunkten der Generalstaatsanwaltschaft auseinander und forderte einen Freispruch.

Schörners Schlußwort war kurz und bündig: »Meine Aufgabe war es«, rechtfertigte er sich, »2½ bis 3 Millionen Deutsche zu retten. Ich mußte die Ordnung der in panikartiger Auflösung befindlichen Heeresgruppe Mitte wiederherstellen; das war nur möglich, weil ich das unbegrenzte Vertrauen meiner Frontsoldaten hatte, wie ich selbst das unbegrenzte Vertrauen zu meinen Frontsoldaten hatte. Ich habe in diesen Tagen Bekenntnisse des Vertrauens und des Dankes erhalten, und ich muß schon sagen, daß ich darauf stolz bin. Ihnen galt meine Verantwortung, nicht den wenigen, die versagten. Wer kann heute beurteilen, was damals der Befehlshaber tun durfte und tun mußte, um in dieser entsetzlichen Not eingreifen zu können. Wenn dieser mein Einsatz ein Verbrechen sein soll, dann kann ich nur sagen, ich habe meine harte Pflicht getan, oder das was ich für meine Pflicht hielt. Ich werde dafür die Verantwortung tragen. Sonst habe ich nichts mehr zu sagen.«

Das Sagen hatten ohnehin seine zahllosen Gegner. So kam es am 10. Oktober 1957 im Hausflur seiner Wohnung in der Schwabinger Herzogstraße 60 sogar zu einem handgreiflichen Zwischenfall, als ein aufgehetzter Mann den für vogelfrei gehaltenen Feldmarschall mit einem Faustschlag niederstreckte. Das war schon schlimm genug. Besorgniserregender war jedoch der Umstand, daß einige seiner Generals-Kameraden den Schörner-Prozeß dazu benutzten, um sich reinzuwaschen – unter anderem kein geringerer als der populäre Panzergeneral Hasso von Manteuffel, der in der Nachkriegszeit die Politik als ein neues Betätigungsfeld entdeckte. Als Abgeordneter des Deutschen Bundestages erklärte er 1957 in der Zeitung »Welt am Sonntag«:

»Mir ist jedenfalls bis zur Einstellung der Feindseligkeiten kein einziger Fall in der Fronttruppe bekannt geworden, in dem die Erzwingung des Gehorsams mit der Waffe notwendig gewesen wäre.« Und um dem bedrängten Generalfeldmarschall den Rest zu geben, fügte der FDP-Abgeordnete hinzu: »Herr Schörner berief sich ständig auf die Befehle seines Führers.«

Nur zwei Jahre später wurde auch Manteuffel von seiner Vergangenheit eingeholt, vor Gericht gestellt und zu achtzehn Monaten Gefängnis verurteilt, »weil er angeblich einen Soldaten habe ungerechtfertigt erschießen lassen«. Nicht ohne Schadenfreude schrieb »Der Spiegel« am 16. September 1959: »von Manteuffel berief sich [im Prozeß] dabei ständig auf einen Befehl seines Führers, den sogenannten Führerbefehl Nr. 7, wonach jeder beherzte Mann zur Aufrechterhaltung von Disziplin und Ordnung [...] Ungehorsame auf der Stelle erschießen lassen konnte.« [56]

Aber auch dieser Vergleich wurde angestellt: Ferdinand Schörner und Walther von Seydlitz – General der Artillerie und Kommandierender General des LI. Armeekorps, der nach der Kapitulation der 6. Armee in Stalingrad mit den Russen zusammenarbeitete und mit seinen Leuten versuchte, die Kampfmoral der deutschen Frontsoldaten zu untergraben.

»Zwei bewährte deutsche Truppenführer fielen in sowjetische Gefangenschaft«, schrieb die »Deutsche Soldaten-Zeitung« im Oktober 1957: »Generalfeldmarschall Ferdinand Schörner wurde von der amerikanischen Armee den Sowjets übergeben; General Walther v. Seydlitz-Kurtzbach kam im Kessel von Stalingrad in bolschewistische Gefangenschaft. Beide wurden nach ihrer [...] Heimkehr vor deutsche Gerichte gestellt.

Walther v. Seydlitz, Träger eines stolzen deutschen Soldatennamens, arbeitete in der Gefangenschaft für die Kriegsziele des Bolschewismus. Inwieweit Herr v. Seydlitz dies aus Beweggründen politischer Gegnerschaft zum Nationalsozialismus tat oder um den mörderischen Zeiten in den Gefangenenlagern zu entgehen, wird hoffentlich eine künftige Geschichtsforschung einmal aufklären. Die Tatsache, daß Seydlitz in Stalingrad nach der sowjetischen Einkreisung, am 23. 11. 1942, richtigerweise bei Paulus auf einen gewaltsamen Ausbruch aus dem Kessel drängte, läßt nicht gerade darauf schließen, daß der gleiche, tatkräftige Kommand. General einige Monate später nicht nur ein erklärter Gegner Hitlers, sondern ein Freund der Sowjets und ein ausgesprochener Landesverräter wird. [...]

Millionen Flugblätter flatterten bald, von Prop-Werfern abgeschossen, von sowjetischen Flugzeugen über der HKL abgeworfen, über die deutsche Ostfront. [...] Ungläubig lasen die Landser die pathetischen Aufrufe. Sie schüttelten die Köpfe. [...]

Es steht wohl außer Zweifel, daß in den Katastrophentagen der Ostfront

25 Hitler begrüßt den Generalfeldmarschall Schörner im Führerbunker der Berliner Reichskanzlei

26 Schörner wird nach seiner Gefangennahme durch die Amerikaner von der Militär-Polizei zum Verhör abtransportiert

27 Schörner nach seiner Entlassung aus zehnjähriger sowjetischer Kriegsgefangenschaft mit seiner Tochter Anneliese und seinem Sohn Peter in der Münchner Innenstadt

29 (rechts oben) Die »Bild-Zeitung« berichtete auf ihrer ersten Seite über den Beginn des Schörner-Prozesses

30 (rechts unten) An der innerdeutschen Grenze kam es zwischen den Vertretern des Roten Kreuzes beider Seiten zu einer regelrechten »Übergabe-Verhandlung« um den Generalfeldmarschall

28 Schörners Reiselektüre während der Fahrt von der innerdeutschen Grenze nach München waren westdeutsche Zeitungen, die den Spätheimkehrer belehrten, wie unerwünscht und verhaßt er in der Bundesrepublik Deutschland war

Mittwoch, 2. Okt. 1957 6. JAHR Nr. 229

Druck in München • Postverlagsort Hmb.

In Österreich: 1 Schilling

10 Pf

TÄGLICH über 2¼ Millionen GESAMT-AUFLAGE

Bild ZEITUNG

UNABHÄNGIG • ÜBERPARTEILICH

VON ALLEN ALTEN LANDSERN ERWARTET:

Feldmarschall Schörner vor seinen Richtern

Es geht um drei Todes-Befehle an der Ost-Front

VON BILD-CHEFREPORTER MAX-PIERRE SCHAEFFER

München, 2. Oktober

Vor dem Münchner Schwurgericht steht seit gestern Ex-Feldmarschall Ferdinand Schörner (65). Der an der Front oft als „Landserschreck" verschriene Armeeführer muß sich wegen vollendeten Totschlags (der Obergefreite Arndt soll auf seinen Befehl erschossen worden sein) und wegen versuchten Totschlages in zwei Fällen (Erschießungsbefehl für den Kommandanten der Festung Neiße, Oberst Sparre, und dessen Vertreter, Major Jüngling) verantworten.

Dieser Prozeß, seit 2 Jahren von Tausenden von Soldaten, Offizieren und Angehörigen unzähliger Landser mit Spannung erwartet, zieht noch einmal den Vorhang auf vor einer düsteren Zeit, in der Befehle das Recht und der Wille einzelner ganze Gerichtsverfahren ersetzten.

In militärisch straffer Haltung, von seinen beiden Verteidigern ...

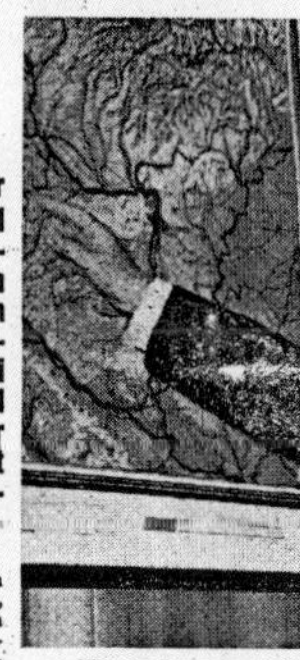

Hier standen meine Divisio...

... sicher steht der Ex-Marschall Rede und Antwort.

Der Mann auf der Anklagebank kann sich nur an Siege, Schlachten und Divisionen erinnern. Wenn aber die ...

Stellwerk-Fehler: 10 Tote und 30 Verletzte

31 Ansichtskarte vom Bundesgerichtshof, die Schörner am 21. Mai 1958 aus Karlsruhe an seinen alten Kameraden Dr. Carl Schulze sandte. Auf der Rückseite vermerkte er u. a. voller Zuversicht: »Beginn Revision 8. VII. 58«

32 Am 5. Juli 1973 wurde der Generalfeldmarschall Ferdinand Schörner in Anwesenheit österreichischer Fahnenabordnungen auf dem Mittenwalder Friedhof beigesetzt

die trügerischen Parolen dieses Nationalkomitees manchen verzweifelten Landser dazu bewogen, den Versprechungen Glauben zu schenken und sich in sowjetische Gefangenschaft zu begeben. Von ihnen sahen nicht ein Zehntel die Heimat wieder. Ihre Gebeine füllen die Massengräber im Osten. Der Typhus, die Ruhr und der Hunger, manchmal sogar der Genickschuß beendeten ihr Leben. Während sie zu Hunderttausenden starben, lebten Herr v. Seydlitz und die anderen Herren des Nationalkomitees nach Aussagen ihres damaligen Mitarbeiters, Jesco von Puttkamer, auf weiß bezogenen Betten bei Wiener Schnitzel und Wodka...

Aber nicht nur in Konferenzen und beim Unterzeichnen von Flugblättern zeigte sich Herr v. Seydlitz willig. Als der Sowjetgeneral Scherbakow durchblicken ließ, daß Stalin wünsche, Seydlitz möge an die Front fahren, um die im Raum von Tscherkassy eingekesselten deutschen Truppen zur Kapitulation zu veranlassen, reiste Herr v. Seydlitz im Speisewagen des Polit-Generals Watutti mit General Dr. Korfes an die Front. In einer ukrainischen Bauernkate wird ein Mikrophon aufgestellt, und Herr v. Seydlitz spricht zu den deutschen Soldaten und fordert sie auf, die Waffen niederzulegen und sich der Roten Armee zu ergeben. Er setzt sich hin und schreibt an die Generale Lieb und Stemmermann persönliche Briefe mit der Aufforderung zu kapitulieren, Briefe, die durch Gefangene in den Kessel geschickt werden.

Die deutschen Generale mit ihren Frontsoldaten von Tscherkassy wandten sich verachtend ab und kapitulierten nicht. In einem Ausbruch sondergleichen eroberten sie sich die Freiheit.

Kein Wunder, daß sich die ehemaligen deutschen Soldaten, vor allem die Heimkehrer aus sowjetischer Gefangenschaft, erbittert gegen den Helfer der Roten Armee wandten, als Herr v. Seydlitz am 7. 11. 1955 heimkehrte. [...]

Um so erstaunlicher war das Ergebnis einer Gerichtsverhandlung, die befremdlich schnell über die Bühne ging und deren Ergebnis folgendermaßen veröffentlicht wurde.

[...] Ein Landesverratsverfahren, das die Staatsanwaltschaft gegen den am 7. November 1955 aus der Sowjetunion heimgekehrten ehemaligen General Walther von Seydlitz eingeleitet hatte, ist vom Landgericht Verden/Aller eingestellt worden.

Gleichzeitig wurde die von der nationalsozialistischen Regierung gegen Seydlitz verhängte Todesstrafe durch rechtskräftigen Beschluß dieses Gerichts aufgehoben.« [57]

Nicht so bei Ferdinand Schörner. Der 15. Oktober 1957 war für ihn vor der 4. Strafkammer des Landgerichts München I der Tag der Wahrheit. Und diese sah für ihn so aus: Im Gegensatz zur Anklage der Generalstaatsanwaltschaft verurteilten die Richter den 65jährigen zu »nur« 4½ Jahren Gefängnis. Als »strafmildernd wurde berücksichtigt, daß«, so die Begründung, »dem Angeklagten militärische Verdienste und persönliche Tapferkeit nicht abzusprechen sind«.
Voller Verbitterung stellte Schörner fest, er sei sich darüber im klaren, »daß er noch einige Zeit den Spucknapf abgeben müsse für die, die ›ihren Schleim über den deutschen Soldaten noch abführen wollen‹.« [58]

4. Landsberg statt Stadelheim

Das wäre wohl doch etwas zuviel gewesen: Nicht auszudenken, wenn man Hitlers letzten Oberbefehlshaber des Heeres in Stadelheim inhaftiert hätte. Dort saßen nämlich vorwiegend die Münchner Spitzbuben. Und weil es in diesem Gefängnis seit eh und je ganz besonders fidel zuging, nahmen sich dieser Gewahrsamsanstalt zuweilen auch die Volkssänger und Mundartdichter der Isarmetropole an. Spektakuläre Fluchtversuche in Transportkisten waren hier ebenso zu vermelden wie Rauschgiftdelikte in den Zellen. Nein, dieses Stadelheim blieb Schörner erspart. Damit hatte man ihm wenigstens noch einen Funken seiner geraubten Ehre belassen. Statt dessen öffneten sich nun am 4. August 1958 für den Gefangenen Nr. 406/58 die wuchtigen Tore der Festungshaftanstalt zu Landsberg am Lech, nachdem der Bundesgerichtshof eine Revision verworfen hatte – und zwar just zu dem Zeitpunkt, als der frühere Präsident des Verfassungsschutzes, Otto John, auf freien Fuß gesetzt wurde.
Hierüber berichtete jedoch nicht die »Bild-Zeitung« in einem reißerisch aufgemachten Bericht, sondern die »Deutsche Soldaten-Zeitung«, die sich seit Schörners Entlassung aus sowjetischer Gefangenschaft zu einem Sprachrohr des verurteilten Generalfeldmarschalls gemacht hatte. »Schörner im Gefängnis ...... Otto John in Freiheit«, lautete im August 1958 die fette Überschrift, unter der dann unter anderem zu lesen stand:

DER STAATSSEKRETÄR
DES BUNDESKANZLERAMTES
4 - K 65 684/58

BONN, den 19. August 1958
Postfach
Fernruf 20111

An die

Kameradschaft vom Edelweiß
Bundesverband Österreich

G r a z / Österreich
Lendkai 79/III

Sehr geehrte Herren !

Ich bestätige den Eingang Ihres an den Herrn Bundeskanzler gerichteten Schreibens vom 29. Juli 1958, in dem Sie sich für den früheren Generalfeldmarschall Schörner einsetzen. Haben Sie aber bitte Verständnis dafür, daß der Herr Bundeskanzler nicht zu einer Angelegenheit Stellung nehmen kann, die - auch bezüglich einer Wiederaufnahme des Verfahrens - Sache der Gerichte ist. Die Unabhängigkeit der Gerichte ist einer der Grundpfeiler der rechtsstaatlichen Demokratie.

Nach der verfassungsrechtlichen Ordnung der Bundesrepublik ist der Herr Bundeskanzler auch nicht in der Lage, einen Gnaden erweis zu erteilen. Da die Justizhoheit den einzelnen Ländern zusteht, obliegt die Ausübung des Gnadenrechtes dem Justizminister des Landes, durch dessen Gericht die Verurteilung erfolgt ist. Ich habe Ihr Schreiben daher dem Herrn Bayerischen Staatsminister der Justiz in München 35, Justizpalast, zugeleitet.

Hochachtungsvoll
Im Auftrag

Abicht
(Dr. Abicht)

»Die deutsche Öffentlichkeit wurde Ende Juli von zwei einschneidenden Entscheidungen auf dem Gebiet der Gerichtsbarkeit überrascht: Der Bundespräsident begnadigte den vormaligen 20. Juli-Mann und nachmaligen Präsidenten des Bundesamtes für Verfassungsschutz, Dr. Otto John, der am 22. Dezember 1956 wegen Landesverrat zu vier Jahren Zuchthaus verurteilt worden war. Der Bundesgerichtshof in Karlsruhe verwarf am 25. Juli den Revisionsantrag des Generalfeldmarschalls Ferdinand Schörner gegen das Urteil von München [...]
Diese Entscheidung mag um so schwerer wiegen, als gerade in den letzten Tagen sich verschiedene Zeugen meldeten, die den betrunkenen Kraftfahrer Arndt, der wegen seiner groben Pflichtverletzung erschossen werden sollte, Monate nach Kriegsende gesehen und gesprochen haben. Er wurde gar nicht hingerichtet.
Der Rechtsanwalt des Feldmarschalls, Dr. Franz Moser, meldete deshalb einen Antrag auf Wiederaufnahme des Verfahrens an. Die 4. Strafkammer des Landgerichts München I erklärte die Wiederaufnahme des Verfahrens, zumindest in einem Punkt, für zulässig. Es muß also der Schörner-Prozeß wieder neu aufgerollt werden. Um so befremdlicher ist es, daß das Münchner Landgericht I trotzdem ein Strafaufschubgesuch, das Dr. Franz Moser für den Feldmarschall stellte, ablehnte.« [59]

Der Publizist Helmut Sündermann [60] faßte in einem Artikel unter der bezeichnenden Überschrift »Westdeutsches Narrenhaus« das zusammen, was viele dachten und fühlten, aber aus Angst vor beruflichen Nachteilen oder dienstlichen Schikanen in vermieften Amtsstuben nicht öffentlich auszusprechen wagten, als er schrieb [61]:

»Die Aufzählung wirklichkeitsfremder westdeutscher Tatbestände des Sommers 1958 ist noch nicht erschöpft: wenige Tage nach der Haftentlassung des John hielt man es für angezeigt, Haftantrittsbescheide an zwei der bekanntesten westdeutschen Armeeführer abzusenden: an den Generalfeldmarschall Schörner und an den Generaloberst Sepp Dietrich. Vor wenigen Wochen erst hatte das Landsberger Gefängnis als amerikanische Vollzugsanstalt der Nürnberger und Dachauer Justiz ausgedient – jetzt wird dieses weltberühmte düstere Gebäude erneut der Aufgabe gewidmet, verdiente deutsche Soldaten ihrer Freiheit zu berauben.
Sowohl Schörner wie Dietrich haben sich freilich gewissermaßen freiwillig am Landsberger Gefängnistor eingefunden. Seit den jeweiligen Urteilsverkündungen sind viele Monate verstrichen, die Prozesse waren

überdies so offenkundig politische Verfahren, daß jeder einigermaßen zivilisierte Staat Asyl gewährt hätte. Wenn Schörner und Sepp Dietrich ohne Rücksicht auf ihr Alter trotzdem an die Landsberger Gefängnistür klopften, so haben sie damit nicht nur die abgehärtete Ironie wirklich großer Soldaten bewiesen, sondern auch denen die gebührende Ohrfeige erteilt, die glaubten, einen deutschen Feldmarschall erniedrigen zu können, und nun selbst die Erniedrigten sind.«

Nun war es also doch so gekommen, wie Ulbrichts Kommunisten es ihm bei seiner Ankunft in Ost-Berlin prophezeit hatten: der Generalfeldmarschall Ferdinand Schörner wurde nach zehnjähriger sowjetischer Kriegsgefangenschaft in Stalins Lagern des Grauens und Schreckens und nach einem Prozeß vor einem bundesdeutschen Gericht im historischen Landsberg am Lech inhaftiert. Die »Prominenz«, die hier schon eingesessen hatte, war beachtlich.

Beginnen wir mit dem seliggesprochenen Jesuitenpater Rupert Mayer, den Hitlers Gestapo wegen seiner anklagenden Predigten im Dritten Reich von Stadelheim hierher gebracht hatte, um diesen gefürchteten Gottesmann ein für allemal mundtot zu machen.

Zuvor war hier sein Peiniger Adolf Hitler inhaftiert. Dieser wurde nach der Urteilsverkündung im Hitler-Ludendorff-Putsch als ein gebrochener, von Depressionen und Selbstmordgedanken geplagter Mann eingeliefert. Aber schon bald hatte er sich dermaßen gefangen, daß er mit der Niederschrift seines Lebenswerkes beginnen konnte. Als er nach nur neun Monaten am 20. Dezember 1924 vorzeitig entlassen wurde, hatte er seine politische Kampfschrift »Mein Kampf« nach entsprechender Bearbeitung durch den Pater Stempfle zu Papier gebracht.

Eduard Dietl entging seinerzeit nur durch die Fürsprache von wohlgesinnten Vorgesetzten den Hochverratsprozessen und einer Inhaftierung in Landsberg; ebenso der Mitputschist Karl von Le Suire, den Dietl später aus Dankbarkeit zum Chef des Stabes seines Gebirgskorps Norwegen machte.

Nach dem Zweiten Weltkrieg saßen dann in Landsberg viele Generale, die aus der deutschen Gebirgstruppe hervorgegangen sind. Sie waren aufgrund völkerrechtswidriger Maßnahmen in Nachfolgeprozessen vom alliierten Siegertribunal abgeurteilt worden – und zwar der Generalfeldmarschall Wilhelm Ritter von Leeb im OKW-Prozeß zu einer dreijährigen Haftstrafe, die er voll abzusitzen hatte. Im Geisel-Prozeß [62] wurden verurteilt: der Generalfeldmarschall Wilhelm List zu lebenslänglicher Haft; der Generaloberst Dr. Lothar Rendulic zu einer Haft-

strafe von zehn statt zwanzig Jahren; der General der Infanterie Ernst von Leyser zu zehn Jahren; der General der Gebirgstruppe Hubert Lanz, dessen Unterschrift wir auch unter einem Schreiben über den Ausschluß der jüdischen Mitbürger aus der Volksgemeinschaft finden [63], wurde zu zwölf Jahren abgeurteilt.
In Landsberg am Lech saß aber auch der General der Gebirgstruppe Franz Böhme. Er war zum Schluß seinen Gewissensbissen und dem psychischen Druck nicht mehr gewachsen und stürzte sich angesichts des zu erwartenden Galgens in den Lichthof des Gefängnisses.

Wenn Schörner aus dem vergitterten Fenster sah, blickte er stets voller Ehrfurcht zu dem kleinen Friedhof, der vor dem Gefängnis angelegt wurde und bis auf den heutigen Tag liebevoll gepflegt wird. Dort stehen die schlichten Holzkreuze von nicht weniger als 255 Hingerichteten, die nach entsprechenden Todesurteilen bis 1951 in Landsberg hingerichtet wurden, in Reih und Glied. Wäre der General der Gebirgstruppe Ludwig Kübler nach Kriegsende nicht in Jugoslawien hingerichtet worden, so hätte ihn hier das gleiche Schicksal ereilt. Nicht viel anders wäre es Schörners ehemaligem Gebirgsjäger-Offizier Harald von Hirschfeld für seinen unverzeihlichen Kefalonia-Einsatz ergangen, mit dem er den Schild der Deutschen Wehrmacht befleckt hat.
Wäre Schörner ein Mann mit schwachen Nerven und einem schlechten Gewissen gegenüber seinem militärischen Handeln gewesen, dann hätte er spätestens jetzt seinem Leben ein Ende gesetzt, um sich weitere Seelenqualen zu ersparen. Aber er war nicht der Mensch, der angesichts seiner abermaligen Inhaftierung innerlich zerbrach. Vielmehr lautete seine Parole nach wie vor: »Ich werde meinen Kampf um Recht und Wahrheit mit verstärkter Energie weiterführen, gestützt auf die Anteilnahme einer stets größer werdenden Zahl vernünftig und rechtlich denkender Menschen, die auf die Seite meiner alten Freunde und Getreuen getreten sind.« [64]
Von Resignation war also keine Spur, als sich die schweren Tore der Landsberger Haftanstalt hinter ihm geschlossen hatten. Schon nahm er an seinem Zellentisch Platz und schrieb für die Nachwelt Auszüge aus den Vorschriften für den Schrift- und Besucherverkehr der Strafgefangenen nieder, sobald er sich unbeobachtet fühlte. Das war die erste Botschaft, die er nach draußen sandte:

»1. Jeder Gefangene darf jede Woche einen Brief oder eine Karte an seine nächsten Angehörigen schreiben und von ihnen empfangen. Mit

anderen Personen ist ein Briefverkehr nur nach Genehmigung durch die Vollzugsbehörde zulässig. Der Briefumfang darf 2 Seiten nicht überschreiten. Eine Zusendung von Ansichtskarten ist nicht erlaubt. Die Briefe sind mit Tinte zu schreiben und frei zu machen. Sie müssen grundsätzlich in deutscher Sprache abgefaßt sein. Die Anwendung von Kurz- oder Geheimschriften, Abkürzungen oder Zeichen ist verboten. Die Briefe dürfen keinerlei Beilagen, z. B. Geld, Schreibmaterial, Photos, Zeitungen oder Ausschnitte davon, Rauchwaren, Toilettenartikel usw. enthalten.
2. Geldsendungen für den Gefangenen sind an die Verwaltung der Anstalt zu richten. Der vollständige Name des Gefangenen und der Zweck der Sendung sind anzugeben.
3. Das Zusenden oder Abgeben von Paketen ist grundsätzlich nicht gestattet.
Soweit Ausnahmen allgemein – z. B. zum Weihnachtsfest und Geburtstag des Gefangenen – oder im Einzelfall zugelassen werden, erhält der Gefangene auf Antrag einen besonderen Erlaubnisschein, den er dem in Aussicht genommenen Absender schicken darf.
4. Es empfiehlt sich, auf allen Postsendungen den vollständigen Namen und die Gefangenenbuchnummer des Inhaftierten anzugeben.
5. Postsendungen, bei denen die unter Ziffer 1–4 angegebenen Bestimmungen nicht beachtet worden sind, können entweder auf Kosten des Absenders an diesen zurückgesandt oder dem Adressaten vorenthalten werden. Um sowohl dem Empfänger Unannehmlichkeiten zu ersparen, empfiehlt es sich deshalb, diese Vorschriften einzuhalten.
6. Jeder Gefangene darf nach Verbüßung von einem Monat seiner Strafe monatlich einmal Besuch von seinen nächsten Angehörigen empfangen.
Besuchsdauer: 30 Minuten. Besuchszeiten ....
7. Gegenüber Personen, die zur Erledigung irgendwelcher Aufträge des Gefangenen vorsprechen wird größte Zurückhaltung empfohlen, insbesondere wird vor der Aushändigung von Geld, Kleidern, Lebensmitteln usw. dringend gewarnt.
8. Wer unbefugt mit einem Gefangenen in Verkehr tritt, ihm etwas übergibt oder von ihm annimmt, kann gerichtlich bestraft werden. Auch der Versuch ist strafbar.
(Art. 23 des Landesstraf- und Verordnungsgesetztes, GVGL 1956 S. 261).«

Der Generalfeldmarschall war bis an sein Lebensende ein ausgesprochener Willensmensch. Jenen eisernen Willen, den er anderen aufzwang, rang er auch seinem älter werdenden Geist und Körper ab. So hatte er sich vom ersten Tage an ein festes tägliches Arbeitspensum vorgenommen und bis zum letzten Tage seiner Haftzeit konsequent beibehalten. Im Laufe der Wochen und Monate entwickelte sich neben seinen beiden Kindern ein reger Schriftwechsel mit seinen treuesten Weggefährten aus der gemeinsamen Militärdienstzeit. Insbesondere sind seinem Biographen die (meist) seitenlangen Brief- und Schriftwechsel mit dem Tölzer Zahnarzt Dr. Carl Schulze überliefert. Sie sind ein Beleg dafür, welche Gemütsregungen und menschlichen Werte im tiefsten Herzen des Inhaftierten verborgen lagen und nur durch einen entsprechenden Impuls geweckt zu werden brauchten, um uns einen Schörner vor Augen zu führen, wie ihn die Masse sicherlich weder gesehen noch erlebt hat.

Schörners Handschrift war regelmäßig. Ihr Kupferstecherduktus bestach noch im Alter und signalisierte dem Leser den geschärften Geist des Philologen; aber auch Güte, Dankbarkeit und Bescheidenheit, wenn er, wie am 17. Februar 1959, schrieb: »In der mir aufgezwungenen Kürze: Meine besondere Genugtuung, daß meines alten – eines der ältesten – Kameraden Schulze Gestaltungs- und Anpassungsfähigkeit sich wieder so prächtig eingestellt haben. [...] Ich finde [...] kameradschaftliche Hilfe rührend und bin geradezu betroffen. Wir schaffen es aber weiterhin so recht und schlecht; und die Österreicher sind doch im allgemeinen selbst arme Leute. Im übrigen schändet Armut ebenso wenig wie der unfreiwillige Aufenthalt in diesem historischen Gebäude hier. Gesundheit, Glück und frohen Mut. Es lebe die Freiheit!« [65]

Und am 11. März 1959 schrieb er in einem zweiseitigen Brief unter anderem seinem Kameraden Dr. Schulze aus Landsberg: »Aber nun eine ernste Sache [...] Bitte keine weitere Sammlung in Österreich! Sie sind doch meist noch viel bedürftigere Leute [...] Ich bitte doch [...] mich zu verstehen, daß jedenfalls in Österreich nicht weiter die Trommel gerührt wird für mich. [...] dann dürfte ich ohnedies etwa über den Berg sein, da sich ja inzwischen bei den großen Soldatenverbänden ein starker Gesinnungswechsel pro Schörner vollzogen hat. [...] Und eines darf ich zum Schluß versichern: Dieser erneute und praktische Beweis einer einzigartig kameradschaftl. Hilfsbereitschaft bedeutet mir tatsächlich [...] einen unschätzbaren inneren Auftrieb! Aber darüber später einmal, wenn ich die Freiheit wiedergewonnen habe. Mit meinen besten Wünschen vor allem [für] die alte rüstige Gesundheit.« [66]

Wie seinerzeit in der Arktis und in Nikopol, an der Bernsteinküste und im böhmischen Hexenkessel, so schien Schörner auch jetzt angesichts der Schwierigkeiten, die ihm tagtäglich in dieser oder jener Form bereitet wurden, aufzuleben. So wie er einst das Schlachtgetümmel liebte, so genoß er jetzt den Kampf mit gespitzter Feder gegen seine Widersacher. Nicht umsonst schrieb er unter anderem am 14. Juli 1959: »Bei mir ist z. Zt. auch wieder einmal der Teufel los, da der sattsam bekannte szt. Schwurgerichtsvorsitzende Dr. Graf der gleiche Bearbeiter der Wiederaufnahme ist (nach deutschem ›Recht‹), und natürlich um seine Reputation kämpft. Er will jetzt den Kardinalzeugen [. . .] (vereidigt, Finanzbeamter, Jura-Student, religiös) als – nicht glaubwürdig hinstellen! Ein harter Kampf!« Und zwei Seiten weiter: »Erinnern Sie sich noch, wie da im Mitteilungsblättchen unter ›Mitteilungen‹ ein Offizier namens Schörner heimgekehrt war und in einer derart rüden Weise, ohne jede genauere Kenntnis oder Untersuchung des ›Falles‹ (auch eine Unverschämtheit!) angepöbelt wurde, daß – falscher Weise! – eine ganze Reihe alter Geb. Jäg. aus dem Verein austraten? Und dann der Versuch der Diskriminierung meines Namens auf dem Hohen Brendten in meinem alten Standort Mittenwald, während die österreichischen Gebirgsjäger auf dem Grab meiner tapferen jungen Frau und meines Ältesten, unten im Bergfriedhof Mittenwald, Blumen niederlegten? Damit sind die Geister ein für alle Mal geschieden!« [67]

Wer jedoch geglaubt hatte, spätestens während der depressiven Novembertage oder angesichts der Weihnachtszeit würde sich Schörners Kampfeslust (und -freude) verflüchtigen und einer melancholischen Stimmungslage weichen, der hatte die Rechnung ohne ihn gemacht. Mit einer kompromißlosen Härte gegen sich und seine Gegner schrieb er unter anderem am 17. November 1959:

»*Sie*, mein lieber, alter Kamerad Carl Schulze, bitte ich zu verstehen, daß ich ›Gnadenbitten‹ (Unverfrorenheit) und auch Amnestie-Variationen schärfer denn je ablehne; und von der sogen. Kameradschaft der Münchner Gebirgsjäger will ich unter der derzeitigen Vorstandschaft überhaupt nichts mehr hören. Schließlich erkühnt sich dieser widerliche Gnom Konrad später noch zu behaupten, *er* hätte an meiner Befreiung mitgewirkt.« [68]

Nachdem der Justizminister einer Entlassung Schörners zum Weihnachtsfest nicht zugestimmt hatte, »obliegt mir die traurige Pflicht, Ihnen nochmals [. . .] in Ihrer Unfreiheit meine von tiefstem Herzen getragenen Grüße und Wünsche zum kommenden Friedensfeste [. . .] übermitteln zu dürfen«, antwortete Dr. Carl Schulze am 17. Dezember

1959. »Was soll ich Ihnen wünschen? Sie wissen es selbst: unser aller Wunsch, daß Ihnen Gerechtigkeit widerfahren möchte und Sie bald in Freiheit sein möchten. Bleiben Sie gesund und uns erhalten und Ihren Kindern, die so tapfer für Sie kämpfen und ungebrochenen Hauptes sind. Bleiben Sie es auch und haben auch Sie Gottvertrauen zu unserem obersten Herrn, der auch Ihre Unschuld mal in Recht verwandeln wird. – Ich kenne die einsamen Gedanken in der Zelle, die wir an solchen Tagen verspüren und uns heimleiten nach unserm Zuhause, zu unseren Liebsten und Angehörigen. Alles, alles Gute, mein lieber ungebrochener Kamerad, mein lieber alter Freund Schörner!« [69]
Schörners Antwort war unsentimental. »Seien Sie überzeugt«, schrieb er Schulze einen Tag vor dem Heiligen Abend, »daß ich diesen minderwertigkeits-komplexlerischen Zeitgenossen gegenüber an Härte und entschiedener Haltung im erbitterten Kampf um mein gutes Recht nur zulegen werde. Und mit ›Gnade‹ und ähnlichen knieweichen Zumutungen bleibe man mir ja ferne!« [70]
Schörner beschränkte seine schriftlichen Äußerungen nicht nur auf eine umfangreiche Korrespondenz, sondern er verfaßte während seiner Landsberger Haftzeit auch eine große Anzahl von mehrseitigen Bemerkungen »Zur Zeitgeschichte«, die er mit römischen Zahlen durchnumerierte. Hierbei handelt es sich einerseits um eine Sammlung von Zitaten und Zeitungsausschnitten, die er mit entsprechenden Kommentaren und Randbemerkungen versah, und andererseits um ganz persönliche Mitteilungen, die nur für einen ausgewählten Kreis von Freunden und Bekannten bestimmt waren. Dort lesen wir unter anderem:

»Mein Sohn (20) wird am 5. Oktober [1959] beim Münchner Pionierbatl. als Freiwilliger auf Zeit eintreten, um seiner Wehrpflicht zu genügen, nachdem er durch Absolvieren der Staatsbau-Akademie ›Ingenieur für Tiefbau‹ geworden ist. Er leistet damit seinen Heeresdienst als staatspolitisch reifes und verantwortungsbewußtes Mitglied einer Soldatenfamilie. Er überläßt damit das Kriegsdienstverweigererspiel jugendlichen Unbelehrbaren à la Sohn Heß.
Gleichzeitig, so nebenbei, vereitelt er, gleichfalls in vollem Einverständnis mit mir, die hintergründigen Hoffnungen meiner Gegner, mich in das billige Ausverkaufslager der ewig gestrigen Negierer abzudrängen; denn die neue deutsche Wehrmacht wird mit der Zeit Träger einer Nation werden.
Hierzu heute: [. . .]
Meine Kinder und ich erlauben sich, *mit* der Zeit zu gehen, in überzeug-

ter und idealer Übereinstimmung. Wir wollen nicht auf der Stelle treten. Deshalb sehen wir auch allen positiv schaffenden und mutig in eine bessere Zukunft blickenden Deutschen die absolute Notwendigkeit eines allgemeinen Wehrdienstes ein, und zwar aus außen- und innenpolitischen Gründen.

Außenpolitisch: Die klare Erkenntnis der drohenden immensen Gefahr aus dem Osten erscheint uns zwingender und wichtiger als gefühlsbedingte, wirklichkeitsfremde Reminiszenzen oder persönlicher Antipathien.

Innenpolitisch: Gerade das historische Landsberg mit seinen zahlreichen Jugendlichen, auch aus der Bundeswehr, hat mich in Richtung der einstens sauberen, tapferen und nationalen deutschen Jugend in einen besonders tiefen Abgrund blicken lassen. [. . .] Einen solchen Abgrund vermag überhaupt nur noch eine allgemeine Wehrpflicht mit ihren allmählich möglichen erzieherischen und disziplinierenden Mitteln zu überbrücken.

Für uns ist also die Wehrpflicht kein ›Krampf, der nochmals losgeht‹. Im Gegenteil: wir wollen trotz allem ›nochmals‹ deutsche Politik treiben, was Macht bedeutet und eine Wehrmacht verlangt. Wir wollen frei und souverän werden; und wir wollen *dabei* sein und unser Teil beitragen! Die ›Ohne-mich-Figuren‹ liegen uns nicht.« [71]

Nach derartigen Zusammenfassungen und Kommentaren, nach den schriftlich fixierten Rück- und Ausblicken fühlte Schörner sich meist wie von einer zentnerschweren Last befreit. Daher war für ihn die Schreiberei nicht nur ein Selbstzweck, sondern auch eine heilsame Art der psychischen Reinigung. Dann fühlte er sich stets »viel frischer und widerstandsfähiger als sonst. An das Gericht dachte er kaum; wenn es ihm aber einfiel, schien es ihm, als könne diese ganze unübersichtliche große Organisation an irgendeiner, allerdings verborgenen, im Dunkel erst zu ertastenden Handhabe leicht gefaßt, ausgerissen und zerschlagen werden.« [72]

Im Gegensatz zu Franz Kafka verleitete ihn sein »außergewöhnlicher Zustand« dennoch nicht dazu, seine Peiniger einzuladen oder gar mit ihnen zu paktieren. Im Gegenteil: Nachdem der Generalfeldmarschall ungebrochen durch das Landsberger Stahlbad der Selbst- und Manneszucht, der Selbstdisziplin und Selbstachtung gegangen war, hatte er nur mehr Spott und Hohn für jenes politische und Rechtssystem übrig, das ihn unter allen Umständen in die Knie zwingen, ja vernichten wollte.

Nicht weniger spöttisch verachtete er die führenden Generale der deutschen Gebirgstruppe, die allesamt in Deckung gegangen waren, um sich seinetwegen nicht die Finger verbrennen zu müssen. Um so mehr setzten sich für den einzigen Generalfeldmarschall mit dem Edelweiß die Repräsentanten der anderen Waffengattungen ein. Zunächst schrieb der General der Kavallerie Siegfried Westphal an den Bayerischen Justizminister Dr. Albrecht Haas:

»Die im Ring Deutscher Soldatenverbände zusammengeschlossenen alten Soldaten sind der Ansicht, daß die außergewöhnlichen, z. T. unvorstellbaren Zeitläufe, in denen Generalfeldmarschall Schörner nach dem Urteil des Gerichts schuldig wurde, mildernd berücksichtigt werden müssen«, so der Präsident des Rings Deutscher Soldatenverbände am 25. März 1960. »Auch sollte man die unleugbaren soldatischen Leistungen und Verdienste des Verurteilten in beiden Weltkriegen nicht außer acht lassen. Gewiß war Generalfeldmarschall Schörner ein sehr harter Soldat und militärischer Führer. Es ist aber auch nach unserer Ansicht evident, daß er durch seine Härte die Front der Heeresgruppe Mitte zusammenhielt und dadurch Millionen von Flüchtlingen aus den deutschen Ostgebieten vor dem Zugriff der sowjetischen Armeen bewahrte.« [73]

Für eine Begnadigung Schörners setzte sich auch der Generaloberst der Fallschirmtruppe Kurt Student in seiner Eigenschaft als Führer und Sprecher der Arbeitsgemeinschaft der Luftwaffenverbände, als Präsident des Bundes deutscher Fallschirmjäger und als Vize-Ehrenpräsident des neuseeländischen Kreta-Kämpfer-Verbandes in seinem Schreiben vom 5. April 1960 an den Justizminister des Freistaates Bayern ein, als er unter anderem schrieb:

»Die in der ›Arbeitsgemeinschaft der Luftwaffenverbände‹ zusammengeschlossenen Einheiten der alten Luftwaffe – als deren Führer und Sprecher ich einstimmig gewählt worden bin – mit ihren vielen Tausenden Mitgliedern sind der Überzeugung, daß die Frage einer weiteren Inhaftierung des Feldmarschalls Schörner jetzt zu einer Überprüfung heransteht. Wir bitten Sie, [. . .] die Reststrafhaft auf dem Gnadenwege zu erlassen und seine Entlassung zu verfügen.« Und weiter: »Es ist auch zu bedenken, daß die zur Verurteilung führenden Fälle sich im Rahmen ernstester und schwerster Kriegshandlungen und Krisenlagen ereigneten und in einem Zeitpunkt, als es galt, Hunderttausende von deutschen Flüchtlingen vor dem bolschewistischen Zugriff zu retten. Heute ist wohl niemand mehr in der Lage, die seelische Belastung dieser Zeiten auch noch annähernd nachzuempfinden. Es sollte aber nicht vergessen werden, daß Feldmarschall Schörner durch seine Energie und seine

Härte unzählige deutsche Menschen vor Tod, Vergewaltigung und Folterung bewahrt hat, und daß er – nach russischen Quellen – auch die Besetzung größerer Gebiete Bayerns durch die Rote Armee vereitelt hat.« [74]
Angesichts dieser massiven und wohlfundierten Entlastungsaussagen von *den* führenden Repräsentanten der deutschen Soldatenverbände machte sich Hektik im Bayerischen Staatsministerium der Justiz breit. Man erkannte sehr wohl, daß der Fall Schörner nicht mehr nur einer der Justiz, sondern zunehmend einer der Politik wurde. Und genau das sollte er ja auch nach seiner Abschiebung aus der DDR in die BRD nach dem Willen der kommunistischen Machthaber gewesen sein. Allzu lange hatten die westdeutschen Gerichte das Spiel der anderen Seite mitgespielt. Nun schien man den »Justizirrtum« zu begreifen und war um Schadensbegrenzung bemüht. Nicht umsonst konnte Schörner am 1. Mai 1960 in seiner Zelle frohlocken: »*Vertraulich:* Positiver Entscheid so gut wie gefallen, aber noch politisches Rückzugsgefecht.« [75]
Das war es in der Tat. Und so standen seine engsten Freunde ab dem Frühjahr 1960 Gewehr bei Fuß, um ihn den Klauen der bayerischen Justiz zu entreißen. Daher erging unter anderem am 9. Mai 1960 folgender »Vorbefehl zur Räumung der Festung Landsberg«:

Kampfkommandant Tölz — Bad Tölz, 9. 5. 60

Vorbefehl
zur Räumung der Festung Landsberg

K an F

1) *Feindl. Front* ist nach Zeitgeschichte XXI und Student/Westphal-Aktion im baldigen Zusammenbruch. Oppositionistische Geb.Jäg. Vorstandschaft zur Ausschaltung verdonnert.
2) *Auftrag an K*
Räumung der Festung Landsberg – bisher widerwillig gehalten, aber durch unerhörte Willenskraft doch allmählich restlos erschüttert – ist alsbald vorzubereiten.
Tag X ist durch Ic (Dr. A.) umgehend zu erreichen und an K zu melden.
3) *Triumphale Befreiungsfahrt* wird (nach Funk-Einverständnis F an K) vorbereitet und ist so einzurichten, dass Aufnahmestellung im Raume Tölz bald bezogen werden kann.
4) *IV a (Hptfw. Luise)* ist angewiesen, Sonderverpflegung bereitzuhal-

ten für F und F-Tochter Anneliese in Verbindung mit Bahnhofskommandant Ro/Lenggries.
Bundeswehr wird gebeten, Pioniereinsatz Peter nach Tölz zu verlegen.

5) Herzlichen Glückwunsch und Dank für Brief;
insbesondere mit der Hoffnung, dass Tag X (= 12. 6.) im Kreise Ihrer Kinder gefeiert werden kann.

gez. Dr. C. Schulze
Oberstltn. a. D. u. K. Kdt.

F. d. R.
Hauptfeldw.

Erwartungsvoll schrieb Schörner am 15. Mai 1960 zurück. (Siehe S. 369) Daß sich die schweren Gefängnistore der Landsberger Festungshaftanstalt für den Generalfeldmarschall dann doch nicht so schnell öffneten, empfand er zunächst als eine herbe Enttäuschung, aus der er, nachdem er sich seelisch wieder gefangen hatte, jedoch wieder einmal mehr nur noch gestärkter hervorging, wie seine folgenden Zeilen eindrucksvoll beweisen. Er schrieb diese vier randvollen Seiten handschriftlich an jenem Geburtstag, den, so wurde berechtigt angenommen, er bereits in Freiheit mit seinen engsten Freunden während eines Tees in der »Villa derer von Raithel« verbringen würde. Sie offenbaren uns neben einigem Spott und Hohn auf seine »Kerkermeister« und ihre Hintermänner auch einen Teil seiner militärpolitischen Anschauungen:

»I) Meine stille Wut, den Getreuesten der alten Getreuen nicht persönlich die Hand drücken zu können. Die äußeren Begleitumstände meines 12. Gefängnis-Geburtstages (1945 einschl. 1954, 1959, 1960) sind *nicht* maßgeblich für alle diejenigen, die einst an der Murmanskfront den Feind und der Natur getrotzt haben, die ihre Heimat vor dem Überfluten aus dem Osten gerettet. Sie werden in der sprunghaften Entwicklung dieser Zeiten ihren richtigen und gebührenden Platz wieder erhalten.
In solchen Übergangszeiten wie der unserigen schwimmt die Schlacke, der Schmutz oben – und wird vom ersten kräftigen Gebirgswind weggeweht.
Auf den in der ganzen übrigen Welt anerkannten und bewunderten Leistungen unserer Frontsoldaten baut sich das Interesse der anderen an uns auf, nicht an den Politikern und Journalisten, die anderen brauchen uns!
In unserem Massenzeitalter darf man trotz allem nicht nach dem Schein

gehen; und der Gebirgsjäger ist der letzte, der den Mut verliert; auch wenn sich manchmal alles gegen uns verschworen zu haben scheint. [...] Und wer an der Liza seinen Mann gestanden hat, der ist diesem ganzen Gezücht aus der ewig unsterblichen Etappe, mit ihrem ganzen Minderwertigkeitskomplex, auf die Dauer turmhoch überlegen.
Und wer es wissen will: *Ich glaube nicht an den ewigen Frieden. Wir kennen den Krieg, und lieben ihn nicht!* Aber heute, da Chruschtschow die Stunde regiert, der Osten und vornehmlich Rotchina mächtig aufrüsten, alle Abrüstungsverhandlungen im Endeffekt utopisch verlaufen – da muß der alte Soldat die Lage ganz nüchtern und real dahin beurteilen, *daß eine friedliche Lösung der Probleme der beiden Machtblöcke auf die Dauer glatt ausscheidet.* Lenin hat das vor 50 Jahren geschrieben und Parteichef Mao Tse-tung erklärte vor einer Woche vor ausländischen Abgeordneten, den Weltfrieden gewinne man nur durch ›den entschiedenen Kampf der Völker‹!
Und der zweite Mann Rotchinas, Präsident Liu Schao-tschi empfahl als beste Garantie für den Weltfrieden ›unaufhörliche Schläge gegen die Imperialisten‹. ›Die Auseinandersetzung zwischen den unterdrückten Nationen und den Imperialisten ist eine auf Leben und Tod!‹
Warum eigentlich noch warten, bis die revolutionäre geballte Macht des Ostens auf noch festeren Füßen steht? Und dann, zum ungünstigsten Zeitpunkt losschlagen bzw. sich seiner Haut wehren *müssen.* Warum warten, bis die Unterlegenheit der sogen. ›freien Welt‹ hoffnungslos, ihre Abwehrmaßnahmen so spät wirksam werden? Nur deshalb, weil dem [...] satten, fetten Spießbürger *pp.* die harte Wirklichkeit unbequem ist? Haben wir eigentlich diese [...] nicht schon an der Murmanskfront verachtet?
1945 hat Eisenhower und haben Churchill und Truman ihre große Stunde nicht erkannt; wir hätten mit amerikanischer Technik und am[erikanischem] Material bis in den Ural marschieren können!
Warum nochmals, endgültig, den [...] Zeitpunkt, die Rettung unserer und unserer Kinder Freiheit verpassen? Warum nicht im geeigneten Moment *zuvor*kommen (Präventivkrieg nennt man so was; und der könnte diesmal wirklich *sehr* kurz und sehr schonend (nur für uns!) sein. Aber gleichzeitig dafür sorgen, daß unsere zeitgenössischen Verleumder, die Widerstandskämpfer vom 9. Mai 1945 *nicht* rechtzeitig [...] in ihre Maulwurfslöcher entwischen, die sie seit dem Auffliegen der Pariser Gipfelkonferenz längst wieder erkundet und ausgebaut haben.
Dies alles ist aber nur, im engen Kameradenkreis, meine bescheidene Meinung; aber angeblich sieht man hinter Gittern manchmal schärfer.

II) *Verfahrens-Lage* – Der Antrag auf Wiederaufnahme des Verfahrens ist *nicht* zurückgenommen, entgegen tendenziöser Pressenachrichten. Bei der *vorläufigen* Zurückstellung handelt es sich um einen Schritt meiner Verteidigung, selbstredend im vollen Einvernehmen mit mir, um das gesamte neue Beweismaterial einheitlich für die Wiederaufnahme und den sogen. ›Prozeß [...] II‹ einzusetzen. Also eine verteidigungs-taktische Maßnahme, um das Gesetz des Handelns an sich zu reißen. Außerdem fordere ich, daß ein Wiederaufnahmeantrag erst nach Wiedergewinnung meiner Freiheit und entsprechender Erholung, deren Dauer *ich* bestimme, erfolgt. – Einzelheiten über den augenblicklichen Stand der Vorbereitungen können aus begreiflichen Gründen nicht gegeben werden.
III) Wie steht es mit der Neugründung der ›*Kameradschaft vom Edelweiß*‹? Kann man gegen die Hintermänner der szt. Hetze nichts unternehmen? Wer hatte die Unverfrorenheit zu behaupten, es handle sich um politische Zielsetzungen?

La/Lech 12/6/1960 gez.: F. Sch.

Wichtig: Besonders herzliche, kameradschaftl. Grüße an alle alten Getreuen der *österr.* Gebirgsjäger, deren treue, tapfere Haltung mir eine starke Unterstützung in meinem harten Kampf um historische Wahrheit und mein gutes Recht ist.« [76]

Nach abermaligen Wochen des Tauziehens war es dann doch endlich so weit. Am 25. Juli 1960 teilte der Bayerische Staatsminister der Justiz dem Vorsitzenden des Deutschen Soldaten- und Krieger-Bundes in Bayern, dem Generalleutnant a. D. Philipp, höchstpersönlich mit, »daß die weitere Vollstreckung der gegen Ferdinand Schörner durch Urteil des Schwurgerichts beim Landgericht München I vom 15. Oktober 1957 festgesetzten Gesamtstrafe von vier Jahren sechs Monaten Gefängnis durch Entschließung des Bayer. Staatsministeriums der Justiz vom heutigen [Tag] mit Wirkung vom 4. August 1960 zur Bewährung ausgesetzt wurde«. [77]
Und um das Gesicht zu wahren, ließ die Pressestelle des Bayerischen Justizministeriums hierzu für die Öffentlichkeit verlauten: »Der Gesundheitszustand Schörners, der im 68. Lebensjahr steht, zehn Jahre in russischen Gefängnissen war und während dieser Zeit seine Frau und seinen ältesten Sohn verlor, hat sich allmählich verschlechtert. Mit Rücksicht hierauf wurde ihm deshalb die restliche Strafe unter Bewilligung einer Bewährungsfrist bis 1. August 1965 erlassen.« [78]

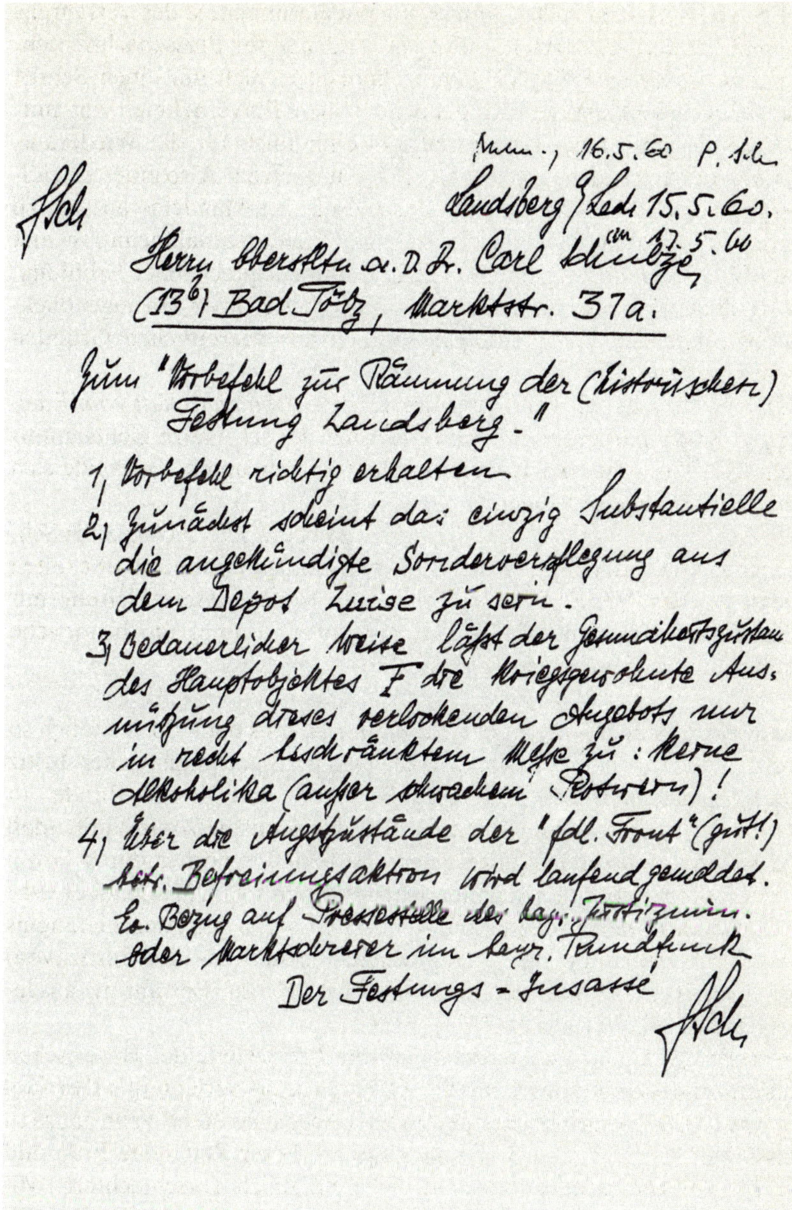

Mchn., 16.5.60 P. Schl

Schl

Landsberg/Lech 15.5.60.

an 17.5.60

Herrn Oberstltn. a.D. Dr. Carl Schütze,
(13b) Bad Tölz, Marktstr. 37a.

Zum "Vorbefehl zur Räumung der (historischen) Festung Landsberg."

1, Vorbefehl richtig erhalten.

2, Zunächst scheint das einzig Substantielle die angekündigte Sonderverpflegung aus dem Depot Luise zu sein.

3, Bedauerlicherweise läßt der Gesundheitszustand des Hauptobjektes I die kriegsgewohnte Ausnützung dieses verlockenden Angebots nur in recht beschränktem Maße zu: Keine Alkoholika (außer schwachem Rotwein)!

4, Über die Angstzustände der "Fdl. Front" (gut!) betr. Befreiungsaktion wird laufend gemeldet. Ev. Bezug auf Pressestelle des bay. Justizmin. oder Marktschreier im bayr. Rundfunk

Der Festungs-Insasse

Schl

5. Unbeugsam und ungebrochen

Wer jedoch geglaubt oder gar gehofft hatte, Hitlers letzter Oberbefehlshaber des Heeres würde Landsberg am Lech als ein gebrochener, von Depressionen gepeinigter Mann verlassen, der hatte die Rechnung ohne ihn gemacht. Er zählte nicht zu jenen Generalen, die, wenn man ihnen ihre Armeen und Divisionen weggenommen hatte, auf Zinnsoldaten auswichen, um im Alter oftmals erst zu ungeahnter strategischer Bedeutung aufzuwachsen. Nein, derlei Sandkastenplanspiele überließ er anderen. Statt dessen schrieb er am 25. Dezember 1960 an seinen österreichischen Kollegen Dr. Otto Koren in das steirische Köflach:

»Das Neue Jahr wird ein Jahr des Kampfes werden; denn ich werde unter allen Umständen das Wiederaufnahme-Verfahren erzwingen.« [79]

Und an seinen alten Kampfgefährten Dr. Carl Schulze schrieb er am 29. Dezember 1960 in das oberbayerische Bad Tölz: »Hoffentlich hast Du die gestrige ›Kampfansage‹ im Roten Hahn mit alter Frische formuliert! [. . .] So leicht soll dem Zwerg Konrad der Abgang aus meiner Sache doch nicht gemacht werden.« [80]

Zwar älter geworden, aber noch immer unbeugsam und aufrecht stand Schörner wie eine knorrige deutsche Eiche in einer politischen Landschaft, die freilich nicht mehr die seinige war. Dennoch verfiel er nicht in Resignation, sondern nahm den Kampf, einen wahren Mehrfrontenkrieg, gegen eine vielköpfige feindliche Hydra von neuem auf. Das konnte er auch, weil er treue Kameraden hatte, auf die er sich jederzeit verlassen konnte, und weil es auch Generals-Kameraden gab, die ihn nicht nur verteufelten, sondern auch moralisch bestärkten.

»Die Zahl der unerfreulichen Legenden über ihn war Legion«, schrieb der General der Kavallerie Siegfried Westphal in seinen »Erinnerungen«. »Als er nach über 10 Jahren sowjetischer Gefangenschaft in seine bayerische Heimat zurückkehrte, brach gegen ihn ein Sturm der Entrüstung los. Rund 80 Anzeigen wegen Mordes und ähnlichen Verbrechen liefen bei der Staatsanwaltschaft ein. Alle wurden sorgfältig geprüft, 78 erwiesen sich als haltlos, nur zwei Vorwürfe waren relevant. [. . .] Als er entlassen wurde, befaßte sich der Disziplinarsenat mit ihm. Auch ich wurde vorgeladen und sagte aus, was ich wußte. Das war dem vernehmenden Beamten offenbar nicht genug. Er sagte mir unter vier Augen: ›Sie brauchen doch für sich nichts zu befürchten.‹ Ich tat so, als ob ich diesen Wink mit dem Zaunpfahl nicht verstanden hätte und erklärte

wahrheitsgemäß, mehr wisse ich nicht. Ich fand«, so Rommels ehemaliger Generalstabschef abschließend, »diese Hexenjagd unschön.« [81]
Das war sie in der Tat, und daher hatte Schörner seine engsten Freunde und Berater rasch um sich geschart, um mit seinen Kritikern scharf abzurechnen. Es war ihm, wie seine diesbezüglichen zahlreichen Briefe belegen, ein sichtliches Vergnügen, wenn es ihm gelang, die »Konrad-Kameradschaft« durch die Hinterhöfe ihrer Verschwörungszirkel zu jagen und derart in die Enge zu treiben, daß sie schließlich nur mehr mit dem Rücken zur Wand in einer Ecke standen, wo er den Überheblichen gnadenlos auf ihre Finger klopfte, wenn diese wieder zur Feder griffen, um ihn zu diffamieren.
»Es ist von Dir und von diesen treuen, alten Kameraden wirklich rührend, an meiner Lage einen derart inneren Anteil zu nehmen«, schrieb er am 26. März 1961 an Schulze. »Und ich gestehe offen – und sag dies bitte bei Gelegenheit auch diesen Männern –, daß Eure mutige Einsatzbereitschaft für mich in meinem harten Kampf um mein gutes Recht und die historische Wahrheit eine *sehr* starke moralische Stütze ist.« [82]
Dann hielt sich Schörner auch wiederholt in Südtirol und Österreich auf, um seine Anhänger zu besuchen. So weilte er mit seinem Rechtsanwalt Dr. Aschenauer zunächst in Meran und dann etwa bis zum 22. April in Imst (eventuell auch in Hintertux). »Ich hoffe«, schrieb er, »mich mit alter Gebirgsjäger-Gewandtheit soweit tarnen zu können, daß es dort nicht zu militärischen Versammlungen kommt, die sogleich ›politisch‹ umgedeutet würden.« [83]
Wie recht er mit seiner Vermutung hatte, bestätigt eine *»streng vertrauliche«* Mitteilung, die er am 12. Juni 1961 von einem früheren Angehörigen seines XIX. Gebirgs Armeekorps erhielt. Darin hieß es: »Ihr Name war früher in unserer (österreichischen) Fahndungsliste aufgeführt, jetzt ist er dort aber nicht mehr enthalten. Dagegen erging an unsere Grenzstellen neuerdings Weisung, Ihnen gegebenenfalls – da Sie persona non grata seien – die Ein- und Durchreise zu verweigern.« [84]
Doch Schörner ließ sich davon in keinster Weise beeindrucken. »Nächste Woche, 1. mit 5. Oktober 1962, sind Großkampftage im Wiederaufnahme-Verfahren«, notierte er zur »Lage«. »RA Dr. Rudolf Aschenauer reicht dem Landgericht München I unsere endgültige Stellungnahme gegen den Schriftsatz des berüchtigten (und weisungsgebundenen) Ob. St. Anw. Carl Weiß ein. [...] Auf ärztlichen Rat werde ich deshalb ab 7. 10. einer Einladung in den tieferen Süden folgen [...]« [85]
Als sein angestrebter Prozeß durch die Gerichte vorläufig abgelehnt

wurde, schrieb er am 30. Dezember 1962 voller Trotz: »In meiner juristischen, d. h. rein politischen Angelegenheit wird der harte Kampf [...] erbittert weitergeführt; denn aufgeben werde ich im Leben nie!« [86]

Der alternde Generalfeldmarschall betätigte sich aber nicht nur als ein unerbittlicher Kritiker und Mahner, der seine Finger schonungslos in diese und jene offene Wunde hielt und sein Recht einklagte, sondern auch als ein tiefsinniger wie weitblickender Analytiker des Zeitgeschehens. Den regen Anteil, den er an den militärpolitischen Fragen der Gegenwart nahm, blieb in der historischen Literatur unerwähnt oder wurde sogar ins Gegenteil verkehrt, wenn es unter anderem heißt, daß er in der Nachkriegszeit keinerlei Aktivitäten mehr entfaltete. Das ist nur insofern richtig, als er sich mit lautstarken Äußerungen und Stellungnahmen zum politischen Geschehen oder zu zeitgeschichtlichen Themen ganz bewußt zurückhielt. Dafür war er – wie uns sein letzter Geburtstags-Brief aus Landsberg schon vor Augen führte – für einen auserwählten Kreis von Gleichgesinnten um so meinungsbildender. Ja sogar die jeweils aktuellen politischen Strömungen analysierte er zuweilen messerscharf.

Ein recht anschauliches wie aufschlußreiches Beispiel hierfür ist Schörners Bewertung der Vorgänge während des erzwungenen Rücktritts des Oberbefehlshabers der NATO. Den Schritt des Vier-Sterne-Generals Lauris Norstad, der vom 20. November 1956 bis zum 31. Dezember 1961 nach Eisenhower, Ridgway und Gruenther der vierte SACEUR der NATO war, bezeichnete er ganz unumwunden als »Sturz«, den er in einer vertraulichen Mitteilung für einen engeren Kreis wie folgt bewertete [87]:

»Der Bundesverteidigungsminister Franz Joseph Strauß hat in seiner Rundfunkansprache am Mittwoch, 25. 7. 1962 abends bisher am klarsten zu diesem Schlag gegen die bisherige Verteidigungskonzeption der NATO bzw. Europas Stellung genommen. Er hat sogar unmißverständlich angedeutet, daß die ganze Sache allmählich eine Angelegenheit des Vertrauens vor allem zwischen Deutschland und den USA sei.

Was wollte Norstad? – 1) Er lehnte die Absicht Kennedys, die atomaren Waffen aus Europa nach den USA zurückzuholen, schroff ab; 2) Er wollte unsere veralteten taktischen Luftwaffen durch Mittelstreckenraketen ersetzen.

Und was soll jetzt der neue Mann, der enge Vertraute Kennedys, General Lemnitzer: Zu obigen Punkt 1) soll er die Absicht Kennedys erfüllen und Europa von modernen Entscheidungswaffen entblößen. Und zu Punkt 2): Wir sollen künftighin ›mit Sichel und Sense‹, vergleichsweise wie in der Sendlinger Bauernschlacht so um das Jahr 1800 herum, gegen die hochgerüsteten und modernst ausgerüsteten Oststaaten stehen oder gar einmal antreten!

Für Kennedy, der mir nicht nur körperlich ein Krüppel zu sein scheint, wird Europa offenbar nur Vorfeld einer kriegerischen Auseinandersetzung. Die bisherige Sicherheitsgarantie Norstads für Europa, nämlich die Möglichkeit einer massierten atomaren Vergeltung aus und durch Europa selbst, ist bei Kennedy offenbar abgemeldet. Die kriegsverhindernde Wirkung durch die Abschreckung atomarer Waffen der NATO wäre damit ziemlich erledigt.

Die derzeitige Lieblingsidee Chruschtschows eines lokalen Krieges mit konventionellen d. h. nicht atomaren, bisher üblichen Waffen wäre damit trefflich erfüllt; so wäre z. B. ein Teilangriff auf Berlin für den gerissenen Bolschewisten kein unbegrenztes Risiko mehr.

Grob gesagt: Europa soll aufgegeben werden, wozu der erzielte Vorsprung der Sowjets in der Entwicklung interkontinentaler Raketen wesentlich beigetragen haben mag; denn Amerika ist jetzt, erstmals in seiner Geschichte, selbst stark bedroht.

Jedenfalls hat die sog. sowjetische ›Salami-Taktik‹ wieder einen Sieg davongetragen; d. h. durch die Anerkennung der Möglichkeit ›begrenzter Kriege‹ und die beabsichtigte Beseitigung der gefährlichen atomaren Abwehr bzw. Abschreckung aus Europa selbst. Chruschtschow hat jedenfalls wieder ein Scheibchen mehr von der großen Salami der westlichen Welt abgeschnitten.

Die Ziellosigkeit *auch* der amerikanischen Verteidigungspolitik hat, zum Schaden Europas und vornehmlich Deutschlands, durch den Sturz Norstads ihren bisher deutlichsten Ausdruck gefunden. Wenn Mr. Kennedy schließlich meint, die atomare Kriegsführung müsse, auch für den Westen, sein alleiniges Monopol bleiben, und Europa und das entscheidend wichtige Deutschland hege dabei zu *seiner* Führung genügend Vertrauen, so sei nur an seinen sagenhaften Reinfall mit Kuba erinnert, wirklich kein ›Vertrauen‹ erweckendes Moment.

Doch hat Bonn Kennedys Schwenkung zweifellos erkannt und sollte man nicht endlich, ohne jegliches Preisgeben unserer außenpolitischen Grundsätze, mit dem Osten selbst sprechen, da es doch wahrlich um unsere eigene Haut geht? Und welcher amerikanische Soldat hat denn schon bisher, sogar unter Norstad, [...] seine Bereitwilligkeit gezeigt, z. B. für Berlin oder auch für uns seinen Kopf hinzuhalten?« [88]

Dann, nachdem Ferdinand Schörner die zeitgeschichtlichen Strömungen und die militärpolitischen Ereignisse kritisch unter die Lupe genommen und sich vor der Geschichte gerechtfertigt hatte und mit sich ins Reine gekommen war, wurde es immer ruhiger um den knorrigen Generalfeldmarschall, der im Freundeskreis so gütig und charmant sein konnte. Von öffentlichen Aussagen oder gar Auftritten hielt er sich bewußt ganz zurück. Das Zeit- und Tagesgeschehen verfolgte und kommentierte er mit einigen Vertrauten in seinem Alterssitz im Münchner Stadtteil Nymphenburg, den ihm wohlgesinnte Industrielle aus dem Ruhrgebiet und österreichische Freunde finanziert hatten. [89] »Entgegen einem weitverbreiteten Irrtum, der begreiflicherweise infolge der Gewährung eines ›Ehrensoldes‹ durch den Bundespräsidenten entstanden ist«, so Schörner, »erhalte ich keine Pension.« [90] Schlimmer noch: Laut »Münchner Merkur« vom 2. Februar 1955 erhielt er weder die ihm zustehende Monatspension nach Artikel 131 des Grundgesetzes, noch das an jeden Spätheimkehrer auszuzahlende Heimkehrergeld. [91] Bis zum 1. Dezember 1955 erhielt er lediglich 113,00 DM wegen Kriegsdienstbeschädigung. [92] Sein Antrag auf die Gewährung von Kriegsgefangenenentschädigung wurde am 12. November 1959 abgelehnt. [93]
Es spricht für den umstrittensten Generalfeldmarschall Hitlers, daß er, obwohl ohne Pension und zeitweise in materieller Not lebend, allen verlockenden lukrativen Angeboten einer sensationslüsternen Presse widerstanden hat, die ihn dazu aufforderte, seine Memoiren niederzuschreiben. Um der Bundeswehr nicht zu schaden, so die Begründung seiner Ablehnung, verzichtete er lieber auf das Geld. [94]
Seinen Lebensabend verbrachte Schörner mit der Abgeklärtheit eines Weisen, dem es gegeben ist, in eine ferne Zukunft zu sehen. Zuweilen schien es seinen engsten Freunden, daß er sich sehr sicher war, daß auch ihn die Nachwelt eines Tages aus einer gewissen Distanz heraus mit anderen, das heißt objektiveren Augen sehen und sein Leben, Wirken und Handeln endlich anhand von unmanipulierten historischen Daten und Fakten beurteilen und auf Grund der welthistorischen Rahmenbedingungen, in die er als handelnder Akteur vom »Weltgeist« hineingestellt wurde, bewerten wird.
Ohne viel Aufhebens verlebte der Generalfeldmarschall seinen 80. Geburtstag mit den Treuesten seiner Getreuen im salzburgischen St. Leonhard noch bei guter geistiger und körperlicher Gesundheit, denn er fühlte sich am wohlsten, wenn er so seine 10, 12 oder gar 15 Kilometer marschiert war [95] oder ein »wunderschönes Wochenende [...] im Rofan-Gebiet verleben durfte«. [96] Als sein Ehrentag harmonisch

ausklang und er sich in seinem Zimmer zurückzog, blickte er in einem Anflug von Melancholie zurück:
Im Leben hatte er, der Pour-le-mérite-Träger des Ersten und der Brillanten-Träger des Zweiten Weltkrieges, alle Höhen und Tiefen, die man sich nur ausmalen kann, erklommen und durchschritten. Er hatte in seiner Jugend fest vorgehabt, Geisteswissenschaftler, genauer gesagt Philologe zu werden, und er blieb dann doch beim Soldatenberuf hängen. Dieser füllte ihn aber dermaßen aus, daß er darüber sein eigentliches Lebensziel aus den Augen verlor. Und das war gut so!
Denn wer sonst, außer Schörner, hätte es fertiggebracht, den Sowjets im Frühjahr 1942 den sicheren Sieg in der Arktis zu entreißen und damit Tausenden von jungen Gebirgsjägern aus der Ostmark das Leben zu retten? Wer denn sonst, außer ihm und Model, wäre noch imstande gewesen, aufgrund seines enormen Stehvermögens in den Kriegsjahren 1943/44 immer wieder für einen geordneten Rückzug der deutschen Armeen zu sorgen und damit Abertausenden von Landsern das bittere Los in Stalins Kerkern und Lagern des Grauens und Schreckens zu ersparen? Wer denn sonst, außer ihm, hätte noch den eisernen Willen und bessere Nerven besessen, um inmitten des totalen Chaos und im Strudel des untergehenden »Tausendjährigen Reiches« Hunderttausende, ja Millionen von entwurzelten Flüchtlingen aus dem deutschen Osten zu Lande oder über See das Leben zu retten?
Wer denn sonst, außer Schörner, wäre angesichts des brutalen Vorgehens der Roten Armee noch imstande gewesen, die Sowjets immer wieder zum Stehen zu bringen, so daß es ihnen trotz aller übermenschlichen Anstrengungen nicht gelungen ist, bis nach Bayern vorzurücken? Nicht umsonst waren die sowjetischen Marschälle ehrlich genug, um zuzugeben, daß sie, »wenn Schörner nicht gewesen wäre, über Bayern bis zum Rhein vorgestoßen wären«! Jene Bundesrepublik Deutschland, in der er stets wie ein Aussätziger behandelt wurde, hätte es dann sicherlich nicht gegeben!
Wer denn sonst, außer ihm, dem vielgeschmähten »eisernen Ferdinand«, den seine Männer vom Eismeer und von Nikopol, von der Südukraine und der Bernsteinküste, von Schlesien und den Sudeten liebe- und respektvoll zugleich »unsern Ferdl« nannten, hätte all das Positive ermöglichen oder das Negative verhindern sollen? Nicht auszudenken, wenn es ihn überall dort, wo er als Kommandeur, Kommandierender General oder als Oberbefehlshaber von Heeresgruppen eingesetzt wurde, nicht gegeben hätte!
Wieviel, mag er sich gefragt haben, wogen da noch die ihm ganz zum

Schluß auch noch aufgerechneten beiden Toten? [97] Eine Frage, die zu stellen weder dem britischen Bomber-Harris mit seinem Flächenbombardement auf Köln, Dresden und anderswo, noch dessen Denkmalsfetischisten in den Sinn gekommen wäre.
Als Ferdinand Schörner sich am späten Abend des 12. Juni 1972 ins Bett legte, hatten weder er noch seine nächsten Angehörigen und Freunde das Gefühl, daß er seinen 80. nur noch um Monate überleben sollte, denn seine Vitalität war nach wie vor bemerkenswert. Nur ein paar Tage vor seinem 81. Geburtstag wurde er durch einen Schlaganfall plötzlich aus seiner Lebensbahn geworfen. Es war am 2. Juli 1973, als, um ein geflügeltes Wort aus der Soldatensprache zu gebrauchen, Hitlers letzter überlebender Generalfeldmarschall zur Großen Armee abberufen wurde.

Postskriptum: Am 4. Juli 1973 ordnete das Bundesministerium der Verteidigung an:

1. Die Beisetzung findet ohne militärische Ehren statt.
2. Die Teilnahme an der Beisetzung in Uniform wird allen Angehörigen der Bundeswehr untersagt.
3. Eine Teilnahme von Angehörigen der Bundeswehr auch in Zivil ist nicht erwünscht.

Der Vier-Sterne-General Günter Kießling, Opfer einer gegen ihn gerichteten Verleumdung, die sich zu einem der größten Skandale der Bundeswehr, ja der alten Bundesrepublik entwickelte, schrieb in seinen »militärischen Lebenserinnerungen« über diesen ehrabschneidenden Vorgang:
»Daß [...] den Soldaten der Bundeswehr die Teilnahme an seiner Beerdigung verboten wurde, hielt ich für eine typisch deutsche Überreaktion. Dabei will ich keineswegs die Schuld leugnen, die Schörner auf sich geladen hatte. Aber hatte er dafür nicht büßen müssen? Wie auch immer, angesichts der Majestät des Todes, sollten wir Menschen niemandem die letzte Ehre verweigern, vor allem aber nicht andere daran hindern, dies zu tun, wenn es sie danach verlangt.« [98]

Nachwort

»Der Historiker ›rackert sich bei der Suche nach der Wahrheit ab, und immer entgleitet ihm die Beute‹«.

Georges Duby
(Anmerkungen des französischen Mediävisten)

Schörners Wirken und Handeln begleitet mich nun schon ein Vierteljahrhundert durch meine zeit- und militärgeschichtlichen Forschungsarbeiten. Wenn er auch nicht immer die Hauptrolle in dieser oder jener Veröffentlichung gespielt hat, so stand er doch oft unsichtbar aber mächtig und allgegenwärtig neben meinem Schreibtisch; insbesondere wenn ich Tausende von Briefkopien und Hunderte von Original-Briefen und Karten, die er überwiegend während seines Landsberger Gefängnisaufenthaltes oder in den Jahren danach für seine engsten Freunde geschrieben hat, in meinen Händen hielt, um sie samt ihren bissigen Kommentaren über seine Zeitgenossen für diese Biographie erstmals auszuwerten.

Nicht nur erleichtert, sondern erst ermöglicht wurde mir die Niederschrift dieses Buches durch meine jahrzehntelangen Forschungsarbeiten über die Geschichte der deutschen Gebirgstruppe, zu deren einzigem Generalfeldmarschall Schörner aufgestiegen ist. Simultan dazu entstand das umfangreiche »Gebirgstruppen-Archiv Kaltenegger« mit Abertausenden von einzigartigen Bild- und Textdokumente. (Unter anderem Hunderte von Original-Briefen des Generalfeldmarschalls, seine Aufzeichnungen zur »Zeitgeschichte« sowie zahlreiche Originalfotoalben vom Einmarsch in Österreich, vom Eismeer und von der Ostfront.)

Neben zahlreichen Vorträgen und unzähligen Aufsätzen und Beiträgen in Jahrbüchern, Zeitschriften und Zeitungen erschien vom Autor wäh-

rend der letzten beiden Jahrzehnte die, so das Urteil von zahlreichen Persönlichkeiten des Öffentlichen Lebens, umfangreichste und bedeutendste Monographie über die Thematik Gebirgstruppe/Gebirgskrieg, zu deren Exponenten sowohl Dietl, der »Held von Narvik«, als auch Schörner, der »Sieger von Athen« zählen – und zwar die Werke:
»Deutsche Gebirgsjäger im Zweiten Weltkrieg« (1977) – »Das Buch der Gebirgsjäger. Die 1. Gebirgsdivision der Bundeswehr« (1980) – »Die Geschichte der deutschen Gebirgstruppe 1915 bis heute. Vom Deutschen Alpenkorps des Ersten Weltkrieges zur 1. Gebirgsdivision der Bundeswehr« (1980) – »Die Stammdivision der deutschen Gebirgstruppe. Weg und Kampf der 1. Gebirgs-Division 1935–1945« (1981) – »Gebirgssoldaten unter dem Zeichen des ›Enzian‹. Schicksalsweg und Kampf der 4. Gebirgs-Division 1940–1945« (1983) – »Schicksalsweg und Kampf der ›Bergschuh‹-Division. Die Kriegschronik der 7. Gebirgs-Division, vormals 99. leichte Infanterie-Division« (1985) – »Kampf der Gebirgsjäger um die Westalpen und den Semmering. Die Kriegschroniken der 8. und 9. Gebirgs-Division (›Kampfgruppe Semmering‹)« (1987) – »Die deutsche Gebirgstruppe 1935–1945« (1989) sowie die aufsehenerregende und bahnbrechende Biographie »Generaloberst Dietl. Der Held von Narvik« (1990), die bis auf den heutigen Tag immer wieder die Neugierde von Presse, Funk und Fernsehen erregt und sogar im Bayerischen Landtag Gegenstand einer Anfrage war.
Nach jeder dieser Buchveröffentlichungen meldeten sich viele Zeitzeugen, die vielfach seltene Aufzeichnungen und Bildbände kostenlos anboten. Kaum war die eine interessante Verbindung hergestellt, schon bahnte sich eine neue an. Der Schneeball meiner wissenschaftlichen Forschungsarbeit war ins Rollen gekommen und riß nun eine Lawine von wichtigen Bild- und Text-Dokumenten mit sich, die schließlich auf dem Schreibtisch des Autors landete. So ist die vorliegende Biographie des Generalfeldmarschalls Ferdinand Schörner das Resultat einer langjährigen, konsequent betriebenen Forschungsarbeit, die weder zeitliche noch materielle Opfer scheute, um die historischen Daten und Fakten aufzuspüren. Für keines seiner bisherigen Bücher hat der Autor so viel Zeit zum Recherchieren aufgewandt wie für dieses, das bereits vor seinem Erscheinen auf Grund seiner Fülle an Details und brisantem Material, das erst durch den Autor zutage gefördert wurde, aufhorchen ließ und die Phantasie seiner potentiellen Leser beflügelte.
So meldete sich eines Tages ganz unverhofft der Diplom-Ingenieur Peter Schörner, nachdem er vom Ritterkreuzträger Franz Pfeiffer erfahren hatte, daß der Autor beabsichtigt, eine Biographie über seinen

Vater zu schreiben. Im Gegensatz zu Dietls Sohn, der mit 50 Jahren angeblich immer noch nicht wußte, daß sein Vater DAP/NSDAP-Mitglied war, signalisierte Schörners Sohn mit seinem Schreiben vom 28. Mai 1990 die Bereitschaft einer Verbindungsaufnahme und Interesse an jenen historischen Vorgängen, die sein Vater an entscheidender Stelle mitgestaltete. [1]

Nicht weniger stark war das Interesse für die in Vorbereitung befindliche Biographie beim ehemaligen Heß-Verteidiger Dr. Alfred Seidl, der dem Autor bereits mit seinem Schreiben vom 5. Februar 1991 viel Erfolg zum neuen Buch über den Generalfeldmarschall Schörner wünschte. Nicht weniger zustimmend äußerte sich der ehemalige Bayerische Staatsminister in seinem spontanen Anruf vom 1. Juli 1992 zum »Offenen Brief« des Autors über die neuerdings entfachte Schörner-Hetze mit Billigung des Münchner Kameradenkreises der Gebirgstruppe. [2]

Neben Tausenden von Archivalien, Aufzeichnungen und Briefen, neben einer Unzahl von Kriegstagebüchern und Publikationen stützt sich diese Schörner-Biographie auf Hunderte von Zeit- und Augenzeugen des Generalfeldmarschalls, die mir ihre aufschlußreichen Mitteilungen in schriftlichen Aufzeichnungen oder bei vertraulichen Vier-Augen-Gesprächen selbstlos zur Verfügung gestellt oder die Mühe auf sich genommen haben, auf meine bohrenden Fragen geduldig zu antworten. Ihnen allen gilt der Dank des Biographen – insbesondere jedoch folgenden Damen und Herren:

Generalleutnant a. D. Hans Baur, der Chefpilot des Führers, war nicht nur den Mächtigen seiner Zeit ein sicherer Flugkapitän, sondern auch ein wichtiger Augenzeuge seiner bewegten Epoche. Er hat unter anderem am 4. Dezember 1990 seine Autobiographie »dem Historiker der deutschen Gebirgstruppe herzlichst gewidmet«. [3]

Den Oberstintendanten a. D., Ministerialrat a. D. Dr. jur. Wolfgang Bernklau, nach dem Kriege zunächst Landrat von Lindau im Bodensee und später erster Vizepräsident der Wehrbereichsverwaltung VI, kann man aufgrund seiner herausragenden Funktionen als Brigade-Intendant im Aufstellungsstab der Gebirgsbrigade, die am 1. April 1938 unter Generalmajor Ludwig Kübler in den Status der 1. Gebirgs-Division erhoben und entsprechend vermehrt wurde, dann als Divisions- und Korps-Intendant des XXXXIX. Gebirgs-Armeekorps zu Recht als eine »lebende Enzyklopädie« in Sachen deutsche Gebirgstruppe betrachten. Er hat dem Verfasser, wie er schrieb, »als jüngerer Zeitgenosse« gern schriftliche Aufzeichnungen über den Aufbau der deutschen Gebirgstruppe und ihre führenden Persönlichkeiten zur Verfügung gestellt und dabei »auch das einschlägige Umfeld und den Zeitgeist angedeutet«. [4] Unter anderem hat er sowohl Schörner als auch Dietl persönlich kennengelernt und die »Alpenfestung« bevorratet. [5]

Der Fachinspektor i. R. Alfred Birnstingl setzte sich mit seinem Landesverband Steiermark als ehemaliger Eismeerkämpfer auf verschiedenen Stützpunkten unter Schörner immer wieder gegen ungerechtfertigte Angriffe auf seinen ehemaligen Kommandierenden General zur Wehr, weil er wie alle seine Mitkämpfer fest davon überzeugt war, daß sie einzig und allein »ihrem Ferdl« und sonst niemandem (auch nicht Dietl) ihr Überleben in der Arktis zu verdanken hatten. Auch für ihn hatte der Münchner Kameradenkreis der ehem. Gebirgstruppe »nicht immer *für* Schörner geschrieben«. [6]

Der General-Direktor i. R., Kommerzialrat und Ingenieur sowie Oberstleutnant d. G. a. D. Hans Brandner stellte als Schörners ehemaliger Generalstabs-Offizier im Gebirgskorps Norwegen bzw. im XIX. Gebirgs-Armeekorps zahlreiche wertvolle Aufzeichnungen und Hintergrundberichte aus erster Hand zur Verfügung. Denn, so schrieb er, »ich bin auf Ihrer Seite!« [7]

Der Eismeerkämpfer Oberst a. D. Josef Brandl hat meine Forschungsarbeiten über Schörner und Dietl mit dem gleichen Interesse begleitet wie die über die Gebirgs-Divisionen der Wehrmacht und Waffen-SS in Skandinavien und auf dem Balkan. [8]

Generalleutnant a. D. Friedrich Breith hatte unter Schörners Maßnahmen nach dem Fall von Koschniza schwer zu leiden. Als ehemaliger Kommandeur der gemaßregelten 4. Gebirgs-Division gab er mir die Ehre, der Chronik seines Gebirgsgroßverbandes noch kurz vor seinem Tode ein Geleitwort voranzustellen. [9]

Mit Generalmajor a. D. Hans Buchner, dem ersten Kommandeur der 1. Gebirgs-Division der Bundeswehr, pflegte ich jahrelang einen regen Gedankenaustausch sowohl über den Generalfeldmarschall Ferdinand Schörner als auch über den Generaloberst Eduard Dietl, da ihm beide Persönlichkeiten nicht nur aus der Reichswehrzeit bestens bekannt waren, sondern weil er als ehemaliger Untergebener beide hautnah erlebt und »genossen« hat. Beide bezeichnete er später als Persönlichkeiten, die für ihn Vorbilder waren und denen er viel, wenn nicht alles zu verdanken hatte. Schörner hatte er bereits 1924/25 kennengelernt. Nach seiner Verwundung 1944 besuchte ihn der Generaloberst in Garmisch-Partenkirchen im Lazarett. Er war, wie Buchner ausdrücklich betonte, der einzige, der ihn dort besuchte. Koschniza bezeichnete der Generalmajor, seinerzeit Kommandeur des Gebirgs-Jäger-Regiments 91 in der

4. Gebirgs-Division, als ein heikles Kapitel, denn, so Buchner, »es gibt im Kriege für führende Persönlichkeiten, besonders in höheren Stellen Situationen, die es erforderlich machen, mit härtesten und schärfsten Mitteln durchzugreifen, sei es um den Erfolg zu erzwingen, meistens aber, um unnötige Verluste zu vermeiden.« [10] Damit zeigte er Verständnis für Schörners drakonische Maßnahmen. [11]

Der chinesische Generaloberst Wego W. K. Chiang zeigt bereits seit Jahren nicht nur aus nostalgischen Gründen ein besonderes Interesse an meinen Publikationen über die deutsche Gebirgstruppe und ihre Generale, sondern sie erscheinen ihm auch in bezug auf die darin fixierten Niederschriften über die Strategie und Taktik im Gebirgskrieg für seinen von Gebirgsketten durchzogenen Inselstaat Taiwan überaus wichtig. So schrieb er bereits am 12. Januar 1984 als »Commander-in-Chief Combined Service Forces« der Republic of China: »Es freut mich, daß ich Kenntnis von Ihren wertvollen Buchveröffentlichungen zu nehmen vermag.« [12] Und am 18. Juni desselben Jahres, »daß Sie als ein sachverständiger Autor so viele wertvolle Bücher geschrieben haben. Ebenso bin ich Ihnen sehr dankbar, daß Sie mir für weitere Fragen über die deutsche Gebirgstruppe zur Verfügung stehen werden.« [13] Später, am 6. Januar 1986, gratulierte Tschiang-kai-sheks jüngster Sohn als »Director Joint Operations Training Department Ministery of National Defense« der Republik China sehr herzlich zur Herausgabe »Ihres ausgezeichneten Buches« über den »Schicksalsweg und Kampf der ›Bergschuh‹-Division« [14], in dem unter anderem auch der skandinavische Kriegsschauplatz mit seinen verantwortlichen Generalen abgehandelt wird.

Der Major i. G. Klaus Düwell stellte als Ritterkreuzträger der Eismeerfront wichtige Gefechtsberichte und Kartenmaterial über die Abwehrschlacht in der Arktis zur Verfügung.

Der Sparkassendirektor i. R. Karl Füger schrieb am 10. Februar 1988: »Wenn Sie mich und meine Kameraden fragen, was wir von General Schörner halten, so werden Sie die überwiegende Meinung hören, daß uns der ›Ferdinand‹, wie wir ihn nannten, das Überleben in den Winterkämpfen 1941/42 an der Liza durch persönlichen Einsatz ermöglicht hat, indem er ständig trotz des arktischen Winters für eine freie Eismeerstraße von Ravaniemi nach Parkkina sorgte.« [15]

Der Hauptmann a. D. Diplom-Volkswirt Walter Gödde, der sich wiederholt gegen die in jüngster Zeit um sich greifende Schörnerhetze auch schriftlich zur Wehr setzte und dem Kameradenkreis der Gebirgstruppe peinliche Fragen stellte, um den Generalfeldmarschall zu entlasten,

lieferte in langen Gesprächen wertvolle Hintergrundinformationen über Schörners Stärken und Schwächen. [16]
Ein besonders wertvoller Informant war mir Schörners Fahrer in Griechenland und an der Eismeerküste, der Stabsgefreite a. D. Franz Golderer, der auch Bilder zur Verfügung stellte. Er schrieb unter anderem am 28. September 1992: »Ich war mit Fam[ilie] Schörner viel beisammen und hatte mit ihm viel zu tun. Er war ein ausgezeichneter Soldat und in seiner Führungsspitze ein einmaliger Stratege. Er wußte immer, wie er seine Division vor allfälligen Gefahren bewahren konnte. Ich habe seine energische Eigenart gekannt und kam bestens mit ihm aus. Ich war [...] ein altes Inventar. Im Gespräch immer klar, laut und deutlich und kein Versteckspiel, das wollte er. Bei vielen überraschenden Kontrollen bei den Einheiten versteckten sich manche Offiziere meistens aus Angst und er gab nicht auf, sie ausfindig zu machen. Diese wurden an Ort und Stelle degradiert und sofort [...] abkommandiert, auf einen Stützpunkt an der Liza.« [17]
»Noch heute, nach so vielen vergangenen Jahren, heißt es noch oft unter Kameraden«, schrieb Werner Graupner, »was wäre aus uns damals 1941/42 geworden, wenn wir nicht unseren Ferdl als Divisions-Kommandeur oder später als Kommandierenden General des XIX. Gebirgs-Armeekorps gehabt hätten?« [18]
Der Medizinalrat Dr. Otmar Hecher und seine einsamen Lapplandkämpfer lieferten wertvolle Berichte und Hintergrundinformationen.
Generalmajor a. D. Wilhelm Heß, zunächst Quartier-, dann Oberquartiermeister im hohen Norden, war solange überaus auskunftsfreudig, solange er sicher war, daß seine Informationen über die Eismeerfront und ihre Kommandeure und Kommandierende Generale in eine nostalgisch befrachtete Erinnerungsliteratur über Dietl und Schörner einfließen würde. [19]
Alois Hildebrand bemerkte im Februar 1988: »Ich höre auch immer der Schörner, der Spinner, aber nur von solchen, die gar nicht unter ihm gedient haben; ich sage jedem, daß ich nichts über ihn kommen lasse, denn hätte er nicht schon in kluger Voraussicht die Tarnet-Straße bauen lassen, wäre der größte Teil der 6. und 2. Geb. Div. [nicht] nach Hause gekommen.« [20]
Ein interessanter Zeitzeuge, der Generalleutnant a. D. Hermann Hölter, der den Krieg im hohen Norden vom ersten bis zum letzten Tage miterlebt hat, war aufgrund seines hohen Alters leider nicht mehr in der Lage, sich detailliert zu äußern. Zum Glück hat er der Nachwelt sein aufschlußreiches Buch »Armee in der Arktis« hinterlassen.

Oberst a. D. Ludwig Hörl war mir auf Grund seines persönlichen Verhältnisses zu Schörner und Dietl ein besonderer Zeitzeuge. Zu beiden wollte er sich in jüngster Zeit jedoch nicht mehr äußern. »Ich möchte schweigen« [21], schrieb er am 27. Februar 1988. Das war nicht immer so. Hörl, Leutnant und Oberleutnant bei der 12. Kompanie des III. (Gebirgs-Jäger) Bataillons des 19. (bayerischen) Infanterie-Regiments in Kempten, hat jahrelang Begebenheiten über Dietl und Schörner publiziert und bei Kameradschaftsabenden und Jahreshauptversammlungen mit seiner persönlichen Meinung alles andere als hinter dem Berg gehalten, so daß auch diese sehr bedeutungsvollen Hintergrundberichte sowie seine Ausführungen über den Fall von Koschniza berücksichtigt wurden. [22]

Frau Luise Jodl hat mir »nach gewonnenen Erkenntnissen« über die damalige Zeit und die Verstrickung der seinerzeit Handelnden nach vielen Gesprächen neben zahlreichem Bildmaterial ihr Buch über den Weg des Generalobersten Alfred Jodl als »Dank für Interesse und Freundschaft« übereignet. [23]

Frau Luise Kempinger-Gödde hat mir neben einem umfangreichen Fundus aus dem Nachlaß des Schörner-Freundes Oberstleutnant d. R. a. D. Dr. Carl Schulze auch über zweihundert mehrseitige Briefe des Generalfeldmarschalls aus der Nachkriegszeit sowie Hunderte von Dokumenten aus den Jahren seiner Inhaftierung in Landsberg am Lech zur Verfügung gestellt, so daß diese überaus wertvollen zeitgeschichtlichen Aufzeichnungen nicht vernichtet wurden oder in falsche Hände von verklärungssüchtigen Vereinigungen gelangten, um die volle historische Wahrheit weiterhin zu verschleiern.

Dank dem Gendarmerie-Abteilungsinspektor i. R. Hans Kometer, der an der Eismeerfront unter anderem der Ski-Kompanie von General Schörner angehörte und sich bis auf den heutigen Tag mit seinen alten Kameraden gegen alle falschen Zungenschläge zur Wehr setzt. Denn seiner Meinung nach haben »die Männer an der Spitze des Kameradenkreises scheinbar immer noch nicht die Vergangenheit bewältigt«, wie er am 3. Juli 1992 schrieb. [24]

Nicht weniger auskunftsfreudig war der Obersanitätsrat univ. med. Dr. Otto Koren, der überaus wertvolle Kopien und über 100 vertrauliche Schriftwechsel mit dem Generalfeldmarschall zur Verfügung stellte. Er, der ehemalige Kompanieführer von der Eismeerfront, wo Schörner ihn namentlich kannte, schrieb unter anderem am 19. Juli 1992: »Näher in Kontakt bin ich mit ihm nach seiner Entlassung aus der Kriegsgefangenschaft gekommen, als die allgemeine Hetze gegen ihn begann. Ich war damals bereits in der ›Kameradschaft Edelweiß‹ tätig und habe einen Brief an Adenauer [...] geschrieben und eine Unterschriftenaktion für ihn gestartet, welche ich ihm dann in München persönlich übergeben konnte und die dann auch bei Gericht vorgelegt werden konnte. Ich habe ihn dann persönlich das letztemal bei seiner Geburtstagsfeier zum 80. in St. Leonhard in Salzburg getroffen. [...] Wir waren aber bis zu seinem Tode ständig in brieflicher Verbindung [...]« [25]

»Ich komme Ihrem Interesse an Erfahrungen aus dem Befehlsbereich von General Schörner gerne nach«, schrieb Karl Koschler am 26. Juli 1992, »um damit deutlich zu machen, daß ein Krieg am Ende seine eigenen Kinder frißt; nicht zuletzt aber zur Erinnerung an viele umgebrachte Kameraden – Beispiele dafür, daß Soldaten tatsächlich zu (Kameraden-)Mördern werden können!« [26]

General der Gebirgstruppe a. D. Hubert Lanz verfolgte über ein Jahrzehnt lang meine Forschungsarbeiten über die deutsche Gebirgstruppe sehr aufmerksam. Er förderte sie wohlwollend, soweit sie sich nicht allzu sehr verselbständigte und dem Zugriff seiner ehemaligen Vereinigung entzog. [27]

Archivamtsrat Brün Meyer erfüllte mir alle nur erdenklichen Wünsche bei der Beschaffung von Archivalien über den skandinavischen Kriegsschauplatz aus dem Freiburger Bundesarchiv/Militärarchiv.

General der Infanterie i. R. Diplom-Volkswirt Dr. Zdenko von Paumgarten bereicherte meine Kenntnisse über den skandinavischen Kriegsschauplatz in Wort und Bild.

Beim Generalleutnant a. D. Max Josef Pemsel sprudelten die historischen Quellen so lange ergiebig, solange nicht allzu kritisch hinterfragt wurde. Als letzter Kommandeur von Schörners 6. Gebirgs-Division und erster Kommandierender General des II. Korps der Bundeswehr steckte er in der Tat in einer Zwickmühle. [28]

Die Hintergrundinformationen von Oberst a. D. Franz Pfeiffer über den Generalfeldmarschall, mit dem er im Münchner Stadtteil Nymphenburg jahrelang gewissermaßen um die Ecke wohnte, waren überaus aufschlußreich. Ebenso seine Aussagen bezüglich der »Alpenfestung«, in der der Ritterkreuzträger auf Grund der Quellenlage von unbestechlichen Augenzeugen eine viel bedeutendere Rolle spielte, als er sich selbst eingestehen möchte. Nicht weniger wertvoll waren jene Dokumente, die Pfeiffer über den Fall von Koschniza zur Verfügung stellte. [29]

Oberstleutnant a. D. Michael Pössinger hat als Eichenlaubträger und gefeierter »Retter von Garmisch-Partenkirchen« verständlicherweise

eine andere Bewertung der Vorgänge in der »Alpenfestung« vorgenommen als sein damaliger Vorgesetzter Pfeiffer. [30]
Oberst a. D., MdL a. D. Sepp Prentl war mir mit seiner nach ihm benannten Flak-Kampfgruppe nicht nur ein wichtiger Zeitzeuge über die Schlußkämpfe in Ostpreußen, sondern menschlich stets auch ein ebenso geschätzter Gesprächspartner in seiner gemütlichen Wohnung im Mittenwalder »Schörner-Haus«. [31]
Professor Alfred Richter stellte sein umfangreiches Kriegstagebuch samt den dazugehörenden Alben mit Schörner-Bildern selbstlos zur Verfügung. Seine Dokumente zeigen vielfach das andere Gesicht des Krieges und seiner Führer. [32]
Oberst i. R. Hans Rohr, der auf Grund seiner taktischen Erfolge bei Narvik mit dem Ritterkreuz des Eisernen Kreuzes ausgezeichnet wurde, stellte mir sein über 400 Seiten starkes Kriegstagebuch mit seinen einzigartigen Bilddokumenten in einer Kopie zur Verfügung.
Oberbürgermeister Dr. Manfred Rommel nahm als Sohn des legendären »Wüstenfuchses« einen lebhaften Anteil an meinen Publikationen über die deutsche Gebirgstruppe und seinen Vater, der mit Schörner Schulter an Schulter im Gebirgskrieg in den Karpaten und am Isonzo eingesetzt wurde.
Gustl A. J. Singer war unter Schörner sowohl Ordonnanz-Offizier bei der 6. Gebirgs-Division als auch nach dem Besuch der Kriegsschule in Wiener Neustadt beim XIX. Gebirgs-Armeekorps – und zwar bis zu dessen Verwendung an die Ostfront. Bedingt durch diesen langen persönlichen Dienst beim späteren Generalfeldmarschall ergab sich ein enger persönlicher Kontakt, worauf er heute ebenso noch stolz ist, wie auf jene Besuche, die Schörner ab dem Jahre 1956 zweimal jährlich in seinem schönen Tiroler »Romantik-Post-Hotel« abstattete. »Gestatten Sie mir noch eine Bemerkung zum ›Kameradenkreis der Gebirgsjäger‹«, schrieb er am 15. Oktober 1992. »Was kann man davon schon erwarten; gegründet und lange Zeit geführt von höheren Offizieren der Gebirgs-Truppe, die zum Teil auf Schörner neidisch ob seiner Karriere waren und von solchen, die [...] sogar ihres Kommandos enthoben worden sind. Was liegt also näher, als den zu verleumden, der als makelloser Soldat und verantwortlicher Kommandeur auf Pflichterfüllung drängte. Denn eines ist sicher, für Feiglinge und Etappen-Fürsten war Schörner ein gnadenloser Vorgesetzter; aber kein Soldat, gleich welchen Ranges, der seine Pflicht erfüllte, hatte den geringsten Grund, Schörner zu fürchten; für diesen Soldat war Schörner zu jeder Zeit zu sprechen, für diesen Soldat war er immer da.« [33]

Brigadegeneral a. D. Alois Steffel, im Zweiten Weltkrieg zeitweise dem Gebirgskorps Norwegen unterstellt, ist auch ein ausgezeichneter Kenner des Deutschen Alpen- und Karpatenkorps. Er vermittelte wertvolle Informationen über den Polen-, Frankreich- und Skandinavienfeldzug sowie über die Kämpfe an der Eismeerfront. [34]
Oberst a. D. Werner Stein hat mein Wissen über den skandinavischen Kriegsschauplatz aus der Sicht des STOLUFT/AOK Norwegen, Befehlsstelle Lappland, während zahlreicher Gespräche und Briefwechsel bereichert und mich dabei auch mit dem Clausewitz-Biographen und Militärhistoriker Dr. Wilhelm Ritter von Schramm bekanntgemacht.
General der Gebirgstruppe a. D. Friedrich-Jobst Volckamer von Kirchensittenbach war auf Grund seines regen Geistes noch im hohen Alter ein scharfsinniger Zeitzeuge über den Aufbau der deutschen Gebirgstruppe und die Vorgänge während des letzten Kriegsjahres im Bereich der Heeresgruppe Nord und Kurland. [35]
Heinrich Weindel lieferte unter anderem Informationen über Schörners Wirken und Handeln am Dnjeprübergang bei Nikopol. »Ich habe das persönlich erlebt und war stark beeindruckt von dem Verhalten des Generals, der trotz dauernder Fliegerangriffe bei der Brücke aushielt, um Fahrzeuge zurückzuschicken, damit die Verwundeten zurückgebracht werden konnten«, schrieb er am 18. Februar 1988. »Ein hohes Lob ist General Schörner auch zu zollen, daß er trotz größter Bedrängnis erst alle Verwundeten aus den Lazaretten in Nikopol abtransportieren ließ, wozu die Truppe fast alle Fahrzeuge abgeben mußte, bevor er den Brückenkopf Nikopol räumen ließ.« Und weiter: »An der Eismeerfront nannten wir ihn ›Feldgendarm von der Eismeerstraße‹. Diese Bezeichnung soll sogar von General Dietl stammen. [...] Ich persönlich habe nichts Nachteiliges erlebt. Mag sein Verhalten zu mancher Kritik geführt haben, er war ein großer General. In anderen Ländern wäre ein solcher General hochgeehrt.« [36]
Nicht zu vergessen ist der langjährige VdK-Präsident Staatssekretär a. D. Karl Weishäupl, dessen Meinung über den Generalfeldmarschall Schörner und den Generaloberst Dietl ebenso zwiespältig war wie über die Generale der Gebirgstruppe Kübler und Konrad. Seine zahlreichen mündlichen und schriftlichen Äußerungen über diese Persönlichkeiten der deutschen Gebirgstruppe und einige »besondere Vorkommnisse« waren mir gerade deshalb so bedeutungsvoll. [37]
Generalleutnant a. D. August Wittmann, der mir Zeit seines Lebens jeden militärgeschichtlichen Wunsch von den Augen abgelesen hat, gebührt ebenso mein lebenslanger Dank wie seiner Frau Hilde, die mir

nach dem Ableben von Schörners ehemaligem Untergebenen das wertvolle militärhistorische Schrifttum, unzählige Briefwechsel deutscher Generale aus der Nachkriegszeit sowie sämtliche Kriegs-Fotoalben und die umfangreiche Militärbibliothek ihres Gatten hinterlassen hat. [38] Last but not least danke ich dem Lektor Rochus von Zabuesnig, der bereits vor Jahren neben der Dietl- auch diese Schörner-Biographie als einen wichtigen Beitrag zur Zeit- und Militärgeschichte angeregt und dessen Entstehungsgeschichte während unserer vielfältigen Gespräche im Münchner Buchverlagshaus Ullstein Langen Müller stets aufmerksam verfolgt hat.

Nicht weniger dankbar ist der Autor allen Archiven, Bibliotheken, Institutionen und Instituten, die bereitwillig Archivalien, Dokumente und Literatur beschafft oder zur Verfügung gestellt haben – und zwar insbesondere dem Bayerischen Hauptstaatsarchiv/Kriegsarchiv in München, der Bayerischen Staatsbibliothek in München, dem Berg-Isel-Museum in Innsbruck, der Bibliothek für Zeitgeschichte in Stuttgart, dem Bund Deutscher Fallschirmjäger e. V. in München, dem Bundesarchiv in Koblenz, dem Bundesarchiv/Militärarchiv in Freiburg i. Br., dem Bundesarchiv/Zentralnachweisstelle in Aachen-Kornelimünster, der Deutschen Dienststelle für die Benachrichtigung der nächsten Angehörigen von Gefallenen der ehemaligen deutschen Wehrmacht in Berlin, dem Document Center in Berlin, dem Institut für Zeitgeschichte in München, dem Kaiserschützen-Museum in Innsbruck, dem Kameraden- und Freundeskreis Leibregiment e. V. in München, der Kameradschaft ehem. Angehöriger des III. (Geb. Jäger) Btl. 19. (bayer.) Inf. Rgt. in Kempten/Allgäu, der Kameradschaft vom Edelweiß in Graz, dem Militärarchiv der Deutschen Demokratischen Republik in Potsdam, dem Munziger-Archiv für publizistische Arbeit in Ravensburg, dem Österreichischen Kameradschaftsbund/Kameradschaft ehem. Angehöriger des Gebirgs-Jäger-Regiments 139 in Klagenfurt, dem Rainer-Museum in Salzburg sowie der Universitätsbibliothek/Wehrbereichsbibliothek VI der Universität der Bundeswehr München, wo zwar »längere Zeit neonazistische Texte ausgelegen seien« [39], in der jedoch die Schörner-Literatur mit den Signaturen 76/607 und 77/815 bei der Ausleihe noch immer als »selektierte Literatur« durch eine besondere »Verpflichtungserklärung« indiziert wird. [40]

Anmerkungen

Zu Prolog

1 Scheurig: Freies Deutschland. S. 27.
2 Balck: Ordnung im Chaos. S. 429.
3 Ich stehe hier auf Befehl. A. a. O.
4 Vgl. hierzu das Kapitel »Kreuzigt ihn!«

Zu I.

1 Stumpf: Die Wehrmacht-Elite. S. 308.
2 Zuckmayer: Als wär's ein Stück von mir. S. 129.
3 Nicolai: Beschreibung einer Reise durch Deutschland und die Schweiz nebst Bemerkungen über Gelehrsamkeit, Industrie, Religion und Sitten. Bd. 6, S. 752 ff.
4 Ebenda, S. 756.
5 Davon befinden sich allein über 200 Originalbriefe sowie Aufzeichnungen Schörners aus seiner Inhaftierung in Landsberg am Lech und der Nachkriegszeit im Besitz des Autors.
6 Schörner-Brief vom 14. 7. 1959 an Schulze.
7 Preradovich: Die militärische und soziale Herkunft der Generalität des deutschen Heeres. S. 55.
8 Afflerbach, Holger: Soldatischer Alltag im Kaiserreich. In: Information für die Truppe. 1988, H. 10, S. 62 ff.
9 Das Königlich Bayerische Infanterie-Leib-Regiment 1814 bis 1914. A. a. O.
10 Ebenda, a. a. O.
11 Akten des bayerischen Kriegsministeriums: »Staatsministerium des Äußern, Adelsnachweis«, Abteilung III (1893–1920) sowie IV (»Ältere Registratur«).
12 John: Das Reserveoffizierskorps im Deutschen Kaiserreich 1890–1914. S. 54.
13 Ebenda, S. 54.
14 Ebenda, S. 96.
15 Ebenda, S. 96.
16 Ebenda, S. 97.
17 Ebenda, S. 135.
18 Rohkrämer: Der Militarismus der »kleinen Leute«. S. 151.
19 Hermann: Deutsche Militärgeschichte. S. 294.

Zu II.

1 Jünger: Der Krieg als inneres Erlebnis. S. 5.
2 Die »Leiber« im Weltkrieg. S. 4.
3 Ebenda, S. 4.
4 Ebenda, S. 4.
5 Die Bayern im Großen Kriege 1914–1918. S. 22.
6 Die »Leiber« im Weltkrieg. S. 10.
7 Ebenda, S. 10ff.
8 Ebenda, S. 12.
9 Ebenda, S. 8.
10 Ebenda, S. 8.
11 Erstmals wurde dieser Marsch von der Kapelle des Bayerischen Infanterie-Leib-Regiments am 25. Dezember 1914 auf dem Marktplatz von Péronne gespielt. Im Jahre 1933 erklärte Adolf Hitler den Badenweiler-Marsch als seinen Lieblingsmarsch. Es ist bedauerlich, daß dieser ausdrucksstarke Marsch aus diesem Grunde heute oft totgeschwiegen wird. Er hat es verdient, nicht vergessen zu werden oder mit ihm die Vergangenheit zu bewältigen, denn er zählt zu den schönsten deutschen Märschen.
12 Einhart: Deutsche Geschichte. S. 392.
13 Die Bayern im Großen Kriege 1914–1918. S. 109–116.
14 Vgl. hierzu Jünger: Der Krieg als inneres Erlebnis.
15 Die »Leiber« im Weltkrieg. S. 33ff.
16 Es fällt auf, daß Schörners Name – nicht jedoch der seiner 12. Kompanie – in der 1918 herausgegebenen »Leiber-Chronik« bei all seinen Einsätzen beharrlich totgeschwiegen wird.
17 Die »Leiber« im Weltkrieg. S. 45–50.
18 Frank: Franz Ritter von Epp. S. 35.
19 Schemfil: Die Kämpfe im Drei Zinnen-Gebiet 1915–1917. S. 66.
20 Burtscher: Die Kämpfe in den Felsen der Tofana. S. 55.
21 Türkisch: »Fahne«. Die seit der Seldschukenzeit türkische Bezeichnung für die schon lange vorher im Islam übliche Standarte als Zeichen der Souveränität und dann der Belehnung.
22 Die »Leiber« im Weltkrieg. S. 73ff.
23 Ebenda, S. 76ff.
24 Frank: Franz Ritter von Epp. S. 37.
25 Rupprecht von Bayern: Mein Kriegstagebuch. Bd. 3, S. 5.
26 Ettighoffer: Verdun. S. 189f.
27 Vgl. hierzu Frank: Franz Ritter von Epp. S. 38f.
28 Die Tragödie von Verdun. Teil 2, S. 141.
29 Ebenda, S. 141.
30 Ebenda, Teil 3 u. 4, S. 99.
31 Ebenda, S. 99.
32 Werth: Verdun. S. 268.
33 Nach den ersten Einsätzen von Verdun schnellten die Verluste dann auch beim

Infanterie-Leib-Regiment in die Höhe. Sie betrugen z.B. im Juni 1916: 22 Offiziere und 1163 Mannschaften.

34 Die »Leiber« im Weltkrieg. S. 81ff.

35 Breitenacher: Das Alpenkorps. S. 97.

36 Erste Haager Friedenskonferenz vom 18. Mai bis 29. Juli 1899, Zweite Haager Friedenskonferenz vom 15. Juni bis 18. Oktober 1907, als Grundlage für eine, beide Weltkriege überdauernde, wenigstens begrenzte Beachtung völkerrechtlicher Normen im zwischenstaatlichen Verkehr und in der Kriegführung.

37 Burtscher: Das Deutsche Alpenkorps unter der Führung des Generals Konrad Krafft von Dellmensingen. S. 24.

38 Breitenacher: Das Alpenkorps. S. 99.

39 Ebenda, S. 99.

40 Ebenda, S. 100f.

41 Ebenda, S. 101.

42 Ebenda, S. 101f.

43 Carossa: Rumänisches Tagebuch. S. 48.

44 Koerbling: Pater Rupert Mayer. S. 79.

45 Das K. B. Reserve-Feldartillerie-Regiment Nr. 8. S. 73.

46 Die »Leiber« im Weltkrieg. S. 131.

47 Ebenda, S. 171ff.

48 Prinz Heinrich Luitpold, am 24. Juni 1884 in München als Sohn des Prinzen Arnulf geboren, begann seine kurze militärische Karriere im K. B. Infanterie-Leib-Regiment.

49 Anläßlich des »Heldentodes« des bayerischen Prinzen sandte der Deutsche Kaiser an König Ludwig III. von Bayern folgende Beileidsdepesche: »Seiner Majestät dem König von Bayern. Soeben erhalte Ich die Meldung, daß Dein Neffe Heinrich seiner schweren Verwundung erlegen ist. In aufrichtiger Trauer spreche Ich Dir Mein allerherzlichstes Beilaid aus. Er hat sein fürstliches Blut im Heldentod für den Ruhm des bayerischen Königshauses und für die Ehre des deutschen Vaterlandes freudig zum Opfer gebracht. Ich mit der ganzen deutschen Armee beklage mit meinem Verlust einen der tapfersten hoffnungsvollsten Prinzen, dessen Name mit dem Erfolge bei Hermannstadt für immer verknüpft bleibt. Wilhelm.«

50 Bayerisches Kriegsarchiv: Alpenkorps. Bund 54, Akt. 4. Alpenkorps Ia, Nr. 1143 vom 6. 12. 1916. Korpsbefehl.

51 Irving: Rommel. S. 618ff.

52 Breitenacher: Das Alpenkorps. S. 142.

53 Die Geschichte der Württembergischen Gebirgsschützen. S. 115.

54 Breitenacher: Das Alpenkorps. S. 143f.

55 Ebenda, S. 144ff. Vgl. hierzu auch: Die »Leiber« im Weltkrieg. S. 200ff.

56 Rommel: Infanterie greift an. S. 136.

57 Die Geschichte der Württembergischen Gebirgsschützen. S. 118f.

58 Ebenda, S. 119f.

59 Rommel: Infanterie greift an. S. 142.

60 Franzel: Geschichte des deutschen Volkes. S. 807.

61 Die Geschichte der Württembergischen Gebirgsschützen. S. 261.

62 Nach dem schnellen Durchbruch bei Karfreit sprachen die Italiener voller Bewunderung vom »Wunder von Caporetto«. Vgl. hierzu auch: Kaltenegger: Die Geschichte der deutschen Gebirgstruppe von 1915 bis heute. S. 69f.

63 Die »Leiber« im Weltkrieg. S. 247ff.

64 Krafft von Dellmensingen: Der Durchbruch am Isonzo. Teil I, S. 64ff.

65 Wagner: Der Erste Weltkrieg. S. 281.

66 Im Sommer 1944 wurde Schörner als Oberbefehlshaber der Heeresgruppe Süd/Südukraine die 1. rumänische Armee unterstellt. Wenig später suchte er als Generaloberst das Gefechtsfeld von 1916 am Roten-Turm-Paß auf.

67 Der preußische Orden »Pour le mérite« war »nur« eine hohe militärische Auszeichnung. Im Gegensatz dazu war mit der Verleihung des bayerischen »Max-Joseph-Ordens« (1806), ähnlich wie beim österreichischen »Maria-Theresia-Orden« (1757) die Verleihung des Titels »Ritter von« verbunden. Im Gegensatz zum »Pour le mérite« waren die Träger dieser Orden also zugleich Mitglieder einer Adelsgemeinschaft.

68 Die Anfechtungsklage Schörners beim Verwaltungsgericht Berlin wegen der Gewährung des Ehrensoldes für seinen Orden Pour le mérite wurde am 17. Mai 1962 zu seinen Gunsten entschieden. Das Versorgungsamt II Berlin wurde verurteilt, ihm einen Ehrensold in Höhe von 25,00 DM monatlich auszuzahlen. Hierzu liegt dem Biographen u. a. folgender aufschlußreiche Schriftsatz Schörners vor:

Vorgang, zur Festhaltung für die Zeitgeschichte: Der sogen. »rote Innensenator« Joachim Lipschitz, zuständig für das Vers. Amt II Berlin, hatte szt. beantragt, daß mir der von S. M. Kaiser Wilhelm II. verliehene Orden aberkannt werde. Ich hatte diesen Orden als Inf. Leutnant für die Erstürmung der italienischen Bergfeste 1114, in der 12. Isonzoschlacht, am 24. Oktober 1917 erhalten. – Von Herrn Lipschitz ist ein Ausspruch vor Berliner Studenten am Steinplatz, vom 18. Januar (!) 1960, bekannt: »Alle Schüler sollen erkennen, daß die Verdienste einer Nation nicht an der Zahl der Ritterkreuze, sondern an der Zahl der Nobelpreise zu ermessen sind.«

Auf meinen Einspruch hin hatte der Bundesinnenminister abgelehnt, diesen – aussichtslosen – Antrag dem Bundespräsidenten überhaupt vorzulegen. – Auf unseren Antrag, der Bu. Innenmin. wolle im Dienstaufsichtswege gegen diese offenkundige Rechtsbeugung – Lipschitz hatte trotzdem den Ehrensold verweigert – einschreiten, mußte der Minister am 6. 9. 1961 folgenden interessanten Bescheid geben:

»... teile ich Ihnen mit, daß die Länder das Gesetz über Titel, Orden und Ehrenzeichen vom 26. 7. 1957 nach den Artikeln 83 und 84 des Grundgesetzes als eigene Angelegenheit ausführen. Nach dem föderativen Aufbau der Bundesrepublik Deutschland hat der Bund keine Möglichkeit, in einer solchen Angelegenheit im Dienstaufsichtswege einzuschreiten.«

Es blieb uns also nur der Weg über das Verw. Gericht Berlin.

Lipschitz hat inzwischen das Zeitliche gesegnet.

Die Nachricht über das Urteil des Verw. Gerichts Berlin kam am 18. 5. 1962 im

Rundfunk und in den Abendnachrichten des Fernsehens durchaus sachlich. Von der bisher vorliegenden Presse bietet die originellste Überschrift das Skandalblatt die Münchener »Abendzeitung« vom 19./20. 5. 1962: »Ehrensold ›Pour le mérite‹ für ›Heldenklau‹ Schörner«; der Bericht ist jedoch im übrigen auch objektiv.
Hierzu muß ich nur meine lieben Freunde und Kameraden erinnern, daß der »Heldenklau« des Zweiten Weltkrieges nicht ich, sondern der bekannte General v. Unruh war, dessen Adjutant zudem noch wirklich »Wirbel« hieß. – Unruh nicht zu verwechseln mit dem Dichter v. Unruh, oder dem Präsidenten der Nat. Versammlung Berlin vom Jahre 1848!

69 Rommel: Infanterie greift an. S. 247.

70 Er gehört laut Eintragung in seinem Wehrpaß dem Württembergischen Gebirgs-Bataillon vom 4. Oktober 1915 bis zum 10. Januar 1918 an.

71 Hahn: Leiber Stürmer. S. 69.

72 Rommel: Infanterie greift an. S. 236.

73 Die Geschichte der Württembergischen Gebirgsschützen. S. 275 f.

74 Ebenda, S. 276.

75 Vgl. hierzu u. a. Krafft von Dellmensingen: Der Durchbruch am Isonzo. Teil II, S. 291 f.

76 Irving: Rommel. S. 26.

77 Die Geschichte der Württembergischen Gebirgsschützen. S. 281.

78 Ebenda, a. a. O.

79 Young: Rommel. S. 37.

80 Ebenda, S. 35.

81 Ebenda, a. a. O.

82 Schnieber fiel mit dem blau emaillierten Pour le mérite im Kriegsjahr 1918 in Flandern beim Sturmlauf auf den Kemmel, also dort, wo auch Schörner eingesetzt wurde.

83 Die Geschichte der Württembergischen Gebirgsschützen. S. 286.

84 Vgl. hierzu auch: Die Geschichte der Württembergischen Gebirgsschützen. S. 285.

85 Vgl. hierzu: Ströme von Blut Pfälzer, Mittel- und Unterfranken.

86 Hebert: Das Alpenkorps. S. 152.

87 Während Schörners Name im Teil II von Krafft von Dellmensingens Standardwerk »Der Durchbruch am Isonzo« nicht mehr auftaucht, können wir Rommels auf den Seiten 196 f. und 257 weiter verfolgen.

88 Die italienische Armee verlor in vier Wochen 800000 Mann (10000 Tote, 30000 Verwundete, nahezu 300000 Gefangene und über 400000 Versprengte), 3000 Geschütze und zahlloses anderes Kriegsmaterial sowie die Provinzen Görz und Friaul.

89 Balck: Ordnung im Chaos. S. 124.

90 Kaltenegger: Generaloberst Dietl. S. 146 ff.

91 Die Bayern im Großen Kriege 1914–1918. S. 493 f.

92 Breitenacher: Späher im Alpenkorps. S. 96 ff.

93 Breitenacher: Das Alpenkorps. S. 238.

94 Zorn: Bayerns Geschichte im 20. Jahrhundert. S. 156.
95 Frank: Franz Ritter von Epp. S. 68.

Zu III.

1 Jünger: Der Krieg als Inneres Erlebnis. A. a. O.
2 Schmidt: Heimatherr und Revolution 1918. S. 230.
3 Vgl. hierzu auch Kaltenegger: Generaloberst Dietl. S. 159ff.
4 Hindenburg: Aus meinem Leben. S. 389.
5 Ebenda, S. 403.
6 Erst diese Agonie verhalf den Italienern zum schmeichelhaften »Sieg von Vittorio Venetion«, wie Mussolini ihn später nannte, nachdem die Italiener nach Abschluß des Waffenstillstandes am Nachmittag des 3. November 1918 noch 36 Stunden weiter »kämpften«. Unter diesen unrühmlichen Umständen wurden noch 350000 bis 450000 zurückmarschierende Österreicher gefangen genommen und eine Unmenge an Kriegsmaterial »erbeutet«.
7 Papen: Der Wahrheit eine Gasse. S. 390.
8 Vgl. hierzu auch Wiltschegg: Österreich – der »Zweite deutsche Staat«?
9 Spartakus-Bund, nach dem Führer des großen Sklavenaufstandes zur Zeit des Pompejus.
10 Unabhängige Sozialdemokratische Partei Deutschlands im Unterschied zur SPD (Sozialdemokratische Partei Deutschlands).
11 Mehrheitssozialdemokratische Partei Deutschlands (ohne Bedeutungsunterschied auch als SPD abgekürzt).
12 Wobei ursprünglich sowohl an eine parlamentarische Monarchie im britischen Sinn als auch an eine parlamentarische Republik gedacht wurde.
13 Spartakusbund und linker Flügel der USPD.
14 Dabei wurden die kommunistischen Führer Karl Liebknecht und Rosa Luxemburg am 15. Januar 1919 von einem rechtsextremen Detachement ermordet.
15 Benoist-Méchin: Das Kaiserreich zerbricht. S. 263.
16 Kaltenegger: Generaloberst Dietl. S. 162f.
17 Wells: Die Geschichte unserer Welt. S. 277.
18 Krause: Die Schuld am deutschen Schicksal. S. 140.
19 Koch: Der deutsche Bürgerkrieg. S. 64.
20 Vgl. Kaltenegger: Generaloberst Dietl. S. 163ff.
21 Koch: Der deutsche Bürgerkrieg. S. 64.
22 Geschichte der Freikorps. S. 199.
23 Bayerisches Kriegsarchiv: Alpenkorps. Bund 98, Akt. 2. Alpenkorps IIa, Nr. 51 vom 15. 10. 1916, Nr. 11103 vom 22. 6. 1917, Nr. 129 vom 13. 7. 1917.
24 Schulze: Freikorps und Republik. S. 91.
25 Ebenda, S. 92.
26 Baur: Mit Mächtigen zwischen Himmel und Erde. S. 29.
27 Oertzen: Die deutschen Freikorps. S. 333f.
28 Ebenda, S. 334.

29 Vgl. hierzu auch die Werke: »Das Buch vom deutschen Freikorps«; »Geschichte der Freikorps« sowie Oertzen: Die deutschen Freikorps.
30 Vgl. hierzu auch Kaltenegger: Generaloberst Dietl. S. 167ff.
31 Er war die erste Entladung des Rechtsradikalismus in Berlin, bei dem sich die von General von Seeckt organisierte Reichswehr weigerte, auf die putschenden »alten Waffenbrüder« zu schießen. Die Reichsregierung flüchtete nach Stuttgart. Durch die Ausrufung des Generalstreiks gelang es jedoch, den Staatsstreich zum Scheitern zu bringen.
32 Koch: Der deutsche Bürgerkrieg. S. 123.
33 Geschichte der Freikorps. S. 269.
34 Das Buch vom deutschen Freikorpskämpfer. S. 403f.
35 Geschichte der Freikorps. S. 274f.
36 Gordon: Die Reichswehr und die Weimarer Republik 1919–1926. S. 60.
37 Franz-Willing: Die Hitlerbewegung. S. 140.
38 Grebing: Der Nationalsozialismus. S. 33.
39 Kaltenegger: Generaloberst Dietl. S. 173ff.
40 Aus dem Wehrgesetz vom 23. März 1921.
41 Das 1933 eingeführte Goldene Parteiabzeichen wurde von Hitler an Parteigenossen mit einer Mitgliedsnummer unter 100000 verliehen und galt nach dem »Blutorden« als höchstes Ehrenzeichen der NSDAP. Es konnte aber auch an Persönlichkeiten verliehen werden, »die sich um die nationalsozialistische Bewegung und um die Erreichung ihrer Ziele besonders verdient gemacht haben«. Hierzu zählten neben hohen Staatsbeamten aus dem Kreis der deutschen Gebirgstruppe außer Dietl und Schörner auch die Generale Julius Ringel und Alfred Jodl, die anläßlich des 10. Jahrestages der Machtübernahme derart ausgezeichnet wurden. (Berlin Document Center)
42 Berlin Document Center: Schörners Aufnahme in die NSDAP. Datiert vom 24. 7. 1943.
43 Offiziere im Bild von Dokumenten aus drei Jahrhunderten. S. 217f.
44 Kaltenegger: Generaloberst Dietl. S. 188ff.
45 Gordon: Die Reichswehr und die Weimarer Republik 1919–1926. S. 242.
46 Rabenau: Seeckt. S. 348.
47 Ebenda, S. 338.
48 Der Hitler-Putsch. S. 506f.
49 Ebenda, S. 508.
50 Domarus: Bayern 1805–1933. S. 225f. sowie »Der Hitler-Putsch«. S. 313.
51 Domarus: Bayern 1805–1933. S. 226.
52 Kraus: Geschichte Bayerns. S. 693.
53 Der Hitler-Putsch, S. 511.
54 Kraus: Geschichte Bayerns. S. 693.
55 Der Hitler-Putsch. S. 104.
56 Ebenda, S. 357f.
57 Kaltenegger: Die deutsche Gebirgstruppe 1935–1945. S. 32ff.
58 Hüttenbuch der Alpe Höllritzen. A. a. O.
59 Ebenda, a. a. O.

60 Die Vermutung von Rommels späterem Generalstabschef Siegfried Westphal, daß Hitler neben dem damaligen Oberst Ritter von Schobert, dem späteren Generaloberst Dietl und einigen anderen aktiven bayerischen Offizieren aus der Reichswehrzeit »womöglich auch Schörner [...] kannte« – und zwar im positiven Sinne von »gut kennen«, mit jemandem »bekannt sein« – ist falsch. Vgl. Westphal: Erinnerungen. S. 42.
61 Weinberger: Kamerad Dietl. S. 13f.
62 Rommel: Infanterie greift an. A. a. O.
63 Kaltenegger: Die deutsche Gebirgstruppe 1935–1945. S. 293.
64 Irving: Rommel. S. 35.
65 Maizière: In der Pflicht. S. 28.
66 Ebenda, S. 29f.
67 Ebenda, S. 32.
68 Schriftliche Auskunft von General a. D. Ulrich de Maizière.
69 Ebenso.
70 Maizière: In der Pflicht. S. 30.
71 Fraschka: Mit Schwertern und Brillanten. 4. Aufl. S. 202.
72 Seit 15.7.1936 Kommandantur des Hochgebirgs-Übungsplatzes Luttensee bei Mittenwald, am 22.1.1937 in Truppenübungsplatz Mittenwald umbenannt.
73 Knopf, Günter: Der »Türke«. In: Information für die Truppe, 1983, H. 4, S. 89.
74 Buchner: Aufzeichnungen. A. a. O.
75 Kaltenegger: Kampf d. Gebirgsjäger u. d. Westalpen u. d. Semmering. S. 21 ff.
76 Gebirgs-Jäger-Ersatz-Bataillon I. und II. Ausbildungsrichtlinien und Befehle.
77 Briefwechsel zwischen Schörner und Schulze aus der Festungshaftanstalt Landsberg am Lech und der Nachkriegszeit.
78 Auch er, Adam, war immer bei seinem, also auch Schörners Gebirgs-Jäger-Regiment 98.
79 Das deutsche Heer 1939. S. 355f.
80 Meier-Welcker: Seeckt. S. 641.
81 Ratenhof: Die Chinapolitik des Deutschen Reiches 1871 bis 1945. S. 373.
82 Wie Hitlers Chefdolmetscher Dr. Paul Schmidt in seinem Buch »Statist auf diplomatischer Bühne«, S. 343, besonders hervorhob, bildete der Besuch »eines Nachkommen von Konfuzius, des Abgesandten und Schwagers Chiang-Kaisheks, des Finanzministers Kung, die abwechslungsreichste Liste eines Dolmetscherprogramms« im Jahre 1937 beim Führer und Reichskanzler.
83 Tschiangs ältester Sohn Chiang Ching-kau, Jahrgang 1910, beschritt eine vorwiegend politische Laufbahn und wurde 1978 zum Staatspräsidenten der Republik China auf Taiwan (Formosa) gewählt. Als solcher führte er das Freie China in eine Epoche des ungebrochenen wirtschaftlichen Aufschwungs und Wohlstands. Sein Nachfolger Lee Tung-hui will nach dem Wirtschaftswunder auch ein politisches Wunder im Sinne einer größeren Demokratisierung vollbringen.
84 Bernklau, Wolfgang: Der Gebirgsjäger Chiang. In: Alte Kameraden. 1985, Nr. 12, S. 13.
85 Prior, Helmut: In Memoriam Generalleutnant Harald von Hirschfeld. In: Die Gebirgstruppe. 1987, H. 3, S. 36.

86 Kaltenegger: Die deutsche Gebirgstruppe 1935–1945. S. 423ff.
87 Briefwechsel zwischen Wego Chiang und dem Biographen.
88 Völkischer Beobachter vom 20. April 1938. S. 1.
89 Kaltenegger: Generaloberst Dietl. S. 266ff.
90 Weizsäcker: Erinnerungen. S. 149.
91 Heusinger: Befehl im Widerstreit. S. 27f.
92 Fritz: Der deutsche Einmarsch in Österreich 1938. S. 7.
93 Schmidl: März 38. S. 197.
94 Ebenda, S. 198.
95 Ebenda, S. 198.
96 Ebenda, S. 198.
97 Ebenda, S. 198.
98 Weizsäcker: Erinnerungen. S. 149.
99 Schmidl: März 38. S. 198.
100 Ebenda, S. 198.
101 Schuschnigg: Im Kampf gegen Hitler. S. 308.
102 Schmidl: März 38. S. 199.
103 Ebenda, S. 200.
104 Bernklau: Auskunft über Wego Chiang.
105 Hier überreichte der Bürgermeister Schörners Gebirgsartillerie-Kameraden, dem späteren Generalleutnant August Wittmann, ein selten schönes Fotoalbum »Zur Erinnerung an Ihren lieben Besuch in den geschichtlichen Tagen im März 1938«, das jetzt Eigentum des Biographen ist.
106 Schmidl: März 38. S. 202.
107 Ebenda, S. 202.
108 Breit: Das Staats- und Gesellschaftsbild deutscher Generale beider Weltkriege im Spiegel ihrer Memoiren. S. 169.
109 Bernhardt: Die deutsche Aufrüstung 1934–1939. S. 96.
110 Cooper: Das läßt sich nicht vergessen. S. 309f.
111 Bayerisches Kriegsarchiv: Schörner-Archivalie.
112 Irving: Rommel. S. 49.
113 Wego Chiang setzte nun seine Weiterbildung und militärwissenschaftlichen Studien in den USA und Indien fort, um dann gegen Ende des Zweiten Weltkrieges als Oberstleutnant im Kampf gegen Japan zum Fronteinsatz zu kommen. Von 1945–1948 war er Kommandeur des ersten chinesischen Panzerregiments. Nach der Vertreibung der National-Chinesen vom Festland stieg er zum Kommandierenden General der Panzertruppen auf. Nach weiteren Studien- und Ausbildungslehrgängen bei der US-Armee und einer anschließenden Tätigkeit im nationalchinesischen Verteidigungsministerium wurde General Chiang 1963 zum Generalstabschef der chinesischen Armee und 1975 zum Präsidenten der Kriegsakademie ernannt. 1980 wurde der Generaloberst Oberbefehlshaber der Vereinigten Streitkräfte und damit der erste Soldat seines Landes. Anschließend wurde Chiang, der fließend deutsch spricht, Director Joint Operations Training Department Ministery of National Defense.

Zu IV.

1 Polnisches Munitionsdepot und Befestigungen am Eingang zum Danziger Hafen.
2 Der großdeutsche Freiheitskampf. Bd. 1, S. 29.
3 Wir zogen gegen Polen. S. 99.
4 Rendulic: Soldat in stürzenden Reichen. S. 50.
5 Über den »Einsatz unserer bayerischen Gebirgstruppen in Polen« hielt Schörners Bataillons-Kommandeur Hauptmann d. R. Dr. Carl Schulze am 3. November 1939 vor einer Massenversammlung der NSDAP im Bad Tölzer Oberlandsaal an Hand eines ausgesuchten Kartenmaterials einen Vortrag, bei dem auch eine bei den Kämpfen erbeutete polnische Fahne gezeigt wurde.
6 Vgl. hierzu Becker: Im Kampf um Europa.
7 Kaltenegger: Die deutsche Gebirgstruppe 1935–1945. S. 122f.
8 Kaltenegger: Generaloberst Dietl. S. 75f.
9 Manstein: Verlorene Siege. S. 283.
10 Richter: Kriegstagebuch. S. 10.
11 Reinfried: Jubiläumszuwendung. S. 80f.
12 Ruef: Gebirgsjäger zwischen Kreta und Murmansk. S. 49.
13 Ebenda, S. 55.
14 Ebenda, S. 57f.
15 Ebenda, S. 58.
16 Vgl. Kaltenegger: Die deutsche Gebirgstruppe 1935–1945. S. 163ff.
17 Leeb: Tagebuchaufzeichnungen und Lagebeurteilungen aus zwei Weltkriegen. S. 244.
18 Reinfried: Jubiläumszuwendung. S. 83f.
19 Ebenda, S. 84.
20 Kaltenegger: Die deutsche Gebirgstruppe 1935–1945. S. 168ff.
21 Reinfried: Jubiläumszuwendung. S. 90f.
22 Ebenda, S. 91.
23 Kaltenegger: Kampf der Gebirgsjäger um die Westalpen und den Semmering. S. 173ff.
24 Schall-Riaucour: Aufstand und Gehorsam. S. 160.
25 Ruef: Gebirgsjäger zwischen Kreta und Murmansk. S. 89.
26 Ebenda, S. 89f.
27 Vgl. hierzu die Anklageschriften gegen Schörner in der Nachkriegszeit im Kapitel »Der Prozeß«.
28 Ruef: Gebirgsjäger zwischen Kreta und Murmansk. S. 97.
29 Ebenda, S. 97.
30 Ebenda, S. 97.
31 Richter: Kriegstagebuch. S. 55.
32 Kaltenegger: Die deutsche Gebirgstruppe 1935–1945. S. 201.
33 Ebenda, S. 201f.
34 Richter: Kriegstagebuch. S. 57f.
35 Ebenda, S. 58.

36 Ruef: Gebirgsjäger zwischen Kreta und Murmansk. S. 147.
37 Schörner zur Person Valtiners: »Der ehemals treffliche Frontsoldat [...] entwikkelt sich charakterlich in sehr bedauerlicher Weise. Er geht der Arbeit aus dem Weg [...] Der 6. Geb. Div. erweist er keine guten Dienste.«
38 Vgl. auch Riefenstahl: Memoiren. S. 360ff.
39 Die vielfache Behauptung, Schörner war auch »Blutordensträger« gewesen, trifft nicht zu. Sie erfolgte seinerzeit versehentlich im »Völkischen Beobachter«. (Berlin Document Center)
40 Delbrück: Geschichte der Kriegskunst. Bd. 1, S. 74ff.
41 Vgl. hierzu Churchill: Der Zweite Weltkrieg. S. 496ff. und 491ff.
42 Kaltenegger: Die deutsche Gebirgstruppe 1935–1945. S. 203f.
43 Innsbrucker Nachrichten. Nr. 81 vom 25. 4. 1941.
44 Kriegstagebuch des XXXXIX. Gebirgs-Armeekorps aus dem Rußlandfeldzug 1941. I. Teil, S. 3.
45 Weishäupl-Brief vom 31. 8. 1987 an den Verfasser.
46 Zayas: Die Wehrmacht-Untersuchungsstelle. S. 262ff.
47 Ruef: Gebirgsjäger zwischen Kreta und Murmansk. S. 194.
48 Richter: Kriegstagebuch. S. 67.
49 Ruef: Gebirgsjäger zwischen Kreta und Murmansk. S. 194f.
50 Von Serbien bis Kreta. S. 173.
51 Ebenda, S. 176.
52 Vgl. hierzu Schlauch: Rüstungshilfe der USA 1939–1945.
53 Ruef: Winterschlacht im Mai. S. 46.
54 Ruef: Odyssee einer Gebirgsdivision. S. 214.
55 Falkenhorst: Charakteristik einiger Offiziere. S. 6.
56 Rüf: Gebirgsjäger vor Murmansk. S. 182.
57 Ebenda, S. 182.
58 Ebenda, S. 182.
59 Kornprobst, Johann: Erinnerungen an die Kämpfe an der Eismeerfront. In: Die Gebirgstruppe. 1975, H. 4, S. 20.
60 Weinberger: Das gelbe Edelweiß. S. 267.
61 Kaltenegger: Die deutsche Gebirgstruppe 1935–1945. S. 378ff.
62 Aschenauer: Der Fall Schörner. S. 36.
63 Hildebrand-Brief vom Februar 1988 an den Verfasser.
64 Scherrer, Hans Carl: Vorweihnachtliches am Fischerhals. In: Die Gebirgstruppe. 1984, H. 6, S. 17.
65 Wiesbauer: In Eis und Tundra. S. 117.
66 Weinberger: Das gelbe Edelweiß. S. 292f.
67 Rüf: Gebirgsjäger vor Murmansk. S. 211.
68 Henkels: Eismeerpatrouille. S. 184.
69 Falkenhorst: Charakteristik einiger Offiziere. S. 2.
70 Weinberger: Das gelbe Edelweiß. S. 104.
71 Brandner-Brief vom 3. 1. 1992 an den Verfasser.
72 Ebenda, a. a. O.
73 Ebenda, a. a. O.

74 Kräutler/Springenschmid: Es war ein Edelweiß. S. 294.
75 Langenfaß: Gefechtsbericht Gebirgsjägerregiment 137. S. 1.
76 Brandner-Brief vom 3. 1. 1992 an den Verfasser.
77 Ruef: Winterschlacht im Mai. S. 219 ff.
78 Ebenda, S. 225 ff.
79 Kaltenegger: Die Geschichte der deutschen Gebirgstruppe 1915 bis heute. S. 126.
80 Die nachfolgenden Ausführungen entstammen einem unveröffentlichten Manuskript des Verfassers über den skandinavischen Kriegsschauplatz.
81 Rohr: Tagebuch eines Gebirgsjägers im Zweiten Weltkrieg. S. 372.
82 Ebenda, S. 229. Auf Seite 248 seines Tagebuches notierte Rohr dann: »Frau Schörner spricht bei mir vor und bittet mich, bei der HJ Mittenwald zu intervenieren, daß ihr Sohn, der leicht behindert ist, von den laufenden Appellen befreit wird.«
83 Preiss, Friedrich: Feldmarschall Ferdinand Schörner. In: 13er Post. 1988, Nr. 2, S. 30.
84 Zweig: Die Welt von Gestern. S. 255.
85 Michaelis: Ursachen und Folgen. S. 491.
86 Görlitz: Der deutsche Generalstab. S. 628.
87 Messerschmidt: Die Wehrmacht im NS-Staat. S. 334.
88 Schörners Sonderbefehl als Kommandierender General des XIX. Gebirgs-Armeekorps vom 6. März 1942.
89 Messerschmidt: Die Wehrmacht im NS-Staat. S. 445.
90 Ebenda, S. 445.
91 Ebenda, S. 445.
92 Sonderbefehl des Kommandierenden Generals Schörner. Nr. 10 über die »Forderung des Tages« vom 1. Februar 1943, Absatz V.
93 Offiziere im Bild von Dokumenten aus drei Jahrhunderten. S. 269.
94 Ebenda, S. 281 f.
95 Picker: Hitlers Tischgespräche im Bild. S. 8.
96 Schmundt: Tätigkeitsbericht des Chefs des Heerespersonalamtes General der Infanterie Rudolf Schmundt. S. 105.
97 Ebenda, S. 109.
98 Ebenda, S. 127.
99 Wörterbuch zur deutschen Militärgeschichte. Bd. 2, S. 711.
100 Ebenda, S. 711 f.
101 Jacobsen: 1939–1945. S. 651 f.
102 Messerschmidt: Die Wehrmacht im NS-Staat. S. 458.
103 Jacobsen: 1939–1945. S. 653 ff.
104 Ebenda, S. 656 ff.
105 Messerschmidt: Die Wehrmacht im NS-Staat. S. 460.
106 Ebenda, S. 460 f.
107 Ebenda, S. 461.
108 Kaltenegger: Generaloberst Dietl. S. 372 ff.
109 Fuller: Die entartete Kunst, Krieg zu führen. S. 272.

110 Felddienstvorschrift der Roten Arbeiter- und Bauernarmee. 1939. S. 9.
111 Kreppel: Gebirgsartillerie im Kampf. S. 131.
112 Tschuikow: Gardisten auf dem Weg nach Berlin. S. 121.
113 Ebenda, S. 123.
114 Ruef: Odyssee einer Gebirgsdivision. S. 451f.
115 Ebenda, S. 452.
116 Carell: Verbrannte Erde. S. 342.
117 Aschenauer: Der Fall Schörner. S. 39.
118 Carell: Verbrannte Erde. S. 344.
119 Aschenauer: Der Fall Schörner. S. 40.
120 Görlitz: Der deutsche Generalstab. S. 635.
121 Manstein: Verlorene Siege. S. 591.
122 Loßberg: Im Wehrmachtführungsstab. S. 151.
123 Schmundt: Tätigkeitsbericht des Chefs des Heerespersonalamtes General der Infanterie Rudolf Schmundt. S. 132.
124 Görlitz. Model. S. 170.
125 Hermann: Deutsche Militärgeschichte. S. 517.
126 Dahms: Der Zweite Weltkrieg. S. 193 sowie Dahms: Die Geschichte des Zweiten Weltkriegs. S. 482.
127 Bullock: Hitler. S. 723.
128 Ruef: Odyssee einer Gebirgsdivision. S. 508.
129 Görlitz: Model. S. 33.
130 Liddell Hart: Geschichte des Zweiten Weltkrieges. S. 713.
131 Ruef: Odyssee einer Gebirgsdivision. S. 517.
132 Schtemenko: Im Generalstab. S. 212.
133 Philippi/Heim: Der Feldzug gegen Sowjetrußland. S. 203.
134 Vgl. hierzu auch Aschenauer: Der Fall Schörner. S. 41ff.
135 Konrad: Kampf um den Kaukasus. S. 60f.
136 Sonderheft zum Gedenken an Rudolf Konrad. S. 41ff.
137 Burdick: Hubert Lanz. S. 139.
138 Ebenda, S. 139.
139 Ebenda, S. 139.
140 Schörner-Brief vom 14. 6. 1963 an Schulze: Daß Konrad »vor meiner Zeit nicht zum OB qualifiziert wurde, war wohl richtig [und] hatte mit mir überhaupt nichts zu tun«.
141 Aschenauer: Der Fall Schörner. S. 43.
142 Carell: Verbrannte Erde. S. 414f.
143 Kern: Generalfeldmarschall Ferdinand Schörner. S. 141f.
144 Aschenauer: Der Fall Schörner. S. 46f.
145 Kern: Generalfeldmarschall Ferdinand Schörner. S. 142f.
146 Kaltenegger: Gebirgssoldaten unter dem Zeichen des »Enzian«. S. 326ff.
147 Ebenda, S. 329ff.
148 Ebenda, S. 328f.
149 Kommandeur der 4. Gebirgs-Division am 15. 5. 1944 an das Gericht der 4. Gebirgsdivision.

150 Anklageverfügung des Kommandierenden Generals des LII. Armeekorps vom 29. Mai 1944.
151 Kaltenegger: Gebirgssoldaten unter dem Zeichen des »Enzian«. S. 331f.
152 Feldurteil des Gerichts der 6. Armee vom 17. 7. 1944.
153 Der Oberbefehlshaber der Heeresgruppe Nord am 30. 7. 1944.
154 Unter anderem mißbilligte Oberstleutnant a. D. Ludwig Denizot am 23. 6. 1966 das »Verhalten« des Rechtsanwalts Stumpf »gegenüber einem in Krieg und Frieden hochverdienten Kameraden«. Aufschlußreich ist in dieser Beziehung auch der Brief von Major a. D. Heinz Groth an den Generalleutnant a. D. August Wittmann vom 2. 6. 1955.
155 Buchner-Brief vom 20. 2. 1982 an den Verfasser.
156 Maizière: In der Pflicht. S. 89.
157 Ebenda, S. 89.
158 Ebenda, S. 89.
159 General der Infanterie Schmundt wurde am 20. Juli 1944 durch das Attentat des Grafen Stauffenberg auf Hitler so schwer verwundet, daß er bis zu seinem Tode am 1. Oktober 1944 nicht mehr in der Lage war, seine Dienstgeschäfte wahrzunehmen. Daher führte ab jetzt General der Infanterie Burgdorf die Eintragungen im Tätigkeitsbericht des HPA aus.
160 Schmundt: Tätigkeitsbericht des Chefs des Heerespersonalamtes General der Infanterie Rudolf Schmundt. S. 173.
161 Ebenda, S. 175.
162 Vgl. Frießner: Verratene Schlachten.
163 Schukow: Erinnerungen und Gedanken. S. 281.
164 Aschenauer: Der Fall Schörner. S. 52.
165 Frießner: Verratene Schlachten. S. 28f.
166 Maser: Adolf Hitler. Das Ende der Führer-Legende. S. 30.
167 Hitlers Weisungen für die Kriegführung 1939–1945. S. 264f.
168 Haupt: Heeresgruppe Nord. S. 214.
169 Ebenda, S. 215.
170 Aschenauer: Der Fall Schörner. S. 53.
171 Schmundt: Tätigkeitsbericht des Chefs des Heerespersonalamtes General der Infanterie Rudolf Schmundt. S. 196.
172 Ebenda, S. 228.
173 Ebenda, S. 235.
174 Ebenda, S. 243.
175 Paul: Das Potsdamer Infanterie-Regiment 9. S. 375.
176 Ebenda, S. 375.
177 Am 5. August 1944 notierte General Burgdorf im Tätigkeitsbericht des HPA: »Der Heeresgruppe Nord wurden zur Auffüllung von Verlusten kurzfristig durch Schiffstransport 230 Offiziere zugeführt und darüber hinaus weitere 215 durch Flugzeugtransport von Danzig aus auf besonderen Wunsch von Generaloberst Schörner.«
178 Staatsrechtliche Verhältnisse im Ostland. S. 1.
179 Ebenda, S. 2.

180 Erfurth: Der Finnische Krieg. S. 261.
181 Ebenda, S. 262.
182 Erfurth: Der Finnische Krieg. S. 262.
183 Ebenda, S. 263.
184 Bagramjan: So schritten wir zum Sieg. S. 320.
185 Ebenda, S. 321.
186 Ebenda, S. 321.
187 Ebenda, S. 323.
188 Paul: Das Potsdamer Infanterie-Regiment 9. S. 376f.
189 Ebenda, S. 377.
190 Bagramjan: So schritten wir zum Sieg. S. 357.
191 Ebenda, S. 358.
192 Aschenauer: Der Fall Schörner. S. 55ff.
193 Guderian: Erinnerungen eines Soldaten. S. 341.
194 Magenheimer: Abwehrschlacht an der Weichsel 1945. S. 57.
195 Bagramjan: So schritten wir zum Sieg. S. 359.
196 Abwehrkämpfe am Nordflügel der Ostfront. S. 66.
197 Kern: Generalfeldmarschall Ferdinand Schörner. A. a. O.
198 Liddell Hart: Geschichte des Zweiten Weltkrieges. S. 730f.
199 Paul: Das Potsdamer Infanterie-Regiment 9. S. 400.
200 Ebenda, S. 400f.
201 Ebenda, S. 401f.
202 Ebenda, S. 409.
203 Vgl. hierzu auch: Abwehrkämpfe am Nordflügel der Ostfront. S. 137ff.
204 Fraschka: Mit Schwertern und Brillanten. 7. Aufl. S. 273f.
205 Abwehrkämpfe am Nordflügel der Ostfront. S. 225.
206 Die Angehörigen dieser verlorenen Heeresgruppe erhielten noch während der letzten Kriegstage in einer erheblichen Anzahl das Ärmelband »Kurland«.
207 Fraschka: Mit Schwertern und Brillanten. 7. Aufl. S. 273.
208 Vgl. Fredmann: Sie kamen übers Meer sowie Schön: Ostsee '45.
209 Hierzu erhielt Schörner über die OKW Kurierstelle ein vom 7. Januar 1945 datiertes Schreiben der Waffen-SS, in dem es einleitend heißt: »Ich gratuliere, auch im Namen meines Hauptamtes, sehr herzlich zur Verleihung des Eichenlaubes mit Schwertern und Brillanten zum Ritterkreuz durch den Führer. Seien Sie bitte davon überzeugt, daß wir, die wir Sie kennen und schätzen, uns alle herzlichst darüber gefreut haben und diese Auszeichnung für Sie und Ihre Truppen als ehrenvoll empfinden.« (Berlin Document Center)
210 Hoffmann: Die Sicherheit des Diktators. S. 240.
211 Cartier: Der Zweite Weltkrieg. S. 951.
212 Der Zweite Weltkrieg. Bilder, Daten, Dokumente. S. 336.
213 Korabljow/Anfilow/Mazulenko: Kurzer Abriß der Geschichte der Streitkräfte der UdSSR von 1917 bis 1972. S. 241.
214 Vgl. hierzu auch die Eintragungen im »Lagebuch« des WFStabs. über die Entwicklung an der Ostfront (Januar – April 1945) im »Kriegstagebuch des Oberkommandos der Wehrmacht«, Bd. IV/2, S. 1429ff.

215 Hausser: Waffen-SS im Einsatz. S. 211.
216 Kaps: Die Tragödie Schlesiens 1945/46 in Dokumenten. A. a. O.
217 Speer: Erinnerungen. S. 429.
218 Haupt: Heeresgruppe Mitte. S. 370 und eigene Ergänzungen.
219 Tschuikow: Gardisten auf dem Weg nach Berlin. S. 323.
220 Koschler-Brief vom Sommer 1992 an den Verfasser.
221 Woloschin: Aufklärer sind immer vorn. S. 183.
222 Görlitz: Der deutsche Generalstab. S. 690.
223 Aschenauer: Der Fall Schörner. S. 76.
224 Chiode: »Sie werden die Stunde verfluchen . . .«. S. 60.
225 Irving: Hitlers Weg zum Krieg. S. 332.
226 Speer: Erinnerungen. S. 428.
227 Rendulic: Gekämpft – Gesiegt – Geschlagen. S. 368.
228 Cartier: Der Zweite Weltkrieg. S. 1114.
229 Thorwald: Die große Flucht. S. 98 ff. Aus dem Buch von Hans von Ahlfen und Hermann Niehoff: So kämpfte Breslau.
230 Hierzu Schörner am 17. 6. 1963 »nur persönlich und vertraulich! Bitte nach Lektüre vernichten!«: »Ein erneuter *Antrag zur Wiederaufnahme* des Schwurgerichtsprozesses vom 1./15. Oktober 1957 ist durch RA Dr. Rudolf Aschenauer (München/Nürnberg) in Vorbereitung. Wir sind uns darüber im klaren, daß die umfassenden und schwierigen neuen Ermittlungen und Beweiserhebungen lange Zeit erfordern werden. Der Antrag behandelt *beide* Fälle: Den Festungskommandanten Neiße (Oberst Georg Sparre und den Stellvertreter Major Dr. Helmut Jüngling) *und* den angeblich exekutierten Obgefr. Walter Arndt. Zugrunde liegen neue Beweismittel und neue Zeugenbekundungen.«
231 Nehring, Walther K.: Die Schlacht um Lauban. In: Deutsches Soldatenjahrbuch. 1970, S. 56 f.
232 Ebenda, S. 58.
233 Ebenda, S. 58.
234 Publikation aus dem Atlantis Verlag, Zürich 1948.
235 Reuth: Goebbels. S. 584.
236 Goebbels: Tagebuch. 1945. S. 136 ff.
237 Reuth: Goebbels. S. 584 f.
238 Ebenda, S. 585.
239 Speer: Der Sklavenstaat. A. a. O.
240 Erklärung vom 1. Februar 1943.
241 Nach Schörner wurde am 26. April 1945 noch der Generaloberst Ritter von Greim zum Generalfeldmarschall befördert, und zwar unter gleichzeitiger Ernennung zum Oberbefehlshaber der Luftwaffe, nachdem Hitler Göring verhaften ließ und all seiner Ämter enthoben hat.
242 Deutsches Nachrichtenbüro vom 6. April 1945.
243 Westphal: Erinnerungen. S. 331.
244 Tissier: Der Kampf um Berlin 1945. S. 89.
245 Der Zweite Weltkrieg. Bilder, Daten, Dokumente. S. 493.
246 Schukow: Erinnerungen und Gedanken. S. 344.

247 Ebenda, S. 344.

248 Ebenda, S. 345.

249 Der Kampf um Berlin 1945. S. 310f.

250 In der erweiterten und überarbeiteten Neuauflage ihres Buches »Jenseits des Endes« bemerkte die Frau des Generalobersten Alfred Jodl auf Seite 144: »Es erscheint mir von Interesse, daß in Hitlers Testament vom 29.4.45 zwar die Namen Schörner, Dönitz und Greim für ein neues Regierungskabinett genannt werden, nicht aber die seiner beiden militärischen Mitarbeiter: Keitel und Jodl.« Und dann folgt noch dieser Satz: »Den endgültig letzten Wehrmachtbericht vom 9. Mai 1945 hatte Jodl [...] aufgesetzt [...]«

251 Toland: Adolf Hitler. S. 1099.

252 Domarus: Hitler. Bd. 2, S. 2241.

253 Vgl. hierzu auch: KTB des Oberkommandos der Wehrmacht. Bd. IV/2.

254 Der Kampf um Berlin 1945. S. 330f.

255 Jodl: Jenseits des Endes. 1. Aufl. S. 23.

256 Kriegstagebuch des Oberkommandos der Wehrmacht. Bd. IV/2, S. 1421. Vgl. hierzu auch den Ablauf der militärpolitischen Ereignisse im KTB des OKW. Bd. IV/2, S. 1442ff.

257 Später wurde bekannt, daß es sich um jene Ausfertigung von Hitlers Testament handelte, die für Schörner bestimmt war.

258 Probleme des Zweiten Weltkrieges. S. 355.

259 Dönitz: Zehn Jahre und zwanzig Tage. S. 455.

260 Ebenda, S. 437.

261 Zayas: Die Anglo-Amerikaner und die Vertreibung der Deutschen. S. 110.

262 Vgl. Franzel: Die Vertreibung Sudetenland 1945/46.

263 Es gab, und auch das muß um der historischen Wahrheit willen gesagt werden, aber auch Tschechen – nur bildeten sie in jener Zeit eine schweigende Minderheit –, die sich angesichts der Greueltaten und des entfesselten Sadismus für ihre Landsleute schämten.

264 Vgl. Steenberg: General Wlassow. S. 208ff.

265 Fröhlich: General Wlassow. S. 273.

266 Vgl. Hecht: General Wlassow. S. 97ff.

267 Brockdorff: Geheimkommandos des Zweiten Weltkrieges. S. 339.

268 Vgl. Hecht: General Wlassow. S. 89ff.

269 Hoffmann: Die Geschichte der Wlassow-Armee. S. 188.

270 Im Wiederaufnahmeverfahren Schörner spielte auch »die Tatsache eine Rolle, daß nach der Kapitulation, in den Maitagen 1945, im Raum Passau – Freyung – Straubing – Plattling allerlei russische Soldateska sich herumtrieb bzw. versuchte, den Rückmarsch nach Hause, nach Osten, anzutreten. Diese Tatsache«, so Schörners Anwalt Dr. Aschenauer in einer Reihe von Anschreiben, »müßte noch durch einzelne Zeugenaussagen belegt werden und zwar von Zeugen, die diese Zustände damals selbst erlebt haben«. Leider wurde es versäumt, zu diesem Komplex Dr. jur. Wolfgang Bernklau anzuschreiben, der durchziehende Männer der Wlassow-Armee »versorgte«, um sie schnell aus Bayern herauszubringen.

271 Mit der Kapitulation verließen auch viele russische Kriegsgefangene, die vielfach in ihren alten russischen Uniformen auf Bauernhöfen arbeiteten, ihre Arbeitsstellen und zogen ostwärts.
272 Tolstoy: Die Verratenen von Jalta. S. 398.
273 Zorn: Bayerns Geschichte im 20. Jahrhundert. S. 512.
274 Brockdorff: Geheimkommandos des Zweiten Weltkrieges. S. 339.
275 Deutsche Geschichte seit dem Ersten Weltkrieg. Bd. 2, S. 338f.
276 Ebenda, S. 339.
277 Am 12. August 1946 wurde vor dem Obersten Gerichtshof der UdSSR in Moskau das Urteil gegen die Führer der nationalrussischen Armee im Krieg gegen Stalin und den Bolschewismus gefällt. Alle Angeklagten wurden des Landesverrats und der terroristischen Tätigkeit gegen die UdSSR für schuldig befunden, zum Tode durch den Strang verurteilt und noch am selben Tage hingerichtet.
278 Hecht: General Wlassow. S. 116.
279 Hillgruber/Hümmelchen: Chronik des Zweiten Weltkrieges. S. 155.
280 Geschichte des Grenz-Pionier-Bataillons 74. S. 237.
281 Ebenda, S. 237. Vgl. auch Scheurig: Alfred Jodl. S. 335.
282 Thorwald: Das Ende an der Elbe. S. 301.
283 Boldt: Hitler. Die letzten zehn Tage in der Reichskanzlei. S. 148.
284 Kriegstagebuch des Oberkommandos der Wehrmacht. Bd. IV/2, S. 1484f.
285 Aschenauer: Der Fall Schörner. S. 85.
286 Vgl. Ebenda, S. 90f.
287 Hierzu liegt dem Verfasser folgende Niederschrift von Aschenauer/Schörner vor: »Natzmer hat behauptet, daß FM Sch. *vor* der Kapitulation geflohen sei. Natzmer hat vollkommen zurückgezogen (Beweise liegen vor). Wirklichkeit ist, daß zwischen Kapitulation und Flucht (= Storch) 24 Stunden gelegen haben, Sch. bis zur Kapitulation bei der Truppe verblieben sei und sich dann auf nachgewiesenen Befehl zur Übernahme der Alpenfestung abgesetzt habe. Das Gericht habe sich bei seiner Urteilsfällung auf die falschen Aussagen Natzmers gestützt, dessen Angaben über die Kapitulation falsch gewesen seien.«
288 Aschenauer: Der Fall Schörner. S. 91.
289 Ebenda, S. 93.
290 Thorwald: Das Ende an der Elbe. S. 304.
291 In Thorwalds Büchern »Die große Flucht«, »Es begann an der Weichsel« und »Das Ende an der Elbe« sind vielfach Dichtung und Wahrheit vermischt. Vgl. hierzu auch »Der Fall Schörner« von Aschenauer. S. 95f.
292 Schörner-Brief vom 7. 5. 1959 an Schulze.
293 Warlimont: Im Hauptquartier der deutschen Wehrmacht 1939 bis 1945. S. 537.
294 Höffkes: Hitlers politische Generale. S. 333f.
295 Brückner: Kriegsende in Bayern 1945. S. 201.
296 Preis: München unterm Hakenkreuz. S. 207.
297 Wahl: ». . . es ist das deutsche Herz«. S. 421.
298 Aschenauer: Der Fall Schörner. S. 101.
299 Schulze. Persönliches Kriegstagebuch. Bd. VI, a. a. O.

300 Kesselring: Gedanken zum Zweiten Weltkrieg. S. 101.
301 Kaltenegger: Kampf der Gebirgsjäger um die Westalpen und den Semmering. S. 154ff.
302 Kesselring: Soldat bis zum letzten Tag. A. a. O.
303 Bernklau: Die Bevorratung der »Alpenfestung« mit Verpflegung.
304 Vgl. Minott: The Fortress that never was.
305 Stuhlpfarrer: Die Operationszonen »Alpenvorland« und »Adriatisches Küstenland« 1943–1945. S. 130.
306 Minott: Top Secret. Hitlers Alpenfestung. S. 80f.
307 Rauchensteiner: Der Krieg in Österreich 1945. S. 293.
308 Aschenauer: Der Fall Schörner. S. 91.
309 Ebenda, S. 91.
310 Westphal: Erinnerungen. S. 349.
311 Die wichtigsten Ämter dieser neuen Regierung waren wie folgt zu besetzen: Reichspräsident Großadmiral Dönitz, Reichskanzler Dr. Goebbels, Außenminister Reichsleiter Bormann, Innenminister Seyß-Inquart, Kriegsminister Generalfeldmarschall Schörner. Durch wen die anderen Regierungsstellen besetzt werden sollten, blieb unklar.
312 Aschenauer: Der Fall Schörner. S. 101f.
313 Ebenda, S. 105. Zitiert nach E. A. Nohn: »Die Festung Europa (II) – Zitadelle Europas – Die Alpenfestung« in der Monatsschrift »Wehrkunde«.

Zu V.

1 Aschenauer: Der Fall Schörner. S. 103.
2 Mitteilung von Rochus von Zabuesnig.
3 Vgl. Smith: Churchills deutsche Armee.
4 Solschenizyn: Der Archipel Gulag. S. 463.
5 Ebenda, S. 145.
6 Schörner: Mein Aufenthalt in der Sowjetunion 1945/55. A. a. O.
7 Kern: Generalfeldmarschall Ferdinand Schörner. S. 239.
8 Solschenizyn: Der Archipel Gulag. S. 178.
9 Schörner: Im »Gefängnis« Wladimir. A. a. O.
10 Der Spiegel. 9. Februar 1955. A. a. O.
11 Foltmann/Möller-Witten: Opfergang der Generale. S. 54.
12 Fraschka: Mit Schwertern und Brillanten. 7. Aufl. S. 231.
13 Auszug aus der Frankfurter Nachtausgabe vom Mai 1952.
14 Stumpf: Die Wehrmacht-Elite. S. 284.
15 Ebenda, S. 284.
16 Anfänge westdeutscher Sicherheitspolitik 1945–1956. Bd. 1, S. 593f.
17 Magenheimer: Abwehrschlacht an der Weichsel 1945. S. 118.
18 Kobe: Pflicht und Gewissen. A. a. O.
19 Mitteilung von General de Maizière.
20 Kittel-Brief vom 5. 8. 1958 an Koren.

21 Schörner-Brief vom 26. 1. 1961 an Schulze.
22 Thorwald: Das Ende an der Elbe. S. 373f.
23 Münchner Merkur vom 2. 2. 1955.
24 Ebenda, a. a. O.
25 Kaltenegger: VdK-Präsident Karl Weishäupl. S. 14ff.
26 Schörner-Stellungnahme vom 10. März 1961 sowie Schörner-Briefe vom 6. und 8. 6. 1961 an Schulze.
27 Weishäupl-Brief vom 19. 8. 1987 an den Verfasser.
28 Schörner-Brief vom 29. 12. 1960 an Schulze.
29 Schörner-Brief vom 1. 9. 1957 an Schulze.
30 Schörner-Brief vom 24. 9. 1959 an Schulze.
31 Schörner-Brief vom 16. 12. 1960 an Schulze.
32 Schörner-Brief vom 22. 6. 1959 an Schulze.
33 Schörner-Brief vom 24. 9. 1959 an Schulze.
34 Ohne die tatkräftige Unterstützung von Küblers langjährigem Divisions- und Korpsintendanten sowie Vizepräsidenten der Münchner Wehrbereichsverwaltung VI und Ministerialrat im Bonner Bundesministerium der Verteidigung, Dr. jur. Wolfgang Bernklau, wäre es nicht möglich gewesen, die Grundstücksfragen um das Ehrenmal erfolgreich zum Abschluß zu bringen. Das war eine, ja die Voraussetzung, um das Gebirgsjäger-Denkmal am Hohen Brendten überhaupt errichten zu können.
35 Die Gebirgstruppe. 1957, H. 6, S. 7.
36 Burdick: Hubert Lanz. S. 84.
37 Die Gebirgstruppe. 1957. H. 6, S. 29.
38 Ebenda, S. 29.
39 Raithel-Brief vom 18. 6. 1957 an Konrad.
40 Koren-Brief vom 26. 4. 1957 an die Kameradschaft ehem. Gebirgsjäger in Klagenfurt. Einen Brief gleichlautenden Inhalts sandte Koren noch am selben Tage an die Kameradschaft vom Edelweiß, Bezirksgruppe Hartberg, weil »Schörner uns braucht«.
41 Schörner-Brief vom 28. 5. 1957 an Koren.
42 Koren-Brief vom 15. 9. 1957 an den Vorsitzenden des Schwurgerichtes München.
43 Schörner-Brief vom 8. 9. 1957 an Schulze.
44 Schörner-Brief vom 5. 4. 1957 an Koren.
45 Schörner-Brief vom 21. 9. 1963 an Hohe.
46 Kaltenegger: Offener Brief an den Kameradenkreis der Gebirgstruppe vom 28. Mai 1992 wegen Diffamierung des Generalfeldmarschalls Schörner.
47 Schörner-Brief vom 22. 6. 1959 bezüglich Kameradenkreis der Gebirgstruppe.
48 Vgl. Stahlberg: Die verdammte Pflicht.
49 Kern: Generalfeldmarschall Ferdinand Schörner. S. 246ff.
50 Der Spiegel vom 23. Februar 1955.
51 Kern: Generalfeldmarschall Ferdinand Schörner. S. 260.
52 Gritschneder: Randbemerkungen. S. 141.
53 Fraschka: Mit Schwertern und Brillanten. 7. Aufl. S. 283f.

54 Bild-Zeitung vom 2. Oktober 1957. S. 1.
55 Auf Grund dieses Sachverhalts bat u. a. der Alpenkorpskämpfer Leutnant der Reserve Höck den Oberstaatsanwalt Dr. Weiß um die Einleitung eines Ermittlungsverfahrens gegen seine Person, da er sich auch als »Draufgänger« in zwei Weltkriegen bezeichnete. (Höck-Brief vom 27. 10. 1957)
56 Zum Manteuffel-Prozeß stellte Schörner in seiner Dokumentensammlung »Zur Zeitgeschichte Xa« einige Daten und Fakten zusammen, um sie, wie er bemerkte, »der Vergessenheit zu entreißen«.
57 Deutsche Soldaten-Zeitung. Oktober 1957, S. 1.
58 Der Spiegel vom 2. April 1958.
59 Deutsche Soldaten-Zeitung. August 1958, S. 1.
60 Gegen Sündermann wurde am 14. Juli 1959 eine Anklage wegen »Verächtlichmachung der Bundesrepublik« erhoben und am 29. Februar 1960 vor dem Landgericht München verhandelt. Nachdem die Richter den Angeklagten nicht verurteilten, erhob die Staatsanwaltschaft Einspruch. Am 13. Februar 1961 wurde der Publizist erneut freigesprochen.
61 Nation Europa. September 1958.
62 Die Angeklagten waren während des Zweiten Weltkrieges in Südosteuropa als Generale eingesetzt, denen strafbare Mißachtung der unter den Kulturvölkern üblichen Regeln mit Bezug auf die Behandlung von Geiseln und Zivilisten zur Last gelegt wurde.
63 Deutsche Jüdische Soldaten 1914–1945. S. 75.
64 Schörner-Brief vom 9. 2. 1956 an seine Freunde und Getreuen.
65 Schörner-Brief vom 17. 2. 1959 an Schulze.
66 Schörner-Brief vom 11. 3. 1959 an Schulze.
67 Schörner-Brief vom 14. 7. 1959 an Schulze.
68 Schörner-Brief vom 17. 11. 1959 an Schulze.
69 Schulze-Brief vom 17. 12. 1959 an Schörner.
70 Schörner-Brief vom 23. 12. 1959 an Schulze.
71 Schörner: Zur Zeitgeschichte IX. S. 1.
72 Kafka: Die Romane. Amerika – Der Prozeß – Das Schloß. S. 459.
73 Westphal-Brief vom 25. 3. 1960 an den Bayerischen Justizminister.
74 Student-Brief vom 5. 4. 1960 an den Bayerischen Justizminister.
75 Schörner-Brief vom 1. 5. 1960 an Schulze.
76 Schörner-Brief vom 12. 6. 1960 an die österreichischen Gebirgsjäger.
77 Brief des Bayerischen Justizministers vom 25. 7. 1960 an Philipp u. a.
78 Bedauerlicherweise wurden durch diesen Verwaltungsakt nunmehr die tatsächlichen und rechtlichen Voraussetzungen des Strafverfahrens gegen Schörner niemals mehr gerichtlich geklärt.
79 Schörner-Brief vom 25. 12. 1960 an Koren.
80 Schörner-Brief vom 29. 12. 1960 an Schulze.
81 Westphal: Erinnerungen. S. 349.
82 Schörner-Brief vom 26. 3. 1961 an Schulze.
83 Ebenda, a. a. O.
84 In einer »streng vertraulichen« Randbemerkung schrieb Schörner hierzu: »Die

Roten über die sowjetische Botschaft!! Mein dort stets *bes.* herzlicher Empfang, und zwar *überall* in Österreich, ärgert diese Schweine. *Wir* können jetzt keinen Wirbel brauchen (Prozeß), aber dann ist noch lange nicht aller Tage Abend!«

85 Schörner-Brief vom 30. 9. 1962 zur Lage.

86 Schörner-Brief vom 30. 12. 1962 an Koren.

87 Lemnitzer stellte schon Ende der fünfziger Jahre die Doktrin der massiven nuklearen Vergeltung in Frage. Als ranghöchster Militärberater Kennedys half er mit, durch eine verstärkte konventionelle Rüstung die Abhängigkeit von atomaren Waffen zu verringern. Seit 1962 sollte er als Oberbefehlshaber der NATO die europäischen Bündnispartner vom allzu blinden Vertrauen auf die nukleare Abschreckung jeglicher militärischen Aggression des Warschauer Paktes abbringen. Aber damit lieferte er de Gaulle nur die Gründe für den Abzug Frankreichs aus dem militärischen Bereich der westlichen Verteidigungsgemeinschaft. Um die verunsicherten Europäer zu beruhigen, modifizierten die USA schließlich ihre strategische Neuorientierung und schickten noch während Lemnitzers Oberkommando immer mehr Atomwaffen nach Europa.

88 Als ich den ehemaligen Verteidigungsminister und späteren Bayerischen Ministerpräsidenten Franz Josef Strauß auf diese Schörner-Stellungnahme ansprach, bat er um eine Kopie. Sein plötzlicher Tod verhinderte ein aufschlußreiches Gespräch über die Gesamtpersönlichkeit Schörner. Als guter Freund der Gebirgstruppe und Wiederbegründer derselben in der Bundeswehr war Strauß stets ein begeisterter Leser meiner zahlreichen Bücher über die Truppe mit dem Edelweiß.

89 »Die finanzielle Unterstützung für Ferdinand ist leider nicht ganz so einfach, wie ich mir dies seinerzeit vorgestellt habe«, schrieb Hans Schmidt. »Wir können nur in reinem Freundeskreis etwas tun und dies muß unbedingt den Charakter des Privaten haben. Jede Veröffentlichung ist auf Grund des Sammelgesetzes verboten.« (Schmidt-Brief vom 26. 11. 1957 an Koren)

90 Schörner-Mitteilung vom Dezember 1965.

91 Im Gegensatz hierzu erhielt die Witwe des Präsidenten des nationalsozialistischen Volksgerichtshofes, Marion Freisler, neben ihrer Witwenpension seit 1974 auch eine Schadensausgleichsrente. Denn das Versorgungsamt München hatte unterstellt, es müsse davon ausgegangen werden, daß Roland Freisler, wenn er überlebt hätte, nach dem Kriege in der Bundesrepublik Deutschland »als Rechtsanwalt oder Beamter des Höheren Dienstes tätig geworden wäre«.

92 Bayerisches Kriegsarchiv: Archivalie Schörner.

93 Ablehnung eines Antrages auf Gewährung von Kriegsgefangenenentschädigung vom 12. 11. 1959.

94 Aussage des inzwischen verstorbenen Bundeswehr-Generals Werner Drews.

95 Schörner-Brief vom 16. 2. 1961 an Schulze.

96 Schörner-Brief vm 20. 2. 1961 an Schulze.

97 Hierzu meldete die »Bild-Zeitung« am 22. September 1959 auf der Seite 2: »Nicht der Hinrichtungsbefehl des Ex-Feldmarschalls Ferdinand Schörner, sondern die Franzosen sollen schuld sein am Tod des früheren Obergefreiten Walter

Arndt, den Schörner gegen Kriegsende in der Festung Neiße ohne Gerichtsverfahren angeblich hinrichten ließ. [...] Dies ist das sensationelle Ermittlungsergebnis des Münchner Anwalts Dr. R. Aschenauer. Auf eine Suchanzeige in der Soldatenzeitschrift ›Soldat im Volk‹ hat sich ein früherer Karteiführer aus dem französischen Straflager Cormeilles en Parisis gemeldet, der sich genau an die Kartei-Eintragung ›Obergefreiter Walter Arndt, geb. in Königsberg‹ mit dem Geburtsdatum erinnert. Der neue Zeuge hat ausgesagt, daß Arndt wegen zweier Fluchtversuche in das Straflager gekommen sei und bei einem dritten Ausbruchsversuch zusammen mit einem SS-Mann von den Franzosen erschossen worden sei.« Am 30. November 1961 erging dann von der 4. Strafkammer des Landgerichts München I der Beschluß: »Der Antrag des Verurteilten Ferdinand Schörner vom 18. 7. 1961 auf Wiederaufnahme des durch rechtskräftiges Urteil des Schwurgerichts bei dem Landgericht München I vom 15. 10. 1957 abgeschlossenen Verfahrens wird für zulässig erklärt, soweit er die Verurteilung wegen eines Verbrechens des Totschlags (Tötung des Obergefreiten Walter Arndt) betrifft [...]«

98 Kießling: Versäumter Widerspruch. S. 300f.

Zum Nachwort

1 Schörner-Brief vom 28. Mai 1990 an den Verfasser und folgende.
2 Seidel-Brief vom 5. 2. 1991 und folgender.
3 Baur, Hans: Mit Mächtigen zwischen Himmel und Erde.
4 Bernklau-Brief vom 21. 9. 1986 an den Verfasser.
5 Hierzu machte Bernklau dem Verfasser interessante schriftliche und mündliche Mitteilungen.
6 Birnstingl-Brief vom 30. 3. 1989 an den Verfasser.
7 Brandner-Brief vom 9. August 1993 an den Verfasser.
8 Umfangreicher Briefwechsel und Aufzeichnungen über den Kampf in der Arktis und die Operationszone »Adriatisches Küstenland«.
9 Kaltenegger: Gebirgssoldaten unter dem Zeichen des »Enzian«. S. 5.
10 Buchner-Brief vom 9. 7. 1992 an den Verfasser und weitere in Sachen Schörner.
11 Äußerst aufschlußreich sind Buchners schriftliche Mitteilungen über die »Alpenfestung«, die im Rahmen dieser Biographie leider nicht berücksichtgt werden konnten.
12 Chiang-Brief vom 12. 1. 1984 an den Verfasser.
13 Chiang-Brief vom 18. 6. 1984 an den Verfasser.
14 Chiang-Brief vom 6. 1. 1986 an den Verfasser.
15 Füger-Brief vom 10. 2. 1988 an den Verfasser. Am 9. 12. 1992 ergänzte er als Obmann des Kameradenkreises Gebirgs-Artillerie-Regiment 118, »daß bei unseren Treffen nichts Nachteiliges über Generalfeldmarschall Schörner gesprochen wird«.
16 Am 27. 3. 1992 beschwerte sich Gödde in schriftlicher Form beim Vorsitzenden des Kameradenkreises der Gebirgstruppe e. V., »daß [...] der Kameradenkreis

[. . .] diese Hetzkampagne noch 20 Jahre nach Schörners Tod unterstützt, statt den Verleumdern und Ehrabschneidern das Handwerk zu legen«.

17 Golderer-Brief vom 28. 9. 1992 an den Verfasser.

18 Graupner: »Unser Ferdl«.

19 In zahlreichen Schreiben wünschte Heß wiederholt »alles Gute für Ihre Arbeit« und »für Ihre vielseitigen Aufgaben«.

20 Hildebrand-Brief vom Februar 1988 an den Verfasser.

21 Hörl-Brief vom 27. 2. 1988 an den Verfasser.

22 Jene hochbrisanten Schriftstücke über den Fall von Koschniza, die Schörner ent- und Hörl belasten, steuerte jedoch nicht Hörl, sondern Pfeiffer bei.

23 Jodl: Jenseits des Endes.

24 Kometer-Brief vom 3. 7. 1992 an den Verfasser. Und weiter schrieb er zur »Diffamierung des Generalfeldmarschalls Schörner« vom 28. Mai 1992: »Neulich erhielt ich schon von auswärts Anrufe, daß auch Du sie mit Deinem Schreiben [vom 28. Mai] beehrt hast und sie Dir dankbar sind, daß gerade Du die Angelegenheit Schörner aufgegriffen hast«. Ich will »Dein Schreiben allen Kameraden zur Kenntnis bringen«.

25 Koren-Brief vom 19. 7. 1992 an den Verfasser.

26 Koschler-Brief vom 26. 7. 1992 an den Verfasser.

27 Voller Begeisterung schrieb Lanz nach Herausgabe meiner Truppengeschichte »Die Geschichte der deutschen Gebirgstruppe 1915 bis heute« am 3. April 1980: »Sie haben sich mit diesem literarischen Werk von hohem Rang – ich begann es sofort zu lesen – um diese Elitetruppe verdient gemacht und sich weiterhin einen bedeutenden Namen geschaffen. Ich glaube einigermaßen ermessen zu können, welche Sachkenntnisse und talentierte Arbeit in dieser Historie stecken, die noch späteren Generationen als Fachliteratur dienen wird.« Am 25. Mai 1981 schrieb Lanz zur Divisionsgeschichte »Die Stammdivision der deutschen Gebirgstruppe« anerkennend: »Sie haben mit Ihrem historischen Werk unserer bewährten 1. Gebirgs-Division ein überzeugendes Denkmal gesetzt und sich damit um die deutsche Gebirgstruppe sehr verdient gemacht!«

28 Briefwechsel zwischen Pemsel und dem Verfasser.

29 Auf Grund des Schwerpunktes dieser Biographie konnten Pfeiffers hochinteressante Mitteilungen über seine Funktion in der »Alpenfestung« leider nicht im gebührenden Maße berücksichtigt werden.

30 Das gleiche gilt für Pössingers Mitteilungen zum Komplex der »Alpenfestung«.

31 Prentl: Flak-Kampfgruppe Prentl. Dem Biographen »in kameradschaftlicher Verbundenheit« vom Verfasser übereignet.

32 Nicht weniger informativ waren Richters mündliche Mitteilungen in seinem Haus im Salzburger Land.

33 Singer-Brief vom 15. 10. 1992 an den Verfasser.

34 Das Standardwerk »Die deutsche Gebirgstruppe 1935–1945« bewertete Steffel mit den Worten: »Das Ergebnis ist ein bisher einmaliger Überblick über die deutsche Gebirgstruppe nach dem 1. Weltkrieg mit viel neuem, was die bisherige Literatur unerwähnt gelassen hat [. . .]«

35 Briefwechsel zwischen Volckamer von Kirchensittenbach und dem Verfasser.

36 Weindel-Brief vom 18. 2. 1988 an den Verfasser.

37 Diese fanden teilweise auch ihren Niederschlag in einem umfangreichen Buchmanuskript, das ich im Auftrage Weishäupls im Jahre 1989 auf Grund seiner geheimen VdK-Präsidial-Akten mit ihrem hochbrisanten Schriftgut als »Karl-Weishäupl-Biographie« erstellt hatte. Weishäupls plötzlicher Tod verhinderte die Veröffentlichung dieses Buches. Sein Verband teilte daraufhin am 15. Februar 1990 u. a. mit, »daß der VdK ohne Anerkennung einer Rechtspflicht bereit ist, Ihnen einen Einmalbetrag mit der Maßgabe zu zahlen, daß Ihrerseits rechtsverbindlich auf die Veröffentlichung des Buches verzichtet wird«.

38 Für diese Biographie waren neben einigen Fotobänden über den Einmarsch in Österreich, vom Griechenlandfeldzug und dem Kampf um Nikopol insbesondere die Briefwechsel zwischen Wittmann und den Generalen Frießner, Ringel, Student, von Hengl, Kreysing, Halder, Konrad, Pemsel und Lanz von besonderer Bedeutung.

39 Süddeutsche Zeitung vom 24. 2. 1993, S. 9.

40 Hierbei handelte es sich um die Schrift Moser: Plädoyer für Feldmarschall Schörner vor dem Schwurgericht München und um das Buch Kern: Generalfeldmarschall Ferdinand Schörner.

Bibliographie

1. Monographien und Sammelwerke

Absolon, Rudolf: Die Wehrmacht im Dritten Reich. Bd. 1–4. Boppard am Rhein 1969–1979. (= Schriften des Bundesarchivs. Bd. 16/I–IV.)

Abwehrkämpfe am Nordflügel der Ostfront. 1944–1945. Stuttgart 1963. (= Beiträge zur Militär- und Kriegsgeschichte. Bd. 5.)

Ahlfen, Hans von und Hermann Niehoff: So kämpfte Breslau. Verteidigung und Untergang von Schlesiens Hauptstadt. Stuttgart o. J.

Akten der Reichskanzlei. Weimarer Republik. Hrsg. für die Historische Kommission bei der Bayerischen Akademie der Wissenschaften von Karl Dietrich Erdmann für das Bundesarchiv von Wolfgang Mommsen unter Mitarbeit von Walter Vogel. Bd. 1–4. Boppard am Rhein 1968–1973.

Akten zur deutschen auswärtigen Politik. 1918–1945. Aus dem Archiv des deutschen Auswärtigen Amtes. Bd. 1 ff. Baden-Baden 1950 ff.

Alpenkorps in Polen. Geb. A. K. XVIII. Hrsg. Manz. 2. Aufl. Innsbruck 1940.

Alvensleben, Udo von: Lauter Abschiede. Tagebuch im Kriege. Hrsg. von Koenigswald. Frankfurt/M., Berlin 1971.

Amery, Carl: Leb wohl geliebtes Volk der Bayern. München 1980.

Das andere Gesicht des Krieges. Deutsche Feldpostbriefe 1939–1945. Hrsg. von Ortwin Buchbender und Reinhold Sterz. 2., durchgesehene Aufl. München 1983.

Anfänge westdeutscher Sicherheitspolitik. 1945–1956. Bd. 1. Hrsg. vom Militärgeschichtlichen Forschungsamt. München, Wien 1982.

Aschenauer, Rudolf: Eine offene Erwiderung an die Redaktion der Wochenzeitschrift »Quick«. München 1966.

Aschenauer, Rudolf: Der Fall Schörner. Eine Dokumentation. München o. J.

Aspelmeier, Dieter: Deutschland und Finnland während der beiden Weltkriege. Hamburg-Volksdorf 1967.

Assmann, Kurt: Deutsche Schicksalsjahre. Historische Bilder aus dem Zweiten Weltkrieg und seiner Vorgeschichte. 2. Aufl. Wiesbaden 1951.

Aufstand des Gewissens. Der militärische Widerstand gegen Hitler und das NS-Regime 1933–45. Im Auftrag des Bundesministeriums der Verteidigung zur Wanderausstellung hrsg. vom Militärgeschichtlichen Forschungsamt. Herford, Bonn [ca.] 1984.

Der Aufstieg der NSDAP. In Augenzeugenberichten. Hrsg. und eingeleitet von Ernst Deuerlein. 2. Aufl. Düsseldorf 1968.

Bachmann, Peter und Kurt Zeisler: Der deutsche Militarismus. 1917–1945. Illustrierte Geschichte. Köln [um] 1986.
Bagramjan, Iwan Christoforowitsch: So begann der Krieg. Berlin 1972.
Bagramjan, Iwan Christoforowitsch: So schritten wir zum Sieg. Berlin 1984.
Balck, Hermann: Ordnung im Chaos. Erinnerungen 1893–1948. 2. durchgesehene und vermehrte Aufl. Osnabrück 1981. (= Soldatenschicksale des 20. Jahrhunderts als Geschichtsquelle. Bd. 1)
Bathe, Rolf: Der Feldzug der 18 Tage. Chronik des polnischen Dramas. 131.–160. Tsd. Oldenburg i. O., Berlin 1940.
Baur, Hans: Mit Mächtigen zwischen Himmel und Erde. 8. Aufl. Preußisch Oldendorf 1987.
Die Bayern im Großen Kriege 1914–1918. Auf Grund der Kriegsakten dargestellt. Hrsg. vom Bayerischen Kriegsarchiv. München 1923.
Bayern im Umbruch. Die Revolution von 1918, ihre Voraussetzungen, ihr Verlauf und ihre Folgen. Hrsg. von Karl Bosl in Verbindung mit Karl Möckl [u. a.] München, Wien 1969.
Bayern in der NS-Zeit. Bd. 1: Soziale Lage und politisches Verhalten der Bevölkerung im Spiegel vertraulicher Berichte. Hrsg. von Martin Broszat. Elke Fröhlich [u. a.] München, Wien 1977.
Bayern in der NS-Zeit. Bd. 4: Herrschaft und Gesellschaft im Konflikt. Hrsg. von Martin Broszat, Elke Fröhlich [u. a.] Wien, München 1981.
Das Bayernbuch vom Weltkriege. 1914–1918. Ein Volksbuch. Bearb. von Konrad Krafft von Dellmensingen und Friedrich Franz Feeser unter amtlicher Mitwirkung des Bayerischen Kriegsarchivs. Bd. 1–2. Stuttgart 1930.
Becker, Fritz: Im Kampf um Europa. Stalins Schachzüge gegen Deutschland und den Westen. Graz, Stuttgart 1991.
Beer, Albert: Der Fall Barbarossa. Untersuchungen zur Geschichte der Vorbereitungen des deutschen Feldzuges gegen die Union der Sozialistischen Sowjetrepubliken im Jahre 1941. Münster 1978.
Below, Nikolaus von: Als Hitlers Adjutant 1937–1945. Mainz 1980.
Benoist-Méchin, Jacques: Am Rande des Krieges. 1938. Die Sudetenkrise. Oldenburg, Hamburg 1967. (= Geschichte der deutschen Militärmacht. Bd. 6.)
Benoist-Méchin, Jacques: Griff über die Grenzen. 1938. Der Anschluß Österreichs und seine Vorgeschichte. Oldenburg, Hamburg 1966. (= Geschichte der deutschen Militärmacht. Bd. 5.)
Benoist-Méchin, Jacques: Jahre der Zwietracht. 1919–1925. Oldenburg, Hamburg 1965. (= Geschichte der deutschen Militärmacht. Bd. 2.)
Benoist-Méchin, Jacques: Das Kaiserreich zerbricht. 1918–1919. Oldenburg, Hamburg 1965. (= Geschichte der deutschen Militärmacht. Bd. 1.)
Benoist-Méchin, Jacques: Wollte Adolf Hitler den Krieg? 1939. Generalprobe der Macht. Pr. Oldendorf 1971. (= Geschichte der deutschen Militärmacht. Bd. 7.)
Berghahn, Volker R.: Der Stahlhelm. Bund der Frontsoldaten. 1918–1935. Hrsg. von der Kommission für Geschichte des Parlamentarismus und der politischen Parteien. Düsseldorf 1966. (= Beiträge zur Geschichte des Parlamentarismus und der politischen Parteien. Bd. 33.)

Die Berichte des Oberkommandos der Wehrmacht. 1939–1945. Bd. 1–5. München 1982 ff.

Bernhard, Adolf von: Das K. B. Infanterie-Leibregiment. München 1921.

Bernhardi, Friedrich von: Vom heutigen Kriege. Bd. 1–2. Berlin 1918.

Bernhardt, Walter: Die deutsche Aufrüstung 1934–1939. Militärische und politische Konzeptionen und ihre Einschätzung durch die Alliierten. Frankfurt a. M. 1969.

Bethell, Nicholas: Das letzte Geheimnis. Die Auslieferung russischer Flüchtlinge an die Sowjets durch die Alliierten 1944–47. Frankfurt/M., Berlin o. J.

Binder, Gerhart: Epoche der Entscheidungen. Deutsche Geschichte des 20. Jahrhunderts mit Dokumenten im Text und Bild. 15. Aufl. Stuttgart-Degerloch 1972.

Böddeker, Günter: Die Flüchtlinge. Die Vertreibung der Deutschen im Osten. München, Berlin 1980.

Böddeker, Günter: Der Untergang des Dritten Reiches. Mit den Berichten des Oberkommandos der Wehrmacht vom 6. Januar – 9. Mai 1945 und einer Bilddokumentation. München, Berlin 1985.

Boldt, Gerhard: Hitler. Die letzten zehn Tage in der Reichskanzlei. München 1976.

Bomhard, A.: Das Infanterie-Leibregiment. München 1921.

Bracher, Karl Dietrich: Die Auflösung der Weimarer Republik. Eine Studie zum Problem des Machtverfalls in der Demokratie. 5. Aufl. Villingen 1971. (= Schriften des Instituts für politische Wissenschaft. Bd. 4.)

Breit, Gotthard: Das Staats- und Gesellschaftsbild deutscher Generale beider Weltkriege im Spiegel ihrer Memoiren. Boppard am Rhein 1973. (= Wehrwissenschaftliche Forschungen. Abteilung: Militärgeschichtliche Studien. Bd. 17.)

Breitenacher, Martin: Das Alpenkorps. 1914–18. Berlin 1939.

Breitenacher, Martin: Späher im Alpenkorps. Berlin 1938.

Brockdorff, Werner: Geheimkommandos des Zweiten Weltkrieges. Geschichte und Einsätze der Brandenburger [...] Entville am Rhein 1983.

Broszat, Martin: Die Machtergreifung. Der Aufstieg der NSDAP und die Zerstörung der Weimarer Republik. München 1984. (= Deutsche Geschichte der neuesten Zeit vom 19. Jahrhundert bis zur Gegenwart.)

Brückner, Joachim: Kriegsende in Bayern 1945. Der Wehrkreis VII und die Kämpfe zwischen Donau und Alpen. Freiburg i. Br. 1987. (= Einzelschriften zur militärischen Geschichte des Zweiten Weltkrieges. Bd. 30.)

Brüning, Heinrich: Memoiren. 1918–1934. Stuttgart 1970.

Das Buch vom deutschen Freikorpskämpfer. Hrsg. im Auftrage der Freikorpszeitschrift »Der Reiter gen Osten« von Ernst von Salomon. Berlin 1938.

Bülow, Bernhard von: Denkwürdigkeiten. Hrsg. von Franz von Stockhammern. Bd. 1–4. Berlin 1930–1931.

Bullock, Alan: Hitler. Eine Studie über Tyrannei. Vollständig überarbeitete Neuausgabe. 76.–87. Tsd. Düsseldorf 1969.

Burckhardt, Carl Jacob: Meine Danziger Mission. 1937–1939. München 1960.

Burdick, Charles B.: Hubert Lanz. General der Gebirgstruppe. Osnabrück 1988. (= Soldatenschicksale des 20. Jahrhunderts als Geschichtsquelle. Bd. 9.)

Burtscher, Guido: Das Deutsche Alpenkorps unter der Führung des Generals Konrad Krafft von Dellmensingen. Bregenz 1939.

Carell, Paul [d. i. Paul Karl Schmidt]: Unternehmen Barbarossa. Der Marsch nach Rußland. Frankfurt/M., Berlin 1963.

Carell, Paul [d. i. Paul Karl Schmidt]: Verbrannte Erde. Schlacht zwischen Wolga und Weichsel. Frankfurt/M., Berlin 1966.

Carell, Paul / Günter Böddeker: Die Gefangenen. Leben und Überleben deutscher Soldaten hinter Stacheldraht. 6. Aufl. Frankfurt/M., Berlin, Wien 1981.

Carnes, James Donald: General zwischen Hitler und Stalin. Das Schicksal des Walther v. Seydlitz. Düsseldorf 1980.

Carossa, Hans: Rumänisches Tagebuch. Frankfurt/M. 1978.

Carsten, Francis L.: Faschismus in Österreich. Von Schönerer zu Hitler. München 1977.

Carsten, Francis L.: Reichswehr und Politik. 1918–1933. 2. Aufl. Köln, Berlin 1965.

Cartier, Jean-Pierre: Der Erste Weltkrieg. 1914–1918. München, Zürich 1984.

Cartier, Raymond: Nach dem Zweiten Weltkrieg. Die internationale Politik von 1945 bis heute. München, Zürich 1980.

Cartier, Raymond: Vom Ersten zum Zweiten Weltkrieg. 1918–1939. München, Zürich 1982.

Cartier, Raymond: Der Zweite Weltkrieg. In zwei Bänden. München, Zürich 1977.

Chiodo, Marco Picone: »Sie werden die Stunde verfluchen ...«. Sterben und Vertreibung der Deutschen im Osten 1944–1949. München 1990.

Churchill, Winston Spencer: Der Zweite Weltkrieg. Mit einem Epilog über die Nachkriegsjahre. Bern, Stuttgart 1954.

Clausewitz, Carl von: Vom Kriege. Hinterlassenes Werk. 18. Aufl. Vollständige Ausgabe im Urtext mit völlig überarbeiteter und erweiterter historisch-kritischer Würdigung von Werner Hahlweg. Bonn 1973.

Contag, Alfred: Kampf um Tirol. Berlin 1918.

Cooper, Duff: Das läßt sich nicht vergessen. Autobiographie. München 1954.

Craig, Gordon A.: Deutsche Geschichte. 1866–1945. Vom Norddeutschen Bund bis zum Ende des Dritten Reiches. München 1980.

Craig, Gordon A.: Die preußisch-deutsche Armee 1640–1945. Staat im Staate. Düsseldorf 1980.

Dahms, Hellmuth Günther: Die Geschichte des Zweiten Weltkriegs. München, Berlin 1983.

Degrelle, Léon: Die verlorene Legion. 2. Aufl. Preuß. Oldendorf 1972.

Delbrück, Hans: Geschichte der Kriegskunst. Im Rahmen der politischen Geschichte. Versch. Auf. Bd. 1–4. Berlin 1962–1966.

Demeter, Karl: Das deutsche Offizierskorps in Gesellschaft und Staat 1650–1945. 4. überarb. und erw. Aufl. Frankfurt a. M. 1965.

Deuerlein, Ernst: Der Aufstieg der NSDAP 1919–1933 in Augenzeugenberichten. München 1968.

Deutsche Geschichte. Von Josef Fleckenstein [u. a.] Bd. 1–3. Göttingen 1985.

Deutsche Geschichte der neuesten Zeit von Bismarcks Entlassung bis zur Gegenwart. 1. Teil: Von 1890 bis 1933. Von Werner Frauendienst, Wolfgang J. Mommsen [u. a.] Frankfurt a. M. 1973. (= Handbuch der Deutschen Geschichte. Bd. 4.)

Deutsche Geschichte im Überblick. Hrsg. unter Mitwirkung zahlreicher Fachgelehrter von Peter Rassow. 3., überarb. und ergänzte Aufl. Hrsg. von Theodor Schieffer. Stuttgart 1973.

Deutsche Geschichte seit dem Ersten Weltkrieg. Bd. 1–3. Stuttgart 1971–1973. (= Veröffentlichung des Instituts für Zeitgeschichte.)

Das deutsche Heer 1939. Gliederung, Standorte, Stellenbesetzung und Verzeichnis sämtlicher Offiziere am 3. 1. 1939. Hrsg. von Hans-Henning Podzun. Bad Nauheim 1953.

Deutsche jüdische Soldaten 1914–1945. Im Auftrage des Bundesministeriums der Verteidigung zur Wanderausstellung. Hrsg. vom Militärgeschichtlichen Forschungsamt. Freiburg i. Br. 1982.

Das deutsche Offizierskorps. 1860–1960. Büdinger Vorträge 1977. In Verbindung mit dem Militärgeschichtlichen Forschungsamt hrsg. von Hanns Hubert Hofmann. Boppard am Rhein 1980. (= Deutsche Führungsschichten in der Neuzeit. Bd. 11.)

Das Deutsche Reich und der Zweite Weltkrieg. Hrsg. vom Militärgeschichtlichen Forschungsamt. Bd. 1 ff. Stuttgart 1979 ff.

Die Deutsche Wehrmacht. 1914–1939. Rückblick und Ausblick. Unter Mitwirkung zahlreicher Offiziere hrsg. von Wetzell. Berlin 1939.

Deutschland im Ersten Weltkrieg. Bd. 1–3. Berlin 1968–1970.

Deutschland im Zweiten Weltkrieg. Hrsg. von G. Hass, W. Schumann [u. a.] Bd. 1–6. Köln 1984–1985.

Dieckert, Kurt [und] Horst Großmann: Der Kampf um Ostpreußen. Ein authentischer Dokumentarbericht. München 1960.

Dönitz, Karl: Zehn Jahre und zwanzig Tage. Bonn 1958.

Dokumente zum Westfeldzug 1940. Hrsg. von Hans-Adolf Jacobsen. Göttingen, Berlin, Frankfurt/M. 1960. (= Studien und Dokumente zur Geschichte des Zweiten Weltkrieges. Bd. 2b.)

Domarus, Max: Bayern 1805–1933. Stationen der Staatspolitik. Nach Dokumenten im Bayerischen Hauptstaatsarchiv. Würzburg 1979.

Domarus, Max: Hitler. Reden und Proklamationen. 1932–1945. Bd. 1–2. Wiesbaden 1973.

Domröse, Ortwin: Der NS-Staat in Bayern von der Machtergreifung bis zum Röhm-Putsch. München 1974. (= Neue Schriftenreihe des Stadtarchivs München. H. 47.)

Dornberg, John: Hitlers Marsch zur Feldherrnhalle. München, 8. und 9. November 1923. München, Wien 1983.

Douglas-Home, Charles: Rommel. München 1974.

Das Dritte Reich. Dokumente zur Innen- und Außenpolitik. Bd. 1–2. München 1985. (= dtv-Dokumente. Bd. 2925–2926.)

Das Dritte Reich. Seine Geschichte in Texten, Bildern und Dokumenten. Hrsg. von Heinz Huber und Artur Müller unter Mitwirkung von Waldemar Besson. Bd. 1–3. München, Wien, Basel 1969.

Das III. (Geb. Jag.) Btl. 19 (bayer.) Inf. Rgt. im 100000-Mann-Heer (Reichswehr). Standort Kampten – Lindau. München 1962.

Eichstädt, Ulrich: Von Dollfuß zu Hitler. Geschichte des Anschlusses Österreichs. 1933–1938. Wiesbaden 1955. (= Veröffentlichungen des Instituts für Europäische Geschichte Mainz. Bd. 10.)

Einhart: Deutsche Geschichte. 15., neubearbeitete Aufl. Leipzig 1934.

Eitner, Hans-Jürgen: »Der Führer«. Hitlers Persönlichkeit und Charakter. München 1981.

Eitner, Hans-Jürgen: Hitlers Deutsche. Das Ende eines Tabus. Gernsbach 1990.

Epp, Franz von: Ein Leben für Deutschland. Hrsg. von H. Krumbach unter Mitarbeit von Adolf Dresler [u. a.] München 1939.

Erfurth, Waldemar: Der Finnische Krieg. 1941–1944. 2. Aufl. Wiesbaden, München 1977.

Der Erste Weltkrieg. 1914–1918. Zusammengestellt von Peter Koerner. Bd. 1–3. München 1969. (= Heyne Dokumentation.)

Der Erste Weltkrieg in Bildern und Dokumenten. Hrsg. von Hans Dollinger. Wissenschaftliche Beratung Hans-Adolf Jacobsen. Bd. 1–3. München, Wien, Basel 1969.

Erster Weltkrieg. Ursachen, Entstehung und Kriegsziele. Hrsg. von Wolfgang Schieder. Köln, Berlin 1969. (= Neue Wissenschaftliche Bibliothek. Bd. 32).

Ettighoffer, Paul C.: Verdun. Das Große Gericht. 3., neu bearb. Aufl. Wiesbaden, München 1976.

Eyck, Erich: Geschichte der Weimarer Republik. 4. u. 5. Aufl. Bd. 1–2. Erlenbach-Zürich, Stuttgart 1972–1973.

Fabry, Philipp W.: Die Sowjetunion und das Dritte Reich. Eine dokumentierte Geschichte der deutsch-sowjetischen Beziehungen von 1933 bis 1941. Prolegomena von Ernst Deuerlein. Stuttgart 1971.

Falkenhayn, Erich von: Der Feldzug der 9. Armee gegen die Rumänen und Russen 1916/17. o. O. u. J.

Falkenhayn, Erich von: Die Oberste Heeresleitung 1914–1916 in ihren wichtigsten Entschließungen. Berlin 1920.

Fest, Joachim C.: Das Gesicht des Dritten Reiches. Profile einer totalitären Herrschaft. 4. Aufl. München, Zürich 1975.

Fest, Joachim C.: Hitler. Eine Biographie. Versch. Aufl. Frankfurt a. M., Berlin, Wien 1973ff.

Feurstein, Valentin: Dolomitenkämpfe. Wien 1925. (= Sonderdruck Militärwissenschaftliche und technische Mitteilungen.)

Feurstein, Valentin: Irrwege der Pflicht. 1938–1945. München, Wels 1963.

Fischer, Fritz: Griff nach der Weltmacht. Die Kriegszielpolitik des kaiserlichen Deutschland 1914/18. 3., verbesserte Aufl. Düsseldorf 1964.

Fischer, Hans: Jahre die wir nie vergessen. Das Buch der Gebirgsjäger. München, Wels 1958.

Foch, Ferdinand: Meine Kriegserinnerungen. 1914–18. Leipzig 1931.

Folttmann, Josef und Hanns Möller-Witten: Opfergang der Generale. Die Verluste der Generale und Admirale und der im gleichen Dienstgrad stehenden sonstigen Offiziere und Beamte im Zweiten Weltkrieg. Berlin 1952.

Frank, Hans: Im Angesicht des Galgens. Deutung Hitlers und seiner Zeit auf Grund eigener Erlebnisse und Erkenntnisse. Geschrieben im Nürnberger Justizgefängnis. München-Gräfelfing 1953.

Frank, Walter: Franz Ritter von Epp. Der Weg eines deutschen Soldaten. Hamburg 1934.

Franz-Willing, Georg: Ursprung der Hitlerbewegung. 1919–1922. 2. Aufl. Pr. Oldendorf 1974.

Franzel, Emil: Geschichte des deutschen Volkes. München 1974.

Franzel, Emil: Sudetendeutsche Geschichte. München o. J.

Franzel, Emil: Die Vertreibung Sudetenland 1945/46. Nach Dokumenten des Bundesministeriums für Vertriebene, Flüchtlinge und Kriegsgeschädigte [...] Bad Nauheim 1967.

Fraschka, Günter: Mit Schwertern und Brillanten. Leben und Taten der 27 höchstdekorierten deutschen Soldaten des Zweiten Weltkriegs. 4. u. 7., gänzlich neu bearb. Aufl. Wiesbaden, München 1961–1977.

Frauenholz, Eugen von: Entwicklungsgeschichte des deutschen Heerwesens. Bd. 1–3. München 1935–1938.

Fredmann, Ernst: Sie kamen übers Meer. Die größte Rettungsaktion der Geschichte. Köln 1971. (= Schriftenreihe: Dokumente, Analysen, Kommentare. Bd. 2.)

Frieser, Karl Heinz: Krieg hinter Stacheldraht. Die deutschen Kriegsgefangenen in der Sowjetunion und das Nationalkomitee »Freies Deutschland«. Mainz 1981.

Frießner, Hans: Verratene Schlachten. Die Tragödie der deutschen Wehrmacht in Rumänien und Ungarn. Hamburg 1956.

Fritz, Friedrich: Der deutsche Einmarsch in Österreich 1938. 3. Aufl. Wien 1982. (= Militärhistorische Schriftenreihe. H. 8.)

Fröhlich, Sergej: General Wlassow. Russen und Deutsche zwischen Hitler und Stalin. Bearb. und hrsg. von Edel von Freier. Köln 1987.

Front am Polarkreis. Das Buch eines Lappland-Korps. Deutsche Soldaten im finnischen Urwald. Berlin 1943.

Das Führerhauptquartier 1939–1945. Zusammengestellt und hrsg. von Gerhard Buck. Starnberg o. J.

Fuller, James-Frederich Charles: Die entartete Kunst, Krieg zu führen. 1789–1961. Köln 1964.

Fuller, James-Frederich Charles: Der Zweite Weltkrieg 1939–1945. Eine Darstellung seiner Strategie und Taktik. Wien, Stuttgart 1950.

Gebirgsjägerregiment 98 im polnischen Feldzug. Sonderdruck für die Angehörigen und die Angehörigen der Gefallenen des Regimentes. Neuwied/Rhein 1939.

Die Gebirgstruppe. Sonderheft zum Gedenken an Rudolf Konrad. Hrsg. Kameradenkreis der Gebirgstruppe e. V. München 1964.

Die geheimen Tagesberichte der Deutschen Wehrmachtführung im Zweiten Weltkrieg 1939–1945. Hrsg. von Kurt Mehner. Bd. 1 ff. Osnabrück 1982 ff.

Gehlen, Reinhard: Der Dienst. Erinnerungen 1942–1971. Mainz, Wiesbaden 1971.

Der Generalquartiermeister. Briefe und Tagebuchaufzeichnungen des Generalquar-

tiermeisters des Heeres General der Artillerie Eduard Wagner. Hrsg. von Elisabeth Wagner. München, Wien 1963.
Geschichte der deutschen Länder. »Territorien-Ploetz«. Hrsg. von Georg Wilhelm Sante. Bd. 1–2. Würzburg 1964–1971.
Geschichte der Freikorps. 1918–1924. Nach amtlichen Quellen, Zeitberichten, Tagebüchern und persönlichen Mitteilungen hervorragender Freikorpsführer dargestellt von Edgar von Schmidt-Pauli. 2. Aufl. Stuttgart 1936.
Geschichte der Kriegskunst. Berlin 1973.
Die Geschichte der Württembergischen Gebirgsschützen. Bearb. von Theodor Sproesser unter Mitarbeit von Hans Autenrieth [u. a.] Stuttgart 1933. (= Die württembergischen Regimenter im Weltkrieg 1914–1918. Bd. 49.)
Geschichte des bayerischen Heeres. Hrsg. vom Bayerischen Kriegsarchiv, bearb. von K. Staudinger [u. a.] Bd. 1–8. München 1901–1931.
Geschichte des Grenz-Pionier-Bataillons 74, Heeres-Pionier-Bataillons 74, Heeres-Gebirgs-Pionier-Bataillons 74. Sachbearbeiter Klaus Weiter [u. a.] Hrsg. vom Kameradenkreis der 74er Pioniere unter Mitarbeit von Kurt Schroeder [u. a.] Dillingen, Saarlouis 1981.
Geschichte des Zweiten Weltkrieges. 2., erw. Aufl. Würzburg 1960.
Glaser, Kurt: Der Zweite Weltkrieg und die Kriegsschuldfrage. (Die Hoggan-Kontroverse). Würzburg 1965.
Glum, Friedrich: Der Nationalsozialismus. München 1962.
Goebbels, Joseph: Die Tagebücher. Sämtliche Fragmente. Hrsg. von Elke Fröhlich im Auftrag des Instituts für Zeitgeschichte und in Verbindung mit dem Bundesarchiv. Teil 1.: Aufzeichnungen 1924–1941. Bd. 1–4. München, New York, London, Paris 1987.
Goebbels, Joseph: Tagebücher 1924–1945. Hrsg. von Ralf Georg Reuth. Bd. 1–5. München, Zürich o. J.
Görlitz, Walter: Der deutsche Generalstab. Geschichte und Gestalt. 1657–1945. Frankfurt a. M. 1950.
Görlitz, Walter: Kleine Geschichte des deutschen Generalstabes. 2. Aufl. Berlin 1977.
Görlitz, Walter: Model. Der Feldmarschall und sein Endkampf an der Ruhr. 4. Aufl. München 1989.
Görlitz, Walter: Der Zweite Weltkrieg 1939–1945. Frankfurt a. M. 1957.
Gold, Ludwig: Die Tragödie von Verdun 1916. Teil 1: Die deutsche Offensivschlacht. Unter Mitarbeit von Martin Reymann. Oldenburg i. O., Berlin 1926. (= Schlachten des Weltkrieges. Bd. 13.)
Gordon, Harold J.: Hitlerputsch 1923. Machtkampf in Bayern 1923–1924. Frankfurt a. M., München 1971–1978.
Gordon, Harold J.: Die Reichswehr und die Weimarer Republik. 1919–1926. Frankfurt a. M. 1959.
Gosztony, Peter: Deutschlands Waffengefährten an der Ostfront 1941 bis 1945. Stuttgart 1981.
Grebing, Helga: Der Nationalsozialismus. Ursprung und Wesen. 9.–11. Aufl. München 1961.

Greiner, Helmuth: Die Oberste Wehrmachtführung 1939–1945. Wiesbaden 1951.

Gretschko A. A.: Die Streitkräfte des Sowjetstaates. Berlin 1975.

Gretschko A. A.: Über die Karpaten. Berlin 1972.

Grimm, Hans: Warum – Woher – Aber Wohin? Vor, unter und nach der geschichtlichen Erscheinung Hitler. 3. Aufl. Lippoldsberg 1954.

Gritschneder, Otto: Randbemerkungen. 3. Aufl. München 1984.

Der großdeutsche Freiheitskampf. Reden Adolf Hitlers vom 1. September 1939 bis 10. März 1940. 5. Aufl. München 1941. (= Reden des Führers. Bd. 1.)

Der großdeutsche Freiheitskampf. Reden Adolf Hitlers. Hrsg. von Philipp Bouhler. 2. Aufl. München 1942. (= Reden des Führers. Bd. 2.)

Der große deutsche Feldzug gegen Polen. Eine Chronik des Krieges in Wort und Bild. Hrsg. im Einvernehmen mit dem Reichsbildberichterstatter der NSDAP Heinrich Hoffmann. Geleitwort von Generaloberst von Reichenau. Bearb. von Ernst Wisshaupt. Wien 1939.

Der große Krieg in Einzeldarstellungen. Hrsg. im Auftrage des Generalstabes des Feldheeres. H. 1–38. Oldenburg i. Gr. 1918 ff.

Grube, Frank [und] Gerhard Richter: Flucht und Vertreibung. Deutschland zwischen 1944 und 1947. Hamburg 1980.

Guderian, Heinz: Erinnerungen eines Soldaten. 9. Aufl. Neckargemünd 1976.

Gundelach, Ulrich: Der nationale Wehrgedanke in der Weimarer Republik. Ein Beitrag zum Militarismusproblem in Deutschland zwischen 1918 und 1933. Bonn 1977.

Habsburg, Otto von: Operation Otto. Protokoll eines politischen Lebens. Wien 1987.

Härtle, Heinrich: Amerikas Krieg gegen Deutschland. Wilson gegen Wilhelm II. – Roosevelt gegen Hitler. Göttingen 1968.

Halder, Franz: Hitler als Feldherr. München 1949.

Halder, Franz: Kriegstagebuch. Tägliche Aufzeichnungen des Chefs des Generalstabes des Heeres 1939–1942. Hrsg. vom Arbeitskreis für Wehrforschung. Bearb. von Hans-Adolf Jacobsen in Verbindung mit Alfred Philippi. Bd. 1–2. Stuttgart 1962–1963.

Handbuch zur deutschen Militärgeschichte 1648–1939. Begründet von Hans Meier-Welcker. Hrsg. vom Militärgeschichtlichen Forschungsamt durch Friedrich Forstmeier, Wolfgang von Groote [u. a.] Bd. 1–6. München 1979–1981.

Hartmann, Christian: Halder. Generalstabschef Hitlers 1938–1942. Paderborn 1991.

Haupt, Werner: Das war Kurland. Die sechs Kurlandschlachten aus der Sicht der Divisionen. Friedberg/Hessen 1987.

Haupt, Werner: Heeresgruppe Mitte. 1941–1945. Dornheim 1968.

Haupt, Werner: Heeresgruppe Nord. 1941–1945. Bad Nauheim 1966.

Hausser, Paul: Waffen-SS im Einsatz. 7. Aufl. Pr. Oldendorf 1953.

Hebert, Günther: Das Alpenkorps. Aufbau, Organisation und Einsatz einer Gebirgstruppe im Ersten Weltkrieg. Boppard am Rhein 1988. (= Wehrwissenschaftliche Forschungen. Abteilung: Militärgeschichtliche Studien. Bd. 33.)

Hecht, Günther: General Wlassow. Millionen Russen vertrauten ihm. Limburg/ Lahn, Kreuzweingarten/Rhld. 1961.

Heeresadjutant bei Hitler. 1938–1943. Aufzeichnungen des Majors Engel. Hrsg. und kommentiert von Hildegard von Kotze. Stuttgart 1974. (= Schriftenreihe der Vierteljahreshefte für Zeitgeschichte. Nr. 29.)

Hein, Alfred: Eine Kompanie Soldaten in der Hölle von Verdun. Überarbeitet, gekürzt und neu herausgegeben von Annke-Margarethe Knauer und Alois M. Kosler. Wiesbaden, München 1978.

Henkels, Walter: Eismeerpatrouille. Als Kriegsflieger in der Arktis. Düsseldorf, Wien 1978.

Herbstschlacht in Macedonien. Cernabogen 1916. Unter Benutzung der amtlichen Quellen des Reichsarchivs [...] bearb. von Georg Strutz. Oldenburg i. O. 1921. (= Schlachten des Weltkrieges. Bd. 3.)

Hermann, Carl Hans: Deutsche Militärgeschichte. Eine Einführung. 2., durchgesehene Aufl. Frankfurt a. M. 1968.

Herzfeld, Hans: Die moderne Welt. 1789–1945. II. Teil: Weltmächte und Weltkriege. Die Geschichte unserer Epoche 1890–1945. 5. ergänzte Aufl. Braunschweig 1976. (= Geschichte der Neuzeit.)

Heß, Wilhelm: Eismeerfront 1941. Aufmarsch und Kämpfe des Gebirgskorps Norwegen in den Tundren vor Murmansk. Heidelberg 1956.

Heuer, Gerd F.: Die deutschen Generalfeldmarschälle und Großadmirale 1933–1945. Rastatt 1988 (= Dokumentationen zur Geschichte der Kriege. 1910–1945.)

Heusinger, Adolf: Befehl im Widerstreit. Schicksalsstunden der deutschen Armee. 1923–1945. Tübingen, Stuttgart 1950.

Heuss, Theodor: Erinnerungen 1905–1933. Frankfurt a. M., Hamburg 1965.

Heuss, Theodor: Hitlers Weg. Eine historisch-politische Studie über den Nationalsozialismus. 6. Aufl. Stuttgart, Berlin, Leipzig 1932.

Hildebrand, Klaus: Das Dritte Reich. 2. Aufl. München, Wien 1980. (= Oldenbourg Grundriß der Geschichte. Bd. 17.)

Hildebrand, Klaus: Vom Reich zum Weltreich. Hitler, NSDAP und koloniale Frage 1919–1945. München 1969. (= Veröffentlichungen des Historischen Instituts der Universität Mannheim. Bd. 1.)

Hillgruber, Andreas: Die Räumung der Krim 1944. Frankfurt a. M. o. J. (= Wehrwissenschaftliche Rundschau. Beiheft 9.)

Hillgruber, Andreas: Der Zweite Weltkrieg 1939–1945. Kriegsziele und Strategien der großen Mächte. 3. Aufl. Stuttgart 1983.

Hillgruber, Andreas und Gerhard Hümmelchen: Chronik des Zweiten Weltkrieges. Hrsg. vom Arbeitskreis für Wehrforschung. Frankfurt a. M. 1966.

Hindenburg, Paul von: Aus meinem Leben. Leipzig 1920.

Hinze, R.: Das Ostfront-Drama 1944. Rückzugskämpfe Heeresgruppe Mitte. Stuttgart 1987.

Hitler, Adolf: Mein Kampf. 317.–321. Tsd. Bd. 1–2. München 1938.

Hitler, Adolf: Monologe im Führerhauptquartier 1941–1944. Die Aufzeichnungen Heinrich Heims hrsg. von Werner Jochmann. Hamburg 1980.

Hitler, Adolf: Sämtliche Aufzeichnungen 1905–1924. Hrsg. von Eberhard Jäckel zusammen mit Axel Kuhn. Stuttgart 1980. (= Quellen und Darstellungen zur Zeitgeschichte. Bd. 21.)

Der Hitler-Putsch. Bayerische Dokumente zum 8./9. November 1923. Eingeleitet und hrsg. von Ernst Deuerlein. Stuttgart 1962. (= Quellen und Darstellungen zur Zeitgeschichte. Bd. 9.)

Hitlers Weisungen für die Kriegsführung 1939–1945. Dokumente des Oberkommandos der Wehrmacht. Hrsg. von Walther Hubatsch. Frankfurt a. M. 1962.

Höffkes, Karl: Hitlers politische Generale. Die Gauleiter des Dritten Reiches. Ein biographisches Nachschlagewerk. Tübingen 1986.

Höhne, Heinz: Der Orden unter dem Totenkopf. Die Geschichte der SS. Gütersloh 1967.

Hölter, Hermann: Armee in der Arktis. Die Operationen der deutschen Lappland-Armee. Bad Nauheim 1953.

Hofer, Walther: Die Diktatur Hitlers bis zum Beginn des Zweiten Weltkrieges. 1933–1939. 2., verbesserte Aufl. Sonderdruck aus: Brandt-Meyer-Just »Handbuch der deutschen Geschichte«. Bd. IV, Abschnitt 4. Konstanz 1964.

Hofer, Walther: Die Entfesselung des Zweiten Weltkrieges. Eine Studie über die internationalen Beziehungen im Sommer 1939. Mit Dokumenten. Neubearbeitete Ausgabe. Frankfurt/M., Hamburg 1960.

Hoffmann, Heinrich: Der große deutsche Feldzug gegen Polen. Eine Chronik des Krieges in Wort und Bild. Wien 1939.

Hoffmann, Joachim: Die Geschichte der Wlassow-Armee. Freiburg i. Br. 1985. (= Einzelschriften zur militärischen Geschichte des Zweiten Weltkrieges. Bd. 27.)

Hoffmann, Peter: Die Sicherheit des Diktators. Hitlers Leibwachen, Schutzmaßnahmen, Residenzen, Hauptquartiere. München, Zürich 1975.

Hofmann, Hans H.: Der Hitlerputsch. München 1961.

Hoggan, David L.: Das blinde Jahrhundert. 1. Teil: Amerika – das messianische Unheil. 2. Teil: Europa – die verlorene Weltmitte. Tübingen 1979–1984. (= Veröffentlichungen des Instituts für deutsche Nachkriegsgeschichte. Bd. 10–11.)

Hoggan, David L.: Der erzwungene Krieg. Die Ursachen und Urheber des Zweiten Weltkrieges. 11. Aufl. Tübingen o. J. (= Veröffentlichungen des Instituts für deutsche Nachkriegsgeschichte. Bd. 1.)

Hoggan, David L.: Der unnötige Krieg 1939–1945. 2., erweiterte Aufl. Tübingen 1974. (= Veröffentlichungen des Instituts für deutsche Nachkriegsgeschichte. Bd. 7.)

Holborn, Hajo: Deutsche Geschichte in der Neuzeit. Bd. 1–3. München, Wien 1971.

Horne, Alistair: Der Frankreich-Feldzug 1940. Wien, München 1976.

Hubatsch, Walther: Deutschland im Ersten Weltkrieg 1914–1918. Frankfurt a. M. 1966.

Hümmert, Ludwig: Bayern vom Königreich zur Diktatur. 1900–1933. Pfaffenhofen 1979.

»Ich stehe hier auf Befehl!« Lebensweg und Nachlaß des Generalfeldmarschalls Friedrich Paulus. Hrsg. von Walter Görlitz. Frankfurt a. M. 1960.

Irving, David: Führer und Reichskanzler. Adolf Hitler 1933–1945. München 1990.
Irving, David: Hitler und seine Feldherrn. Frankfurt/M., Berlin 1975.
Irving, David: Hitlers Krieg. Bd. 1–2. München, Berlin 1986f.
Irving, David: Hitlers Weg zum Krieg. München, Berlin 1979.
Irving, David: Rommel. Eine Biographie. Augsburg 1990.

Jacobsen, Hans-Adolf: Der Weg zur Teilung der Welt. Politik und Strategie 1939–1945. Koblenz, Bonn 1977.
Jacobsen, Hans-Adolf: Der Zweite Weltkrieg. Grundzüge der Politik und Strategie in Dokumenten. Frankfurt/M. 1965.
Jacobsen, Hans-Adolf: Der Zweite Weltkrieg in Chronik und Dokumenten 1939/1945. 6. Aufl. Darmstadt 1961.
Jodl, Luise. Jenseits des Endes. Der Weg des Generaloberst Alfred Jodl. Erw. und überarb. Neuaufl. München, Wien 1987.
John, Hartmut: Das Reserveoffizierskorps im Deutschen Kaiserreich 1890–1914. Ein sozialkritischer Beitrag zur Untersuchung der gesellschaftlichen Militarisierung im Wilhelminischen Deutschland. Frankfurt/M., New York 1981.
Jünger, Ernst: In Stahlgewittern. Aus dem Tagebuch eines Stoßtruppführers. 13. u. 26. Aufl. Berlin, Stuttgart 1931–1961.
Jünger, Ernst: Der Kampf als inneres Erlebnis. 5. Aufl. Berlin 1933.
Jünger, Ernst: Der Krieg als inneres Erlebnis. Auszüge aus seinen Schriften. Hrsg. von Richard Winter. Bielefeld, Leipzig 1941. (= Deutsche Lesebogen. Nr. 162.)

Kabisch, Ernst: Verdun. Wende des Krieges. Berlin 1935.
Kafka, Franz: Die Romane. Amerika – Der Prozeß – Das Schloß. Frankfurt/M. 1965.
Kaltenegger, Roland: Deutsche Gebirgsjäger im Zweiten Weltkrieg. Stuttgart 1977.
Kaltenegger, Roland: Die deutsche Gebirgstruppe 1935–1945. Überarbeitete und erweiterte Neuausgabe. München 1989.
Kaltenegger, Roland: Gebirgssoldaten unter dem Zeichen des »Enzian«. Schicksalsweg und Kampf der 4. Gebirgs-Division 1940–1945. Graz, Stuttgart 1983.
Kaltenegger, Roland: Generaloberst Dietl. Der Held von Narvik. Eine Biographie. München 1990.
Kaltenegger, Roland: Die Geschichte der deutschen Gebirgstruppe 1915 bis heute. Vom Deutschen Alpenkorps des Ersten Weltkrieges zur 1. Gebirgsdivision der Bundeswehr. Stuttgart 1980.
Kaltenegger, Roland: Kampf der Gebirgsjäger um die Westalpen und den Semmering. Die Kriegschroniken der 8. und 9. Gebirgs-Division (»Kampfgruppe Semmering«). Graz, Stuttgart 1987.
Kaltenegger, Roland: Operationszone »Adriatisches Küstenland«. Der Kampf um Triest, Istrien und Fiume 1944/45. Graz, Stuttgart 1993.
Kaltenegger, Roland: Schicksalsweg und Kampf der »Bergschuh«-Division. Die Kriegschronik der 7. Gebirgs-Division, vormals 99. leichte Infanterie-Division. Graz, Stuttgart 1985.

Kaltenegger, Roland: Die Stammdivision der deutschen Gebirgstruppe. Weg und Kampf der 1. Gebirgs-Division 1935–1945. Graz, Stuttgart 1981.

Kamerad Dietl. Ernstes und Heiteres um den Jäger-General. Aufgezeichnet von Andreas Weinberger. München 1942.

Der Kampf um Berlin 1945 in Augenzeugenberichten. Hrsg. von Peter Gosztony. Düsseldorf 1970.

Kampferlebnisse aus dem Polenfeldzug 1939. Hrsg. vom Generalstab des Heeres. Berlin 1940.

Keilig, Wolf: Das deutsche Heer 1939–1945. Gliederung, Einsatz, Stellenbesetzung. Bd. 1–3. Bad Nauheim 1956.

Keilig, Wolf: Die Generale des Heeres. Truppenoffiziere, Sanitätsoffiziere im Generalsrang. Waffenoffiziere im Generalsrang [. . .] Friedberg (Dornheim) 1983.

Kern, Erich [d. i. Erich Knud Kernmayr]: Generalfeldmarschall Ferdinand Schörner. Ein deutsches Soldatenschicksal. Pr. Oldendorf 1976.

Kern, Erich [d. i. Erich Knud Kernmayr]: Meineid gegen Deutschland. Eine Dokumentation über den politischen Betrug. 2. Aufl. Preußisch Oldendorf 1971.

Kesselring, Albert: Gedanken zum Zweiten Weltkrieg. Bonn 1955.

Kesselring, Albert: Soldat bis zum letzten Tag. Bonn 1953.

Kieser, Egbert: Danziger Bucht 1945. Dokumentation einer Katastrophe. 3. Aufl. Esslingen am Neckar 1979.

Kieser, Egbert: »Unternehmen Seelöwe«. Die geplante Invasion 1940. München 1987.

Kießling, Günter: Versäumter Widerspruch. Mainz 1993.

Killian, Hans: Wir stürmten durchs Friaul. Neckargemünd 1978.

Kissel, Hans: Vom Dnjepr zum Dnjestr. Rückzugskämpfe [. . .] 9. März bis 12. April 1944. Freiburg i. Br. 1970. (= Einzelschriften zur militärischen Geschichte des Zweiten Weltkrieges. Bd. 6.)

Klatt, Paul: Die 3. Gebirgs-Division. 1939–1945. Bad Nauheim 1958.

Kleist, Peter: Aufbruch und Sturz des 3. Reiches. Auch Du warst dabei. Göttingen 1968.

Kluge, Ulrich: Soldatenräte und Revolution. Studien zur Militärpolitik in Deutschland 1918/19. Göttingen 1975. (= Kritische Studien zur Geschichtswissenschaft. Bd. 14.)

Knabe, Konrad: Die schweigende Front. Dietls Kampf im hohen Norden 1940–1941. Leoni am Starnberger See 1979.

Knyphausen, Anton: Finnlands Freiheitskampf. Die Verteidigung Europas in den finnischen Wäldern. Hamburg 1942.

Kobe, Gerd: Pflicht und Gewissen. Smilo von Lüttwitz. Mainz o. J.

Koch, Hansjoachim W.: Der deutsche Bürgerkrieg. Eine Geschichte der deutschen und österreichischen Freikorps. 1918–1923. Berlin, Frankfurt/M., Wien 1978.

Das Königlich Bayerische Infanterie-Leib-Regiment. 1814 bis 1914. Auszüge aus der Geschichte des Regiments nach einer Bearbeitung von Oskar Illing. München 1914.

Königlich Bayerisches Infanterie-Leibregiment im Weltkrieg 1914/1918. München 1931.

Koller, Karl: Der letzte Monat. Die Tagebuchaufzeichnungen des ehemaligen Chefs des Generalstabes der deutschen Luftwaffe vom 14. April bis zum 27. Mai 1945. Mannheim 1949.

Konferenzen und Verträge. Vertrags-Ploetz. Ein Handbuch geschichtlich bedeutsamer Zusammenkünfte und Vereinbarungen. Teil II, Bd. 4A: Neueste Zeit 1914–1959. 2. erw. und veränderte Aufl. Bearb. von Helmuth K. G. Rönnefarth und Heinrich Euler. Würzburg 1959.

Konrad, Rudolf: Kampf um den Kaukasus. Bildteil von E. W. Rümmler. München o. J.

Konservative Wehrverbände in Bayern, Preußen und Österreich. 1918–1933. Mit einer Biographie von Georg Escherich 1870–1941 von Horst G. W. Nußer. München 1973. (= Reihe Moderne Geschichte. Bd. 1.)

Korabljow, J. I. / W. A. Anfilow / W. A. Mazulenko: Kurzer Abriß der Geschichte der Streitkräfte der UdSSR von 1917 bis 1972. Berlin 1976. (= Kleine Militärgeschichte / Abteilung Streitkräfte.)

Kräutler, Mathias und Karl Springenschmid: Es war ein Edelweiß. Schicksal und Weg der 2. Gebirgs-Division. Ein Gedenkbuch. 4. Aufl. Graz, Stuttgart 1962.

Krafft von Dellmensingen, Konrad: Der Durchbruch am Isonzo. Teil 1–2. Oldenburg i. O., Berlin 1926. (= Schlachten des Weltkrieges. Bd. 12a–b.)

Krafft von Dellmensingen, Konrad: Die Führung des Kronprinzen Rupprecht von Bayern auf dem linken deutschen Heeresflügel bis zur Schlacht in Lothringen im August 1914. Berlin 1925.

Kraus, Andreas: Geschichte Bayerns. Von den Anfängen bis zur Gegenwart. München 1983.

Krause, Gerhard: Die Schuld am deutschen Schicksal. Wahrheit als Waffe gegen Lüge und Verleumdung. Pr. Oldendorf 1973.

Krauß, Alfred: Die Ursachen unserer Niederlage. Erinnerungen und Urteile aus dem Weltkrieg. 2., durchgesehene Aufl. München 1921.

Krauß, Alfred: Das Wunder von Karfreit, im besonderen der Durchbruch bei Flitsch und die Bezwingung des Tagliamento. 2. Aufl. München 1937.

Kreppel, Hans: Gebirgsartillerie im Kampf. Geschichte des Gebirgs-Artillerie-Regiments 112. 1938–1945. Neugermering b. München 1960.

Kriegstagebuch des Oberkommandos der Wehrmacht (Wehrmachtführungsstab) 1940–1945. Geführt von Helmuth Greiner und Percy Ernst Schramm. Im Auftrag des Arbeitskreises für Wehrforschung hrsg. von Percy Ernst Schramm. Bd. 1–4. Frankfurt a. M. 1963–1969.

Kuby, Erich: Das Ende des Schreckens. Januar bis Mai 1945. Hamburg 1984.

Kuhl, Hermann von: Der Weltkrieg. 1914–1918. Bd. 1 ff. Berlin 1929 ff.

Kurowski, Franz: Endkampf um das Reich 1944–1945. Hitlers letzte Bastionen. Friedberg/H. 1987.

Landsberg. Ein dokumentarischer Bericht. Hrsg. von Information Services Division Office of the U. S. High Commissioner for Germany. München o. J.

Lang, Jochen von: Der Adjutant. Karl Wolff: Der Mann zwischen Hitler und Himmler. Unter Mitarbeit von Claus Sibyll. München, Berlin 1985.

Langes, Gunther: Die Front in Fels und Eis. Der Weltkrieg 1914–1918 im Hochgebirge. Mit einer Übersicht über den heutigen Zustand des ehemaligen Frontgebietes [...] Sechste, überarbeitete und ergänzte Aufl. Bozen 1977.

Lanz, Hubert: Die Württembergischen Gebirgs- und Sturmtruppen im Weltkrieg 1914–1918. Stuttgart 1929. (= Württembergs Heer im Weltkrieg. H. 17.)

Leeb, Wilhelm von: Tagebuchaufzeichnungen und Lagebeurteilungen aus zwei Weltkriegen. Aus dem Nachlaß hrsg. und mit einem Lebensabriß versehen von Georg Meyer. Stuttgart 1976. (= Beiträge zur Militär- und Kriegsgeschichte. Bd. 16.)

Die »Leiber« im Weltkrieg. Erinnerungen aus den Kämpfen des Bayer. Infanterie-Leib-Regiments seit Anfang des Krieges bis Sommer 1918. Geschrieben von Angehörigen des Regiments. München 1918.

Lewin, Ronald: Rommel. Stuttgart 1969.

Lichem, Heinz von: Der einsame Krieg. Erste Gesamtdokumentation des Gebirgskrieges 1915/18 von den Julischen Alpen bis zum Stilfser Joch. München 1974.

Liddell Hart, Basil Henry: Deutsche Generale des Zweiten Weltkrieges. Aussagen, Aufzeichnungen und Gespräche. München 1965.

Liddell Hart, Basil Henry: Geschichte des Zweiten Weltkrieges. Wiesbaden 1970.

Liddell Hart, Basil Henry: Jetzt dürfen sie reden. Hitlers Generale berichten. Stuttgart, Hamburg 1950.

Loßberg, Bernhard von: Im Wehrmachtführungsstab. Bericht eines Generalstabsoffiziers. 2. Aufl. Hamburg 1950.

Ludendorff, Erich: Auf dem Weg zur Feldherrnhalle. München 1937.

Ludendorff, Erich: Meine Kriegserinnerungen. 1914–1918. 5., durchgesehene Aufl. Berlin 1920.

Magenheimer, Heinz: Abwehrschlacht an der Weichsel 1945. Vorbereitung, Ablauf, Erfahrungen. Freiburg i. Br. 1976. (= Einzelschriften zur militärischen Geschichte des Zweiten Weltkrieges. Bd. 20.)

Maizière, Ulrich de: In der Pflicht. Lebensbericht eines deutschen Soldaten im 20. Jahrhundert. Herford, Bonn 1989.

Maizière, Ulrich de: Stationen eines Soldatenlebens. Hrsg. von Lothar Domröse. Herford, Bonn 1982.

Mann, Golo: Deutsche Geschichte des 19. und 20. Jahrhunderts. Frankfurt a. M. 1958.

Mannerheim, Carl Gustav von: Erinnerungen. Zürich, Freiburg i. Br. 1952.

Manstein, Erich von: Aus einem Soldatenleben. 1887–1939. Bonn 1958.

Manstein, Erich von: Verlorene Siege. Bonn 1955.

Manz, Bewaffnete Alpenheimat. Ein Buch vom Ersatzheer im Alpenraum. Im Auftrage des Stellvertretenden Generalkommandos XVIII A. K. hrsg. und zusammengestellt. Innsbruck o. J.

Marschbefehl: Mähren. Mit dem VIII. A. K. ins Protektorat. Hrsg. vom Generalkommando VIII. Armeekorps Breslau. Berlin 1939.

Maser, Werner: Adolf Hitler. Biographie. 7., vom Autor mit Bilddokumentation ergänzte Aufl. München, Berlin 1978.

Maser, Werner: Adolf Hitler. Das Ende der Führer-Legende. Düsseldorf, Wien 1980.
Maser, Werner: Adolf Hitler. Legende, Mythos, Wirklichkeit. 6., durch Eva Brauns Tagebuch erg. Aufl. München, Eßlingen 1974.
Maser, Werner: Adolf Hitler. Mein Kampf. Der Fahrplan eines Welteroberers. Geschichte, Auszüge, Kommentare. Eßlingen 1974.
Maser, Werner: Die Frühgeschichte der NSDAP. Hitlers Weg bis 1924. Frankfurt a. M., Bonn 1965.
Maser, Werner: Der Sturm auf die Republik. Frühgeschichte der NSDAP. Stuttgart 1973.
Mayer, Arno J.: Der Krieg als Kreuzzug. Das Deutsche Reich, Hitlers Wehrmacht und die »Endlösung«. Reinbek bei Hamburg 1989.
Meier-Welcker, Hans: Aufzeichnungen eines Generalstabsoffiziers. 1939–1942. Freiburg i. Br. 1982. (= Einschriften zur militärischen Geschichte des Zweiten Weltkrieges. Bd. 26.)
Meier-Welcker, Hans: Seeckt. Frankfurt a. M. 1967.
Meldungen aus dem Reich 1938–1945. Die geheimen Lageberichte des Sicherheitsdienstes der SS. Hrsg. von Heinz Boberach. Bd. 1–17. Herrsching 1984.
Merezkow, K. A.: Im Dienste des Volkes. Berlin 1972.
Messerschmidt, Manfred: Die Wehrmacht im NS-Staat. Zeit der Indoktrination. Hamburg 1969. (= Truppe und Verwaltung. Bd. 16.)
Minott, Rodney G.: The Fortress that never was. O. O. 1964.
Minott, Rodney G.: Top Secret. Hitlers Alpenfestung. Reinbek 1967.
Model, Hansgeorg und Dermot Bradley: Generalfeldmarschall Walter Model (1891–1945). Dokumentation eines Soldatenlebens. Osnabrück 1991.
Morozow, Michael: Die Falken des Kreml. Die sowjetische Militärmacht von 1917 bis heute. München, Wien 1982.
Moser, Franz: Plädoyer für Feldmarschall Ferdinand Schörner vor dem Schwurgericht München. 7. Oktober 1957. München 1957.
Mühleisen, Hans-Otto: Kreta 1941. Das Unternehmen »Merkur«. 20. Mai bis 1. Juni 1941. 2. Aufl. Freiburg i. Br. 1977. (= Einzelschriften zur militärischen Geschichte des Zweiten Weltkrieges. Bd. 3.)
Müller, Ernst: Aus Bayerns schwersten Tagen. Erinnerungen und Betrachtungen aus der Revolutionszeit. Neue Ausgabe. Berlin, Leipzig 1924.
Müller, Klaus-Jürgen: Armee, Politik und Gesellschaft in Deutschland 1933–1945. Studien zum Verhältnis von Armee und NS-System. 3., unveränderte Aufl. Paderborn 1981. (= Sammlung Schöningh zur Geschichte und Gegenwart.)
Müller, Klaus-Jürgen: Armee und Drittes Reich 1933–1939. Darstellung und Dokumentation unter Mitarbeit von Ernst Willi Hansen. Paderborn 1987. (= Sammlung Schöningh zur Geschichte und Gegenwart.)
Müller, Klaus-Jürgen: Das Heer und Hitler. Armee und nationalsozialistisches Regime 1933–1940. Stuttgart 1969. (= Beiträge zur Militär- und Kriegsgeschichte. Bd. 10.)
Müller-Hillebrand, Burkhart: Das Heer 1933–1945. Entwicklung des organisatorischen Aufbaues. Bd. 1–3. Frankfurt/M. 1954–1969.

Die Münchner Räterepublik. Zeugnisse und Kommentar. Hrsg. von Tankred Dorst. Mit einem Kommentar versehen von Helmut Neubauer. Frankfurt a.M. 1966. (= Edition Suhrkamp. Bd. 178.)

Murawski, Erich: Der deutsche Wehrmachtsbericht 1939–1945. Boppard/Rhein 1962.

Murawski, Erich: Die Eroberung Pommerns durch die Rote Armee. Boppard am Rhein 1969.

Der Nationalsozialismus. Dokumente 1935–1945. Hrsg. von Walther Hofer. 549.–568. Tsd. Frankfurt a.M., Hamburg 1971.

Nationalsozialistische Diktatur. 1933–1945. Eine Bilanz. Hrsg. Karl Dietrich Bracher, Manfred Funke [u.a.] Düsseldorf 1983 (= Bonner Schriften zur Politik und Zeitgeschichte. Bd. 21.)

Der nationalsozialistische Krieg. Hrsg. Norbert Frei, Hermann Kling unter Mitarbeit von Margit Brandt. Frankfurt/M., New York 1990.

Nehring, Walther K.: Die Geschichte der deutschen Panzerwaffe. 1916 bis 1945. Berlin 1969.

Die Niederwerfung der Räteherrschaft in Bayern 1919. Im Auftrage des Oberkommandos der Wehrmacht bearbeitet und hrsg. von der kriegsgeschichtlichen Forschungsanstalt des Heeres. Berlin 1939. (= Darstellungen aus den Nachkriegskämpfen deutscher Truppen und Freikorps. Bd. 4.)

Niepold, Gerd: Mittlere Ostfront Juni '44. Darstellung, Beurteilung, Lehren. Herford, Bonn 1985.

Nolte, Ernst: Der europäische Bürgerkrieg 1917–1945. Nationalsozialismus und Bolschewismus. 4. Aufl. Frankfurt/M., Berlin 1989.

Nolte, Ernst: Der Faschismus. Von Mussolini zu Hitler. Texte, Bilder und Dokumente. München 1968.

Noske, Gustav: Von Kiel bis Kapp. Zur Geschichte der deutschen Revolution. Berlin 1920.

Nuß, Karl: Militär und Wiederaufrüstung in der Weimarer Republik. Zur politischen Rolle und Entwicklung der Reichswehr. Berlin 1977. (= Schriften des militärgeschichtlichen Instituts der Deutschen Demokratischen Republik.)

Das Oberkommando der Wehrmacht gibt bekannt [...] Der deutsche Wehrmachtbericht. Vollständige Ausgabe der 1939–1945 durch Presse und Rundfunk veröffentlichten Texte [...] Bd. 1–3. Osnabrück 1982.

O'Donnell, James P., Uwe Bahnsen: Die Katakombe. Das Ende in der Reichskanzlei. Stuttgart 1975.

Oertzen, Friedrich Wilhelm von: Die deutschen Freikorps. 1918–1923. Mit einem Anhang: Das Sudetendeutsche Freikorps 1938 von Willi Körbel. 6. Aufl. München 1939.

Österreich-Ungarns letzter Krieg 1914–1918. Hrsg. vom österreichischen Bundesministerium für Heerwesen und vom Kriegsarchiv. Bd. 1–7. und Reg.-Bd. Wien 1930–1938.

Offiziere im Bild von Dokumenten aus drei Jahrhunderten. Hrsg. Hans Meier-

Welcker. Mitarbeiter Manfred Messerschmidt [u. a.] Stuttgart 1964. (= Beiträge zur Militär- und Kriegsgeschichte. Bd. 6.)

Olshausen, Klaus: Zwischenspiel auf dem Balkan. Die deutsche Politik gegenüber Jugoslawien und Griechenland von März bis Juli 1941. Stuttgart 1973. (= Beiträge zur Militär- und Kriegsgeschichte. Bd. 14.)

Operationsgebiet östliche Ostsee und der finnisch-baltische Raum 1944. Stuttgart 1961. (= Beiträge zur Militär- und Kriegsgeschichte. Bd. 2.)

Padfield, Peter: Dönitz. Des Teufels Admiral. Berlin, Frankfurt a. M., Wien 1984.

Papen, Franz von: Der Wahrheit eine Gasse. München 1952.

Paul, Wolfgang: Der Endkampf um Deutschland 1945. Esslingen am Neckar 1976.

Paul, Wolfgang: Das Potsdamer Infanterie-Regiment 9. 1918–1945. Preußische Tradition in Krieg und Frieden. Textband. 2. ergänzte und verbesserte Aufl. Osnabrück 1985.

Pemsel, Richard: Hitler. Revolutionär, Staatsmann, Verbrecher? Tübingen 1986. (= Veröffentlichungen des Instituts für deutsche Nachkriegsgeschichte. Bd. 14.)

Pfeuffer, Hans: Kameraden vom Edelweiß. Drei Jahre Kampf für Großdeutschland 1938 - 1939 - 1940. 2. Aufl. Gütersloh 1942.

Philippi, Alfred und Ferdinand Heim: Der Feldzug gegen Sowjetrußland. 1941 bis 1943. Ein operativer Überblick. Hrsg. vom Arbeitskreis für Wehrforschung. Stuttgart 1962.

Pichsberger, Franz: Deutsche Gebirgsjäger an der Eismeerfront. Berlin, Leipzig 1943.

Picker, Henry: Hitlers Tischgespräche im Führerhauptquartier. Vollständig überarbeitete und erweiterte Neuausgabe [...] 3. Aufl. Stuttgart 1976.

Picker, Henry [und] Heinrich Hoffmann: Hitlers Tischgespräche im Bild. Hrsg. von Jochen von Lang. München o. J.

Piekalkiewicz, Janusz: Krieg auf dem Balkan. 1940–1945. München 1984.

Piekalkiewicz, Janusz: Polenfeldzug. Hitler und Stalin zerschlagen die polnische Republik. Bergisch Gladbach o. J.

Piekalkiewicz, Janusz: Der Zweite Weltkrieg. Unter Mitarbeit von Heinz Höhne. Düsseldorf 1985.

Ploetz, Karl: Auszug aus der Geschichte. 25. Aufl. Bd. 1–2. Würzburg 1956.

Poliakov, Léon und Josef Wulf: Das Dritte Reich und seine Diener. Dokumente. Berlin-Grunewald 1956.

Preis, Kurt: München unterm Hakenkreuz. 1933–1945. München 1989.

Prentl, Sepp: Flak-Kampftruppe Prentl. Ein Erlebnisbericht. München 1978.

Preradovich, Nikolaus von: Großdeutschland 1938. Traum, Wirklichkeit, Tragödie. Starnberg 1987.

Preradovich, Nikolaus von: Die militärische und soziale Herkunft der Generalität des deutschen Heeres. 1. Mai 1944. Osnabrück 1978. (= Studien zur Militärgeschichte, Militärwissenschaft und Konfliktforschung. Bd. 14.)

Pust, Ingomar: Die steinerne Front. Auf den Spuren des Gebirgskrieges in den Julischen Alpen vom Isonzo zur Piave. Graz, Stuttgart 1980.

Rabenau, Friedrich von: Seeckt. Aus seinem Leben. 1918–1936. Unter Verwendung des schriftlichen Nachlasses im Auftrage von Dorothee von Seeckt. Leipzig 1940.

Ratenhof, Udo: Die Chinapolitik des Deutschen Reiches 1871 bis 1945. Wirtschaft – Rüstung – Militär. Boppard am Rhein 1987. (= Wehrwissenschaftliche Forschungen. Abteilung Militärgeschichtliche Studien. Bd. 34.)

Rauchensteiner, Manfried: Der Krieg in Österreich 1945. 2., neu bearbeitete und erweiterte Aufl. Wien 1984. (= Schriften des Heergeschichtlichen Museums in Wien. Bd. 5.)

Reich, Albert: Durch Siebenbürgen und Rumänien. Ein Gedenkwerk für rumänische Kriegsteilnehmer. München o. J.

Reich, Albert: Gegen Italien mit dem Deutschen Alpenkorps. München 1923.

Reich, Albert: Unser deutsches Alpenkorps in Tirol. Ein Erinnerungswerk. Diessen vor München o. J.

Reichenberger, E. J.: Fahrt durch besiegtes Land. Karlsruhe-Mühlberg 1950.

Reinfried, Hubert: Jubiläumszuwendung. Report über zwielichtige Jahre. Bayreuth 1979.

Remarque, Erich Maria: Im Westen nichts Neues. Roman. Gütersloh 1960.

Rendulic, Lothar: Aus dem Abgrund in die Gegenwart. Wolfburg o. J.

Rendulic, Lothar: Gefährliche Grenzen der Politik. Salzburg 1954.

Rendulic, Lothar: Soldat in stürzenden Reichen. München 1965.

Reuth, Ralf Georg: Goebbels. München, Zürich 1990.

Riefenstahl, Leni: Memoiren. München, Hamburg 1987.

Ringel, Julius: Hurra, die Gams! Ein Gedenkbuch für die Soldaten der 5. Gebirgsdivision. Bearb. von Fritz Weber. 8. Aufl. Graz, Stuttgart o. J.

Ritter, Gerhard: Staatskunst und Kriegshandwerk. Das Problem des »Militarismus« in Deutschland. Versch. Aufl. Bd. 1–4. München 1954–1973.

Die Ritter des Ordens pour le mérite. Auf Allerhöchsten Befehl Seiner Majestät des Kaisers und Königs bearb. im Königlichen Kriegsministerium durch Gustaf Lehmann. Bd. 1 ff. Berlin 1913 ff.

Rohkrämer, Thomas: Der Militarismus der »kleinen Leute«. Die Kriegervereine im Deutschen Kaiserreich 1871–1914. München 1990. (= Beiträge zur Militärgeschichte. Bd. 29.)

Rommel, Erwin: Infanterie greift an. Erlebnis und Erfahrung. 2. Aufl. Potsdam 1937.

Roosevelt, Franklin D.: Amerika und Deutschland. 1936–1945. Auszüge aus Reden und Dokumenten. Hrsg. im Auftrage der Regierung der Vereinigten Staaten. o. O. u. J.

Rüf, Hans: Gebirgsjäger vor Murmansk. Der Kampf des Gebirgskorps Norwegen an der Eismeerfront 1941/42. Innsbruck 1957.

Ruef, Karl: Gebirgsjäger zwischen Kreta und Murmansk. Die Schicksale der 6. Gebirgs-Division. 3. Aufl. Graz, Stuttgart o. J.

Ruef, Karl: Odyssee einer Gebirgsdivision. Die 3. Gebirgs-Division im Einsatz. Graz, Stuttgart 1976.

Ruef, Karl: Winterschlacht im Mai. Die Zerreißprobe des Gebirgskorps Norwegen (XIX. Geb. A. K.) vor Murmansk. Graz, Stuttgart 1984.

Rumschöttel, Hermann: Das bayerische Offizierskorps 1866–1914. Berlin 1973. (= Beiträge zu einer historischen Strukturanalyse Bayerns im Industriezeitalter. Bd. 9.)

Ruppert, A.: Front am Polarkreis. Das Buch eines Lappland-Korps. Berlin 1943.

Ruppert, A.: Waffenbruder Finnland. Leipzig, Berlin 1942.

Rupprecht von Bayern: Mein Kriegstagebuch. Hrsg. von Eugen von Frauenholz. Bd. 1–3. München 1929.

Salomon, Ernst von: Das Buch vom deutschen Freikorpskämpfer. Berlin 1938.

Salomon, Ernst von: Der Fragebogen. 11.–20. Tsd. Hamburg 1951.

Schäfer, E. Philipp: 13 Tage Weltgeschichte. Wie es zum Zweiten Weltkrieg kam. München 1966.

Schäufler, Hans: 1945 – Panzer an der Weichsel. Soldaten der letzten Stunde. Stuttgart o. J.

Schall-Riaucour, Heidemarie: Aufstand und Gehorsam. Offizierstum und Generalstab im Umbruch. Leben und Wirken von Generaloberst Franz Halder. Generalstabschef 1938–1942. Wiesbaden 1972.

Schausberger, Norbert: Der Griff nach Österreich. Das Jahr 1938. Wien, München 1978.

Schemfil, Viktor: Die Kämpfe am Kreuzberg, in Sexten. 1915–1917. Innsbruck 1957. (= Schlern-Schriften. Bd. 177.)

Schemfil, Viktor: Die Kämpfe im Drei Zinnen-Gebiet 1915–1917. Innsbruck 1955. (= Schlern-Schriften. Bd. 129.)

Scheurig, Bodo: Alfred Jodl. Gehorsam und Verhängnis. Biographie. Berlin, Frankfurt a. M. 1991.

Scheurig, Bodo: Freies Deutschland. Das Nationalkomitee und der Bund Deutscher Offiziere in der Sowjetunion 1943–45. Köln 1984.

Schickel, Alfred: 1938. Sudetendeutsches Schicksalsjahr. Vorgeschichte, Bestandsaufnahme, Folgen. Asendorf 1988.

Schittenhelm, Helmut: Wir zogen nach Friaul. Erlebnisse einer Kriegskameradschaft zwischen Isonzo und Piave. 16.–20. Tsd. Stuttgart [um] 1925.

Schlachten des Weltkrieges. In Einzeldarstellungen bearbeitet und hrsg. im Auftrage und unter Mitwirkung des Reichsarchivs. Bd. 1–36. Oldenburg i. O., Berlin 1923–1930.

Die Schlachten und Gefechte des Großen Krieges 1914–1918. Quellenwerk nach den amtlichen Bezeichnungen. Zusammengestellt vom Großen Generalstab. Berlin 1919.

Schlauch, Wolfgang: Rüstungshilfe der USA 1939–1945. Von der »wohlwollenden Neutralität« zum Leih- und Pachtgesetz und zur entscheidenden Hilfe für Großbritannien und die Sowjetunion. 2. Aufl. Koblenz 1985.

Schmidl, Erwin A.: März 38. Der deutsche Einmarsch in Österreich. Wien 1987.

Schmidt, Ernst-Heinrich: Heimatheer und Revolution. 1918. Die militärischen Gewalten im Heimatgebiet zwischen Oktoberreform und Novemberrevolution. Stuttgart 1981. (= Beiträge zur Militär- und Kriegsgeschichte. Bd. 23.)

Schmidt, Paul: Statist auf diplomatischer Bühne. 1923–45. Erlebnisse des Chefdolmetschers im Auswärtigen Amt mit den Staatsmännern Europas. 2. Aufl. Bonn 1950.

Schmidt-Pauli, Edgar von: Geschichte der Freikorps 1918–1924. Nach amtlichen Quellen, Zeitberichten, Tagebüchern und persönlichen Mitteilungen hervorragender Freikorpsführer dargestellt [. . .] 2. Aufl. Stuttgart 1936.

Schmundt, Rudolf: Tätigkeitsbericht des Chefs des Heerespersonalamtes General der Infanterie Rudolf Schmundt, fortgeführt von General der Infanterie Wilhelm Burgdorf. 1. 10. 1942 – 29. 10. 1944. Hrsg. von Dermot Bradley und Richard Schulze-Kossens. Osnabrück 1984.

Schön, Heinz: Ostsee '45. Menschen, Schiffe, Schicksale. Stuttgart 1983.

Schott, Franz Josef: Der Wehrmachtführungsstab im Führerhauptquartier. 1939–1945. Bonn 1980.

Schreiber, Franz: Kampf unter dem Nordlicht. Deutsch-finnische Waffenbruderschaft am Polarkreis. Die Geschichte der 6. SS-Gebirgs-Division Nord. Osnabrück 1969.

Schtemenko, Sergej Matwejewitsch: Im Generalstab. 3. Aufl. Berlin 1973.

Schüddekopf, Otto-Ernst: Der Erste Weltkrieg. Gütersloh 1977.

Schukow, Georgi K.: Erinnerungen und Gedanken. 5., überarbeitete und erweiterte Aufl. Bd. 1–2. Berlin, Stuttgart 1969–1976.

Schultz-Naumann, Joachim: Die letzten dreißig Tage. Das Kriegstagebuch des OKW April bis Mai 1945. Die Schlacht um Berlin. Dokumente. München 1980.

Schulze, Hagen: Freikorps und Republik. 1918–1920. Boppard am Rhein 1969. (= Wehrwissenschaftliche Forschungen. Abteilung: Militärgeschichtliche Studien. Bd. 8.)

Schuschnigg, Kurt von: Dreimal Österreich. Wien 1937.

Schuschnigg, Kurt: Ein Requiem in Rot-Weiß-Rot. Wien 1978.

Schuschnigg, Kurt: Im Kampf gegen Hitler. Die Überwindung der Anschlußidee. Wien, München, Zürich 1969.

Schwarte, Max: Der große Krieg 1914–1918. Bd. 1–5. Leipzig, Berlin 1921–1923.

Schwencke, Alexander: Die Tragödie von Verdun 1916. Teil 2: Das Ringen um Fort Vaux. Bearbeiter Martin Reymann. Oldenburg i. O., Berlin 1928. (= Schlachten des Weltkrieges, Bd. 14.)

Seaton, Albert: Der russisch-deutsche Krieg 1941–1945. Hrsg. von Andreas Hillgruber. Frankfurt a. M. 1973.

Seeckt, Hans von: Aus meinem Leben. 1866–1917. Unter Verwendung des schriftlichen Nachlasses im Auftrag von Dorothee von Seeckt, hrsg. von Friedrich von Rabenau. Leipzig, Berlin o. J.

Seemen, Gerhard von: Die Ritterkreuzträger. 1939–1945. Die Ritterkreuzträger sämtlicher Wehrmachtteile. Brillanten-, Schwerter- und Eichenlaubträger in der Reihenfolge der Verleihung. Anhang mit Verleihungsbestimmungen und weiteren Angaben. Friedberg 1976.

Seeßelberg, Friedrich. Der Stellungskrieg. 1914–1918. Auf Grund amtlicher Quellen und unter Mitwirkung namhafter Fachmänner technisch, taktisch und staatswissenschaftlich dargestellt. Berlin 1926.

Seidl, Ulf: Wehrraum Alpenland. Das Gelände des deutschen Alpenraumes und die

Geschichte seiner Kriege und Fehden. Im Auftrage des Generalkommandos XVIII. A. K. bearb. und zusammengestellt von Manz. Innsbruck 1943.
Seidler, Franz W.: Fritz Todt. Baumeister des Dritten Reiches. Frankfurt/M., Berlin 1988.
Seidler, Franz W.: Die Organisation Todt. Bauen für Staat und Wehrmacht 1938–1945. Hrsg. mit Unterstützung des Arbeitskreises für Wehrforschung. Koblenz 1987.
Sethe, Paul: Das machte Geschichte. Panoramen aus einem Jahrhundert. Frankfurt a. M. 1969.
Shirer, William Lawrence: Aufstieg und Fall des Dritten Reiches. Herrsching 1978.
Shirer, William Lawrence: Der Zusammenbruch Frankreichs. Aufstieg und Fall der Dritten Republik. München, Zürich 1970.
Siewert, Curt: Schuldig? Die Generale unter Hitler. Stellung und Einfluß der hohen militärischen Führer im nationalsozialistischen Staat. Das Maß ihrer Verantwortung und Schuld. Bad Nauheim 1968.
Smith, Arthur: Churchills deutsche Armee. Die Anfänge des Kalten Krieges. 1943–1947. Bergisch Gladbach 1978.
Smith, Arthur L.: Heimkehr aus dem Zweiten Weltkrieg. Die Entlassung der deutschen Kriegsgefangenen. Stuttgart 1985. (= Schriftenreihe der Vierteljahreshefte für Zeitgeschichte. Nr. 51.)
Snyder, Louis L.: So sahen sie den Krieg. Augenzeugen aus sieben Nationen berichten über den Zweiten Weltkrieg. München 1969.
Solschenizyn, Alexander: Der Archipel GULAG. Bern 1974.
Speer, Albert: Erinnerungen. 6. Aufl. Frankfurt/M., Berlin 1970.
Speer, Albert: Der Sklavenstaat. Meine Auseinandersetzungen mit der SS. Berlin 1981.
Speer, Albert: Spandauer Tagebücher. 3. Aufl. Frankfurt/M., Berlin 1975.
Speidel, Hans: Aus unserer Zeit. Berlin, Frankfurt/M., Wien 1977.
Spengler, Oswald: Briefe. 1913–1936. In Zusammenarbeit mit Manfred Schröter hrsg. von Anton M. Koktanek. München 1963.
Spengler, Oswald: Der Untergang des Abendlandes. Umrisse einer Morphologie der Weltgeschichte. Sonderausgabe in einem Bd. München 1963.
Spitzy, Reinhard: So haben wir das Reich verspielt. Bekenntnisse eines Illegalen. 2. verb. Aufl. München 1987.
Stahlberg, Alexander: Die verdammte Pflicht. Erinnerungen 1932 bis 1945. Berlin, Frankfurt/M. 1987.
Stalin, Josef: Über den Großen Vaterländischen Krieg der Sowjetunion. Berlin 1952.
Steenberg, Sven: General Wlassow. Der Führer der russischen Befreiungsarmee – Verräter oder Patriot. Rastatt 1986.
Stegemann, Hermann: Geschichte eines Krieges. Bd. 1–4. Stuttgart, Berlin 1917–1921.
Der Stoß in Frankreichs Herz. Der Feldzug einer Gebirgs-Division in Frankreich. Hrsg. im Auftrag des Gen. Kdo. VII. AK. von Egid Gehring. München 1941.
Streit, Christian: Keine Kameraden. Die Wehrmacht und die sowjetischen Kriegsgefangenen 1941–1945. Stuttgart 1978. (= Studien zur Zeitgeschichte. Bd. 13.)

Strik-Strikfeld, Wilfried: Gegen Stalin und Hitler. General Wlassow und die russische Freiheitsbewegung. Mainz o. J.

Stuhlpfarrer, Karl: Die Operationszonen »Alpenvorland« und »Adriatisches Küstenland« 1943–1945. Wien 1969. (= Publikationen des österreichischen Instituts für Zeitgeschichte und des Instituts für Zeitgeschichte der Universität Wien. 7.)

Stumpf, Reinhard: Die Wehrmacht-Elite. Rang- und Herkunftsstruktur der deutschen Generale und Admirale 1933–1945. Boppard am Rhein 1982. (= Militärgeschichtliche Studien. Bd. 29.)

Der Sudetenland-Anschluß 1938. Zeitgeschichte im Bild. Hrsg. von Reinhard Pozorny. Leoni am Starnberger See o. J.

Suworow, Viktor [= Pseud.]: Der Eisbrecher. Hitler in Stalins Kalkül. 5. Aufl. Stuttgart 1990.

Telpuchowski, Boris Semjonowitsch: Die sowjetische Geschichte des Großen Vaterländischen Krieges. 1941–1945. Im Auftrag des Arbeitskreises für Wehrforschung hrsg. [. . .] von Andreas Hillgruber u. Hans-Adolf Jacobsen. Frankfurt/M. 1961.

Tessin, Georg: Deutsche Verbände und Truppen 1918–1939. Osnabrück 1974.

Tessin, Georg: Formationsgeschichte der Wehrmacht 1933–1939. Stäbe und Truppenteile des Heeres und der Luftwaffe. Boppard am Rhein 1959. (= Schriften des Bundesarchivs. Bd. 7.)

Tessin, Georg: Verbände und Truppen der deutschen Wehrmacht und Waffen-SS im Zweiten Weltkrieg 1939–1945. Bd. 1–13. Frankfurt/M., Osnabrück 1966–1977.

Thorwald, Jürgen: Das Ende an der Elbe. 36.–41. Tsd. München, Zürich 1972.

Thorwald, Jürgen: Die große Flucht. München, Zürich 1981.

Thorwald, Jürgen: Die Illusion. Rotarmisten in Hitlers Heeren. Zürich 1974.

Tieke, Wilhelm: Das Ende zwischen Oder und Elbe. Der Kampf um Berlin 1945. Stuttgart 1992.

Tippelskirch, Kurt von: Geschichte des Zweiten Weltkriegs. Bonn 1969.

Tissier, Tony Le: Der Kampf um Berlin 1945. Von den Seelower Höhen zur Reichskanzlei. 3. Aufl. Frankfurt/Main, Berlin 1993.

Toland, John: Adolf Hitler. Bergisch Gladbach 1977.

Tolstoy, Nikolai: Die Verratenen von Jalta. Die Schuld der Alliierten vor der Geschichte. München 1981.

Die Tragödie von Verdun 1916. 1.–4. Teil. Bearb. Ludwig Gold [u. a.] Oldenburg i. O., Berlin 1926–1929. (= Schlachten des Weltkrieges. Bd. 13–15.)

Tschiang Wei-kuo, Wego: Der chinesisch-japanische Krieg 1937–1945. Wie mein Vater Tschiang Kaischek die Japaner besiegte. Osnabrück 1986. (= Quellenstudien zur politischen Geschichte. Bd. 2.)

Tschuikow, W. I.: Gardisten auf dem Weg nach Berlin. Berlin 1976.

Unser Kampf in Polen. Die Vorgeschichte – Strategische Einführung – Politische und kriegerische Dokumente. 5. Aufl. München 1940

»Unternehmen Barbarossa«. Der deutsche Überfall auf die Sowjetunion 1941. Berichte, Analysen, Dokumente. Hrsg. Gerd R. Ueberschär, Wolfram Wette. Paderborn 1984. (= Sammlung Schöningh zur Geschichte und Gegenwart.)

Untersuchungen zur Geschichte des Offizierkorps. Anciennität und Beförderung nach Leistung. Stuttgart 1962. (= Beiträge zur Militär- und Kriegsgeschichte. Bd. 4.)

Venner, Dominique: Söldner ohne Sold. Die deutschen Freikorps 1918–1923. Kiel 1984.

Vogelsang, Thilo: Reichswehr, Staat und NSDAP. Beiträge zur deutschen Geschichte 1930–1932. Stuttgart 1962. (= Quellen und Darstellungen zur Zeitgeschichte. Bd. 11.)

Vom Isonzo zum Balkan. Hrsg. von Alois Veltze unter Mitwirkung von Paul Stefan [u. a.] München 1917.

Von Serbien bis Kreta. Erinnerungen vom Feldzug einer Armee im großen deutschen Freiheitskrieg. Hrsg. von einer Propagandakompanie. Athen 1941.

Wagener, Carl: Heeresgruppe Süd. Der Kampf im Süden der Ostfront 1941–1945. Bad Nauheim, Dornheim o. J.

Wagner, Anton: Der Erste Weltkrieg. Ein Blick zurück. 2., überarbeitete und ergänzte Aufl. Wien 1981. (= Truppendienst-Taschenbücher. Bd. 7.)

Wahl, Karl: »...es ist das deutsche Herz«. Erlebnisse und Erkenntnisse eines ehemaligen Gauleiters. Augsburg 1954.

Warlimont, Walter: Im Hauptquartier der deutschen Wehrmacht 1939 bis 1945. Grundlagen, Formen, Gestalten. Bd. 1–2. Augsburg 1990.

Warner, Oliver: Marshal Mannerheim and the Finns. London 1967.

Weber, Fritz: Alpenkrieg. Klagenfurt, Wien 1934.

Weber, Fritz: Isonzo. 1915–1917. Bd. 1–3. Klagenfurt, Wien 1928–1933.

Weber, Fritz: Menschenmauer am Isonzo. Leipzig, Wien, Berlin 1932.

Weber, Fritz: Sturm an der Piave. Leipzig, Wien, Berlin o. J.

Die Wehrmacht im Kampf. Einzeldarstellungen zum Zweiten Weltkrieg. Hrsg. von Hermann Teske. Bd. 1ff. Heidelberg 1954ff.

Die Wehrmachtberichte 1939–1945. Bd. 1–3. München 1985.

Wehrraum Alpenland. Das Gelände des deutschen Alpenraumes und die Geschichte seiner Kriege und Fehden. Im Auftrage des Generalkommandos XVIII. A. K. bearbeitet und zusammengestellt von Ulf Seidl. Innsbruck 1943.

Weibel-Altmeyer, Heinz: Hitlers Alpenfestung. Ein Dokumentarbericht. Wien, München 1966.

Weinberger, Andreas: Das gelbe Edelweiß. Wege und Werden einer Gebirgsdivision. Beraten und bebildert von Georg Gartmayer [u. a.] München 1943.

Weindel, Heinrich: Geschichte der 14. Kompanie/Gebirgsjäger-Regiment 138. 1938–1945. Mannheim 1980.

Weizsäcker, Ernst von: Erinnerungen. Hrsg. von Richard von Weizsäcker. 11.–15. Tsd. München, Leipzig, Freiburg i. Br. 1950.

Wells, Herbert George: Die Geschichte unserer Welt. Erweiterte Neuausgabe. Frankfurt a. M., Hamburg 1959.

Der Weltkrieg. Illustrierte Kriegs-Chronik des Daheim. Bd. 3. Bielefeld, Leipzig 1915.

Der Weltkrieg. 1914 bis 1918. Im Auftrage des Oberkommandos des Heeres bearb. und hrsg. von der kriegsgeschichtlichen Forschungsanstalt des Heeres. Bd. 13: Die Kriegsführung im Sommer und Herbst 1917. Berlin 1942.

Der Weltkrieg 1914 bis 1918. Die militärischen Operationen zu Lande. Bearb. im Reichsarchiv [ab. Bd. 10 im Auftrage des Kriegsministeriums bearb. und hrsg. von der Forschungsanstalt für Kriegs- und Heeresgeschichte]. Bd. 1–14. Berlin 1925–1944.

Weltkrieg 1939–1945. Ehrenbuch der Deutschen Wehrmacht. Stuttgart 1954.

Weltkriegsende an der mazedonischen Front. Bearb. des militärischen Teils Dieterich. Oldenburg i. O., Berlin 1925. (= Schlachten des Weltkrieges. Bd. 11.)

Wendt, Hermann: Verdun 1916. Die Angriffe Falkenhayns im Maasgebiet mit Richtung auf Verdun als strategisches Problem. Berlin 1931.

Werth, German: Verdun. Die Schlacht und der Mythos. Augsburg 1990.

Westphal, Siegfried: Der Deutsche Generalstab auf der Anklagebank. Nürnberg 1945–1948 mit einer Denkschrift von Walther von Brauchitsch [u. a.] Mainz 1978.

Westphal, Siegfried: Erinnerungen. Mainz 1975.

Westphal, Siegfried: Heer in Fesseln. Aus den Papieren des Stabschefs von Rommel, Kesselring und Rundstedt. Bonn 1950.

Wette, Wolfram: Gustav Noske. Eine politische Biographie. Hrsg. vom Militärgeschichtlichen Forschungsamt. Düsseldorf 1987.

Wheatley, Ronald: »Operation Seelöwe«. Minden 1958.

Wiesbauer, Toni: In Eis und Tundra. Drei Jahre an der Lapplandfront. 4. Aufl. Berg am See 1983.

Wilmot, Chester: Der Kampf um Europa. Frankfurt a. M., Berlin 1954.

Wiltschegg, Walter: Österreich – Der »Zweite deutsche Staat«? Der nationale Gedanke in der Ersten Republik. Graz, Stuttgart 1992.

Wir zogen gegen Polen. Kriegserinnerungswerk des VII. Armeekorps. Hrsg. vom Generalkommando VII. A. K. 2. Aufl. München 1940.

Württembergs Heer im Weltkrieg. Einzeldarstellungen der Geschichte der württembergischen Heeresverbände. Hrsg. unter Leitung der Württembergischen Landeskommandanten. Stuttgart 1921–1939.

Young, Desmond: Rommel. Wiesbaden 1950.

Young, Desmond: Rommel. 3. Aufl. London, Glasgow 1956.

Zayas, Alfred M. de: Die Anglo-Amerikaner und die Vertreibung der Deutschen. Vorgeschichte, Verlauf, Folgen. München 1979.

Zayas, Alfred M. de: Die Wehrmacht-Untersuchungsstelle. Deutsche Ermittlungen über alliierte Völkerrechtsverletzungen im Zweiten Weltkrieg. Unter Mitarbeit von Walter Rabus. 3. ergänzte und durch Bilder erweiterte Aufl. München 1980.

Zentner, Christian: Illustrierte Geschichte des Ersten Weltkriegs. München 1980.

Zentner, Kurt: Illustrierte Geschichte des Widerstandes in Deutschland und Europa. 1933–1945. München 1966.

Zentner, Kurt: Illustrierte Geschichte des Zweiten Weltkrieges. 8. Aufl. München 1973.

Ziesel, Kurt: Der deutsche Rufmord. Diktatur der Meinungsmacher. 3. Aufl. Recklinghausen 1965.

Zimmermann, Werner: Bayern und das Reich. München 1953.

Zoratto, Bruno: Die Brüder Chiang. Männer, die das freie China in die Zukunft führten. Köln 1988.

Zorn, Wolfgang: Bayerns Geschichte im 20. Jahrhundert. Von der Monarchie zum Bundesland. München 1986.

Zuckmayer, Carl: Als wär's ein Stück von mir. Horen der Freundschaft. 234. bis 253. Tsd. Frankfurt a. M. 1968.

Zweig, Stefan: Die Welt von Gestern. Erinnerungen eines Europäers. Frankfurt a. M., Hamburg 1970.

Der Zweite Weltkrieg. Analysen, Grundzüge, Forschungsbilanz. Im Auftrag des Militärgeschichtlichen Forschungsamtes hrsg. von Wolfgang Michalka. München, Zürich 1989.

Der Zweite Weltkrieg. Bilder, Daten, Dokumente. Gütersloh 1968.

Der Zweite Weltkrieg in Bildern und Dokumenten. Hrsg. von Hans-Adolf Jacobsen und Hans Dollinger. Bd. 1–3. Wiesbaden 1963.

2. Archivalien

Bayerisches Hauptstaatsarchiv:
- Protokolle zum Hitlerputsch (MA 103472–103476).
- Akten und Protokolle zum Hitlerputsch (MA 104221–104224).
- Akten des Bayerischen Innenministeriums zum Hitlerputsch (MInn 66260, 73694, 73771–73772).

Bayerisches Hauptstaatsarchiv / Kriegsarchiv:
- Akten des Staatsministeriums des Äußeren, Adelsnachweisungen, Abteilung III (1893–1920) fasc. IV. Ältere Registratur.
- Kriegstagebücher des Alpenkorps, Bund 1–174.
- Alpenkorps II a Nr. 51 vom 15. 10. 1916, Nr. 11103 vom 22. 6. 1917, Nr. 129 vom 13. 7. 1917 (KA Alpenkorps, Bund 98).
- Alpenkorps I a Nr. 1143 vom 6. 12. 1916 (KA Alpenkorps, Bund 54).
- Kriegsstammrollen 1. Bayer. Infanterie-Leib-Regiment (355–357, 359, 360).
- Offiziers-Personalakte Konrad Krafft von Dellmensingen (OP 11.823).
- Offiziers-Personalakte Eduard Dietl (OP 61.453).
- Offiziers-Personalakte Franz Ritter von Epp (OP 271).
- Offiziers-Personalakte Ferdinand Schörner (OP 13.359).

Bundesarchiv Koblenz:
- Akten betr. Reichswehr (R 43 I/686).
- Akten betr. Volkswehr und Wehrpflicht (R 43 I/682–683).
- Nachlaß Franz Ritter von Epp (Zg I 128/58).

Bundesarchiv / Militärarchiv Freiburg i. Br.:

Hier werden u. a. die Kriegstagebücher (KTB) der Divisionen, Armeekorps und Armeen verwahrt – und zwar:

- KTB 1. Gebirgs-Division (RH 28-1/1-2).
- KTB 2. Gebirgs-Division (RH 28-2/1-112).
- KTB 3. Gebirgs-Division (RH 28-3/1-18).
- KTB 4. Gebirgs-Division (RH 28-4/26-104).
- KTB 5. Gebirgs-Division (RH 28-5/1-6).
- KTB 6. Gebirgs-Division (RH 28-6/1-76).
- KTB Generalkommando XIX. Gebirgs-Armeekorps (RH 24-19/1-299).
- KTB Armeeoberkommando 20 (RH 20-20/1-327).
- Armeeoberkommando 12, Ia, Nr. 938/41 vom 27. 4. 1941.
- KTB Dr. Carl Schulze (N 520/1-11).

Bundesarchiv / Zentralnachweisstelle Aachen:
- Archivalie Ferdinand Schörner.
- Personal-Nachweis Ferdinand Schörner.

Document Center Berlin:
- Archivalien Generaloberst Eduard Dietl.
- Archivalien General der Gebirgstruppe Georg Ritter von Hengl.
- Archivalien General der Gebirgstruppe Karl von Le Suire.
- Archivalien Generalfeldmarschall Ferdinand Schörner.
- Bericht über die Räumung der Dienststelle Posen.

Institut für Zeitgeschichte:
- Mündliche und schriftliche Auskünfte über Dietl und Schörner.
- Falkenhorst, Nikolaus von: Charakteristik einiger Offiziere.

Staatsarchiv München und Oberbayern:
- Berichte und Vernehmungen zum 8. und 9. November 1923 sowie zum Hitler-Prozeß (Pol-Dir 6709–6719).
- Mündliche Auskunftserteilung Dr. Braun.

Stadtarchiv München:
- Mündliche Auskunftserteilung Generaloberst Dietl.
- Mündliche Auskunftserteilung Generalfeldmarschall Schörner.

3. Militär- und Gebirgstruppen-Archiv Kaltenegger

Alpenfestung: Besprechungsnotizen, Befragungen, Aktenvermerke, An- und Rückfragen des GFM Schörner. [i. Ms.]

Arbeitsgemeinschaft der Luftwaffenverbände: Generaloberst-Student-Brief vom 5. 4. 1960 an den Bayerischen Justizminister.

Aschenauer, Rudolf: Briefwechsel mit Carl Schulze über dessen aufschlußreichen Bericht über die Versammlung des Kameradenkreises der ehem. Gebirgstruppe vom 4. 10. 1959.

Bataillons-Geschichte des II. Gebirgs-Jäger-Ersatz-Bataillons 98 Garmisch. [i. Ms.] Mit Fotoalbum.

Bayer. Staatsministerium der Justiz: Schreiben vom 25. 7. 1960 betr. Begnadigung des Ferdinand Schörner.

Bayerischer Kameradschaftsbund im Kyffhäuserbund e. V.: General-Philipp-Brief vom 3. 7. 1957 an GFM Schörner.

Bernklau, Wolfgang: Aufzeichnngen über das Edelweißabzeichen und die Generale Dietl, Kübler und Lanz. [i. Ms.]

Bernklau, Wolfgang: Bevorratung der »Alpenfestung« mit Verpflegung. [i. Ms.]

Bernklau, Wolfgang: Erlebtes Kriegsgeschehen 1941/45. [i. Ms.]

Bernklau, Wolfgang: Wego Chiang. [i. Ms.]

Braubach, Peter: Bericht über seine Teilnahme an der Jahresversammlung des Kameradenkreises der Gebirgstruppe am 20. 11. 1960 im Kasino der Bayer. Bereitschaftspolizei München. [i. Ms.]

Briefwechsel aus der Nachkriegszeit zwischen den Generalen August Wittmann, Hans Frießner, Julius Ringel, Kurt Student, Kurt Versock, Max Winkler, Walter Weiß, Hans Degen, Georg Ritter von Hengl, Paul Klatt, Hans Kreysing, Christian Philipp, Ernst Schlemmer, Paul Schricker, Franz Halder, Rudolf Konrad, Anton Leeb, Max-Joseph Pemsel, Hubert Lanz sowie dem Generalfeldmarschall Wilhelm List u. a.

Brücker, Generallt. a. D.: Persönliche Bemerkungen zur Broschüre Dr. Aschenauer, »Der Fall Schörner«. [i. Ms.]

Buchner, Hans: Aufzeichnungen über GFM Schörner und die Alpenfestung. [i. Ms.]

Bundesdisziplinarkammer IV, München: Beschluß in dem Disziplinarverfahren gegen den GFM Ferdinand Schörner vom 23. 4. 1959.

Daleiden, Gerhard: Erlebnisse im II. Weltkrieg. Teil II Dezember 1944 bis August 1945. Fayence 1984. [i. Ms.]

Dall'Armi, Willy von: An den Kameradenkreis der ehem. Gebirgstruppe vom 29. 3. 1958.

Daurer, Hans: Aktenvermerke über General Kübler. [i. Ms.]

Gebirgs-Jäger-Ersatz-Bataillon I und II/98: Ausbildungsrichtlinien und Befehle des Kommandeurs. Mittenwald 1940.

Gefechtsbericht der II. Abteilung Geb. Art. Regt. 79 zum Feldzug im Westen vom 9. 5.–4. 7. 40 [i. Ms.] Mit Fotoalbum.

Generalstaatsanwalt, München: Ermittlungsverfahren gegen Ferdinand Schörner wegen Verdachts nationalsozialistischer Gewalttaten vom 23. 5. und 6. 8. 1955.

Graupner, Werner: »Unser Ferdl«. [i. Ms.]

Hengl, Georg Ritter von: Aufzeichnungen und Briefwechsel.

Hüttenbuch der Alpe Höllritzen. 10. Geb. Jäg. Komp. I. R. 19. [Kopie]

Kaltenegger, Roland: Biographische Aufzeichnungen GFM Wilhelm Ritter von Leeb. [i. Ms.]

Kaltenegger, Roland: Geschichte und Einsatz der deutschen Gebirgstruppe 1915–1945. Vortrag gehalten am 4. November 1987 anläßlich einer Brigadeplanübung vor den Führern und Unterführern der Gebirgsjägerbrigade 23 in Bad Reichenhall. [i. Ms.]

Kaltenegger, Roland: Offener Brief an den Kameradenkreis der Gebirgstruppe München wegen Diffamierung des GFM Schörner in dem Mitteilungsblatt »Die Gebirgstruppe«. [Verteiler: 200 Exemplare].

Kaltenegger, Roland: VdK-Präsident Karl Weishäupl. Ein Leben für die große Gemeinschaft des VdK. Offizielle, vom VdK-Präsidenten in Auftrag gegebene Biographie. [i. Ms.]

Kaltenegger, Roland: 75 Jahre deutsche Gebirgstruppe. 1915 bis heute. Vortrag gehalten am 10. April 1990 vor der Gesellschaft für Wehrkunde / Sektion München – Starnberg. [i. Ms.]

Kaltenegger, Roland: 75 Jahre deutsche Gebirgstruppe. Großtreffen der Wehrmacht, Waffen-SS und Bundeswehr in Mittenwald. In: Die Kameradschaft. 37. Jg. Juni 1990. Nr. 6, S. 4–5.

Kameradschaft vom Edelweiß / Bundesverband Österreich: Protokoll über die Bundesverbandstagung am 20. und 21. 9. 1958. [i. Ms.]

Kameradschaft vom Edelweiß / Bundesverband Österreich: Brief vom 29. 7. 1958 an Bundeskanzler Adenauer bezüglich GFM Schörner und Antwortschreiben vom 19. 8. 1958.

Konrad, Rudolf: Briefwechsel des Generals der Gebirgstruppe aus den 60er Jahren mit Carl Schulze.

Konrad, Rudolf: Zur Frage Schörner. 18. 11. 1960. [i. Ms.]

Koren, Otto: Diverse Briefwechsel und Aufzeichnungen über und mit GFM Schörner aus den 50er und 60er Jahren.

Korte, Hans: Briefwechsel des Generalmajors aus den 50er Jahren mit Carl Schulze.

Korte, Hans: Zum »Fall Schörner«. [i. Ms.]

Koschniza – eine Warnung: Sonderbefehl des Oberbefehlshabers der Heeresgruppe Südukraine Nr. 10/44 geh. vom 29. 5. 1944 sowie Anklageverfügung des LII. A. K., der 4. Gebirgs-Division und weitere brisante Dokumente.

Kriegstagebuch des XXXXIX. Gebirgs-Armeekorps vom 18. 4. bis 15. 8. 1941. Teil I und II mit Lagekarten. [i. Ms.]

Langenfaß, Walter: Gefechtsbericht Gebirgsjägerregiment 137. Der Kampf im Nordraum vom 27. 4.–14. 5. 1942. [i. Ms.]

Pfeiffer, Franz: Aktenvermerke über die Alpenfestung, den Fall von Koschniza und den Balkan. [i. Ms.]

Pössinger, Michael: Lebenslauf. [i. Ms.]

Raithel, Hellmuth: Protestschreiben an General Konrad vom 18. 6. 1957.

Reind, Hellmuth: Persönliche Aufzeichnungen aus dem Zweiten Weltkrieg. [i. Ms.]

Richter, Alfred: Kriegstagebuch. [i. Ms.] Mit Fotoalben.

Ring Deutscher Soldatenverbände: General-Westphal-Brief vom 25. 3. 1960 an den Justizminister des Landes Bayern.

Ringel, Julius: Bericht Kreta 1941. [i. Ms.]

Rohr, Hans: Tagebuch eines Gebirgsjägers im Zweiten Weltkrieg. Vom 28. August 1939 – 2. Oktober 1945. [i. Ms.]

Schlegl, Franz: 10 Jahre Standortverwaltung Mittenwald. 5. Mai 1956 - 5. Mai 1966. Mittenwald 1966. [i. Ms.]

Schörner, Anneliese: Briefwechsel mit Carl Schulze vom 9. 9. 1957 bis 25. 9. 1959. [Über 10 Briefe].

Schörner, Ferdinand: Ablehnung eines Antrages auf Gewährung von Kriegsgefangenenentschädigung. München, 12. 11. 1959. [i. Ms.]

Schörner, Ferdinand: An meine Freunde und Getreuen. München, 9. 2. 1956. [i. Ms.]

Schörner, Ferdinand: Aus bzw. zur Zeitgeschichte. Folge VII–XXI. Landsberg am Lech, 1. 7. 1959 - 4. 4. 1960. [i. Ms.]

Schörner, Ferdinand: Briefwechsel mit Alfred Birnstingl vom 23. 8. 1957 bis 10. 6. 1972. [20 Briefe und Karten].

Schörner, Ferdinand: Briefwechsel mit Otto Koren vom 5. 4. 1957 bis 30. 12. 1962. [Über 100 Briefe].

Schörner, Ferdinand: Briefwechsel mit Carl Schulze vom 6. 5. 1957 bis April 1973. [Über 200 Briefe und Aufzeichnungen].

Schörner, Ferdinand: Ehrensold für den Orden Pour le mérite. München, 15. 11. 1963. [i. Ms.]

Schörner, Ferdinand: Fall des angeblich exekutierten Ob. Gefr. Walter Arndt. München, 1959 bis 1963. [i. Ms.]

Schörner, Ferdinand: Für den Tee des »Gelben Edelweiß« (= 6. Geb. Div.) in der Villa derer von Raithel. Landsberg am Lech, 12. 6. 1960. [i. Ms.]

Schörner, Ferdinand: Im »Gefängnis« Wladimir. Die Lage in Wladimir, wie ich sie persönlich erlebt habe.

Schörner, Ferdinand: Kameradenkreis der (bayer.) Gebirgsjäger. Verschiedene Niederschriften. Landsberg a. Lech 22. 6. 1959 bis München Nov. 1966. [i. Ms.]

Schörner, Ferdinand: Lage. München, 30. 9. 1962. [i. Ms.]

Schörner, Ferdinand: Lagebericht. München, 20. 5. 1962. [i. Ms.]

Schörner, Ferdinand: Mein Aufenthalt in der Sowjetunion 1945/55.

Schörner, Ferdinand: Nur persönlich und vertraulich. Mittenwald/Karwendel, Dezember 1965. [i. Ms.]

Schörner, Ferdinand: Stand des Verfahrens Anfang Januar 1960. Landsberg am Lech, 6. 1. 1960. [i. Ms.]

Schörner, Ferdinand: Stellungnahme zu Hoegner und Weishäupl. München 10. 3. 1961. [i. Ms.]

Schörner, Ferdinand: Zum Sturz, nicht lediglich zum »Rücktritt«, des Oberbefehlshabers der NATO, General Norstads. [i. Ms.]

Schörner, Ferdinand: Zum Wiederaufnahme-Verfahren. München, 9. 11. 1962. [i. Ms.]

Schulze, Carl: Briefwechsel mit GFM Ferdinand Schörner, General Rudolf Konrad, General Hans Degen, General Karl Herzog, General Christian Philipp, Rechtsanwalt Otto-Heinrich Stumpf, Notar Paul Bauer, Diplomkaufmann Max Karl Wenger u. a. m.

Schulze, Carl: Einsatz der bayerischen Gebirgstruppen in Polen. Vortrag vor einer Massenveranstaltung der NSDAP in Bad Tölz am 3. November 1939. [i. Ms.]

Schulze, Carl: Nachlaß aus dem Zweiten Weltkrieg mit Fotoalben und Bildern aus der Friedens- und Kriegszeit.

Schulze, Carl: Persönliches Kriegstagebuch aus der Zeit der Reichswehr, Wehrmacht, Zweiter Weltkrieg und Nachkriegszeit. [i. Ms.]

Steinacher: Pressemitteilung des österreichischen Generalkonsuls in Mailand zugunsten GFM Schörner. Mailand, 21. 10. 1957.

Stellungnahmen zur Broschüre »Der Fall Schörner – eine Klarstellung«. [i. Ms.]

Strafanstalt Landsberg am Lech: Auszug aus den Vorschriften für den Schrift- und Besuchsverkehr der Strafgefangenen.

Stumpf, Otto-Heinrich: Rechtsstreitigkeiten in Sachen Carl Schulze, Ludwig Denizot u. a. aus den 60er Jahren.

Tagesbefehl zum 9. Nov. 1943. Hrsg. vom Oberkommando der 20. (Geb.) Armee. Der Oberbefehlshaber Generaloberst Dietl.

Weishäupl, Karl: Aufzeichnungen sowie Aussagen über General der Gebirgstruppe Ludwig Kübler. [i. Ms.]

Wittmann, August: Nachlaß des Generals mit Militärbibliothek, Fotoalben sowie Niederschriften und Briefwechsel über die deutsche Gebirgstruppe und ihre Generalität.

Wlassow-Armee: Niederschriften, richterliche Vernehmungen von Zeugen, Sammellager der Wlassow-Leute in Michaelsbuch sowie Anmerkungen des GFM Schörner aus der Nachkriegszeit. [i. Ms.]

Register